本研究系 2017 年度河南省软科学项目（172400410221）的研究成果。

城乡协调发展研究丛书

河南财经政法大学
河南省经济形势分析与预测软科学研究基地
河南省信息中心

总编◎李小建　仉建涛

河南宏观经济形势
分析与预测
（2011~2020）

ANALYSIS AND FORECAST
OF HENAN ECONOMY (201-2020)

郑秀峰　郝　鹏　王春晖 等◎著

社会科学文献出版社
SOCIAL SCIENCES ACADEMIC PRESS (CHINA)

研究，将研究成果编纂成"城乡协调发展研究丛书"。一方面，通过丛书向政府和公众及时报告中心的研究进展，使中心的研究成果能够得到适时的关注和应用；另一方面，中心也可以从政府和公众的反馈中不断改进研究方法。我们深知所要研究的问题之艰难以及意义之重大，我们一定会持续努力，不辜负河南省政府及人民对我们的信任和寄托，做对人民有用的研究。

十分感谢社会科学文献出版社对丛书出版给予的大力支持。

李小建　仉建涛

2017 年 4 月 19 日

总　序

　　城乡协调发展河南省协同创新中心（2017 年 2 月由中原经"三化"协调发展河南省协同创新中心更名而来，以下简称心"）是河南省首批"2011 计划"（高等学校创新能力提升计建设单位，2012 年 10 月由河南省政府批准正式挂牌成立。中心南财经政法大学为牵头单位，河南大学、河南农业大学、河南大学、河南工业大学、信阳师范学院、许昌学院、河南省委政究室、中共河南省委农村工作办公室、河南省发展和改革委河南省政府发展研究中心、河南省工信厅、河南省住建厅等内著名高校和政府机构作为协同单位联合组建。

　　中心的综合使命是按照"河南急需、国内一流、制度先献重大"的建设目标，充分发挥高等教育作为科技第一生产才培养第一资源结合点的独特作用，以河南省经济社会发展求为导向，以这一省情十分独特区域的城乡协调发展创新任引，努力实现城乡协调发展基础理论、政策研究与实践应用结合，助推河南省城乡协调发展走在全国前列。

　　城乡协调本身就是非常复杂的问题，城乡空间协调、产绿色发展是中心重点研究推进的三个维度。研究如此大面复杂问题，中心一方面展开大量的理论研究，另一方面展开广的调查，此外，还不断将理论应用于实践，目前已取得一性成果。

　　为此，中心组织相关研究力量，对城乡协调问题进行

前　言

河南作为我国中部农业大省及人口大省，如何在统筹兼顾国家粮食主产区战略不动摇的基础上，通过走新型工业化、新型城镇化的发展道路，实现中原崛起、河南振兴、富民强省，一直以来都是省委、省政府关注的重中之重，也是学界探讨和研究的热点。

随着我国经济社会发展步入新常态，经济发展方式逐渐由传统的高投入的粗放型增长逐渐转变为依靠创新驱动的集约型增长。供给侧结构性改革有效推动了中国区域产业升级、区域间产业梯度转移及生产要素的配置。这些外部经济条件的改变对身居内陆的河南而言，恰迎来腾笼换鸟、顺势弯道超车，实现产业升级的重要历史发展机遇期。

党的十九大报告指出，我国经济已由高速增长阶段转向高质量发展阶段，正处在转变发展方式、优化经济结构、转换增长动力的攻关期。如何通过深化供给侧改革，提升要素质量以不断加快建设创新型国家的步伐，是关乎全面建成小康社会全局战略目标能否顺利实现的关键环节。河南省委第十次党代会明确提出：统筹推进"五位一体"总体布局和协调推进"四个全面"战略布局，着力发挥优势打好"四张牌"，着力深化改革、扩大开放，着力推动创新转型发展，通过建设经济强省、打造"三个高地"、实现"三大提升"，实现决胜全面小康、让中原更加出彩的宏伟发展目标。

为此，河南省委提出要通过加快产业转型升级、实施创新驱动发展战略，推动产业向中高端迈进，建设现代农业强省的同时建设先进制造业强省、现代服务业强省及网络经济强省。实施中国制造2025河南行动，推进信息技术与制造业深度融合，促进制造业向集群化、智能化、绿色化、服务化转型升级，推动河南制造向河南创造、河南速度向河南质量、河南产品向河南品牌转变，提升新型工业化水平；坚持重点突破带动全局，推动生产性服务业向专业化转变、向价值链高端延伸，推动服务业精细化、品质化发展，促进服务业比重提高、水平提升；实施"互联网＋"行动，加快互联网在制造业、服务业、能源等领域应用，推动互联网医疗、互联网教育、线上线下结合等新兴业态快速发展，推动电子商务大发展，积极引进和培育龙头电商，完善电子商务服务生态链，推进物联网技术研发和产业化，培育竞争力强的物联网产业基地和集群。

在城乡协调发展河南省协同创新中心的支持与指导下，在经济形势分析与预测软科学研究基地、河南省信息中心、河南省价格成本调查监审局、河南省工程咨询中心的密切协作和相互配合下，相关科研人员运用理论分析及实证分析的研究方法，分别针对河南省当前经济运行的总体形势，重点行业及关键领域的发展现状及发展中面临的问题进行翔实分析和预测研究。本书主要分为三个部分：第一部分是对河南省当下及未来经济总体运行情况进行全面分析与预测，并在此基础上有针对性地对河南省投资、居民消费、对外贸易、物价等经济社会发展若干基本面指标单独展开数据分析研究，并有针对性地对研究结论进行解读及未来走势预测；第二部分旨在选择河南省装备制造、食品工业、医药制造、房地产、金融、物流、电子信息等支柱产业，通过对各产业翔实的数据分析及经济学研判，以其发展现状、趋势及其产业发展前景预测、展望，对各产业未来发展提供有针对性的政策建议；第三部分是聚焦于河南省城乡一体化、绿色经济以及产业集聚区三个板块所分别展开的专题研究，在回顾和梳理河南省城乡一体化示范区建设、绿色经济发展及产业集聚区建设发展历程、发展现状的基础之上，分别针对其当下发展所遇问题及发展前景进行综合分析、评价及展望，并提炼出具有针对性的政策建议。

本书的各章作者具体如下：第一章由河南省信息中心王凤翠撰写，第二章由河南省信息中心王季旻撰写，第三章由河南财经政法大学郑秀峰、王春晖撰写，第四章由河南省信息中心张东阳撰写，第五章由河南省价格成本调查监审局张曦撰写，第六章由河南省信息中心韩毅撰写，第七章由河南财经政法大学王明伟撰写，第八章由河南财经政法大学李鹏涛撰写，第九章由河南财经政法大学郑秀峰、河南省信息中心郝鹏撰写，第十章由河南省工程咨询中心陈军伟撰写，第十一章由河南财经政法大学李华撰写，第十二章由河南财经政法大学徐研撰写，第十三章由河南财经政法大学郭莹莹撰写，第十四章由河南财经政法大学王建英撰写，第十五章由河南财经政法大学贾银华撰写。本书的统稿工作由郑秀峰、郝鹏、王春晖共同完成。

本书的写作是高校科研单位与政府机构开展软科学协同研究的一次重要尝试，这对于更好地发挥河南省科研机构通过开展学术研究、政策咨询以服务我省经济社会发展具有一定的现实意义。感谢城乡协调发展河南省协同创新中心主任、欧亚科学院院士李小建教授在本研究开展过程中的大力支持，感谢河南省信息中心主任毕彦斌同志对本书研究工作的指导和帮助。本书的出版还得到了社会科学文献出版社各位编辑的辛勤帮助，在此一并表示感谢。

郑秀峰

2018 年 5 月于河南财经政法大学

目　录

第一部分　经济增长动力

第二部分 行业经济发展

第三部分　热点专题研究

——————— 第一部分 ———————

经济增长动力

第一章

河南经济增长形势分析与预测

自 2007 年国际金融危机开始，全球经济已在困顿的泥沼中挣扎了近十载。美联储在加息问题上的逡巡以及英国的"脱欧"，都给全球经济的复苏增加了众多不确定性。此外，世界经济贸易格局的结构性演变，各国经贸政策的不协调性甚至是对抗性的加剧，使全球贸易增速近年来持续低于经济增速，2016 年全球贸易增速更是创 2009 年以来的最低水平。虽然处在这样的国际环境下，2016 年的中国经济运行总体平稳，结构调整稳步推进，供给侧结构性改革效果初显，呈现出结构继续优化、质量有所提升、民生不断改善、增速进位前移的良好态势。2016 年全年国内生产总值达到了 744127 亿元，GDP 增速为 6.7%，继续保持在经济增长的合理区间，实现了"十三五"的良好开局。

在这样的国内外背景下，2016 年河南省全省上下坚持以新发展理念为引领，坚持稳中求进工作总基调，坚持以提高发展质量和效益为中心，坚持调中求进、变中取胜、转中促好、改中激活的方针，深入贯彻落实中央和省委、省政府各项统筹部署，主动适应经济发展新常态，扎实推进供给侧结构性改革，积极采取政策措施扩大增长点、转化拖累点、抓好关键点、稳控风险点、抢占制高点，全省经济在新常态下平稳运行，呈现出增长稳中有进、结构明显优化、质量有所提升、民生不断改善的良好态势。

一 河南经济基本运行情况分析

（一）经济运行总体平稳

从河南省 GDP 经济总量与增长速度来看，近 6 年河南省经济总量呈现规模总量不断加大、增速平稳放缓的特点。2011~2016 年，河南省 GDP 由 26931.03 亿元增加到 40160.01 亿元，规模扩大近一倍，实现历史性突破；增速由 2011 年 11.9% 的高位运行平稳回落至 2016 年的 8.1%，但始终高于全国 GDP 增速，如图 1-1 所示。2016 年河南省生产总值为 40160.01 亿元，较去年增长 8.1%，增速高于全国平均水平 1.3 个百分点，全省经济总量位居全国第 5，经济增速则位居第 9，第一季度、上半年、前三季度全省生产总值分别增长 8.2%、8.0%、8.1%，保持了平稳增长态势。全省生产总值中，第一产业增加值为 4286.30 亿元，比上年增长 4.2%；第二产业增加值为 19055.44 亿元，比上年增长 7.5%；第三产业增加值为 16818.27 亿元，比上年增长 9.9%；三次产业结构比为 10.7 : 47.4 : 41.9。人均生产总值为 42247 元，比上年增长 7.6%。需要说明的是，本节对不同时期总量指标的对比，均使用可比价格核算。

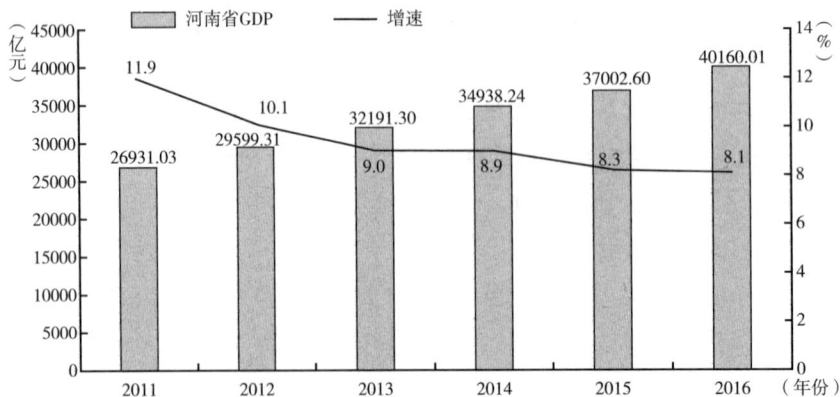

图 1-1 河南 2011~2016 年生产总值及增速

1. 三大产业平稳发展

（1）农业产量稳中略降

河南省作为农业大省，始终把保障国家粮食生产作为重大政治任务，不断强化农业的基础性地位，提升农业现代化水平，扎实推进粮食生产核心区建设。如图 1 - 2 所示，2011～2015 年，全省粮食产量实现了稳步攀升，尤其是 2015 年的粮食总产量达到了 6067.10 万吨的历史高点。虽然2016 年粮食总产量略有下降，但那是在自然灾害频发以及农业供给侧结构性改革、种植结构调整的双重影响下实现的，依然算得上成绩可喜。2016年河南省多策并举，通过实施高标准粮田"百千万"建设工程，创新农业经营方式，推进农业科技创新等方式不断强本固基、夯实粮食生产能力。全年全省粮食种植面积为 102861500 公顷，比上年增长 0.2%。其中，小麦种植面积为 54656600 公顷，同比增长 0.7%；玉米种植面积为 3316860公顷，同比下降 0.8%；棉花种植面积为 1000000 公顷，同比下降 16.7%；油料种植面积为 16247600 公顷，同比增长 1.5%；蔬菜种植面积为 17725300公顷，同比增长 1.2%。此外，河南省粮食生产科技含量也在持续提高，全省小麦、玉米等粮食作物良种覆盖率达到 98%，玉米机收率达到 75%，比上年提高 2 个百分点，小麦机播率达到 96%。深耕深松与秸秆还田、测土配方施肥、病虫害综合防治等技术措施得到普遍推广应用，农机农艺融合、良种良法配套水平不断提高，粮食生产的科技含量明显提高。

　　河南省畜牧业生产也总体保持稳定。河南认真落实国家关于促进畜牧业发展的各项政策措施，加大畜牧产业化集群建设力度，加快推进现代畜禽种业建设，促进饲料兽药产业转型升级。2016 年全省猪牛羊禽肉总产量为 682.5 万吨，比上年下降 2.0%；禽蛋产量为 422.5 万吨，比上年增长 3.0%，牛奶产量为 326.80 万吨，比上年下降 4.5%。2016年末农业机械总动力为 9858.82 万千瓦，比上年下降 15.8%；农用拖拉机数量为 372.22 万台，比上年下降 2.0%。

　　（2）工业生产增速平稳

　　如图 1 - 3 所示，2011～2016 年，河南省全部工业增加值增速持续下降。但是相比前几年，2016 年的降幅明显下降，并呈现出逐渐平稳的态势。这与 2016 年河南积极对接《中国制造 2025》，全面实施《中国制造 2025 河南行动纲要》分不开。河南省政府长短结合，综合施策，发展动力持续提升，新型制造模式逐步渗透，夯实了河南新兴工业大省的地位，实现了工业经济的平稳运行，有力支撑了河南经济的持续健康发展。

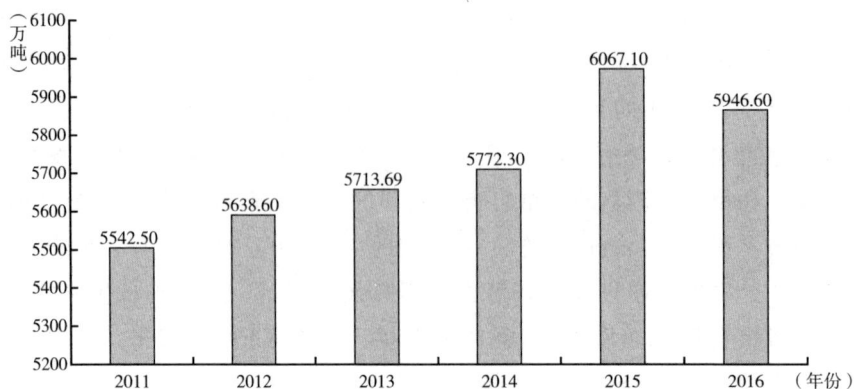

图 1-2　河南 2011～2016 年粮食产量

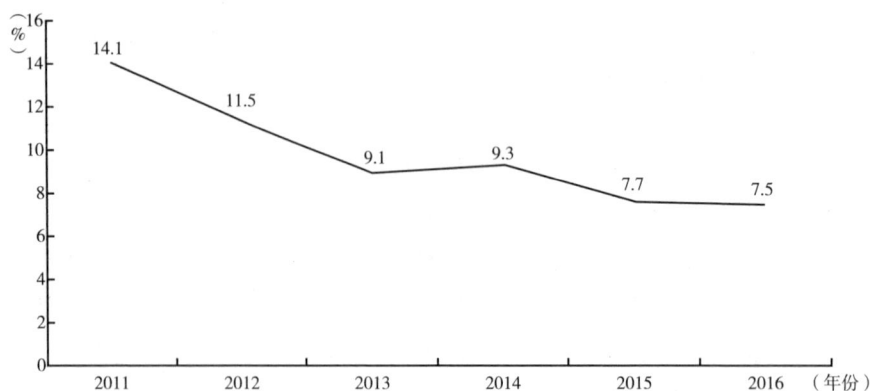

图 1-3　河南 2011～2016 年全部工业增加值增速

2016 年河南省全部工业增加值为 16830.74 亿元，比上年增长 7.5%；规模以上工业增加值累计增速为 8.0%，高于全国 2.0 个百分点。如图 1-4 所示，从走势看，工业增加值累计增速从 2 月的 7.5% 稳步回升，5 月略有下降，自 6 月以来持续稳定在 8.0% 的增长水平，累计增速波动在 0.3 个百分点之内，当月增速波动在 0.8 个百分点之内，这意味着全省工业经济运行平稳，呈现出阶段性筑底平稳、结构优化、效益回升的向好态势。

此外，河南省规模以上工业企业效益也持续好转。2016 年，在严峻的经济下行压力下，全省以《中国制造 2025 河南行动纲要》为引领，以供给侧结构性改革为主线，保持定力、精准发力、多措并举稳定

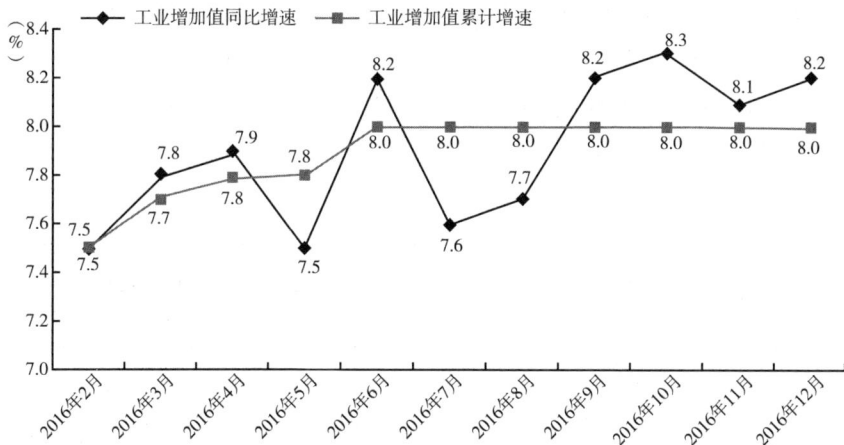

图 1-4 河南 2016 年各月规模以上工业增加值同比增速与累计增速

资料来源：河南省统计局网站。

工业经济运行，多方发力加快产业结构调整。如图 1-5 所示，2016 年 12 月全省规模以上工业企业实现主营业务收入 70657.65 亿元，同比增长 7.8%，实现利润总额 5174.14 亿元，同比增长 6.4%，增速较上年同期加快 6.5 个百分点，居全国第 8 位。标志着河南省工业整体实力迈上了新台阶，进一步巩固提升了河南工业大省的地位。如表 1-1 所示，

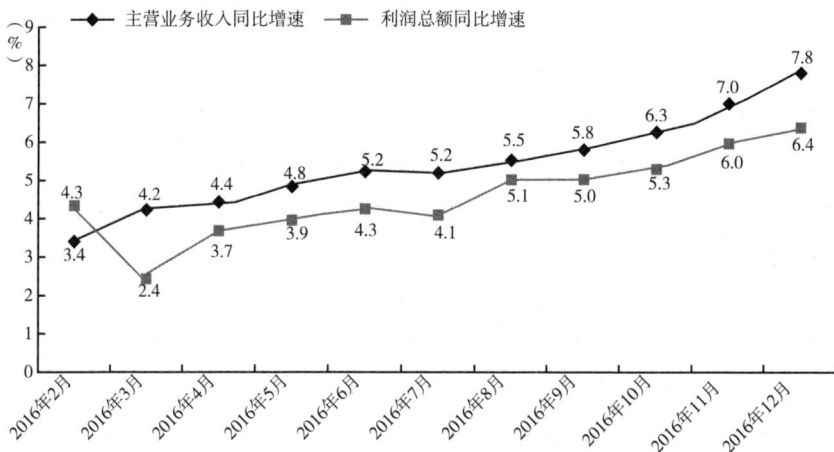

图 1-5 河南 2016 年各月累计主营业务收入与利润总额同比增速

全省高成长性制造业实现利润总额 2667.09 亿元，同比增长 6.4%，其中装备制造业同比增长 7.7%，电子信息产业同比下降 7.0%。传统支柱产业实现利润总额 2049.98 亿元，同比增长 7.6%，其中冶金工业同比增长 28.1%，化学工业同比增长 12.0%，能源工业同比下降 29.9%。

表 1-1 河南 2016 年规模以上高成长性制造业企业主要财务指标

单位：亿元，%

行业	主营业务收入		利润总额	
	2016 年	同比增速	2016 年	同比增速
高成长性制造业合计	37723.79	10.0	2667.09	6.4
电子信息产业	3829.82	3.9	138.45	-7.0
装备制造业	12920.59	10.6	881.15	7.7
汽车及零部件产业	3001.16	11.6	211.17	7.9
食品产业	12063.15	10.7	966.46	7.5
现代家居产业	3106.85	11.3	249.10	4.7
服装服饰业	2802.23	9.2	220.76	7.1

（3）第三产业持续发力

河南作为一个农业大省以及新兴的工业大省，也一直致力于创新现代服务业的发展，努力跻身于高成长性服务业大省的行列。如图 1-6、图 1-7 所示，2011～2016 年，第三产业占比和贡献率不断攀升，第三产业已逐步成为全省经济增长的主要拉动力量。2016 年，第三产业所占比重持续增加，已由 2011 年的 32.1% 上升到了 41.9%，而第三产业贡献率与 2011 年相比，涨幅高达 43.3%。初步核算，2016 年全省第三产业增加值为 16818.27 亿元，同比增长 9.9%，分别比第一产业和第二产业高了 5.7 个、2.4 个百分点，比全省生产总值的增速高了 1.8 个百分点。第一季度、上半年、前三季度服务业的增长率分别为 10.5%、9.7%、10.1%，整体运行比较平稳。这主要得益于河南省的产业政策。近年来，河南省将加快发展现代服务业和全面提升传统服务业紧密结合，突出新热点培育、新业态发展和新技术应用，大力发展金融、保险、物流、信息和法律服务、知识产权、咨询服务等现代服务业，积极发展文化、旅游、社区服务等需求潜力大的产业，极大地推进了服务业的增量提速，有力地促进了第三产业的快速发展。

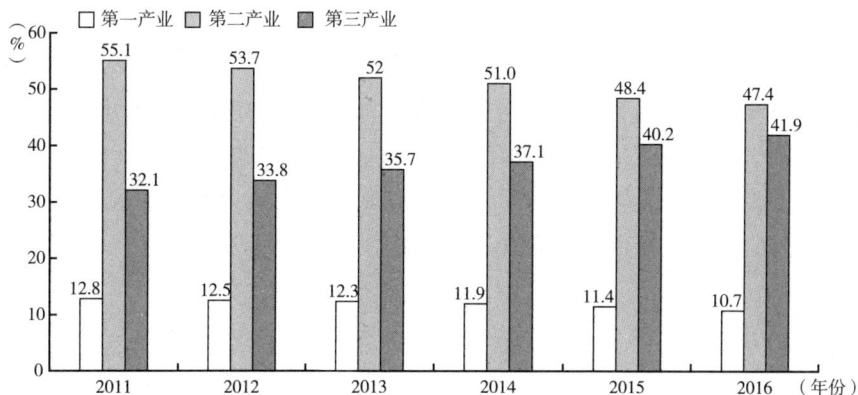

图 1 - 6 河南 2011~2016 年三次产业占全省生产总值比重

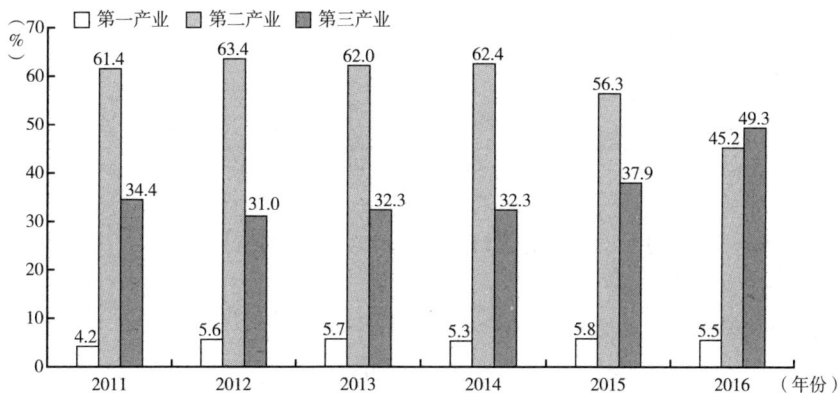

图 1 - 7 河南 2011~2016 年三次产业贡献率

2. "三驾马车"稳步前行

（1）投资需求稳中趋升

从投资规模与速度来看，近 6 年河南省固定资产投资呈现规模总量不断加大、增速平稳放缓的特点。如图 1 - 8 所示，2011~2016 年，河南省固定资产投资额从 16932.15 亿元增加到 39753.93 亿元，规模扩大超过一倍，实现历史性突破；投资增速由 2011 年 26.9% 的高位运行平稳回落至 2016 年的 13.7%，但增长速度始终高于全国平均水平。2016 年，全省全年固定资产投资额为 39753.93 亿元，总量居全国第 3 位，累计增长 13.7%，比全国平均水平高 5.6 个百分点，增速连续 5 个月呈加快上涨趋

9

势，居全国第6位。这主要得益于全省上下大力推进《河南省2016年"1816"投资促进计划实施方案》，积极把握投资方向，消除投资障碍，增加有效投资，推进城乡基础设施和产业转型升级等领域的重大项目建设。根据"十三五"规划，未来几年河南省将在交通、新型城镇化、生态环保、民生改善等十大领域，集中推进重大项目实施，并加快"米"字形高速铁路网的构建，投资需求后劲依然充足。

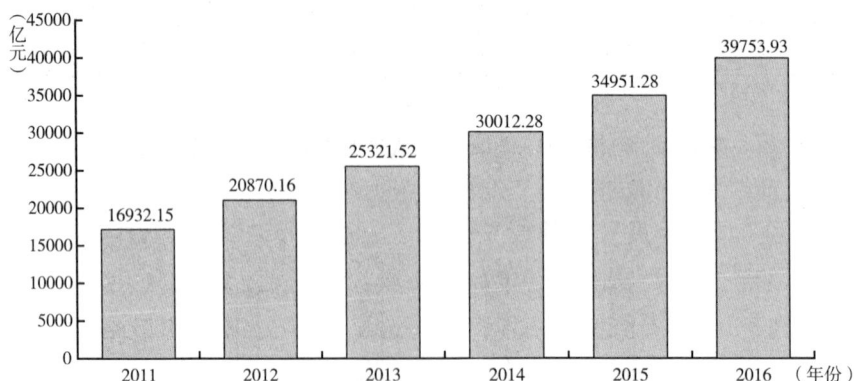

图1-8　河南2011～2016年固定资产投资总额

（2）消费需求总体平稳

图1-9、图1-10显示，2011～2016年河南省社会消费品零售总额持续攀升，总量不断扩大。虽然受国内外经济形势影响，增速持续下降，但是近3年来逐步呈现出平稳放缓的特点。2016年全省积极扩大有效需求，实施"十大扩消费行动"，培育消费新业态，重点推进信息消费、绿色消费、住房消费、旅游休闲消费、教育文体消费和养老健康家政消费六大新兴消费领域，全年消费需求整体平稳。初步核算，2016年实现社会消费品零售总额17618.35亿元，累计增长11.9%（扣除价格因素实际增长11.6%），高于全国水平1.5个百分点；全年第一季度、上半年、前三季度的社会消费品零售总额累计增长率分别为11.5%、11.5%、11.7%，总体保持平稳态势。从全年分月同比增长速度来看，除个别月份外，社会消费品零售也基本上保持着逐月小幅上升的态势，消费势头整体良好。

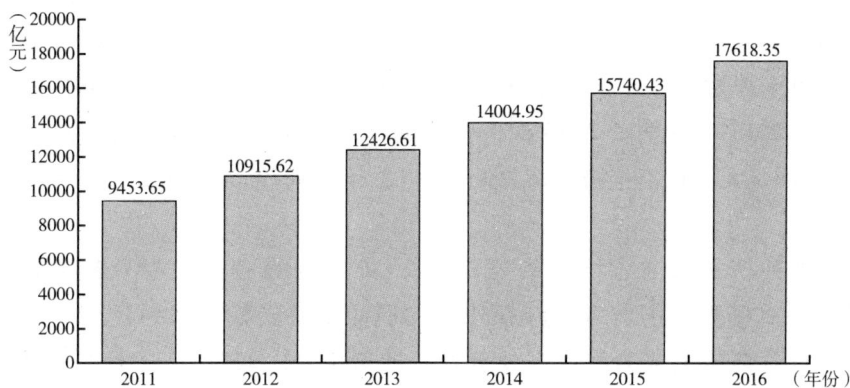

图 1－9 河南 2011～2016 年社会消费品零售总额

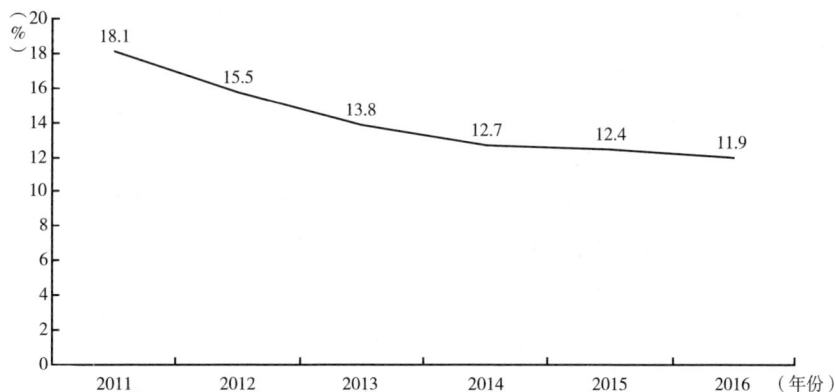

图 1－10 河南 2011～2016 年社会消费品零售总额增速

（3）对外贸易回暖向好

近年来，面对全球总需求不振、我国低成本比较优势逐渐褪去的大趋势，河南省积极融入国家对外开放和区域协调发展战略，利用"一带一路"倡议布局的有利地位，加快培育外贸增长新动能，努力打造内陆开放高地，千方百计稳定外贸增长，努力实现优进优出，使河南省进出口继续对经济发展发挥支撑作用。由图 1－11 可知，2011～2016 年，河南省进出口总额增长了一倍多，尤其是 2012 年，增幅高达 57.4%，此外 2015 年的增幅也较为可观。虽然河南省进出口总额增速的波动幅度相对比较大，但

是整体呈现稳中向好，进出口规模持续扩大的态势。如表1-2所示，全省
2016年实现进出口总额为4714.70亿元，与去年同期相比增长2.5%，增
速高出全国增速3.5个百分点，进出口规模创历史新高，全国排名第10
位，比2015年上升一个位次，首次跨入全国前10。其中出口总额为
2835.34亿元，比上年增长5.7%；进口总额为1879.35亿元，比上年下降
1.8%。

此外，从河南省统计局公布的2016年河南省进出口贸易数据来
看，外商投资企业仍为河南省外贸发展的重要支柱，但是民营企业进
出口已逐渐发展成为河南省外贸增长的新引擎。2016年，河南省外商
投资企业进出口额为3281.0亿元，比上年增长1.0%，占外贸总额的
69.6%；民营企业进出口额为1035.1亿元，比上年增长7.7%，占外
贸总额的22.0%。其中，富士康所属企业进出口额为3171.9亿元，
占全省进出口总额的67.3%。以智能手机为代表的新兴产业已取代传
统产业独占外贸进出口鳌头，成为河南外贸的支柱产业。另外，生鲜
进口业务增长迅猛成为河南省外贸发展的一大亮点。2016年，郑州海
关共监管进口生鲜货物1.7万吨，比上年增长2.1倍；货值6.1亿元，
比上年增长1.2倍；货物品种新增64种，共计115种。其中，智利水
果包机进口业务增长尤为迅速，占全国空运进口智利水果约70%的市
场份额。

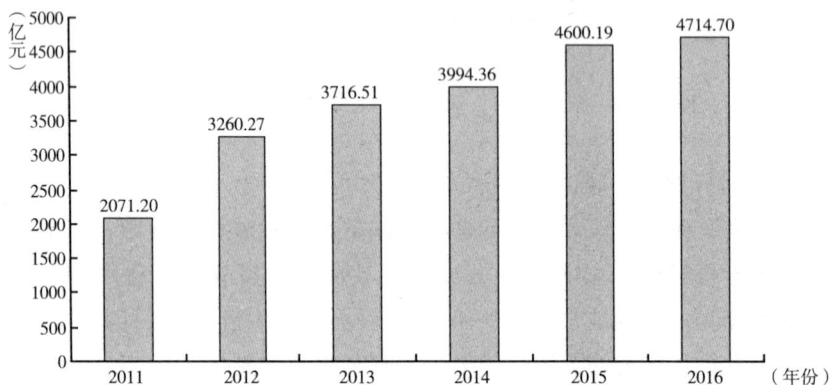

图1-11 河南2011～2016年进出口总额

表 1-2　河南 2016 年进出口总额及增速

单位：亿元，%

指标	金额	同比增速
进出口总额	4714.70	2.5
出口总额	2835.34	5.7
一般贸易	863.35	4.1
加工贸易	1934.54	6.8
机电产品	2143.15	8.1
高新技术产品	1879.28	8.7
进口总额	1879.35	-1.8

（二）结构调整稳步推进

近年来，在经济新常态的大背景下，供给侧结构性改革悄然发力，河南省"去产能、去库存、去杠杆、降成本、补短板"五大任务的效果逐步显现，产业结构持续优化，产品层次不断提升，经济增长新动力不断积聚，创新驱动发展成效明显，新产业、新技术、新产品快速发展，传统支柱产业改造升级步伐加快，战略性新兴产业规模持续扩大，现代服务业发展逐步提速，产业转型升级取得明显成效。

1. 产业结构持续优化

近年来，河南省把持续加快服务业发展作为产业转型升级的战略支撑点，同时为了加快现代金融、现代物流、文化旅游、健康养老等现代服务业的发展，进一步完善中心商务区和特色商业区载体功能，实施了豫中陆路口岸综合物流港、中原金融产业园一期、郑州新区金融智谷、嵩山文化旅游综合体、郑东新区白沙商业中心、思源养老养生健康产业园等约 1400 个项目。通过大力发展业态先进、支撑未来的高成长性服务业，培育发展引领消费的新兴服务业，改造提升传统服务业，积极构建充分融入产业经济各领域的现代服务业发展新格局，实现了服务业的高增长和新提升，服务业经济占比和贡献持续提高。首先，它已成为拉动全省经济增长的主要力量。2016 年，全省服务业增加值为 16818.27 亿元，同比增长 9.9%，高于 GDP 增速 1.8 个百分点，占 GDP 比重达到 41.9%，同比提高 1.7 个百分点；对 GDP 增长贡献率达到 49.3%，同比提高 11.4 个百分点。其次，它还是促进全省投资增长的第一推动力。全年服务业固定资产投资比上年增长17.1%，高于全社会投资增速3.4个百分点，占比达到48.6%，对全省投资增长的贡献率达58.8%。同时，它还是就业创业的主渠道。全省服务业市场主体占全部市场主体的85.4%，新登记服务业市场主体占全部新登记企业的86.2%，约2/3的城镇新增就业、近1/2的农村劳动力新增转移就业都集中在第三产业。此外，2016年河南省把商务中心区和特色商业区作为加快发展服务业的主要载体。围绕现代服务业强省建设，河南省着力推动服务业"两区"服务功能，培育星级以上"两区"35个、营业收入超百亿元的服务业集群8个。2016年，"两区"以占全省0.2%的面积贡献了全省9.1%的投资增长，成为拉动投资增长的重要渠道。

2. 工业结构升级调整

全省积极推动制造业强省战略，改造和提升传统产业。2011～2016年，河南省持续引导和推动钢铁、水泥、造纸、装备制造业等领域企业的兼并重组，全面启动技改提升工程和工业强基工程，工业结构持续调整升级，高技术产业和装备制造业快速增长。首先，装备制造业较快增长、占比提高，工业发展持续向中高端迈进。2016年全省装备制造业增加值比上年增长12.7%，增速高于全省工业增加值4.7个百分点，占全省工业增加值的16.6%，同比提高0.6个百分点。高技术产业增加值同比增长15.5%，高于全省规模以上工业增速7.5个百分点，规模以上高技术产业增加值增速达到14.2%，分别超过全省工业增加值增速、规模以上工业增加值增速6.8个和6.2个百分点。其次，传统产业产品结构向质量更优、技术含量更高的方向调整，转型升级的成效显现。全省铝工业中铝型材、铝板材、铝带材、铝箔材产量分别增长31.3%、14.1%、23.8%、17.9%，而氧化铝、电解铝产量分别下降6.2%、4.7%；玻璃工业中钢化玻璃、中空玻璃产量分别增长51.1%、12.5%，而平板玻璃产量下降5.0%。最后，新动能成长势头较快，节能降耗形势良好。为缓解资源环境瓶颈制约，改善生态环境，全省不断加大淘汰落后产能的工作力度，2016年全省单位工业增加值能耗降低率为10.98%，降幅持续扩大。太阳能电池产量增长38.0%，环境污染防治专用设备增长30.7%，卫星导航定位接收机增长30.0%，新能源汽车增长29.1%，风力发电增长26.7%，智能手机增长8.6%。

3. 投资结构调整成效显著

拉动河南省经济增长的"三驾马车"（投资、消费、出口）中，投资发挥着重要支撑作用。近年来，在国家发展改革委的大力支持下，中原城市群、国家大数据综合试验区、中国（郑州）跨境电子商务综合试验区、中国（河南）自由贸易试验区、郑洛新国家自主创新示范区等一系列国家战略规划和战略平台获得批准，战略叠加效应日益增强；脱贫攻坚、民生保障、基础设施、产业转型升级、生态环保等短板领域和新技术、新产业、新业态、新模式等发展新动能领域投资潜能仍然巨大，支撑河南省投资增长的有利因素仍然较多。从需求结构来看，2016 年全省投资结构持续优化。全省服务业投资增长 17.1%，分别高于全省固定资产投资、工业投资增速 3.4 个、8.2 个百分点，占全省投资的 48.5%，同比提高 1.4 个百分点。工业投资中，装备制造业投资增长 9.4%，高于制造业投资增速 3.6 个百分点，占制造业投资的 25.5%，同比提高 0.8 个百分点。同时，消费升级类商品增长较快。全省限上企业（单位）消费品零售额中计算机及其配套产品增长 49.2%，体育娱乐用品类增长 37.3%，电子出版物及音像制品类增长 32.0%，均远高于限上企业（单位）消费品零售额增速。此外，新业态也在蓬勃发展。全省信息传输、软件和信息技术服务业投资增长 47.8%，高于全省投资 34.1 个百分点，主营业务收入合计增长 55.7%，营业利润合计增长 57.1%。1～11 月互联网和相关服务、软件和信息技术服务业主营业务收入合计增长 49.9%，营业利润合计增长 74.0%，税收合计增长 57.4%。

4. 城乡结构调整加快推进

随着城乡发展一体化的深入推进以及城镇化发展方式的加速转变，城镇布局的持续优化，河南省新型城镇化建设迈出了实质性步伐。中原城市群发展规划获批、郑州被确定为国家中心城市等，标志着河南省城镇化进入新的发展阶段，城乡结构调整加快推进。首先，河南省积极推动农业人口向城镇转移落户，推动非户籍人口落户城镇，郑州、漯河、南阳以及巩义、兰考、汝州、新蔡等地政府均结合实际情况出台了本地户籍制度改革的具体实施意见，拓宽了落户通道，促进有能力在城镇稳定就业和生活的农业转移人口举家进城落户。2016 年户籍人口城镇化率提高了 1.4 个百分点，常住人口城镇化率达到 48.5%，较上年提高了 1.65 个百分点，实现

15

了城镇化的稳步提升。其次，为了深入推进城乡发展一体化，河南省还带动"三山一滩"贫困群众搬迁，实施深石山区易地扶贫搬迁工程，在县城、小城镇或产业集聚区附近建设集中安置区，完成深山区贫困群众易地扶贫搬迁9.7万人。此外，河南省还不断深化新型城镇化综合试点，积极推动国家级试点城市试点方案的落地实施，督促洛阳、濮阳、兰考、长垣、新郑、禹州6个国家试点城市城镇化工作的推进。此外，在提升城镇规划建设管理水平方面，河南省也取得了显著成效。遵循城市发展规律，完善城市治理体系，推进智慧城市、地下综合管廊、海绵城市试点建设，实施垃圾处理和公厕建设、城市污水处理厂提标改造与扩容、排水排涝和雨污分流、管道燃气延伸等工程。通过改进城市管理，启动城市执法体制改革，实施提升县级城市管理水平三年行动计划，提高了城市精细化、规范化、数字化、法治化管理水平。

（三）民生大局保持稳定

惠民生、增福祉始终是河南省经济发展的根本目标。近年来，河南省不断致力于解决民生难题，办好民生实事的执政大计，着力加强普惠性、基础性民生建设，确保了全省民生大局的持续稳定。

1. 城乡收入继续增长

2016年河南居民人均可支配收入为18443.08元，比上年增长7.7%，是全国人均收入水平的77.4%。按常住地分，城镇居民人均可支配收入为27232.92元，较去年同期人均增加1657.31元，是全国城镇人均收入水平的81.0%，比上年增长6.5%。农村居民人均可支配收入为11696.74元，是全国农村人均收入水平的94.6%，比上年增长7.8%。城乡差距继续缩小。城乡居民人均收入倍差为2.72，比上年缩小1%。在全省的居民人均可支配收入中，人均工资性收入为9265.54元，与上年同期相比增加469.50元，增长5.3%，对可支配收入增长的贡献率为35.6%，仍是居民收入增长的主要来源。贡献率第2位的则是转移性净收入，为3777.91元，与上年同期相比增加456.28元，增长13.7%，对可支配收入增长的贡献率为34.6%。转移性收入快速增长的主要原因是惠民政策释放红利，如2016年城镇居民人均养老金或离退休金收入的提高，城镇居民人均社会救济和补助的增长，河南城镇医疗保险体系的逐步完善，覆盖面不断扩大，保障水平提高。贡献率第 3 位的是居民家庭得到的人均财产性净收入，为 1142.34 元，与上年同期相比增加 204.37 元，增长 21.8%，对可支配收入增长的贡献率为 15.5%。最后是居民人均经营性净收入，为 4257.29 元，与上年同期相比增加 188.17 元，增长 4.6%，对可支配收入增长的贡献率为 14.3%。其中第一产业经营净收入为人均 2002.23 元，比上年增长 1.0%；第二产业经营净收入为人均 266.27 元，比上年增长 7.5%；第三产业经营净收入为人均 1988.8 元，比上年增长 8.1%。

2. 稳岗就业战略成效显著

面对经济下行压力较大和化解过剩产能职工安置任务艰巨、城镇新成长劳动力不断增多的复杂局势，河南省实施了就业优先战略和更加积极的就业政策，千方百计稳定和扩大就业，实现了就业规模持续扩大，保持了全省就业大局的基本稳定，为全省经济平稳运行和社会和谐稳定做出了积极贡献。从 2016 年的数据来看，主要呈现以下几个特点。一是新增就业保持稳定。全年城镇新增就业人员 145.10 万人，完成年度目标任务的 145.1%，较上年增长 0.7 个百分点，连续多年保持在 140 万人以上，占全国新增就业人口的 1/10，不仅保持了河南省就业局势的稳定，也为全国就业大局的稳定做出了贡献。二是特殊群体就业基本稳定。失业人员再就业 48.02 万人，完成年度目标任务的 137.2%；就业困难人员实现就业 19.19 万人，完成年度目标任务的 159.9%。同时，通过开发公益性岗位进行托底帮扶，确保"零就业家庭"实现动态清零。城镇登记失业率为 3%，低于年初确定的 4.5% 的控制目标。新增农村劳动力转移就业 62 万人，年末全省农村劳动力转移就业 2876 万人。三是创业带动就业成为扩大就业的重要支撑。大众创业掀起新高潮，全省各类孵化基地达 230 个，省级创业创新平台达 125 个，国家级平台 24 个，大众创业、万众创新对就业的带动效用显现。通过实施《2016 年河南省助力大众创业专项工作方案》，全省参与创业培训 25.32 万人，帮助 14.7 万人实现创业，带动 43.5 万人就业，占城镇新增就业的 30%。促进农民工返乡创业工作全面启动，当年新增返乡创业农民工 15.52 万人，增幅为 25.6%，吸纳了农民工就近就地转移就业和城镇其他人员就业 129.37 万人。

3. 民生保障支出继续增加

2016 年，河南省全年财政民生支出为 5784.8 亿元，占财政支出比重达 77.6%，其中投入重点民生实事资金为 1319.9 亿元。首先，脱贫攻坚是第一民生工程。2016 年，河南省筹措专项扶贫资金 41 亿元，比去年增长 37%，支持实施了一批整村推进、产业扶贫、扶贫搬迁等扶贫项目，统筹整合 53 个贫困县各级财政涉农资金 131 亿元，注入扶贫搬迁公司资本金 28.6 亿元，足额保障扶贫搬迁需求。其次，教育依然是重头支出。2015 年全省财政教育事业支出为 1348.3 亿元，同比增长 6.1%。统一了城乡义务教育"两免一补"政策和生均公用经费基准定额，并对高校特色优势学科建设加大了支持力度。再次，努力做到"病有所医，住有所居"。2015 年全省积极支持医药卫生体制改革深化，引导医院提升医疗水平，财政医疗卫生与计划生育支出为 775.9 亿元，同比增长 8.1%。全省住房保障支出为 266.3 亿元，同比增长 2.5%；实现棚户区改造融资 516 亿元，支持棚户区改造项目开工建设 36.9 万套，有力改善了城市低收入居民的居住条件。最后，进一步提高了贫困人口的补助标准。其中，城市、农村最低生活保障人均月补助水平分别提高到不低于 240 元、132 元；农村五保对象年集中供养、分散供养标准分别提高到不低于 4000 元、3000 元。

4. 居民消费价格指数温和上涨

2016 年河南省居民消费价格比上年上涨 1.9%，月度同比涨幅见图 1-12。分城乡看，城市上涨 1.9%，农村上涨 2.0%。七大类消费品及服务项目价格中，食品烟酒上涨 3.2%，衣着上涨 0.7%，居住上涨 2.2%，生活用品及服务上涨 0.2%，交通和通信价格下降 1.7%，教育文化和娱乐上涨 2.4%，医疗保健上涨 2.8%。在食品价格中，粮食上涨 0.1%，畜肉上涨 12.8%，蛋类下降 4.4%，鲜菜上涨 11.3%。

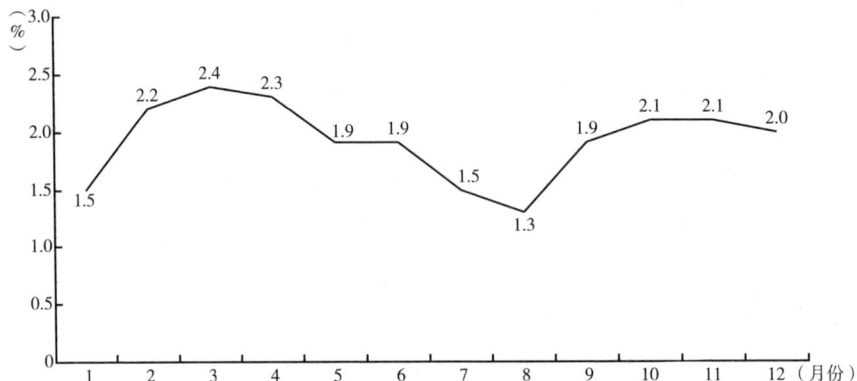

图 1-12　河南 2016 年居民消费价格月度同比涨幅

前文从经济增速、结构调整、民生发展三个方面对河南省 2011～2016 年，尤其是 2016 年的经济发展现状进行了回顾和分析。虽然面对需求不足、外部因素与自身结构性矛盾、体制性问题交织叠加共同作用的复杂形势和繁重的发展任务，但是在党中央、国务院和省委的领导下，河南省以新发展理念为引领，主动适应经济发展新常态，坚持稳中求进工作总基调，着力打好"四张牌"，扎实开展"三大攻坚战"，采取了一系列政策措施，着力扩大增长点、转化拖累点、抓好关键点、抢占制高点、稳控风险点，全省经济社会实现了平稳健康发展，尽管个别经济指标增速略有下降，但是主要经济社会发展预期目标基本完成，一些指标甚至取得了历史性突破，总体来看，全省经济依然表现出了总体平稳、稳中有进、稳中向好的态势，成功实现了"换挡不失速、增质不失效"的目标，为"十三五"开好局、起好步奠定了坚实的基础。

二 河南宏观经济运行挑战与机遇并存

2017 年对河南经济而言，依然是挑战与机遇并存的一年。一方面，复苏乏力、需求疲软的外部环境增加了经济发展的不确定性，结构失衡、环境污染等因素也为经济增长带来巨大压力。另一方面，供给侧结构性改革的持续深入推进，创新驱动、过剩产能出清等转型升级工作的深入开展，支持经济增长的因素不断积累，为河南经济的发展注入了新活力，带来了新希望。我们要正视挑战、抓住机遇，积极争取，保持好稳中有进、稳中向好的发展势头。

（一）2017 年河南经济运行所面临的挑战

1. 外部环境不容乐观

从国际看，2017 年，世界经济将继续处于后金融危机的深度调整期，经济复苏缓慢且不平衡，欧洲国家身处债务危机的泥潭中，加上地缘政治紧张局势和难民危机，导致经济增长持续低迷；美国新总统上任带来政策走向的变数加大，或加剧贸易保护趋势，新兴国家经济增长放慢。全球经济复苏乏力、需求疲软难以得到根本性改善，世界贸易增长动力不足。据联合国《2017 年世界经济形势与展望》称，2016 年世界经济增速仅为

2.2%，全球贸易量仅增长了1.2%，是2009年以来最低的增长率，报告将2017年全球货物贸易增长预期下调到1.8%～3.1%，意味着2017年全球贸易仍难以回暖。同时，2016年，全球政局发生了巨大变化，英国脱欧、意大利公投、频频发出贸易保护信号的美国新总统特朗普上任等政坛事件的发生以及日后即将由此发酵的经济效应，对全球贸易自由化造成一定的负面冲击，各种显性和隐性贸易保护措施增多，给作为全球最大贸易国的中国带来了严峻挑战。复杂严峻的外部环境、国际形势中诸多的不确定性都给2017年河南外贸经济的发展带来了不容低估的困难。

从国内看，2016年我国国内生产总值（GDP）为744127亿元，按可比价格计算，比上年增长6.7%，增速持续收窄，中国货物贸易进出口总额为243300亿元，同比下降0.9%，其中，出口同比下降2.0%，进口同比增长0.6%。中国外贸延续了此前一年的下降态势。受国际经济形势总体复苏较慢、我国经济三期叠加的压力以及结构性调整等因素的影响，我国经济增长总体上呈现下行的态势。2017年在经济增速换挡、结构调整、动能转换相互交织的情况下，中国自身改革进入深水区，外贸结构转型难度加大，传统竞争优势持续减弱，发达经济体大力推进制造业回流对我国引进外资造成挑战，全球化遇阻，贸易保护主义制约着中国出口规模的扩大。新矛盾、新问题、新风险也将不断涌现，经济下行压力仍然不小。

从国际、国内两方面来看，2017年河南省面临的外部环境依然严峻，外部需求不足以及不确定性增加依然是制约河南省经济快速发展的不利因素。

2. 经济体内部问题重重

河南省目前处于爬坡过坎、转型升级的关键时期，产能过剩与需求不足的矛盾仍未根本解决，经济下行压力依然较大，潜在风险显性化的可能性加大，经济体内部问题重重。

（1）结构矛盾突出

一是供需结构错配。在工业强省政策的指导下，经过持续高强度的开发建设，河南省已建立起比较强大的供给体系，传统产业相对饱和，钢铁、水泥、玻璃等产业产能过剩。虽然2016年全省生铁、水泥、电解铝产量分别下降0.7%、4.5%、4.7%，但是以其为代表的部分传统产业依然处于相对过剩状态。河南冶金、建材、能源、化工等行业属于全国性产能严重过剩行业，其增加值总量占全省工业的35%。与供给过剩、生产出来的东西卖不出去、供销不对路相对比，个性化、多样化、定制化的新消费不断涌现，但是需求却得不到满足，境外购物热度不减，导致需求外溢。市场需求不足和产能过剩的双重压力，将使河南经济结构调整、转型升级之路更为艰难。

二是产业结构不合理。2016年河南省三次产业的结构比为10.7∶47.4∶41.9，与全国平均的三次产业结构比——8.6∶39.8∶51.6相比，第一产业仍然占比过大，第三产业比重过低，比全国平均水平低了9.7个百分点。可见，河南工业、农业比重较高，服务业比重低、新兴产业规模小、发展不充分等产业问题依然比较突出。同时，河南工业主导产业层次相对较低，资源指向比较明显，工业能源原材料比重大，采掘工业、资源加工和农产品初级加工业占规模以上工业增加值的比重依然过大，传统支柱产业比较优势逐步减弱，技术创新能力不足，多数产品处于产业链前端和价值链低端，高附加值产品少、高端供给不足、行业龙头企业少，产业集群发展水平不高。补短板、调结构的过程必然伴随着阵痛，可能会对河南经济的发展带来一定风险。

（2）动能转换滞后

经济发展必然会有新旧动能迭代更替的过程，当传统动能由强变弱时，需要新动能异军突起和传统动能转型。河南正处于工业化中期向后期发展的过渡阶段，竞争优势从低成本向资本和技术转变的关键阶段，适应新常态、引领新常态，转方式、调结构、促转型，比以往任何时候都刻不容缓。但全省新旧动力转换较为缓慢，短期内新兴力量还难以对冲传统动力的下行力量。在市场需求不足和产能过剩的双重压力下，钢铁、煤炭的产量均呈现负增长，钢材与原煤产量同比分别下降1.5%和12.1%，河南传统产业的优势减弱，旧动能持续减弱时，新的接续力量虽然在形成之中，但是短期内规模难以迅速扩张。2016年全省高技术制造业增加值增长15.5%，占规模以上工业的8.7%，装备制造业增长12.7%，占规模以上工业的28.7%，与全国高技术制造业增加值占规模以上工业增加值的比重为12.4%，装备制造业占规模以上工业增加值的32.9%相比，其占比分别低了3.7个和4.2个百分点，说明与全国相比河南省新动能占比依然偏低，亟须加快增长速度、扩大规模、提高占比。然而改革相对迟缓，创新能力不强，高端人才短缺，又使得新动能增长乏力，新技术、新产业、新业态、新模式发展相对滞后，对经济的拉动力依然偏弱，增长动力"青黄不接"，影响经济发展的后劲和支撑能力。

（3）风险隐患积聚

首先，工业企业的经营风险加剧。2017 年以来，工业市场需求依旧偏弱，部分传统行业受产能过剩、价格低迷等影响，生产经营情况依旧不容乐观。受多数产品供过于求、产品价格下滑、持续低位运行甚至倒挂、产品重复度高、用工成本上涨的多重挤压，企业盈利空间进一步压缩，增产不增收现象普遍存在。2016 年，全省工业企业实现主营业务收入 79195.70 亿元，同比增长 7.9%；主营业务成本为 69430.08 亿元，增长 8.1%，主营业务成本增速继续高于主营业务收入，企业盈利空间继续收窄，产品积压，经营风险加剧。经济供需错配现象存在，产能过剩与需求不足现象并存，实体经济困难较多，企业的经营风险不断集聚。其次，部分企业融资难、融资贵依然是制约发展的"瓶颈"。近年来企业销售不畅、货款回笼放缓。在企业自有资金不足的同时，商业银行的融资渠道也不畅通。由于中小企业、民营企业向银行贷款门槛高，抵押贷款率低，银行贷款往往捆绑其他附加产品，大大增加了企业的融资成本。部分商业银行出于风险防控的考虑，审批更趋审慎，惜贷、限贷的对象已经扩展到一些有订单有效益但生产经营暂时遇到困难的企业。商业银行融资渠道不畅，企业只能通过民间借贷进行融资甚至参与非法融资，导致部分地区金融风险加大。最后，2016 年河南多地房价也普遍上涨，尤其是郑州地区，楼市过热，导致部分资金纷纷涌向其中，资金"脱实向虚"现象比较严重，也使得严重需要资金血液供给的实体经济雪上加霜。融资难且贵的问题已成为企业顺利发展的重大障碍，也是未来制约河南省经济健康发展的一大难题。

（4）环境约束趋紧

在过去的发展过程中，过分强调产值的增长速度，片面追求社会生产总量的增长，不断铺新摊子、上新项目，扩大投资规模，突出强调生产要素的投入，造成资源浪费、环境污染、生态退化严重，有效耕地面积持续减少。这种粗放落后的生产方式不仅缺乏可持续性，还造成了雾霾频发以及日益加重的环境污染问题。2016 年河南省空气质量优良天数仅为 196 天，重度污染及以上天气比例为 8.4%，比 2015 年升高 0.3 个百分点，安阳、郑州等城市曾连续多天位居全国污染城市前 10，最严重时前 10 城市排名河南占了 6 个。环境质量问题不仅事关经济发展，更与每个人的生活紧密相连，牵动着无数老百姓的心。解决环境污染问题已经到了刻不容缓的地步。因此，继续加大力度培育新动能，改造传统动能，在经济发展新常态下从单纯追求速度到更多追求质量的转变是河南省经济持续、快速、健康发展的必然选择，而由此带来的阵痛与阻力将是我们不得不面对的问题。

（5）固定资产投资增速放缓

2016年，河南省固定资产投资（不含农户）39753.93亿元，比上年增长13.7%，增速较去年的15.3%，下降了1.6个百分点，对经济增长的贡献有所降低。同时更为明显的是民间投资的大幅回落，全省全年民间投资为31414.73亿元，同比增长5.9%，占固定资产投资的79.0%，增幅同比回落10.7个百分点，占全省投资比重同比下降5.9个百分点。此外，工业投资也是动力不足，全年工业投资为18536.63亿元，同比增长8.9%，占固定资产投资的46.6%。其中，增速与占固定资产投资比重同比分别下降1.8个和2.1个百分点。虽然我们一直在强调提升"三驾马车"之一的消费在拉动经济增长中的作用，但是就目前河南省经济所处的发展环境和发展阶段而言，投资依然发挥着无可替代的支撑作用，固定资产投资增速放缓是对2017年河南省经济发展的又一挑战。

此外，作为农业大省，河南省粮食价格持续走低、种植效益下降，政府债务累积，财政收支平衡难度较大等问题，也必须引起相关部门的高度重视并及时加以化解，以防叠加共振，增加经济发展的不确定风险，对经济稳定运行产生冲击。

（二）2017年河南经济运行所面临的机遇

1. 国家宏观政策环境稳定有利

2017年，中国经济将继续保持"减速增质"的转型特征，依然处于重要的战略机遇期，工业化、城镇化的发展空间依然很大，消费结构正处于优化升级的关键阶段，这些将继续给经济发展增加新的动力和活力。国家在宏观调控上将更加注重质量与效益，在财政政策方面，国家政策将更加积极有效，预算安排将适应供给侧结构性改革、降低企业税费负担、保障民生兜底的需要，确保经济在合理区间运行。货币政策将转向中性稳健，房地产调控、人民币贬值、美联储加息等也会导致市场流动性减少。可以预见，2017 年国内货币流动性拐点有可能会出现。这些既着眼于当前又立足于长远的政策的逐步落地，将为国内经济发展提供更加宽松的环境。随着政策效应的持续显现，推动经济保持平稳较快增长的积极因素将不断积聚，对河南省经济的持续、稳定、健康发展产生有力的推动作用。

2. 供给侧结构性改革进一步深化

2015 年底，中央提出了以"去产能、去库存、去杠杆、降成本、补短板"为重点的供给侧结构性改革。就河南省来说，在 2016 年完成 37 项重点改革任务的基础上，2017 年将重点深化投融资体制、价格等领域的改革，加快推动简政放权、放管结合、优化服务向纵深发展，在 2017 年河南省《政府工作报告》中明确指出，2017 年将继续围绕促进就业、提高居民收入、加强基础设施建设、脱贫攻坚等方面出台力度更大的政策，同时也会继续出台一系列推动供给侧结构性改革的重大举措，积极稳妥处置"僵尸企业"，帮助企业降低成本，化解房地产库存，防范金融风险。这些举措有利于体制机制创新，激发发展动力和活力，通过扩大内需拉动经济稳定增长。

3. 河南省仍处于重要战略机遇期

随着国家战略规划的加快实施，河南在全国大局中的战略地位日益突出。国家实施新时期《促进中部地区崛起规划（2016～2025 年)》和《中原城市群发展规划》，推动郑州国家中心城市建设，为提升河南省在全国大局中的地位提供了重大机遇；"一带一路"倡议全面展开，国内外产业持续梯度转移，为河南省新一轮高水平开放提供了重大机遇；国家实施创新驱动战略、"中国制造 2025"、"互联网＋"行动计划，为河南省加快产业转型升级提供了重大机遇；国家深入推进新型城镇化建设、生态文明建设、脱贫攻坚工程，为河南省补齐短板提供了重大机遇。总的来看，河南省基础设施、发展载体、人力资源等支撑能力将不断增强，长期亟须的发展潜力和发展后劲将进一步释放，经济长期向好的基本面不会改变，增速平稳、结构优化、动力转换等趋势性变化有望延续。

4. 战略综合优势进一步彰显

2016 年，郑洛新国家自主创新示范区、国家大数据综合试验区、中国（郑州）跨境电子商务综合试验区、中国（河南）自由贸易试验区等国家战略平台相继获批，标志着河南省战略先导优势的持续提升；产业集聚区、服务业"两区"集群支撑和配套功能不断完善，说明河南省发展载体优势持续提升；航空网络、"米"字形高速铁路网、公路网和现代综合交通枢纽格局加速形成，预示着区位交通优势持续提升；作为拥有1亿人口的发展中大省，工业化、城镇化加速推进，也将推动市场规模优势持续提升。这些战略综合优势的彰显与聚集，以及经济结构优化效应的逐步显现，将使得支撑河南省经济稳定增长的条件更加坚实。

5. 重大项目成为稳增长、保态势关键

首先，产业集聚区对稳增长和调结构的带动作用不断增强。近年来，省委、省政府以产业集聚区为主要平台，通过积极培育产业集群、大力承接产业转移，2016年产业集聚区规模以上工业增加值比上年增长11.9%，占全省规模以上工业的63.4%；主营业务收入为51613.89亿元，同比增长12.0%；利润总额为2972.41亿元，同比增长10.0%，对全省经济增长起到了较强的支撑作用。其次，航空港区也已成长为新的经济增长点。围绕"大建设、大发展、大跨越"的目标，郑州航空港经济综合试验区快速发展，规模以上工业增加值增长13.7%；主营业务收入为2674.69亿元，同比增长0.9%；利润总额为41.29亿元。随着港区大规模基础设施建设的完成和项目逐渐投产达效，稳增长效应将进一步显现。

在当前经济下行压力持续加大的态势下，推动一批重大产业项目和基础设施项目开工建设，对保持经济稳定增长意义重大。2017年是实施"十三五"规划的重要一年，国家将大力推进实施"十三五"重大工程项目，重点加强农业发展、创新能力建设、易地搬迁扶贫、棚户区改造、生态环保等领域建设，这有利于河南省争取更多政策和资源的支持，补齐发展短板。2017年也是河南省决胜全面小康、让中原更加出彩、打好"三大攻坚战"、实现目标任务的关键之年，在一批战略支撑项目的引领下，河南将努力掌握经济新常态下稳步前行的主动权，实现河南经济的平稳可持续发展。

6. 体制机制改革效果显著

随着简政放权以及体制机制改革的深入推进，河南省市场主体活力和创业动力持续增强，改革红利进一步释放，改革的政策效应逐步显现。河南省已吹响了决胜全面小康、让中原更加出彩的号角，确立了建设经济强省，奋力建设"三个高地"——打造中西部地区科技创新高地、基本形成内陆开放高地、加快构筑全国重要的文化高地，实现人民群众获得感幸福感显著提升、治理体系和治理能力现代化水平显著提升、管党治党水平显著提升的"三大提升"奋斗目标。"放管服"的深化，市场活力的增强，必将激发全省上下锐意进取、干事创业的积极性主动性，形成奋发有为、竞相发展的热潮，为经济社会发展提供强大动力。

从前面的分析可以看出，未来一段时期在宏观经济不会有大波动的背景下，全省经济将处于新旧动能转换衔接、支撑与制约因素同在、上升与下拉两种力量持续均衡的阶段，依然是机遇与挑战并存。随着对新常态经济的适应，供给侧结构性改革的逐步深入，一系列长短结合、标本兼治政策效应的逐渐显现，2017 年河南经济运行中的积极因素仍将不断积累，全省经济总体将继续保持稳定增长的发展态势，初步估计 2017 年河南省生产总值增长率在 7.5% 左右。

三 河南经济增长水平的预测

表 1-3 是河南省 2010 年第一季度至 2018 年第一季度国民生产总值（GNP）季度数据，记作 YT，共有 33 个观测值，对 YT 建立 ARMA 模型。

表 1-3　2010 年第一季度至 2018 年第一季度河南省国民生产总值

单位：亿元

季度	2010 年	2011 年	2012 年	2013 年	2014 年
1	4752.01	5615.44	6428.7	6993.68	7456.88
1～2	10461.25	12404.68	13530.55	14556.63	15778.62
1～3	16937.95	20370.43	22171.49	23516.02	25445.43
1～4	22942.68	27232.04	29810.14	32155.9	34939.38

季度	2015 年	2016 年	2017 年	2018 年	
1	7720.21	8284.26	9392.22	10611	
1～2	16736.55	17954.9	20307.72		
1～3	26927.01	28840.57	32896.69		
1～4	37010.25	40160.01	44988.16		

1. 时间序列特征分析

将表中的数据绘制成折线图，如图 1-13 所示，YT 序列具有明显的增

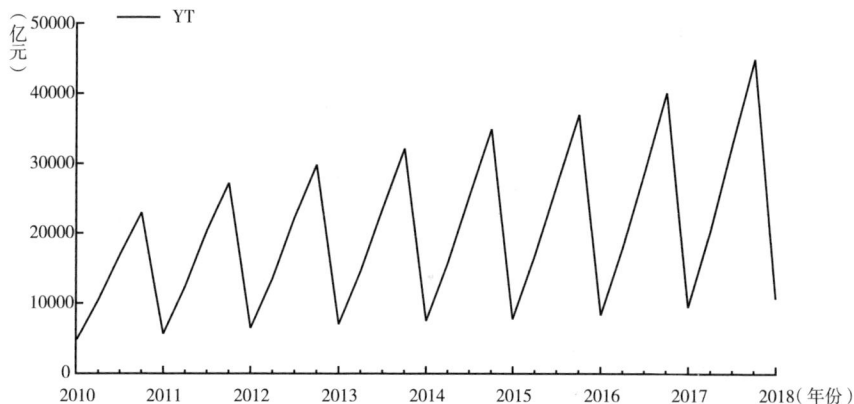

图 1 – 13　河南省国民生产总值折线图

长趋势，并包含周期为 4 个季度的波动。河南省国民生产总值的序列自相关图表明序列是非平稳的（见图 1 – 14）。

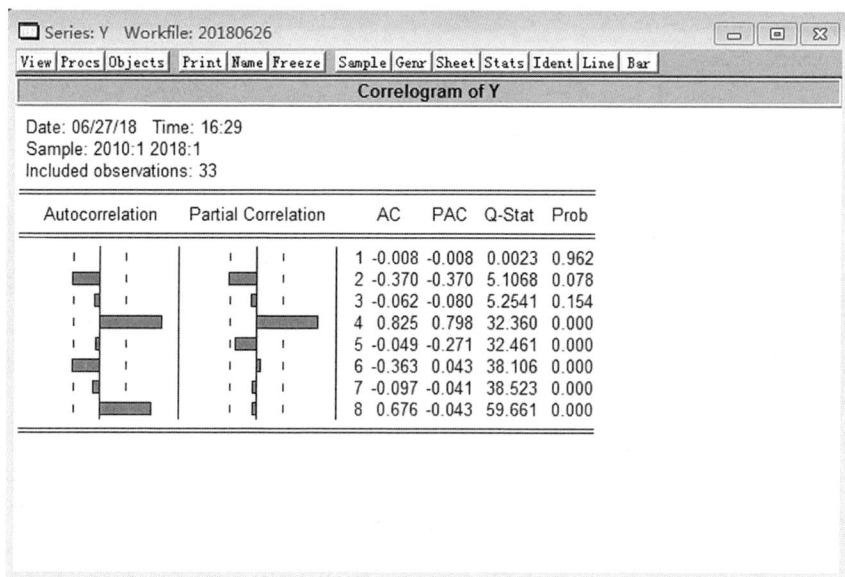

图 1 – 14　河南省国民生产总值序列自相关

为消除趋势同时减少序列的波动，对原始序列 YT 做一阶自然对数逐期差分，差分后序列名为 CLY，其自相关与偏相关分析如图 1－15 所示。

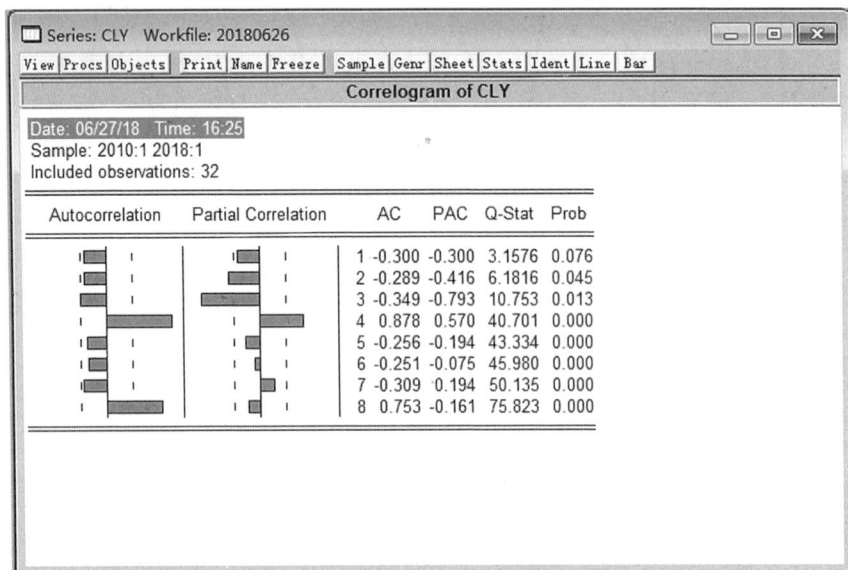

图 1－15　序列 CLY 自相关与偏相关分析

由图 1－15 可知，序列 CLY 的样本自相关与偏相关系数很快地落入随机区间，故序列趋势已经基本消除，但在 $K=4$ 时取值仍然较大，季节性比较明显。经试验，对序列进行二阶季节差分，发现序列季节性并没有得到显著改善，故只做一阶季节差分即可。对序列 CLY 进行 0 均值检验，序列均值与 0 无显著差异，表明序列可以直接建立 ARMA 模型。

2. 模型识别

因为经过一阶逐期差分，序列趋势消除，故 $d=1$；经过一阶季节差分，季节性基本消除，故 $D=1$。观察序列 CLY 的自相关与偏相关分析图，当 $K=4$ 时，样本自相关和偏相关系数都显著不为 0。

3. 模型建立

利用菜单方式建立 ARMA 模型，在主菜单打开方程定义对话框，输入

D（LY，1，4）、AR（1）、AR（2）、AR（3）、MA（1）、MA（2）、
MA（3）。方程估计结果见图 1 - 16。

图 1 - 16 模型参数估计与相关检验结果

由图 1 - 16 可知，变量 AR（1）、AR（2）的 T 统计量较小，对模型
进行改进，修订后的方程估计结果见图 1 - 17。

4. 模型预测

利用修订后的模型对河南省国民生产总值进行预测，2018 年第二季
度至 2020 年第四季度国民生产总值预测见表 1 - 4。

根据数据可以预测，2018 年河南省国民生产总值约为 50497.48 亿元，
2019 年河南省国民生产总值约为 56454.24 亿元，2020 年河南省国民生产
总值约为 63619.08 亿元。

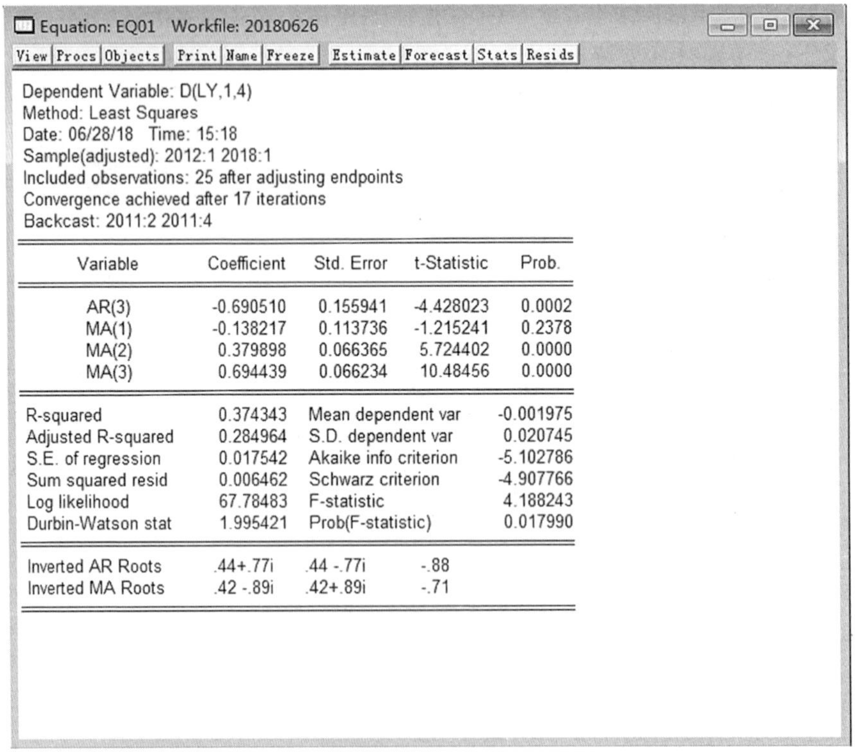

```
□ Equation: EQ01  Workfile: 20180626                              [_][□][×]
View Procs Objects  Print Name Freeze  Estimate Forecast Stats Resids
Dependent Variable: D(LY,1,4)
Method: Least Squares
Date: 06/28/18   Time: 15:18
Sample(adjusted): 2012:1 2018:1
Included observations: 25 after adjusting endpoints
Convergence achieved after 17 iterations
Backcast: 2011:2 2011:4

        Variable       Coefficient   Std. Error    t-Statistic    Prob.

        AR(3)          -0.690510     0.155941      -4.428023      0.0002
        MA(1)          -0.138217     0.113736      -1.215241      0.2378
        MA(2)           0.379898     0.066365       5.724402      0.0000
        MA(3)           0.694439     0.066234      10.48456       0.0000

R-squared              0.374343     Mean dependent var        -0.001975
Adjusted R-squared     0.284964     S.D. dependent var         0.020745
S.E. of regression     0.017542     Akaike info criterion     -5.102786
Sum squared resid      0.006462     Schwarz criterion         -4.907766
Log likelihood         67.78483     F-statistic                4.188243
Durbin-Watson stat     1.995421     Prob(F-statistic)          0.017990

Inverted AR Roots     .44+.77i      .44 -.77i        -.88
Inverted MA Roots     .42 -.89i     .42+.89i         -.71
```

图 1 - 17   修订后的模型参数估计与相关检验结果

表 1 - 4   河南省 2018～2020 年国民生产总值预测结果

单位：亿元

季度	2018 年	2019 年	2020 年
1		12056. 36419	13544. 66224
1～2	22550. 47945	25445. 14399	28599. 68721
1～3	36890. 37003	41597. 98716	47039. 52321
1～4	50497. 47943	56454. 23696	63619. 08374

四   促进河南省经济持续健康发展的政策建议

在经济新常态与供给侧结构性改革的大背景下，新情况、新问题、新变化不断涌现，河南经济也呈现出特有的阶段性特征。要用全面的眼光和辩证的思维来看待当前的经济发展形势，坚持调中求进、改中激活、转中促好、变中取胜。要进一步处理好速度与质量和效益的关系，在稳增长的同时，更加注重产业结构调整和发展方式的转变，更加注重改革开放和创新驱动，更加注重风险防范和民生保障，认真落实中央经济工作会议和省委、省政府的各项部署，以新发展理念为引领，以供给侧结构性改革为主线，着力打好"四张牌"。河南必须坚定信心、直面挑战、抢抓机遇、迎难而上，在决胜全面小康、让中原更加出彩的新征程中迈出坚实步伐。

1. 突出打好"四张牌"为引领

当前河南正处在由大到强、爬坡过坎、转型攻坚的关键阶段，传统优势明显减弱，新旧动力转换尚未完成，周期性因素和结构性问题叠加，制约河南经济发展的依然是产业结构不合理、创新能力不足、基础能力建设不强、城镇化率偏低等突出问题。这就要求我们必须以习近平总书记提出的打好"四张牌"为引领，着力以发展优势产业为主导推进产业结构优化升级，以构建自主创新体系为主导推进创新驱动发展，以强化基础能力建设为主导推进培育发展新优势，以人为核心推进新型城镇化，不断加快转变经济发展方式和提高经济整体素质。因此，河南应准确把握国际、国内发展大势，以建设先进制造业强省、现代服务业强省、现代农业强省、网络经济强省为重点，发展优势产业、着力推进产业结构优化升级，在全球产业重组和新产业、新业态、新模式快速涌现中趁势而上，筑牢持续健康发展的坚实基础。以郑洛新国家自主创新示范区为牵引，实施创新驱动战略、着力推进创新驱动发展，打造发展新动能；抢占新一轮科技和产业革命的制高点，应对全球区域格局重构新挑战，积蓄新常态下经济社会发展新动能。此外，还应着力强化基础能力建设，推动局部优势向综合优势转变，以提升现代化水平为方向，强化基础能力建设，培育发展新优势；推进以人为核心的新型城镇化建设，促进城乡协调发展探索中原更加出彩的有效路径。在打好"四张牌"中因应复杂形势变化，把握破解突出矛盾和关键问题的方法策略，激发动力、夯实基础、增创优势，加快转变经济发展方式、提高经济整体素质及竞争力，有力推动河南从经济大省向经济强省跨越，在新的历史起点上促进河南经济社会向更高质量、更有效率、更可持续的方向迈进。

2. 突出供给侧改革为主线

要抓住推进国家供给侧改革契机，以供给侧结构性改革为主线，以优质需求为导向改善供给机构，提高供给质量，提升供给能力，增加有效供给，解决经济发展中的突出问题。以发展战略性新兴产业为突破口推进工业结构调整，围绕国家产业政策和河南产业发展规划，培育一批拥有自主知识产权、核心技术和市场竞争力强的知名品牌，改造提升传统产业，加快淘汰落后产能，如扎实推进煤炭行业去产能，妥善处置企业债务，做好人员安置工作，因地施策推动商品房去库存，维护房地产市场平稳发展等。同时也可以鼓励省内工业企业尤其是产能过剩严重的行业，通过"一带一路"等倡议积极拓展外部市场"走出去"，提升一批、转出一批、淘汰一批，从而大力化解产能过剩，既要着眼于培育优质增量，注重对高成长性制造业、高技术产业和战略性新兴产业等优质增量的培育，更要着眼于存量的调整和优化，注重对河南具有比较优势的传统制造业的优化升级。此外，要推动供给侧结构性改革还应提高城市教育、医疗等公共服务水平，增强对农业转移人口的吸引力，积极稳妥降低企业杠杆率，强化企业降成本的各项政策落实；推进教育、医疗、养老、网络基础设施、生态环保等重点领域投融资机制创新；深化农村产权制度改革，加快农村土地确权登记颁证，培育新型农业经营主体和服务主体。

3. 突出四个强省建设为主题

加快建设先进制造业强省。大力振兴装备制造业，要继续依托重点建设工程，通过自主创新、引进技术、合作开发、联合制造等方式，提高重大技术装备国产化水平，围绕大型清洁高效发电装备、高档数控机床和基础制造设备等关键领域，推进重大装备、关键零部件及元器件自主研发和国产化。同时还要运用高技术和先进适用技术提高自主知识产权、自主品牌和高端产品比重，壮大食品制造、新型材料、电子信息、汽车制造等产业，加快产品技术创新和质量品牌提升。

加快建设现代服务业强省。坚持市场化、产业化、社会化的方向，加强分类指导和有效监管，进一步创新、完善服务业发展的体制和机制，建立公开、平等、规范的行业准入制度。大力发展金融、保险、物流、信息和法律服务、会计、知识产权、技术、设计、咨询服务等现代服务业，积极发展文化、旅游、社区服务等需求潜力大的产业，加快教育培训、养老服务、医疗保健等领域的改革和发展。出台加快服务业发展政策措施的实施意见；组织开展服务业综合改革试点和城市服务业发展试点；编制服务业发展引导资金示范工程专项规划，用好服务业发展引导资金。

加快现代农业强省建设。首先，推进高标准农田建设、提升土地生产能力。创新农业生产经营方式、大力提高农业科技水平以及加快培养新型职业农民等举措着力提升河南农业生产能力，使主要农产品在全国有重要地位和影响力。其次，适应市场需求的转变，强化质量意识，贯彻绿色发展的理念，积极实施品牌战略，充分发挥河南各地资源优势，打造河南农产品特色品牌，提升河南农产品的市场竞争力，着力用优质农产品满足市场需求，增强河南农产品的吸引力和竞争力。最后，推进农业规模化经营、调整农业内部结构、推进产业融合，着力提高效益，增强河南农业持续发展的动力，持续巩固粮食安全保障能力。

加快网络经济强省建设。网络经济是信息化催生的新经济形态，最具潜力、最具爆发力、最具成长性。全面推进互联网与经济社会深度融合，进一步完善网络安全保障体系，全力推进网络经济强省建设，对于河南省加快产业转型升级、构建产业新体系至关重要。河南省应全面启动国家大数据综合试验区建设，加快构建高效广泛的信息网络系统，打造郑州国家级数据中心，夯实国家大数据综合试验区基础。结合智慧城市建设，统筹布局信息感知网络，加快交通物流、农业、制造业等产业与互联网、大数据产业融合发展，带动百亿级终端市场。同时落实"互联网＋"行动，打造应用创新平台，推动大众创业、万众创新，积极推动"互联网＋"融合创新发展。

4. 突出"三大攻坚战"为突破点

打好脱贫攻坚战。加强指导督促，拿出过硬办法，层层传导压力，级级压实责任，举全省之力，扎实推进精准扶贫、精准脱贫，紧盯责任落实、紧盯精准扶贫和精准脱贫实效、紧盯扶贫资金有效整合、合力打赢脱贫攻坚战。确保实现100万农村贫困人口稳定脱贫，推动10个贫困县摘帽，做好贫困人口易地搬迁的安置工作。

打好国企改革攻坚战。2017年是国企改革纵深推进、全面发力的重要一年，要以企业产权结构、组织结构、治理结构三项重点改革为牵引，统筹推进"僵尸企业"处置、企业资产重组、过剩产能化解、降低企业杠杆四个方面工作，全面提升企业竞争力、深化以混合所有制为核心的产权制度改革，加快形成有效制衡的公司法人治理结构、灵活高效的市场化经营机制，完成国有企业剥离社会职能，扎实推进"三煤一钢"改革发展，加快推进油气、电信等领域改革，再接再厉打好国企改革攻坚战。

打好大气污染治理攻坚战。坚持分级管理、属地为主，党政同责、一岗双责、失职追责，管行业必须管环保、管业务必须管环保、管生产经营必须管环保的原则。精准施策，强化专项治理，抓好重点领域、重点区域、重点行业、重点企业治理，统筹推进调、禁、改、关、停，综合运用法律、经济、技术、行政等各种手段，把优化产业结构、能源结构作为大气污染防治的治本之策，确保大气环境质量稳控好转。强化监管，深入推进挥发性有机物、扬尘、劣质散煤、黄标车及老旧车等重点领域治理，实现空气污染物平均浓度稳步下降。同时还要改革创新，坚持市场化改革方向，积极推进生态补偿等激励与约束并举的新机制，大力推广大气污染防治先进适用技术，突破一批关键共性技术，为大气污染防治提供技术支撑。

5. 突出打造"三个高地"为平台

打造中西部地区科技创新高地。聚焦郑洛新国家自主创新示范区建设，开展创新政策机制先行先试。深入推进大众创业、万众创新，加快创新载体平台建设，吸引创新人才企业到豫发展。

打造内陆开放高地，加快郑州航空港经济综合实验区等国家战略平台建设。创新开放招商方式，推动国际产能和技术合作。大力发展口岸经济，深化大通关改革，打造"智慧口岸"。

打造全国重要的文化高地，以华夏历史文明传承创新区建设为载体，以文化产业大发展为支撑，加快文化创意、文化产品电商平台等各类新兴文化产业发展。

6. 突出实现"三大提升"为方向

持续加大民生投入，如期全面完成脱贫攻坚任务，做好就业工作，妥善安置化解过剩产能中下岗分流职工。完善社会保障、社会救助和社会福利体系建设。加强教育、医疗卫生和公共文化体育设施建设，实现人民群众获得感幸福感显著提升。加快建设立体化、信息化社会治安防控体系，强化安全生产、食品药品安全等重点领域治理，及时预防化解各类群体性事件，实现治理体系和治理能力现代化水平显著提升。贯彻落实党的十八届六中全会精神，不折不扣地落实党中央的经济方针政策、决策部署和改革方案，实现管党治党水平显著提升。

第二章

河南投资形势分析与预测

　　全社会固定资产投资，即某个国家或者地区内固定资产投资的数量和范围，是以价值形式表示的投资建设活动的工作量，是反映建设规模的综合性指标。投资领域是宏观经济政策相对集中的领域，投资波动较大，对宏观经济波动的影响也较大。对全社会固定资产投资进行正确分析和预测，判断固定资产投资周期趋势，能够为判断宏观经济发展趋势以及制定合理的宏观经济调控政策提供有力的参考依据。

　　金融危机以来，在多重因素共同作用下，河南省固定资产投资呈现出增速平稳、结构改善、约束减缓等良好态势；但同时存在粗放型特征突出、政府主导型经济增长特点明显、政府调控主体和投资者主体界定不清等问题。展望 2020 年，机遇和挑战并存，为保持投资经济平稳健康发展、改善投资运行环境、促进整体经济发展，需要及时对河南省固定资产投资进行分析和预测，从而更妥善地发挥政府宏观调控职能，规范投资市场。

一　固定资产投资分析

　　没有一定量的投资，经济社会就不会持续发展。从投资的当期看，投资是社会总需求的一个重要组成部分，投资的快速增长直接拉动社会总需求的快速增长，从而带动长期产出水平快速增长。从较长期看，投资的完成可以形成新的后续生产能力，为后期经济快速增长提供必要的物质基础和增长动力。

（一）河南省固定资产投资趋势分析

2011～2016年，随着国家中部崛起和扩内需、保增长等一系列政策的刺激，河南省紧抓机遇，投资领域实现跨越发展，投资力度不断加大，投资规模强劲扩张，投资效益显著提高，对全省经济增长的拉动作用明显增强。

1. 投资规模持续扩张，对经济增长拉动作用增强

从投资规模与速度来看，近6年河南省固定资产投资呈现规模总量不断加大、增速平稳放缓的特点。2011～2016年，河南省固定资产投资额从16935.88亿元增加到39753.93亿元，规模扩大超过一倍，实现历史性突破；增速由2011年26.9%的高位运行平稳回落至2016年的13.7%，但增长速度始终高于全国平均水平，如图2-1所示。由于固定资产投资对国内生产总值的拉动作用，河南省生产总值变动滞后于投资额变化2～3年。

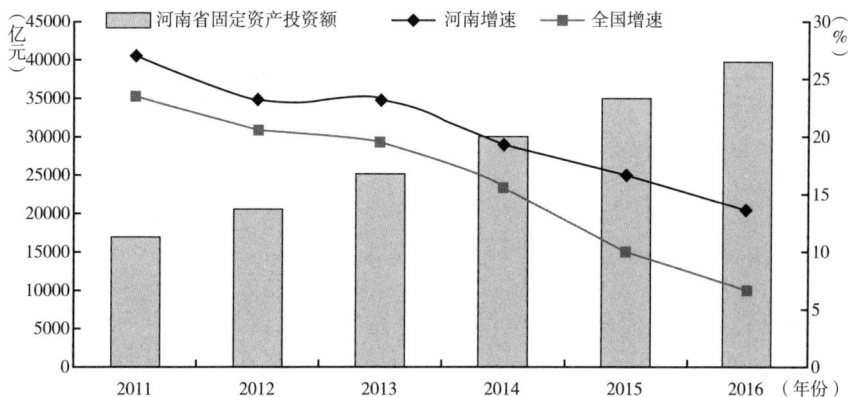

图2-1 河南2011～2016年固定资产投资额与增速

2. 投资率屡创新高，对河南省生产总值起决定作用

投资贡献率是固定资产投资变动额与同期GDP总量变动额的比值，是反映投资率对经济的推动作用，适度较高的投资率是经济快速发展的主要动力。2011～2016 年随着河南省投资规模的不断扩张，投资率逐年提高，投资拉动经济增长的作用进一步增强。据测算，2011 年河南省投资贡献率为 29.6%，低于消费贡献率 8 个百分点，全省固定资产投资对全省生产总值的贡献率由 2012 年的 135.8% 上升至 2016 年的 152.1%，屡创新高，分别比消费贡献率高 81 个、120 个、118 个、155 个和 92 个百分点，如图 2-2 所示。6 年间年均完成投资为 2633 亿元，年平均增速为 16.05%，增幅比同期全省 GDP 平均增速高 6 个百分点。作为典型的投资驱动型经济，投资率对河南省经济实现快速增长发挥着决定性作用。

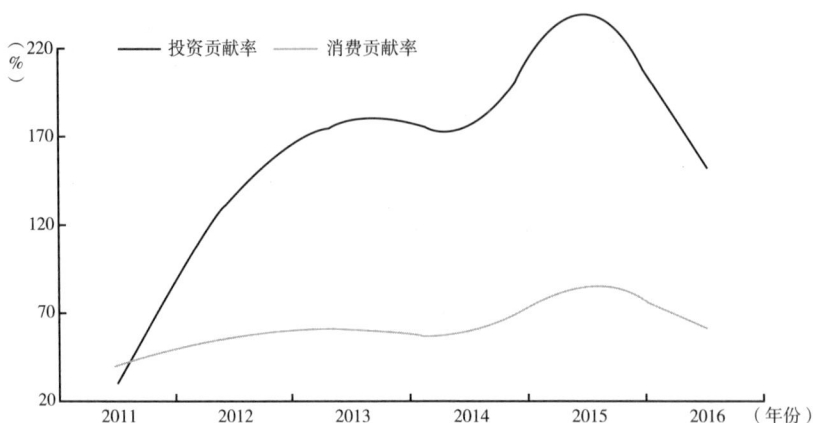

图 2-2　河南 2011～2016 年固定资产投资贡献率与消费贡献率

（二）固定资产投资结构分析

投资结构与产业结构密切相关，调整投资结构是优化产业结构的重要手段，是促进经济增长转型、实现经济又好又快科学发展的重要途径。

1. 产业投资结构明显优化，第一、第三产业投资比重上升

2011～2016 年在投资规模强劲扩张的同时，投资建设运行发展格局也发生了重大变化。按照巩固加强第一产业、优化提升第二产业、大力发展第三产业的思路，全面推进三次产业结构调整。河南省三次产业投资增长方式发生重大变化，第一、第三产业投资持续快速增长，第二产业投资增

长相对缓慢，长期偏重第二产业的投资产业结构由"二、三、一"明显转变为"三、二、一"。

如图 2-3 所示，第一、第三产业投资比重逐年提升，分别由 2011 年的 4.1%、44.6% 提高为 2015 年的 4.3%、48.0%，分别提高 0.2 个、3.4 个百分点；第二产业投资比重持续下降，由 2011 年的 51.3% 下降为 2015 年的 47.7%，下降 3.6 个百分点。第三产业投资稳步提高，成为拉动全省投资增长的主导力量，投资结构持续优化。2016 年全省第三产业投资增长 17.1%，分别高于全省投资和第二产业投资 3.46 个和 8.1 个百分点，占全省投资的 48.5%，同比提高 0.5 个百分点；对全省投资增长的贡献率高达 58.7%，拉动全省投资增长 8 个百分点。

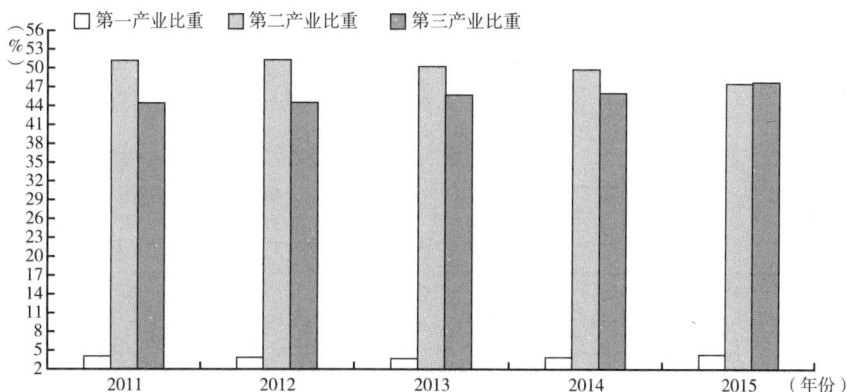

图 2-3　河南 2011~2015 年三次产业投资结构

2. 投资主体结构变化明显，国有投资与民间投资地位反转

根据投资主体的所有制形式，全社会固定资产投资可分为国有及国有控股投资、外商及港澳台商投资和民间固定资产投资，其中，国有投资和民间投资占比在 95% 左右。河南省国有投资中基础设施建设、自然垄断和社会公共非营利性项目等方面为主要目标，其中，基础设施建设是主要投资方向，2011~2014 年约占 40%，而 2015~2016 年平均占比为 60%。国有经济对巩固市场运行有着十分重要的作用，因此也决定了国有投资具有明显的逆周期特征。从河南省民间投资的结构上看，与国有投资相反，制造业和房地产业居于主要地位，因此民间投资对市场敏感度更强，经营手段更为多样，并且易于受到经济形势的影响。

"十二五"期间，在货币政策与民间投资刺激政策的推动下，民间投资占据绝对主导地位。全省国有及国有控股投资完成20509.12亿元，年均增长13.6%，民间投资完成105626.4亿元，年均增长24%。但2016年以来，民间投资大幅下滑，逐月增速均低于5%，相反以基础设施为重点的国有投资力度加大，占全省全社会投资的比重明显提高，由2015年的14.3%上升至19.9%，而民间投资由86.9%下降至79%（见图2-4）。

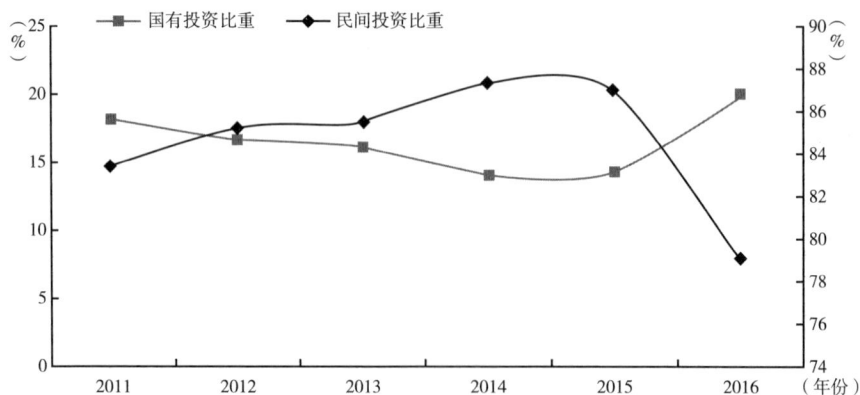

图2-4 河南2011～2016年国有投资与民间投资占全省投资的比重

3. 融资渠道逐步拓宽，自主投资能力进一步增强

资金是投资建设项目的根基。2011～2016年河南省投资项目资金来源呈现多样化，以自筹资金为主的自主性投资能力进一步增强，所占比重仍然最大。"十二五"期间，从河南省全社会固定资产投资到位资金组成中看，国家预算内资金、国内贷款、利用外资、自筹资金和其他资金分别累计到位3439.53亿元、15943.95亿元、406.88亿元、102865.13亿元和15341.45亿元，年均增长17%、33%、25%、21%和20%，依次占到位资金总量的2.5%、11.6%、0.3%、74.5%和11.1%，如图2-5所示。与"十一五"时期相比，国家预算内资金、国内贷款和其他资金所占比重分别提高2.4个、2.7个和0.8个百分点；利用外资和自筹资金比重分别下降0.3个和3.4个百分点。

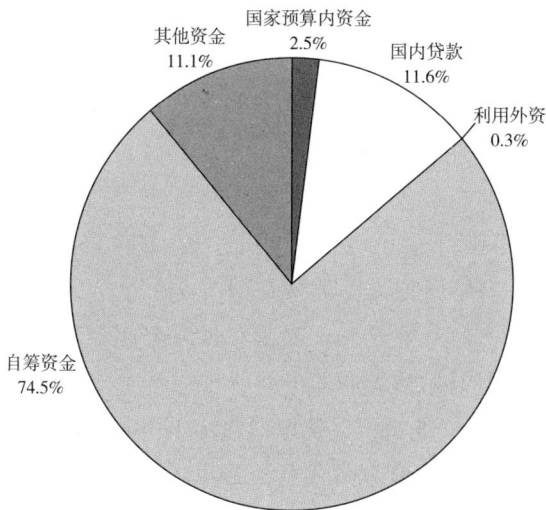

图 2 - 5　河南 2011 ~ 2015 年全社会固定资产投资资金比例

（三）河南省固定资产投资效益分析

2011 ~ 2016 年河南省投资效益显著提升，民生保障、基础设施、产业转型升级、生态环保等短板领域和新技术、新产业、新业态、新模式等发展新动能领域投资潜能巨大。中原城市群、国家大数据综合试验区、中国（郑州）跨境电子商务综合试验区、中国（河南）自由贸易试验区、郑洛新国家自主创新示范区等一系列国家战略规划和战略平台获得批准，战略叠加效应日益增强。

1. 基础设施投资力度加大，促进了城乡载体功能显著提升

基础设施是经济社会发展的必要依托，全省完成城市基础设施投资11404 亿元，年均增长 20%，是"十一五"时期的 2.4 倍。建成投产南水北调中线一期工程河南段、新郑机场二期等重大项目，全面展开"米"字形高速铁路网建设，实现所有县（市）城 20 分钟上高速，基本实现管道天然气县县通，郑州成为国家级互联网骨干直联点，基础支撑能力显著增强。2016 年海绵城市和地下综合管廊建设等一大批城市基础设施项目启动实施，基础设施投资增长 29%，比全省投资增速高 15.3 个百分点，对全省投资增长的贡献率达 31.7%，拉动全省投资增长 4.3 个百分点。基础设施建设将带动大量政府和社会资本投入，并与房地产投资一起成为拉动固定资产投资的重要引擎。

2. 民生领域投资力度加大，推进惠民工程成效显著

2011～2016年民生投资显著增效，加大保障性安居工程建设力度，增加保障性住房供应，持续改造棚户区和农村危房，加快解决城镇居民基本住房问题和农村困难群众住房安全问题，建立健全基本住房保障制度。"十二五"期间开工建设各类保障性住房1.9亿平方米，共244万套，竣工3787万平方米，共60.9万套，改造农村危房超过100万户，消费品制造业中居民吃穿用等日常消费相关的行业投资高速增长。

3. 城镇化建设步伐加快，促使城镇化水平不断提高

2011～2016年，河南省城镇化水平跨上了新的台阶，"十二五"时期城镇人口年均增长4%，全省常住人口城镇化率达到46.85%，比2010年提高8.03个百分点。城镇化建设中，以项目建设为抓手，提升中心城区功能、全域旅游交通体系、生态水系建设等一批重大基础设施项目，积极探索融资模式，市县建成区面积明显增加，全省、市、县规模不断扩大，建成区面积增加750平方千米左右。随着全省城镇投资与建设力度的加大，城镇居民的生活环境和质量明显提高，城镇综合承载力显著增强。

二　河南固定资产投资的特点和问题

（一）河南省全社会固定资产投资特点

1. 增速缓中趋降，总体处于减速态势

受出口增长不如预期、国内经济处于结构调整和转型升级期以及房地产市场周期性调整等因素影响，2011～2016年我国固定资产投资增速呈现出逐月放缓的态势。2016年全省固定资产投资累计同比增长13.7%，12月环比增长仅0.3%，增幅较去年同期下降2.8个百分点，而较2011年（26.9%）放慢近1/2的速度，表明固定资产投资继续下行的压力依然较大。

2. 基础设施建设投资成为主要支撑力量

在产能过剩继续发酵的大背景下，工业投资继续放缓，新增投资动

力不足，基础设施建设是政府逆周期操作的重要工具，具有明显的逆势托底特征。在三大主要投资领域中，工业投资明显减速，民间投资积极性不高；房地产市场受政策影响呈周期性上行，房地产开发投资显著回升；受益于新型城镇化建设、铁路建设、水利建设、环保建设等一系列微刺激政策，基础设施建设投资增速回落幅度最小，始终保持在20%左右的同比增速，成为支撑投资增长的主要力量。基础设施建设投资的可持续性主要受制于政府整体债务水平，财政收入放缓和PPP模式推进的缓慢使依赖于地方政府信用背书获取城投融资的基础设施建设投资也面临着一定的资金压力。

3. 民间投资增速继续领先，但增速回落幅度更大

2011～2015年，河南省民间投资增速持续保持着高于总体投资增速的态势。2016年以来，民间投资增速显著放缓，年末民间投资累计增长5.9%，6年来首次低于总投资增速，占总投资比重由2011年的81%下降至2016年的79%。在本轮投资周期性减速的过程中，民间投资增速回落幅度持续大于总体投资，表现在两者之间的累计增速差值在不断缩小。2016年，民间投资增速较去年同期降低10.7个百分点，而总投资增速仅放缓2.8个百分点。

4. 工业投资中高成长性制造业逐步超过传统支柱产业的比重

2014年以来，受产能过剩、工业品价格持续下跌、实际利率较高等因素影响，工业投资继续减速下行，内部出现分化，高成长性产业领域成为经济转型升级的主导力量。2016年河南省高成长性制造业投资10018.71亿元，同比增长7.5%。高成长性制造业投资占工业投资的54%，高于传统服务业占比18.6个百分点。高成长性制造业逐渐成为经济社会发展的战略性支撑，具有市场空间大、成长速度快、转移优势明显的特点，对河南而言，加快发展高成长性产业不仅有利于确保工业经济的稳步快速增长，同时也为先进制造业大省建设开启了新引擎。

5. 房地产与制造业投资此消彼长

房地产业不仅自身对经济增加值贡献巨大，且对上下游产业带动作用明显，因此房地产开发投资对经济稳增长作用十分关键。2011年以来，全省房地产投资出现两次高峰，分别在2012年和2016年上半年。2016年下半年，随着房地产调控政策的收缩以及人民币贬值加速资金流出房地产市场，房地产投资增速产生一定的下行压力。由于房地产投资增速会小幅滑落，制造业低位企稳，整体固定资产投资增速的改善更可能是来自基础设施建设，而随着投资量增加，引起信贷增长，全省债务规模或将进一步上升，还需进一步预防债务风险与无效投资。

(二) 河南省固定资产投资存在的问题

当前固定资产投资需要关注的主要问题：工业领域产能过剩矛盾仍然十分突出、企业投资效率没有明显改善、财政金融风险开始暴露以及货币政策效应减弱对民间投资进行挤压。

1. 工业领域产能过剩矛盾十分突出

产能过剩仍然是 2014 年以来经济运行的突出问题。国际金融危机之后集中投资形成的新增产能在近年来快速释放，导致工业领域产能过剩矛盾十分突出。虽然国家淘汰落后产能、化解产能过剩工作力度不断加大，同时部分企业在市场压力的倒逼下主动削减、关停落后产能，但是由于过剩产能长期积累，加之个别地区还在不断形成新的产能，工业品的供求矛盾突出，高库存、低价格加剧了产能过剩问题。产能过剩导致工业品出厂价格持续下滑，企业效益下降。2016 年河南省工业生产者出厂价格同比下降 1%，连续 52 个月负增长。地方政府在保增长和维稳与淘汰过剩产能之间处于两难，跨地区、跨所有制的兼并重组进展缓慢，大量有效资源固化在产能过剩行业。此外，制造业领域民间投资所占比重较高（80% 以上），虽然属于过剩产能，但经营手续完备齐全，无法采用行政手段。

2. 企业投资效率没有明显改善

在产能过剩、市场需求不足、生产成本上升特别是融资难、融资贵等多重压力下，企业经营状况不佳，库存和应收账款增长较快，投资效率没有明显改善。2016 年河南省规模以上工业企业应收账款增长 11%，产成品存货增长 15.1%，分别比同期主营业务收入增速高 3.1 个和 7.2 个百分点。产成品库存的快速增长导致工业企业资金周转速度下降，企业资金紧张状况雪上加霜，投资效率难以有效改善。

3. 财政金融风险开始暴露

地方政府性债务进入偿债高峰期，部分地区债务违约风险增加，一些地方政府偿债安排主要依赖土地出让收入和借新还旧，但随着土地出让收入降低和借新还旧成本加大，回旋余地越来越小。随着大量产能过剩和"僵尸企业"风险逐渐暴露，银行不良贷款状况将进一步恶化。债券市场违约风险有所暴露，"刚性兑付"预期已被打破。这些风险隐患如果处置不当，集中爆发，可能引发区域性或系统性金融风险，大幅提高无风险利率水平。

4. 货币政策效应减弱对民间投资进行挤压

近年来，货币供给增长速度远超经济增长速度，社会资金充裕，但由于缺乏投资机会，资金更多地通过国有企业和融资平台流向了效应较低的基础设施建设领域，或者房地产业，或者在虚拟经济中空转。国有企业、融资平台、房地产等部门和行业大量融资，推高了金融市场融资成本，挤出了民间投资，导致2010年以来投资的边际收益不断下降，杠杆率不断提高。到2015年，投资6.7元才能增加产出1元，投资效益下降导致货币政策的效应减弱，新增货币支持的国内生产总值增量呈现下降的趋势。当前银行基金更多地支持政府项目和国企项目，对民间资本项目较为苛刻。此外，国企依靠国有资本担保、抵押物充裕等优势，更容易获得大规模的低成本信贷资金，金融部门倾向于控制、收缩对中小企业和民营企业的授信额度，增加了民间资本的融资难度。民间投资滑落，一方面是民间资本应对经济转型、市场需求偏弱、产能尚未出清的正常反应，是一种理性的投资行为；另一方面也反映出民营企业活力不足，一些企业出现了回避风险的现象，这部分企业由于害怕经营失败带来不良债务的增加，回避一些高收益、高风险投资项目，往往通过理财等方式获取低风险收益。

三　影响河南固定资产投资的主要因素

凯恩斯最早系统提出投资决定因素，在其1936年出版的 *The General Theory of Employment, Interest, and Money* 一书中，提出了盈利水平预期、利率、利润率等决定了经济中投资需求的因素。此后，一些学者在凯恩斯的基础上，提出了一些新的因素，如财政货币政策等。

结合河南省的数据以及现实情况，本书考察影响固定资产投资的因素有以下四类。

一是经济形势因素：凯恩斯认为人们对于当期投资未来盈利水平的预期会决定当期投资的一个偏好。当人们认为经济形势良好，当期投资的未来回报预期较高时，则人们会愿意增加投资；而当人们对于当期投资的未来回报预期较低时，人们则会减少投资。本书将考察河南省生产总值对固定资产投资的影响。

二是财政政策因素：财政政策是我国进行宏观经济调控的重要手段，很多固定资产投资项目都是由政府牵头进行的。因此，对于我国的固定资产投资，财政支出是一个非常重要的影响因素，本书将考察财政支出对固定资产投资的影响。积极财政政策能否增加固定资产投资，还需要实证检验，一方面财政支出增加会增加一定的固定资产投资，另一方面财政支出增加也会造成投资的挤出效应。财政支出的影响是正还是负，需要进一步实证检验。

三是货币因素：凯恩斯认为当资本的边际效益等于市场利率时，投资将被推到投资需求计划中来。利率越高，则说明资本的边际成本越高，那么投资的成本也就越高，将使得投资较少；反之，利率越低，则投资将增多。同时货币学派认为货币供给量增加会促进投资增加。因此，本书选择中长期贷款表示市场上的货币供给量，考察其与固定资产投资的关系。

四是消费因素：以古典经济学的观点来看，投资与消费的关系是相互对立的，要想增加投资，就必须增加储蓄，而增加储蓄又势必减少消费。凯恩斯最先批判了这种将投资与消费对立起来的观点，他认为投资需求最终来自消费需求，如果没有消费需求，归根结底，最终会使资本需求或投资需求化为乌有。后期学者的进一步研究认识到投资需求对消费需求的强烈依赖性，提出总需求与总供给的平衡。因此，本书选择考察河南省社会消费品零售总额与固定资产投资之间的关系。

（一）经济形势因素

GDP 是衡量一个地区经济增长的主要指标，它与地区的各个方面有着密切的关系，固定资产投资也不例外。根据乘数和加速原理可知，固定资产投资与 GDP 之间更为密切，下面就对两者的关系进行分析。

1. 数据的选取

本书选取 1978~2015 年河南省数据进行分析，为了消除通货膨胀的影响，利用零售物品价格指数（以 1978 年为 100）分别对河南省 GDP（gdp）和河南省固定资产投资总额（X）进行处理得到实际数据，并且为了消除异方差性，分别对处理后的数据取对数，所得结果如表 2-1 所示。

表 2-1　河南省固定资产投资总额与 GDP 值

年份	固定资产投资总额（X）（亿元）	GDP（gdp）（亿元）	居民消费价格指数	实际固定资产投资总额（亿元）	ln$X$	实际 GDP（gdp）（亿元）	lngdp
1978	24.80	162.92	100.0	24.8000	3.2108	162.92	5.093259
1979	23.75	190.09	100.4	23.6554	3.1636	189.3327	5.243506
1980	24.27	229.16	105.0	23.1102	3.1403	217.5853	5.382591
1981	47.25	249.69	106.5	44.3709	3.7926	233.3449	5.452517
1982	53.52	263.30	108.0	49.5650	3.9033	242.4275	5.490703
1983	61.40	327.95	109.7	55.9672	4.0248	296.9052	5.693413
1984	86.93	370.04	110.6	78.6093	4.3645	332.0226	5.805203
1985	126.95	451.74	115.7	109.7502	4.6982	384.5624	5.952106
1986	144.94	502.91	122.0	118.7705	4.7772	407.7362	6.01062
1987	160.42	609.60	129.7	123.6646	4.8176	464.9441	6.141917
1988	204.05	749.09	154.9	131.7405	4.8808	477.3046	6.168155
1989	187.68	850.71	183.9	102.0822	4.6258	456.6594	6.123938
1990	206.12	934.65	185.1	111.3327	4.7125	501.217	6.217039
1991	256.46	1045.73	189.4	135.4087	4.9083	549.7892	6.309535
1992	318.83	1279.75	199.6	159.7149	5.0734	640.7852	6.462694
1993	450.43	1660.18	220.4	204.3829	5.3200	767.563	6.643221
1994	628.03	2216.83	275.9	227.6110	5.4276	849.8533	6.745064
1995	805.03	2988.37	321.4	250.4373	5.5232	997.0706	6.904822
1996	1003.61	3634.69	355.2	282.5463	5.6438	1123.925	7.024583
1997	1165.19	4041.09	367.6	316.9429	5.7587	1243.376	7.125586
1998	1252.22	4308.24	358.4	349.3497	5.8561	1372.23	7.224192
1999	1324.18	4517.94	347.3	381.2439	5.9434	1495.865	7.31046
2000	1475.72	5052.99	344.6	428.3001	6.0598	1698.494	7.437497
2001	1627.99	5533.01	347.0	469.2092	6.1510	1863.573	7.530251
2002	1820.45	6035.48	347.3	524.1547	6.2618	2049.204	7.625207
2003	2310.54	6867.70	352.9	654.7877	6.4843	2301.841	7.741464
2004	3099.38	8553.79	371.9	833.3373	6.7254	2712.361	7.905575

续表

年份	固定资产投资总额（X）（亿元）	GDP（gdp）（亿元）	居民消费价格指数	实际固定资产投资总额（亿元）	lnX	实际GDP（gdp）（亿元）	lngdp
2005	4378.69	10587.42	379.7	1153.0944	7.0502	3301.096	8.10201
2006	5907.74	12362.79	384.7	1535.7926	7.3368	3820.264	8.248075
2007	8010.11	15012.46	405.5	1975.3660	7.5885	4444.186	8.399352
2008	10490.65	18018.53	433.9	2417.7575	7.7906	4962.414	8.509648
2009	13704.65	19480.46	431.3	3177.5465	8.0639	5397.423	8.593677
2010	16585.85	23092.36	446.4	3715.4682	8.2203	6169.479	8.72737
2011	17770.51	26931.03	471.4	3769.7306	8.2348	6807.642	8.825801
2012	21449.99	29599.31	483.2	4439.1545	8.3982	7313.889	8.89753
2013	26087.45	32191.30	497.2	5246.7374	8.5654	7806.046	8.962654
2014	30782.17	34938.24	506.7	6075.5101	8.7120	8388.267	9.034589
2015	35660.34	37002.16	513.3	6947.9474	8.8462	8904.598	9.094323

2. 序列的平稳性检验

本书利用 ADF 单位根检验方法并结合 Eviews 9.0 对 lnX 和 lngdp 进行平稳性检验。检验结果如表 2 - 2 所示。

表 2 - 2 ADF 单位根检验结果

变量	ADF 检验	置信度	临界值	结论
lnX	2.760155	1% level	- 3.679322	不平稳
		5% level	- 2.967767	不平稳
		10% level	- 2.782989	不平稳
lngdp	- 0.128781	1% level	- 3.626784	不平稳
		5% level	- 2.945842	不平稳
		10% level	- 2.611531	不平稳
DlnX	- 5.280165	1% level	- 3.626784	平稳
		5% level	- 2.945842	平稳
		10% level	- 2.611531	平稳
Dlngdp	- 2.959653	1% level	- 3.661661	不平稳
		5% level	- 2.960411	不平稳
		10% level	- 2.619160	平稳

从检验结果可知 $\ln X$ 与 $\ln gdp$ 是不平稳的，但它们的一阶差分 $D\ln X$ 与 $D\ln gdp$ 是平稳序列，都不存在单位根，即为同阶单整，符合进行协整分析的条件。

3. 协整分析

为防止伪回归，通常采用两种办法，一个是差分，另一个就是协整。本书选用 EG 检验方法。此方法的步骤如下。首先，若两变量 x_t 与 y_t 是同阶单整的，则用最小二乘法估计长期均衡方程（称为协整回归），即 $y_t = b_0 + b_1 x_t + \mu_t$，得到公式：

$$\hat{y}_t = \hat{b}_0 + \hat{b}_1 x_t$$

检验残差项的平稳性。如果残差项是平稳的，则变量 x_t 与 y_t 是协整的，x_t 与 y_t 存在长期的均衡关系，反之则不存在长期的均衡关系。下面对河南省固定资产投资总额与河南省 GDP 进行协整检验，设回归方程为：

$$\ln X_t = \alpha + \beta \ln gdp_t + \mu_t$$

利用 Eviews 9.0 对 $\ln X$ 和 $\ln gdp$ 进行 OLS 回归，结果为：

$$\ln X_t = -4.58695230026 + 1.50546114665 \times \ln gdp_t$$
$$(-28.19549) \qquad (65.83346)$$

R-squared = 0.991762　　Adjusted R-squared = 0.991533　　F-statistic = 4334.045

协整检验本质上是对回归方程的残差序列进行平稳性检验，如果残差是平稳的，说明两变量之间存在协整关系，反之不存在。为研究线性回归残差序列的平稳性，运用 ADF 检验法，对残差的平稳性进行检验。

		t-Statistic	Prob.*
Augmented Dickey-Fuller test statistic		-2.169841	0.0315
Test critical values:	1% level	-2.664853	
	5% level	-1.955681	
	10% level	-1.608793	

图 2 - 6　ADF 单位根检验结果

从检验的结果可以看到，残差的 ADF 检验统计值均小于显著性水平为 0.01、0.05、0.1 下的临界值，所以认为残差序列是平稳序列。这表

明序列 $\ln X$ 与 $\ln gdp$ 具有协整关系，即从长期来看，河南省生产总值与固定资产投资存在长期的稳定关系。生产总值每增加 1%，将带动固定资产投资增加约 1.505%，这表明河南省的经济增长对固定资产投资有积极影响。

4. 误差修正模型

协整检验结果表明，河南省固定资产投资和经济增长之间存在长期稳定的均衡关系，但是变量之间短期波动的关系还需要进一步验证。为此，在协整分析的基础上，首先建立误差修正模型：

$$\text{D}\ln X_t = \theta + \eta \text{D}\ln gdp_t + \lambda ECM_{t-1} + \varepsilon_t$$

其次，建立固定资产投资与经济增长之间的误差修正模型，模型如下：

$$\text{D}X_t = 0.0492780723586 + 1.06983277693 \times \text{D}gdp_t - 0.00145505649579 \times ECM(-1)$$
$$(0.922920) \qquad (2.354187) \qquad (-0.008792)$$
$$\text{R-squared} = 0.143800 \quad \text{Adjusted R-squared} = 0.091909 \quad \text{F-statistic} = 2.771196$$

在误差修正模型中，模型解释了固定资产投资的短期波动是如何被决定的。一方面，它受到 GDP 短期波动的影响，另一方面，取决于误差修正项 ECM，ECM 项反映了固定资产投资和 GDP 的短期波动偏离它们长期均衡关系的程度。从模型中可以看出，短期 GDP 总额变动 1%，将引起固定资产投资同方向变动 1.06983%。误差修正项 ECM 的系数反映了对偏离长期均衡的调整力度，弹性约为 0.0014551%，误差修正的系数为负数，表明长期均衡趋势偏离的收敛机制在起作用，即上一年度的非均衡误差约以 0.0014551 的比率对本年度的 $\text{D}X$ 做出反向修正，X 在不断的修正过程中发展。从调整系数上看调整的力度不大。具体调节过程可选择：

$$\ln X_t = -4.58695230026 + 1.50546114665 \times \ln gdp_t$$

若（$t-1$）时刻，$\ln X_{t-1} > -4.58695230026 + 1.50546114665 \times \ln gdp_{t-1}$，调整项为正，使 $\text{D}\ln X$ 减少，从而 t 时刻 $\ln X$ 增长变慢；若（$t-1$）时刻，$\ln X_{t-1} < -4.58695230026 + 1.50546114665 \times \ln gdp_{t-1}$，调整项为负，使 $\text{D}\ln X$ 增加，从而 t 时刻的 $\ln X$ 增长加速。ECM 模型能够很好地反映河南省生产总值与固定资产投资之间的变化关系。

5. 格兰杰因果检验

根据现实情况，$\ln X$ 和 $\ln gdp$ 可能存在相互影响的关系，即 $\ln gdp$ 的增长能够促进 $\ln X$ 的增长，而反过来 $\ln X$ 的变化也是 $\ln gdp$ 变化的一个组成部分。由于 $\ln X$ 与 $\ln gpd$ 都是一阶平稳序列，符合格兰杰因果检验条件（见表 2 - 3）。

表 2 - 3　河南固定资产投资与生产总值的格兰杰因果检验

原假设	滞后期	F-Statistic	概率
$\ln X$ 不是 $\ln gdp$ 的格兰杰原因	1	1.41663	0.2422
$\ln X$ 不是 $\ln gdp$ 的格兰杰原因	2	0.50959	0.6057
$\ln X$ 不是 $\ln gdp$ 的格兰杰原因	3	6.37402	0.0020
$\ln X$ 不是 $\ln gdp$ 的格兰杰原因	4	6.00673	0.0016
$\ln gdp$ 不是 $\ln X$ 的格兰杰原因	1	7.90474	0.0081
$\ln gdp$ 不是 $\ln X$ 的格兰杰原因	2	6.28603	0.0051
$\ln gdp$ 不是 $\ln X$ 的格兰杰原因	3	5.47155	0.0044
$\ln gdp$ 不是 $\ln X$ 的格兰杰原因	4	2.75883	0.0500

由此可得，就长期而言，河南省生产总值与固定资产投资之间构成了一个稳定的均衡协整关系，其都随着时间的变化有同向增长趋势。河南省生产总值是固定资产投资的格兰杰原因，而在滞后期为 3、4 阶的情况下，固定资产投资与河南省生产总值之间具有统计意义上的因果关系，也就是说固定资产投资对经济的影响具有一定的滞后性。

综上所述，河南省生产总值是影响固定资产投资的主要因素之一。从协整分析看，固定资产投资与河南省生产总值存在长期稳定的关系，中长期贷款每增长 1%，约带动固定资产投资增长 1.505%，经济增长会对投资产生正向影响。从误差修正模型结果看，河南省生产总值对固定资产投资的调整力度不大，但由格兰杰因果检验可知河南省生产总值对固定资产投资具有明确的解释和预测能力，这说明按照古典预期，在经济发展时期，投资预期收益会更大，资金更加宽裕，企业等更愿意进行投资。这一点也符合河南省经济发展的实际情况。因此，在保持投资规模不断扩大的同时，更要注重投资质量和投资效益，做到有效投资，从而带动全省经济快速、健康、协调发展。

（二）财政因素

从河南省的长期发展来看，政府在经济发展中的主导作用不容忽视，大规模的基础设施建设和固定资产投资需要财政支出的大力支持。所以，我们假设财政支出也是影响固定资投资总额的因素之一。

1. 单位根检验

为了消除通货膨胀的影响，利用零售物品价格指数（以1978年为100）分别对河南省财政支出（CZ）和河南省固定资产投资总额（X）进行处理得到实际数据，并且为了消除异方差性，分别对处理后的数据取对数，结果见表2-4。

表2-4　河南省固定资产投资总额与一般财政支出

年份	固定资产投资总额(X)（亿元）	一般财政支出(CZ)（亿元）	居民消费价格指数	实际固定资产投资总额（亿元）	ln$X$	实际一般财政支出(CZ)（亿元）	lnCZ
1978	24.80	162.92	100.0	24.8000	3.2108	27.6700	3.3203
1979	23.75	190.09	100.4	23.6554	3.1636	29.7410	3.3925
1980	24.27	229.16	105.0	23.1102	3.1403	25.4622	3.2372
1981	47.25	249.69	106.5	44.3709	3.7926	24.2655	3.1891
1982	53.52	263.30	108.0	49.5650	3.9033	27.6071	3.3181
1983	61.40	327.95	109.7	55.9672	4.0248	27.4002	3.3106
1984	86.93	370.04	110.6	78.6093	4.3645	33.2686	3.5046
1985	126.95	451.74	115.7	109.7502	4.6982	42.8022	3.7566
1986	144.94	502.91	122.0	118.7705	4.7772	56.7057	4.0379
1987	160.42	609.60	129.7	123.6646	4.8176	50.3077	3.9182
1988	204.05	749.09	154.9	131.7405	4.8808	49.2098	3.8961
1989	187.68	850.71	183.9	102.0822	4.6258	47.6851	3.8646
1990	206.12	934.65	185.1	111.3327	4.7125	48.3583	3.8786
1991	256.46	1045.73	189.4	135.4087	4.9083	51.6798	3.9451
1992	318.83	1279.75	199.6	159.7149	5.0734	58.3546	4.0665
1993	450.43	1660.18	220.4	204.3829	5.3200	67.0326	4.2052
1994	628.03	2216.83	275.9	227.6110	5.4276	61.4738	4.1186
1995	805.03	2988.37	321.4	250.4373	5.5232	64.4829	4.1664
1996	1003.61	3634.69	355.2	282.5463	5.6438	71.8718	4.2749
1997	1165.19	4041.09	367.6	316.9429	5.7587	79.1113	4.3709
1998	1252.22	4308.24	358.4	349.3497	5.8561	90.2877	4.5030
1999	1324.18	4517.94	347.3	381.2439	5.9434	110.6494	4.7064
2000	1475.72	5052.99	344.6	428.3001	6.0598	129.3068	4.8622

续表

年份	固定资产投资总额（X）（亿元）	一般财政支出（CZ）（亿元）	居民消费价格指数	实际固定资产投资总额（亿元）	ln$X$	实际一般财政支出（CZ）（亿元）	lnCZ
2001	1627.99	5533.01	347.0	469.2092	6.1510	146.5798	4.9876
2002	1820.45	6035.48	347.3	524.1547	6.2618	181.1572	5.1994
2003	2310.54	6867.70	352.9	654.7877	6.4843	203.0784	5.3136
2004	3099.38	8553.79	371.9	833.3373	6.7254	236.5971	5.4664
2005	4378.69	10587.42	379.7	1153.0944	7.0502	293.9006	5.6832
2006	5907.74	12362.79	384.7	1535.7926	7.3368	374.3698	5.9252
2007	8010.11	15012.46	405.5	1975.3660	7.5885	461.3095	6.1341
2008	10490.65	18018.53	433.9	2417.7575	7.7906	525.8378	6.2650
2009	13704.65	19480.46	431.3	3177.5465	8.0639	673.7266	6.5128
2010	16585.85	23092.36	446.4	3715.4682	8.2203	765.2649	6.6402
2011	17770.51	26931.03	471.4	3769.7306	8.2348	901.3196	6.8039
2012	21449.99	29599.31	483.2	4439.1545	8.3982	1036.0927	6.9432
2013	26087.45	32191.30	497.2	5246.7374	8.5654	1122.7205	7.0235
2014	30782.17	34938.24	506.7	6075.5101	8.7120	1189.8891	7.0816
2015	35660.34	37002.16	513.3	6947.9474	8.8462	1324.7638	7.1890

利用 ADF 单位根检验方法并结合 Eviews 8.0 对 lnCZ 进行单位根检验。检验结果见表 2-5。

表 2-5　ADF 单位根检验结果

变量	ADF 检验	置信度	临界值	结论
lnCZ	3.170433	1% level	-2.630762	不平稳
		5% level	-1.950394	不平稳
		10% level	-1.611202	不平稳
DlnCZ	-8.605213	1% level	-3.632900	平稳
		5% level	-2.948404	平稳
		10% level	-2.612874	平稳

从检验结果可以看出河南省财政支出是一阶平稳序列，符合进行协整分析的条件。

2. 协整分析

对河南省固定资产投资与河南省财政支出进行协整检验，设回归方程为：

$$\ln X_t = \alpha + \beta \ln CZ_t + \mu_t$$

其中 α 和 β 为参数，μ_t 为残差项，利用 Eviews 8.0 对 $\ln X$ 和 $\ln CZ$ 进行 OLS 回归，结果为：

$$\ln X_t = -0.231127007788 + 1.26738544793 \times \ln CZ_t$$
$$(-1.262195) \qquad (35.19233)$$

R-squared = 0.971754   Adjusted R-squared = 0.970969   F-statistic = 1238.5

可见，回归方程通过检验，下面对回归方程的回归残差进行平稳性检验，残差项 μ_t 的 ADF 单位根检验结果见图 2－7。

		t-Statistic	Prob.*
Augmented Dickey-Fuller test statistic		-1.995206	0.0454
Test critical values:	1% level	-2.634731	
	5% level	-1.951000	
	10% level	-1.610907	

图 2－7   ADF 单位根检验结果

从残差的单位根检验结果中看出，在5%置信水平时残差为平稳序列，残差序列 μ_t 是平稳的，由此可得 $\ln CX$ 与 $\ln X$ 之间存在长期稳定的关系。回归方程表明，$\ln CZ$ 与 $\ln X$ 之间的关系符合宏观经济中的投资乘数理论，且具有明确的经济增长意义。系数 β 的估计值是财政支出关于固定资产投资的系数，即财政支出每增加 1% 可以带动固定资产投资总额增长约 1.267%。长期来看，河南省财政支出对固定资产投资具有推动作用。

3. 误差修正模型

首先，建立误差修正模型：

$$D\ln X_t = \theta + \eta D\ln CZ_t + \lambda ECM_{t-1} + \varepsilon_t$$

利用 OLS 对河南省固定资产投资总额与河南省财政支出进行估计，结果如下：

$$D\ln X_t = 0.0947039889587 + 0.57718575679 \times D\ln CZ_t - 0.136368669756 \times ECM_{(t-1)}$$
$$(2.801754) \qquad (2.465414) \qquad (-1.651551)$$

R-squared = 0.160721   Adjusted R-squared = 0.111352   F-statistic = 3.255493

拟合的效果在可信的范围内，回归方程通过了检验，模型反映了 $\ln X$

受 $\ln CZ$ 影响的短期波动规律。从误差修正模型的方程可以看出，模型中误差修正系数约为 -0.13637，小于 0，符合反修正机制，该系数表明 $\ln X$ 的实际值与长期偏差约为 -0.13637，从调整系数上看调整的力度不大。具体调节过程可选择：

$$\ln X_t = -0.231127007788 + 1.26738544793 \times \ln CZ_t$$

若（$t-1$）时刻，$\ln X_{t-1} > -0.231127007788 + 1.26738544793 \times \ln CZ_{t-1}$，调整项为正，使 $D\ln X$ 减少，从而 t 时刻 $\ln X$ 增长变慢；若（$t-1$）时刻，$\ln X_{t-1} < -0.231127007788 + 1.26738544793 \times \ln CZ_{t-1}$，调整项为负，使 $D\ln X$ 增加，从而 t 时刻的 $\ln X$ 增长加速。ECM 模型能够很好地反映河南省财政支出与固定资产投资之间的变化关系。

4. 格兰杰因果检验

根据现实情况，$\ln X$ 和 $\ln CZ$ 可能存在相互影响的关系，即 $\ln CZ$ 的增长能够促进 $\ln X$ 的增长，而反过来 $\ln X$ 的变化也是 $\ln CZ$ 变化的一个组成部分。由于 $\ln X$ 与 $\ln CZ$ 都是一阶平稳序列，符合格兰杰因果检验条件（见表 2-6）。

表 2-6 河南省固定资产投资与一般财政支出的格兰杰因果检验

原假设	滞后期	F-Statistic	概率
$\ln CZ$ 不是 $\ln X$ 的格兰杰原因	1	0.47815	0.4940
$\ln CZ$ 不是 $\ln X$ 的格兰杰原因	2	1.51406	0.2358
$\ln CZ$ 不是 $\ln X$ 的格兰杰原因	3	3.82869	0.0204
$\ln CZ$ 不是 $\ln X$ 的格兰杰原因	4	2.00411	0.1247
$\ln X$ 不是 $\ln CZ$ 的格兰杰原因	1	8.67422	0.0058
$\ln X$ 不是 $\ln CZ$ 的格兰杰原因	2	7.73254	0.0019
$\ln X$ 不是 $\ln CZ$ 的格兰杰原因	3	2.55092	0.0758
$\ln X$ 不是 $\ln CZ$ 的格兰杰原因	4	2.00217	0.1250

由此可得，在滞后期为 1、2 阶的情况下，固定资产投资与财政支出之间存在统计意义上的单向因果关系，固定资产投资是引起财政支出变化的格兰杰原因，也就是说地方政府为固定资产投资投入了很多的财政资金，这符合前面的统计数据，且政府投资的大多是基础设施建设项目，建设工期长，要求财政支出持续投入。在滞后期为 3 阶的情况下，财政支出是固定资产投资的格兰杰原因，可以理解为财政支出下的基础设施建设完成，

在基础设施建设与投资环境完善的情况下，企业积极增加投资比例，自筹资金不断向投资领域增加，这样财政支出对固定资产投资的格兰杰因果关系的滞后期会缩短。

经过上述对河南省财政支出与固定资产投资的定量分析可知，河南省的财政支出与河南省固定资产投资之间存在长期稳定的相关关系，这一点在上面的协整分析中已得到证实，财政支出每增长1%，固定资产投资约增长1.267%，并且财政支出对固定资产投资的影响很大，这一点也符合河南省经济发展的实际情况。财政支出推动固定资产投资总额增长，固定资产投资最终使财政收入增加，进而促进经济发展。虽然财政支出对河南固定资产投资有很大的影响，但财政支出对固定资产投资的影响是有限的，总依靠财政支出来支撑着固定资产投资不是长久之计。省委、省政府应制定一些优惠政策招商引资，利用外来投资拉动固定资产投资的增长，而财政支出应起到辅助性的作用。要抓住投资周期波动的规律，不要盲目地进行投资，要制定切实可行的相关政策，促进河南省经济持续、稳定、快速发展。

（三）货币因素

按照管理渠道，全社会固定资产投资分为基本建设、更新改造、房地产开发投资和其他固定资产投资四个部分。其资金来源主要有国家预算内资金、国内贷款、利用外资、自筹资金、其他资金五类，其中，国内贷款一般指中长期贷款。中长期贷款主要对基本建设、技术改造等固定资产投资活动或购买住房、汽车等消费活动提供资金支持，其类别主要包括基本建设贷款、技术改造贷款、其他中长期贷款等。可见，中长期贷款与固定资产投资两者之间存在依托关系。

1. 单位根检验

为了消除通货膨胀的影响，扣除价格因素，得到河南省金融机构中长期贷款余额（DK）与河南省固定资产投资总额（X）实际值，并且为了消除异方差性，分别对处理后的数据取对数，结果见表2-7。

利用 Eviews 8.0 对 $\ln DK$ 进行 ADF 单位根检验，检验结果见表2-8。

从检验结果可以看出原序列不平稳，对其进行一阶差分后在5%的置信区间时，河南省金融机构中长期贷款一阶差分为平稳序列，符合进行协整分析的条件。

表 2 - 7　河南省固定资产投资总额与中长期贷款余额

年份	固定资产投资总额（X）（亿元）	金融机构人民币中长期贷款余额（DK）（亿元）	居民消费价格总指数	实际固定资产投资总额（亿元）	lnX	实际金融机构人民币中长期贷款余额（DK）（亿元）	lnDK
2000	1475.72	5052.99	344.6	428.3001	6.0598	1057.50	5.7266
2001	1627.99	5533.01	347.0	469.2092	6.1510	1447.99	6.0339
2002	1820.45	6035.48	347.3	524.1547	6.2618	1702.63	6.1949
2003	2310.54	6867.70	352.9	654.7877	6.4843	2138.16	6.4068
2004	3099.38	8553.79	371.9	833.3373	6.7254	2487.19	6.5054
2005	4378.69	10587.42	379.7	1153.0944	7.0502	2736.63	6.5802
2006	5907.74	12362.79	384.7	1535.7926	7.3368	3259.90	6.7422
2007	8010.11	15012.46	405.5	1975.3660	7.5885	3800.96	6.8431
2008	10490.65	18018.53	433.9	2417.7575	7.7906	4302.41	6.8993
2009	13704.65	19480.46	431.3	3177.5465	8.0639	6066.05	7.2488
2010	16585.85	23092.36	446.4	3715.4682	8.2203	7806.31	7.4666
2011	17770.51	26931.03	471.4	3769.7306	8.2348	8690.17	7.5194
2012	21449.99	29599.31	483.2	4439.1545	8.3982	9608.35	7.5951
2013	26087.45	32191.30	497.2	5246.7374	8.5654	11029.60	7.7045
2014	30782.17	34938.24	506.7	6075.5101	8.7120	13625.90	7.8971
2015	35660.34	37002.16	513.3	6947.9474	8.8462	16416.30	8.0704

表 2 - 8　ADF 单位根检验结果

变量	ADF 检验	置信度	临界值	结论
$\ln DK$	6.312532	1% level	-2.728252	不平稳
		5% level	-1.966270	不平稳
		10% level	-1.605026	不平稳
$D\ln DK$	-3.932318	1% level	-4.121990	不平稳
		5% level	-3.144920	平稳
		10% level	-2.713751	平稳

3. 协整分析

通过 Eviews 8.0 对河南省固定资产投资总额与河南省金融机构人民币中长期贷款余额进行协整检验，设回归方程为：

$$\ln X_t = \alpha + \beta \ln DK_t + \mu_t$$

其中 α 和 β 为参数，μ_t 为残差项，利用 Eviews 8.0 对 $\ln X$ 和 $\ln DK$ 进行 OLS 回归结果：

$$\ln X_t = -1.86803593943 + 1.34947475805 \times \ln DK_t$$
$$(-3.943288) \qquad (19.93424)$$

R-squared = 0.965968　Adjusted R-squared = 0.963537　F-statistic = 397.3739

由此可见，方程通过了检验且拟合度很高。对回归方程的回归残差进行平稳性检验，见图 2 - 8。

		t-Statistic	Prob.*
Augmented Dickey-Fuller test statistic		-2.663223	0.0118
Test critical values:	1% level	-2.740613	
	5% level	-1.968430	
	10% level	-1.604392	

图 2 - 8　ADF 单位根检验结果

从残差的单位根检验结果中可以看出，残差为平稳序列，即表示 $\ln DK$ 与 $\ln X$ 之间存在长期稳定的关系。回归方程表明，$\ln X$ 与 $\ln DK$ 之间的关系符合宏观经济中的相关理论，且具有明确的经济增长意义。根据公式可知，当年金融机构中长期贷款余额每增长 1%，会带动固定资产投资增长约 1.349%，说明河南省金融机构中长期贷款余额对固定资产投资总额产生了积极的影响。

3. 误差修正模型

首先建立误差修正模型：

$$\mathrm{D}\ln X_t = \theta + \eta\,\mathrm{D}\ln DK_t + \lambda ECM_{t-1} + \varepsilon_t$$

利用最小二乘法对河南省固定资产投资总额与河南省金融机构中长期贷款余额进行估计，结果如下：

$$\mathrm{D}\ln X = 0.176744674142 + 0.0618794577694 \times \mathrm{D}\ln DK - 0.0555216324875 \times ECM(-1)$$
$$(3.448513) \qquad (0.207657) \qquad (-0.371423)$$

R-squared = 0.011542　Adjusted R-squared = -0.153201　F-statistic = 0.070062

拟合效果在可信的范围内，回归方程通过了检验，模型反映了 $\ln X$ 受 $\ln DK$ 影响的短期波动规律。从误差修正模型的方程可以看出，模型中误差修正系数约为 -0.0555，小于 0，符合反修正机制，该系数表明 $\ln X$ 的实际值与长期偏差约为 -0.0555，从调整系数上看调整的力度不大。具体调节过程可选择：

$$\ln X_t = -1.86803593943 + 1.34947475805 \times \ln DK_t$$

若（$t-1$）时刻，$\ln X_{t-1} > -1.86803593943 + 1.34947475805 \times \ln DK_{t-1}$，调整项为正，使 $\mathrm{D}\ln X$ 减少，从而 t 时刻 $\ln X$ 增长变慢；若（$t-1$）时刻，$\ln X_{t-1} < -1.86803593943 + 1.34947475805 \times \ln DK_{t-1}$，调整项为负，使 $\mathrm{D}\ln X$ 增加，从而 t 时刻的 $\ln X$ 增长加速。ECM 模型能够很好地反映河南省金融机构中长期贷款余额与固定资产投资总额之间的变化关系。

4. 格兰杰因果检验

由 ADF 检验可知河南省固定资产投资总额与河南省金融机构中长期贷款余额都是一阶平稳序列，符合格兰杰因果检验的条件，其关系见表 2-9。

表 2-9　河南省固定资产投资总额与中长期贷款余额格兰杰因果检验

原假设	滞后期	F-Statistic	概率
$\ln X$ 不是 $\ln DK$ 的格兰杰原因	1	4.06534	0.0667
$\ln X$ 不是 $\ln DK$ 的格兰杰原因	2	1.17880	0.3510
$\ln X$ 不是 $\ln DK$ 的格兰杰原因	3	1.09146	0.4220
$\ln X$ 不是 $\ln DK$ 的格兰杰原因	4	0.68285	0.6494
$\ln DK$ 不是 $\ln X$ 的格兰杰原因	1	0.00108	0.9743
$\ln DK$ 不是 $\ln X$ 的格兰杰原因	2	5.98426	0.0222
$\ln DK$ 不是 $\ln X$ 的格兰杰原因	3	8.32490	0.0147
$\ln DK$ 不是 $\ln X$ 的格兰杰原因	4	2.97627	0.1985

从检验结果看，河南省固定资产投资总额与河南省金融机构中长期贷款余额在统计意义上存在单向的格兰杰因果关系，即河南省金融机构中长期贷款余额是固定资产投资总额的格兰杰原因，反之不成立。也就是说，前2、3阶的河南省金融机构中长期贷款余额能够很好地解释和预测当期的固定资产投资总额，但反之不成立。现实中，中长期贷款分为个人和非金融企业及机关团体贷款，其中个人中长期贷款大部分用于房地产投资，企业中长期贷款主要用于大型不动产投资，均与固定资产投资总额的变动有很强的相关性。

综上所述，金融机构中长期贷款是影响河南省固定资产投资的主要因素之一。从协整分析看，固定资产投资与中长期贷款存在长期稳定的关系，中长期贷款每增长1%，带动固定资产投资增长约1.349%，货币投放规模会对投资产生正向影响。从误差修正模型结果看，中长期贷款对固定资产投资的调整力度不大，但由格兰杰因果检验可知中长期贷款对固定资产投资具有明确的解释和预测能力，这说明长期以来河南省的货币投放对象单一，只有扩大货币投放领域，将货币引导至更多领域，才能对固定资产投资产生更快速稳定的作用。

（四）消费因素

消费需求对投资需求的促进作用主要表现在以下两方面：当某种消费品的需求增加时，会引起直接生产这种消费品的生产部门和与其有互补关系的消费品的生产部门增加投资；消费品需求增加，在导致生产部门扩大投资的同时，也对生产生产资料的部门形成新的投资品需求。投资需求对消费需求的促进作用，需要通过个人可支配收入的增长来得以实现。个人消费需求的增长，主要来源于个人可支配收入的增长。投资需求增长包括对新增投资品的需求和对新增劳务的需求。投资需求对消费需求增长的拉动作用就是通过投资品生产和劳务需求的扩大，以及提供更多的就业机会，使个人可支配收入总额增加来实现的。

1. 单位根检验

为了消除通货膨胀的影响，利用居民消费价格指数（以1978年为100）对河南省社会消费品零售总额（XF）进行调整，得到实际值，为了消除异方差性，将处理后的数据取对数，结果见表2-10。

表 2 - 10　河南省固定资产投资总额与社会消费品零售总额

年份	固定资产投资总额(X)（亿元）	社会消费品零售总额(XF)（亿元）	居民消费价格总指数	实际固定资产投资总额（亿元）	$\ln X$	实际社会消费品零售总额(XF)（亿元）	$\ln XF$
1990	206. 12	934. 65	185. 1	111. 3327	4. 7125	169. 7699	5. 1344
1991	256. 46	1045. 73	189. 4	135. 4087	4. 9083	194. 7866	5. 2719
1992	318. 83	1279. 75	199. 6	159. 7149	5. 0734	235. 5924	5. 4621
1993	450. 43	1660. 18	220. 4	204. 3829	5. 3200	262. 2497	5. 5693
1994	628. 03	2216. 83	275. 9	227. 6110	5. 4276	286. 3739	5. 6573
1995	805. 03	2988. 37	321. 4	250. 4373	5. 5232	297. 9502	5. 6969
1996	1003. 61	3634. 69	355. 2	282. 5463	5. 6438	336. 3608	5. 8182
1997	1165. 19	4041. 09	367. 6	316. 9429	5. 7587	388. 3019	5. 9618
1998	1252. 22	4308. 24	358. 4	349. 3497	5. 8561	436. 8559	6. 0796
1999	1324. 18	4517. 94	347. 3	381. 2439	5. 9434	486. 9125	6. 1881
2000	1475. 72	5052. 99	344. 6	428. 3001	6. 0598	542. 6745	6. 2965
2001	1627. 99	5533. 01	347. 0	469. 2092	6. 1510	597. 1588	6. 3922
2002	1820. 45	6035. 48	347. 3	524. 1547	6. 2618	660. 1421	6. 4925
2003	2310. 54	6867. 70	352. 9	654. 7877	6. 4843	719. 6248	6. 5787
2004	3099. 38	8553. 79	371. 9	833. 3373	6. 7254	790. 0173	6. 6721

年份	固定资产投资总额（X）（亿元）	社会消费品零售总额（XF）（亿元）	居民消费价格总指数	实际固定资产投资总额（亿元）	lnX	实际社会消费品零售总额（XF）（亿元）	lnXF
2005	4378.69	10587.42	379.7	1153.0944	7.0502	890.3288	6.7916
2006	5907.74	12362.79	384.7	1535.7926	7.3368	1022.317	6.9298
2007	8010.11	15012.46	405.5	1975.3660	7.5885	1156.676	7.0533
2008	10490.65	18018.53	433.9	2417.75575	7.7906	1340.272	7.2006
2009	13704.65	19480.46	431.3	3177.5465	8.0639	1564.209	7.3551
2010	16585.85	23092.36	446.4	3715.4682	8.2203	1793.045	7.4917
2011	17770.51	26931.03	471.4	3769.7306	8.2348	2005.441	7.6036
2012	21449.99	29599.31	483.2	4439.1545	8.3982	2259.026	7.7227
2013	26087.45	32191.30	497.2	5246.7374	8.5654	2499.253	7.8237
2014	30782.17	34938.24	506.7	6075.5101	8.7120	2764.173	7.9245
2015	35660.34	37002.16	513.3	6947.9474	8.8462	3066.816	8.0284

利用 Eviews 8.0 对 lnXF 进行 ADF 单位根检验，检验结果见表 2 - 11。

表 2 - 11 ADF 单位根检验结果

变量	ADF 检验	置信度	临界值	结论
lnXF	2.611872	1% level	- 2.664853	不平稳
		5% level	- 1.955684	不平稳
		10% level	- 1.608793	不平稳
DlnXF	- 4.178720	1% level	- 3.752946	平稳
		5% level	- 2.998064	平稳
		10% level	- 2.638752	平稳

从检验结果可以看出，河南省社会消费品零售总额一阶差分为平稳序列。

2. 协整分析

通过 Eviews 8.0 对河南省固定资产投资总额与河南省社会消费品零售总额进行协整检验，设回归方程为：

$$\ln X_t = \alpha + \beta \ln XF_t + \mu_t$$

其中 α 和 β 为参数，μ_t 为残差项，利用 Eviews 8.0 对 ln$X$ 和 lnXF 进行 OLS 回归，结果为：

$$\ln X_t = - 3.06732844438 + 1.48605018764 \times \ln XF_t$$
$$(- 13.24010) \qquad (42.59481)$$

R-squared = 0.986945 Adjusted R-squared = 0.986401 F-statistic = 1814.318

由此可见，方程通过了检验且拟合度很高。对回归方程的回归残差进行平稳性检验，见图 2 - 9。

从残差的单位根检验结果中可以看出，残差为平稳序列，即表示 lnXF 与 ln$X$ 之间存在长期稳定的关系。回归方程表明，ln$X$ 与 lnXF 之间的关系符合宏观经济中的相关理论，且具有明确的经济增长意义。根据公式可知，当年社会消费品零售总额增长 1%，会带动固定资产投资增长约 1.486%，说明河南省社会消费品零售总额的变化对固定资产投资总额产生了正向影响。

3. 误差修正模型

首先建立误差修正模型：

		t-Statistic	Prob.*
Augmented Dickey-Fuller test statistic		-2.169841	0.0315
Test critical values:	1% level	-2.664853	
	5% level	-1.955681	
	10% level	-1.608793	

图 2-9 ADF 单位根检验结果

$$\mathrm{Dln}X_t = \theta + \eta \mathrm{Dln}XFZ_t + \lambda ECM_{t-1} + \varepsilon_t$$

利用最小二乘法对河南省固定资产投资与河南省社会消费品零售总额进行估计，结果如下：

$$\mathrm{Dln}X_t = 0.0475323411144 + 1.01834638355 \times \mathrm{Dln}XF_t - 0.0997232306234 \times ECM(-1)$$
$$(0.681138) \qquad (1.727341) \qquad (-0.902546)$$

R-squared = 0.120012   Adjusted R-squared = -0.040013   F-statistic = 1.500164

拟合的效果在可信的范围内，回归方程通过了检验，模型反映了 $\ln X$ 受 $\ln XF$ 影响的短期波动规律。从误差修正模型的方程可以看出，模型中误差修正系数约为 -0.0997，小于 0，符合反修正机制，该系数表明 $\ln X$ 的实际值与长期偏差约为 -0.0997，从调整系数上看调整的力度不大。具体调节过程可选择：

$$\ln X_t = -3.06732844438 + 1.48605018764 \times \ln XF_t$$

若 $(t-1)$ 时刻，$\ln X_{t-1} > -3.06732844438 + 1.48605018764 \times \ln XF_{t-1}$，调整项为正，使 $\mathrm{Dln}X$ 减少，从而 t 时刻 $\ln X$ 增长变慢；若 $(t-1)$ 时刻，$\ln X_{t-1} < -3.06732844438 + 1.48605018764 \times \ln XF_{t-1}$，调整项为负，使 $\mathrm{Dln}X$ 增加，从而 t 时刻的 $\ln X$ 增长加速。ECM 模型能够很好地反映河南省社会消费品零售总额与固定资产投资总额之间的变化关系。

4. 格兰杰因果检验

由 ADF 检验可知河南省固定资产投资总额与河南省社会消费品零售总额都是一阶平稳序列，符合格兰杰因果检验的条件，其关系见表 2-12。

表 2 – 12　河南省固定资产投资总额与社会消费品零售总额格兰杰因果检验

原假设	滞后期	F -Statistic	概率
lnXF 不是 ln$X$ 的格兰杰原因	1	0.03093	0.08620
lnXF 不是 ln$X$ 的格兰杰原因	2	1.49089	0.2504
lnXF 不是 ln$X$ 的格兰杰原因	3	2.37253	0.1086
lnXF 不是 ln$X$ 的格兰杰原因	4	4.11999	0.0226
ln$X$ 不是 lnXF 的格兰杰原因	1	5.79543	0.0249
ln$X$ 不是 lnXF 的格兰杰原因	2	1.68531	0.2119
ln$X$ 不是 lnXF 的格兰杰原因	3	1.24671	0.3258
ln$X$ 不是 lnXF 的格兰杰原因	4	3.35726	0.0427

从检验结果看，河南省固定资产投资总额与河南省社会消费零售总额在统计意义上存在双向的格兰杰因果关系。消费需求和投资需求相互制约，互为条件。首先，消费需求增长受到投资需求增长的制约，要以投资需求的相应增长为保证。其次，投资需求的增长受到消费需求增长的制约，只能在消费需求所限定的空间范围内得到实现。在市场经济条件下，投资需求的增长最终仍然需要依靠消费需求的增长来实现，其自身不可能成为经济真正和持久的拉动力量。没有消费需求增长的支持，投资需求增长形成的新增生产能力将大量闲置，不论是投资需求拉动的经济增长还是投资需求增长本身都不可能持久。

综上所述，社会消费品零售总额是影响河南省固定资产投资总额的主要因素之一。从协整分析看，固定资产投资与社会消费品零售总额存在长期稳定的关系，社会消费品零售总额每增长 1%，带动固定资产投资增长约 1.486%，从误差修正模型结果看，社会消费品零售总额对固定资产投资的调整力度不大。凯恩斯认为投资需求依赖于消费需求的深层次联系，同时认为国民收入达到均衡的条件可以简化为投资等于储蓄，当消费需求不足使总需求小于总供给时，可通过投资来恢复总量均衡。事实上，在消费需求不足引起大量消费品积压的情况下，不去扩大消费需求，而去扩大投资品（生产资料）需求，很容易产生总需求结构与总供给结构错位，招致滞胀危机。

四　河南固定资产投资预测

（一）宏观经济预测模型方法

1. 时间序列分析法

时间序列指按时间顺序排列起来的一组数据，时间序列预测法建立在事物运行具有连续性的原理之上，它假定时间因素包含了各种因素对预测变量的综合影响。时间序列预测模型主要包括移动平均法、指数平滑法、随机时间序列预测法等。

2. 回归预测模型

回归预测是一种因果分析方法，反映事物之间的相互依存又相互联系。回归预测模型通常采用线性模型，模型假设解释变量为因，被解释变量为果，因果之间存在密切的相关关系，模型给出的被解释变量估计值与实际值的偏差满足正态分布。由于这样的假设前提存在，在用最小二乘法等估计模型参数之后，模型并不能立即运用于预测，必须通过一系列统计检验，如 R 检验、T 检验、F 检验、DW 检验等，这些检验的目的在于证实假设前提的正确性。

3. 计量经济模型

计量经济模型是研究经济结构及其变动趋势的预测方法，以经济理论为依据，运用数理统计的方法，对实际经济运行的统计资料进行计量分析，建立模型。模型变量分为两大类：一类是外生变量，即由模型外部给定的；另一类是内生变量，是由模型结构决定的，可由模型求出其值。

此外，常用的还有投入产出模型、系统动力学模型等数量分析模型。在定量分析的基础上，预测还需要以定性分析作指导。数量分析是从量的方面把握经济现象、相互关系及其变化发展的，通过一定的数量分析方法，把握经济中的内在联系，而理论分析更进一步解释了经济关系的基本性质。只有把两者结合起来，才能对经济现象整体有一个全面认识。

（二）ARIMA 模型

经济运行过程从较长时间序列看，由于市场机制的作用，呈现一定的规律，这对预测提供了依据。目前，预测经济运行时间序列的理论与方法较多，而 ARIMA 模型在经济预测过程中既考虑了经济现象在时间序列上的依存性，又考虑了随机波动的干扰性，对经济运行短期趋势的预测准确率较高，是近年应用比较广泛的方法之一。固定资产投资不仅能够在总体上度量投资需求、产出和规模，也能够在整体上预测经济波动和经济周期状态，因此，对固定资产投资进行精确的拟合和分析，对分析一国的宏观经济发展趋势具有重要意义。

1. 研究方法

ARIMA 模型又称为 B-J 模型，该模型是由美国统计学家 G. E. P. Box 和英国统计学家 G. M. Jenkins 于 20 世纪 70 年代创立的一类随机时间序列模型。该方法通过时间序列的历史数据揭示现象随时间变化的规律，并将这种规律延伸到未来，从而进行短期预测。ARIMA 模型的基本思想是将预测对象随时间推移而形成的数据序列视为一个随机序列，即除去个别的因偶然原因引起的观测值外，时间序列是一组依赖于时间的随机序列，虽然构成这个序列的单个序列值具有不确定性，但整个序列的变化却有一定的规律性，并且可以通过这种规律性建立数学模型，从而利用过去值和现在值预测未来值。

然而，当时间序列中有明显的时间趋势和季节性变化时，单纯使用 ARIMA 模型进行分析往往会使预测结果不理想。这时只有将 ARIMA 模型和随机季节模型（Stochastic Seasonal Model）组合成季节时间序列模型（又称乘积时间序列模型）即 SARIMA（Seasonal ARIMA Model）模型，才能较好地描述该时间序列。

其中 ARIMA (p, d, q) 模型可以记为：

$$\Phi(B) = \alpha + \theta(B)\mu_t \tag{1}$$

式（1）中 t 表示时间，α 表示位移量，B 为滞后算子，$\nabla^d = (1 - B)^d$，$\nabla^d y_t$ 表示对 y_t 进行了 d 阶差分，$\Phi(B)$ 和 $\theta(B)$ 表示 p 阶自回归

和 q 阶移动平均算子。

若原时间序列 y_t 进行 d 阶逐期差分和 D 阶长度为 s 的差分后才平稳，则建立季节时间序列模型 ARIMA $(p, d, q)(P, D, Q)^s$，表示为：

$$\Phi_p(B)\Phi_p(B^s)\nabla^d\nabla_s^D y_t = \theta_q(B)\Theta_Q(B^s)\mu_t \qquad (2)$$

式（2）中 P 是季节自回归阶数，Q 是季节移动平均阶数，$\nabla^d = (1 - B)^d$ 表示 d 阶逐期差分，$\nabla_s^D = (1 - B^s)^D$ 表示 D 阶季节差分，$\Phi_p(B^s)$ 和 $\Theta_Q(B^s)$ 为季节 P 阶自回归算子和 Q 阶移动平均算子。当 $P = D = Q = 0$ 时，SARIMA 模型变为一般的 ARIMA 模型。

2. 随机时间序列模型的建立

随机时间序列模型 ARIMA $(p, d, q)(P, D, Q)^s$ 可以描述任何齐次非平稳时间序列，它包括 AR (p)、MA (q)、ARIMA (p, q)、ARIMA (p, d, q)、ARIMA $(P, D, Q)^s$ 以及各种组合模型。为预测对象建立随机时间序列模型主要有以下几个步骤。

（1）模型的识别。

这是建模的第一步。要建立一个描述预测对象的随机时间序列模型，首先要利用有关样本数据和产生该时间序列的有关信息，提出一组值得考虑的模型，包括模型的类型及相应的 p、d、q、P、D、Q 阶的数值。模型识别的基本工具是相关分析，通过检验它们的截尾性、拖尾性以及周期性，判断时间序列采用何种模型拟合比较合适。

这一过程可细分为三步。首先，如果该序列为非平稳序列，这时应对该时间序列进行差分，同时分析差分序列的相关图以判断差分序列的平稳性，直至得到一个平稳序列。在实际中应该防止过度差分，过度差分不但会使序列样本容量减少还会使序列的方差变大。其次，在平稳时间序列基础上识别 ARIMA 模型阶数 p 和 q，在建立 ARIMA 模型时，时间序列的相关图和偏相关图为识别模型阶数 p 和 q 提供了信息，选择模型原则见表 2 - 13。最后，为季节数据选择 P、Q 识别的基本原则和方法与识别 p、q 相同，只是分析 $k = 12$（或 4），24（或 8），⋯ 时的情况。

表 2 - 13　模型 ARIMA（p，q）选择

ACF	PACF	选择模型
拖尾	P 阶截尾	ARIMA(p,0)
q 阶截尾	拖尾	ARIMA(0,q)
拖尾	拖尾	ARIMA(p,q)

估计的模型形式并不是唯一的时间序列，在建立模型阶段应多选择几种模型形式，再根据 Akaike 提出的 AIC 准则和 Schwatz 提出的 SC 准则评判拟合模型的优劣，选取 AIC 和 SC 值达最小的模型。

（2）模型参数的估计。

这一步主要是利用有关的样本数据，对已选出的模型参数进行估计，也就是要估计出 p 个自回归参数 $\varphi 1$，$\varphi 2$，…，φp，q 个移动平均参数 $\theta 1$，$\theta 2$，…，θq，P 个季节自回归参数 $\Phi 1$，$\Phi 2$，…，ΦP，以及 Q 个季节移动平均参数 $\Theta 1$，$\Theta 2$，…，ΘQ 的数值。

（3）模型的检验。

这一步主要是通过检验模型残差序列 μ_t 是不是白噪声，以考核所建模型的优劣。如果经检验发现 μ_t 是白噪声序列，则模型是合理的，可用于预测；否则，说明残差序列中还有某种信息，即还有规律，所建立的模型不合适，应进一步改进模型。所谓白噪声序列，就是各项之间互不相干的纯随机序列。

（4）模型预测

根据最后所选方程模型对将来数据进行预测，由于手工计算步骤繁多且容易出错，故本书利用 Eviews 8.0 的预测功能对将来数据进行预测，得出将来数据的趋势。

（三）河南固定资产投资预测

1. 数据初步处理

由于河南省固定资产投资统计口径于 2011 年进行了修改，所以无法利用年度数据进行预测，本书根据《河南统计月报》选择 2011～2016 年河南省固定资产投资的月度数据 X 进行分析。各年 1 月份数据未上报，且收集的数据为累积数据，为了适应 ARIMA 模型，对数据进行插值处理和月度化，见表 2 - 14。

表 2－14　河南固定资产投资月度数

单位：亿元

时间	绝对数	时间	绝对数	时间	绝对数
2011 年 1 月	252.94	2013 年 1 月	414.86	2015 年 1 月	589.8
2011 年 2 月	505.87	2013 年 2 月	829.71	2015 年 2 月	1179.6
2011 年 3 月	1207.92	2013 年 3 月	1818.1	2015 年 3 月	2557.25
2011 年 4 月	1504.2	2013 年 4 月	2306.19	2015 年 4 月	3211.54
2011 年 5 月	1716.45	2013 年 5 月	2583.87	2015 年 5 月	3593.33
2011 年 6 月	1923.61	2013 年 6 月	2905.84	2015 年 6 月	4090.31
2011 年 7 月	1468.93	2013 年 7 月	2205.75	2015 年 7 月	3058.97
2011 年 8 月	1459.65	2013 年 8 月	2226.49	2015 年 8 月	2983.62
2011 年 9 月	1610.13	2013 年 9 月	2485.43	2015 年 9 月	3349.02
2011 年 10 月	1519.64	2013 年 10 月	2323.13	2015 年 10 月	3178.18
2011 年 11 月	1724.51	2013 年 11 月	2634.65	2015 年 11 月	3671.89
2011 年 12 月	2038.3	2013 年 12 月	2587.5	2015 年 12 月	3487.77
2012 年 1 月	333.71	2014 年 1 月	508.96	2016 年 1 月	668.26
2012 年 2 月	667.42	2014 年 2 月	1017.91	2016 年 2 月	1336.53
2012 年 3 月	1468.14	2014 年 3 月	2193.76	2016 年 3 月	2905.66
2012 年 4 月	1857.52	2014 年 4 月	2796.16	2016 年 4 月	3652.04
2012 年 5 月	2098.87	2014 年 5 月	3116.32	2016 年 5 月	3995.86
2012 年 6 月	2366.46	2014 年 6 月	3520.95	2016 年 6 月	4579.06
2012 年 7 月	1798.87	2014 年 7 月	2639.87	2016 年 7 月	3484.05
2012 年 8 月	1784.49	2014 年 8 月	2607.51	2016 年 8 月	3362.3
2012 年 9 月	2023.05	2014 年 9 月	2883.15	2016 年 9 月	3838.97
2012 年 10 月	1888.9	2014 年 10 月	2703.78	2016 年 10 月	3674.2
2012 年 11 月	2155.13	2014 年 11 月	3094.48	2016 年 11 月	4174.77
2012 年 12 月	2427.6	2014 年 12 月	2929.43	2016 年 12 月	4082.23

为了使原数据更统一，对原序列取对数，记做 $\ln X$。对河南省 2011 年 1 月～2016 年 12 月固定资产投资数据作图观察，发现序列呈线性增长趋势，同时含有季节变化。由图 2－10 可以看出，序列带有很强的趋势成分，在每年的 12 月达到峰值，在年初（1～2月）再次降到谷底，每年 6 月有所提升。

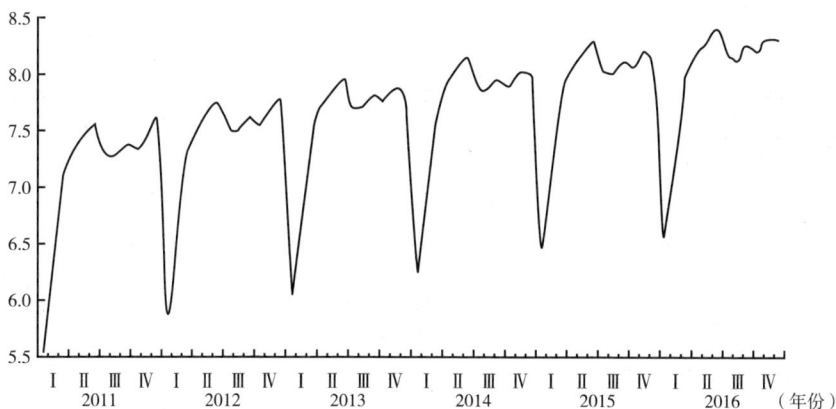

图 2 - 10 ln$X$ 序列趋势

（1）模型识别

我们的目的主要是利用 ARIMA 模型对其周期成分进行分析，因此需要先对此类的数据进行消除趋势性与季节性的处理，然后建立 ARIMA 模型。

a. 差分阶数的确定。由于序列有很强的趋势性，对其进行一阶逐期差分，差分后序列记做 DX，其时间序列趋势见图 2 - 11。

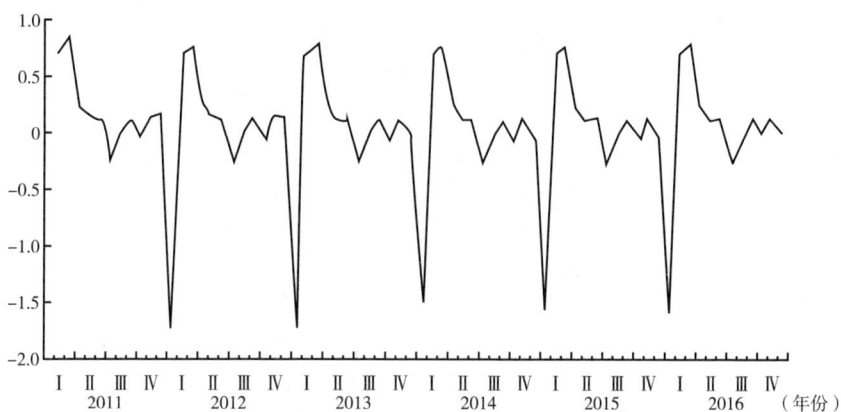

图 2 - 11 一阶差分序列曲线

差分后变为没有趋势性且均值不为 0 的序列，对一阶差分后的序列进行 ADF 检验，结果见图 2 - 12。

		t-Statistic	Prob.*
Augmented Dickey-Fuller test statistic		-3.001883	0.0405
Test critical values:	1% level	-3.546099	
	5% level	-2.911730	
	10% level	-2.593551	

图 2 – 12　ADF 检验结果

可以看出在显著性水平 0.05 下，拒绝存在单位根的原假设，说明序列 X 的一阶差分序列是平稳序列，因此 $d = 1$。计算序列的自相关系数，如图 2 – 13 所示。可以看出，序列的趋势基本消除，但有周期性变化。

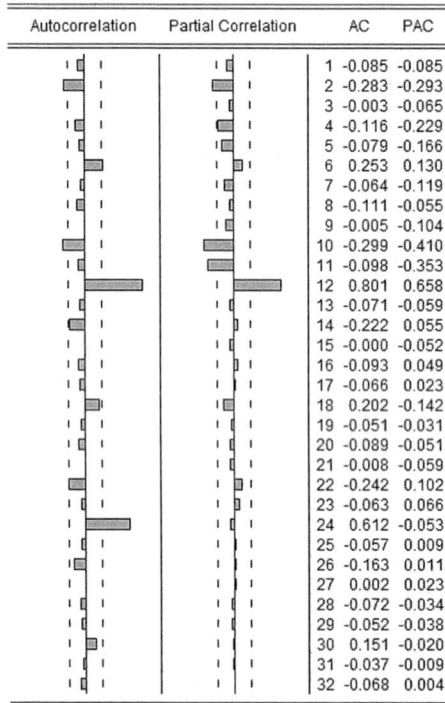

Autocorrelation	Partial Correlation		AC	PAC
		1	-0.085	-0.085
		2	-0.283	-0.293
		3	-0.003	-0.065
		4	-0.116	-0.229
		5	-0.079	-0.166
		6	0.253	0.130
		7	-0.064	-0.119
		8	-0.111	-0.055
		9	-0.005	-0.104
		10	-0.299	-0.410
		11	-0.098	-0.353
		12	0.801	0.658
		13	-0.071	-0.059
		14	-0.222	0.055
		15	-0.000	-0.052
		16	-0.093	0.049
		17	-0.066	0.023
		18	0.202	-0.142
		19	-0.051	-0.031
		20	-0.089	-0.051
		21	-0.008	-0.059
		22	-0.242	0.102
		23	-0.063	0.066
		24	0.612	-0.053
		25	-0.057	0.009
		26	-0.163	0.011
		27	0.002	0.023
		28	-0.072	-0.034
		29	-0.052	-0.038
		30	0.151	-0.020
		31	-0.037	-0.009
		32	-0.068	0.004

图 2 – 13　一阶差分序列自相关

由图 2 – 13 可以看出，序列确实没有明显趋势，这表明通过一阶差分趋势基本消除，但自相关系数在 k 为 6、12、18、24 时显著不为零，序列存在周期为一年的季节变化。对该序列进行一阶季节差分，将差分后序列记做 DLX，序列曲线如图 2 - 14 所示，自相关系数如图 2 - 15 所示。

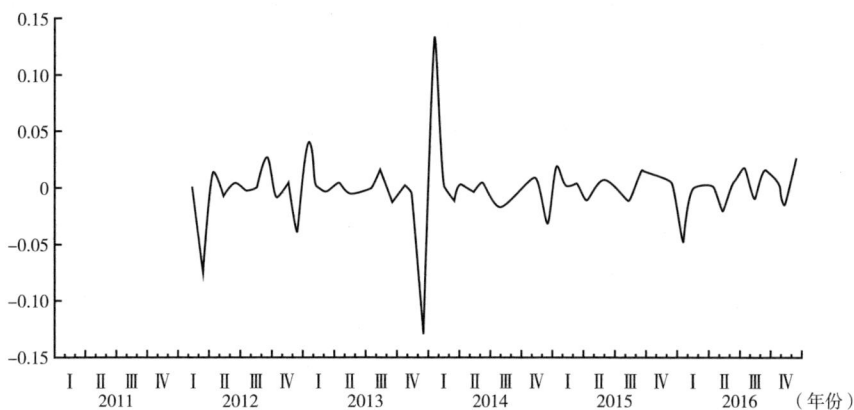

图 2 - 14　季节差分后序列曲线

Autocorrelation	Partial Correlation		AC	PAC	Q-Stat	Prob
		1	-0.421	-0.421	10.979	0.001
		2	-0.044	-0.268	11.101	0.004
		3	0.054	-0.108	11.285	0.010
		4	-0.067	-0.129	11.580	0.021
		5	0.089	0.011	12.110	0.033
		6	-0.101	-0.089	12.808	0.046
		7	0.016	-0.071	12.825	0.076
		8	-0.063	-0.161	13.108	0.108
		9	0.153	0.065	14.803	0.096
		10	-0.058	0.022	15.051	0.130
		11	-0.222	-0.267	18.740	0.066
		12	0.329	0.109	27.044	0.008
		13	-0.147	0.011	28.725	0.007
		14	0.025	0.010	28.776	0.011
		15	-0.111	-0.175	29.778	0.013
		16	0.088	0.009	30.422	0.016
		17	0.034	-0.003	30.519	0.023
		18	-0.044	-0.015	30.689	0.031
		19	-0.002	-0.055	30.689	0.044
		20	0.018	0.103	30.720	0.059
		21	0.226	0.287	35.559	0.024
		22	-0.193	0.038	39.179	0.013
		23	-0.040	0.046	39.337	0.018
		24	-0.090	-0.243	40.165	0.021

图 2 - 15　一阶季节差分和序列自相关

两个图均显示序列的季节性基本消除，序列平稳，这表明，该序列是一阶逐期差分、一阶季节差分平稳序列，故 $d=1$，$D=1$。

b. 非季节（p，q）的选择。根据图 2－15 平稳序列的自相关和偏自相关图，初步选择（p，q）。由图看，在时滞 $k=12$ 以内，明显不为零的偏自相关系数的个数为 1 个（$k=1$），$k=2$ 没有趋于零，可以考虑 p 为 1，显著不为零的自相关系数也为 1 个（$k=1$），同时看到 $k=12$ 时，γ 有增大，考虑 $q=2$。

c. 季节（P，Q）的选择。由图 2－15 可知，$P=1$，$Q=1$。

（2）根据上述分析结果，初选模型为：

ARIMA（2，1，1）（1，1，1）12，ARIMA（1，1，1）（1，1，1）12，ARIMA（1，1，2）（1，1，1）12 和 ARIMA（2，1，2）（1，1，1）12

（3）参数估计

从模型定阶准则看，ARIMA（2，1，1）（1，1，1）12 的 AIC 最小，且各参数满足参数的约束，因此选择 ARIMA（2，1，1）（1，1，1）12，采用最大似然估计法对初选模型分别进行估计，结果如下：

D（X，1，12）＝0＋［AR（1）＝0.347231944072，SAR（12）＝－0.012097779402，MA（1）＝－0.665008735662，SMA（12）＝－0.969531377958，BACKCAST＝2013M03，ESTSMPL＝2013M03 2016M12］

（4）残差检验

对所选模型进行残差序列的 $X2$ 检验，计算残差序列的自相关系数和 Q 统计量，结果如图 2－16 所示。结果显示，概率均大于 0.05，说明所有 Q 值都小于检验水平为 0.05 的分布临界值，因此随机误差序列是一个白噪声序列。

（5）ARIMA（2，1，1）（1，1，1）12 预测

根据对 2016 年 11 月～2017 年 12 月河南省固定资产投资趋势模型的分析，得到河南省固定资产投资对数的实际值与模型预测值的序列曲线图，见图 2－17。

由图可以看出，样本期内的拟合效果不错。基于 SARIMA 模型构建的平稳的季节时间序列显示，河南省固定资产投资自 2017 年 1 月以来随着时间推移呈现波动性趋增势头。分析结果表明，所建立的 SARIMA 模型能较好地揭示河南省固定资产投资变化趋势中的季节性波动特征。根据模型趋势往外推预测 2020 年数值，预计 2020 年河南省固定资产投资累计值为

Autocorrelation	Partial Correlation		AC	PAC	Q-Stat	Prob
		1	-0.038	-0.038	0.0684	
		2	-0.075	-0.077	0.3473	
		3	0.033	0.027	0.4014	
		4	-0.189	-0.194	2.2505	
		5	-0.087	-0.101	2.6501	
		6	-0.145	-0.196	3.7842	0.052
		7	-0.178	-0.226	5.5456	0.062
		8	-0.085	-0.222	5.9574	0.114
		9	0.184	0.067	7.9471	0.094
		10	0.010	-0.104	7.9532	0.159
		11	-0.066	-0.205	8.2272	0.222
		12	0.218	0.045	11.266	0.127
		13	0.001	-0.068	11.266	0.187
		14	-0.009	-0.089	11.271	0.258
		15	-0.064	-0.181	11.558	0.316
		16	0.046	0.084	11.711	0.386
		17	0.032	0.018	11.788	0.463
		18	0.002	-0.017	11.788	0.545
		19	-0.033	-0.036	11.874	0.616
		20	-0.008	0.096	11.879	0.688

图 2 – 16　残差序列自相关

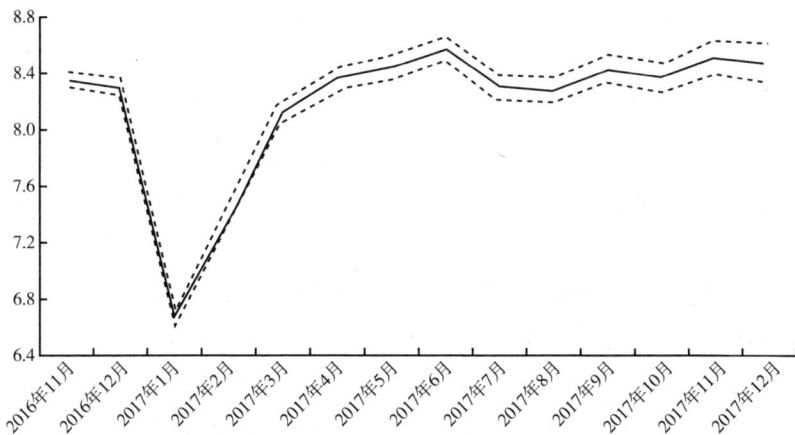

图 2 – 17　河南省固定资产投资对数实际值与预测值序列曲线图

71180 亿元。SARIMA 模型预测本身的最大价值在于向决策者提供了如果按照 2017 年 1 月以来的变化规律发展下去，河南省固定资产投资序列将出现何种结果。但是，基于 SARIMA 的预测并不能消除未来时期的不确定性。

在该模型样本外预测出现高估现象，根据 Eviews 8.0 输出结果可得 2017 年 1～2 月固定资产投资额为 2276.38 亿元，但根据河南统计局公布的数据显示，河南省 2017 年 1~2 月固定资产投资完成额为 2257.04 亿元，预测误差约为 0.0085。模型出现近 1% 的高估，原因在于自金融危机以来，为刺激经济增长，政府在投资资源配置中的作用增强，需要考虑到货币政策收紧、财政政策时滞，以及房地产调控政策的严厉实施等因素。这种对经济形势的人为干预和政策取向的调整是 SARIMA 模型本身不能涵盖的。

五　河南固定资产投资发展形势

（一）河南省固定资产投资面临的环境

1. 从全球经济环境来看

全球经济增长处于短期停滞长期下降的趋势，至 2016 年底，除美国外的世界主要工业化国家经济增速基本没有恢复到金融危机之前的水平。首先，多数国家面临通货紧缩压力。由于缺乏新的、强有力的增长点，世界经济复苏始终低于预期，由此引致需求不振，形成了负的产出缺口，从而造成长期通缩压力。其次，短期政策常态化，政策刺激的边际效应弱化。众多发达国家试图以超低利率和非常规货币政策刺激经济复苏，但效果不甚明显。以减税为核心的扩张性财政政策使政府债务率不断攀升，各个国家债务风险激增，"政策依赖型"促进经济增长的措施捉襟见肘。再次，实体经济不振，产业投资的回报率低，资金更多地流向虚拟经济。产业长期空心化和虚拟化，导致创新和生产率增长激励不足，劳动生产率下降。最后，长期低迷的经济状态使全球化进程停滞，地缘风险有所上升，贸易投资保护主义抬头，"黑天鹅"事件频发，这些都表明世界经济增长复苏面临更大的不确定性。根据熊彼特的经济周期理论和康德拉季耶夫的长波理论，可以判断，当前全球经济正处于经济长周期底部阶段，传统产业、传统发展动力遇到了转型调整，上一轮科技进步带来的增长动能逐渐衰退，而新一轮科技和产业革命还未显现引领增长的势头。

2. 从全国经济环境来看

当前中国经济正处于经济增长换挡期、结构调整阵痛期、前期刺激政策消化期的"三期叠加"阶段，经济运行面临的困难集中表现在"四降一升"，即经济增长速度下降、企业利润下降、工业生产者出厂价格下降、财政收入增幅下降以及潜在风险特别是金融风险逐步上升。为了防止经济出现大幅度下滑，需要通过"一揽子"的政策和措施加以应对。这其中既包括需求侧的管理政策，也包括供给侧的改革措施。解决危机最核心的手段是结构改革，寻求新的增长动力。但这是一个长期的工作，短期难以见到效果。短期内，经济增长的动力在于投资，投资的动力在于利润，而利润的源泉是创新。

3. 从全省经济环境来看

在短期需求减弱与中期结构调整的交互作用下，河南省经济增速延续了下滑态势。一方面，在经济增速换挡、化解过剩产能和深化结构调整的影响下，战略性新兴产业等行业的固定资产投资难以弥补传统产业投资下降的影响，投资在经济增长中的支撑作用逐渐减弱。2016年固定资产投资完成额同比增速为13.7%，创2001年来最低水平。传统行业产能过剩，实体投资收益预期仍不乐观，新一轮房地产调控政策将使房地产市场降温。另一方面，全面深化改革的制度红利不断释放，经济体制活力显著增强；新型城镇化是当前全省经济最大的潜力所在；区域经济之间差距较大，经济有巨大的回旋余地。通过充分调动各方面的积极性，在适度扩大总需求的同时，着力加强供给侧结构性改革，有望提高经济潜在增长水平。

（二）有利于河南省固定资产投资增长的因素

1. 政府推动投资意愿强烈

"十三五"期间河南省各市县发展优势前所未有。三大国家战略规划实施特别是郑州航空港经济综合实验区建设成效显著，战略先导优势持续提升；产业集聚区、服务业"两区"集群支撑和配套功能不断完善，载体作用强大；全省重大交通基础设施建设将投资6650亿元，航空网络、"米"字形高速铁路网、公路网和现代综合交通枢纽格局加速形成。此外，过去两年房地产投资受房地产政策调控有一定下行压力，而制造业投资主要是企业根据自身的盈利和生产意愿来调整，因此政府将通过基本建设投资掌握更多主动权，稳定经济增长。2017年河南省重点项目工作进一步突出产业结构优化升级、创新驱动发展、基础建设能力提升等特点，河南省实施《河南省"5818"扩大有效投资行动方案》，重点推进实施"5818"扩大有效投资行动，围绕产业转型升级、基础设施完善、新型城镇化建设、创新发展提速、公共服务提升五大工程，实施8000个重大项目，其中5000个省重点项目要确保完成投资1.5万亿元，较2016年增加400亿元。

2. 基建投资稳步增长

一是基建投资资金来源充分。从基建资金来源占比走势来看，2011年之后，资金来源中国内贷款口径的占比逐步下降而自筹资金占比逐步上升，二者合计占比稳定在78%左右，或与统计口径以及资金绕道有关，部分贷款资金被统计到自筹资金中。2016年末，河南省金融机构本外币各项贷款余额为37139.6亿元，较年初增加了5341亿元，同比多增1128.9亿元。从贷款的结构看，贷款增加较多是住房贷款、保障性住房、基础设施等中长期贷款增长较多所致。但伴随着房地产调控升级，地产销售增速显著回落，房贷回升恐难持续。考虑到近两年仍需基建发力对冲地产回落压力，基建相关贷款可能成为2018年贷款投放的主力。

二是PPP项目与发改委项目推进较快。PPP项目有助于基建投资短期发力，对比发现PPP项目多的省份的投资增速明显高于PPP项目数量少的省份。分行业来看，目前PPP项目行业主要集中在基建领域，市政工程、交通运输和片区开发三个行业合计占比超过68%。此外，河南省发展改革委自2016年8月以来核准投资项目的速度明显加快，主要集中在交通运输和水利行业。

3. 民间投资有望回升

一是民间投资政策宽松。民间投资是社会投资的主体，政府相继出台文件，使其在政策环境、融资渠道、服务环境等方面得到大力改善。近年来，围绕如何促进民间投资健康发展，国务院相继出台了《国务院关于鼓励和引导民间投资健康发展的若干意见》（国发〔2010〕13号）、《国务院关于创新重点领域投融资机制鼓励社会投资的指导意见》（国发〔2014〕60号）等文件，国家有关部委制定了实施细则，河南省政府出台了《河南省人民政府关于创新重点领域投融资机制鼓励社会投资的实施意见》（豫政〔2015〕14号）等文件，从上至下形成了较为完备的政策体系。这些政策将切实保障民营企业发展权利平等、机会平等、规则平等，确保民间资本在项目审批、建设、运营等环节与国有资本享受平等待遇。随着这些政策措施的进一步落实到位，民间投资的增长将得到实质性的推动。

二是 PPI 显示民间投资积极性得到改善。工业生产者出厂价格总指数同比数据自 2012 年 9 月持续为负，但环比数据自 2016 年 2 月开始转正。这是由于实体经济中民间投资者的整体行为具有时滞因素，工业企业效益好转增强了企业的投资能力和意愿。2017 年河南省鼓励引导民间投资进入国家有序放开的民用机场、电信、增量配电网、市政、社会服务等领域，投资审批程序缩短。通过深化管服改革、营造公平竞争市场环境、降低企业成本等，民营企业积极性有所提升。

4. 区域投资起到推动作用

五大国家战略平台将产生刺激作用。2017 年明确提出实施粮食生产核心区、中原经济区、郑州航空港经济综合实验区、中原城市群和促进中部地区崛起"十三五"规划五大国家战略规划，打造发展增长极，增强辐射带动能力。以国家战略规划实施和战略平台为指导，全面布局投资发展，加快建设郑洛新国家自主创新示范区、郑州跨境电子商务综合试验区、中国（河南）自由贸易试验区、国家大数据综合试验区和郑州国家中心城市五大国家战略平台，这为全省及各地市找准定位提供了有力的政策与资金支持，只要各级部门积极融入、主动作为、借势发展，就能发挥好投资效应。

5. 企业投资能力提高

企业经济效益继续改善，企业投资能力有了提高。截止到 2016 年，全省规模以上工业企业主营业务收入和利润总额呈现逐月同比增长的态势，亏损企业数同比不断下降，工业企业库存处于历史较低位，存货投资将呈回升态势。预计 2018 年企业效益向好的趋势不会改变，这样企业投资扩张就有了基础。同时，随着产业结构调整步伐的加快，新经济向传统产业的渗透，也将为新一轮投资增长开拓空间。新产业、新业态、新模式等三新产业，"旅游、文化、体育、健康、养老"五大幸福产业需求旺盛也会推进相关行业投资快速增长。

（三）不利于河南省固定资产投资增长的因素

1. 制造业固定资产投资增长空间受限

制造业投资取决于房地产、基建和外需等最终需求，在投资中占比较大，对固定资产投资整体走势较为重要。当前制造业投资回报下降，整体产能利用率偏低，部分行业负债率偏高和盈利下降制约企业自筹资金能力，制造业固定资产投资增长空间有限。尽管短期房地产市场有所企稳，基建投资可能对经济有所支撑，但长期来看房地产改善空间有限，基建投资对经济拉动也难以持续太长时间。面对需求短期改善，制造业企业增加投资的可能性不大。当前中上游制造业行业固定资产投资增速连续为负，考虑房地产和基建增长前景不足，中上游行业投资或继续低迷，尤其是黑色金属、有色金属和非金属矿物制品。当前中下游制造业行业固定资产投资处于相对高位，尤其是部分消费品制造业，不过随着消费增长放缓，这些制造业固定资产投资增长空间也将受限。总体来看，制造业固定资产投资仍面临较大下行压力。

2. 房地产投资市场遇冷

2016年房地产投资成为拉动河南省投资增长的主要支撑力之一，房地产开发投资占全省固定资产投资增长的贡献率为28.3%，其中郑州市房地产开发投资占全省房地产开发投资的44.2%，对全省房地产开发投资增长贡献率达56.7%。自2016年下半年开始，收缩的房地产调控政策导向以及人民币贬值加速资金流出，对房地产投资增速产生一定的下行压力，郑州将难以延续2016年的高速增长态势，也将影响到全省房地产投资增速。此外，三、四线城市房地产市场库存压力仍然较大，由于房价上涨从本质而言就是人口现象，三、四线城市房地产市场去库存周期会比较长。房地产市场的冷淡将对固定资产投资增长产生不利影响。

3. 传统产业投资仍然面临困顿

一是部分行业产能过剩的格局依旧，煤炭等传统产业及上下游相关行业供过于求的格局不会改变，这方面的投资空间有限，作为未来经济增长点的新型产业，尽管企业政府均有热情，但经验技术均显不足，尚处于萌芽阶段，短时间内想成为真正的投资主力尚有一定的困难。

二是工业品价格回升增加项目投资成本。2017年建筑行业钢材、水泥等主要建材价格将震荡上升，地方性建筑材料预期将小幅上涨，人工费用受通货膨胀压力影响，仍将刚性上涨。在工业品实施供给侧改革的情况下，基建需求的上升会推动工业品价格继续上升。此外，从最近几年看，项目建设都有前高后低的特征，第一季度冲高，第二季度逐步回落，因此对价格和投资的带动也会呈现前高后低的特征。由于考虑企业承受能力，人工费用等难以出现大幅度上涨，传统产业投资总体上仍将继续保持平稳态势。

（四）河南固定资产投资发展趋势

一方面，固定资产投资的"新常态"特征显示，固定资产投资增速的积极因素不断累积，固定资产投资的重点已经由制造业向基础设施投资转移；固定资产投资结构不断优化，服务业、高技术产业固定资产投资成为新亮点；多种政策推动下，民间投资具有活力，所占比重逐步提高；实际到位资金中自筹资金占比不断攀升，投资的自主性不断增强。另一方面，固定资产投资中占比超过70%的民间投资增长速度大幅下滑。2016年民间投资从两位数增长逐月放缓至年末的5.9%，民间投资增速下滑明显，而固定资产投资增速仍保持在13.7%以上，背后两大主要力量就是房地产和基础设施建设投资。行业调整周期的变化决定了房地产投资、制造业投资难以明显改善，基础设施投资增长提速的空间也有限。因此预计2020年全省固定资产投资完成6.5万亿元，全年增长在13%左右，基础设施投资仍起主导作用。

分经济类型看，在一个政府主导型投资增长的格局下，国有经济投资将成为固定资产投资进一步企稳回升的主要力量。一方面，从资金来源方面看，2016年国家宏观调控政策的意图很明显，那就是继续发挥政府投资的作用，从而扩张投资需求，因此国有经济从中受益颇多。从国内贷款方面看，2016年货币政策较为宽松，贷款的增加也会使国有经济有更充足的资金来源。就自筹资金而言，随着国有经济效益的好转，其自有资金实力将加强，同时也更加重视地方的配套资金，因此2018年地方的配套资金将有所改善。另一方面，金融危机以来，虽然政府经济建设的支出在大幅增加，但从宏观上看总体的经济效率是下降的。短期来看，政府经济建设支出立刻促进GDP增长，但如果这些投资效率很低，促进效果很快就消失了，长期效益并不好。此外，河南省投资领域中仍然是民间投资占据主导，即使在民间投资十分低迷的2016年，民间投资仍然占到投资总额的79%。因此，2016年国有投资增速大大高于民间投资是特殊现象，预计不会持续很久。

民间投资是市场化比较强的一种经济活动，如果没有盈利预期，民营企业是不会贸然投资的。2016年以来，民间投资增速出现断崖式下滑，除融资难、赋税重等原因，最关键的原因就是投资盈利预期不振。随着省内外经济环境的好转以及相关鼓励政策的落实，2017年民间投资在市场准入、资源配套和政府服务等方面都会得到改善，盈利前景会有所好转，但在实际生活中，投资者很难根据充分的信息做出理性预期，更多的还是从刚刚经历过的、现实的情况出发，做出外推性或适应性预期。比如，对政府将要采取的促进民间投资的政策，其内容如何、力度如何、效果如何，还很难做出准确的评估。经济大环境的走势大概率呈"L"形走势，且"L"形持续时间较长，这都有可能影响企业投资信心。

六 政策建议

（一）合理布局固定资产投资结构，平衡投资目标建设

1. 以基建投资为抓手稳定投资增长

国有投资中45%左右为基建投资，基建投资具有经济逆周期性，是政府逆周期操作的重要工具。一是促进重点投资专项和重大基础设施工程建设精准发力有效投资，完善重大项目推进机制。用好国家建立的铁路、水利等重大项目快速审批通道的政策，启动实施一批重大工程。完善重点项目领导分包制度，实行重点项目双月督导协调例会制度，确保省重点项目按节点有序推进。二要加快推进"十三五"规划重大工程建设。完善分类推进机制，推动条件成熟的项目加快前期工作，尽快开工建设。加强项目储备，完善三年滚动投资计划，增强投资后续支撑。三是健全基础设施领域PPP模式政策体系和运作机制，持续完善项目库，建立民营企业项目融资推介长效机制，缓解项目融资难、融资贵问题。

2. 防范房地产开发投资突然遇冷

一是落实好中央房地产市场新政，完善房地产信贷政策，优先满足居民家庭购买首套自住和改善型住房贷款需求。二是支持政府、民间投资收储存量商品住房，作为租赁房源向市场租赁或向保障对象配租。三是尽快落实住宅政策性金融机构对棚户区改造、保障性住房建设等的金融支持力度。四是鼓励和引导房地产企业转型发展，调整开发类型结构，因地制宜

发展商业、工业、旅游、养老等产业地产。

3. 促进工业投资走可持续增长道路

当前产能过剩仍然是经济发展的主要问题之一。短期内企业盈利好转、工业品价格下降更多的是刺激政策以及大宗商品价格低位反弹波动引致的。工业领域存在的产能过剩、债务攀升等问题仍然是未来一段时间的主要经济困难。扭转制造业投资持续低迷的局面，是保持投资可持续增长的基本路径。因此要坚持改善制造业内部结构，稳步推进传统工业转型升级，着力加大高技术产业投资，培育工业增长新动能，走可持续发展道路。

（二）坚持制度规范和结构改善并举，完善投资市场调控

1. 从制度上激发民间投资活力

民间投资是固定资产投资的主体，在市场化情况下，扭转民间投资增速下滑的问题，仍需要多方面努力。激发民间投资活力，认真落实鼓励支持民间投资的有关政策措施，着力解决政策环境不优、发展预期不稳、投资意愿不强等问题。一是改善政策与制度环境，政府简政放权，在更多领域对民企实行市场公平准入原则，实施税收优惠，降低企业成本负担；二是拓宽市场融资渠道，改进金融服务，降低融资成本，着力缓解融资难、融资贵等问题，为民间投资提供宽松的信贷条件；三是加强市场监管，加强法制建设，保护知识产权，促进公平竞争；四是政府引导，探索多渠道合作模式。抓好"十三五"规划的全面落实，形成对经济增长具有中长期持久推动的力量，提振民企投资的信心与盈利预期。

2. 着力关注大项目的储备

大项目的数量和质量及投资额直接影响全省投资的速度和质量。要紧抓三大平台建设的契机，把项目建设作为推动转型跨越的重要抓手，坚持实施大项目带动战略。一方面增加大项目数量，特别是重视带动性强的亿元以上项目的储备、签约和落地；另一方面注重质量和效果，加快投资进度，重点是加快推进重点项目开工、建设和投产进度，增强投资发展的后劲。

（三）扩大投资融资渠道，发挥投资乘数带动效应

1. 提高财政资金使用效率

在财政收入低速增长的情况下，财政资金显得尤为珍贵，因此，更要

提高财政资金使用效率，用好积极的财税优惠政策。一是支持企业进行创新投资。推广并落实科研项目经费管理改革、非上市中小企业通过股份转让代办系统进行股权融资、扩大税前加计扣除的研发费用范围、股权和分红激励、职工教育经费税前扣除、科技成果使用处置和收益管理改革六项政策。二是继续推进"营改增"改革试点工作，促进服务业投资，试点范围要逐步扩大至生活服务业、建筑业、房地产业、金融业等。三是建立和实施涉企收费目录清单制度，推进清费减负工作，降低企业投资成本。四是加大对小微企业税收优惠政策的落实力度，通过增值税、营业税、企业所得税等税收优惠政策，扶持小微企业发展，激活民间投资活力。因此，建议在总结此项工作经验的基础上，进一步探索其他财政资金领域的管理方式改革，以期明显提高总体财政资金的使用效率。

2. 着力深化投融资体制改革

近年来河南省投向资源型经济转型发展的固定资产投资实现了跨越发展，要进一步发挥地方金融在资源分配中的作用。一是加快地方性中小银行和民营银行发展，发展多业态的普惠金融组织体系。二是支持民营企业依托资本市场直接融资，扩大中小企业和各类非金融企业债务融资工具及集合债、私募债发行。三是支持并规范移动互联支付、小额贷款等创新性、专业性金融业态发展。

第三章
河南消费形势分析与预测

消费作为区域经济增长的重要驱动力，是河南省适应经济发展新常态，扎实推进供给侧结构性改革，保持平稳运行的关键环节。根据国家统计局官方数据，2015 年全国最终消费对经济增长的贡献率达到了 66.4%，成为经济增长的第一驱动力。而河南省作为中部人口大省，2016 年社会消费品零售总额为 17618.35 亿元，规模居全国第 5 位，同比增长 11.9%，高出全国平均增速 1.4 个百分点，有效支撑河南省经济社会稳步发展的良好态势。

一 河南消费品市场形势分析

（一）河南省消费品市场现状描述

投资、消费、出口是拉动 GDP 增长的"三驾马车"。河南省统计局统计数据显示，河南省 2016 年消费品市场平稳发展，全省社会消费品零售总额为 17618.35 亿元，比上年增长 11.9%，扣除价格因素，实际增长 11.6%，高于全国 1.5 个百分点（见图 3-1）。其中，限额以上单位消费品零售额为 7383.42 亿元，比上年增长 10.9%，高于全国水平 2.8 个百分点。

根据河南省商务厅 2016 年统计数据，在限额以上批发和零售业商品零售额中，全省粮油食品类比上年增长 14.4%，饮料类比上年增长 12.5%，

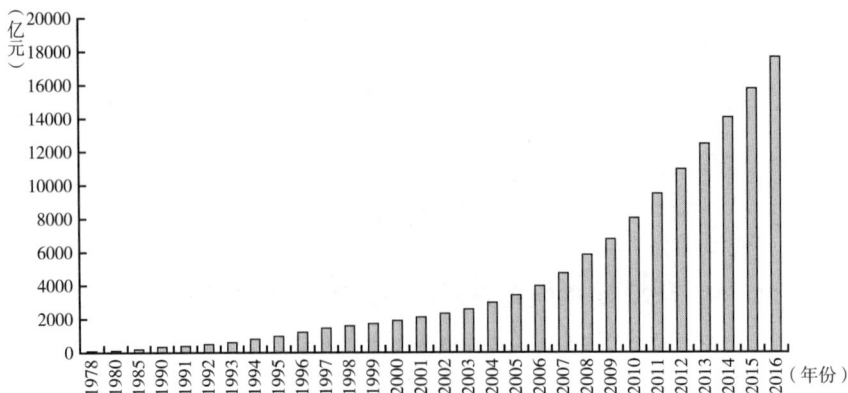

图 3-1　河南省社会消费品零售总额变动趋势

烟酒类比上年增长 12.1%，服装鞋帽、针纺织品类比上年增长 10.7%，化妆品类比上年增长 3.4%，金银珠宝类比上年增长 7.6%，日用品类比上年增长 13.1%，家用电器和音像器材类比上年增长 8.3%，中西药品类比上年增长 10.9%，家具类比上年增长 16.4%，石油及制品类比上年增长 3.6%，汽车类比上年增长 12.8%。分城乡看，城镇社会消费品零售总额为 14399.86 亿元，比上年增长 11.7%；乡村为 3218.49 亿元，比上年增长 12.8%。分行业看，批发业社会消费品零售总额为 1898.79 亿元，比上年增长 10.6%；零售业为 13259.08 亿元，比上年增长 12.0%；住宿业为 139.70 亿元，比上年增长 9.0%；餐饮业为 2320.78 亿元，比上年增长 12.7%。

(二) 河南省消费品市场发展的主要特征

2016 年河南省消费领域主要呈现以下特征。

1. 消费结构升级和新型消费步伐加快

2011～2016 年，河南省消费结构升级不断深化，生活类商品零售额多数回落，消费升级类商品零售额明显提高。2016 年全省城镇消费品零售额约 1.44 万亿元，比上年增长 11.7%；乡村消费品零售额 3218.5 亿元，比上年增长 12.8%。河南消费结构突出表现为以下三个特点。一是汽车类和石油及制品类拉动作用显著。2016 年，汽车类和石油及制品类同比分别提高 5.3 个和 5.6 个百分点，这两类商品合计拉动河南省限上商品零售额增速提高 2.4 个百分点。二是文化、体育、娱乐等反映居民消费升级类商品高速增长，增长幅度明显。体育、娱乐用品类，电子出版物及音像制品类和文化办公用品类分别增长 37.3%、32.0% 和 13.2%，分别比 2015 年同期提高 12.2 个、18.0 个和 2.7 个百分点。其中，体育、娱乐用品类和电子出版物及音像制品类增速靠前。三是基本生活类多数回落。粮油食品类、饮料类、烟酒类和日用品类商品零售额的增幅同比均有不同程度的下降。此外，家具类、奢侈品类商品零售额呈现全面和大幅回落的趋势。

与此同时，2016 年河南省新型消费加快发展，新业态消费快速增长，电子商务交易额突破万亿元，达到 10033 亿元，比上年增长 30%。其中网络零售额为 1906 亿元，比上年增长 43.3%，占社会消费品零售总额的 10.8%；网上零售买卖比缩小。根据有关统计数据，2016 年前三季度河南省网上零售额比上年同期有所提高，河南省居民网上购买额同比则出现回落，网上零售买卖比缩小。尽管河南网上零售买大于卖的局面仍将维持，但随着网上零售增速提高和网购增速大幅回落，买卖比持续缩小，河南购买力外流扩大趋势正得到扭转。

2. 流通成本不断下降，消费品市场发展潜力巨大

河南省消费品市场持续发展依然存在有利因素，具有进一步发展的空间。流通成本逐步下降，全省社会物流总费用为 6500 亿元，占 GDP 的比重为 16.2%，比上年下降 0.2 个百分点。这主要得益于 2016 年以来河南省先后出台的一系列政策措施，有效推动了金融投资、交通物流、消费升级等领域的改革。消费对培育形成新供给、新动力的引领作用和经济转型升级的带动作用日益凸显。同时随着河南经济转型步伐加快，服务业成为拉动河南经济的重要力量，由此将带来服务设施、水平和消费观念的提升。

最值得关注的是，河南省消费品市场发展进一步挖掘的潜力巨大。首先，体现在人口总量和结构变化将对消费需求产生重要影响。一方面，人口总量仍将继续增长。2011 年河南户籍人口出生人数为 121 万人，2012 年为 125 万人，2013 年为 130 万人，2014 年为 136 万人，2015 年为 135.79 万人，2016 年为 143 万人，新增人口对于消费品市场的拉动作用不容小觑；另一方面，老龄化现象加剧，人口平均预期寿命增长，将直接带动医疗保健、休闲养生、养老产业等相关服务性消费。其次，目前河南省城镇化水平低于全国平均水平，未来几年河南将处于城镇化、工业化赶超时期，将持续拓展消费品市场空间。最后，河南后发优势明显。目前河南省人均收入水平、消费水平仍与东部发达省份乃至全国平均水平存在较大差距，随着全省居民收入水平的快速提高，河南消费品市场的巨大潜力将逐步发挥出来。

（三）河南省消费市场发展走势

1. 整体变动趋势

据国家统计局数据分析，消费已经连续 3 年成为我国经济增长的第一驱动力。2016 年，中国最终消费对经济增长的贡献率达到 64.6%，高于 2015 年 4.9 个百分点，高于 2014 年 15.8 个百分点，这是 21 世纪以来的最高水平。

因此，促进国内消费成为现阶段增加我国经济活力最有效的方法。在中国经济发展进入新常态的情况下，这一变化充分说明我国的经济结构正在经历着历史性的重要转变，也就是说，在朝着进一步扩大内需的方向转变。目前，已有 14 个省份的社会消费品零售总额突破万亿元大关。在增速方面，西南地区增速较快；在人均消费方面，京沪地区领衔，共有 9 个省份的人均消费突破 3 万元大关。消费额度的大幅度提升，也使消费升级悄然发生。根据《河南统计年鉴 2017》统计数据，自 2008 年以来，河南省消费支出占GDP 比重变动从 42.9% 上升到 51.3%。指标的总体趋势变动如图 3-2 所示。

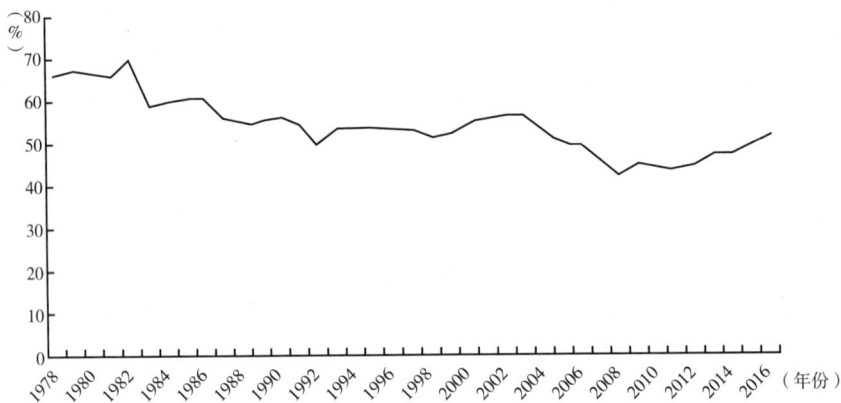

图 3-2　河南省消费支出占 GDP 变动趋势

2. 产业升级驱动消费升级

消费是生产的最终目的，是实现国民经济良性循环的关键环节。消费升级的背后其实是产业升级，是整个产业内部的升级。从产业升级的角度看，一方面是供应链能力提升，另一方面就是借助新的生产和发展方式让整个行业效率更高、成本更低。

《中原经济区建设纲要》中将扩大消费视为重大举措，并指出未来 10 年是加快转变经济发展方式的攻坚时期。经济发展方式的转变应以消费需求方式的转变为先导。从政府政策层面看，引导消费升级需要增加就业、改善收入、减税、鼓励创新、保护产权等多维度齐头并进，同时，要着眼于满足个性化、差异化的消费需求，满足消费者对更多品种、更好质量、更为安全的产品的需求，营造舒适的消费环境，做好消费升级配套等措施。而在消费者变得更具有话语权的情况下，中国产业和企业更需要对自身能力进行深化和提高。面对国人日益升级的消费需求，应该思考如何转变发展思路、提高服务意识，创造健康有序的市场环境，保护萌芽的新兴消费，让拉动经济增长的"消费马车"动力更强劲，进而反哺国民经济，实现全年经济发展目标。

根据《河南统计年鉴2017》统计数据，河南省居民八大类消费中，食品支出占总支出的比例逐年下降，从2000年的43.4%下降到2016年的28.2%，但在医疗保健方面的消费支出却不断增加，其占比从2000年的6.0%上升到2016年的8.8%。截至2016年末，河南省其他方面的消费也有所增长，其中衣着支出占比为9.0%，居住支出占比为20.7%，家庭设备及服务支出占比为7.5%，交通通信支出占比为12.2%，文教娱乐支出占比为11.3%，其他用品和服务支出占比为2.3%。2016年全省八大类消费支出占比如图3-3所示。

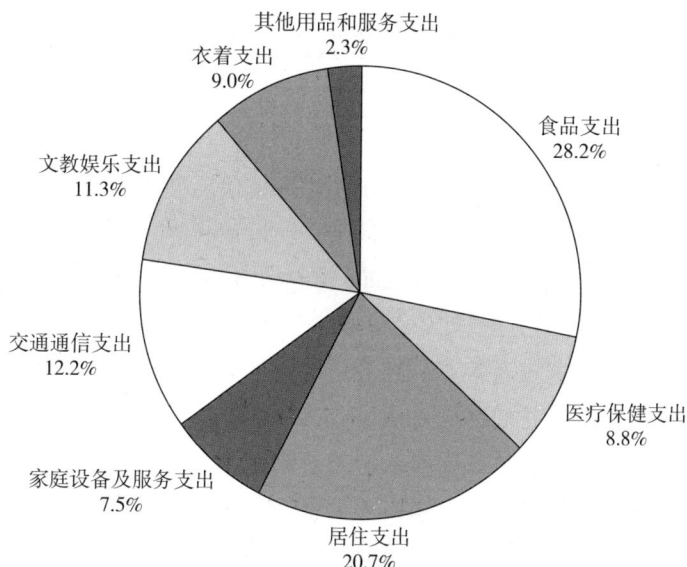

图 3-3　2016 年河南省消费支出占 GDP 变动趋势

（四）河南省城乡收入差距对消费品市场的影响

随着河南省收入分配领域各项改革措施的实施以及产业结构的升级，居民收入差距不断扩大的趋势已经得到一定遏制，城乡居民收入保持平稳增长态势。图3-4显示了河南省1990～2016年城镇居民家庭及农村居民家庭人均可支配收入变动趋势。由图可知，2016年河南省城镇居民家庭及农村居民家庭人均可支配收入分别为27232元、11697元，分别较上一年增长4.5%和5.7%。城乡居民收入的稳步增长成为驱动河南省消费增速的重要原因。

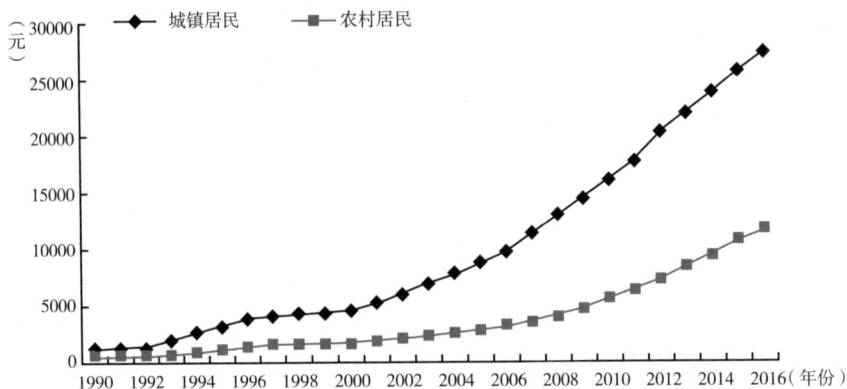

图3-4 河南省城乡居民家庭人均可支配收入变动趋势

图3-5显示了河南省1990～2016年城镇居民及农村居民消费水平变动趋势。其中2016年河南省城镇居民、农村居民消费水平分别为23454元、9291元，城乡消费水平比由2006年的3.4降低为2016年的2.5（农村居民消费为1）。

当前我国经济进入新常态，经济新常态的典型表现是经济增长速度放缓和产业结构升级，它们都会对居民收入差距产生重要影响。经济新常态下城镇低收入家庭人均可支配收入增速要高于高收入家庭人均可支配收入增长速度，并且这种趋势在短期内不会反转，所以未来城镇居民收入差距将继续缩小。经济增长放缓将导致农产品价格下降，降低农村低收入家庭收入增长速度，导致农村收入差距继续扩大。经济增速下降和产业结构升级放缓了城镇劳动力需求，同时推动了农村劳动力需求增加，导致农村家

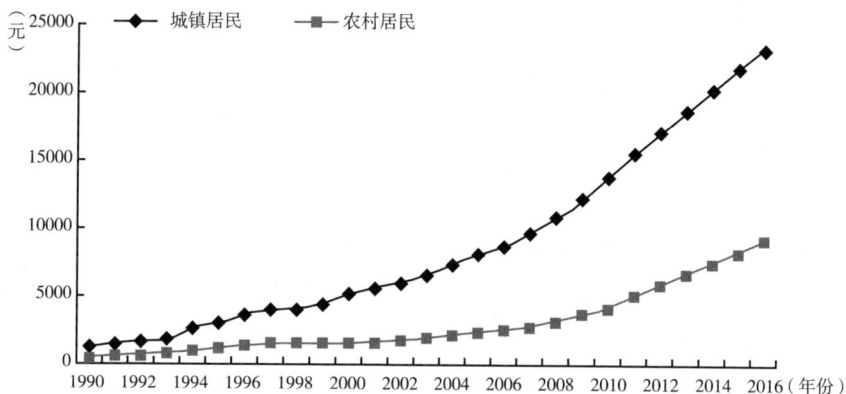

图 3－5　河南省城乡居民消费水平走势

庭工资收入增速要快于城镇家庭，这会进一步缩小城乡收入差距。

与此同时，虽然城乡差距在逐年缩小，但是在城镇、农村群体中依然会产生新的差距群体，特别是高低收入群体消费差距悬殊。从收入增速看，不同收入阶层收入增速呈阶梯式格局，即收入越高的增长越快，中等偏上群体的收入增长均快于平均增速。收入差距悬殊，意味着社会财富越来越向高收入的居民集中，购买力也会出现严重的分布不均。我们可以根据收入群体的不同，依次划分出与之相对应的消费群体。所以了解目前各消费阶层的构成、消费心理和行为，对于把握不同群体消费需求的变化、指导生产、引导消费、开拓市场将起到一定的作用。

二　河南省新型城镇化进程中城乡消费的结构变动

为全面贯彻落实党的十八大和十八届三中、四中、五中全会以及中央城镇化工作会议、中央城市工作会议精神，按照"五位一体"总体布局和"四个全面"战略布局，牢固树立和贯彻落实创新、协调、绿色、开放、共享的发展理念，以人的城镇化为核心，更加注重提高户籍人口城镇化率，更加注重城乡基本公共服务均等化，紧紧围绕新型城镇化目标任务，坚持点面结合、统筹推进，加快完善现代城镇体系，推进中原城市群一体化发展，充分释放新型城镇化蕴藏的巨大内需潜力，充分发挥城镇化建设作为供给侧结构性改革的重要平台作用，为经济持续健康发展提供持久强劲动力。消费作为最终需求在整个国民经济的运作中起着推动作用，要从研究居民消费结构入手，从数量上分析居民的消费结构变化，摸清其实际生活需求和消费变化趋势，对于分别增加城乡居民消费，开拓消费市场，引导产业结构优化升级，促进全省经济发展等有着重要的现实意义。

2016年河南省政府办公厅颁布的《关于积极发挥新消费引领作用加快培育形成新供给新动力的实施意见》指出，要贯彻落实《国务院关于积极发挥新消费引领作用加快培育形成新供给新动力的指导意见》（国发〔2015〕66号），积极顺应和把握消费升级大趋势，着力加强供给侧结构性改革，推动消费与投资良性互动、产业升级与消费升级协同共进、创新驱动与经济转型有效对接，增强经济发展新动能。未来全省要以消费新热点、消费新模式为主要内容的消费升级，引领带动产业升级、基础设施和公共服务投资快速增长，形成新供给，发展潜力和空间巨大；适应信息技术催生跨区跨境、线上线下、体验分享等多种消费业态的趋势，大力发展"互联网＋"、云计算、大数据、电子商务、智能终端等信息消费，推动产业跨界融合；围绕培养绿色低碳、文明健康的生活方式和消费方式，积极推广绿色消费产品和服务，加快推动全民衣、食、住、行、游等方面向绿色转型；围绕满足个性化、多样化的消费需求，积极改造传统优势轻工业，加快培育形成一批时尚品牌商品和服务，推动消费者体验、个性化设计、柔性制造等相关产业发展；适应居民消费转型升级的趋势，更好满足消费者对产品质量、消费体验、品牌文化的追求；围绕农村消费观念和消费方式的快速更新，立足农村消费梯度追赶型特征，大力培育农村消费热点，充分挖掘农村消费市场潜力。

（一）消费结构的定义与度量

消费结构在理论上还没有形成一个公认的、教科书式的概念，内涵和外延也随着研究的发展而不断丰富。一般来说，按照国家统计局的统计分类，居民消费支出分为八大类，包括食品支出、衣着支出、家庭设备及服务支出、医疗保健支出、交通通信支出、文教娱乐支出、居住支出、其他用品和服务支出。消费结构是指以上八类消费品的消费支出占总消费支出的比例。

（二）河南省居民消费整体情况

根据《河南统计年鉴 2017》数据，2016 年河南省消费结构升级不断深化，生活类商品零售额多数回落，消费升级类商品零售额明显提高。具体而言，2016 年河南城镇人均食品烟酒支出为 5067.71 元，同比增长 5.2%；人均生活用品及服务消费为 1430.23 元，同比增长 3.5%；食用型基础消费需求增长平稳；2016 年河南房地产市场快速升温以及城市扩张拆迁，全省城镇居民人均居住类支出为 3753.39 元，同比增长 10.7%，拉动消费总支出增长 2.1 个百分点，成为拉动城镇居民消费的最强动力；2016 年河南城镇居民人均交通通信消费支出为 1993.75 元，同比增长 6.4%。河南作为现代综合交通枢纽、现代物流中心，交通发展迅速，使得河南城镇常住居民出行便捷性和舒适性得到提升，居民出行选择增多，同时带动城镇居民交通消费增长加快；私家车拥有量的提升，使交通工具使用及维修费用支出增多。通信费用增加则主要体现在通信工具更新步伐加快以及网络质量的不断提升，各类通信产品层出不穷，刺激居民通信消费支出增加。

此外，河南省消费结构中，教育、文化、娱乐方面的消费也在持续增加。2016 年河南人均教育、文化、娱乐支出为 2078.78 元，同比增长 4.4%。其中，教育支出为 1122.26 元，同比增长 18.7%，教育消费需求旺盛。城镇居民教育方面的消费热度不减，主要表现在对子女课余的文化教育和技能培养的注重，2016 年培训费支出同比增长 24.7%；医疗保健消费支出快速增加，城镇居民健康意识不断增强，2016 年河南实现城乡居民医保并轨，异地就医住院费用直接结算、困难群众可享受大病补充医疗保险等，随着医保覆盖范围不断扩大，就医环境不断得到改善，患者的费用负担不断减轻，城镇居民医疗健康观念也逐步由"治病型"向"保健型"转变，医疗保健支出持续增长。2016 年河南居民人均医疗保健支出为 1524.52 元，同比增长 11.6%。

（三）河南省城乡居民消费结构的动态变化

根据消费支出的八大分类，对比分析近年来的相关统计数据，利用城乡居民各类消费的"实际支出比"分析河南省消费结构的变化情况。图

3-6 显示了 1978～2016 年河南省城乡居民消费比值变动趋势情况。可以看出，城乡居民消费比总体呈现逐渐下降的趋势，表明城乡居民消费差距不断缩小，消费结构趋于优化。

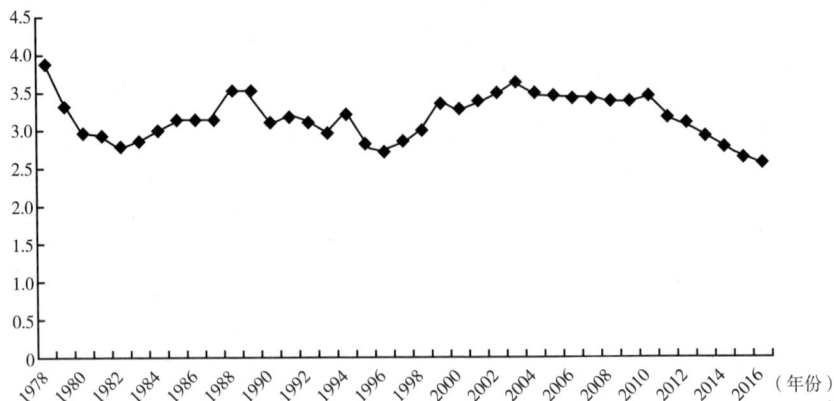

图 3-6　河南城乡居民消费比变动趋势

2016 年河南居民人均可支配收入为 18443 元，是全国收入水平的 77.4%，比上年增长 7.7%。随着全省经济平稳向好发展和民生持续改善，河南省居民收入继续保持增长。按常住地分，河南省城镇居民人均可支配收入为 27232 元，是全国城镇收入水平的 81.0%，比上年增长 6.5%；农村居民人可支配收入为 11696 元，是全国农村收入水平的 94.6%，比上年增长 7.8%。

新型城镇化是实现乡镇居民人口集聚的手段和目的。河南省新型城镇化的进程是与工业化相互促进、相互影响、共同发展的。城镇化促进农村居民收入提高体现在两个方面，一是促进农村居民向城镇流动，二是城镇化改善了农村的市场环境。从增加收入角度看，城镇化无疑是升级消费结构的重要手段。市场环境的改善促进了农村居民消费的欲望与意愿，而后期可持续的消费环境仍然需要政府的消费政策和经济政策发挥支撑作用。

"十三五"期间，河南省致力于进一步优化和提升农村消费结构和层次，改善农村住房条件，拉动农村居民消费。加快推进适宜农村地区的分布式能源、农业废弃物资源化综合利用和垃圾污水处理、农村水电路气信息等基础设施建设，畅通农村消费渠道，提升农民生活品质。拓展农村消费市场。实施农村公路畅通安全工程，推进县乡公路和桥梁改造，进一步提高等级公路占比，加快形成完善的农村公路网络。实施农网改造升级工程，加快燃气管道向县城和中心镇延伸，提高小城镇燃气普及率。抓好电子商务进农村示范和信息进村入户试点建设，引导大型电商和快递企业布局农村市场，利用新农村现代流通服务网络、"万村千乡"市场网络，完善农村电子商务配送及综合服务体系，降低农村消费流通成本。加强以公路货运站场为依托的县级农村物流中心建设，按照"多站合一"的模式改造一批农村综合运输服务站，加快推进新农村现代流通网络建设工程和邮政"三农"服务站、快递网点建设，健全农村物流的末端网络。

三　"十三五"期间河南消费市场发展的影响因素分析

（一）政府政策因素

2016 年 4 月国家发展改革委印发了《关于促进消费带动转型升级行动方案》，实施"十大扩消费行动"带动消费转型升级；11 月，国务院又公布了《关于进一步扩大旅游文化体育健康养老教育培训等领域消费的意见》，直击旅游、文化等新兴服务领域，提高老百姓个性化、多样化的高品质消费；12 月，商务部下发《关于做好"十三五"时期消费促进工作的指导意见》，指出"十三五"时期消费拉动作用要进一步增强，消费对经济增长的年均贡献率稳定在 60% 以上，消费对经济发展的"稳定器""压舱石"作用进一步增强。2016 年，河南省政府印发了《关于扩大和促进消费带动转型升级行动实施方案的通知》，通知指出，河南省近年来高度重视消费对经济持续平稳健康发展的基础性作用，着力完善消费政策，优化消费环境，努力挖掘消费潜力，全省消费市场蓬勃发展，消费规模持续扩大，新兴消费发展迅速，居民消费水平不断提高，消费转型引领增长的特征日益明显。但供给结构、供给质量不适应居民消费需求持续增长、消费结构加快升级的要求，制约了消费对经济增长基础作用的发挥。为此，要通过积极发挥新消费引领作用，加快培育形成新供给，从而在更高层次上推动供需矛盾解决，为全省经济社会发展增添新动力。

坚持市场主导。充分发挥市场配置资源的决定性作用，激发企业主体的活力和动力。通过平台搭建、环境营造、金融支持、舆论宣传等社会化、市场化手段，引导企业按照需求总量和结构的变化特别是消费升级的方向，提升供给质量，拓展市场空间，提高盈利能力，带动产业升级。坚持需求导向，顺应居民消费个性化、多样化发展的大趋势，坚持消费者优先，以新消费为牵引，催生新技术、新产业，推动居民消费从注重量的满足转向追求质的提升，大力加强消费市场信用体系建设，实现消费者自由选择、自主消费、安全消费，营造居民愿消费、敢消费的良好环境。坚持供给创新。加速破除教育、文化、体育、养老、健康等领域存在的深层次体制机制障碍，推动转型升级。努力增加高品质商品和服务供给，推动互联网等新技术与传统商贸流通业有机结合，促进线上线下、体验分享等多种消费业态兴起和发展，增强创新驱动发展的能力。坚持政府引导。发挥政府特别是市、县级政府的引导促进作用，发挥行业协会的桥梁纽带作用，着力加强供给侧结构性改革，完善市场监管政策，保护消费者合法权益，以更加完善的体制机制引导和规范市场主体行为，努力构建新消费引领新投资、形成新供给新动力的良好环境和长效机制。

"十三五"期间，河南省将进一步加快物流设施建设，逐步扩大电子商务物流快递协同发展试点、免税店设立范围等，重点降低物流成本、提高物流效率，促进优质商品向省辖市、县（市、区）延伸。畅通市场流通网络。推动铁路与物流、电商加快枢纽节点的相互配套融合，加快推进圃田（占杨）铁路一级物流基地和薛店、关帝庙、洛阳、南阳、安阳二级物流基地建设以及铁路三级物流基地建设，在重要的铁路干线站点建设一批综合物流中心，因地制宜逐步推动城市中心铁路货场转为城市配送中心，发展快消品等民生物资仓储、共配等业务，开行零散白货城际干线列车，降低流通成本。在快递等行业推行同一工商登记机关管辖范围内"一照多址"模式，降低企业设立成本，提高服务居民消费的能力。促进优质品牌商品销售向省辖市、县（市、区）延伸。鼓励引导有实力、有意愿的大型商品零售企业在省辖市、县（市、区）推进连锁网点建设，扩大品牌商品销售。在全省重点培育和认定一批集商贸、餐饮、文化、休闲和旅游于一体的品牌消费集聚区，加大对品牌消费集聚区的政策扶持力度，发挥品牌消费集聚区示范、带动作用，更好地满足居民的品牌消费需求。鼓励中小商贸流通企业发展自主品牌，完善品牌培育机制、品牌营销网络体系。支持商贸流通企业充分应用移动互联网、物联网、大数据等信息技术，在营销、支付、售后服务等方面线上线下互动融合发展。鼓励具备条件的城镇探索构建线上线下融合发展的体验式智慧商圈。

实施农村消费升级行动。加快农村易地扶贫搬迁、农村危房改造、乡村公路建设、农村电网改造升级、农村安全饮水等工程实施，积极发展乡村旅游和休闲农业，进一步改善农村消费软硬环境，着力引导农村消费升级。挖掘农村电商消费潜力。重点支持建立完善县、乡、村三级物流配送机制，支持县域电子商务公共服务中心和乡村电子商务服务站点建设改造，推动电子商务进农村，支持农产品电商品牌培育、宣传、推广和质量保障体系建设，完善农产品标准化、分级包装、预冷、初加工配送等设施，加强农村电子商务培训。充分发挥邮政系统、供销社系统现有农村网点布局优势，鼓励供销社系统重点建设一批县级电商运营服务中心，新建和改造一批乡村信息化综合经营服务网点；支持电商和物流企业向乡镇农村延伸。加快河南省21个国家级、2个省级电子商务进农村综合示范县建设。畅通城乡双向联动销售渠道。鼓励市、县级政府与电商企业开展多种形式的合作，支持有实力的电子商务平台开设特色地方馆，推动"互联网＋"在农业、流通等领域广泛应用。鼓励支持省辖市、县（市、区）开展国家级、省级电子商务进农村综合示范县和电子商务三级示范创建，培育一批本土品牌电商企业。鼓励大型零售企业和面向农村的大型商贸企业、电商企业等整合资源，促进农村消费品、农业生产资料、农产品流通交易方式的电子商务转型。鼓励电商、商贸、供销、物流、快递等各类企业加强合作，建设农村网络购物平台。推进电子商务进社区，分层次选择一批条件适宜的城市社区和县城社区进行试点，推动城乡市场互联互通。实施电商人才"引凤归巢"计划，通过政府购买服务等方式，以返乡创业青年、特色种养殖大户、农村合作社负责人等为重点培养对象，培养一批懂业务、会经营、能带头的农村电商实用人才。完善农村信息消费基础设施。加快实施"宽带中原"战略。

实施居民住房改善行动。支持发挥省辖市、县（市、区）调控自主权，分城施策化解房地产库存，建立租购并举的住房制度，满足居民改善住房消费的需求。推进住宅小区采暖设施建设改造。通过利用专项建设资金和社会资金、企业自筹、政府投资支持等多种方式，加快供热管网建设和老旧管网改造。具备集中供热条件的新建小区，加快建设供热管网，推行住宅供热分户计量，提高集中供热普及率。不在供热管网覆盖范围内的新建小区，鼓励房地产开发企业建设完善供热设施，采取电采暖、壁挂炉等多种供暖方式满足居民取暖需求。稳定住房消费预期。推行"房产超市"，搭建一站式服务平台，方便购房消费。促进农民进城购房，扩大住房消费。制定完善政策措施，大力发展成品住宅，加强成品住宅规划、建设、销售等环节监管，提高住房品质。指导各地结合商品房库存情况，加强土地供应管控，采取有保有压的商品房土地供应措施。加强对房地产交易和房地产中介机构、从业人员的监管，规范房地产市场秩序。拓展商业用房使用功能，允许将符合条件的商业用房改造为电商用房、创客空间等。加快培育和发展住房租赁市场，积极培育以房屋租赁为主营业务的专业化企业及房屋租赁新业态、新模式，努力满足多样化房屋租赁需求。用足、用好住房公积金。进一步扩大住房公积金制度覆盖范围，为农民工、个体工商户、自由职业者等建立自主缴存制度，支持其基本住房消费需求，积极化解房地产市场库存。

实施旅游休闲升级行动。切实落实职工带薪休假制度，加快自驾车、房车营地建设，培育新兴旅游消费热点，着力增加个性化、多样化旅游产品供给，促进居民旅游休闲消费升级。着力打造全域旅游示范区。结合美丽乡村建设，打造一批在全国有影响的特色化乡村旅游、生态休闲旅游基地。加快河南省10个国家级全域旅游示范区创建，促进旅游业全区域、全要素、全产业链发展。建设一批旅游商品研发中心，引导企业有效利用本地旅游特色资源，开发绿色、实用、有创意的旅游商品，推动线上线下旅游商品销售，加快培育旅游购物消费市场。推动航空与旅游联动发展，积极开辟新的国际航线，支持具备条件的地方设立免税店，促进入境旅游市场发展。加快发展自驾车、游艇等消费。按照"谁投资谁受益"的原则，支持自驾车营地、房车营地建设，鼓励企业或个人投资库区码头建设并进行经营和管理。优化游艇安全管理服务，全面实现游艇登记工作规范化、人性化、便捷化，加强主要库区港航安全监管基础设施建设，提升库区水上交通运输安全监管和应急救助服务水平。积极发展研学旅行、老年旅游。落实国家研学旅行和老年旅游服务规范。推出一批休闲养生等老年旅游示范项目，创建全国中医药健康旅游示范区。加快培育通用航空消费市场。充分发挥市场主导和地方统筹谋划、规划引导的作用，加快推进通用机场建设，规划建设一批通用机场。深入挖掘河南省航空体育项目独特的资源优势，在适宜地区开展公务飞行、飞行体验、空中游览、飞行比赛、航空文化交流等活动，打造航空体育精品赛事。

实施康养家政服务扩容提质行动。深入推进医药卫生体制改革，加大家政服务人员培训力度，深入推进医养结合，着力提升养老、健康和家政服务品质。增加高水平护理、家政服务人员供给。鼓励各省辖市、县（市、区）依托大型家庭服务机构、各类职业技能培训机构，开展家政从业人员专项培训。推进公办养老机构社会化运作。鼓励各省辖市、县（市、区）采取公建民营、转企改制等方式，加强政府养老服务设施建设。加大公办养老机构公建民营试点工作力度，通过转包、运营补贴、购买服务等方式，支持公建民营机构发展。鼓励公办养老服务机构闲置床位向社会开放，引导社会力量利用敬老院等公办机构的闲置土地资源，建设、运营私立养老服务机构。鼓励社会资本通过独资、合资、合作、联营、参股、租赁等途径，采取PPP等方式，共同推进养老、医疗设施建设。引入专业管理服务团队，逐步建立推进养老服务发展的职业经理人机制，促进经营管理职业化。提高医养结合服务能力，丰富商业健康保险产品，引导社会力量投向康复护理、临终关怀以及高端医疗、口腔、医疗美容等资源稀缺领域。支持发展中医医疗保健、健康体检、医疗保健旅游等多样化健康服务。

实施教育文化信息消费创新行动。扩大城乡居民文化消费试点范围，推动文化创意产品开发，发展数字创意产业，进一步创新教育文化娱乐供给，加快推进事业单位分类改革，打破教育文化消费方面的制度障碍，提供更多优质服务和产品。实施绿色消费壮大行动。在尽快落实对绿色环保产品信贷等政策的同时，进一步出台一批促进绿色消费的政策措施。

（二）居民收入因素

对于每个个人和家庭的消费结构来说，影响最大的就是收入水平。而收入则是形成这种基本支付能力的基础，在这个基础上促进消费需求的实现，并成为消费结构的最基本的影响因素。高收入人群消费倾向偏高，而低收入人群消费水平偏低，城乡之间、不同群体之间巨大的收入差距显然会制约整体居民消费水平提升。

可支配收入的变化意味着各部门的投资与消费比例变化，造成全社会的消费投资比例变动。预期不良，导致居民收入未能转化为即期消费而被储蓄起来，消费的拉动作用明显弱化。由于投资和消费之间存在结构性失衡，许多产品和服务不能获得价值实现，投资效应弱化，就业困难，职工收入受到影响，进而阻碍居民消费的增长和升级的加快。此外，收入分配差距扩大，特别是农民收入增长较慢，对消费升级有较大限制，还需特别注意的是，农村居民货币收入比重偏小，阻碍农民消费升级。当前农村居民的收入中还存在一定的实物收入，而这些实物收入主要是用来满足低层次需要的农业产品。市场体系不完善、农产品的价格偏低也阻碍了我国农民消费结构的升级。

以河南省农村居民的收入为例，主要存在工资性收入增长趋缓、经营性收入增长较慢等特征。具体而言，随着我国工业化、城镇化进程加快，越来越多的农村富余劳动力转移到城市（镇）和乡镇企业就业。农民工已是我国产业大军中的一支重要力量，广泛分布在国民经济的各个行业，其中，农民工占加工制造业从业人员的68%，在建筑业、采掘业中占到近80%，在环卫、家政、餐饮等服务业中这一比重达到50%。农民工流动趋缓。根据国家统计局抽样调查结果，2011年以来农民工总量增速持续回落。多省市已经开始面临农民工返乡就业大潮，比如河南省2016年1～2月农村转移劳动力在本省就业的比例达到90%，2017年过年后就有21万人希望返乡就业，比去年增加11万人。在宏观经济增长放缓、多个行业陷入低潮的环境下，农民工工资增长势头开始放缓。部分建筑业、制造业和产能过剩行业持续低迷，企业新增用工缺口开始收窄。农民务工工资在经过前几年快速提高后，已处于较高水平，加之接受过技能培训的农民工比例总体偏低，技能水平不高的问题较为突出，一定程度上影响了农民工实现更高质量就业和更高水平增收。

此外，近年受农业丰产、进口增加、需求偏弱及国际价格下跌等影响，农产品市场价格总体下跌，主产区农民收入损失较大，作为农民的传统支柱收入来源的农业经营性收入增长有限。而2017年，部分农业政策调整将影响经营性收入增长。一是小麦、稻谷最低收购价逐渐下降。二是非优势区玉米结构优化导致种植面积下降。三是农业生产成本提高，而农产品价格增长缓慢，制约了农民增收，打击了农民种粮的积极性。总体来看，农产品价格天花板和生产成本地板效应明显，依靠传统农业增产增收的难度加大；农村劳动力短缺，在家劳动力主要以 50 岁以上劳动力为主，对新技术、新知识的接受水平有限，影响现代农业的推进，依靠转型升级提高效益短期效果不明显；国家相关政策性转移支付的补贴标准和范围基本成熟，难以持续推动农民增收。

（三）人口结构因素

国际上通常以 60 岁以上人口占比超过 10% 或 65 岁以上人口占比超过 7% 作为衡量人口老龄化的标准。河南省作为我国的中部大省，老龄化现象较为严重。人口老龄化通过个人或家庭收入水平、遗赠动机和个人消费需求等来影响消费结构。年轻阶段的消费者收入来源较少，消费欲望却很大，是家庭中消费支出最大的成员，家庭的总消费率会较大。中年时期，收入明显增加，并能满足家庭成员中的各种消费，但消费总额小于收入总额，家庭开始积累财富，所以家庭的储蓄率也上升。老年时期，收入来源有限，收入水平远小于中年时的收入水平，但消费水平却无法急速降低，家庭开始消耗积累的财富。因此，对一个家庭来说，老年人口的增加不但会减少家庭的收入，还会增加家庭的消费支出。对一个家庭来说，老年人口增多，对家庭总的消费需求有很大的影响，老年人的消费需求不同于其他年龄阶段，对各类消费品的支出也会产生差异，家庭中老年人口的增加，会增加家庭对老年消费品的需求，从而改变家庭的消费结构。

（四）市场环境因素

截至 2017 年 10 月，河南省消费市场平稳运行，继续呈稳步增长态势。全省实现社会消费品零售总额 1789.3 亿元，同比增长 10.9%；1～10 月，全省社会消费品零售总额完成 15891.4 亿元，同比增长 11.7%。市场运行呈现如下特点：基本生活类商品销售平稳增长；升级类商品消费增速加快，生活必需品价格温和上涨。与此同时，全省新型消费加快发展，网上零售买卖比缩小，河南购买力外流扩大趋势正得到扭转。

此外，随着移动互联网技术的不断发展，河南省电子商务市场成长迅猛，作为农业大省的河南省凭借明显的物流交通优势及产业基础，加之国家政策扶持，全省跨境电商及农村电商市场发展异军突起。2017 年全省跨境电商交易额达到 768.6 亿元，比上年翻了一番多，助推河南省进出口首次进入了全国 10 强，带动全省电子商务交易额突破了 1 万亿元，建成了 61 个国家级、省级电商进农村示范县已经建成县级电商公共服务中心 24 个，乡镇电商服务站 237 个，村级电商服务站 3600 个，直接推动了特色农副产品的进城、出国，带动了农业的增效、农民的增收。

四 "十三五" 期间河南省消费形势预测与展望

（一） ARIMA 模型的构建思路

首先，根据时间序列的散点图、自相关函数和偏自相关函数图以 ADF 单位根检验其方差、趋势及其季节性变化规律，对序列的平稳性进行识别。一般来讲，经济运行的时间序列都不是平稳序列。

其次，对非平稳序列进行平稳化处理。如果数据序列是非平稳的，并存在一定的增长或下降趋势，则需要对数据进行差分处理，如果数据存在异方差，则需对数据进行技术处理，直到处理后的数据的自相关函数值和偏相关函数值无显著地异于零。

再次，根据时间序列模型的识别规则，建立相应的模型。若平稳序列的偏相关函数是截尾的，而自相关函数是拖尾的，可断定序列适合 AR 模型；若平稳序列的偏相关函数是拖尾的，而自相关函数是截尾的，则可断定序列适合 MA 模型；若平稳序列的偏相关函数和自相关函数均是拖尾的，则序列适合 ARIMA 模型。

最后，对模型进行参数估计，统计检验以及运用模型进行分析预测和未来展望。

（二） 建模分析及预测

图 3-7 为 2010 年 3 月至 2016 年 12 月，河南省社会消费品总额月度数据。由于部分 1 月、2 月数据缺失，所以为了保持周期性和模型的连续

性，我们只使用每年 3 月～12 月 10 个月的数据。由此可得河南省社会消费品总额月度数据时间序列，如图 3－7 所示。

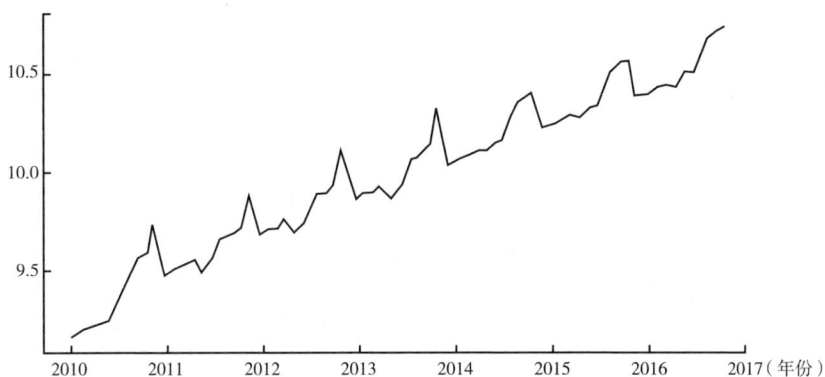

图 3－7 河南社会消费品总额月度数据时间序列

注：纵轴为取自然对数的社会消费品零售总额。

该时间序列季节性波动和随机变动的大小随着时间逐步上升。近年来随着经济形势进入新常态和供给侧改革的不断推进，河南省产业结构优化升级，进一步带动消费结构不断深化升级，新型消费步伐加快。故经济总量逐年提升，社会消费品零售总额也随之增加。需要对原始数据进行对数变换，以便得到一个可以用相加模型描述的时间序列，如图 3－8 所示。从图中可见，序列的季节性和随机波动水平基本平齐。

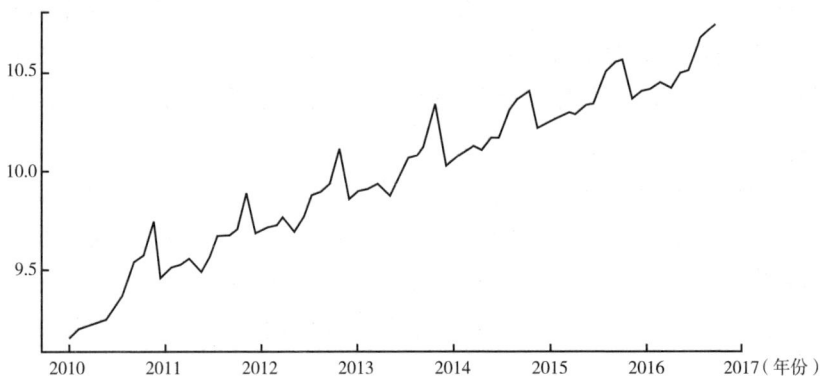

图 3－8 调整后的河南社会消费品总额月度数据时间序列

注：纵轴为取自然对数的社会消费品零售总额。

对时间序列做可加性分解，将其分解为趋势性变化、季节性变化和随机扰动三部分。如图 3 - 9 所示。

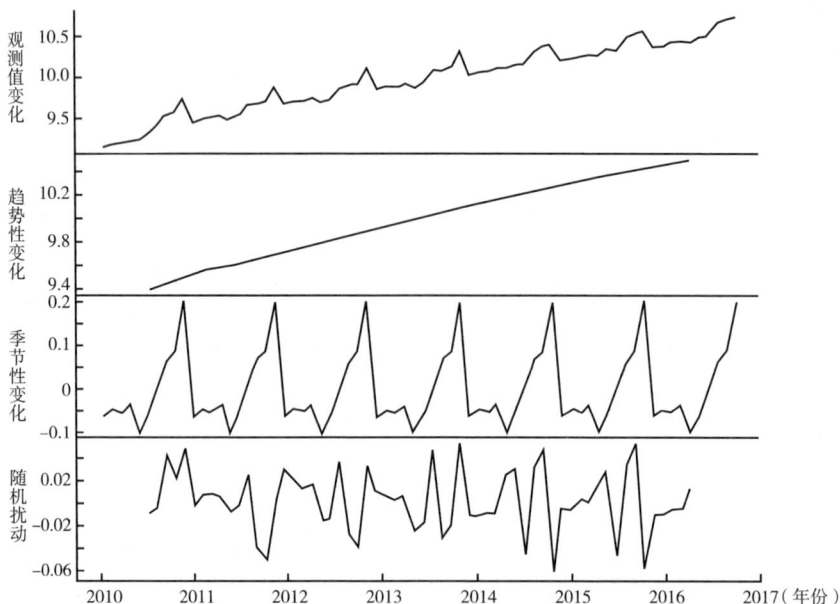

图 3 - 9　河南社会消费品总额可加性分解

2010～2017 年，消费态势总体呈线性递增趋势，说明每年社会消费品零售总额一直在增长。每年的 10～12 月是消费高峰，春季月份是低谷。这是受到季节因素的影响，物流等条件也会随之受限，运输成本的加大和商品供应的紧缺导致物价有所提升，加之节日的临近和相关购物折扣活动的促使，居民会增加对生活必需品、供暖、出行等方面的需求。

该时间序列的残差及残差自相关结果如图 3 - 10、图 3 - 11 所示。

由此可知，该时间序列残差为无规律白噪声。可对模型残差进行 Box 检验，检验结果显示其 p 值为 0.9994，大于 0.05。因此认为残差是独立的随机噪声，故该模型拟合良好。模型拟合的结果如图 3 - 12 所示。

图 3 - 13 显示了模型对 2017～2018 年河南省消费走势的预测，其中深灰色的为 95% 置信区间。

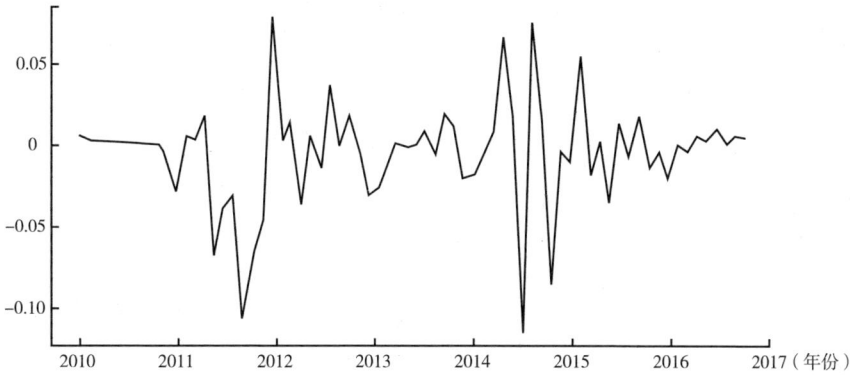

图 3 - 10　时间序列模型的残差

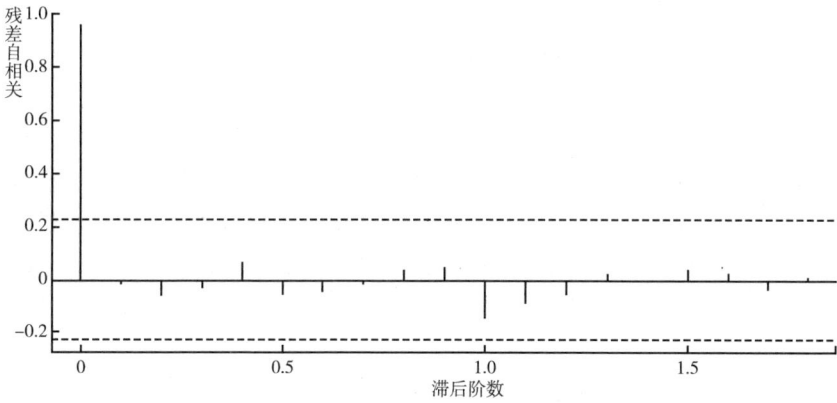

图 3 - 11　时间序列模型的残差自相关

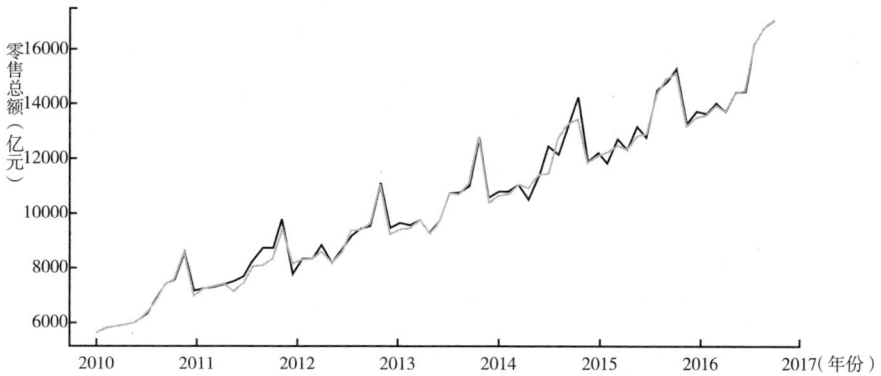

图 3 - 12　时间序列模型的拟合

ARIMA（0,1,4）（0,1,0）[10]的预测

图 3 - 13　时间序列模型的预测

（三）河南省消费市场的模型展望

　　未来几年，河南省消费需求对 GDP 的贡献率和贡献度将不断增长，消费需求将真正取代投资需求，成为推动经济增长的最主要力量。整体来说，逐步从投资驱动型真正转向消费驱动型，消费需求规模将不断增长。由 ARIMA 模型可以预测河南省未来八类消费支出，如表 3 - 1 所示。

表 3 - 1　河南省未来 4 年八类消费支出预测（2017～2020 年）

单位：元

消费类型	2017 年	2018 年	2019 年	2020 年
食品支出	6839.4	7377.4	8219.2	8799.1
衣着支出	2532.2	3012.2	3110.4	3583.3
居住支出	3932.2	4702.1	5732.4	6922.5
家庭设备及服务支出	2033.3	2621.2	2912.3	3631.6
医疗保健支出	1421.2	1690.3	1903.2	2153.6
交通通信支出	2792.2	3012.7	3563.6	3821.1
文教娱乐支出	2432.2	2090.2	3250.2	3599.2
其他用品和服务支出	821.2	935.5	1132.2	1276.3

　　根据模型可以预测，2017～2020 年，河南省八类消费与人均消费支出的关联度排序为：交通通信、文教娱乐、其他用品和服务、衣着、食品、

医疗保健、家庭设备及服务、居住。随着城市化进程的加快和互联网的普及，河南省城镇居民的消费水平不再仅是满足温饱的需求，而是倾向于更高水平的需求，更加注重通信、娱乐、教育和文化服务的需求。这表明河南省城镇居民消费水平已经基本上从温饱型消费转向小康型消费了，并且可以看出河南省城镇居民的消费结构更加趋向于服务消费，这势必会带动河南省服务业的发展。

居民消费将以发展型为主，消费者增加的非基本生活必需品开支占据一大部分，以信息消费为代表，智能服务以及新开发的医疗服务等成为消费者热衷的新领域。随着收入的提高和恩格尔系数的不断下降，追求时尚、个性、安全、优质，讲求提高生活品质成为消费者消费的重要趋势，休闲娱乐、旅游和教育成为消费热点。人们在消费过程中不仅关注消费品的使用价值，更关注其符号价值和象征意义；还要求商品具有艺术气息、消费环境的美化与舒适，希望提升消费场所的和谐氛围与艺术性。除了自然消费环境的优化之外，社会消费环境的健康与文明成为新的追求目标。

从实物消费到服务消费。居民服务消费开支在消费开支中所占比重将不断上升；非耐用消费品开支所占比重则较快速地下降，耐用消费品开始缓慢下降，消费占比将远小于服务支出。饮食消费中，继续保持缓慢下降的趋势，在外就餐的消费比例则将明显上升，水果蔬菜的比重增加，肉类、鱼、蛋比重下降。服装、鞋帽等消费占比不断下降，在获得满足甚至过剩之后，消费者在服装和服务的要求上日益强调个性、舒适、休闲。交通支出中汽车和汽油的购买、维修支出将平稳增长，虽然汽车消费增长已过高峰期，但是在高基数下汽车消费将平稳增长。居住消费方面，家庭在家具设备等物质消费上饱和，消费者在住房消费上日益追求家居生活品质的提高，住房自有率不断稳步提高直到基本稳定，公共事业费、燃料和公共服务以及居家费用将不断提高。随着人口老龄化趋势显著，居民对健康的重视和追求日益增强，健康保险、医疗服务、基因诊断等医疗保健支出将大幅增长，占比不断提高。随着社会生产水平的不断提高，人们不再是为了生存而工作，更多的是出游旅行、接受教育或是与家人分享闲暇时光，从而文教娱乐支出将进入高增长期。

五 "十三五"期间促进河南消费市场
平稳健康发展的政策建议

（一）增加居民收入，缩小城乡收入差距和消费差距

1. 农村居民增收

推动农村产权制度改革。激发农村资源资产要素活力，壮大村级集体经济实力。充分发挥新型城镇化辐射带动作用，引导农村第二、第三产业向县城、重点乡镇及产业园区等集中，探索农村新型社区和产业园区同建等模式，带动农村产业发展及农民增收。

支持电子商务进农村综合示范创建。重点选择农特产品、乡村旅游、农村特色产业作为推动农村电子商务发展的突破口，推动农副产品、农村文化、旅游业"联网触电"。整合服务业资源，推动农村智能社区、智能家居、智能养老、智能医疗建设。

强化精准扶贫、精准脱贫。持续加大扶贫综合投入力度，通过产业扶持、转移就业、易地搬迁、教育支持、健康扶贫、社保兜底等措施，因地制宜，分类指导，精准施策，确保如期实现脱贫攻坚目标。

完善农村社会保障制度。健全多缴多得、长缴多得的激励约束机制，完善缴费补贴政策，引导农村贫困人口积极参保续保，逐步提高保障水平。

促进就业支持创业。加强新型职业农民培育，完善城乡劳动者平等就业制度，支持农民创业创新，鼓励和规范工商资本投资农业农村，健全产业链利益联结机制。

2. 城镇居民增收

逐步推动城镇居民收入多元化增长，从之前主要依靠工资性收入逐步转向工资性收入和财产性收入并重的新局面。

而保障财产性收入增长，必须加强规范市场秩序和完善制度建设，特别是金融市场制度完善。规范资本市场，重视保护投资者特别是中小投资者合法权益。通过创新金融体系、强化投资理财渠道监管、规范交易方式、探索网络交易模式，让居民拥有更为多样的金融理财工具和产品。完

善政策法规，保护民间投资的合法权益。

根据不同收入群体，划分出与之对应的消费群体，可针对性实施方案增加居民收入，进而挖掘出他们的消费潜力。在本书第一章第二节已作分析，这里就不再赘述。

（二）分层次促进居民消费提升

扩大内需，启动消费，应根据不同消费群体的特点，制定相应的消费政策和税收政策，调节收入分配关系，以达到预期的目标。

1. 增加低收入群体的收入，保障其基本消费能力

第一，政府应建立健全社会保障体系。最低收入保障和社会福利等社会保障制度是保障低收入群体利益的安全网，只有完善社会保障体系，才能保障该群体的基本生活水平。第二，政府应制定相关的法律法规来保障低收入群体的权益。绝大部分低收入群体成员是体力劳动者，付出的劳动多，但在很多单位并没有签署正式的劳动协议，出现问题时权益也无法得到保障，只有完善相关的法律法规，才能从根本上维护低收入群体的劳动权益。第三，政府应为低收入人群增加就业岗位。低收入人群中很大一部分人是城镇的失业者和贫困地区的农民，缺乏专业技能，政府应该有针对性地为这部分人群提供一些公益性岗位，同时通过一些就业培训，提高他们自身的素质，从外部和内部两个角度入手为低收入群体增加就业机会。第四，利用精准扶贫相关政策保障低收入群体收入。第五，调整消费品供给结构，为低收入群体提供物美价廉的产品。

2. 增强中低收入群体创收能力，激发该群体的消费潜能

第一，政府应通过减轻企业负担，为中低收入者创造更多就业机会。劳动收入是中低收入群体的主要收入来源，相较于低收入的贫困人群，中低收入群体中的平均受教育水平更高，有能力从事更为复杂的工作，更多企业愿意招聘他们。所以政府可以从就业岗位的供给侧——企业入手，减轻企业的税收负担，降低企业的产品成本。企业利润增加之后一般会扩大生产规模，从而增加就业机会。第二，政府应建立就业培训机构，帮助更多的中低收入者提高工作技能。中低收入者中很多人在接受培训以后，工作能力将增强，从而更快地找到匹配的就业岗位，稳定的工作会带来稳定甚至更高的收入，从而促进其消费。第三，发掘农民工群体的消费潜能。

政府应推进"人"的城镇化，切实解决农民工社保、教育、住房问题，保障农民工的基本权益，解决其后顾之忧，从而降低农民工的预防性储蓄，激发农民工消费欲望，让农民工愿意花钱、敢于花钱，更能够放心花钱。第四，增加适合中低收入群体的金融服务。中低收入群体的收入和资产较少，银行等金融机构不愿意给这部分人群提供贷款，于是他们很难获得资金来购买房屋或者从事生产，这就造成了贫者越贫的现象，所以政府应鼓励金融机构开发适合该群体的金融产品，有选择地给这部分群体提供贷款和其他资金支持。

3. 扩大中等收入群体，创造更大的消费空间

第一，建立合理的收入分配制度。在完善收入分配制度中非常关键的一点是个人所得税的起征点，政府应该根据实际情况调整个税起征点，使中等收入人群的可支配收入更多。收入分配制度是引导社会财富在不同群体中流动的根本性制度，只有确立合理的收入分配制度，减轻中等收入群体的税收负担，缩小贫富差距，中等收入群体才会逐渐壮大，真正形成"橄榄型"收入分配格局。第二，完善社会保障，控制房价过度膨胀。房价过高对于中等收入群体是一大负担，政府要切实加强房价调控，将房价控制在中等收入群体能够承担的范围内。第三，深化教育和医疗改革，完善社会保障制度，使人们从"住房难""看病贵"等困境中解脱出来。第四，完善养老保障体系，使中等收入群体不必为养老而进行过多的储蓄，可以增加现时消费。第五，增加中等收入群体的财产性收入。规范和发展资本市场，保护投资者尤其是中小投资者的合法权益，促进中等收入群体把储蓄转化为投资，在资本市场获得更多收益以后，消费性支出自然会增加。

4. 把握消费升级方向，培育满足中高收入群体的消费点

第一，政府应该推进供给侧改革，提供适合中高收入群体的消费品或服务。中高收入群体注重产品和服务质量，政府应加快消费结构的调整，引导某些产业的过剩资源流向社会真正需要的产业或行业，提高产品质量，保证产品安全。第二，引导消费结构升级，创造新的消费热点。创新是改革的根本动力，在消费领域也是如此，开发新的消费产品，如科技含量高、环保节能的商品。此外，这部分人群对于服务的要求较高，在服务业方面提供新的消费热点也是促进消费的途径之一，同时这也符合我国重点发展第三产业的趋势。第三，应加强消费环境建设，打击假冒伪劣产品，保障消费群体的消费权益。

（三）转变消费观念，培育绿色生态消费模式

生态消费模式是不断提高人们生活质量、消费水平适度、消费结构合理、消费方式健康、绿色和低碳的消费模式，它既要满足当代人需求，又不能以危害同代人和下一代的消费权利为代价，是与经济、人口、资源、环境相协调的消费模式，是促进人的全面发展的消费模式。

1. 坚持基础设施建设先行

集中力量加快推进河南省综合、智慧、绿色、平安交通的发展，使出行更加集约高效、便民便利；推进河南省电网合理布局；综合推进城市环保、地下管网、燃气等设施配套，积极推进城市基础设施的人性化、生态化建设，鼓励发展绿色、节能建筑，积极推广融传统园林特色和现代化技术于一体的智能化生态示范小区。按照城乡一体化的要求，协调推进统筹城乡发展的各项基础设施配套工程，扎实推进生态农居建设，加强农田饮水安全、农村清洁能源等基础设施建设，不断改善农村消费和生态环境。

2. 发展生态化产业体系

通过产业变迁间接使消费升级。一是强化自主创新示范区的聚集、辐射和带动作用，加快推进创新型产业集群，使高新技术产业尽快成为拉动河南生态消费的先导和支柱产业。二是通过积极探索有机农业、生态农业和循环农业等发展模式，深入实施肥药提效工程，为社会提供更多丰富、优质的绿色、名优特新农产品。三是充分发挥服务业体系在推行生态消费模式方面的积极作用，重点发展信息服务业、商务服务业、生态旅游业、现代物流业、文化创意产业等为代表的生产性服务业，着力通过改造、升级传统服务业来大幅提升生活性服务业的层次，以适应市场消费热点的新趋势。着力完善资源再生利用的信息交换和网络服务平台，建立涵盖社区垃圾收集系统的废物管理信息交流渠道，推进生活垃圾资源化利用。

3. 完善引领生态消费模式的政策体系

政府必须抓紧制定与生态消费相关的法律法规，并促进生态消费模式的政策体系和体制机制的建立。调整消费税征收范围、环节、税率，把高耗能、高污染产品及部分高档消费品纳入征收范围。要善于运用价格政

策，建立反映市场供求关系、资源稀缺程度、环境损害成本的生产要素和资源价格机制，并对选用绿色、环保、生态产品的消费者加大补贴力度。

4. 倡导消费者积极践行生态消费模式

政府和相关机构应大力倡导生态消费模式，使消费者做到扩大消费与厉行节约的有机统一。衣着方面，不购买有害于生态环境的服饰；饮食方面，拒绝消费珍稀物种；居住方面，倡导住房面积适度，鼓励使用环保装修材料；日常生活方面，普及推广节水、节能；交通方面，尽量选择公交绿色出行，减少使用私家车。同时，充分调动消费者积极开展创建绿色社区等实践活动，广泛开展环保志愿者行动等公益活动，以活动促进生态消费模式的推广。

（四）助推产业升级，不断创新消费发展模式

推进行业品质升级。培育省级消费品行业示范智能车间；支持和鼓励行业龙头企业主导和参与国际标准、国家标准、行业标准的制（修）定，对标准牵头制定单位给予省级专项奖励；将诚信信息录入公共信用信息系统予以公开，严格行业自律。

支持行业品牌建设。建设企业自主品牌培育基地，培育和打造特色产业基地和特色镇（街）区，推动以河南特产特色等为重点内容的经典产业传承和发展。加强对中华老字号的动态管理，打破品牌授权销售单一模式。

大力发展老龄产业。制定老龄产业行业发展规划，颁布实施国家对老龄产业的扶持保护政策，建立老龄产业发展管理体制。立足城乡社区发展养老服务业，培育老年服务中介组织，培养专业化的老年服务队伍。同时，大力研究开发老年消费品，培育老年用品市场。

积极探索分享经济。拓宽开展在生活服务、生产能力、交通出行、知识技能、房屋住宿、医疗分享等重点领域的分享经济交易。当前分享经济集中在消费端，属于初级阶段，未来的发展方向是向产业制造端转移。

（五）优化网络消费环境，保护消费者合法权益

持续强化线上线下一体化监管，营造安全放心的网络消费环境。加强部门间、区域间的网络消费投诉协办和联合执法工作。

深入分析研判消费者投诉重点区域领域，强化网络交易监管。充分利用大数据技术，对重点商品开展质量抽查。

严格规范网络市场秩序，加强网络消费经营者自律。建立小额网络消费维权绿色通道，将侵害消费者权益的行为纳入企业信用体系并向社会公布，使拥有不良记录的企业和经营者在融资、再投资等方面受到一定限制，也使消费者可根据企业信用评价选择商品服务。

通过消费者维权宣传教育，提高消费者的自我保护意识。跟踪特殊网络消费时期的维权特征，发布消费预警等。

（六）完善金融配套服务，加快信贷消费的步伐

信贷消费是扩大有效需求、刺激现期消费、拉动经济增长的重要手段。加大城乡消费信贷产品体系创新力度，完善消费信贷的个人征信和资信评估体系。大力推动信用平台建设，积极支持居民家庭住房、装修、大宗耐用消费品、新型消费品以及文化、教育、旅游、养老等服务消费领域的合理消费信贷需求。

第四章
河南对外贸易形势分析与预测

对外贸易是一国或地区开放型经济体系的重要组成部分和国民经济发展的重要推动力量。作为内陆地区的河南，在运输成本与东部地区相比不具有比较优势的前提下，对外开放是河南融入全球经济的突破口和必然路径，是加快河南经济社会发展的全局性、综合性战略举措，也是决定河南前途命运的关键抉择和基本省策。从更高意义上讲，中原能否崛起，河南能否振兴，全面建成小康社会的目标能否顺利实现，关键取决于河南的对外开放水平。因此，分析和研究河南省的外贸发展现状，从中找出外贸发展中存在的问题并提出相关政策建议，不仅具有重要的理论价值，更具有重要的现实指导意义。

本章第一部分从数量和结构两个视角分别对河南省的外贸发展形势进行了分析，第二部分对河南省外贸发展中存在的问题进行了总结，第三部分分析了当前河南省外贸发展面临的机遇和挑战，第四部分通过实证研究，对 2018 年河南省的外贸发展进行了数值预测与趋势展望，第五部分结合现实，提出了河南省外贸发展的政策建议。

一 河南对外贸易发展的形势分析

（一）2011～2016 年河南省对外贸易发展的总体状况分析

"十二五"期间，河南省对外贸易成绩优异，2011 年进出口总额为

2071.2 亿元，2012 年进出口总额为 3260.3 亿元，2013 年进出口总额为 3716.5 亿元，2014 年进出口总额为 3994.4 亿元，2015 年进出口总额达到 4600.2 亿元，是"十一五"期末 2010 年进出口总额 1204.4 亿元的 3.8 倍。总体来看，河南省外贸进出口总额在"十二五"期间增长较快，实现了跨越式发展。

2016 年，河南省进出口总额为 4714.7 亿元，同比增长 2.6%，增速高出全国增速 3.5 个百分点。其中，出口额为 2835.3 亿元，进口额 1879.4 亿元，外贸进出口规模创历史新高，全国排名第 10，比 2015 年上升一个位次，首次跨入全国前 10，全年进出口贸易呈现出回稳向好、前低后高的态势。

2011~2016 年河南省进出口总额、出口额和进口额变化情况见图 4-1。

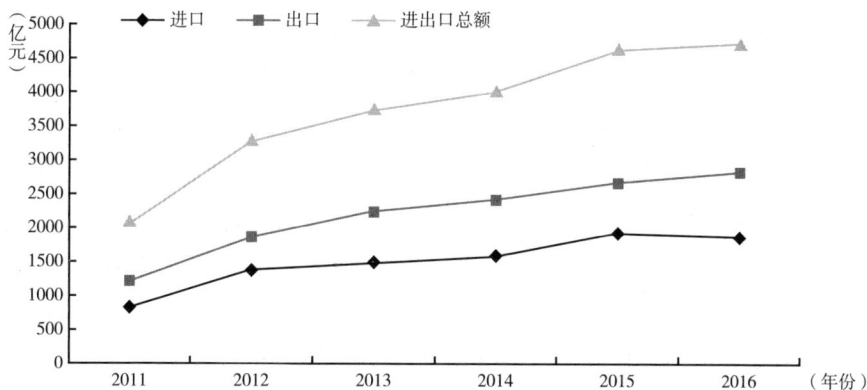

图 4-1 河南 2011~2016 年进口额、出口额和进出口总额的变化趋势

（二）2011~2016 年河南省对外贸易发展的结构状况分析

在河南进出口贸易规模不断扩大的同时，河南省对外贸易的商品结构、经营主体结构、贸易方式结构、贸易市场结构等也在不断地发生着变化，主要表现在以下几个方面。

1. 进出口商品结构进一步优化，技术含量提高

2011 年，河南省出口商品中占据前 3 位的分别是手持（包括车载）

式无线电话机、其他材料制品、车辆用新的充气橡胶轮胎，出口额占当期河南省出口总额的比重分别是25.8%、3.3%和2.9%，而2011年河南省进口商品中占据前3位的分别是铁矿砂及精矿、处理器及控制器、铅矿砂及其精矿，进口额占当期河南省进口总额的比重分别是11.2%、8.4%和7.1%。2015年，河南省机电产品出口总额为1982.12亿元，同比增长21.9%，占全省出口总额的73.8%，农产品出口总额为104.5亿元，同比增长12.2%，占全省出口总额的3.9%；而2015年河南省机电产品进口总额为1524.38亿元，同比增长27.7%，占全省进口总额的79.6%，农产品进口总额为103.9亿元，同比增长13.2%，占全省进口总额的5.4%。

2016年1～10月，大宗商品进出口有升有降。出口商品中，农产品出口额为106.8亿元，同比增长25.9%，其中大蒜、香菇、活猪、茶叶等出口增幅超过两位数；手机、服装、蔬菜、汽车、家具、铝材、钛白粉、汽车零件、摩托车及自行车零件等商品出口量增长；发制品、轮胎、钢材、鞋、陶瓷产品、电线及电缆、毛皮制品、内燃机和医药品等出口量下降，第一大出口商品——手机出口量增长1.6%。进口商品中，铜矿砂、电视及零附件、铅矿砂、木浆、绵羊皮、金属加工机床和医疗仪器及器械等商品进口量增长；集成电路及微电子组件、铁矿砂、大豆、计量检测分析仪器、印刷电路、电容器及零件等商品进口量下降，第一大进口商品——集成电路及微电子组件进口量下降3.3%。

从河南省进出口商品结构的变化中，可以得出如下结论。

第一，从进出口商品结构来看，机电产品成为河南省进出口增长的主要力量，而受汇率波动、劳动力成本上涨等因素的影响，传统劳动密集型商品在进出口商品中的比重明显下降，这说明河南省进出口商品结构得到了优化，产业转型升级成效明显。

第二，以智能手机为代表的新兴产业成为河南对外贸易发展的支柱产业。近年来，以富士康为主的一大批手机项目落户河南省，以手机为代表的新兴产业在外贸进出口中占据相当重要的份额，并逐步取代传统产业，成为河南对外贸易发展的支柱产业。以2016年为例，前8个月河南省月均外贸额徘徊在300亿元左右，9月受苹果新型手机上市拉动，外贸额达548.6亿元，并在接下来的3个月保持高位，10月外贸额达596.3亿元，创 2015 年 11 月以来河南外贸月度进出口额新高，12 月以 539.6 亿元收官，整体呈现逐渐回暖的向好态势。

2. 外贸经营主体结构发生变化，外资和民营企业成为主力军

从河南省外贸的经营主体结构来看，2011 年，河南省外商投资企业进出口总额为 973.8 亿元，占进出口总额的 45.9%；民营企业进出口总额为 378.8 亿元，占同期河南省进出口总额的 17.9%；国有企业进出口总额为 502.2 亿元，占同期河南省进出口总额的 23.7%。2015 年，河南省外商投资企业进出口总额为 3250.3 亿元，同比增长 20.8%，占同期河南省进出口总额的 70.7%；河南省民营企业进出口总额为 962.5 亿元，同比增长 11.7%，占同期河南省进出口总额的 20.9%；河南省国有企业进出口总额为 387.4 亿元，同比下降 11.6%，占同期河南省进出口总额的 8.4%。

2016 年 1~10 月，河南省外商投资企业进出口总额为 2437.4 亿元，同比下降 5.7%，占同期河南省进出口总额的 67.5%；河南省民营企业进出口总额为 844.8 亿元，同比增长 6.2%，占同期河南省进出口总额的 23.4%；河南省国有企业进出口总额为 326.4 亿元，同比增长 1.6%，占同期河南省进出口总额的 9.1%。

从以上分析中可以看出，外商投资企业是河南省外贸发展的重要支柱，民营企业进出口成为河南省外贸增长的新引擎，而国有企业相对于外商投资企业和民营企业，无论进口总额还是出口总额都要差一些。这说明近年来，随着河南企业经营环境的进一步改善，外商投资企业和民营企业活力持续释放，对河南省外贸发展的拉动作用持续增强，河南省的经济国际化程度进一步提高。

3. 贸易方式结构进一步优化，由一般贸易走向加工贸易

从贸易方式结构来看，2011 年，河南省加工贸易进出口总额为 833.5 亿元，占河南省进出口总额的 39.3%，而同期河南省一般贸易进出口总额为 1200.5 亿元，占河南省进出口总额的 56.6%。2015 年，河南省加工贸易进出口总额为 3160.7 亿元，占河南省进出口总额的 68.7%，而同期河南省一般贸易进出口总额为 1210.5 亿元，占河南省进出口总额的 26.3%。

2016 年 1~10 月，河南省加工贸易进出口总额 2379 亿元，占河南省进出口总额的 65.9%，而同期一般贸易进出口总额为 1064.3 亿元，占河南省进出口总额的 29.5%。

从以上分析中可以看出，随着河南省对外贸易发展的不断深入，对外贸易方式也发生了转变，由以往的以一般贸易为主逐渐发展成为如今多种贸易方式并存、加工贸易为主，这种多样化的对外贸易方式改变了以往一般贸易独占鳌头的格局，给河南省对外贸易的发展带来了更多的机遇与机会。

4. 外贸市场结构呈现多元化发展趋势，外贸市场广度不断提升

2011 年，从出口国别和地区来看，河南省的前 5 大贸易伙伴分别为美国、欧盟、韩国、中国香港和日本；从进口国别和地区来看，同期河南省的前 5 大贸易伙伴分别为日本、韩国、澳大利亚、欧盟、美国；综合进出口总额来看，同期河南省主要的贸易伙伴为美国、欧盟、韩国、日本和澳大利亚。2015 年，从出口国别和地区来看，河南省的前 5 大贸易伙伴分别为美国、欧盟、东盟、中国香港和日本；从进口国别和地区来看，同期河南省的前 5 大贸易伙伴分别为韩国、中国台湾、日本、东盟、欧盟。综合进出口总额来看，2015 年河南省主要的贸易伙伴为美国、韩国、欧盟、东盟和日本，这 5 大贸易伙伴国进出口总额合计占全省进出口总额的 60.3%。其中，发达经济体中美国仍为河南省最大的贸易伙伴，进出口总额为 1071.8 亿元，比上年增长 20.6%；对韩国进出口总额为 587.3 亿元，比上年增长 25.9%，韩国超过欧盟成为河南省第2 大贸易伙伴；对欧盟进出口总额为 421.4 亿元，比上年下降 11.9%，对东盟进出口总额为 371.5 亿元，比上年增长 7.3%；对日本进出口总额为 319.9 亿元，比上年下降 12.9%。新兴市场中，对非洲进出口额下降 8.8%，对俄罗斯下降 39%。

2016 年，河南省对美国、欧盟、韩国、日本这四个市场的贸易值分别为 864.1 亿元、739.5 亿元、423.9 亿元、414.3 亿元，其中对欧盟和日本分别增长 75.5% 和 29.5%，对美国和韩国分别下降 19.4% 和 27.8%。受手机订单激增带动，欧盟以 300 多亿元的优势超过韩国，成为河南省第 2大贸易伙伴。

从以上分析中可以看出，河南省传统主要贸易市场分化明显，主要集中在美国、韩国、德国、英国和日本等发达国家，除此之外，河南省也打开了东南亚、非洲、拉丁美洲和大洋洲等新市场，外贸市场逐渐向多元化方向发展，外贸市场广度不断提升。但是，新市场的进出口总额与发达国家相比较少,占全部市场进出口总额比重较小,对外贸易规模有待进一步扩大,市场份额需进一步提升。

5. 积极融入"一带一路"倡议,加强与沿线国家经贸合作

2015 年,河南省对"一带一路"沿线国家进出口总额为 691.9 亿元,比上年增长 0.8%。对新加坡、泰国、越南、哈萨克斯坦、捷克等国出口增幅均在 10% 以上。河南省对沿线国家投资合作涉及 15 个国家,协议投资 27.9 亿元,占全省投资的 19.3%,比上年增长 224%;新签 500 万美元以上对外承包工程项目 22 个,合同额为 91.8 亿元,比上年增长 69.3%;完成营业额 35.9 亿元,比上年增长 4.1%。相对的,沿线国家在河南省共投资 12 个项目,实际到位资金 44.1 亿元。

6. 地区外贸发展差距较大,呈现不平衡发展的趋势

2011 年,在河南省的 18 个省辖市中,进出口总额前 5 名的省辖市分别是郑州市、焦作市、洛阳市、安阳市和许昌市,这 5 个省辖市的进出口总额占河南省进出口总额的 74.1%,其中郑州市的进出口总额占河南省进出口总额的 49.1%。2015 年,从进出口总量来看,郑州市进出口总额为 3535.9 亿元,焦作市进出口总额为 127.5 亿元,洛阳市进出口总额为 120.9 亿元。郑州市的进出口总额在 18 个省辖市中遥遥领先,优势明显,占到同期河南省进出口总额的 76.9%,是河南省进出口的主要支撑力量,其他省辖市的进出口总额相对较少,且呈现不平衡发展的态势。2016 年,郑州市外贸进出口完成 550.3 亿美元,进出口总额占河南省进出口总额的比重达到 77.3%,继续位居中部省会城市第 1,与河南省其他省辖市的差距进一步拉大。

二　河南对外贸易发展中存在的问题

作为中原经济区的核心,河南省的对外贸易发展全面地反映了中原经济区对外贸易的发展状况。通过对河南省对外贸易发展的总体状况和结构状况分析中可以看出,河南省在外贸发展中还存在较多问题。

(一) 对外贸易总量小,外贸依存度低

近年来,河南省对外贸易总额稳步增长,进出口总额从 2011 年的

2071.2亿元，增长至2016年的4714.7亿元，河南省对外贸易实现了较快发展。尽管河南省对外贸易发展取得了阶段性进步，对外贸易规模走在中部地区前列，但是也要清醒地看到，河南省外贸与东部沿海地区相比仍存在较大差距。2015年，河南省进出口总额仅占广东省的7.2%、江苏省的13.6%、上海市的16.5%、浙江省的21.3%。2016年，河南省进出口总额仅占广东省的7.5%、江苏省的13.9%、上海市的16.4%、浙江省的21.2%。可见，与沿海发达地区相比，河南省的外贸规模相对较小，还有很大的成长空间，还需要进一步提升对外开放的水平和层次，缩小与东部沿海地区的差距。

外贸依存度是进出口总额与国内生产总值的比值，往往被用来衡量国家、地区或城市外向型经济发展水平和市场经济发展程度的一个重要标准。2016年，河南进出口总额为4714.7亿元，占河南GDP的比重仅为11.7%，低于全国平均水平32.7%，如此低的外贸依存度与河南省国民经济规模不相称，与区域经济快速增长的需要不相符，说明河南尚未深度融入经济全球化的大潮，尚未充分利用外部资源为本地经济发展助力。

（二）外贸发展结构失衡，外贸发展方式有待进一步优化

1. 进出口商品结构缺乏核心竞争力，外贸支柱产业单一

近年来，机电产品成为河南省进出口增长的主要力量，传统劳动密集型商品在进出口商品中的比重明显下降，河南省进出口商品结构得到优化，但是农产品、发制品、纺织服装、轮胎、金属砂矿等传统主要进出口商品的支撑基础还比较薄弱，技术含量高的出口产品虽有所增加，但主要依靠的是富士康及其配套企业带动，出口产品中技术含量低、附加值低的产品仍占较大比重，多数产品处在全球产业链、价值链中低端，出口增长以数量扩张和低价竞争为特征仍较明显，"贫困式出口"特征明显。高科技产品在河南省的开放型经济发展中比重还不大，大部分企业在核心技术掌握方面相对薄弱，缺乏必要的技术创新投入和自主品牌。因此，河南省应进一步优化进出口商品结构，提高高科技产品的比重，增强开放型经济的核心竞争力，同时应积极培育市场主体，使河南省的外贸支柱产业向多元化方向发展。

2. 外贸经营主体结构不均衡

外商投资企业是河南省外贸发展的重要支柱，民营企业进出口成为河南省外贸增长的新引擎，而国有企业的进出口总额在河南省进出口总额中的比重较低，外贸经营主体结构呈现不均衡的发展态势。2016 年，外商投资企业进出口额占河南省进出口总额的比重达到 60%，以组装的苹果公司产品为例，按照贸易统计的定义，属于技术输出，但国内工人享有的制造成本仅占到苹果手机售价的 3.6%，这意味着河南省出口企业的技术升级仍有很长的路要走。因此，河南省的外贸经营主体结构有待进一步优化。

3. 贸易方式结构不均衡，过分依赖加工贸易

从贸易方式来看，近年来河南省外贸方式由以一般贸易为主发展为以加工贸易为主，加工贸易超过一般贸易成为河南省对外贸易的主要方式。在"两头在外，中间在内"的加工贸易分工格局中，相对于高附加值、高利润的研发、售后等环节，出口企业仅获得少得可怜的加工费。因此，河南省的贸易方式有待进一步优化和提升。

4. 外贸市场集中度偏高

河南省传统贸易市场主要集中在美国、韩国、德国、英国和日本等发达国家，外贸市场集中度较高，过度集中于传统贸易市场。虽然河南省也打开了东南亚、非洲、拉丁美洲和大洋洲等新市场，但是，新市场的进出口总额与发达国家相比较少，占全部市场进出口总额比重较小，市场份额需进一步提升，外贸市场结构需要进一步优化，以免传统贸易市场发生经济波动时，减少贸易风险和经济波动的影响。

5. 全省外贸集中在省会，地区外贸发展不平衡

郑州市的进出口总量在河南省 18 个省辖市中优势明显，是河南省进出口的主要支撑力量，其他省辖市的进出口总额相对较少，地区进出口贸易发展不平衡，且差距有进一步拉大的趋势。

6. 外贸发展方式有待改进

从发展方式来看，河南省对外贸易的快速增长主要是依靠劳动力、资金、土地、资源等要素粗放投入来实现的，缺少自主知识产权、核心技术、营销网络。在国际价值链中仍属于低端的粗放式外贸，增长的效率和质量不高，增长的基础也比较薄弱。

（三）服务贸易发展相对滞后

一方面，在河南省出口结构中，以工业品为主的货物贸易一直是河南省的主要创汇来源，而服务贸易与货物贸易相比相对滞后。另一方面，河南服务贸易结构不合理，在河南的服务贸易出口中，传统的服务产品居多，旅游业和国际劳务输出是主要的出口创汇项目，而金融、保险、通信、信息技术等新兴领域服务产品出口极少，知识密集型服务出口占比偏低、发展滞后。服务贸易发展滞后及不合理的服务贸易结构，导致河南省贸易结构的国际竞争力较弱。

（四）外贸发展的配套服务水平层次较低，投资环境仍有待改善

第一，河南省的外贸综合服务企业数量较少，服务价格较高且服务市场竞争不充分，外贸综合服务市场有待进一步培育。

第二，河南省的外贸综合服务水平有待进一步优化。物流、金融、会计、法律、信息化研发等现代服务业发展相对滞后，高层次人才的培养、引进、储备不足，医疗、教育、文化等社会化配套不健全，这些都对外贸的发展形成制约。

第三，投资环境仍有待改善。近几年来，河南的投资环境虽有所改善，但部分地市（区）仍存在重引进、轻管理，重硬件投入、轻软件建设的现象，通信、交通、能源、市政公用事业、基础设施等条件都还不能满足扩大开放的需要。

（五）制造业对外贸发展的支撑力较弱

经过多年发展，河南已经成为我国重要的制造大省，但与国内制造强省仍有较大差距。当前，河南制造业发展具有一定优势，如产业规模相对较大，建成了门类齐全、相对完整的产业体系，在装备制造、有色金属、食品等传统行业形成了一定竞争优势，拥有一批竞争力强的骨干企业，发展了一批高端产品，制造业创新平台建设取得初步成效，产业结构调整步伐加快，空间布局不断优化，集群效应加速显现等。但是，我们还应清楚地认识到，河南制造业的发展仍以有形要素投入为主，而科技、管理、创新等无形要素投入则较小，产业结构层次总体较低，导致产业参与国际竞争的水平和能力偏低。

三　河南对外贸易发展的机遇与挑战

（一）河南省对外贸易发展面临的机遇

1. 经济长期向好的基本面没有改变，支撑经济增长的积极因素仍在不断积累

第一，从国际来看，虽然当前世界经济复苏疲软，国际经济金融市场动荡、国际贸易低迷的外部环境短期内难以改变，经济复苏的不确定性因素增多，但是我们也应看到，越来越多的新兴市场国家融入全球经济，中国要发挥劳动力资源比较优势，参与国际分工和国际竞争，充分利用国际市场、资源、技术、人才和管理经验等要素加快自身的经济发展。同时，在国际金融危机冲击和全球气候变化双重压力下，世界科技创新和产业转型正处于新的孕育期，新一轮技术革命和产业变革孕育兴起，新技术和信息技术的广泛运用特别是与传统产业的深度融合，有利于中国抓住机遇，发挥后发优势实现"弯道超车"。

第二，从国内看，虽然当前我国经济下行压力较大，但是我们也要看到，自金融危机爆发以来，政府坚持稳中求进的工作总基调，坚持新发展理念，以推进供给侧结构性改革为主线，适度扩大总需求，坚定推进改革，妥善应对风险挑战，引导形成良好社会预期，经济社会保持平稳健康发展，实现了"十三五"良好开局。当前，经济运行保持在合理区间，经济运行的质量和效益进一步提高，经济结构继续优化，创新对发展的支撑作用正在增强，改革开放取得新突破，主要领域"四梁八柱"性改革基本出台，对外开放布局进一步完善，经济形势总的特点是缓中趋稳、稳中向好，经济韧性好、潜力足、回旋余地大的基本特征没有变，经济持续增长的良好支撑基础和条件没有变，经济结构调整优化的前进态势没有变，经济长期向好的基本面没有改变，这意味着短期的压力，放在更长周期来看，可能不过是波浪前进的新曲面、螺旋上升的新弯道。

第三，我国国际经济竞争力增强。经历改革开放近40年发展，中国综合国力不断提升，目前已经成为世界第二大经济体、第一大贸易国、

制造业第一大国。世界经济论坛《2016～2017年全球竞争力报告》显示，中国在全部138个经济体中排名第28位，再次成为全球新兴经济体中最具竞争力的经济体。这表明我国在经济实力、人力资源、产业成熟度、营商环境、基础设施、国际吸引力等方面的综合竞争力处于世界前列、新兴国家之首（其他主要新兴经济体中，印度排名第39，俄罗斯排名第43，南非排名第47，巴西排名第81），这为外贸发展奠定了坚实的基础。

第四，外贸扶持政策继续发力。党的十八大以来，国务院共出台十余个促进外贸稳增长的政策文件，四个关于对外文化贸易、自贸区战略实施等方面的相关文件。这些政策涉及的主要方面包括完善出口退税分担机制、加大信保支持力度、支持保险机构按照商业化原则扩大保险覆盖面、减轻企业负担、提高贸易便利化水平、加快外贸新业态发展、探索建立"六体系、两平台"为核心的跨境电商政策体系等。这些外贸扶持政策旨在稳定贸易增长，调节贸易结构，转变贸易方式，培育贸易竞争新优势，外贸扶持政策有利于促进未来我国外贸增长。

第五，人民币汇率贬值压力缓解，中长期稳定运行基础较为稳固。2016年10月1日人民币正式加入国际货币基金组织（IMF）特别提款权（SDR）货币篮子，成为继美元、欧元、日元和英镑之后的第5种入篮货币，也成为SDR中第三大储备货币，部分国际金融组织、境外央行等境外政策性机构和金融机构将逐渐增加人民币债券资产的配置，从而带来一定规模的资本流入，有利于未来汇率保持稳定，并将进一步提高我国国际话语权。同时，我国国际收支长期保持顺差、外汇储备充裕、金融市场运行稳定、宏观财政状况良好，经济基本面决定了人民币不存在长期贬值基础。人民币对一篮子货币汇率继续保持在合理均衡水平有利于我国外贸进出口平稳运行。

第六，支撑经济增长的积极因素仍在不断积累。在经济"新常态"下，虽然一些多年积累的结构性矛盾进一步显现，但是我国经济正在向形态更高级、分工更复杂、结构更合理的阶段演化，呈现产业结构不断优化、发展动力加快转化、地区和行业走势分化的明显特征，传统产业调整的阵痛在陆续释放，以新经济为代表的新生动力正在加快孕育，经济发展方式正在加快转变。"十三五"时期，国家着力推动供给与需求共同发力，更加注重供给侧结构性改革，加快推进新型城镇化，加大基础设施建设投资力度，有利于释放消费和投资潜能，创造新供给，加快动力转换。随着一系列政策效应的持续出现，推动经济保持平稳较快增长的积极因素将继续积累。

2. 河南外贸发展的要素支撑条件进一步改善

当前，河南正处于新型工业化、城镇化、信息化、农业现代化快速推进阶段，特别是近年来一系列打基础的重大战略性工程加快实施，厚植发展优势，全省经济持续平稳健康发展仍具有许多有利条件和积极因素。

第一，人力要素支撑。河南是人力资源大省，拥有1亿多人口，其中6000多万是农村人口，劳动力资源充裕，人口红利正在向高素质、高技能的人才红利转变，人力资源优势持续提升；市场容量巨大，市场规模优势持续提升。随着城镇化和工业化的加快推进，丰富的人力资源将为河南的经济发展提供强有力的内需支撑。

第二，资金要素支撑。河南省金融服务业规模及实力不断扩大增强，全省金融法人机构牌照种类扩展至全部12个类别，2016年人民币各项存款余额为53977.6亿元，同比增长13.3%，较年初增加6347.7亿元，同比多增609.8亿元，资金量充裕；存款余额高于贷款余额的幅度从2010年的7278亿元增加至2016年的17476.4亿元，贷款有较大潜力。2016年，河南省社会融资规模增量为6824亿元，居中部6省首位。资金要素充裕，必将对河南发展外贸奠定坚实基础。

第三，产业集聚区对经济的支撑作用进一步凸显。目前，东部地区每年向外转移的产业中有60%转向国内中西部地区，而河南具有劳动力资源优势和市场空间广阔优势，有优势、有空间、有能力承接大规模的产业转移。经过近年来的建设和发展，河南的产业集聚区围绕主导产业集群发展，着力构建产业配套服务体系，提升科学发展载体建设水平，注重强化其龙头带动、集群引进、功能完善和产城互动。目前，河南产业集聚区的集群支持和配套功能不断完善、发展载体优势持续提升、综合带动效应进一步凸显，已成为参与全球产业分工体系的重要窗口和承接产业转移的主要平台，为河南经济的平稳增长提供了非常有力的支撑。

第四，经济结构继续优化。2016年上半年，服务业增加值增长9.7%，比去年同期高0.9个百分点；服务业占河南省生产总值的比重达到42.3%，比去年同期高1.6个百分点；服务业对GDP增长的贡献率为49.3%，比第二产业贡献率高2.9个百分点，成为拉动河南省经济增长的主要力量。2016年上半年，工业内部结构优化，高成长性制造业占规模以上工业增加值的比重达到47.3%，同比提高1.4个百分点；六大高载能行业增加值占规模以上工业增加值的33.1%，同比下降1.5个百分点。2016年，"互联网+"相关行业快速发展，移动互联网与传统行业加速渗透，众创平台、网络约车等新型服务模式在各地全面铺开，极大地激发了经济活力。2016年，E贸易爆发式增长，上半年郑州市E贸易总业务量达1560.12万单，货值14.02亿元，单量总数位居全国试点城市首位。

第五，经济增长质量有所提升。一是库存减少，到2016年6月底，全省的商品房库存去化周期比去年峰值缩短3.5个月，前5个月全省工业企业产成品存货下降8.2%，工业企业库存和商品房库存都在减少。二是成本下降，2016年上半年规模以上工业企业每百元主营业务收入中的成本为87.23元，比去年全年下降0.29元。三是利润增加，2016年1~5月，全省规模以上工业企业实现利润总额1913.67亿元，同比增长3.9%，比第一季度提高1.5个百分点。40个大类行业中，28个大类行业利润同比增长。居民收入继续提高。2016年上半年，全省居民人均可支配收入同比增长8.0%。四是补短板步伐加快。2016年上半年，全省第三产业投资为8317.44亿元，同比增长16.4%，比第二产业高8.0个百分点；全省基础设施累计完成投资为2927.02亿元，同比增长32.1%，高于全省投资平均增速19.5个百分点。五是新兴供给成长加快。2016年上半年，全省高成长性制造业、高技术产业增加值分别增长9.3%、12.6%，增速分别快于全省工业1.3个和4.6个百分点，新产品、新业态、新商业模式快速发展，为经济增长提供了新的动能。

第六，大众创业、万众创新效应凸显。河南省深入实施创新驱动发展战略，出台了一系列鼓励大众创业、万众创新的政策措施，形成了助力经济增长的新动力和新增长点。大众创业态势向好。截至2016年6月底，河南省市场主体总量达到428.2万户，位居全国第6、中部6省第1；千人拥有市场主体数量由商事改革前的24户提升到36户；全省创业活力指数（全年新登记市场主体数量和市场主体总量比率）达到25.2%，较商事改革前提升了2.3个百分点。

这些积极因素的持续积累和进一步改善，将为河南经济的稳步增长提供强有力的支撑。

3. 外贸发展的战略支撑条件更加坚实

第一，战略支撑更加坚实。随着粮食生产核心区、中原经济区、郑州航空港经济综合实验区、郑洛新国家自主创新示范区、国家大数据综合试验区、中国（河南）自由贸易试验区等国家战略相继花落河南，战略先导优势持续提升，将为河南的经济发展提供前所未有的契机。特别是中国（河南）自由贸易试验区的获批，使得地理上的内陆河南瞬间转化成发展上的改革先锋和开放前沿，将全方位提升河南各级机构的国际观、市场观、改革观和开放意识，随着自贸区建设的推进，负面清单、金融体制创新、证照分离等改革措施一项项落地，这为河南加快产业转型升级提供了重大机遇，河南的开放也将更加深入。2016年，国家发展改革委印发了《促进中部地区崛起"十三五"规划》和《中原城市群发展规划》，标志着中原城市群正式跻身七大国家级城市群，郑州也向着国家中心城市的目标迈进，这为河南提升在全国发展大局中的地位提供了重大机遇。同时，随着"一带一路"倡议、国家创新驱动发展战略、"中国制造2025"、"互联网+"行动计划等的实施，加之当前国家正在深入推进新型城镇化、生态文明建设、脱贫攻坚工程，这也为河南补齐短板提供了重大机遇。

以上这些战略和规划在实施过程中会形成聚合效应、叠加效应和带动效应，能为河南外贸的发展带来重大的发展机遇和利好。

第二，河南积极融入"一带一路"倡议，拓宽了河南经济的发展空间。河南位居国家核心腹地，是"一带一路"倡议的重要支点，随着"一带一路"倡议全面实施，国内外产业持续梯度转移，有利于发挥河南的区位和资源优势，为河南省新一轮高水平对外开放提供了重大机遇。河南省全面融入国家"一带一路"倡议，郑州、洛阳成为丝绸之路经济带主要节点城市，有利于发挥郑州航空港、郑欧班列、国际陆港等开放平台的作用，密切与丝绸之路经济带沿线中心城市和海上丝绸之路关键支点的联系，促进基础设施互联互通，深化资源能源、经贸产业和人文交流合作，形成全面开放合作的新格局。

第三，综合交通体系建设成效显著。河南着力打造现代立体综合交通网络，航空网络、"米"字形高速铁路网、公路网和现代综合交通枢纽格局加速形成，区位交通优势持续提升，主要体现在以下方面。其一，郑州机场二期工程建成投用，航线网络不断完善，2016年旅客吞吐量达到2000万人次、货邮吞吐量突破45万吨。其二，郑欧班列运营综合指标居中欧班列首位。"米"字形高速铁路网建设取得突破，石武高铁投运，郑徐高铁主体工程基本建成，郑万、郑合、商合杭高铁开工建设，郑济、郑太高铁前期工作取得重大进展，郑开、郑焦、郑机城际铁路投入运营，铁路营运里程达到5118公里，其中高速铁路为865公里，城际铁路为171公里；高速公路通车里程达到6305公里，实现所有县（市）20分钟上高速，普通干线公路、农村公路服务水平进一步提升。伴随着"一带一路"倡议的实施和推进，河南省正加快实施航空、铁路国际和国内"双枢纽"战略，推动跨省域基础设施协同共建和高效衔接，建设空中丝绸之路、陆上丝绸之路和网上丝绸之路。

第四，开放平台建设稳步推进。郑欧班列和郑州国际陆港等平台已为河南外贸发展发挥积极作用，其他开放平台正在建设或运行：河南自贸区建设全面启动，中国（郑州）跨境电子商务综合试验区稳步推进，郑州互联网国际通信专用通道开通，国际贸易"单一窗口"上线运行，肉类、水果等7个功能性口岸运营良好，进境粮食指定口岸，汽车整车进口口岸二期开工建设，新郑综合保税区三期和南阳卧龙综合保税区封关运行，郑州经开综合保税区获批，河南保税物流中心获批，郑州出口加工区和海关特殊监管区域稳步运行，关检合作"一次申报、一次查验、一次放行"通关模式全面推行。这些开放平台的不断完善为河南外贸的发展打下了坚实的基础，成为外贸发展的重要载体。

4. 郑州航空港经济区的品牌优势和规模效应逐步提升

郑州航空港区获批以来，建设全面提速，已经成为河南省经济发展的新增长点和外贸发展的靓丽名片。

第一，航空口岸作用发挥明显，带动口岸各项业务稳步增长。2015年，河南以航空运输方式实现进出口额3178.2亿元，占全省进出口总额的69.1%，全省监管进出境航班1.6万架次、人员132.6万人次，海关监管货邮量达到23.8万吨。2016年上半年，河南省以航空运输方式实现进出口额1097.7亿元，占全省外贸进出口总值的61%。从占外贸比重的不断提升和口岸业务量的不断增加，可以看出郑州航空港品牌效应正逐步提升，辐射带动能力持续增强。

第二，国际航空枢纽集聚能力逐步增强，规模效应显现。从国内看，郑州机场国际货运集疏区域覆盖全国除西藏以外的所有省份，有力地支持了郑州航空港形成立足中原、辐射全国的货运网络；从国际看，截至2016年底，郑州机场累计开通国际客货运航线55条，完成国际客货运吞吐量126.6万人次和27.5万吨，同比增长5.7%和20.9%。其中，国际客运航线覆盖亚洲绝大多数国家和地区，郑州机场开行的国际货运航线在全国主要机场中仅次于北上广，处于第4位货运航线，覆盖亚、欧、美、澳四大洲，扩展了郑州航空口岸的国际货运辐射圈，提升了郑州机场的国际航空货运集疏能力，规模效应显现。

5. 口岸建设突飞猛进，口岸功能不断拓展

口岸是对外开放的平台和门户，是对外交往和经贸合作的桥梁。河南出入境检验检疫局把推进口岸建设作为打造内陆河南对外开放平台的第一要务，口岸建设取得优异成绩。

第一，口岸建设突飞猛进，口岸数量得到增加。河南省先后申请设立了水果、粮食、药品、肉类等指定口岸，汽车整车进口口岸，多式联运海关监管中心，实现了航空、铁路和汽车运输在口岸的无缝对接。目前，河南运行、在建和申建10个进口指定口岸，河南成为功能性口岸数量最多、种类最全的内陆省份。以建设郑州国际航空枢纽、国际陆港和特定口岸为抓手，通过丰富拓展各类口岸，大力发展口岸经济和枢纽经济，努力构建内陆大口岸格局，河南省已经初步形成了陆空高效衔接、区港联动、多式联运的综合口岸体系和立体开放格局。

第二，口岸通关促进贸易便利。河南省通过采取区域通关一体化、"三互"大通关建设、关检合作"三个一"等通关改革措施营造了良好的国际化营商环境，促进了贸易便利化，使河南在更高水平、更高层次上实现对外开放。2015年，郑欧班列开行156班，总货值7.21亿美元，总货重6.28万吨，辐射范围境内遍布3/4地域，境外覆盖20个国家108个城市，在所有中欧班列中，郑欧班列班次数量接近30%，货量占全国中欧班列近40%。2016年，郑欧班列实现开行251班（137班去程，114班回程），总货值达12.67亿美元，总货重12.86万吨。从开通以来，总累计开行507班，总载货量、货物种类、合作伙伴及业务覆盖范围、往返高频次对开等综合实力持续在全国中欧班列中保持领先。同时，河南正在加快电子口岸建设，实现区港联动、区区联动，促进通关便利化。

第三，口岸辐射带动能力增强。随着河南省向陆空衔接的立体开放格局转变，口岸的通行与辐射带动能力显著增强。目前，郑州航空口岸航线基本覆盖全球，呈现国际货邮量大于国内货邮量、全货机货邮量大于客机腹仓、进出境货邮量基本平衡的可喜变化。郑欧班列运营以来，已实现多线路、常态化和每周往返 4 班稳定运行，货运总量和满载率、境内外集疏分拨范围均居中欧班列首位。作为全国首批 E 贸易试点城市，河南保税物流中心、郑州出口加工区、河南德众保税物流中心业务不断拓展。同时，河南口岸功能的日趋完善，使得省外企业在河南口岸报关进出口的数量出现较快增长，以前到省外报关的河南企业也出现了不断回流的趋势。

6. 海关特殊监管区域助力河南对外开放

第一，积极支持海关特殊监管区域建设发展，推进特殊监管区域的优化整合。海关特殊监管区域整合的目标是简政放权、完善机制、创新模式、提升服务、整合发展、分类指导、优化功能、转型升级，推动加工贸易产业链延伸和内陆产业集群发展。目前，河南省共有郑州新郑综合保税区、南阳卧龙综合保税区、郑州经开综合保税区 3 个海关特殊监管区域，有河南保税物流中心（B 型）、河南德众保税物流中心（B 型）、河南商丘保税物流中心（B 型）3 个公用型的保税物流中心，还有遍布全省的 10 多个公用型保税仓库和出口监管仓库，有效实现了多种保税平台的功能互补、区位联动、集聚合力，为河南省保税产业发展奠定了良好基础。目前，在加快现有海关特殊监管区域建设方面，河南正积极推进智能手机物流中心、返区维修中心和内销分拨中心建设，并争取设立研发、结算中心。通过推进特殊监管区域的优化整合，使综合保税区在开展研发、加工、制造、仓储等保税业务的同时开展港口作业、国际转口贸易、国际中转等口岸所有类型的业务，满足了各类通关需求，海关特殊监管区域作为开放载体的作用得到提升。

第二，海关特殊监管区域在助推河南省开放型经济发展中发挥了至关重要的作用。2015 年，海关特殊监管区域完成进出口总额 3121.6 亿元，同比增长 29.4%，占全省进出口总额的 67.9%；其中郑州新郑综合保税区进出口额为 3101.3 亿元，同比增长 30.1%，在全国所有综合保税区中排名第 2。2016年，河南省的海关特殊监管区域合计实现进出口额 3239.6 亿元，占全省外贸进出口总额的 68.7%；其中，郑州新郑综合保税区进出口额为 3161.2 亿元，同比增长 1.9%，位列全国 39 个综合保税区第 1，比排名第 2 的昆山综合保税区高出近 500 亿元。海关特殊监管区域在承接加工贸易梯度转移，促进产业结构优化升级，带动开放型经济发展等方面发挥了重要作用。

第三，海关特殊监管区域促进了郑州航空港经济综合实验区国际航空物流中心建设。海关特殊监管区域国际物流的快速发展吸引了 DHL、俄罗斯空桥、美国 UPS 等国际知名航空运输及货代企业入驻，郑州机场开通航线基本覆盖了亚洲、欧洲和北美的重要城市。

（二）河南省对外贸易发展面临的挑战

1. 全球经济内生动力疲弱，国际市场需求不足

国际金融危机爆发至今已 8 年，全球经济复苏依然缓慢而脆弱，国际市场需求疲软、信心不振的局面没有明显改善。目前全球经济已陷入低需求、低增长、低就业之间的恶性循环，短期内难以摆脱这一困境。主要表现在以下几个方面。

第一，劳动力市场供过于求。据国际劳工组织报告显示，2015 年全球失业人数为 1.97 亿人，较金融危机前的 2007 年增加了 2700 万人。同时，由于就业质量不高，全球约有 15 亿人工作岗位不稳定，占全球就业人口的 46%。国际劳工组织预计全球范围内失业人数在未来两年将进一步增加，2017 年将超过 2 亿人。

第二，国际经济复苏分化加剧，外需回暖步伐放缓。国际金融危机后，世界经济深度调整、增长乏力，发达经济体和新兴市场潜在增长率普遍下降，大宗商品市场和金融市场动荡不稳，世界经济下行风险较大，短期难以恢复至金融危机前的高增长，长周期繁荣已转变为当前的低速增长，全球经济增长预期更为悲观，国际有效需求不足，全球贸易持续低迷。

2015 年，世界经济增长低于预期，全球经济增长率比 2014 年有所下降，发达经济体和新兴经济体之间、新兴经济体内部的分化进一步凸显。美国、欧元区和日本三大主要发达经济体增速有所上升，但回升势头减缓，增速改善不明显。其他发达经济体增速显著下降；新兴市场与发展中经济体 GDP 整体增速下滑程度加大，俄罗斯、巴西等国陷入负增长，且下滑幅度继续扩大，但是新兴市场中亚洲经济体依然是世界经济中增长最快的地区，2015 年增长率约为 6.5%，但相比上年下降了 0.3 个百分点，这主要是

由于中国、印度尼西亚和马来西亚等经济规模较大的新兴亚洲国家出现了0.3～0.5个百分点的经济增速下滑。2016年，全球经济呈现企稳迹象，金融市场信心回升，大宗商品价格反弹，但实体经济依然脆弱，市场需求依旧低迷，宏观政策效力减弱，世界经济低增长高风险局面没有根本改观。

第三，全球经济结构性调整任务更加艰巨。"十三五"时期，国际金融危机冲击和深层次影响将依然存在，人口加速老龄化、通用技术创新难有新突破、发达经济体宏观政策空间大幅收窄、虚拟经济过度发展、社会福利负担居高不下等痼疾难除，转型成本高、难度大；新兴经济体和发展中国家产业结构单一、财政金融状况脆弱、国家债务风险上升、抗风险能力差，主要经济体结构性问题难以根本解决，将继续抑制消费、投资和供给，世界经济预计将继续维持弱增长态势，再次进入上行周期尚需时日，世界贸易难以恢复至金融危机前增长水平。

从以上分析中可以看出，受地缘政治、有效需求普遍不足、大宗商品价格大幅下滑、全球贸易持续低迷、金融市场频繁震荡、极端主义等不利因素叠加影响，当前世界经济低迷、风险交织，不稳定因素增多，整体呈现增长低、通胀低、就业低、贸易规模低、投资增速低、大宗产品价格低、负债高的"六低一高"局面，世界增速低于预期，复苏基础相对脆弱，并不牢固，依然存在下行风险和诸多不确定性。

2017年，世界经济增速明显提升，劳动市场持续改善，全球物价水平温和上升，大宗商品价格有所上涨，国际贸易增速提高。同时，国际直接投资增长缓慢，全球债务持续积累，金融市场出现泡沫。展望2018年，世界经济发展环境仍将困难和复杂：特朗普上台可能推行的贸易保护、基建投资、联储加息、财政刺激等措施将对全球经济和金融市场带来冲击；欧盟经济复苏相对脆弱，政治大选、难民问题、银行不良、保守主义等问题将给欧盟及全球经济增长和金融稳定带来不确定性；新兴经济体承载经济引擎压力，虽有重振机会，但发展不平衡问题依然存在，经济发展还将高度依赖宏观政策的配合。未来世界经济面临诸多挑战，这些挑战包括世界经济回暖的基础还不稳固，支持国际贸易高速增长的长期因素还没有形成，美国财政货币政策对世界经济将有较大的负面溢出效应，逆全球化趋势和贸易投资保护主义倾向加强，债务问题越来越严重，资产泡沫随时可能破裂。地缘政治风险、恐怖主义等问题也仍然在影响世界经济的稳定与发展。

国际货币基金组织（IMF）在《世界经济展望》的最新预测中，将2018年的全球经济增速预测为3.9%，这表明世界经济弱势复苏的格局将进一步延续。中国社会科学院世界经济与政治研究所在《世界经济黄皮书：2018年世界经济形势分析与预测》一书中，预计2018年按PPP计算的世界GDP增长率约为3.5%，按市场汇率计算的增长率约为2.9%，这一预测低于国际货币基金组织和其他国际组织的预测。较低的预测主要反映了我们对世界经济回暖基础不稳固、资产价格泡沫、全球债务水平过高、反全球化趋势、美国政策调整、英国脱欧进程以及地缘政治冲突等问题的担忧。

综上可知，当今世界经济处于国际金融危机之后的深度调整期，世界经济复苏面临诸多不确定性和不稳定性，主要经济体走势和宏观政策取向分化，全球贸易发展进入低迷期和复苏疲弱期，而国际市场需求不足，必然会对河南省的外贸发展产生影响。

2. 从产业转移看，世界经济格局调整也加大了我国出口竞争的激烈程度

国际金融危机发生以前，在世界经贸格局中，发展中国家与发达国家之间产业分工呈现互补性，而且这种互补的分工结构持续多年，支持世界贸易多年快速增长，也使我国快速形成出口能力。国际金融危机以来，发达国家为促进经济复苏，纷纷实施再制造化、再工业化战略，大力推动"产业回归"和"再工业化"，部分产业向发达国家转移，发达国家部分制造业恢复竞争力，部分劳动密集型制造业转移到成本更低的发展中国家，这些新兴经济体抓住这一机遇，纷纷加快工业化进程，加快承接产业转移，国际招商引资竞争更加激烈，使得我国制造业出口既面临来自发展中国家的竞争，又面临来自发达国家的竞争，这必然会加剧我国出口竞争激烈程度，对我国出口增长形成较大压力。目前，我国承接国际产业转移的数量增速已明显放缓，出口订单和产业向外转移加快，从跨国公司直属工厂蔓延到代工厂和配套企业，从劳动密集型产业发展到部分资本技术密集型产业。

3. 贸易自由化进程缓慢，国际贸易环境严峻

第一，全球贸易自由化进程十分缓慢。从国际经贸关系看，2008年金融危机之前，在关税与贸易总协定及世界贸易组织的推动下，全球贸易10多年一直以2倍于全球产出的增速扩张，全球贸易与投资不断自由化与便利化。自2011年以来，全球范围内的产业转移放缓、投资和贸易不振，汇率震荡扭曲、贸易成本等因素使全球贸易增长大幅减速，增速大幅放缓，乃至连续数年低于全球经济增速，世界贸易投资自由化进程放缓，这令艰难复苏的全球贸易雪上加霜。

第二，对于国际经贸规则主导权的争夺日益加剧。国际投资贸易规则体系加快重构，多边贸易体制受到区域性高标准自由贸易体制挑战，世界贸易组织多哈回合谈判进展缓慢，发达国家通过超大型区域自贸协定加快推行高标准国际贸易规则，涵盖环境、劳工、国企、竞争、反腐败、监管一致性等领域，国际经贸规则主导权争夺日益加剧。局部地区地缘博弈更加激烈，传统安全威胁和非传统安全威胁交织，国际关系更加复杂，增加了世界贸易的风险和不确定性。

第三，国际贸易环境严峻。金融危机爆发以来，无论是对发达经济体，还是对新兴市场经济体而言，国际贸易环境日趋严峻，主要表现为全球范围内贸易保护主义盛行和经贸摩擦政治化倾向抬头，针对新兴国家的反倾销、反垄断、贸易壁垒等问题不断升级，形式既包括直接限制贸易措施，也包括货币竞争性贬值和区域贸易集团对非成员的隐形歧视，这些都进一步对国际贸易的复苏形成阻碍。国际货币基金组织（IMF）警告说，全球性贸易保护主义倾向和经济复苏乏力导致全球贸易自2012年以来明显放缓，进一步放弃贸易自由化可能抑制国际商品贸易，进而拖累经济发展并延长全球经济放缓的时间。

《全球贸易预警》报告显示，全球第一大经济体——美国，2008～2016年对其他国家采取了600多项贸易保护措施，仅2015年就采取了90项，位居各国之首，是德国、英国等国家的2倍多。另据世界贸易组织统计，2015年秋季以来各国采取的贸易制裁措施数量处于2009年以来的最高水平。2016年，我国共遭遇来自27个国家和地区发起的119起贸易救济调查案件，涉案金额为143.4亿美元，案件数量和涉案金额同比都分别增长了36.8%和76%，我国遭遇的贸易救济调查案件数量达到历史高点，贸易救济调查案件涉及产品从传统行业向新兴行业延伸，发起国家从发达国家向发展中国家延伸，争执点从法律层面向政策和制度层面延伸。

全球贸易保护主义形势严峻，贸易摩擦的政治化、措施极端化倾向明显，世界经济贸易环境不容乐观，这必然会对河南省外贸的发展产生负面影响。降低贸易保护主义，减少贸易成本，撤销临时贸易壁垒，推动经济全球化，是各国为恢复全球经济增长应采取的措施。

4. 国内经济下行压力较大，内需市场面临挑战

第一，我国经济发展进入"新常态"，经济增速放缓成为常态。经济"新常态"下，经济正从高速增长转变为中高速增长，经济发展方式正从规模速度型粗放增长转向质量效率型集约增长，经济发展动力正从传统增长点转向新的增长点。我国经济发展呈现速度变化、结构优化、动力转换等阶段性特征，符合经济转型升级的客观规律，是不以人的意志为转移的必然趋势。2012 年我国GDP 增长率首次"破8"，比上年增长 7.8%，2015 年我国 GDP 增长速度为6.9%，2016 年我国 GDP 增速为 6.7%。2017 年 1 月 16 日，国际货币基金组织（IMF）发布《世界经济展望》，将 2017 年中国 GDP 的增长速度预测为 6.5%，2018 年为 6.0%。经济增速的放缓，必然会影响内需。

第二，我国经济发展进入"新常态"，新旧动力正在转换，经济下行压力大。当前，伴随着经济潜在增长水平下降、人口红利逐步消退、开放溢出效应不断减弱、劳动生产率下滑、居民收入增速放缓、社会新增资本体量有限、整体预期偏弱等现象的出现，中国经济进入增长速度换挡期、结构调整阵痛期和前期刺激政策消化期的"三期叠加"阶段，结构调整的阵痛在继续释放，增速换挡的压力有所加大，而且新旧动力的转换也在进行之中，经济发展方式转变和结构调整虽然中长期可为经济的可持续增长注入动力，但短期内经济增长新动力不足和旧动力减弱的结构性矛盾依然突出，经济稳中向好的基础尚不牢固，国内经济下行的压力还比较大。

第三，前期经济发展中积累的矛盾和问题较多。改革开放以来，经过40 年年均两位数的高速增长，我国经济实现了较快的发展，随着我国经济总量不断增大，经济发展中长期积累的一些结构性、体制性、素质性矛盾和问题日益凸显：产业结构中产能过剩；供需结构升级矛盾突出；经济增长内生动力不足；金融风险有所积聚；贫富差距过大；产业结构中低附加值产业、高消耗、高污染、高排放产业的比重偏高，而高附加值产业、绿色低碳产业、具有国际竞争力的产业比重偏低；要素投入结构中劳动力、土地、资源等一般性生产要素投入比重高，资本、人才、技术、知识、信息等高级要素投入比重偏低；随着劳动力成本快速上涨，土地资源越来越稀缺、土地价格快速上涨，能源资源约束增强、环境承载力基本达到上限，发展中的不平衡、不协调、不可持续问题突出，成为经济持续健康发展的突出障碍，经济潜在增长率下降。

国内经济增长预期下降，风险和挑战依然存在，内需市场面临挑战，这在一定程度上必然会影响河南省进出口贸易的发展。

5. 我国外贸传统比较优势正在弱化，新的竞争优势尚未形成

从比较优势看，改革开放很长一段时间，我国依靠劳动力等要素价格低的优势，出口劳动力密集型产品、发展加工贸易，支撑我国多年出口快速增长。当前，我国入世红利趋于弱化，传统成本低廉优势逐步丧失，要素（劳动力、资本、土地）成本、工资成本、环境成本不断攀升，出口商品价格等方面比较优势弱化，结构性短缺问题突出。随着中国要素成本与资源环境约束增强，我国制造业成本与部分发展中国家、甚至与发达国家部分地区相比都几乎没有明显优势，传统比较优势明显弱化，这既削弱了我国制造业出口竞争力，又使得部分劳动密集型制造业转移到成本更低的发展中国家，我国的对外贸易发展受到来自新兴国家与发达国家的双重制约，双重效应加大了我国出口压力，导致传统劳动密集型产品与以机械设备为代表的投资品出口存在不同程度下降。

与此同时，我国高端装备、智能制造等出口产品面临来自发达国家的竞争，仍难以迅速占领国际市场，短期内新的外贸增长点尚未形成；我国技术追赶发达国家的空间收窄，生产效率提升速度放缓，以技术、品牌等为特征的新的出口竞争优势尚未完全形成。

6. 河南省保持经济平稳较快发展面临的困难依然较多

从河南看，在经济新常态下，长期积累的结构性矛盾并未根本解决，传统产业拉动力量逐渐减弱消退而新兴产业尚未形成有效支撑，资源约束趋紧，爬坡过坎、转型升级的任务艰巨，经济下行压力进一步加大，潜在风险显性化的可能性有所增大，经济平稳较快发展面临的困难依然较多。

第一，河南经济下行压力依然较大。从河南省经济运行周期上看，正处在下行寻底和波动筑底的底部区域。从2016年经济运行情况看，主要经济指标都呈现回落态势。2016年上半年，河南省全省规模以上工业增加值较上年同期和上年全年分别回落0.5个和0.6个百分点；固定资产投资增长较上年同期和上年年底分别回落3.1个和3.9个百分点；社会消费品零售总额增长较上年同期和上年年底分别回落0.7个和0.9个百分点。

第二，企业生产经营困难增多，经济保持平稳增长难度加大。河南省工业生产者出厂价格指数自2012年9月以来持续下降，购进价格指数自

2012年5月以来持续下降，反映出全省整个市场需求疲软的状况没有根本性好转，工业市场需求依旧偏弱，部分行业受产能过剩、价格低迷等影响，生产经营情况依旧不容乐观。同时，近年来除了个别月份之外，出厂价格降幅在多数月份大于购进价格降幅，企业生产"低进更低出"，盈利空间不断受到挤压，企业效益不断下滑，导致用工人员减少、企业创新能力不足、扩大再生产受到影响等一系列问题，经济保持平稳增长难度加大。

第三，拉动河南经济的投资、消费、进出口增长动力不足。就投资而言，2016年河南全省工业、房地产业投资合计占投资总量的比重在70%以上，目前投资增速虽有所放缓和回落，但依然保持了较快增长，其中工业投资由于长期倚重传统工业投资，高附加值工业投资不足，在工业特别是传统行业产能过剩、效益下滑的背景下，从2012年12月开始工业投资增速持续低于全省投资增速，工业投资动力不足；房地产业投资因受房地产市场去库存压力大、发展不稳定等因素影响不稳定性较大；固定资产投资增速放缓，民间投资大幅回落，对经济增长的贡献降低。由政府主导的基础设施投资近年来持续保持高速增长，已经成为河南投资增长的动力源泉和稳定器，但受财政收支矛盾不断加大的影响，继续保持高速增长的难度也在加大。总体来看，拉动河南经济增长的投资增长后劲不足。

就消费而言，近年来城乡居民收入增长速度持续放缓，城镇居民人均可支配收入实际增速从2011年的8.4%回落至2016年的6.3%，农村居民人均可支配收入实际增速从2011年的12.7%回落至2016年的8.5%，这必然会影响消费者的消费信心。同时，金银珠宝类商品消费降温，居住类商品消费明显回落，汽车类消费回归正常，新的消费热点尚未形成，全省社会消费品零售总额增速从2011年的18.1%回落至2016年的12.5%。总体来看，受居民收入增势趋弱及消费热点缺乏等因素影响，消费增速难有较大提升。

就进出口贸易而言，河南外贸形势下滑压力加大。受全球市场需求疲软、去年同期基数较高、电子信息产业大幅回落等多种因素影响，2016年以来，全省进口和出口呈双下滑发展态势。2016年1～6月，全省进出口总额为1798.9亿元，同比下降11.4%，下降幅度大于全国平均水平。2016年1～10月，全省对外贸易总额为3977.3亿元。其中，货物贸易额为3608.7亿元，同比下降2.5%，降幅比前9个月收窄0.1个百分点；出口额为2127.2亿元，同比增长0.2%；进口额为1481.0亿元，同比下降6.3%；10月由于富士康生产的 Iphone 7 系列手机全面上市，智能手机进出口有了阶段性增长，当月出口 392.9 亿元，同比增长 9.0%，带动前 10 个月出口首次由负转正，为 2016 年月度新高。同时，我们也应看到，作为内陆省份，河南进出口总量还较小，加之受富士康等大型企业影响较大，进出口贸易容易产生波动，如果不能形成新的出口增长点，那么进出口贸易对全省经济的拉动作用将极为有限。

第四，河南经济结构调整任务依然艰巨。从产业结构来看，河南第一产业比重从 2010 年的 13.8% 降至 2015 年的 11.4%，第二产业比重从 2010 年的 55.6% 降至 2015 年的 49.1%，第三产业比重从 2010 年的 30.6% 提高至 2015 年的 39.5%，可以看出，河南产业结构不合理的问题仍没有从根本上得到解决，第一产业比重高于全国平均水平 2.5 个百分点，第二产业比重高于全国平均水平 8.2 个百分点，第三产业发展相对滞后且比重依然低于全国平均水平 10.7 个百分点。

从城乡结构来看，河南的城镇化水平依然较低，是制约全省经济社会发展的主要因素。2015 年河南省的城镇化率为 46.85%，低于全国 56.10% 的平均水平 9.25 个百分点。城镇化水平较低，城乡收入差距大，全省城乡居民人均可支配收入差距从 2010 年的 9617 元扩大至 2015 年的 14723 元，这必然会对全省的投资和消费产生制约作用。因此，河南统筹推进城镇化的任务还很重。

从区域结构来看，各地区由于资源禀赋、区位条件、经济基础和产业体系的不同，地区经济发展不平衡的现象日益突出，地区间发展差异较大，地区分化趋势明显：传统农业区发展基础较差，人均 GDP 明显低于全省平均水平，是全省经济发展的短板；产业结构重、资源依赖性强的市县经济增速普遍较低，亟须加快产业、产品结构调整步伐，以提高全省区域经济发展的协调性；贫困人口基数大且集中在"三山一滩"（大别山、伏牛山、太行山、黄河滩区）等基础设施薄弱、生产要素匮乏的偏远地区，推动脱贫攻坚任务艰巨。

在经济结构调整的过程中，可能导致就业压力、金融风险、社会风险等隐性风险显性化，河南经济结构调整的任务非常艰巨。

第五，新旧动力转换压力加大。河南正处于工业化中期向后期发展的过渡阶段、竞争优势从低成本向资本和技术转变的关键阶段，适应新常态、引领新常态，转方式、调结构、促转型，比以往任何时候都更加刻不容缓。但全省新旧动力转换较为缓慢，2016 年上半年，全省六大高载能行业固定资产投资增速同比增长 12.9%，增速高于高成长性制造业投资增速

5.2个百分点，高技术产业增加值同比回落11.4个百分点，足见短期内新兴力量还难以对冲传统动力的下行力量。

四　河南对外贸易发展的数值预测与趋势展望

（一）变量的选择

本节用河南省的生产总值（GDP）来度量其经济发展水平，记为G，用进口总额、出口总额和进出口总额来度量河南省对外贸易发展的水平，分别记为M、X、T。

在选择变量的基础上，本节进行实证检验时做出如下假设。

第一，在对河南省的外贸发展进行数值预测和趋势分析时，假设其他因素如劳动力、人力资本、物质资本、技术水平等对河南省外贸发展的影响不变或影响是平稳的。

第二，在模型建立的过程中，不考虑经济波动以及其他宏观政策变化等特殊因素的影响。

第三，本节在对河南省对外贸易发展进行分析和预测时，所指的对外贸易总额仅指货物贸易总额，不包括服务贸易总额。

（二）数据的说明

本节选取河南省1978～2015年的原始数据来进行研究，其中各变量的数据来源于《河南统计年鉴2016》，2016年的数据来源于郑州海关。

同时，本节对获取的原始数据进行了以下两方面的处理。

第一，因历年的河南省GDP、进口总额、出口总额数据受价格因素影响较大，为了使数据具有可比性，本节用各地区的GDP平减指数（以1978年为100）对所有原始数据进行了平减和修正，以此来消除价格因素对各变量的影响。

第二，由于经济时间序列可能呈指数趋势增长，为了将指数趋势转换为线性趋势，同时也为了消除数据中可能存在的异方差和避免因数据变化带来的剧烈波动，对各变量取自然对数，不改变原序列的性质和相互关系，变换后的变量分别用$\ln G$、$\ln M$、$\ln X$、$\ln T$表示。

本节进行实证分析所用的计量软件为Eviews 7.0。

（三） 模型的理论基础

一般传统的回归模型都以经济理论为基础去分析外生变量如何对内生变量产生影响，但是这种模型存在以下缺陷：一是在构造模型时把一些变量看成是内生的，而把另一些变量看成是外生的，这种决定往往是基于主观的判断，因为有可能这两个变量是互为因果的；二是在构造联立方程模型时，为了使建立的模型能够被识别，必须在某些方程中舍去某些不显著的变量。而恩德斯（1999）提出的向量自回归模型（VAR）是把每个内生变量作为系统中所有内生变量滞后值的函数来构造模型，从而避免了结构建模方法中需要对系统每个内生变量关于所有内生变量滞后值的建模问题，其核心思想就是不以严格的经济理论为依据，而直接考虑时间序列的各经济变量间的关系，常被用于解释不同经济冲击对经济变量造成的影响。因此，该模型可以用于对变量的波动情况进行趋势分析和数值预测。

基于此，本节构建了 VAR 模型，其一般形式为：

$$Y_t = \alpha + \sum_{i=1}^{p} \beta_i Y_{t-i} + \sum_{j=1}^{r} \gamma_j X_{t-j} + \varepsilon_t$$

其中，Y_t 是内生变量向量，代表自变量和因变量，X 是外生变量向量，代表趋势项，常数项等确定性趋势，内生变量向量和外生变量向量分别有 p 阶和 r 阶滞后期；α、β、γ 是待估参数，$t = 1$，2，$\cdots$，T，T 为样本容量；ε_t 是随机误差列向量，通常被设定为零均值的独立白噪声过程，其中每一个元素都是非自相关的，但不同方程对应的随机误差项之间可能存在相关。基于 VAR 模型，我们可以对河南省未来几年的进口总额、出口总额、进出口总额情况进行数值预测和发展趋势的动态分析。

（四） 变量的平稳性检验

在建立时间序列的计量模型时，要求所采用的数据必须是平稳的，即对于随机过程 $\{X_t\}$，必须经过 n 次差分后才能变换成一个平稳的 ARMA 过程，而当进行 $n-1$ 次差分后仍然是一个非平稳过程，也称此过程具有 n 阶单整性，从而保证了残差不具有时间趋势，不然就会由于"变化趋势"的存在而产生"伪回归问题"。现实经济往往具有一定的方向变动性，会使数据显示不平稳性的特征，因此要使建立的模型具有理论意义，就必须首先对数据进行平稳化处理。其中，迪基－福勒（Dickey Fuller）在 1974 年提出的 ADF（Augment Diekey Fuller）检验被广泛应用于检验时间序列的平稳性，设 $\Delta Y_t = Y_t - Y_{t-1}$，则 ADF 检验的三种具体形式分别为：

$$\Delta Y_t = \alpha Y_{t-1} + \sum_{i=1}^{p} \beta_i \Delta Y_{t-i} + \varepsilon_t$$

$$\Delta Y_t = c + \alpha Y_{t-1} + \sum_{i=1}^{p} \beta_i \Delta Y_{t-i} + \varepsilon_t$$

$$\Delta Y_t = c + \gamma_t + \alpha Y_{t-1} + \sum_{i=1}^{p} \beta_i \Delta Y_{t-i} + \varepsilon_t$$

其中，t 为时间趋势项，γ、β 为参数，ε 为误差项。单位根检验的原假设为 $H_1: \alpha = 0$，对立假设为 $H_0: \alpha < 0$。若原始数据无法拒绝原假设，则将进行一次差分，并将差分后的序列重新进行 ADF 检验，直到其成为平稳序列。本节采用 ADF 检验方法对各变量进行单位根检验，同时依据各变量在检验方程中截距项和时间趋势项的系数显著性来判断方程设定的合理性，滞后阶数的选择基于赤池信息准则（AIC）来确定。经过对河南省历年的 GDP、进口总额、出口总额和进出口总额数据进行平稳性检验，可以得出各变量的稳定性检验结果，如表 4－1 所示。

表 4－1　变量的单位根检验结果

变量	检验类型(c,t,d)	ADF 统计量	临界值	伴随概率 P	结论
$\ln G$	$(0,t,1)$	1.0546	-3.5366 **	0.9628	不平稳
$D\ln G$	$(0,t,0)$	-3.2252	-3.2003 ***	0.0252	平稳
$\ln M$	$(0,0,7)$	1.7391	-1.9521 **	0.3776	不平稳
$D\ln M$	$(c,0,2)$	-3.5628	-3.2153 ***	0.0267	平稳
$\ln X$	$(0,0,0)$	3.7867	-1.9516 **	0.4325	不平稳
$D\ln X$	$(0,t,1)$	-3.9454	-3.5403 **	0.0026	平稳
$\ln T$	$(0,0,0)$	2.5142	-2.1467 **	0.9061	不平稳
$D\ln T$	$(0,0,6)$	-2.6418	-1.9521 *	0.0143	平稳

注：*、**、*** 分别表示在 1%、5%、10% 的水平下显著，(c, t, d) 分别代表所检验的方程中含有截距，时间趋势及滞后阶数；DX 表示 X 的一阶差分。

检验结果显示：不同的显著性水平下，$\ln G$、$\ln M$、$\ln X$、$\ln T$ 均是非平稳序列，而 $\ln G$、$\ln M$ 的一阶差分序列在 10% 的显著性水平下是平稳的，$\ln X$、$\ln T$ 的一阶差分序列在 5% 的显著性水平下是平稳的，$\ln T$ 的一阶差分序列在1%的显著性水平下是平稳的，即各变量都具有一阶单整性，记为（1），基于ADF检验我们可以继续进行下面的实证分析。

（五）向量自回归模型（VAR）的建立

为了进行实证分析，必须首先构建VAR模型。为了确定VAR模型的滞后阶数，本节用模型的滞后结构确定准则进行选择，结果如表4-2所示。

表4-2　向量自回归模型滞后期确定标准的结果

滞后期	logL	LR	FPE	AIC	SC	HQ
0	634.5691	—	3.00e-11	37.5627	37.7423	30.6239
1	479.6257	264.3119	1.74e-13	29.9894	30.9968	29.6959
2	459.5034	50.4131	1.67e-14	29.5623	30.8496	29.6984
3	390.0509	29.5906	1.12e-13	29.8785	30.5218	29.4839
4	379.8226	28.6425	1.43e-15	29.8469	30.7634	29.7823
5	359.8985	45.2739	1.26e-15	29.6423	30.6892	29.6329

对于滞后阶数的选择有多种判断准则，其中包括似然比检验统计量（LR）、最终预测误差（FPE）、赤池信息准则（AIC）、施瓦茨准则（SC）以及Hannan-Quinn（HQ）信息量。我们这里采用AIC和SC准则，当AIC和SC统计量取最小值时的P就是最合适的滞后阶数。P太小时，会出现严重的误差项自相关问题，这也会导致被估参数的不一致性，所以可以通过增加P来消除误差项中存在的自相关。但是，P又不能太大，如果P太大会导致自由度减小，并直接影响被估参数的有效性。考虑到这些因素，根据表4-2的结果，经检验最佳滞后期为3，即建立VAR（3）模型，其具体形式为：

$$Y_t = \alpha + \sum_{i=1}^{3} \beta_i Y_{t-i} + \sum_{j=1}^{3} \gamma_j X_{t-j} + \varepsilon_t$$

从VAR（3）模型的AR根（见图4-2）的测试结果可以看出，此模型对应的所有根的值均小于1，所以建立的VAR（3）模型是稳定的；对残差项分别进行的拉格朗日乘数统计量检验（简称"LM检验"）和雅克-贝拉统计量检验（简称"JB检验"）的结果显示，在5%的显著性水平下，各方程的回归残差项均满足正态性，不存在自相关性和异方差现象，而且模型的四个方程拟合优度较高，都达到了0.99，即VAR（3）模型的统计性质良好，可以作为进一步预测变量数值和分析变量变动趋势的依据。

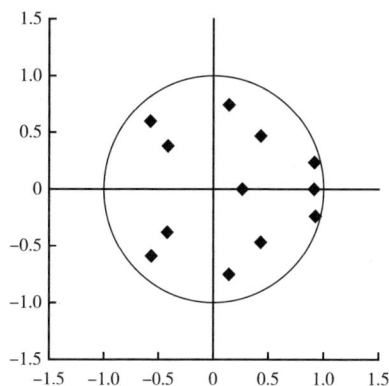

图 4 - 2　VAR（3）模型的 AR 根

（六）基于 VAR（3）模型的 2017 年河南省外贸发展数值预测

VAR（3）模型的估计结果如表 4 - 3 所示。

表 4 - 3　VAR（3）模型的估计结果

变量	回归函数 lnG	回归函数 lnM	回归函数 lnX	回归函数 lnT
lnG（-1）	1.2001[3.6395]	0.0495[1.7602]	0.0147[0.3085]	0.0347[0.4964]
lnG（-2）	0.0537[0.0854]	-0.0421[-0.7852]	0.0731[0.8031]	0.0311[0.2327]
lnG（-3）	-0.0926[-0.2251]	0.0175[0.4976]	0.0244[0.0854]	0.0069[0.0797]
lnM（-1）	317.6158[0.0158]	2684.712[1.5717]	-1593.834[-0.5492]	-4278.455[-1.0061]
lnM（-2）	4463.771[0.2214]	361.3262[0.2103]	-832.8649[-0.2853]	-1194.058[-0.2791]
lnM（-3）	10589.52[0.5027]	1385.776[0.7719]	-681.0687[-0.2233]	-2066.642[-0.4624]
lnX（-1）	321.8333[0.0161]	-2685.778[-1.5723]	1593.111[0.5489]	-4278.798[-1.0061]
lnX（-2）	4469.143[0.2217]	-361.3218[-0.2103]	834.5758[0.2859]	-1195.606[-0.2795]
lnX（-3）	10601.99[0.5034]	-1389.37[-0.7739]	683.8424[0.2242]	-2073.010[-0.4638]
lnT（-1）	320.7527[0.0161]	2685.604[1.5723]	1593.988[0.5492]	4279.501[1.0063]
lnT（-2）	4466.539[0.2216]	361.2043[0.2102]	833.4665[0.2855]	1194.379[0.2792]
lnT（-3）	-10596.5[-0.5031]	1387.989[0.7731]	682.9124[0.2239]	2070.699[0.4633]
C	13.0821[0.0995]	-9.5551[-0.8527]	1.7759[0.0932]	7.7792[0.2788]
R²	0.9989	0.9951	0.9963	0.9965

变量	回归函数 ln$G$	回归函数 ln$M$	回归函数 ln$X$	回归函数 ln$T$
调整的 R^2	0.9984	0.9926	0.9945	0.9947
Log likelihood	−265.8536	−196.2891	−210.0445	−177.2077
AIC	15.4918	11.6272	12.3914	10.5671
SC	16.0637	12.1981	12.9632	11.1389

注：括号内的值为 t 统计量的值，与之相应括号外的数字是回归参数的估计值。

由回归结果可看出，R^2 及调整的 R^2 均超过 0.99，因而回归结果模拟得较好，可以用来预测河南省 2017 年的外贸值。在考虑变量回归值的显著性后可得，进出口总额的回归方程为：

$$\ln T = 7.7792 + 0.0347 \times \ln G(-1) + 0.0311 \times \ln G(-2) + 0.0069 \times \ln G(-3) -$$
$$4278.455 \times \ln M(-1) - 1194.058 \times \ln M(-2) - 2066.642 \times \ln M(-3) -$$
$$4278.798 \times \ln X(-1) - 1195.606 \times \ln X(-2) - 2073.010 \times \ln X(-3) +$$
$$4279.501 \times \ln T(-1) + 1194.379 \times \ln T(-2) + 2070.699 \times \ln T(-3)$$

我们把各变量的滞后数据带入上式可得，$T2018 = 6154.21$，即预计河南省 2018 年进出口总额将达到 6154.21 亿元。同理，我们对 2011～2016 年河南省的进出口总额进行预测，得到的预测结果如表 4-4 所示。

表 4-4 预测数值与实际值比较

单位：亿元，%

	2011 年	2012 年	2013 年	2014 年	2015 年	2016 年	2017 年	2018 年
预测值	2257.01	3351.74	3917.48	4130.86	4829.80	4894.66	4871.48	6154.21
实际值	2071.20	3260.27	3716.51	3994.36	4600.19	4714.70	5232.80	—
误差百分比	2.97	2.81	5.41	3.42	4.99	3.82	6.89	—

从表 4-4 中可以看出，2011～2017 年的预测值尽管与现实有差距，但却不大，说明建立的 VAR（3）模型是比较科学合理的。通过预测的数据可知，当经济下行压力较大时，河南省进出口贸易总额在之前的基础上缓慢、低速增长。进入 2017 年以来，随着全球经济形势持续向好，发达国家经济复苏强劲超出市场预期，特别是 "一带一路" 向纵深推进，跨境电

子商务发展迅猛，为河南省扩大进出口提供了较好的外部环境，预计 2018～2020 年，河南省进出口贸易将以恢复性的增长为主，增速有望回升。但是，从更长远视角看，由于受发达国家高技术挤压和发展中国家低成本竞争的双重影响，河南省出口方面将持续面临较大的潜在压力。

（七）基于脉冲响应的河南省外贸发展的动态趋势展望

为了更具体地展现河南省外贸的动态发展趋势，以及更为形象地说明河南省 GDP、进出口总额、进口总额、出口总额之间的动态关系，下面将利用基于 VAR（3）模型的脉冲响应函数来分析它们在短期和长期的动态趋势特征。

脉冲响应函数（Impulse Response Function，IRF）假设系统只受一个变量的冲击，不受其他变量的冲击，它用于衡量来自随机扰动项的一个标准差大小的新息冲击对内生变量当前和未来取值的影响，能够形象地刻画出变量之间动态交互作用及其效应的路径变化。因此，结合所用的变量，本节所建立的脉冲响应函数的具体形式如下：

$$
\begin{cases}
\ln G_t = \sum_{i=1}^{k} a_{11} \ln G_{t-i} + \sum_{i=1}^{k} a_{12} \ln M_{t-i} + \sum_{i=1}^{k} a_{13} \ln X_{t-i} + \sum_{i=1}^{k} a_{14} \ln T_{t-i} + \mu_{1t} \\
\ln M_t = \sum_{i=1}^{k} a_{21} \ln M_{t-i} + \sum_{i=1}^{k} a_{22} \ln G_{t-i} + \sum_{i=1}^{k} a_{23} \ln X_{t-i} + \sum_{i=1}^{k} a_{24} \ln T_{t-i} + \mu_{2t} \\
\ln X_t = \sum_{i=1}^{k} a_{31} \ln X_{t-i} + \sum_{i=1}^{k} a_{32} \ln G_{t-i} + \sum_{i=1}^{k} a_{33} \ln M_{t-i} + \sum_{i=1}^{k} a_{34} \ln T_{t-i} + \mu_{3t} \\
\ln T_t = \sum_{i=1}^{k} a_{41} \ln T_{t-i} + \sum_{i=1}^{k} a_{42} \ln G_{t-i} + \sum_{i=1}^{k} a_{43} \ln M_{t-i} + \sum_{i=1}^{k} a_{44} \ln X_{t-i} + \mu_{4t}
\end{cases}
$$

其中 k 是滞后期数，μ_{1t}、μ_{2t}、μ_{3t}、μ_{4t} 为随机新息。图 4-2 和图 4-3 均是基于 VAR（3）模型采用正交化方法和 Cholesk 分解技术模拟的脉冲响应函数图，图中的横轴表示新息冲击作用的滞后期数，纵轴表示因变量对解释变量的响应程度，实线表示脉冲响应函数的计算值，两侧的虚线表示脉冲响应函数值正负两倍标准差的偏离带，本节在 VAR（3）模型中将新息冲击作用的滞后期设定为 15 年。

由图 4-3 可知，河南省的进口总额、出口总额、进出口总额对来自其经济增长一单位标准差的新息冲击，呈现大致相同的变化趋势。

第一，河南省进口贸易对来自河南省经济发展一单位标准差的新息冲

ln$M$对ln$G$的响应路径

ln$X$对ln$G$的响应路径

ln$L$对ln$G$的响应路径

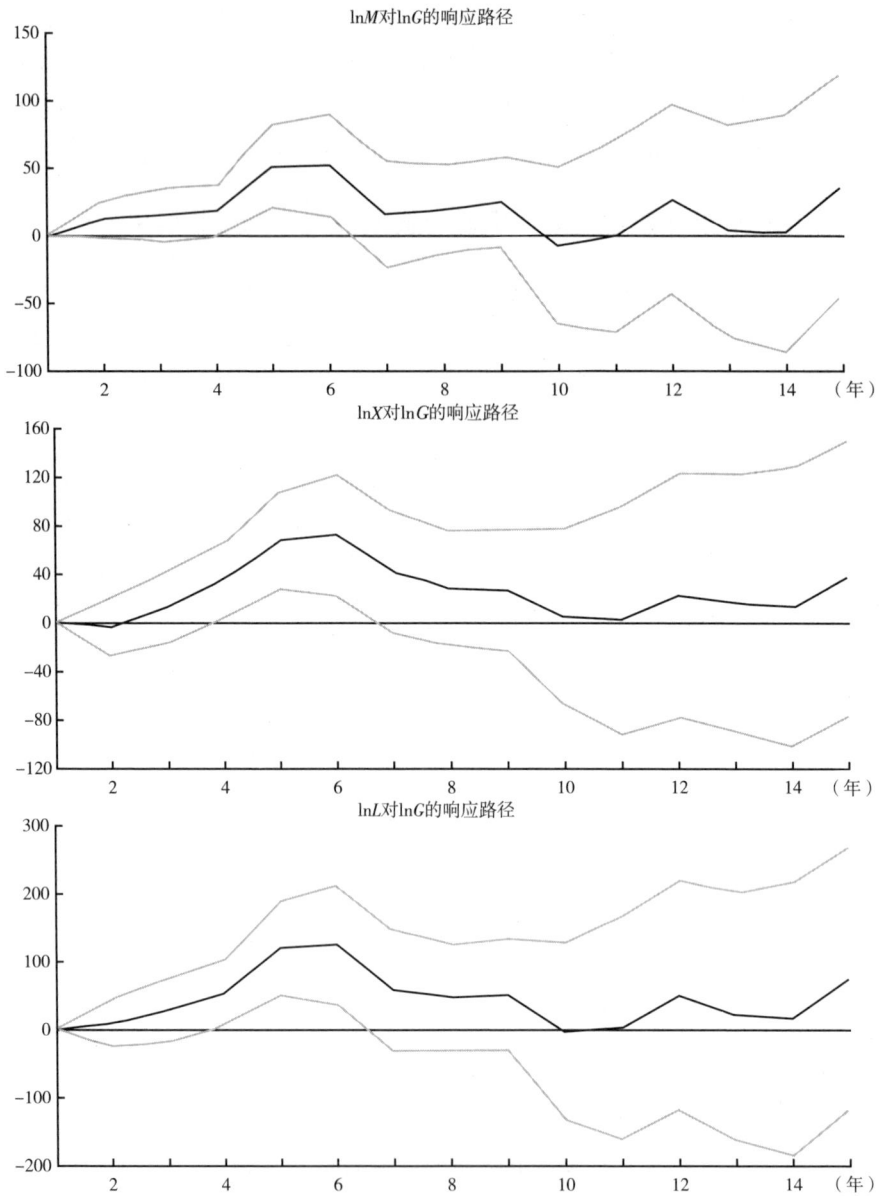

图4-3　河南外贸发展对其经济发展一单位标准差冲击的响应路径

击，从第1年开始就呈现正向效应，这种正向效应逐渐增强，在第5年达到最大值，之后这种正向效应逐渐减弱，在第10～11年呈现微弱的负向效应，之后又转变为正向效应。总体来看，河南省的经济发展水平会对其进口贸易产生正向影响，只是这种正向影响作用在短期会显著地体现出来，而在长期这种作用不显著，且波动幅度较大。

第二，河南省出口贸易对来自河南省经济发展一单位标准差的新息冲击，在前 1、2 年的时间内表现为微弱的负向效应，此后一直表现为正向效应，且这种正向效应逐渐加强，到第 6 年达到最大值，然后这种正向效应开始减弱，到第 10 年几乎无影响，从第 11 年开始这种正向效应又开始平稳波动上升。从河南省出口贸易对河南省经济发展的冲击所表现出的变化趋势中可以看出，在短期（前 6 年）河南省的经济发展对其出口贸易的影响较显著，而在长期这种正向作用变弱且不稳定。因此从整体上看，河南省的经济发展对其出口贸易主要起正向的扩大作用。

第三，河南省进出口总额对来自河南省经济发展一单位标准差的新息冲击，从第 1 年开始就呈现正向效应，这种正向作用逐渐加强，到第 6 年达到最大值，此后这种正向作用逐渐减弱，在第 10 年这种正向作用几乎无影响，从第 11 年开始这种正向效应又开始平稳波动上升。从河南省进出口贸易对河南省经济发展的冲击所表现出的变化趋势中可以看出，在短期（前 6 年）河南省的经济发展对其进出口贸易的影响较显著，而在长期这种正向作用变弱且不稳定。因此从整体上看，河南省的经济发展对其进出口贸易主要起正向的扩大作用。

由图 4－4 可知，河南省外贸发展对进口、出口及自身贸易发展水平一单位标准差冲击的新息冲击，分别表现出不同的变化趋势。

第一，河南省外贸发展水平对来自进口贸易一单位标准差的新息冲击，在短期内（前 5 年）的影响不显著，从第 6 年开始一直呈现较小的正向效应，所以进口贸易在短期对河南省的外贸发展水平几乎无影响，在长期会对河南省的外贸发展水平产生影响。

第二，河南省外贸发展水平对来自出口贸易一单位标准差的新息冲击，在短期内（前 3 年）呈现递减的正向效应，从第 3 年至第 6 年呈现负向效应，从第 6 年开始呈现逐渐增强的正向效应，所以出口贸易无论在短期还是在长期都对河南省的外贸发展水平影响显著。

第三，河南省外贸发展水平对来自自身一单位标准差的新息冲击，在短期内（前 6 年）正向作用明显，此后则一直呈现较强的负向效应。

综上，河南省对外贸易的发展，在短期主要受自身外贸总额基数、经济发展水平、出口贸易等因素的正向影响，在长期主要受经济发展水平、进口贸易、出口贸易等因素的正向影响且出口贸易的影响作用大于进口贸易的影响作用。

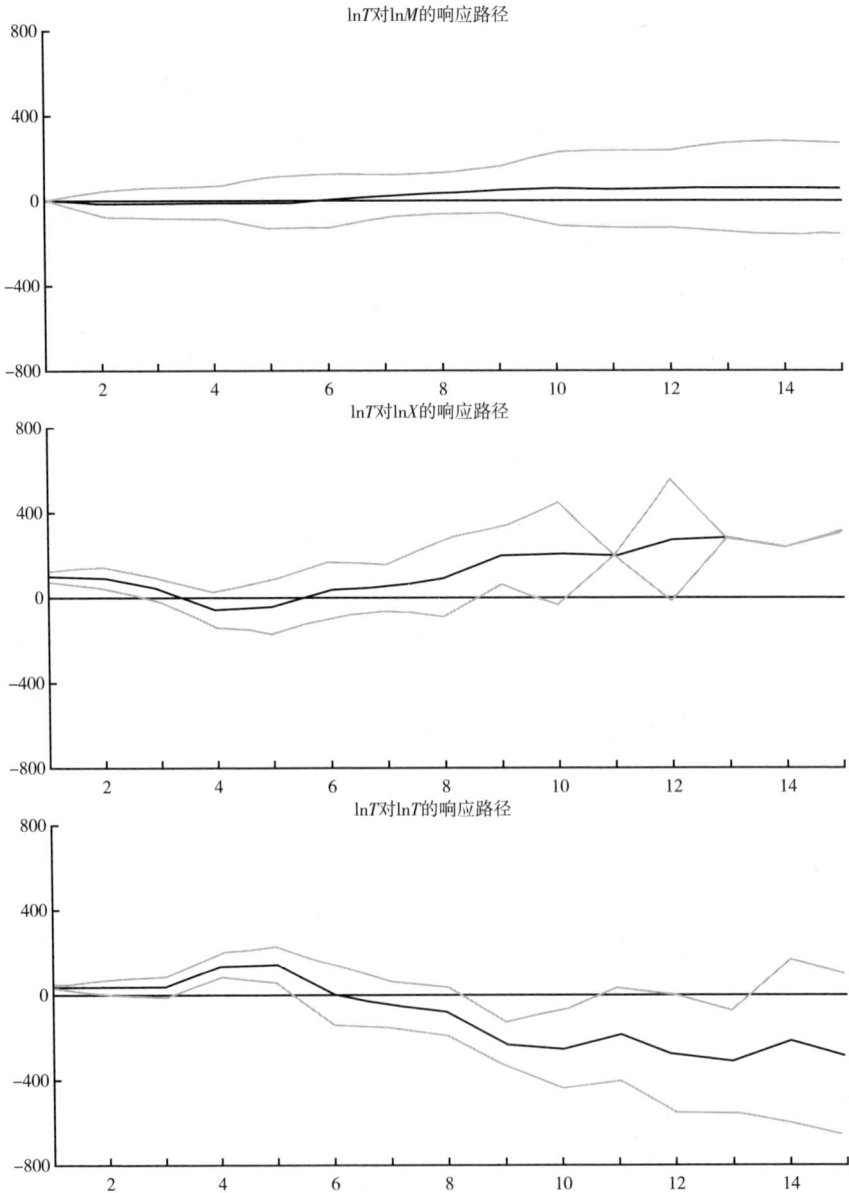

图 4-4　河南省外贸发展对进口、出口及自身贸易
发展水平—单位标准差冲击的响应路径

五　河南对外贸易发展的政策建议

2016 年 12 月 14 日，中央经济工作会议明确指出，2017 年是实施"十三五"规划的重要一年，是供给侧结构性改革的深化之年，要全面贯彻党的十八大和十八届三中、四中、五中、六中全会精神，统筹推进"五位一体"总体布局和协调推进"四个全面"战略布局，坚持稳中求进工作总基调，牢固树立和贯彻落实新发展理念，适应把握引领经济发展新常态，坚持以提高发展质量和效益为中心，坚持宏观政策要稳、产业政策要准、微观政策要活、改革政策要实、社会政策要托底的政策思路，坚持以推进供给侧结构性改革为主线，适度扩大总需求，加强预期引导，深化创新驱动，全面做好稳增长、促改革、调结构、惠民生、防风险各项工作，促进经济平稳健康发展和社会和谐稳定。

2017 年 1 月 22 日，商务部在北京召开全国进出口工作电视电话会议，会议指出，2016 年外贸形势复杂严峻，经过广大外贸企业艰苦努力，进出口实现回稳向好，"回稳"表现在降幅收窄、占全球份额企稳回升，2016 全年进出口降幅比 2015 年收窄 6.1 个百分点，四个季度进出口分别下降 8.1% 和 1.1%，增长 0.8% 和 3.8%，呈现逐季回稳走势；"向好"表现为进出口结构优化，动力转换加快，质量效益提高。面对新形势，外贸工作要保持战略定力，把工作着力点从短期的增长快慢转移到长期的结构调整上来，要坚持创新驱动，深化外贸供给侧结构性改革，提高外贸持续发展新动能。2017 年外贸形势依然复杂严峻，不确定、不稳定因素增多，在外贸工作中要坚持稳中求进工作总基调，稳增长与调结构并举；要坚持以提高发展质量和效益为中心，推动建设贸易强国进程；要坚持以推进供给侧结构性改革为主线，培育外贸发展新动能。

2017 年 12 月 18 日，中央经济工作会议指出，要实现高质量发展，2018 年在对外贸易方面要做好以下工作：促进贸易平衡，更加注重提升出口质量和附加值，积极扩大进口，下调部分产品进口关税；大力发展服务贸易；继续推进自由贸易试验区改革试点；有效引导支持对外投资。

因此，河南省的经济发展要紧密围绕党中央确定的工作方针，坚持以提高经济发展质量和效益为中心，依靠劳动者素质提高、科技进步、管理创新转变来提升河南外向型经济的竞争力。针对目前河南省对外贸易的发展现状和存在的问题，本节提出以下政策建议。

（一）优化外贸发展结构，加快外贸发展方式转变

针对外贸结构的现状，河南省应该更加注重外贸结构的优化，即在扩大外贸规模的同时，更加注重进出口商品结构、经营主体结构、贸易方式结构、外贸市场结构、地区外贸发展差距的优化，加快培育外贸竞争新优势。

1. 优化外贸商品结构

第一，要大力培育知识、技术、人力资本等高级生产要素，改变我国的要素结构并对现有的优势生产要素进行改造和升级，提升现有要素的质量，为优化出口商品结构奠定要素基础。

第二，要提高传统出口商品的产品质量和技术含量，重点促进机电、智能手机、新型建材等优势产品出口，支持"三自三高"（具有自主知识产权、自主品牌、自主营销、高科技含量、高附加值、高效益）产品出口，提高出口品牌、高技术含量产品在全国外贸中的比重，实现我国主要出口产品由以劳动密集型和资源密集型为主向以资本密集型和技术密集型为主的转变。

第三，完善进口贴息政策，及时调整《鼓励进口技术和产品目录》，加大进口信贷支持力度，扩大先进技术、能源资源、关键设备及零部件等进口，鼓励企业引进消化吸收再创新，促进河南产业结构调整和优化升级，提高国际竞争能力。同时，应提升消费品在进口中的比重，引导境外消费回流。

2. 优化外贸经营主体结构

一方面，河南应对国有、民营、外资等企业实施统一的外贸政策，使各类外贸企业平等参与竞争，逐步形成了优胜劣汰的外贸竞争环境。另一方面，河南在培育具有国际影响力的大型外贸企业集团的同时，加快培育一大批小而全、小而专、小而精的中小外贸主体和具有较强创新能力和国际竞争力的跨国公司。

3. 优化贸易方式结构

在优化贸易方式结构方面，企业要创新外贸商业模式和管理体制，推广复制国家市场采购贸易、外贸综合服务企业试点经验，发挥不同贸易方式的特有优势，形成共同繁荣发展的新格局。同时，政府要进一步简政放权、放管结合、优化服务，逐步提高一般贸易的比重，积极发展边境贸易、转口贸易、过境贸易、离岸贸易、租赁贸易等其他贸易方式，引导其有序发展，激发企业活力，培育外贸新的增长点。

4. 优化外贸国际市场结构

虽然河南的外贸市场逐渐向多元化方向发展，外贸市场广度不断提升，但是新市场的进出口总额与发达国家相比较少，占全部市场进出口总额比重较小。因此，河南在巩固美欧、日韩、东南亚等传统市场的同时，应提高中亚、南亚、西亚、北非等新兴市场的对外贸易规模和市场份额，特别是要提高"一带一路"沿线国家等新兴市场在全省外贸中的比重。同时，河南要支持以大宗商品交易平台为核心的国际采购中心建设，扩大沿线国家特色产品进口。

5. 优化省内外贸区域布局

在巩固郑州、洛阳和焦作地区外贸发展的同时，其他地市要注意发挥比较优势，通过彻底打破行政壁垒、消除有形和无形的地区分割、对外经贸体制政策统一透明、营商环境向沿海发达地区看齐、改变交通和物流落后状况等途径大力改善其投资、贸易软环境，提高政府管理水平和公共服务能力，更加注重发挥这些地市在全省外贸发展中的作用，以此促进地区间外贸的协调发展，缩小地区间外贸发展的差距。

6. 加快外贸发展方式转变，提高外贸发展质量

从外贸发展方式来看，河南在国际价值链和产业链中仍属于低端的粗放式外贸，增长的效率和质量不高，增长的基础也比较薄弱。这就要求政府和河南的外贸企业要建立自主知识产权标准和创新体系，这样才能保证外贸发展方式由只追求速度的增长方式转变到速度与效益协调推进的发展方式，即从过去片面注重数量转变到以市场需求为导向，更加重视出口产品的质量、性能、档次和附加值上来，形成以技术、人才为主要要素，以创新驱动为动力的外贸发展方式，提高外贸发展质量。

151

（二）加快开放平台载体建设，着力提升对外开放的综合支撑力和竞争力

1. 突出河南特色，加快建设中国（河南）自由贸易试验区

第一，搭建综合服务平台，尽快确定进驻企业。按照贸易法治化、自由化、便利化原则，在政府职能调整、办事程序再造、服务效率优化等方面尽快推出规章办法，展现河南自贸区良好形象，提升吸引力和竞争力。同时，要对有相关意愿企业做好摸底、排队、进驻的准备工作，尽快确定进驻企业，保证自贸区挂牌后高效、有序运行。

第二，修订完善管理制度，明确改革试验内容。制定自贸区统计报表制度，完善省领导小组办公室和三个片区的工作制度、相关部门的联系协调制度等。

同时，河南自由贸易试验区的建设要积极复制推广上海等自由贸易试验区经验，注重体现河南特色，围绕加快建设贯通南北、连接东西的现代立体交通体系和现代物流体系。在多式联运、现代物流、跨境电商、全域旅游等方面大胆创新；在构建与国际接轨的经贸规则体系、加快政府职能转变、增强综合交通物流枢纽功能、推进贸易转型升级、加快金融领域开放创新等方面先行先试，主动对接国际经贸新规则，确保各项改革任务落实到位。

第三，打造对外开放高端平台。在明确郑州、洛阳和开封片区职能定位的基础上，重点在海关特殊监管区域开展国际贸易、保税加工和保税物流等业务，在非海关特殊监管区域扩大外商投资领域，建设跨境贸易电商平台、保税展示交易平台、大宗商品交易和期货交割平台，打造具有国际水准的内外流通融合、投资贸易便利、监管高效便捷、法制环境规范的对外开放高端平台。

2. 全面提升郑州航空港经济综合实验区建设水平

充分发挥郑州航空港经济综合实验区的国家战略效应和开放引领作用，坚持建设大枢纽、发展大物流、培育大产业、塑造大都市，尽快形成四港联动、多式联运体系，培育壮大智能终端、航空物流、精密机械、生物医药等主导产业，打造千亿级产业集群。同时，以建设郑州航空港经济综合实验区为契机，加快完善提升城市功能，增强国际影响力和区域带动

力，以此为基础深度融入全球产业链、价值链、物流链，形成最具活力的开放开发高地。

3. 加快中国（郑州）跨境电子商务综合试验区建设

加快建设"单一窗口"综合服务平台、跨境电子商务综合园区平台、人才培养和企业孵化平台，探索建立跨境电子商务信息共享体系、金融服务体系、智能物流体系、信用管理体系、质量安全体系、统计监测体系、风险防控体系，统筹推进多种业务模式发展，构建跨境电子商务产业链和生态链，实现"买全球、卖全球"目标。同时，要按照"一区多园、一园多点"布局模式，梯次推进，尽快形成一批可复制、可推广的成功经验，逐步在全省推广。

4. 打造郑欧班列品牌

按照线路多元化、货源多元化、出境口岸多元化和回程常态化的思路，加密现有出境班列，开辟新的出境线路，扩大回程货物量，实现双向运输平衡。推动郑州国际陆港多式联运物流监管中心建设，实现海陆空邮通道高效衔接。

5. 全力推进郑洛新国家自主创新示范区建设

推动示范区围绕创新一体化布局和产业特色发展，鼓励郑州、洛阳、新乡三市通过分工协作，实现优势互补、资源共享、协作联动、错位发展，增强引领全省创新驱动发展的核心带动能力，打造引领全省创新驱动发展的核心增长极、开放创新技术转移集聚区、产业转型升级先行区。

6. 完善海关特殊监管区域和口岸功能

加快申建鹤壁、郑州经开综合保税区。推进海关特殊监管区域创新发展，争取实行内销选择性征收关税政策，推行货物状态分类监管，力争成为国家海关特殊监管区域整合优化试点。加强河南电子口岸平台与口岸监管部门业务管理系统的互联和对接。推动澳大利亚肉牛进口指定口岸稳定运行，完善郑州航空口岸国际邮件经转等口岸功能，先期开展粮食进口业务，推动汽车整车进口口岸和进口水果、进口冰鲜水产品等指定口岸拓展业务规模，推进药品进口口岸城市申建、进境植物种苗等指定口岸申建。

7. 继续推进产业集聚区建设，提升对外贸易发展承载力

河南应进一步提高产业集聚区的发展水平，根据比较优势选准、抓好若干个特色主导产业的同时，打造对外开放重点产业集聚区，作为加快承接境内外产业转移、促进产业结构转型升级的重要载体。同时，被认定为对外开放重点产业集聚区的园区，可以作为今后升级为省级经济开发区的优先推荐单位，并由相关单位对园区实行定期考核和动态管理，成为现代产业体系的发展平台。

8. 打造对外交流平台

积极组织参加国家级国际经贸交流活动，重点办好中国（河南）国际投资贸易洽谈会、河南国际友好城市经贸合作洽谈会、黄帝故里拜祖大典、中国（郑州）世界旅游城市市长论坛、国际民航组织航空货运发展论坛、华侨华人中原经济合作论坛、中国（郑州）产业转移对接会等大型活动，支持各地依托现有展会平台扩大国际影响。充分发掘民间力量，加强与沿线国家的民间交流往来，构建多层次沟通协商机制。组建郑州航空港卫视，打造中原文化海外传播、人文交流合作、经贸往来和"互联网＋融媒体"综合服务平台。

（三）深度融入"一带一路"倡议，打造内陆开放高地

1. 积极主动优化开放环境

加快推进国家技术转移郑州中心和黄河金三角承接产业转移示范区建设，根据产业价值链合理有序承接产业转移，申建国家进口贸易创新示范区，提升保税区、口岸、跨境贸易电子商务等平台功能，加快建设"一站式"大通关体系，主动复制上海自贸区经验。

2. 促进内外联动

加快东西双向开放，充分发挥郑州航空港、郑欧班列、国际陆港等开放平台作用，提升郑州、洛阳主要节点城市辐射带动能力，谋划建设亚欧大宗商品商贸物流中心、丝绸之路文化交流中心、能源储运交易中心，推动与"一带一路"沿线区域五个互通，努力形成亚欧全面合作新格局。

3. 推动"买全球"与"卖全球"、"引进来"与"走出去"迈上新台阶

第一，要积极利用郑欧班列等载体平台，进一步加强政策的宏观指导，统筹研究制定"引进来"的发展规划和政策措施，发挥规划和产业政策的引导作用，研究在财政、税收、外汇、金融等方面的支持政策，将欧盟顶尖的技术、中亚丰富的能源等周边物资集聚到中原地区。

第二，加快产业转型升级，鼓励钢铁、水泥、化肥、电解铝等传统产业向境外转移过剩产能，拓展发展空间。稳步推进农业国际项目合作，加快推进境外资源合作开发，扩大对外工程承包和劳务合作，推动优势企业走出去，积极建立海外生产研发基地、全球营销网络和战略资源渠道，形成产业结构内外互补、生产要素全球配置的发展格局。以航空港区国际航空物流中心与全球智能终端生产基地建设为重点，积极参与全球产业分工格局重构。

第三，在与"一带一路"沿线发展中国家的合作中要创新合作模式，以推动其经济现代化为要义，树立良好的企业形象，实现与东道国的互利共赢。在企业境外投资过程中，要积极发挥包括各类智库在内的社会组织的作用，为企业提供投资评估咨询，帮助企业权衡经济利益与社会公益。

（四）加强政策支持力度，大力发展服务贸易

1. 实施财税支持政策

充分利用国家和河南省对外经济贸易发展专项资金，加大对服务贸易发展的财税政策支持力度，主要是积极推广政府和社会资本合作模式，通过基金注资、股权投资、担保补贴等方式，引导社会资本投资服务贸易领域。积极落实国家对服务出口相关的税收优惠政策，促进服务贸易的稳定发展。

2. 加大金融支持力度

鼓励金融机构在风险可控的前提下创新金融产品和服务，开展供应链融资、海外并购融资、应收账款质押贷款、仓单质押贷款等业务。鼓励政策性金融机构加大对服务贸易企业开拓国际市场、国际并购及服务贸易重点项目建设的支持力度。鼓励保险机构创新保险品种和保险业务，在风险可控的前提下采取灵活承保政策，简化投保手续。政策性出口信用保险机构要加大服务出口支持力度，扩大服务出口信用保险覆盖面，提升服务贸易国际竞争力。加大资本市场对服务贸易企业的支持力度，鼓励符合条件的服务贸易企业在资本市场挂牌上市。

3. 提高服务贸易便利

加强服务贸易政策研究，简化有关审批手续，为从事国际服务贸易业务的中高端管理和技术人员出入境和居留提供便利。探索服务进出口查验

机制，在有效监管的前提下，优化口岸流程，降低口岸查验率，积极为服务进出口提供便利，不断提升通关效率。完善服务贸易外汇管理政策，为服务进出口企业提供外汇收支便利。

4. 扩大服务贸易规模

推动运输、餐饮等传统服务贸易和中医药、文化艺术等特色服务出口，支持有条件的研发设计、信息服务、中介服务等企业开拓海外市场。建设郑州、洛阳服务外包示范城市，推动其他地区扩大服务外包规模，加强与沿线国家服务外包交流合作。

（五）培育外贸竞争新优势，加快河南外贸发展动力转换

1. 进一步拓宽开放领域，着力构建对外开放新格局

积极贯彻落实国家关于市场准入负面清单和放宽外资准入限制的精神，全面清理限制非公有制经济发展的不合理规定，最大限度地放宽对外来投资的各种限制，加快拓宽深化开放领域，特别是要在现代服务业、社会事业、农业、基础设施、网络经济等领域培育新的外贸增长点，培育河南外贸发展的新优势。

2. 积极发展跨境电商

支持企业利用电商平台开拓国际市场，培育完善跨境电商服务功能，建立与之相适应的海关监管、检验检疫、退税、跨境支付、物流等支撑系统。培育认定一批跨境电商示范园区和培训孵化基地，支持公共海外仓和外贸综合服务企业发展，实现跨境 B2B（企业对企业）、海外 O2O（线上对线下）、跨境海外仓、跨境 B2C（企业对消费者）一般模式和保税模式等竞相发展。

3. 着力转换外贸发展动力

第一，构建科技创新体系，增强自我转型内生动力。政府和企业要加大科技创新投入，支持外贸企业原始创新，鼓励企业以进口、境外并购、国际招标、招才引智等方式引进先进技术，促进消化吸收再创新，支持国内企业通过自建、合资、合作等方式设立海外研发中心，通过这些措施着力构建以企业为主体、市场为导向、产学研贸相结合的技术创新体系，以此加快提高出口产品的质量和技术含量，加快产品创新，培育外贸品牌，增强自我转型内生动力。

　　第二，要增强自主创新能力，转变外贸发展方式。通过技术引进、消化创新、提高企业的自主研发能力等途径促进河南加工贸易的转移、转型和升级，延长河南加工贸易的国内产业链，实现加工贸易从"代加工"向"代设计"乃至自创品牌发展的转变，使河南早日成为全国先进制造（中国制造）基地、服务业外包基地和研发基地，实现河南从"候鸟经济"①向"榕树经济"②的转变。在此基础上河南还要大力发展生产性服务业、技术和知识密集型的服务贸易，强化电力、轨道交通、通信设备、船舶、工程机械、航空航天等装备制造业和大型成套设备出口的综合竞争优势，进一步提高节能环保、新一代信息技术、新能源等战略性新兴产业的国际竞争力，培育河南外贸新的增长点，转变外贸发展方式。

　　第三，着力转换发展动力。支持符合条件的省辖市申建国家服务外包示范城市和国家级外贸转型升级基地，积极引进出口型项目，利用沿海产业向外转移的机遇期，发挥郑州国家级服务外包示范城市和加工贸易承接转移示范地的带动效应，依托出口基地、开发区、产业集聚区、航空港区等，提高市场准入门槛，提升引进产业的层次，使迁入的大型企业集团成为河南现代产业体系的重要支撑点，充分发挥引进产业在促进产业结构升级和经济转型中的积极作用，提高河南对外贸易产业发展的层次与水平。

---

① 候鸟具有沿纬度季节迁移的特性，随着季节变化而南北迁移。哪里资源丰富、成本低廉，企业就转向哪里，这种经常迁移、逐利而居的企业现象被称作候鸟经济。

② 经济发展过程中，一些企业像榕树那样根深叶茂，通过扩大增量、延伸产业、吸纳股份等多种途径，加速扩张，不断做大、做强、做深，形成实力雄厚、带动力强并具备相当投资规模和核心竞争力的龙头骨干企业，这种经济现象我们称为榕树经济。

第五章
河南物价形势分析与预测

一　物价总体运行特点

近年来，我国居民消费价格指数温和上涨，涨幅低位运行。工业生产者价格指数波动上升，涨幅高位震荡，价格改革稳步推进，劳动力成本刚性上扬，环保和去产能政策冲击供给等因素支撑价格，国内需求总体偏弱，粮食产量和库存双高，通胀预期弱化等因素抑制价格涨幅。

（一）2010 年以来物价运行形势总体稳定

1. 居民消费价格指数涨幅温和可控，在国际上处于较低水平

2010 年以来，我国居民消费价格指数（CPI）同比涨幅先降后升，核心 CPI 平稳上涨，2017 年 1～12 月，CPI 同比上涨 1.5%，同比回落 0.5 个百分点，低于 3% 的调控目标 1.5 个百分点，城市和农村 CPI 分别上涨 1.6% 和 1.2%，翘尾因素和新涨价因素分别拉动 CPI 上涨 0.7 个和 0.8 个百分点。分月看，1 月份，受春节因素影响 CPI 同比涨幅达到 2.5%，其余月份 CPI 同比涨幅低于 2%，涨幅呈先降后稳的运行态势，扣除食品和能源后的核心 CPI 同比上涨 2.2%，同比提高 0.6 个百分点。从国际上看，我国物价涨幅低于美国、欧盟等发达国家和集体以及主要金砖国家，略高于日本，在全球范围内处于较低水平。1～12 月，美国和欧盟 CPI 分别上涨 2.1% 和 1.7%，印度、俄罗斯、南非、巴西的 CPI 分别上涨 2.3%、3.8%、5.3%、3.1%。日本 CPI 上涨 0.4%，低于我国人均 CPI 涨幅 1.1 个百分点。根据当前物价走势，初步预测 2017 年 CPI 上涨 1.6%。

2. 食品价格稳步下降，非食品价格涨幅扩大

2010 年以来，物价走势比较稳定，涨幅在近几年中属于较低的一年。从居民消费价格指数内部结构看，物价运行表现为两大突出特征，一是食品价格明显下降，二是服务等非食品价格涨幅扩大，医疗等公共服务领域价格改革加快推进，导致非食品价格涨幅有所扩大，非食品价格上涨。

3. 工业生产者价格指数波动上升，上下游价格涨幅差较大

近年来，中国政府积极推进去产能，加之国际大宗商品价格上涨，带动煤炭、钢铁等工业品价格明显上涨，分行业看，煤炭开采业、石油和天然气开采业、黑色金属矿采选业、有色金属矿采选业均有不同涨幅，四个行业合计拉动 PPI 上涨 1.8 个百分点，贡献率约为 28.1%。

4. 发达地区价格涨幅略高，区域走势有所分化

从我国 31 个省区市的居民消费价格指数看，2017 年，价格涨幅高于全国平均水平的省区市有 12 个，与全国平均水平持平的有 5 个，低于全国平均水平的有 14 个，上海市、浙江省、天津市、江苏省、海南省、北京市等东部省区市 CPI 涨幅高于全国平均水平，其中海南省 CPI 涨幅达到 2.8%，领涨全国。重庆市、云南省、陕西省、青海省、宁夏回族自治区、山西省、贵州省、河南省、广西壮族自治区、甘肃省等中西部省区市和辽宁省、黑龙江省等东北地区的 CPI 低于全国平均水平，云南省涨幅为 0.9%，全国最低。从 31 个省区市生产价格指数（PPI）看，12 个省区市 PPI 同比涨幅低于全国平均水平，1 个省区市与全国平均水平持平，18 个省区市的涨幅超过全国平均水平，东部地区的北京市、广东省、江苏省、上海市、浙江省、福建省等地的 PPI 同比涨幅明显低于全国 6.4% 的涨幅，北京市的涨幅为全国最低，同比涨幅为 0.8%。而中西部地区的山西省、河北省、新疆维吾尔自治区、甘肃省、内蒙古自治区、宁夏回族自治区、青海省和陕西省等地的 PPI 同比涨幅超过 10%，山西省的 PPI 领涨全国，同比上涨 20.9%。数据表明，资源能源和重工业聚集的省区市经济调整压力较大，生产价格指数涨幅较高。

5. 国际大宗商品价格震荡回升，主要进口商品价格大幅上涨

近年来，欧盟、美国经济延续复苏态势，日本经济也有所好转，俄罗斯、印度经济走势以扩张为主，带动需求回暖，推升国际大宗商品价格。2017 年，大宗商品价格维持震荡回升的运行态势，RJ/CRB 期货价格指数为 183.7，同比上涨 2.2%，从具体品种看，WTI 原油期货价格为 50.3 美元/桶，同比上涨 17.8%；LME 铜、铝期货价格分别为 6055 美元/吨和 1951.1 美元/吨，同比分别上涨 27.9% 和 22.9%。2016 年我国进口价格同比下降 5.3%，2017 年前三季度，我国进口价格总体上涨 10.6%，主要进口大宗商品价格涨幅较大。

二 物价影响因素分析

相比过去 10 年，影响物价上涨的一些因素发生了根本变化，一是货币投放由输入主导型转向内需主导型，央行的稳健偏宽松型货币政策稳定性将增强，货币对物价影响程度将有所下降。二是我国潜在经济增长中枢下移将是长期趋势，总需求的增长对物价波动影响也将减小。三是随着农民工工资收入与城镇职工收入的逐步趋同，上涨幅度将明显放缓，对物价上涨的推动将大幅减弱。四是受农产品价格国内外价差影响，长期内上涨幅度有限。五是根据大宗产品价格的周期判断，在国际经济复苏缓慢的局面下，国际大宗产品价格波动性将变大，但大幅增长的可能性不大。综合上述所有物价影响因素趋势分析，在缺少明显带动物价上涨的积极因素的情况下，未来几年国内 CPI 的平均水平会从过去的 3% 下降到 1%～2%，中期物价大幅上涨的可能性不大。2017 年，全国居民消费价格指数（CPI）上涨 1.6%，涨幅比 2016 年回落 0.4 个百分点，低于年初预测水平。食品价格走低是全年 CPI 走势低于预期的主要原因。2017 年食品价格下降 1.4%，是 2003 年以来首次下降。猪肉、鲜菜等重要商品价格下降是食品价格走低的关键因素。需要引起重视的是，以医疗、教育为代表的服务类商品价格持续上涨，正在成为影响 CPI 走势的重要因素。2017 年，非食品价格上涨 2.3%，影响 CPI 上涨 1.85 个百分点。其中，服务价格上涨 3.0%、住房价格上涨 2.9%。正是由于服务类商品价格持续上涨，2017 年核心 CPI 和 GDP 平减指数仍处于中高水平。与 CPI 相比，PPI 的走势更加复杂。2017 年，全国生产价格指数上涨 6.3%。采掘业、原材料工业和加工工业价格上涨是推动 PPI 大幅上涨的主要原因。PPI 大幅上涨既是恢复性上涨的特征，也是供给侧结构性改革等政策发挥作用的结果。

（一）价格改革稳步推进，市场化程度提高

近年来，价格改革稳步推进，市场化程度进一步提高，部分价格改革推升了物价水平。交通运输价格更多由企业依法自主定价，国家将高铁动车组票价、普通旅客列车软座、软卧票价交由铁路运输企业依法自主定价，东南沿海部分高铁线路价格有所提高。天然气定价按照"放开两头、管住中间"的原则，建立天然气管道运输定价新机制，占消费总量 80% 的非居民用气门站已由市场主导形成，储气设施相关价格由市场竞争形成。运用价格手段促进钢铁行业供给侧结构性改革，提高钢铁行业限制类、淘汰类装置所属企业用电价格。推进公立医院医疗服务价格改革，全部取消药品加成。建立健全非居民用水超定额累进加价制度，各地根据用水定额确定分档水量和加价标准。

（二）劳动年龄人口及占比双减少，人工成本刚性上扬

劳动年龄人口及占比已过历史峰值，2010 年开始，我国劳动年龄人口比重达到历史峰值，为 74.5%，2016 年该比重降至 72.6%，比历史峰值下降 1.9 个百分点。劳动年龄人口绝对数量在 2013 年达到峰值，为 10.05 亿人，2016 年减少至 9.88 亿人。我国劳动年龄人口占比下降预示人口红利趋于结束，居民工资水平和服务价格涨幅相对提高。2017 年前三季度，全国居民人均可支配收入实际增长 7.5%，同比上涨 1.2 个百分点，比人均 GDP 增速快 1.2 个百分点，全国共有 18 个地区调整了最低工资标准，平均调增幅度在 10% 以上。2017 年 1~11 月，CPI 中的服务价格上涨 3.0%，同比提高 0.8 个百分点。2017 年前三季度劳动力市场求人倍率约为 1.2，同比提高 0.06 个百分点，市场人才需求量大于供给量，人力成本将长期趋升。

（三）环保督查和去产能持续推进，部分工业品供给受冲击

近年来，环保政策陆续出台，中央连续组织开展数次环保大督查，特

别是 2017 年以来，环保部和国家发展改革委等发布环保政策，对环保压力较大的地区和行业予以重点关注，特别是针对京津冀周边城市大气污染问题，环保部多次提出指导方案，将北京市、天津市、河北省的 8 个城市、山西省的 4 个城市、山东省的 7 个城市、河南省的 7 个城市列为重点限产城市，简称"2 + 26"城市。6 个受限产影响省份的相关工业品产量占全国比重较大，钢铁占 43.7%、电解铝占 38.7%、焦炭占 35.7%、煤炭占 33.4%、玻璃占 28.2% 左右。环保限产在推动过剩产能行业出清的同时，对钢铁、焦炭、煤炭等工业品产量有一定的影响，冲击供给，影响工业品价格。

（四）国内需求总体偏弱，稳物价具备需求基础

2017 年，消费和资本形成（内需）对 GDP 的拉动和贡献均有所下降，内需总体稳中偏弱，前三季度，内需贡献率为 97.3%，分别比 2016 年同期和全年下降 10.5 个和 9.5 个百分点，拉动 GDP 增长 6.7 个百分点，比 2016 年同期和全年低 0.5 个和 0.4 个百分点，2017 年以来我国经济增长取得 6.9% 的中高速增长速度主要受益于良好的国际环境，从固定资产投资和消费品零售总额的增速也可以说明内需偏弱的观点。2017 年 1～9 月，全国固定资产投资同比增长 7.5%，同比下降 0.7 个百分点，实际增长 2.2%，同比下降 7.3 个百分点；我国社会消费品零售总额同比增长 10.4%，同比持平，实际增长 9.3%，同比降低 0.6 个百分点。

（五）粮食产量和库存双高，稳物价具备物质基础

当前我国粮食市场呈供需格局宽松、库存高企、国内外粮价倒挂的运行特征。从粮食生产看，2017 年全国粮食总产量为 12358 亿斤，比 2016 年增加 33 亿斤，增长 0.3%，粮食生产再获丰收，属历史上第二高产年。从库存看，我国各类粮食的库存约为 1.23 万亿斤，与 2016 年相比略有提高，与年度粮食产量规模相当，面临较大的去库存压力。从价格看，近年来在惠农政策的带动下，国内外小麦、玉米、大米和大豆价格分别达到 800 元/吨、200 元/吨、700 元/吨和 500 元/吨。2018 年生产的三等小麦最低收购价为每 50 公斤 115 元，较 2017 年下调 3 元。因此，在粮食丰产、库存高企和内外价格倒挂的基础上，2018 年粮食价格将维持平稳运行态势，为稳定物价奠定基础。

（六）前期物价水平较低，稳物价具备预期基础

近 5 年来，我国 CPI 涨幅均低于 3%，2014 年以来更是在 2% 左右徘徊，多年来均低于政府调控目标，居民对将来的通胀预期一般跟前期物价水平相关，因此，当前较低的物价涨幅降低了居民的通胀预期。通胀预期将通过居民的投资、消费等决策途径影响物价水平，通胀预期减弱将降低物价涨幅。

（七）居民消费价格和生产资料价格的结构分析

生产资料价格即在生产过程中生产者索取的原材料和中间产品的价格（即上游产品价格），通过生产价格指数（PPI）反映其变动。居民消费价格即居民家庭购买的商品和服务（即下游产品价格），通过消费价格指数（CPI）反映其变动。原材料购进价格、工业品出厂价格和居民消费价格三者之间相互关联，即在市场物价变动层次中，生产价格指数是先行指标，工业品出厂价格指数是同步指标，居民消费价格指数则相对滞后。但 PPI 与 CPI 变动之间存在一个时间差，在不同的经济体系或不同时期，这个时间差会有所不同，在经济高涨时期，CPI 向 PPI 跟进的速度要快一些，而在经济萧条时期 CPI 就会落后较多。一般情况下，CPI 相对于 PPI 滞后期约为 3 ~ 6 个月，最长时间为 1 年。

以上分析表明，工业品价格传导既慢又不充分。从工业品的价格传导过程看，上游基础性原材料由于自然禀性和大部分垄断经营，其替代性和贸易性较弱，供给弹性不大，在需求迅速增长的情况下，工业品价格上涨既快又猛。从中间产品到下游产品，一方面由于工业品总体上供过于求，竞争压力较大，而且产品间替代性较高，供给和需求弹性相对较大，很难将成本上升转化为价格上涨；另一方面，由于从中间产品到下游产品的产业链条较长，消化成本的空间大，手段也多，所以上游价格上涨并不一定会传导到终端产品。

因此，从上游产品到中间产品，再到终端产品的价格上涨越来越慢，涨幅越来越小。尽管自 2003 年以来燃料、电力、钢材等上游产品价格持续上涨，但 2004 年，家庭设备用品和通信工具等耐用品消费价格依然下降了 5.4% 和 23.5%。

农产品价格传导既快又充分。农产品受气候、播种面积和生产周期的影响，其供给缺乏弹性；而随着人口增加和生活条件的改善，农产品的需求呈刚性增加；绝大部分农产品本身就用作最终消费品，其中的粮油，乃至食品在 CPI 中占有 1/3 的权重，其余农产品到消费品的加工链条也较短。因此，这决定了以农产品为起点的价格传导效应十分明显。2004 年，粮食价格上涨 26.1%，引起食品价格上涨 6.3%，进而带动 CPI 上涨了 2.13 个百分点。

综上，从近年来的价格运行趋势来看，上中下游商品价格走势基本同步，但涨幅却依次明显缩小。我们既不能完全否定价格传导作用，也不能随意夸大和猜测传导效应。说明价格传导效应还没有得到充分体现，价格传导机制发生了重大的变异，传导效应会在某些方面、某些环节显现，但传导时滞可能更长。

（八）社会总需求问题

近 20 年来，我国经济运行机制发生了根本性的变化。随着市场功能的作用不断增强，宏观经济波动的市场经济特点已日趋显著。在 20 世纪末告别了短缺经济时代后，国内经济波动总体上已趋于平缓。但随着市场经济体制改革的深化和对外开放程度不断提高，我国经济活动的结构性差异加大，同时，我国经济对外依存度越来越大，与世界经济日渐显示出关联性和互动性，世界政治、经济形势变化对我国宏观经济运行的影响越来越大，使我国的经济运行呈现出愈加明显的复杂性和不确定性。2007 年由美国次贷危机引发的全球金融和经济危机，终结了世界经济长达 20 余年的所谓"大稳定"时期，已经并将继续改变全球经济的发展轨迹。危机爆发之后，国外一些专家开始用"新常态"刻画全球经济新特征，特别是发达国家所发生的变化。全球最大的债券经纪公司——美国太平洋投资管理公司（PIMCO）的两位首席投资官，比尔格罗斯和穆罕默德·埃尔埃利给"新常态"划定了几个特征：增长乏力、失业率持续高企、私人部门去杠杆化、公共财政面临挑战，及经济增长动力和财富活力从工业化国家向新兴经济体转移。自 2011 年以来，中国经济基本结束了长达 30 余年的高速增长时期，进入了增长速度换挡期、结构调整阵痛期及前期刺激政策消化期三期叠加的阶段，表明中国经济发展进入了一个新阶段，而在这之间，核心阶段是增速换挡期和结构调整阵痛期。从 2012 年开始，国内一些学者引入"新常态"一词来描述中国经济发展的新阶段和新内涵。中国社会科学院副院长李扬认为，结构性减速是中国经济新常态的主要特征。同时，与之内恰的宏观经济变量，如就业、物价、利率、汇率、国际收支、货币供求等，均会呈现出与以往不同的水平（人民网，2015）。北京大学教授卢锋认为，提出"新常态"有助于引导人们积极、务实和全面地看待中国宏观经济走势的变化（新华网，2014）。"新常态"不是不变的"常态"，而是对于一些已形成共识的阶段性特点的概括总结。这些共识包括中国仍然处在快速发展时期，但增长速度减缓；增长基本面的条件较好，但是结构性问题较为突出，前期累积的失衡因素迫切需要调整。2014 年 11 月，习近平总书记在亚太经合组织（APEC）工商领导会上的演讲主旨是中国经济增长与通货膨胀预测及影响因素研究，首次在正式场合提出"中国经济呈现出新常态"，并且明确概括了"新常态"的几个主要特点。一是从高速增长转为中高速增长。二是经济结构不断优化升级，第三产业、消费需求逐步成为主体，城乡区域差距逐步缩小，居民收入占比上升，发展成果惠及更广大民众。三是从要素驱动、投资驱动转向创新驱动。全球金融危机对各国实体经济的严重影响，使政府部门和经济学界再次认识到改进经济预测效果和分析经济增长影响因素的重要性和紧迫性。在当前世界经济和国内经济进入新常态、国内外经济环境不确定因素增加的新情况下，对经济增长预测和分析经济变动原因提出了新的要求和挑战。在此背景下，借鉴发达国家的经验和成果，运用新的计量分析手段和指标体系改进和完善原有的经济预测系统，提高宏观经济预测的及时性和准确性，对正确认识我国经济发展的阶段性特征，准确把握当前经济形势和未来发展趋势，改进宏观调控效果，保持经济持续健康发展无疑具有重要意义。

（九）农产品供应问题

在全球农产品供需继续保持总体宽松格局和我国农业供给侧结构性改革深入推进的大背景下，国内农产品市场运行有望继续保持总体平稳，然而外部不确定性因素叠加，我国农产品市场形势将更加复杂，以下四大问题需引起重点关注。

一是稻谷、小麦最低收购价的下调影响。在坚持最低收购价政策框架的前提下，国家根据生产成本、市场供求等变化，从 2016 年开始适当调整了稻谷、小麦最低收购价水平，既释放了粮食收储制度改革的信号，也为市场机制作用留出了空间。预计 2018 年稻谷、小麦市场化购销会进一步活跃，优质优价的特征也会进一步显现。但其降价对生产环节的影响需要全面地跟踪、分析，并完善相应的配套政策，以保障主产区农民的种粮收益基本稳定。二是玉米产销形势的新变化需要引起重点关注。2017 年玉米库存消化进度超出预期，市场价格稳中趋强的走势也超出预期，特别是 11 月底东北玉米购销活跃，量价齐升，玉米种植效益明显好于 2016 年。据专家初步预测，预计 2018 年东北地区农户玉米种植积极性提高，需要密切跟踪农户种植意向的变化，统筹好玉米、大豆生产者补贴和轮作休耕补助政策，继续通过政策引导玉米生产向优势区集中。三是国际竞争加剧需要引起重点关注。近年来全球粮食供需环境保持宽松，产量和库存增长与价格持续下跌相伴而行，据联合国粮农组织数据，2012～2016 年世界谷物产量由 22.94 亿吨增加到 26.12 亿吨，年均增速为 3.3%。近年来世界谷物均产大于需，期末库存累计增长 32.2%，联合国粮农组织食物价格指数由 2012 年的 213 波动下跌到 2017 年的 173，累计下跌 40 个点。2017～2018 年全球谷物供需仍呈宽松的格局。预计 2018 年我国大宗农产品进口压力依然较大，特色粮油、果蔬、水产品以及品牌食品的进口仍将快速增长，我国农业发展面临日益激烈的国际竞争。四是宏观面因素的传导效应。近年来随着农产品金融属性的增强和农业产业化的提升，外部因素对农业影响不断加深。2018 年，首先需要重点关注的是化肥价格大幅上涨，推升农业生产成本，需做好春耕化肥供应保障，防止成本上升与粮价下行叠加，挫伤农民生产积极性。其次需关注通货膨胀预期的升温，理性看待牛、羊肉等部分农产品价格的恢复上涨以及季节性、周期性波动，防止对农产品市场正常波动的过度炒作。

更加复杂多变的国际形势，特别是美联储持续加息，美国大幅度减税，原油价格波动等外围因素对农产品市场运行的影响。影响农产品市场运行的因素很多，除了供需基本面以外，还有调控政策、进出口贸易以及宏观经济现状等多个方面。

2017 年，农业供给侧结构性改革取得新进展，粮食价格形成机制和重要农产品收储制度改革取得实质性成效，我国农产品市场运行总体平稳，据国家统计局公布，2017年食品价格下降1.4%，是2003年以来首次下降。据河南省价格成本调查监审局监测，2017年"农产品批发价格200指数"均值为100.14（以2015年为100），同比降低5.60个点；其中"菜篮子"产品批发价格200指数为99.91，同比降低6.65个点。2017年农产品市场运行呈现三个特点。一是大宗农产品价格以稳为主，"市场定价"特征更为明显。2017年稻谷最低收购价小幅下调，小麦最低收购价保持稳定，玉米收储制度改革继续深化，大宗农产品仍处于库存消化期，粮食价格总体稳中略降。据监测，2017年稻谷、小麦、玉米三种粮食均价每100斤122.10元，同比降低0.3%。随着市场机制作用的进一步发挥，不同品种价格走势有所分化。早籼稻多元主体收购活跃，市场化收购占86.4%，比上年提高16个百分点；小麦质量明显好于上年，新麦上市后市场购销活跃、价格持续上涨；玉米继续调减，新粮上市后收购价稳中有涨，东北地区价格涨幅较大。棉花、油菜、食糖等品种全年均价同比涨幅都在10%以上，而大豆、花生等增产较多品种价格则出现不同程度下跌。二是鲜活农产品价格先跌后涨，总体稳中略降。2017年"菜篮子"产品市场运行基本符合周期性、季节性波动规律，价格水平总体低于上年。分品种看，蔬菜由于年初北方天气回暖快，开春后大量集中上市，价格下跌早、跌幅大，夏秋之后价格快速回升，全年28种蔬菜批发均价为每公斤3.73元，同比降低10.6%。畜禽产品产需失衡，猪肉、禽肉、禽蛋上半年价格跌幅较大，下半年恢复性上涨，全年猪肉批发市场均价为每公斤21.24元，同比降低14.6%；白条鸡每公斤13.93元，同比降低6.5%；禽蛋每公斤6.92元，同比降低7.6%。牛、羊肉特别是羊肉受供给偏紧影响，价格持续上涨，8月以后涨幅扩大，全年牛、羊肉批发市场均价分别为每公斤53.82元、47.49元，同比分别上涨1.1%、5.4%。水果、水产品价格也有所上涨。三是国际市场对国内影响进一步加大，农产品进口继续较快增长。2017年我国农产品贸易额、进口额和出口额均创历史新高，国际国内市场联动进一步增强，受需求拉动和进口价格优势驱动，农产品进口增幅明显大于出口，贸易逆差持续扩大。2017年1~11月，我国农产品贸易额为1818.5亿美元，同比增长9.8%，其中，出口额为677.0亿美元，同比增长3.1%；进口额为1141.5亿美元，同比增长14.2%；贸易逆差为464.5亿美元，同比增长35.3%。大豆仍是农产品进口第一大品种，进口量达到8599.0万吨，同比增长15.8%；受国内消费升级拉动，鳕鱼、墨鱼及鱿鱼等特色水产品进口数量快速增长，樱桃、葡萄、柑橘、榴梿、香蕉等特色水果进口数量保持高位。

展望2018年全年形势，在全球农产品供需继续保持总体宽松格局和我国农业供给侧结构性改革深入推进的大背景下，国内农产品市场运行有望继续保持总体平稳，但随着国际、国内市场联动加深，国际汇率变化、贸易政策调整等外部不确定性因素叠加，我国农产品市场形势将更加复杂。据农业部市场预警专家委员会分析，预计随着粮食最低收购价下调，今年稻谷小麦优质优价、市场购销两旺的特征将更为明显；玉米库存消化可能进一步加快，价格将在市场供求调节下小幅波动；油料、棉花、食糖等进口量可能有所增加，部分品种价格下行压力加大；鲜活农产品预计总体平稳，牛、羊肉等畜产品价格有望稳中有升。

（十）货币环境趋势对物价发展影响分析

货币供给是影响物价波动的主要因素之一，且贯穿我国物价波动的整个过程。2008年金融危机以来，全球经济复苏进程缓慢，货币政策整体以宽松为主。进入2015年以来，世界各国货币政策逐步呈现分化现象，相比过去10年，我国将面临的世界货币环境更加复杂，未来我国货币政策环境将有以下改变。一是全球资本流动的方向改变。随着美国全面退出QE政策，意味着美国货币政策将逐步正常化，同时，美国"以提升实体经济可贸易水平"的经济再平衡战略，其经济出现越来越明确的长期回报率回升预期，吸引全球资本回流美国，改变过去10年全球资本流动的方向。二是货币投放已从输入主导型转向内需主导型。过去10年，本质上是依靠中国生产要素的比较优势融入全球经济发展和国际产业分工，积累了大量的贸易盈余，在固定汇率体制下表现为被动对冲式的货币投放；当前，随着国际收支逐步平衡，货币投放方式将逐步转向内需主导型。三是未来潜在增长中枢下移、人民币单向升值的轨道改变都将是长期趋势。决定货币供应量增长速度最根本的因素是经济增长率，经济增长率下降，货币供应增长率下滑概率会加大。

综合以上诸多因素考虑，未来我国货币政策整体将以稳健略偏宽松为主，通过继续采取多种货币工具组合，如债券回购、短期流动性操作（SLO）、抵押补充贷款（PSL）、常备借贷便利（SLF）以及降息等措施调控我国经济增长，稳定物价。中期来看，货币政策将更加注重定向调节，增强针对性。

（十一）　总需求趋势对物价中期发展影响分析

总需求变动是影响物价波动的重要因素之一，潜在经济增长作为总需求代表变量，其中枢下移将是长期趋势，也符合经济发展的内在规律。蔡昉认为，潜在经济增长率反映的是一个经济体由供给方因素所决定的中长期增长能力，劳动力供给、储蓄率和全要素生产率是影响潜在经济增长率的主要因素，他通过人口参与率、资本回报率、全要素生产率水平等指标，测算出了未来 5 年我国潜在经济增长率将下滑至 6.2%，并且测算出，在 2011～2020 年，劳动参与率提高 1 个百分点，潜在经济增长率将提高 0.88 个百分点，全要素生产率增长速度提高 1 个百分点，潜在经济增长率将提高 0.88 个百分点（中国共产党新闻网，2015）。基于此，有三点情况可以确认。一是人口因素对中国经济的支持作用正在消退，甚至转为相对偏负面的拖累。二是中国的重工业化高峰正在走过，其所对应的经济高速增长状态也正在结束。三是生产率进一步放缓。随着科技、技术与国际发达国家并轨，以技术模仿和引进提高全要素生产率的方式不再持续，未来我国全要素生产率提升空间持续收窄。综上所述，未来 5 年时间里，中国经济潜在增速的进一步下降可能是很难避免的，到 2020 年，潜在增速或将回落到 6% 以内，这将在很大程度上降低物价上涨水平。

（十二）　农民工工资走势对物价中期发展影响分析

伴随着刘易斯转折点的到来，劳动力市场上的工资决定因素也会发生变化。在二元经济结构下，劳动力无限供给性质决定，从农业和农村转移到非农部门和城市就业的劳动力，其工资水平并不由劳动的边际生产力决定。经济发展越过刘易斯转折点后，劳动力市场上日益变化的供求关系开始在不同群体发生作用，其工资形成基础逐渐从生存水平转变为劳动边际生产力。因此，劳动力市场总体上将呈现工资趋同，具体来说，是农民工与城市户籍职工的工资趋同。经过 10 年的高速增长，农民工工资与城镇单位职工工资的差异在缩小，在一些偏低端行业，两者已经非常接近。为了便于分析，我们整理出了 2014 年分行业职工平均工资以及城镇单位职工和农民工平均工资对比，见图 5-1。

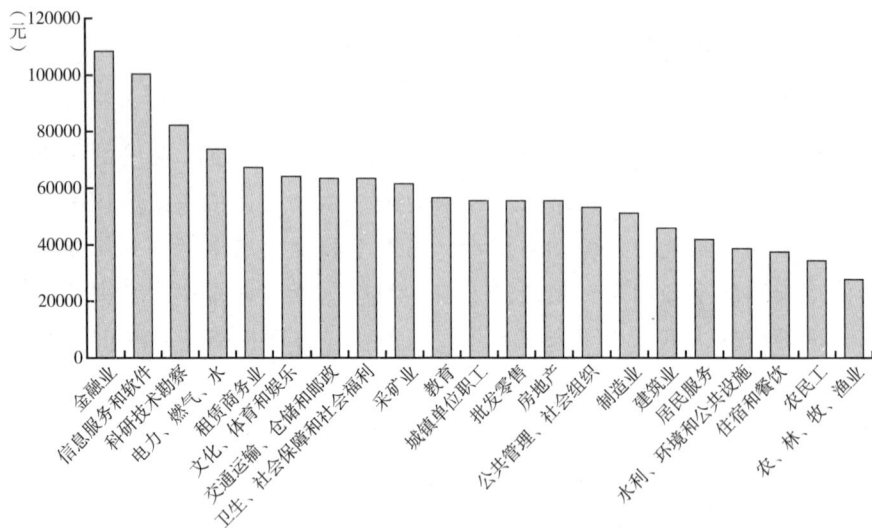

图5-1 2014年分行业职工平均工资以及城镇单位职工和农民工平均工资对比

根据图5-1，我们可以看出，在相对偏低端的行业，如技术复杂程度比较低、与农民工就业存在较大替代性的行业，城镇单位职工工资与农民工工资差距不大。例如，建筑业，居民服务，水利、环境和公共设施以及住宿和餐饮行业的城镇单位职工工资已经与农民工工资接近。其中，城镇单位职工除了普通职工外，还包括高级技术人员以及管理人员等，抬高了城镇单位职工的平均工资水平，此处未做剔除处理。国家统计局公布的《2014年全国农民工监测调查报告》显示，农民工就业主要集中在制造业，建筑业，批发和零售，居民服务，交通运输、仓储和邮政以及住宿和餐饮六个行业。结合《2014年全国农民工监测调查报告》和2014年统计年鉴数据资料，整理出了分行业农民工工资与城镇单位职工工资，见图5-2。

根据图5-2，我们可以看出，在居民服务、住宿和餐饮行业，农民工工资和城镇单位职工工资差距不是特别大，在建筑业，两者差距仅有10%。进行对比时，依旧未对高级技术人员以及管理人员做剔除处理。从趋势角度看，国家统计局发布的《2015年农民工监测调查报告》显示，2015年农民工工资增速下滑至7.2%，分别比2014年和2013年回落2.6个和6.8个百分点，符合我们的预测。综上所述，我们判断农民工工

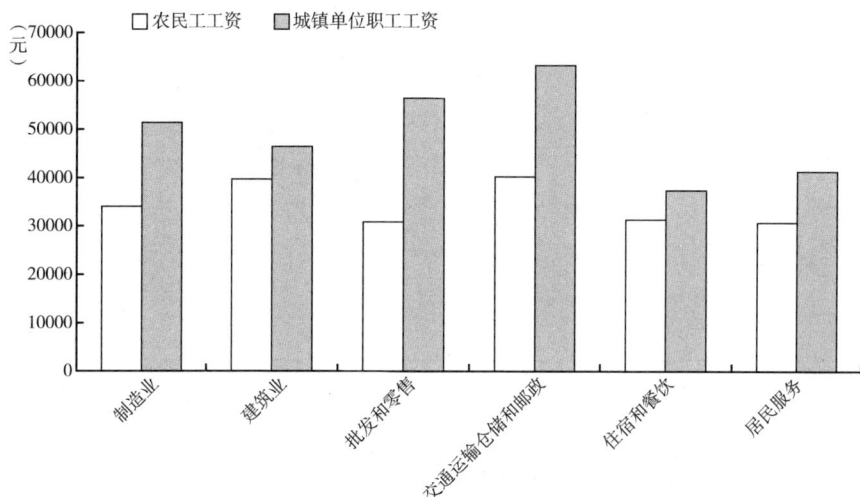

图5-2　2014年分行业农民工工资与城镇单位职工工资

资年均15%的高速增长时代已经结束。未来5年甚至10年时间里，农民工工资增速应该非常接近城镇职工报酬的增长，但不会持续显著高于经济增速。农民工工资的平均增速应该很难超过7%，较过去的水平下降超过1/2。扣除劳动生产效率的进步，农民工工资上涨对生产成本的抬升压力将大幅减轻。

（十三）农产品价格走势对物价中期发展影响分析

2003年以来，我国农产品价格持续上涨，经过12年的快速发展，2015年国内粮食价格开始有所下滑，我们判断这一现象与农民工工资上涨趋缓有密切关系。为了验证这一说法，我们整理出了国际农产品价格和石油价格对比，见图5-3。

图5-3显示，1980年以来，忽略一些短周期的波动，国际农产品价格与能源价格在长期趋势上，存在很强的同步性。原油或原油替代品是农业生产非常重要的动力来源，并且广泛影响着化肥、农药、薄膜等农业生产资料的价格，能源价格波动通过成本传导的机制影响农产品价格，因此，两者具有很强的同比性。2010年以来，国际农产品价格开始走弱，无疑对国内农产品价格形成向下的牵引，而事实上是，国内农产品价格并没有伴随国际农产品价格下跌而下跌，也就是说，国内农产品价格是随涨不

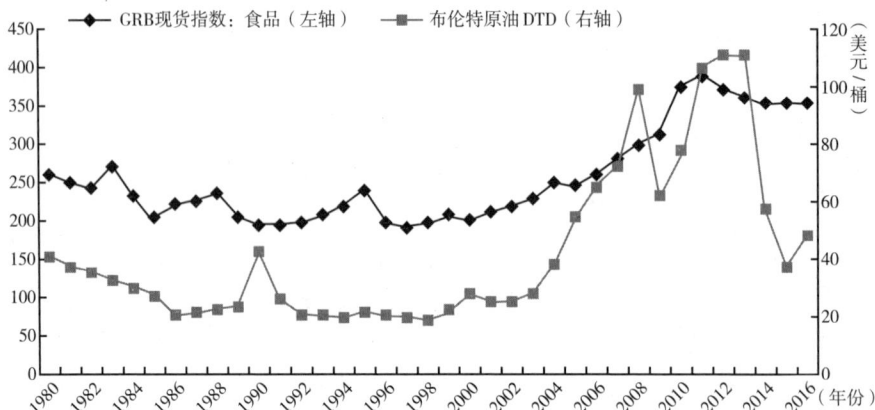

图 5 - 3　国际农产品价格和石油价格

随跌的。我们整理了 1998～2016 年国内主要粮食价格的走势，见图 5 - 4。

　　结合图 5 - 4 可知，1998 年以来，国内农产品价格上涨幅度明显高于国际农产品价格，在金融危机期间，并没有向下波动趋势，且 2010 年以后，国内农产品价格并没有伴随国际农产品价格下跌而下跌。我们判断，这与农民工工资增速的持续快速上涨有很大的关系。此外，高配额和关税保护也是国内粮食价格维持高位的主要原因。最近两年，在国外粮食价格大幅下跌的背景下，国内粮食价格维持高位，内外价差愈发显著，加之国内粮食库存紧张，农产品价格上涨空间严重被压缩。

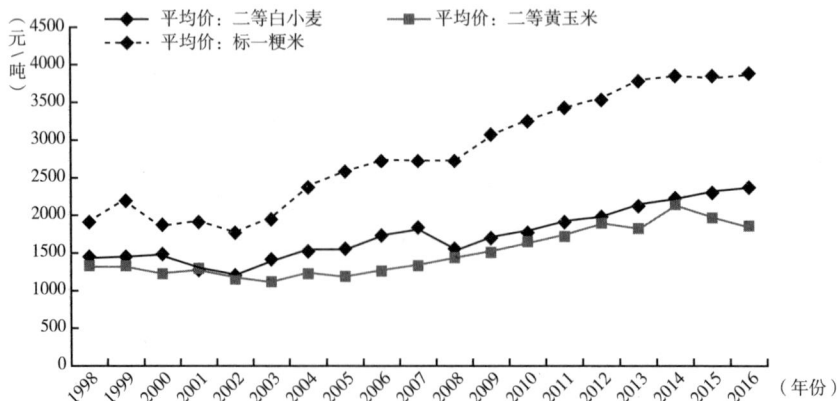

图 5 - 4　国内主要粮食价格走势

综合以上判断，未来 5～10 年，在国内外粮食价格高价差和农民工工资增速放缓的趋势下，国内农产品上涨空间有限，或将长期处于熊市调整格局，中期内农产品价格变化不会大幅度推动物价走高。

（十四）输入性趋势对物价中期发展的影响

供求关系是国际大宗商品价格变化的基本决定因素。我们观察 CRB 综合指数的走势图，发现大宗商品价格的上涨区间，一般都是世界经济发展最好的时候，或者出现新的大型经济体，比如 1972～1981 年，是欧元区和日本经济的高速发展时期，推动 CRB 指数由 115 点上涨至 300 点，随后 20年，维持在 200～300 点；再次大幅上涨是 2002～2008 年，此期间是世界主要新经济体快速发展时期，尤其是中国和印度经济高速发展，推动 CRB 指数由 212 点上涨至 477 点。因此，我们认为供求关系是国际大宗商品价格变化的基本决定因素。此外，国际石油价格波动较其他大宗产品相对剧烈，会受到地缘政治、美元指数以及自然灾害等突发事件影响，但这些影响对其价格的影响多数以短期为主，中长期影响不大。虽然对于未来的大宗商品价格的走势判断存在诸多不利因素，但是有两点可以基本确定。一是包括中国在内国际主要经济体经济复苏缓慢，对国际大宗商品的需求处于放缓阶段，未来很长一段时间内，这样的局面将不会出现大的变动，除非有新的技术革命等偶发因素。二是不会有新的大经济体出现。纵观大宗商品价格波动的历史，带动大宗商品价格上涨需要像日本、西欧以及中国等较大经济体的旺盛需求支撑。就目前国际情况看，巴西、俄罗斯等主要经济体陷入经济衰退期，短期内将不会有明显改善；印度经济规模发展较快，有可能支撑世界经济，缓解全球供应过剩的压力，也是未来大宗商品价格大幅上涨的潜在因素，但从当前情况看，印度受困于经济体制改革缓慢、基础设施建设薄弱等因素，出现经济飞速发展的概率不大。

综上所述，大宗商品价格在未来 5～10 年的走势上，有不确定因素存在，但从整体上判断，我们认为包括石油在内的国际大宗商品价格将以小幅波动为主，突破前期涨幅概率较小，因此，从中期看我国输入性通胀压力较小。

三　河南物价走势的预测

总需求依然是决定 2018 年 CPI 走势的关键因素，货币政策和重要商品供给也直接影响全年 CPI 总水平。具体而言有以下两个方面。

一是从需求因素的影响来看，全球经济复苏前景决定了外需对国内物价水平的影响。联合国《2018 年世界经济形势与展望》指出，2017 年全球经济增长速度达到 3%，这是自 2011 年以来的最快增长速度。2018 年和 2019 年全球经济增长预期也将稳定在 3% 左右。全球经济复苏特别是美国的经济复苏迹象比较明显，将拉动国内经济增长。但是，受政治风险的影响，欧洲经济复苏前景较为复杂，日本经济复苏也慢于预期，从而抑制了外需对国内价格总水平的拉动作用。从内需来看，预计 2018 年国内消费、投资走势不会大幅推高 CPI。近年来，消费正在超过投资，成为拉动 GDP 增长的主要因素。特别是网络购物等新型消费形式发展速度较快。2017 年，社会消费品零售总额增长 10.2%，其中，网络零售增长 32.2%。但是，应该看到，虽然网络零售持续增长，但是在消费需求中所占比重仍不高（2017 年占社会消费品零售总额的 15%）。2018 年，基本生活类商品消费和消费升级依然是影响价格走势的关键因素。

近年来，投资增长主要是由教育医疗和高新服务业等第三产业投资、高技术制造业投资带动。传统产业投资增速保持稳定，高耗能、高污染产业投资持续下降。2018 年，投资结构依然会保持这个局面，不具备大幅拉高价格总水平的基础。

作为国内主要投资领域的房地产行业，其发展受到明显的政策抑制。与投资整体稳增不同，房地产开发投资增长较快。2017 年，河南省房地产开发投资为 7090.25 亿元，比上年增长 14.7%。其中，住宅投资为 5330.80 亿元，占房地产开发投资的 75.2%；房屋新开工面积为 13628.78 万平方米，同比下降 7.1%；商品房销售面积为 13313.89 万平方米，同比增长 17.8%；商品房销售额为 7129.4 亿元，同比增长 27.0%；房地产开发企业土地购置面积为 1015.47 万平方米，同比下降 8.4%；2017 年 12 月末，商品房待售面积为 2846.55 万平方米，比上年末减少 548.71 万平方米。商品房库存去化周期保持在 6 个月左右。

　　二是从货币政策角度看，2017 年第三季度央行货币政策执行报告指出，未来一段时间内，货币政策将保持总量稳定，综合运用价、量工具和宏观审慎政策加强预调微调，调节好货币闸门。从近期人民币汇率升值和广义货币（M2）同比增速下降来看，确实反映出货币政策逐步告别过度宽松、保持稳健中性的特点。但是，近期民间借贷利率呈现明显下降趋势，这表明社会资本供给并不紧张，加之金融去杠杆等工作推进存在不确定性，2018 年货币政策对物价总水平的影响较为复杂。出于稳增长的需要，预计货币政策对物价总水平上涨的推动作用大于抑制作用。

　　对当前物价走势而言，最重要的影响因素依然是国内供需结构的变化和经济增长水平。在此基础上，应重点关注占物价指标权重较大的重要商品价格走势，以及宏观政策对物价走势的传导。同时，须密切注意能源和粮食等国际大宗商品价格走势、美元汇率周期性影响以及国际主要经济体复苏情况。分析起来，影响物价走势的因素有以下几种。一是 2016 年国内外经济形势和供需结构。2015 年，服务业、高端制造业以及环保产业的消费增加是经济增长的亮点，也是稳定 CPI 和核心 CPI 走势的重要基础。2016 年，国家鼓励创新政策的推进将进一步激发高端消费品、服务业领域创新热潮，使其成为新的经济增长点，并继续带动消费价格的稳步回升。投资对 2016 年价格总水平走势的影响比较复杂。一方面，过去投资基数过大，加之转变经济发展方式必须限制传统高耗能、高污染和产能过剩行业发展，传统投资需求对增长和物价总水平拉动作用有限；另一方面，出于保增长要求和以往投资的惯性，基础设施投资将继续保持稳定增长，而房地产行业的投资情况则存在较大的不确定性。除投资和消费以外，进出口对国内物价总水平走势的影响主要从两个方面体现：一方面是国际主要经济体的经济复苏情况对出口产品总量和价格的影响；另一方面是人民币汇率波动对进出口产品价格的影响以及对国内价格指标的传导。目前，全球经济没有表现出明显的整体复苏迹象，这无疑将通过出口的下降抑制国内价格总水平的增长。二是宏观政策导向对物价走势的影响。2015 年，为实现保增长要求，中国人民银行多次降息、降准。目前，前期宽松货币政策的效果已经显现。此时，若进一步采取数量型工具，扩大货币供给量，可能会在短期内促进价格总水平的上升，但这种上涨不具有持续性。为此应保持适度宽松政策基调，为经济发展提供适度流动性，保障货币信贷和社会融资规模的合理增长。同时，重视对不同经济体实施差别化的政策，进一步加大对新兴产业、民生事业、战略性基础设施建设、大众创业定向金融扶持。这样货币政策在短期内可能不会使价格总水平大幅提升，但有利于长期价格走势的向好。三是国际大宗商品市场对国内价格的影响。2014年以来，能源等国际大宗商品市场价格低迷是国内结构性通货紧缩的重要原因。2008年国际金融危机之后，国际大宗商品价格CRB指数、波罗的海干散货指数均经历大幅下跌，后缓慢、逐步复苏。但是，2014年之后，两大指标快速、明显下降。这表明国际大宗商品市场供过于求、美元汇率继续上行局面短期内难以扭转。目前，虽然国际地缘政治形势的不确定性增强，国际石油等价格有短期小幅回升的可能性，但是国际大宗商品价格大幅上涨是小概率事件。国际资源能源等价格下降虽然抑制PPI上涨，但是作为基础投入品的原材料价格下跌有助于降低国内制造业生产成本，提高产品竞争力。此外，借助国际原油价格大幅下降的时机，提高原油在一次能源消费中的比例，逐步降低煤炭消费量，也是中国发展绿色经济的重要途径。

此外，还有一些因素可能影响物价总水平走势，如粮食、猪肉等重要商品价格变化。由于中央财政连年采取支农惠农政策，加大农业科技研发力度，加之近年来气候适宜、没有大的自然灾害，国内粮食连年丰收，粮价没有明显的上涨压力。但是，随着国家鼓励创新、简政放权政策的实施，经济结构将逐步优化，高新技术产业、互联网产业等发展将为工业领域注入新的活力，从而抑制生产者价格指数进一步下滑。

四　影响河南物价稳定的有利因素和不利因素分析

（一）影响河南物价稳定的不利因素

一是成本上升因素。近年来，随着河南经济快速发展，资源消费需求持续增加，各类资源性产品价格不断升高，并引起劳动力、土地等价格相应上涨，而这些生产要素是计入生产成本的，其价格上涨也最终体现到了商品价格中。

二是输入性因素。当前，随着郑欧班列、河南自贸区建设的快速发展，河南经济与世界经济的联系日益紧密，世界经济对河南发展的影响不断扩大。其中，棉花等大宗商品对外依存度较高，国际市场的风吹草动都会影响国内市场。

三是自然灾害因素。河南地处内陆，春季容易发生干旱，夏季容易发生洪涝，这给许多农产品生产带来很大困难，加剧了供需矛盾。

四是流通环节因素。目前河南粮食、蔬菜等农产品生产正逐步向优势区域集中，许多农产品要被销售到外地。农产品销售的这种区域结构变化，是工业化、城镇化发展的必然结果，但也需要多环节、长距离的流通，势必增加成本，特别是自然灾害多发，增加了运输困难，推动了物价上涨。

五是流动性因素。近年来，我国流动性持续增加，加上境外热钱流入，流动性持续充裕，加大了物价上涨压力。

六是投机炒作因素。由于市场秩序不规范，部分游资借势、借题炒作，客观上炒高了某些商品的价格，主观上强化了市场涨价预期，成为物价上涨的重要推手。

（二）影响河南物价稳定的有利因素

一是夏粮继续丰收，有利于降低通胀预期；二是经济增速的适当放缓，有利于减轻价格上涨的需求压力；三是最近国际市场大宗商品价格出现一定程度的回落，有利于减少输入性通胀压力；四是稳健的货币政策正发挥积极作用。

五　保持河南物价稳定运行的政策建议

2017 年 11 月 8 日，国家发展改革委发布《国家发展改革委关于全面深化价格机制改革的意见》（发改价格〔2017〕1941 号），提出价格改革的主要目标是到 2020 年，市场决定价格机制基本完善，以"准许成本 + 合理收益"为核心的政府定价制度基本建立，促进绿色发展的价格政策体系基本确立，低收入群体价格保障机制更加健全，市场价格监管和反垄断执法体系更加完善，要素自由流动、价格反应灵活、竞争公平有序、企业优胜劣汰的市场价格环境基本形成。这将成为未来价格改革的纲领性指导意见。围绕这个指导意见，本节提出保持河南物价稳定运行的政策建议。

（一）推进价格体制机制改革，捋顺价格形成机制。

第一，坚持价格形成机制的市场化改革方向，切实深入推进改革。明确在自然垄断行业引入竞争机制，进一步推进价格改革。从价格改革历史看，一旦涉及供水、电力和交通运输等带有自然垄断特点的行业，其价格改革推进难度非常巨大。实际上，从国外发展经验看，有多种手段在自然垄断行业的不同环节引入竞争机制。坚持市场化改革的导向，坚定不移地执行中央文件明确提出的在垄断行业中引入竞争的有关措施，合理价格形成机制必将有利于深化改革。同时，要防止在深化价格改革过程中出现反复和倒退，也要警惕利用价格实现部门利益，将价格改革与惠民生、促发展对立起来。

第二，加快推进资源能源产品价格形成机制改革。要提升经济增长质量、优化产业结构、推进绿色发展机制，应加快推进资源能源价格改革。按照市场机制逐步放开垄断定价范围，减少居民与非居民部门的价格交叉补贴。按照科学合理的方法核定生产成本和利润，加强对垄断性产品的价格监管。政府价格调控不宜改变价格定价机制的透明性和可预期性，应完善生态补偿价格和收费机制，对高耗能、高污染行业实施差别定价，逐步建立绿色价格体系。

（二）抓住"牛鼻子"，保持合理、稳定的流动性

从需求侧来看，物价上涨的主要原因还在于通货膨胀，因此管好货币就是牵住了"牛鼻子"。中央政府应大力运用存款准备金率、信贷规模、利息率、央行票据、再贴现等一系列货币政策工具调控流动性，从源头上缓解物价上涨和通货膨胀的压力。

（三）大力发展生产，努力确保市场供应

保证市场供应是稳定物价的基础。河南应进一步抓好农业生产，重点保障农业生产要素和农副产品的供应，保障市场供应。具体来讲，各级政府应做好粮、油、肉、禽、蛋、菜等重要农副产品的供应，确保"米袋子""菜篮子"的市场供应和价格稳定，发展农副业生产，特别是蔬菜生产、生猪生产和粮食生产这些大宗产品的生产；同时，

应重点完善粮食、棉花等物品的储备、吞吐投放，从大局上确保大宗产品的市场供应和价格稳定，从而控制物价上涨势头，平抑和稳定物价总水平。

（四）深化农业领域供给侧改革，稳定农产品供给

第一，深化农业领域供给侧改革，加大高标准农田建设资金投入，完善水利体系，适度增加扩大农业减灾防灾资金补助力度和规模，发挥财政资金的引导作用，增加农业领域 PPP 和财政补助金额，引导社会资本参与农业生产和相关项目，在粮食主产区开展水稻、小麦等主粮灾害保险试点。

第二，保障农产品流动顺畅，调整农产品运输车辆高速公路收费标准，建立绿色通道，保障主要农产品运输顺畅，降低农产品流动环节费用，适度增加对玉米等主要农产品加工龙头企业技术改造的资金支持力度。

第三，加快粮食去库存进度。合理确定去库存粮食价格，加快政策性粮食上网竞价交易，适度下调储存时间较长的粮食销售价格，推进粮食收储制度改革，力争收储价格基本接近市场价格。

第四，抑制农产品价格上涨。农产品价格上涨是造成我国当前物价整体上涨的直接原因，生活基本物资价格的上涨会使得国家、企事业单位提高工资，然而工资的上涨又会再次刺激物价新一轮的上涨，带动消费品价格的上涨，展开了物价与工资的拉锯战。所以当前抑制物价上涨的关键在于调整农产品价格，政府应该采取积极的措施进行宏观调控，全面发挥主导作用。对于农民而言可以通过建立农产品合作社的方式组织合作化经营，共同应对风险，最关键的是通过这种方式既可以保证农民的利益又可以稳定农产品价格，是一举多得的好方法。

第五，完善民生价格保护机制。加强对肉禽、粮食、蔬菜、基本教育、医疗、基本住房需要等关系民生事业的商品价格监测，建立价格剧烈波动的预警机制，防止民生价格大幅波动。建立对低收入群体价格补贴的长效机制，将货币补偿与实物补偿方式相结合，切实保障低收入群体基本生活质量不下降。各地区应根据实际情况，在广泛征求居民意见的基础上，尽快出台民生价格保护机制的具体措施。

（五）坚持房地产调控政策不动摇，确保市场预期平稳

第一，坚持房子是用来住的，不是用来炒的定位，释放房地产调控不松动的政策信号，保证调控政策的连续性和稳定性，稳定市场预期。第二，加大住房用地供应规模，确保房地产市场供给充裕，在条件成熟的情况下扩大租赁试点城市数量。第三，加大金融监管力度，制定阻止消费贷款流入房地产市场的政策监管措施，保持首套房贷款利率基本稳定，适度提高二套房贷款利率，控制房地产领域贷款规模，缓解居民加杠杆速度。第四，尽快完善房地产信息系统建设，将一线和热点二线城市纳入房地产税收征收范围，逐步增加住房持有成本。

同时，应密切关注房地产市场和资本市场，防止金融市场风险向实体经济扩散。高度关注部分城市房地产价格剧烈波动现象，防止形成新的市场泡沫。在合理推动部分城市房地产去库存的同时，也要抑制某些地区房地产市场投资冲动。重视股票、债券市场对居民财富积累、扩大消费和鼓励企业投资的重要作用。引导金融市场健康发展，防范金融市场价格过度波动。严厉打击违法投机行为，建立透明公正的市场交易环境。探索资本市场监管的新方式，结合中国金融市场自身特点，逐步稳妥推进交易制度的改革。切实保持和维护市场信心，以有力措施和切实行动，引导形成对改革前景的乐观预期。

（六）加大市场价格监控力度

各有关部门要充分发挥职能作用，依照法律、政策履行职责，定期、密集监测市场价格动态，加强对市场的监控和检查力度，特别是对重要农副产品的生产、需求、价格情况进行重点监测分析，做好价格监测的预报、预警工作，防范价格异常波动，发现价格异常，及时准确上报。特别要强化价格执法，加大物价执法力度，严厉查处价格欺诈、价格垄断、哄抬物价、牟取暴利等价格违法行为，对重要生活必需品和生产资料实行临时价格干预措施或启动价格应急预案，防止不法商家囤积居奇，哄抬物价，以有效平抑物价、稳定市场、安定民心。要强化对儿童食品和玩具质量安全的监管，加大对假冒伪劣产品的查处力度，保护儿童身心健康，维护正常的市场价格秩序。

同时，在此基础上应建立公平竞争的市场秩序。重视相关领域的法律法规建设，在法律法规的指导下，加大对不正当竞争行为的处罚力度。杜绝关注利用行政权力对市场竞争进行不当干预的行为。加强探索网络销售等新兴产业的价格监管手段。着力清理不合理收费现象，进一步为企业合理减负。

（七）增加居民收入，千方百计增加低收入家庭的就业机会

稳定物价、抑制通胀，提高居民适应能力是一个重要条件。提高居民适应能力就必须增加居民收入。一是建立健全工资增长、最低工资标准、各种社会保障标准与物价上涨挂钩的长效机制，促进工资性收入稳步增长，保证居民收入增加与经济增长同步落到实处，使广大群众的收入水平高于物价上涨水平；同时要逐步改善城乡居民的收入结构，创造条件增加居民财产性收入和经营性收入，鼓励创业型就业，增加经营性收入，创造条件增加居民的财产性收入比重。二是政府在制定就业政策和实施再就业工程时，应向低收入家庭倾斜。鼓励发展社区服务产业和家庭服务业，鼓励低收入家庭成员进行阶段性就业、弹性就业；大力开展职业技能培训，提高低收入者的素质。从社会的现实需要出发，提高再就业培训的针对性、实用性和有效性，努力提高低收入群体的收入水平，增强低收入群体应对物价上涨压力的能力。

（八）加大宣传力度，正确引导市场消费和价格预期

积极加大舆论宣传和政策引导，大力宣传在稳定价格方面的政策、措施及成效。让群众理性消费，正确研判物价上涨的合理、正常原因，不信谣传谣、不盲目跟风抢购，媒体宣传不轻易用"暴涨""商品供应严重不足"等字眼。积极引导新闻媒体客观反映价格变化情况，正面宣传当前价格形势，以及价格热点、难点问题和突发价格事件，防止不正当炒作。要进一步完善价格信息发布制度，健全价格新闻披露机制，大力宣传国家价格法规政策，及时发布重要商品市场供求和价格信息，施行提醒告诫制，引导生产经营者加强价格自律，诚信经营，自觉维护良好市场价格秩序，增强群众信心，稳定市场预期和社会预期。

（九）有效地控制人民币升值

我国是制造业大国，出口贸易占据贸易总额的绝对比例，随着我国经济的发展，贸易顺差连年增加，国外一些国家有感于"中国威胁论"，不断地给人民币施压。中国人民银行为了对抗压力而通过购买外汇的方式，在一定程度上对抑制人民币升值起到了一定的作用，但却引发了国内的物价上涨，带来了相应的社会矛盾。所以对于中国人民银行而言不能只是一味地抑制人民币升值，应该适当地允许人民币升值，只有有效地控制人民币升值才能调节贸易的不平衡，有效地抑制物价上涨。在经济学中人民币升值和物价上涨是此消彼长的一对关系，只要控制好人民币升值的幅度与物价上涨水平保持平衡，就能够有效地抑制物价上涨。

第二部分

行业经济发展

第六章
河南装备制造业形势分析与预测

装备制造业是为国民经济各行业提供技术装备的战略性产业，具有科技含量高、产业关联度大、资本要素密集、资源要素集约等特征，是一个国家或地区科技水平、制造能力和综合实力的集中体现。发展装备制造业，对于提高国民经济效益、掌握核心技术、实现发展方式转变、增强区域经济综合实力和可持续发展能力有着重要的作用。近年来，河南省将装备制造业列入省着力培育发展的六大高成长性产业范围，通过制定装备制造调整振兴规划、年度行动计划，在政策、资金和项目建设等方面给予倾斜，装备制造业规模和效益快速提升，竞争能力明显提高，集群发展态势明显，呈现出良好的发展势头。

一　装备制造产业的概念、内涵及特点

（一）装备制造业的概念

目前，世界其他国家包括国际组织并没有提出"装备制造业"这个概念，"装备制造业"的概念可以说是我国所独有。它的正式出现，见之于1998年中央经济工作会议明确提出的"要大力发展装备制造业"（中央经济工作会议：《经济日报》，1998年12月10日）。制造业的核心是装备制

造业。对于装备制造业，人们的认识不尽相同，尚无公认一致的定义和范围界定。通常认为，制造业包括装备制造业和最终消费品制造业。装备制造业是指为国民经济各部门简单再生产和扩大再生产提供技术装备的各制造工业的总称，其产品范围主要包括机械（含航空航天、船舶和兵器等制造行业产品）和电子工业中的投资类产品；按照行业划分，其主要包括通用设备制造业，专用设备制造业，航空航天装备制造业，铁路运输设备制造业，交通器材及其他交通运输设备制造业，电气机械及器材制造业，通信设备、计算机及其他电子设备制造业，仪器仪表及文化办公用品制造业等。重大技术装备是指装备制造业中技术难度大、成套性强，对国民经济具有重大意义、对国计民生具有重大影响，需要组织跨部门、跨行业、跨地区才能完成的重大成套技术装备。

（二）装备制造业的内涵

按照装备功能和重要性，装备制造业主要包括以下三方面内容。

一是重大的先进的基础机械，即制造装备的装备——工作"母机"，主要包括数控机床（NC）、柔性制造单元（FMC）、柔性制造系统（FMS）、计算机集成制造系统（DIMS）、工业机器人、大规模集成电路及电子制造设备等。

二是重要的机械、电子基础件，主要是先进的液压、气动、轴承、密封、模具、刀具、低压电器、微电子和电力电子器件、仪器仪表及自动化控制系统等。

三是国民经济各部门（包括农业、能源、交通、原材料、医疗卫生、环保等）的科学技术、军工生产所需的重大成套技术装备，如矿产资源的井采及露天开采设备，大型火电、水电、核电成套设备，超高压交、直流输变电成套设备，石油、化工、煤化工、盐化工成套设备，黑色和有色金属冶炼轧制成套设备，民用飞机、高速铁路、地铁及城市轨道车、汽车、船舶等先进交通运输设备，污水、垃圾及大型烟道气净化处理等大型环保设备，大江大河治理、隧道挖掘和盾构、输水输气等大型工程所需重要成套设备，先进适用的农业机械及现代设施农业成套设备，大型科学仪器和医疗设备，大型先进的军事装备，通信、航管及航空航天装备，先进的印刷设备等。

（三）装备制造业的特点

1. 装备制造业范围广，门类多，技术含量高，与其他的产业关联度大，带动性强

装备制造业不仅涉及机械加工业，还涉及材料、电子和机械零配件加工等配套行业。装备制造业的发展将带动一大批相关产业的发展。装备制造业可以为各行业提供现代化设备，从农业生产的机械化到国防使用的武器装备，各行各业都离不开装备制造业。

2. 装备制造业是高就业、节省能（资）源、高附加值型产业

装备制造业虽为技术密集和资本密集工业，但它不同于流程工业，它是组装式工业，同时具有劳动密集性质，有较大的就业容量，可以提供大量就业机会。装备制造业不仅直接吸纳大量劳动力，同时装备制造业前后关联度较高，对装备制造业投入也可以带动其他工业的发展，增加相关工业的就业人数。解决就业问题，缓解就业压力，对保持社会安定团结具有至关重要的作用。

在资源日趋紧张，环保要求日趋严格的情况下，各国都致力于优化产业结构，发展省能源和省资源的高技术密集型和高附加价值型产业。装备制造业作为技术密集工业，万元产值消耗的能源和资源在重工业中是最低的。

装备制造业是技术密集产业，产品技术含量高，附加价值大。随着装备制造业不断吸纳高新技术，以及信息技术、软件技术和先进制造技术在装备制造业中的普及应用，技术装备日趋软件化，先进的装备制造业将有更多的产业及其相关产业进入高技术产业范畴。

3. 装备制造业是事关国家经济安全及综合国力的战略性产业

装备制造业的发展水平反映出一个国家在科学技术、工艺设计、材料、加工制造等方面的综合配套能力，特别是一些技术难度大、成套性强，需跨行业配套制造的重大技术装备制造能力，反映了一个国家的经济和技术实力。因此，装备制造业的发展有利于提高国民经济各行各业的技术水平和劳动生产率，从而提高国家竞争力。许多工业化国家，在工业化成熟阶段都把装备制造业作为主导产业。

4. 装备制造业呈现出全球化的发展现状

由于现代技术革命与高新技术的出现和信息网络技术的广泛运用，装备制造业所涉及的概念和领域正逐渐发生着巨大的转变和整合，装备制造业的技术研究、开发、生产以及销售的全球化合作日趋加强，装备制造业呈现出全球化的发展现状。

二 国内外发展装备制造业的实践

（一）国外发展装备制造业的实践

高端装备制造业的五个重点子领域，即航空装备、卫星制造与应用、轨道交通装备业、海洋工程装备和智能制造装备业，其在全球分布不均。欧美发达经济体（如美国、加拿大、俄罗斯等）在高端装备制造业上处于全面领先地位，韩国、新加坡等国正齐头赶上，除中国、巴西、印度等少数国家之外，大多数发展中国家装备制造业都比较落后。

1. 美国

美国的航空装备、卫星制造与应用、轨道交通装备业、海洋工程装备和智能制造装备业目前在全球都处于领先地位，高端装备制造业基地主要分布在东部各州以及西部的加利福尼亚州。

2. 欧洲

欧洲的高端装备制造业主要分布在西欧的英国、法国、德国、意大利、瑞士、荷兰与北欧的瑞典、挪威等发达国家。

3. 俄罗斯

俄罗斯的高端装备制造业在航空及卫星的应用上很突出，航空及卫星基地基本都分布在俄罗斯的西南部。俄罗斯的多家知名飞机制造商如米格、苏霍伊、图波列夫、伊留申、米里和卡莫夫等都聚集在俄罗斯的西南部。在卫星发射方面，俄美合资、俄罗斯控股的国际发射服务公司（ILS）在国际商业发射市场份额仅次于阿里安公司，其总部也坐落于俄罗斯的西南部。俄罗斯的卫星导航系统——"格洛纳斯"导航系统，目前已被俄罗斯90%以上的民用领域使用。

4. 亚洲除中国外的其他国家

日本、新加坡、韩国等亚洲东部国家在高端装备制造业上发展较为迅速。日本的轨道交通装备制造能力较强，著名的轨道交通装备制造企业川崎重工在综合性重型工程装备制造方面处于领先水平。此外，日本的智能制造装备，如精密数控机床、工业机器人、智能仪表等多领域都保持着国际领先地位。韩国、新加坡等国家在 20 世纪 80 年代把握海洋工程产业链全球转移的机遇，继承了海洋钻井平台、钻井船、浮式生产储油船等成套大型设备的生产制造，具备海洋工程总包的能力，占据着大部分市场份额，如韩国的大宇造船、三星重工、现代重工、STX 造船，新加坡的吉宝和胜科。其他拥有海洋工程装备制造基地的国家包括中国、阿联酋和印度尼西亚等。

（二）中国发展装备制造业的实践

1. 空间布局趋势

产业空间布局将从沿海向中西部进一步扩散。环渤海、长三角以及西部的很多地区和城市基于雄厚的工业基础以及国家重点军工科研院所布局优势，进一步提升产业水平，装备制造业的高端比重持续上升，但是在土地等要素的硬约束下，高端装备制造业存在向华中和西部其他区域扩散的态势。个别细分领域，如卫星及其应用产业，其布局的不稳定因素更大，在地方政府的扶持政策的大力推动下，产业格局很可能发生巨大改变。

重点新兴城市将持续涌现，并带动周边地区发展。未来 5 年，湖南株洲、广东珠海等城市在高端装备领域的实力将进一步增强，产业特色凸显，有望成为区域性的热点城市，并在全国高端装备制造业地图中扮演更重要的角色。

研发总部与制造中心分离，区域分工更加明确。高端装备制造业的布局将呈现明显的区域分工。研发总部环节将进一步集中到区域中心城市，而中心城市周边区域及三线城市将进一步强化制造环节的招商引资，并承接区域中心城市及国际装备制造产业转移。东部沿海地区的综合实力将进一步增强，而中西部地区在轨道交通、卫星和数控机床等细分领域将有更大突破，并有望成为中国高端装备制造业发展最快的区域。

（1）湖南株洲

株洲在轨道交通与航空装备领域的产业地位凸显。株洲聚集了以南车株机、南车株洲所、联诚集团、南车电机、九方装备、中铁轨道等重点轨道交通企业，并形成了以电力机车、城轨车辆、铁路货车、铁路道岔、车载电气系统、铁路工程机械等为重点的多类别产品系列，拟以位于石峰区的田心高科园为核心，打造占地25平方公里的中国轨道交通城。株洲通用机场（临时起降点）的建设于2010年12月取得了准入证，进入正式建设阶段。同时，株洲已规划了面积为45平方公里的航空城，拟打造国际、国内知名的通用航空整机生产基地与中小航空发动机等航空产业链项目研发、生产基地。

（2）广东珠海

受益于珠三角经济一体化，广东省重点发展资金技术密集、关联度高、带动性强的汽车、石化、钢铁、船舶、铁路机车和动车组、海洋工程装备、航空制造、核电装备等高端装备制造业，推动先进制造业成为工业发展主体力量。依托重大项目引导关联企业集聚发展，完善中下游配套产业，构建一体化的主导优势产业链，在珠三角和粤东、粤西沿海地区建成一批世界级先进制造业基地。其中，珠海的发展前景广阔，"十二五"期间航空业有望得到较快发展，轨道交通装备制造业将得到突破。

2. 区域布局策略

一是加强区域统筹，推进资源集中。开展区域统筹规划。加强区域、省域高端装备制造产业发展的宏观指导，由国家或省主管部门牵头，科学地编制高端装备制造业规划，设立高端装备制造基地准入标准，协调产业布局与区域分工，避免低水平重复建设、恶性竞争。推进优势资源集聚，鼓励专业分工合作。加强人才、技术、资本等资源向高端装备园区集中，推进科研院所、高校、企业研发中心等优势资源向重点区域集聚。突出区域的优势和特色，因地制宜，发挥地方优势，明确地方高端装备制造业发展方向和模式，建立特色鲜明、优势突出、竞争力强的高端装备制造业集群。

二是提升配套服务，推动产业集聚。注重服务平台建设。加强技术、研发、中试、转化等一系列公共平台的建设，建立完善的产学研合作体系、产业联盟，从专业服务和集群发展角度提高园区的竞争力。围绕龙头企业和技术输出重点机构,组织企业提供配套和转化服务。要重视科技金融与风险投资体系的构建,针对高端装备制造业创新性强、资本需求量大、产业带动力突出的特点,建设完善的融资担保、研发保险、融资租赁等为核心的装备工业金融服务体系,降低风险投资和各类创业资本的行业准入门槛,优化区域创新机制,鼓励以资本、技术要素集聚推动产业集聚的发展。

三是完善产业链条,形成产业集群。比较优势与产业关联关系是推动产业空间集聚的重要因素。各区域地方政府应按规律办事,充分挖掘自身资源能力条件,形成与细分产业领域发展需求的对接。抓好地区产业定位,全面考虑产业和项目的协作关联度,鼓励依托产业链环节开展专业分工。各地方发展高端装备制造业还必须要和当地传统的装备制造业的改造提升相结合,在不脱离现有装备工业基础的前提下,加快新兴科技如人工智能、物联网、云计算等与传统装备制造业的融合,形成新兴装备制造业集群。

三 河南装备制造业概述

2015年,河南省装备制造业实现主营业务收入11404.9亿元,居全国第6位,占全省制造业的17.6%。起重设备、矿山装备、农业机械主营业务收入居全国同行业第2位,工程机械、专用装备行业居第4位,通用装备和电气机械行业分别居第6位和第8位,拥有中信重工、中铁盾构、一拖集团、许继集团、平高电气、森源电气等一批行业龙头企业。

"十二五"期间主营业务收入年均增长16%,已成为河南省装备制造业的第一大产业,2018年1~7月同比增长9.5%,高于全省工业4.1个百分点。

(一)发展现状

1. 总量快速增长

2012年,河南省装备制造业规模以上工业增加值增速达到19%,比全省工业增速高4.4个百分点,高于全国同行业10.8个百分点。规模以上企业实现主营业务收入7974.85亿元,继续保持全国第7位、中部地区首位,占全省规模以上工业和全国装备制造业的比重分别达到 15.4％ 和 4.7％；实现利润总额 655.23 亿元，居全国第 5 位、中部地区首位，占全省规模以上工业和全国行业的比重分别达到 16.8％ 和 8.1％；主营业务收入利润率为 8.2％，居全国 3 位、中部地区首位。

2. 竞争能力不断增强

成套装备、整机产品、基础装备优势领域研发能力和产品竞争力不断提升。平高特高压封闭式组合电器、许继输变电自动化控制和保护装置、中信重型机械公司千万吨级大型露天矿成套设备、郑煤机 7 米高大型液压支架等成套装备达到国际先进水平，一拖 180 马力以上大型轮式拖拉机、南阳二机海洋石油钻机、中铁隧道大型盾构机、煤层气公司全液压车载钻机等整机产品达到国际先进、国内领先水平，中小吨位起重机市场占有率约为 65％，起重装备数字化率超过 40％，大中型拖拉机产量达到 10.9 万台，居全国第三位。关键基础件研发和产业化进程不断加快，高速铁路轴承、核级电机、节能电机等关键基础件技术水平国内领先，滚动轴承产量突破 3 亿套，齿轮产量为 4.5 万吨，均居全国第 6 位；铸锻件及制品生产能力居全国前列，其中铸钢件居全国第 1 位，铸铁件、锻件、阀门产量居全国第 2 位，企业技术装备水平和规模效益稳步提高。

3. 重点企业规模不断壮大

经过多年的发展，河南省已拥有中信重工、一拖集团、许继集团、森源电气、郑煤机、平高电气、洛轴集团、卫华集团、林州重机、宇通重工、南阳防爆等一批在全国处于领先地位的龙头企业。2012 年，中信重工、许继集团、一拖集团、黄河实业、森源电气等 5 家企业主营业务收入超百亿元，中信重工、许继集团、卫华集团、洛轴集团和平高电气等 5 家企业进入全国机械工业百强企业行列。中信重工是全球最大的矿山装备企业、中国最大的水泥装备制造企业，许继集团是国内综合配套能力最强的电力装备制造商及系统解决方案提供商，卫华集团单、双梁起重机产销量全国第 1，洛轴集团是中国生产规模最大、配套服务能力最强的综合性轴承制造企业之一。

4. 集群发展特征明显

围绕龙头企业，延伸产业链条，强化本地化配套，培育特色产业集群，特色装备制造基地规模快速扩张，支撑作用进一步加强。郑州、洛阳、许昌、新乡等市装备制造业主营业务收入超过 1000 亿元，焦作、安阳等市装备制造业主营业务收入超过 500 亿元。

（二）存在的主要问题

1. 装备制造产业占比不高，对经济发展的带动力不强

装备制造在产业结构中的占比高低，能够反映地方经济发展水平和产业结构调整的成效，我国发达省份装备制造业占比普遍较高，江苏装备制造业占比达到 41.6%，广东、浙江和辽宁的占比高于 30%，山东和浙江的占比也在 25% 以上。河南省装备制造业占全省规模以上工业的比重仅为 15.5%，总量仅相当于广东、江苏、浙江的 13.3%、16%、42%，对经济发展的带动作用明显低于先进省份。2015 年河南省装备制造业、高技术产业比重分别低于全国平均水平 12 个和 3 个百分点。

2. 整机带动作用不突出，专业化配套能力弱

河南省大部分装备制造企业过度依赖单机、产能产量的增长，处于价值链低端的加工装配环节，产品附加值低。配套企业地域和行业分布不集中，本地化配套水平低，产业链上下游关联程度低，原材料和配套部件采购半径过大，难以有效降低企业物流成本和商务费用，普遍存在中小企业为骨干企业提供专业化整机和成套装备配套整机能力弱的缺点，与制造业强省的要求相比存在较大差距。

3. 产品处于价值链低端，服务增值能力有待提升

河南省装备制造业研发投入总体偏低，技术人才缺乏，研发创新能力薄弱，设计手段落后，基础件、基础材料和基础工艺关键技术突破能力欠缺，即在工程机械、智能制造、成套装备等优势领域，缺乏核心部件研发制造能力，独创性产品和拥有自主知识产权的高端产品少。大部分装备制造企业缺乏为用户提供系统设计、系统成套和工程承包、维修改造、回收再制造等服务的能力，服务收入占比普遍低于 10%。在当前产能相对过剩、竞争相对激烈的环境下受到较大冲击。

4. 高端装备制造能力较为薄弱，新型装备发展滞后

虽然近年来开工建设了一批装备制造企业信息化改造项目，但河南省装备制造企业技术装备柔性化、智能化、信息化水平仍然较低，企业管理水平不能适应高端装备制造发展要求，整体发展质量不高。在国家大力推

动智能制造装备的背景下，河南省数字化、智能化产品比重低的劣势逐渐显现，成套装备数控系统仅中信重工等少数企业能够生产，龙头工程机械企业数字化产品率仅达到30%，发展智能制造所需的人才、研发、制造基础薄弱。

四　装备制造业发展趋势分析

（一）发展环境

从国际市场形势看，国际金融危机的深层次影响持续蔓延，欧债危机仍在发酵，发达国家瞄准高端制造领域和新兴产业，提出了"再工业化"发展路线，谋求塑造新的竞争优势。美国、英国、法国等通过降低企业所得税税率鼓励企业回归本土，加大本土投资；加强高科技研发，提高效率、降低成本；支持先进制造业所需高技能人才的培训。工业发达国家重振装备制造业计划的实施，以及发展中国家的崛起，使我国面临工业发达国家高技术创新优势和发展中国家低端产品成本优势的双向挤压。

从国内形势看，随着资源环境对经济社会发展的约束作用日益加强，产业转型升级不断提速，国家提出重点发展高端装备制造业，促进装备制造业的创新和产业升级。结合装备制造业发展规律和成长阶段，未来10年我国高端装备制造业将沿着精密化、自动化、信息化、柔性化、集成化和智能化的道路发展。

（二）发展特征

未来装备制造业发展具有以下几个特征。

1. 智能化将为装备制造业带来革命性变化

在市场和创新的双轮驱动下，"智能"将成为装备制造最鲜明的特征，数控及机器人技术将解决柔性制造的问题，传感技术将为大量获取制造数据和信息提供技术手段，人工智能技术将为生产数据与信息的分析和处理提供有效的方法，制造智能化将使制造业的发展模式、运行效率等发生深刻变化。可以预见，制造智能化是制造自动化、制造数字化发展的必然结果和高级阶段，21世纪将是智能装备制造获得大发展和广泛应用的时代，智能制造将引发制造业的重大变革，甚至是革命性变化。

2. 绿色制造将是装备制造业的重要发展方向

绿色制造主要体现在产品设计绿色化、材料绿色化、制造工艺绿色化、包装绿色化、处理回收绿色化。通过资源综合利用和循环使用、短缺资源的代用以及节能降耗等措施实现资源的持续利用，同时减少废料和污染物的生成及排放，提高生产和消费过程与环境的相容程度，最终实现经济效益和环境效益的最优化。

3. 集成创新和融合发展将是装备制造业的突出特点

在未来装备制造业的发展中，将融入各种高技术和新理念，通过不同学科、不同技术的融合和集成创新，有力地推动新的甚至是原创性的机械工程技术和产品的不断出现，使机械制造技术发生质的变化，主要体现在与工艺融合、信息技术融合、新材料融合、生物技术融合、纳米技术融合、企业文化融合等方面。

4. 服务型制造将是装备制造业的高增长板块

服务型制造作为一种新的产业形态，将成为机械工程技术的重要组成部分，为产品"后半生"服务的机械工程技术将引起更大的关注，一批新的与产品使用及维护有关的机械工程技术将应运而生，未来 20 年将是我国的装备制造业由生产型制造向服务型制造转变的时期，为服务型制造服务的装备制造技术将具有知识性、集成性、战略性三大特征。

5. 产业空间布局将从沿海向中西部进一步扩散

从全球各国高端装备产业的布局特点可以看出，高端装备产业核心区域均集聚在科研机构密集、经济高度发达的地区。中国高端装备制造业仍将进一步集聚于东部沿海地区科研院所集中和创新能力较强的省份，以及少数中西部与东北地区的中心城市，区域发展差异化有进一步强化的趋势。但是在东部地区土地空间、资源成本等要素的硬约束下，高端装备制造业存在向中西部与东北地区扩散的态势。个别细分领域，其布局的不稳定因素较强，在地方政府的鼓励政策和招商引资的带动下，当前的产业格局可能发生巨大改变。

（三）发展思路

我国对智能制造装备产业发展给予诸多支持，《国务院关于加快培育和发展战略性新兴产业的决定》《中华人民共和国国民经济和社会发展第十二个五年规划纲要》等重要发展规划中均明确提出要重点发展智能装备制造。2012年3月科技部《智能制造科技发展"十二五"专项规划》发布，4月国家发展改革委、财政部、工业和信息化部三部委《关于组织实施2012年智能制造装备发展专项的通知》下发，5月工业和信息化部组织制定并实施的《智能制造装备产业"十二五"发展规划》发布。国家部委制定的规划和专项政策陆续出台，使智能制造装备产业的发展轮廓得到进一步明晰。2011年，智能制造装备产业销售额已突破4000亿元，占高端装备制造业总产值的36.1%，其次是轨道交通装备产业占26.2%，航空装备占17.7%，卫星及应用占13.3%，海洋工程装备占6.6%，智能制造装备产业、轨道交通装备产业的发展比较突出。预计"十三五"期间智能装备年均增长率将超过25%，未来5～10年智能装备行业将迎来高速增长，产业增速仍然保持在装备制造行业的前列，需求量总体保持稳步上升态势。

智能装备制造是针对产品、装备与设施的设计制造过程，利用信息感知、决策判断、安全执行等先进智能技术，实现制造产品、制造工具与制造环境以及制造工人等资源的最佳组织与优化配置，达到由人类专家与智能机器共同组成的人机系统去扩大、延伸和部分取代人类在制造过程中体力与脑力劳动的目的，具有知识、技术密集，多学科和多领域高、精、尖技术交叉集成，产品附加值高等特点。未来一段时期，装备智能化发展水平将决定一个地区产业链的整体竞争力，必将成为未来市场竞争中抢占市场的重要支撑。浙江、山东、江苏、安徽、福建等省份均结合自身在国家生产力布局中的地位、产业基础和特色优势，出台了高端装备制造专项规划，或在装备制造产业规划中明确提出了培育壮大高端装备制造业的目标、任务和途径。

（四）发展方向和重点

河南省高端装备制造业发展应立足产业基础和现有优势，按照"技术先进、具备技术基础和人才储备"、"市场空间大，对装备制造业起到支撑作用"、"对经济发展带动作用大，处于成长期，潜力大"和"对能源、资源的供给体系提供保障"的标准，选择装备制造业智能化改造的发展路线。具体来说，智能电网、轨道交通、工程机械、成套装备等优势支撑产业领域提高智能化、数字化、集成化、高端化产品比重，数控装备、高效农机具等高增长装备产业必须加快壮大产业规模，轴承齿轮、铸锻件、电线电缆、中低压电气等产业要加快提升为高端产品配套的能力，才能推动河南省装备制造业从规模优势向市场竞争优势转变。

1. 智能成套装备

在国内工业深化转型升级，尤其是中西部地区加快高端装备制造业发展的带动下，传统成套装备产业将针对矿山、冶金、建材、机械加工、食品加工、纺织、造纸印刷等制造业生产过程数字化、柔性化、智能化的需要，推动软硬件在数控、工业控制装备中的应用与推广，开发一批标志性的重大智能成套装备。预计该装备将使高端装备制造业实现 20% 以上的增速。

2. 智能电网装备

"十二五"期间，我国电力投资达 6.1 万亿元，比"十一五"增长近一倍，面向工业、轨道交通、城镇化的中低压开关产品市场需求也较为旺盛。高压、特高压、直流输变电领域事关国家安全，技术壁垒较高，河南省要依托许继集团、平高电气等核心企业产业优势，壮大智能电网装备产业比重，实现用电管理、用户互动、电能质量改进、设备智能维护功能，围绕核心企业引进中低压及智能电网装备产业转移，提高本地化配套率。

3. 数字化工程施工装备

未来 20 年，我国城市化率将提升到 70%，稳健的经济发展将为工程机械行业的发展提供持续动力，预计到"十三五"中后期，我国工程机械行业规模将达到 9000 亿元，年均增长 17%。发展方向主要是在挖掘机、盾构机、起重机、装载机、叉车、混凝土机械等施工装备上，实现远程定位、监测、诊断、管理等智能功能。

4. 轨道交通装备

随着城市化建设步伐的加快，轨道交通建设紧迫性也在增加。国务院要求以中央财政性资金为引导，吸引社会资本投入，向地方和社会资本开放城际、市域、资源开发性铁路所有权和经营权。2013～2015 年，全国铁路建设投资约为 1.8 万亿元，不断壮大车辆修造能力，并在轨道交通控制和调速系统、系统集成、运行控制技术上取得突破，提升信号、监控、安防、通信、乘客服务等部件制造能力。

五 装备制造业发展目标预测

本书拟对河南省装备制造业工业总产值序列进行拟合和预测，所采用数据来自《中国工业经济统计年鉴》（2005~2016年）。需要说明的是，由于统计口径的调整，河南省2004~2015年的装备制造业工业总产值由金属制品业，通用设备制造业，专用设备制造业，交通运输设备（汽车制造业，铁路、船舶、航空航天和其他运输设备）制造业，电气机械及器材制造业，电子通信设备（计算机、通信和其他电子设备）制造业，仪器仪表制造业八个行业部门加总得到（见表6-1）。

表6-1 2004~2015年河南省装备制造业工业总产值

单位：亿元，%

年份	金属制品	通用设备	专用设备	交通运输设备	电气机械及器材	电子通信设备	仪器仪表	合计	全国占比
2004	96.77	225.35	342.12	271.90	196.41	82.16	29.07	1243.78	1.82
2005	136.15	354.79	446.56	317.11	276.12	85.79	37.10	1653.62	2.00
2006	223.54	468.56	574.59	408.71	357.66	88.28	68.96	2190.30	2.08
2007	277.57	709.42	797.90	637.04	525.06	106.59	104.89	3158.47	2.34
2008	394.96	1072.74	1069.48	865.47	783.63	138.94	128.22	4453.44	2.67
2009	435.84	1222.36	1313.59	989.53	859.46	135.58	158.11	5114.47	2.76
2010	622.60	1635.72	1619.00	1393.98	1154.73	200.10	182.29	6808.42	2.87
2011	785.10	2208.27	2130.89	1919.32	1542.10	699.33	241.88	9526.89	3.44
2012	1045.63	1830.09	2296.45	2037.29	1816.28	1675.41	222.42	10923.57	3.75
2013	1305.11	2370.38	2611.70	2570.08	2291.06	2364.07	271.01	13783.41	4.16
2014	1673.40	2775.85	3180.08	3132.85	2764.11	2925.82	338.74	16790.85	4.61
2015	1976.86	3165.79	3567.56	3722.86	3059.70	3668.27	393.31	19554.35	5.13

目前，经济预测中常用的预测方法也有十几种。按预测方法的性质，大体上可划分为两大类：定性预测方法与定量预测方法。定性预测方法主要是以预测人员的经验判断为依据而进行的预测。预测者根据自己掌握的实际情况、实践经验、专业水平，对未来事物发展前景的性质、方向

和程度作出判断。其特点为需要的数据少，能考虑无法定量的因素，比较简便可行。目前常用的定性预测方法包括用户调查预测法、类推法、专家预测法、头脑风暴法、主观概率法以及情景分析法等。但这些方法往往在很大程度上取决于参加预测人员的经验、专业理论水平以及所掌握的实际情况，因此存在片面性、准确性不高的缺点。定量预测方法主要是指通过建立数学模型来对未来事物的发展变化情况进行预测，运用数学方法对统计得到的资料和相关因素进行科学的加工处理，因此，定量预测方法也被称为统计预测法。与定性预测法相比，主观因素在定量预测法中的影响被缩小，预测结果更加客观、科学。基于以上优点，定量预测法在工作实践中得到了更加广泛的应用。除了定性与定量预测法，伴随着计算机技术前所未有的发展，也不断产生了一些新的预测方法，比如平滑预测理论、灰色系统理论，自回归理论等，这些新兴的理论也逐步被应用到经济预测领域中。

实际工作中，为了得到更为准确的预测结果，往往同时采用多种方法进行预测，然后对各种预测结果进行综合分析比较，供决策者参考。对于同一个问题，不同的预测方法其预测结果和精度也不同，一般是以预测误差平方和作为评价预测方法优劣的标准，不同的预测方法往往能提供不同的有用信息，如果简单将预测误差平方和较大的一些方法舍弃掉，可能会丢失一些有用的信息，这就需要将不同的预测方法进行适当的组合，形成所谓的多种预测，其主要目的是综合利用各种预测方法所提供的信息，尽可能提高预测精度。

河南省信息中心研发的宏观经济监测预测模型，汇集了回归预测模型、平滑预测模型、季节变动预测模型、灰色系统预测模型、自回归预测模型等常用的六大类预测模型，十七种预测方法，可以分别对年度数据、季度数据、月度数据进行预测，用户可针对不同的预测对象和目的选取不同的预测模型进行预测。另外，为了兼顾预测专家的分析研究工作及普通预测的日常工作需求，模块中特别增加了专家干预功能——将专家经验量化后作用于预测结果，为用户干预预测过程提供了可能，这使得用户的某些主观因素（如预测经验、分析判断能力等）得到充分的发挥。系统还提供最优模型推荐功能。由系统计算比较后向用户推荐误差最小的最优模型，用户可轻松取得较为理想的预测结果。预测是科学与艺术的统一体。

在实际经济运行中，影响指标的因素是复杂多变的，指标的走势是变化多样的，对具体指标的预测需用户具体分析指标的变动规律，结合对指标的深入认识，选取合适的模型进行预测分析，才能得到较好的预测结果（见表6-2）。

表6-2　预测模型简要说明

	预测模型	适用情况
平滑预测模型	移动平均法	不带季节变动的反复预测
	指数平滑法	具有或不具有季节变动的反复预测
回归预测模型	多元(一元)线性回归	因变量与单个或多个自变量之间存在线性关系
	多项式回归	因变量与一个自变量之间存在某种非线性关系
自回归预测模型	二次或 p 次自回归	同一变量在前后不同时期的发展变化显示出较强的相关关系
灰色系统预测模型	对原始数据进行处理,得到具有规律性的新序列	指标的发展变化呈指数型曲线或饱和状态的"S"形曲线
季节变动预测模型	分解分析法	在对指标进行预测之前须消除季节因素和不规则因素的预测
综合预测模型	综合预测法	在指标发展趋势比较稳定的情况下,用作短期预测颇见成效

（一）平滑预测

1. 移动平均法

（1）功能

考虑不同滞后期的数据对模型预测的影响程度，选取不同的滞后期 n，再给各个滞后期的数值按照"厚近薄远"的思想选取不同的权数，即给较近期的数据以较大的权数，给较远期的数据以较小的权数。然后把各个滞后期的数值加权平均，就得出了预测值。

（2）算法

预测公式：

$$\dot{y}_{t+1} = \frac{w_1 y_t + w_2 y_{t-1} + \cdots + w_n y_{t-n+1}}{w_1 + w_2 + \cdots + w_n}$$

其中，n 称为移动跨距。如果跳过此步，不指定 n 的值，则系统会自动寻找最优的值进行计算预测。权重 w_i 表示数据 x_i 对预测值影响的大小，如当原始数据的总个数为 6 时，则可以在文本框中输入这 6 个原始数据的权重：1、1.5、1.8、2、2.1、2.5。加权平均是根据"厚近薄远"的思想，认为近期的数据比远期的数据对未来的影响大。因此，如果原始数据符合这个特点，则预测效果好，否则预测效果差。

（3）分析

移动平均法采用的算术平均数，认为前 n 期的数据对未来预测是有同等影响的，其权数 $1/n$ 是有同等影响的，但如果考虑越近期的数据对未来预测值的影响程度越大，越远期的数据对未来预测值的影响程度越小，则我们给较近期的数据以较大的权数，给较远期的数据以较小的权数，使预测值更有可能接近于实际，提高了模型的预测精度。虽然给近期值以较大的权重，给远期值以较小的权重，但不参加加权平均计算的远期值的权重为零，这也是此模型的不足之处。

2. 一次指数平滑法

（1）功能

一次指数平滑法是从一次移动平均法改进而来的，该方法给近期的观察值以较大的权数，给远期的实际值以较小的权数，使预测值既能较多地反映最新的信息，又能反映大量的历史资料的信息，从而使预测结果更符合实际。

（2）算法

①首先计算一次指数平滑值，计算公式如下：

$$S_t^{(1)} = \alpha y_t + (1 - \alpha) S_{t-1}^{(1)}$$

式中，$S_t^{(1)}$ 为第 t 期的一次指数平滑值，$S_{t-1}^{(1)}$ 为第 $t-1$ 期的一次指数平滑值，y_t 为第 t 期的观测值，α 为加权系数，$0 \leqslant \alpha \leqslant 1$。

②一次指数平滑预测是以第 t 期的一次指数平滑值作为第 $t+1$ 期的预测值，即：$S_t^{(1)} = \hat{y}_{t+1}$，$S_{t-1}^{(1)} = \hat{y}_t$。

因此，一次指数平滑值的计算公式又可表示为：

$$\hat{y}_{t+1} = \alpha y_t + (1 - \alpha) \hat{y}_t$$

③确定 α 的值。当我们比较依赖近期的信息进行预测时，可以取较大的值，而当以往的影响比较大时，可以取较小的值。一般的做法

是取几个不同的 α 值，比较它们的预测误差，然后选择预测误差最小的 α 值。

④确定初始值。通常办法是当初始值对预测值的影响比较小时，可以近似地取 $S_0^{(1)} = y_1$，当初始值对预测值的影响比较大，如时间序列的项数较少时，可以取最初的 n 个观察值的平均值作为初始值：

$$S_0^{(1)} = \frac{\sum_{i=1}^{n} y_i}{n}$$

（3）分析

一次指数平滑预测的结果存在滞后偏差，即当时间序列呈下降趋势时，预测值往往偏高；反之，则偏低。另外，一次指数平滑预测也只能做下一期预测。

3. 二次指数平滑法

（1）功能

二次指数平滑是指对时间序列作一次指数平滑之后，再对一次指数平滑序列作一次指数平滑，而此指数平滑不是直接用来预测的，计算其值的目的在于求出平滑系数。

（2）算法

①二次指数平滑值的计算公式为：$S_0^{(2)} = S_0^{(1)} = y_1$。

②一般情况下，初始值由 $S_0^{(2)} = S_0^{(1)} = y_1$ 来确定。

③二次指数平滑预测模型如下：

$$\hat{y}_t + T = a_t + b_t \times T, \hat{y}_t + T = a_t + b_t \times T$$

④平滑系数的计算公式如下：

$$\alpha_t = 2S_t^{(1)} - S_t^{(2)}, b_t = \frac{a}{1-a}(S_t^{(1)} - S_t^{(2)})$$

（3）分析

α 为平滑常数，α 在 $[0, 1]$。如果跳过此步，不指定 α 的值，则系统会自动寻找最优值进行计算预测。当序列趋势逐期增加或减少时，每逢预测值，除了要削减随机干扰，还要加上每期增长量，二次指数平滑预测法等高次指数平滑预测法就是基于这一想法发展而成的。对于呈现出某种上升或下降趋势的时间数列，对一次指数平滑只进行第二次指数平滑并在此基础上推导出二次指数平滑外推预测的线性方程，利用线性方程进行预测。但是这种方法只适用于线性变化的时间序列，而对于呈现某种曲线趋势的时间序列不再适用，建议使用三次指数平滑法。

4. 三次指数平滑法

（1）功能

三次指数平滑就是在二次指数平滑的基础上再进行一次平滑。

（2）算法

①三次指数平滑值的计算公式为 $S_t^{(3)} = aS_t^{(2)} + (1-a) S_{t-1}^{(3)}$。

②三次指数平滑模型为 $\hat{y}_t + T = a_t + b_t \times T + c_t \times T^2$。

③平滑系数的计算公式为：

$$a_t = 3S_t^{(1)} - 3S_t^{(2)} + S_t^{(3)}$$

$$b_t = \frac{a}{2(1-a)^2} [(6-5a)S_t^{(1)} - 2(5-4a)S_t^{(2)} + (4-3a)S_t^{(3)}]$$

$$c_t = \frac{a^2}{2(1-a)^2} [S_t^{(1)} - 2S_t^{(2)} + S_t^{(3)}]$$

（3）分析

从三次指数平滑预测的模型也可以看出，当时间序列不是呈直线趋势，而是呈二次曲线趋势时，宜用三次指数平滑模型来预测。在实际进行预测时，也可以用定量计算预测误差来多选取几个 α 值，或结合实际，使用定性分析来选取相对最合理的 α 值。

（二）灰色系统预测

GM（n，h）模型是 n 阶 h 个变量的微分方程，不同的 n 与 h 的 GM 模型有不同的意义和用途，要求有不同的数据。对数据的要求是可以反映预测对象综合效果的时间序列。n 越大，计算越复杂，且精度并不一定提高，因此，n 一般在三阶以下，最常用的是 $n=1$，$h=1$，即只有一个变量的一阶 GM 模型，记作 GM（1，1），称为单序列一阶线形动态模型，它计算简单，适用面广。

（三）自回归预测

1. 二次自回归

（1）功能

二次自回归是把反映社会经济现象发展变化的一个时间数列作为因变量，将同一时间数列后推两期的数列作为自变量进行回归预测。其预测模型是：

$$\dot{Y} = \dot{\beta}_0 + \dot{\beta}_1 Y_{t-1} + \dot{\beta}_2 Y_{t-2}$$

（2）算法

①利用最小二乘法对编制的自相关数列进行回归，估算出自回归系数 $\dot{\beta}_1$、$\dot{\beta}_2$，利用回归结果写出自回归方程。

②检验方程。

③自相关方程的自相关系数为：

$$S_y = \sqrt{\frac{\sum (y_t - \dot{y}_2)^2}{n}}$$

$$r_{12} = \sqrt{1 - \frac{S_y^2}{\sigma_y^2}} = \sqrt{1 - \frac{\dfrac{\sum (y_t - \hat{y}_t)^2}{n}}{\dfrac{\sum y_t^2}{n} - (\dfrac{\sum y_t}{n})^2}}$$

④预测。当自回归方程线性关系显著时，将 Y_{t-1}、Y_{t-2} 代入自回归方程，就可预测出 $\dot{Y}_t$ 的估计值。

（3）分析

自回归模型应注意多重共线性问题。在给定的显著性水平 $\alpha = 0.05$ 下，查相关系数临界值表，得出 $R_{0.05}(t-2)$ 的值，并与回归计算出的自相关系数估计值 r_{12} 相比较，如果 $R_{0.05}(t-2) > \hat{r}_{12}$，说明自回归方程线性关系显著，可以用于预测；否则，说明自回归方程线性关系不显著，不能用于经济预测。

2. p 次自回归

（1）功能

和二次自回归相同，p 次自回归是将同一时间数列后推 p 期的数列作为自变量进行回归预测。其模型是：

$$\dot{Y} = \dot{\beta}_0 + \dot{\beta}_1 Y_{t-1} + \dot{\beta}_2 Y_{t-2} + \cdots + \dot{\beta}_p Y_{t-p}$$

（2）算法

其计算方法和预测步骤和二次自回归预测是相同的。

（3）分析

自回归模型应注意多重共线性问题。

（四）模型应用

根据 2004～2015 年河南省装备制造业工业总产值历史数据，本书采用河南省信息中心研发的宏观经济监测预测模型进行预测，原始数据和预测结果如表 6-3 所示。

表 6-3　河南装备制造业工业总产值原始数和预测结果

单位：亿元

预测方法		2016 年	2017 年	2018 年	2019 年	2020 年
平滑预测模型	移动平均法	21100	—	—	—	—
	一次指数平滑法	19550	—	—	—	—
	加权移动平均法	19000	—	—	—	—
	二次指数平滑法	22400	—	—	—	—
	三次指数平滑法	23000	—	—	—	—
灰色系统预测模型	GM（1,1）	27100	33800	42200	52600	66600
	Verhulst	15000	17600	22000	28000	35000
	DGM（2,1）	19100	22600	28000	35000	44000
自回归预测	二次自回归	23200	27600	35000	44000	55000
	三次自回归	23000	26700	34000	43000	54000
平均值		21480	25660	32240	40520	50920

通过多种预测模型的预测与 2016 年实际发生数据的对比发现，平滑预测模型中的一次指数平滑法、加权移动平均法，灰色系统预测模型中的 Verhulst、DGM（2,1）预测模型与实际情况偏差较大，建议舍弃，其他预测模型基本符合预测指标的增长趋势，各预测模型预测结果的平均值是各种预测方法中最接近实际值的，也是各种预测方法中比较稳定的，作为本次预测的最终预测结果。

2016 年，河南省装备制造业工业总产值预计为 21480 亿元，较 2015 年增长 9.9%；2017 年，河南省装备制造业工业总产值预计为 25660 亿元，较 2016 年增长 19.5%；2018 年，河南省装备制造业工业总产值预计为 32240 亿元，较 2017 年增长 25.6%；2019 年，河南省装备制造业工业总产值预计为 40520 亿元，较 2018 年增长 25.7%；到 2020 年，河南省装备制造产业工业总产值预计为 50920 亿元，较 2019 年增长 25.7%。

六 河南装备制造业发展的政策选择

（一）重要支撑因素

1. 强化九大领域

智能成套装备。推广应用数控技术、信息技术，着力突破制约大型成套装备产业发展的液压传动、控制系统、精密基础件、特种关键材料等关键环节，在现有产品中增加在线监测、自适应控制系统等智能功能，提升矿山综采、冶金建材、节能环保、新型能源、物流运输、包装印刷、食品加工成套装备的机电一体化水平，推进产品创新和升级换代，实现大型装备智能化、集成化、成套化发展，形成专用装备新的竞争优势。

智能电网装备。以重点工程建设为依托，充分发挥许继集团、平高电气、森源电气等核心企业竞争优势，进一步提升（超）特高压输变电设备、直流输电、电网二次保护装置等优势产品竞争实力，积极拓展电动汽车充电站及保护装置、电能质量治理、节能电机等高端产品领域，提升重大工程总承包及服务增值能力。加快承接龙头企业产业转移，推动省内电力电缆、中低压开关及元器件、变压器、电力电容器行业优势企业开展战略重组，做大龙头企业规模，培育品牌，提升规模效益。

数字化工程装备。工程机械，推动国机重工、宇通重工、厦工、龙工四大产业园建设，重点发展旋挖钻机、压路机、液压挖掘机、装载挖掘机、推土机、桩工机械、叉车等装备。深入推进与三一重工、国机集团、厦工的市场和技术合作，力争引进传动部件、高压油缸、驱动桥、变速箱、液力变矩器、电控系统、减速机等产品，加快计算机辅助驾驶、故障诊断系统，高可靠性、灵敏性液压元件、传感元件和控制元件、自动换挡变速装置，以及物料精确挖、装、载、运作业的 GPS 定位与重量自动称量装置，提高整机机电一体化水平，增强核心竞争力。起重搬运机械，利用国内重大工程建设、市政工程、企业自动化技改市场空间，满足现代物流连续化、大型化、高速化和电子化要求，依托卫华集团、豫飞重工、西继电梯、新大方路桥等企业，重点发展架桥施工机械、港口起重、高空作业平台、电梯提升机械等起重施工装备。

轨道交通装备。加快推动与中国南车、中国北车的战略合作，加快建设洛阳和郑州两个轨道交通产业基地。加快建设南车洛阳机车地铁修造基地、南车城际车辆修造基地，尽快开工郑州南车和北车城际列车修造基地等重大项目，积极参与河南省地铁和城际列车制造、维修和运营；轨道交通施工装备，依托宇通重工、中铁隧道，发展旋挖钻机、大型盾构机等轨道交通施工装备；关键部件，依托许继集团、平高电气、森源电气、威科姆等重点企业，加快推动南车和北车技术引进，在电气牵引、屏蔽门、站台设备、网络控制、环网柜、受电弓等主要部件制造方面取得突破，提高核心企业进入轨道交通装备市场的竞争力。

数控装备。充分利用大型企业信息化和生产自动化改造工程市场空间，依托洛阳、郑州、安阳等特色装备制造业集群和许继集团、汉威、凯迈（洛阳）测控、中重自动化等重点企业，加强与中科院自动化研究所、浙大中控等研究院所的技术合作，引进富士康、沃德福、国机机器人研究所、深圳固高的先进技术，积极发展工业机器人、精密数控机床、柔性自动化生产线、传感系统、智能仪表等智能测控装置，带动电主轴、刀具、高精高效减速机、高精度运动控制系统等功能部件产业发展。

智能化农业机械。抓住新型城镇化、迁村并点、土地集约历史机遇，依托农用动力机械产业优势，积极引进大功率柴油机、动力换挡变速箱、车桥等关键总成，提高90马力中型拖拉机市场份额，积极发展180马力以上大轮拖。推动现代化农机具产业延链补链，提高液压、电控、喷雾喷粉等关键操作机构水平，重点发展配套的整地、播种、施肥、植保、收割等农机具，以及适应河南省农业生产条件的智能化新型农机具，提升河南省农机工业加工制造水平和品牌价值，形成产业链条完整、品牌优势突出、附加值较高的农机工业体系。

精密基础部件本地化配套。依托产业集聚区，加快推进承接产业转移和企业间战略联合重组，加强与终端用户的联合技术研发，提高生产过程自动化、信息化水平和科研创新能力，在精密铸锻、高效传动、轴承阀门等领域培育一批龙头企业和优势产业集群，提高其产品加工精度、使用寿命、可靠性，提升其为智能装备制造产业配套的能力。

2. 提升三大能力

依托重点企业和产业集群，着力提升自主创新、服务增值、产业配套三大能力，为河南省传统制造向智能制造转型提供动力。

自主创新能力。重点围绕五大优势产业和五大高成长产业，支持河南省企业加强与跨国公司、国内外科研机构及高等院校合作，建设高水平企业技术中心，提升优势产业工程总承包、机电一体化、自动化控制技术水平。依托机械六院、郑州机械所、大专院校设立河南省装备制造研究中心，打造技术创新联盟和产业联盟，引导企业开展原始创新、集成创新、引进消化吸收再创新和协同创新，提高产业核心竞争力。加快建设一批公共研发平台、公共检测中心、技术服务机构，集中攻克制约河南省装备制造业发展的关键技术和共性工艺技术。

服务增值能力。以输变电设备、大型水泥设备、大型化工装备、煤炭综采设备、环保设备、大型基础部件骨干企业为重点，加强与工程设计、施工单位战略合作，提升企业的系统成套和工程承包能力，支持骨干企业在系统成套、工程承包、维修改造、备件供应、设备租赁、再制造等方面开展增值服务，促进企业由单一提供设备向提供成套设备和工程总承包转变，发展成为具有总承包能力的大型企业集团。

产业配套能力。依托特色装备产业集群，加强与省内重点装备制造企业的对接，提升铸锻件、基础部件、仪器仪表集聚化、规模化、专业化、系列化生产水平，着力推动产业配套发展，为高端装备制造业提供零部件配套，提高技术装备、整机配套和材料本地化水平。加快建设一批功能突出、业态新颖、企业集聚、规模庞大的生产服务业集群，推动产业金融、商务服务、总部经济、工业设计等高端生产服务业集聚发展，推动研发设计、检验检测、产业物流、现代会展、专业市场等与先进制造业紧密相连的生产服务业向产业集聚区集聚。支持先进制造业项目上市融资、债券融资和设备租赁融资，积极引导金融机构和民间资本投资先进制造业。

（二）发展重点和主要任务

本节主要概述今后 3 年和未来一个时期，河南省装备制造行业的发展重点或主攻方向，拟采取、实施或推进的重大举措、重点工程、行动计划以及组织实施的重点项目等。

1. 发展重点

以高端重大技术装备和关键机械基础件、工业机器人、高精度智能化仪器仪表和新型传感器等为着力点，夯实机械基础件、基础工艺和基础材料三大产业基础，重点发展冶金矿山成套装备、工程机械及轨道交通装备、现代农业装备和输变电及智能电网装备四大支撑产业，重点培育新型能源装备、新型环保装备、石油化工装备三大新兴产业。

2. 主要任务

实施重大技术装备自主创新能力提升工程。一是积极推动重大技术装备的自主研发和使用，带动产业整体水平的提升。根据国家确定的重点领域，出台河南省装备制造业鼓励发展的重大技术装备产品目录和扶持政策，组织企业参与国家数控专项和智能专项等重大技术装备的研发和示范应用。二是加强产学研用合作，组建产业联盟，支持装备制造业技术创新、技术改造、创新成果产业化、新产品推广应用和公共服务平台建设项目。

实施装备制造业质量与标准化提升工程。一是以稳定提高产品质量和可靠性为基础，保护和改善高端装备产品"河南制造"的国内、国际形象。会同专业机构组织开展装备制造业专项技术攻关活动，解决影响供应链质量的瓶颈问题；指导企业提高对采购产品的质量检测能力，并对重要供应商开展第三方审核；在技术改造和技术创新工作中，加大对装备制造业采用新材料、新产品、新技术和新工艺的支持力度。二是以加强标准化工作为突破口，为装备制造业提供技术标准支撑，提升装备制造业重点行业、重点企业和重点产品采标、达标水平。加快装备制造业重点领域标准的制（修）定步伐，加大采用国际标准和国外先进标准的力度。从产业聚集区入手，加强企业间的沟通交流，实现装备制造业上下游产品标准对接，保证标准要求的协调性和一致性。

实施数控技术与装备应用提升工程。一是建设一批开放式数控技术开发平台，研发一批具有国际、国内领先水平的数控技术和数控系统，开发一批实现规模化和批量生产新型数控装备。二是建设一批公共数控推广服务平台，提升售后服务能力，持续不断地培养大批能够对数控装备进行操作和维修的技能人才。三是建立若干数控装备应用示范区，认定一批数控装备推广和应用示范企业，全面提升重点应用领域数控化普及率。

实施基础材料工艺及智能制造能力提升工程。一是加强基础材料、基础制造工艺和机械基础件的基础研究和检测实验能力建设，提高工艺、技术和装备水平，加大关键基础零部件企业技术改造水平，全面提升产品的一致性和可靠性。二是着力完成一批高精度仪器仪表和新型传感器的自主设计、开发和产业化，改造传统工业流程，促进在工业过程测控、工厂自动化、物流、环境监测、物联网和节能减排等领域的推广应用。三是以工业机器人关键核心技术和关键零部件的研发为突破口，提升工业机器人的研发水平和创新能力，实现工业机器人在焊接、锻压、涂装、搬运、装配等领域的广泛应用。

实施装备制造业信息化整体提升工程。一是加快信息技术在装备制造业各个环节的推广应用，引导和推广计算机集成设计制造系统、协同制造、网络化集成制造、绿色制造、精益生产等先进制造模式，积极应用数字技术改造工艺技术和生产装备，提高产品质量和专业化加工水平，提升制造过程的信息化、自动化、智能化水平。二是通过应用数字信息和自动控制技术，增加传统产品的功能和性能，提高技术附加值。通过提供网络化配套服务，延伸产品的价值链，推动装备制造服务信息化。三是大力推进管理信息系统在企业财务成本控制、物流营销体系优化、人力资源管理配置等环节的应用，实现企业管理集约化、信息化和智能化。

（三）措施建议

1. 推动装备制造业集群发展

综合采取投资审批、土地指标等手段，合理布局特色装备制造业，做大做强特色装备制造产业集群，培育一批引领现代装备产业发展的品牌骨干企业、一批具有特色优势、较强市场竞争力的知名集群。按照"专精特强"的发展要求，对本地化配套达到一定水平的产业集群给予奖励，推动产业集群内部建立上下游技术和市场联盟，支持科技型中小企业与整机龙头企业开展协同创新、协同制造，打造统一品牌，形成大中小企业协作配套的发展格局。

2. 加快重大技术装备创新

凡工程总承包公司实施亿元以上的"交钥匙工程"项目,与河南省装备制造企业签订成台(套)设备 3 年以上合作合同的,给予一定比例资助,支持装备制造企业与工业设计、销售企业开展紧密合作,鼓励装备制造企业外包设计服务,进一步实施"交钥匙工程"。建立健全首台(套)重大技术装备保险补偿机制,由河南省科技厅、省发展和改革委、省工业和信息化厅组织专家对重大科技装备创新产品进行评审,对采购符合条件的首台(套)重大技术装备的用户,给予一定比例的奖励或保险额度。

3. 培育现代装备创新主体

各地、各有关部门要制定完善政策措施,推动特色装备集群与产业基地加强创业孵化器建设,设立资助创业投资专项资金,引进各类创投基金,优化投资创业服务,支持创业企业上市,鼓励高校和科研机构的科技人才发挥知识资本优势,利用科技成果创办装备关键部件的研发制造、装备电子及软件开发、装备工业设计等科技型中小企业。

4. 支持龙头企业拓展新兴领域

对装备制造业龙头企业通过新办、投资控股、兼并重组等方式进入智能制造装备、现代物流装备、节能环保装备等现代装备制造业领域,或采用自动化、智能化的装备加快对传统工业改造升级的重大项目,省各类专项资金给予重点支持,各地、各产业集聚区新增工业用地指标,要优先保障现代装备制造业重大项目,加快传统工业现代化改造。

5. 建立完善产业联盟

每年公布"制造业重点装备目录",充分发挥引导协调功能,鼓励采购就地就便开展售后服务的先进装备,支持河南省装备制造企业拓展市场。制定优先采购本地装备制造产品的激励政策,政府性投资及补助、省属国有企业投资的项目,同等条件下优先采购目录中的装备。鼓励各级政府搭建平台,促进省内装备制造企业与政府性投资及补助、国有企业投资等项目的对接。

6. 加大资金和政策扶持力度

设立装备制造业发展专项资金,或从工业转型升级专项资金中落实一定规模资金,支持智能装备制造的协同创新和协同制造、技术改造、重大技术装备风险补偿等，引导装备制造企业和社会资本对制造产业智能化的研发和产业化资金进行投入；鼓励装备制造骨干企业、高等院校和科研院所承担重大技术装备研发，针对性地安排一批重大技术装备自主化工程，鼓励企业使用国产首台（套）重大技术装备；支持产能过剩产业的重点企业实施兼并重组，对资产过户过程中产生的有关费用予以适当减免。

第七章
河南食品工业形势分析与预测

　　民以食为天，食品工业作为人类的生命工业，与人民生活密切相关，具有成长性好、关联性高、拉动相关产业发展、促进就业等特点，不仅体现出一个国家的经济发展水平和人民的生活质量，关乎国计民生，更是我国国民经济发展不可或缺的支柱型产业。加快发展食品工业，促进食品工业现代化，加大食品工业创新力度对于促进我国农业发展，推动我国国民经济持续、稳定、健康发展有着重要意义。河南省作为"中国粮仓"，是最大的粮食生产基地，食品工业的发展具有独特的资源区域优势。现如今，食品工业已然成为河南省第一支柱产业，更被列为六大高成长性行业之一。在多项政策指导下，河南省坚持实施科学规划、产业集群发展、加强食品工业科技创新体系建设、积极推动产业转移、培育知名品牌等措施，提出由"中国粮仓"转变为"国人厨房"和"世界餐桌"，由食品工业大省发展为全国食品工业强省的战略目标。经过多年的发展，河南省食品工业综合实力持续攀升，产业规模不断壮大，产业集聚趋势明显，由"量变"转为"质变"，实现快速蓬勃的发展。

一　食品工业概述

（一）食品工业的概念与分类

　　我国产业主要分为三大产业，第一产业为农、林、牧、渔及其服务业，第二产业为工业和建筑业，第三产业为服务业。我们一般所说的工业是为了和联合国的《国际标准行业分类》相互对应，以核算、统计和管理国民经济为需求设定的，并非标准的行业。工业主要包含了采矿业，制造业和水、电、热以及燃气等的生产和供应三类产业构成，而食品工业就属于制造业。根据《食品生产企业安全生产监督管理暂行规定》和曾庆孝所著的《GMP与现代食品工厂设计》一书中关于食品工业的定义可知，食品工业是指具有相当的生产规模、动力和设备，以农业、渔业、畜牧业、工业、林业、化学工业的产品或半成品为原料，采用先进科学的生产方法制造、提取、加工成食品、饮品或者其他产物的有连续、有组织的经济活动工业体系。

食品工业的分类在不同的历史阶段的划分有所不同。第一阶段为1992年以前，食品工业主要由食品制造、饮料制造和烟草加工三个行业组成；第二阶段为1993～2002年，在该阶段，将谷物磨制、饲料加工、植物油和制糖加工三类加工活动从食品制造业中分离出来，设立成为新的行业——农副食品加工业；第三阶段为2003～2005年，烟草加工业变更为烟草制品业，我国食品工业包含农副食品加工业、食品制造业、饮料制造业和烟草制品业四个行业；第四阶段为2011年至今，按照我国国民经济行业分类与代码中关于国民经济行业的分类，食品工业包含农副食品加工业（代码为C13），食品制造业（代码为C14），酒、饮料和精制茶制造业（代码为C15），烟草制品业（代码为C16）四大行业，在这四大行业中又包括了21个中类、63个小类。

第一，农副食品加工业是指直接以农、林、牧、渔业为原料进行的谷物磨制、饲料加工、植物油和制糖加工、屠宰及肉类加工、水产品加工，以及蔬菜水果坚果等的加工生产活动。

第二，食品制造业主要包括焙烤食品制造、糖果和巧克力以及蜜饯制造、方便食品制造、乳制品制造、罐头食品制造、调味品发酵品制造、其他食品制造等七类。

第三，酒、饮料和精制茶制造业主要包括酒的制造、饮料制造和精制茶加工三类。

第四，烟草制品业主要包括烟叶复烤、卷烟制造和其他烟草制品制造三类。

（二）食品工业的特点

1. 关联产业众多

食品工业作为制造业的子行业群集，是第一产业和第三产业的重要链接纽带。首先，食品工业延续、发展和深化第一产业的生产，而且它的所有原料几乎全部来自第一产业的农业，因此极大地带动了农业健康、快速发展；其次，食品工业亦为消费品工业，在其制作、加工商品或者半成品时带动了机械工业、包装行业等多行业的发展；最后，食品工业完成的产成品进入市场需要物流、消费等环节，这也拉动了第三产业——服务业的发展。

2. 原料的生物性

食品工业的原料几乎全部来自农业。农作物往往分季节而作，带有很强的季节性，很多农作物总是集中在第一季度生产，这就需要食品工业能够和原材料生产紧密联合起来。农作物为因天气、土壤等原因质量带有很强的不确定性，而且往往保存时间短，易腐烂，需要食品工业事先与生产商沟通协调，事先做好生产计划。随着食品工业的现代化发展，对原料的形状、大小、质量、颜色等有特殊要求，因此需要第一产业加强原料的种植技术，确保原料质量。

3. 食品工业是国民经济支柱产业

食品工业是人类的生命工业，关系国计民生，是代表整个国家和民族经济发展和人民生活质量的重要标志。改革开放以来，我国食品工业得到快速发展，人民生活质量显著提升、营养状况明显改善，而随着全球经济一体化和我国工业化、城镇化的发展以及人民收入的提高，食品工业越来越重要。随着食品工业与农业产值比例的不断提升，食品深加工能力显著增强，食品工业的发展不断推动着我国国民经济的发展，食品工业作为我国国民经济支柱型产业的地位更加不可动摇。

（三）国外食品工业发展情况

食品工业无论对于哪个国家都是主要工业部门之一，甚至是支柱型产业。从全球来看，欧盟国家食品工业总产值居世界首位，美国、加拿大和澳大利亚等国家食品工业也较发达。但是在相对数量方面，新西兰食品工业总产值在整体制造业中的占比达到32%。从世界区域进行观察，拥有特色食品的国家在世界食品贸易市场中所占市场份额不断增加，例如巴西作为最大的蔗糖生产国家，其蔗糖制品在世界市场上的占有率居第1位；法国以葡萄酒闻名世界，其占有的世界葡萄酒市场份额达到1/6；而新西兰乳制品占世界乳制品贸易总额的40%。

在整个世界格局中，西方发达国家食品工业在市场份额和贸易规模上处于领先地位，并且通过建立跨国集团和创建国际知名品牌的形式在全世界食品工业中掌握控制权。2014年数据显示，排名前10的大型食品企业销售总额高达6274亿美元，这些大型食品巨头企业在世界食品工业的影响力大于其国家，而他们更多来自发达国家。但是随着以中国为首的发展中国家的崛起，世界食品工业格局也在发生巨大变化，发展中国家食品工业逐渐受到关注和重视。

下面简要介绍一些国家和地区食品工业发展情况，以便更好地了解国外食品工业发展。

1. 欧盟

欧盟食品工业中食品和饮料加工业处于第1位，然而集中度却很低，企业数量居欧盟制造业企业数量第2位，但主要是中小企业。在各成员国中，食品和饮料加工业产值较大的几个国家依次为德国、法国、意大利和西班牙。在内部结构方面，肉类加工营业额最高；烘焙加工食品增加值最高，就业人员数量、企业数量最多。在对外贸易方面，欧盟是世界第一大食品饮料出口商，而近年来，随着中国等发展中国家食品饮料行业的崛起，欧盟食品和饮料加工在世界市场的份额有所下降。

2. 美国

美国具有十分发达的食品工业，在制造业部门中食品工业居于首位，总产值占比超过10%。其中，食品工业产值较大的行业依次是肉类加工、其他食品、乳制品、水果和蔬菜的保鲜和食品制造业。同时，美国在食品工业方面不断进行技术革新，为食品加工准备机械设备的食品机械工业形成一套完整的工业体系，高度的机械自动化和生产的改进使得美国食品工业产出不断增加，但是雇员数量却在不断下降。因此，美国食品工业具有十分强劲的竞争力。

3. 意大利

意大利食品工业是其国民经济的重要行业，仅次于机械制造业。意大利食品工业具有中小企业占据较大比例，且以家庭为单位的微型加工企业占据统治地位的特点。同时，意大利作为"慢食"文化的创造者和引导者，食品工业同样十分发达，其产品备受世界各地欢迎，主要产品有乳制品、糖果和葡萄酒等。

4. 印度

印度作为世界上最大的发展中国家之一，其食品工业在国民经济中处于重要地位，为印度第五大产业部门。在粮食生产和加工方面，印度的牛奶生产量局世界第一，粮食产量、水果蔬菜生产和鱼类生产居世界第二。因此，印度农业规模庞大，畜产品品种丰富，这些优势使得印度成为世界食品工业的原料中心。但是印度食品工业结构高度分散，基础设施相比其他国家比较落后，还有较大的改善和发展的空间。

二 我国食品工业的基本情况

（一）我国食品工业现状

"为耕者谋利、为食者造福"，随着市场需求的高速增长和科技的快速进步，食品工业在我国政府高度重视下，已经成为既能满足国内人民需求，又能拉动出口的产业，并且实现了长效、健康的发展。同时，不断对产业结构进行调整、优化，并致力于转型升级，整个食品工业生产平稳增长，市场产销得到较好衔接，效益增长迅速，投资规模不断扩大。截至2016 年，我国食品工业总资产在全国工业总资产中占比为 7.1%，主营业务收入的比例为 10.4%，利润总额在全国工业中所占比例达 12%。我国食品工业在带动消费、保障民生、促进我国社会发展方面具有重要作用。

1. 产业规模持续增长

2016 年，我国食品工业规模以上工业企业数量达 42144 个，相比 2015年增长 2.2%，占整体工业企业数量的 11.1%。食品工业规模以上工业增加值突破 2 万亿元，占全国工业增加值的 9.3%，对我国工业增加值增长贡献率达到 10.7%，拉动全国工业增加值增长 0.6%，进一步巩固了食品工业的支柱产业地位。2016 年我国规模以上食品工业企业实现主营业务收入 120005 亿元，同比增长 5.2%，相比 2015 年仅增长 0.97 个百分点，占全国规模以上工业企业主营业务收入的比重达 10.4%。

2. 食品产销有效衔接，消费价格有较大涨幅

2016 年，我国食品工业产销保持稳定有效衔接，食品工业产销率达到 98%，其中农副食品加工业产销率为 97.8%，食品制造业产销率为 97.2%，酒、饮料和精制茶制造业产销率为 95.8%，烟草制品为 102.1%，可以看出各中类行业同样保持较高的产销率，烟草制品产销率最高。

在我国食品工业中，如表 7-1 所示，人们日常生活必需的小麦粉、大米、原盐、精致食物植物油、乳制品、饮料等增长稳定，鲜、冷藏肉同比下降 3.4%；卷烟因为行业调整，产量大幅度下降，下降比例为 8.7%；成品糖、葡萄酒等产品，不断受到国外进口产品冲击，产量下滑，下降比例分别为 2.9% 和 1.0%。

表 7-1 2016 年我国食品工业主要产品产量

	2016 年	2015 年	同比增长率（%）
小麦粉（万吨）	15265.3	14580.0	4.5
大米（万吨）	13887.6	13695.9	1.4
原盐（万吨）	6309.5	5975.0	5.3
精致食物植物油（万吨）	6907.5	6734.2	2.5
成品糖（万吨）	1433.2	1475.4	-2.9
鲜、冷藏肉（万吨）	3637.1	3761.1	-3.4
乳制品（万吨）	2993.2	2782.5	7.0
饮料（万吨）	18345.2	17661.0	3.7
葡萄酒（万千升）	113.7	114.8	-1.0
卷烟（亿支）	23825.8	25890.6	-8.7

3. 经济效益稳步增长

如表 7-2 所示，2016 年我国食品工业规模以上工业企业实现主营业务收入 120005 亿元，同比增长 5.2%，其中农副食品加工业规模以上工业企业实现主营业务收入 68825 亿元，同比增长 5.3%；食品制造业规模以上工业企业实现主营业务收入 23955 亿元，同比增长 9.1%；酒、饮料和精制茶制造业规模以上工业企业实现主营业务收入 18538 亿元，同比增长6.7%；烟草制品业规模以上工业企业实现主营业务收入 8686 亿元，同比下降 7.0%，可以看出烟草制品业主营业务收入拉低了食品工业的主营业务收入额。规模以上食品工业实现利润总额 8654 亿元，同比增长 4.3%，比全国工业企业的增速低 4.4 个百分点，其中食品制造业利润总额同比增速最高，保持领先地位；而烟草制品业利润总额同比下降 13.5%，这是因为烟草行业进行的行业调整使利润大幅下滑。

表 7 - 2　2016 年我国食品工业规模以上工业企业经济效益指标

单位：亿元，%

指标	农副食品加工业	食品制造业	酒、饮料和精制茶制造业	烟草制品业	食品工业	全国工业
主营业务收入	68825	23955	18538	8686	120005	1158999
同比增长率	5.3	9.1	6.7	-7.0	5.2	4.4
利润总额	3624	2083	1908	1038	8654	71921
同比增长率	5.8	11.0	6.0	-13.5	4.3	8.7
主营业务收入利润率	5.3	8.7	10.3	11.9	7.2	6.2

从盈利能力来看，我国食品工业 2016 年主营业务收入利润率为7.2%，比 2015 年降低 0.1 个百分点，成本费用率为 8.5%。近几年，企业综合成本涨幅较大，人工成本、融资成本等因素阻碍了食品工业盈利能力的增长，而且个别行业（如烟草行业）进行行业调整也在一定程度上对食品工业盈利能力的增长产生影响。

4. 固定资产投资规模不断扩大

2016 年，我国食品工业固定资产完成投资额 17820 亿元，同比增长 10.6%，比 2015 年的增速增加 1.2 个百分点，比制造业同比增幅高出 6.4 个百分点，在制造行业中名列前茅。食品工业固定资产投资额占我国总固定资产投资额的 3%，比 2015 年略有提高。可以看出，我国食品工业投资额的持续增长，是有效促进食品工业发展的重要保障（见表 7 - 3）。

表 7 - 3　我国食品工业 2016 年固定资产投资额

单位：亿元，%

指标	农副食品加工业	食品制造业	酒、饮料和精制茶制造业	烟草制品业	食品工业
投资额	11786	5825	—	209	17820
同比增长率	9.5	14.5	—	-21.2	10.6
占比	66.1	32.7	—	1.2	100

5. 食品法律法规日趋完善

2016 年，我国先后对《食品安全法》《兽药管理条例》等法律法规进行修订，制定、修订 20 余部食品安全方面部门规章，各省市针对加工小作坊和食品摊贩相继出台了管理法规。对我国现存食品标准进行清理，清理数量达 5000 项，整合数量达 400 项；增加新型食品安全国家标准 926 项，合计指标 1.4 万项。农业部紧随其后，发布 2800 项有关农药残留限量指标，重新规范农药残留检验方法 413 项，建立 11 种如无公害农产品、有机产品等认证制度。我国食品工业规模以上工业企业普遍推行良好操作规范（GMP），其中达到危害分析和关键控制点认证要求的超过 60%。截至2016 年，我国食品工业企业建立食品诚信管理体系的数量达 5000 余家，合格率 97% 以上，其中婴幼儿配方乳粉企业已全部建立，通过诚信管理体系评价并获得证书的企业数量达 700 多家。

6. 科技创新积极进步

创新是促进发展的不竭动力，对食品工业加快科技创新能够有效推动食品工业的现代化、提高竞争力。近年来，我国食品工业坚持科技创新，在研发方面加大投入力度，2016 年，我国食品工业研发经费为 525 亿元，比 2014 年高出 39.4%，在全国工业总占比为 4.8%，研发投入强度为 0.44%。食品工业企业先后引进各种先进技术和设备，一些行业如食用植物油、谷物磨制等的大中型企业已经拥有世界先进水平的装备；攻克了一些如非热加工、包装材料、食品快速检测与质量控制等关键共性技术，其中一些技术甚至可以和国际先进水平持平；不断研制出拥有自主知识产权的关键设备，如 200m^2 冷冻干燥、800MPa 高压杀菌设备，在实现自主化的同时，食品冷加工等技术和设备已经完成成套出口，我国食品工业自主研发创新能力得到明显增强；不断推进屠宰加工、饮料灌装等重点领域装备技术进步，提升食品工业重点领域信息化和智能化。

7. 区域发展协调性增强

在国家区域发展战略指导下，我国食品工业注重区域发展协调性，已经形成了四大发展格局，分别为东部、中部、西部、东北地区。在主营业务收入方面，2016年东部主营业务收入比2015年增长5.4%，中部增长17.4%，西部增长8.2%，东北地区下降12.9%；中部收入增长最快，西部紧随其后，而东北地区继续下滑。从表7-4及图7-1可以看出，东部地区仍然处于领先地位，相较其他区有绝对优势，中部地区利用其丰富的农业资源加快了食品工业的发展，而东北地区依然处于末位，在2014年和2015年连续两年下降后，2016年继续下降，拉低了整个食品工业营收指标。

表7-4　我国食品工业2016年四大区域主营业务收入情况

单位：亿元，%

地区	主营业务收入	同比增长率
东部地区	50578.56	5.4
中部地区	37619.55	17.4
西部地区	24040.23	8.2
东北地区	10109.45	-12.9

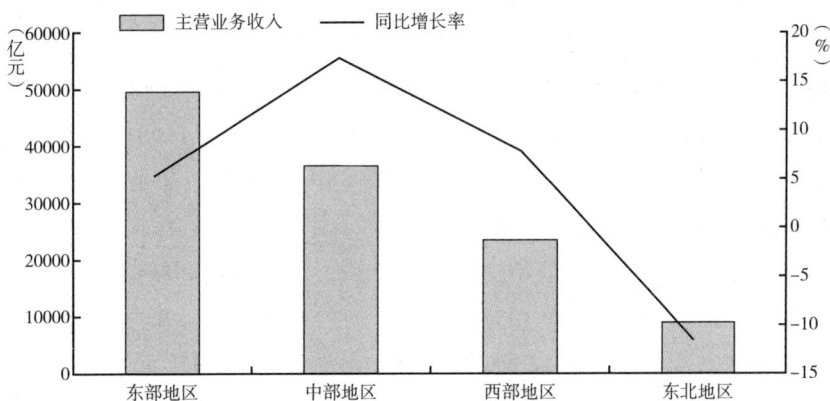

图7-1　我国食品工业2016年四大区域主营业务收入情况

三 河南食品工业发展概述

2016 年，河南省深入贯彻和落实中央发布的各项决策部署，坚持推进供给侧结构性改革，积极适应经济发展新常态，全省食品工业保持稳中有增的形势，实现了"十三五"良好开局。2016 年，河南省食品工业实现主营业务收入 12091.15 亿元，居全国第 2 位，占河南省规模以上工业企业的15.3%，其中，农副食品加工业主营业务收入居全国第 2 位，食品制造业居全国首位，酒、饮料和精制茶制造业居全国第 3 位，烟草制造业居全国第 7 位。同时，河南省集聚一批如思念、三全、双汇、莲花、牧原等行业标杆企业带动全省食品工业发展。河南省已经完全实现"量"的积累，并向"质"的方向转变，也在从"天下粮仓"向"国人厨房"和"世界餐桌"方向快速迈进。

（一）河南省食品工业发展现状

1. 支柱地位更加巩固

河南省拥有丰富的农业资源，近年来，河南省依托这种优势，加快发展食品工业，将食品工业在连续三个五年规划中设置为重点发展行业。"十三五"规划中，食品工业再次被列为河南省重点行业之一，继续加大发展力度，食品工业进入加速发展的时期。自 2006 年以来，河南省食品工业持续居全国第 2 位，是全国名副其实的食品工业大省，已经成为河南省实现中原崛起的重要战略支撑产业。2016 年，河南省规模以上食品工业企业数量达到 3670 个，同比增长 3.8%；工业总产值达到 11961 亿元，同比增长 10.7%，占全国食品工业总产值的 9.8%；工业增加值增长 5.5%，其中农副食品加工业增加值增长 10.4%，食品制造业工业增加值增长16.3%，在全省工业增加值增速中居第 2 位，酒、饮料和精制茶制造业增加 9.3%，烟草制品业下降 14%，拉低了河南省食品工业增加值增速；食品工业实现主营业务收入 12091.15 亿元，占全省工业的比重达到 15.3%，同比增长 12.7%，高于全国同比增速 7.5 个百分点，其中食品制造业增速最快，达到 16.5%，而烟草制品业发生较大下滑，下滑比例为 12.1%，这主要是国家对烟草行业进行行业调整的原因。目前，河南食品工业的小麦粉、方便面、饼干等主要产品产量在全国占据前列；味精，鲜、冷藏肉、白酒等也占据全国前 3 名，河南省已经成为全国最大面制品、肉类和调味品的生产基地。食品工业在河南省的支柱地位更加稳固。

2. 经济效益增长突出

从表 7-5 及图 7-2 可以看出，2016 年，河南省规模以上食品工业企业实现利润总额 991.28 亿元，相比 2015 年增长 10.1%，高于全省利润增速 3.2 个百分点，其中农副食品加工业利润增速最快，为 16.2%；烟草制品业利润出现大幅下滑，下降 29.8%。食品工业主营业务收入利润率为 8.2%，高于全省 1.6 个百分点，说明河南省食品工业产品附加值较高，获利水平高于全省工业平均水平；成本费用利润率为 9.1%，即每付出 1 元成本，可以获得 0.091 元的利润，仍然高出全省工业平均水平；产品销售率达 98.6%，说明河南省食品工业产销衔接良好。河南省食品工业经济效益增长突出，产业带动能力逐渐增强，成功解决 95 万人就业问题，同时食品工业的良好发展带动了农业的快速发展，推动了农业的增收和增效。

表 7-5　2016 年河南省食品工业规模以上工业企业经济效益指标

单位：亿元，%

指标	农副食品加工业	食品制造业	酒、饮料和精制茶制造业	烟草制品业	食品工业	全省工业
主营业务收入	6830.48	3229.61	1619.49	411.57	12091.15	79657.19
利润总额	525.33	286.14	129.55	50.26	991.28	5240.61
同比增长率	16.2	10.5	10.2	-29.8	10.1	6.9
主营业务收入利润率	7.7	8.9	8.0	12.2	8.2	6.6
成本费用利润率	8.4	9.7	8.8	28.3	9.1	7
产品销售率	97.5	97.6	98.1	102.2	98.6	97.9

3. 骨干企业不断壮大

河南省注重骨干企业发展，鼓励骨干企业不断发展壮大，重视品牌培育。目前，河南省食品工业已经出现多家行业龙头企业和知名品牌。

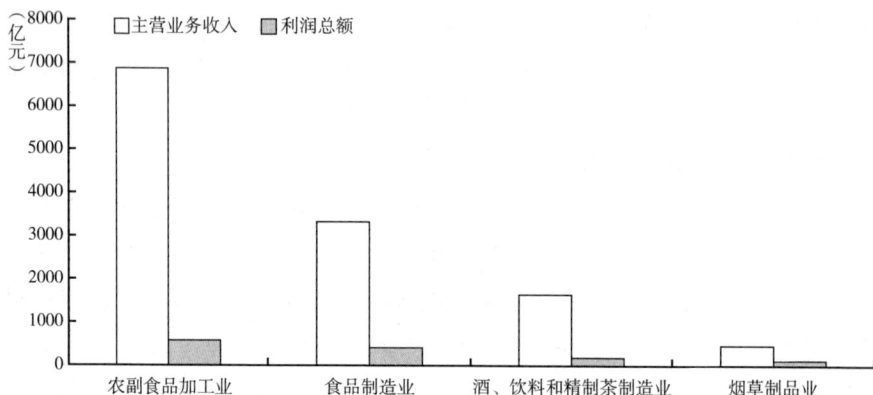

图7-2　河南省2016年食品工业子行业经济效益情况

在骨干企业中，有3家肉类企业入选全国肉类综合10强，例如双汇集团在我国肉类加工企业中销售额第1个超过百亿并成为我国最大肉类加工企业，而华英集团则是世界最大鸭加工企业，三全和思念的速冻食品在全国有超过50%的市场占有率；河南省方便面企业中有5家单位入选全国方便面企业10强，占据半壁江山，其中白象集团在我国方便面行业中位居第3；在酒类企业中，金星啤酒集团亦位列我国啤酒行业企业前列。在知名品牌中，双汇、思念、莲花味精、三全、十三香等品牌家喻户晓，享誉全国，河南省双汇、莲花等29家企业商标荣获"中国驰名商标"，荣获"中国名牌"的产品包括华英、思念等20家企业的26项产品。河南省知名品牌多数都集中在食品工业，骨干企业综合实力不断增强。

4. 集聚效应持续扩大

河南省食品工业注重产业发展集聚效应，各市中漯河、郑州、安阳、鹤壁、许昌、周口六市的产业集聚区域中的企业占据了全省规模以上食品工业的60%以上，其中被认定为国家新型工业化产业示范基地的有汤阴县产业集聚区和漯河经济技术开发区。漯河已经变成休闲小食品的著名生产基地，郑州也已成为速冻食品的全国最大产业基地。不仅如此，郑州马寨产业集聚区、淇县禽肉加工基地、新郑薛店镇食品工业园区、遂平县产业集聚区等集聚区闻名省内外，而且淇县、临颍县和新郑市等也是我国著名的食品工业强县。

5. 产业链条有效延伸

河南省积极响应国家政策，实施龙头企业带动产业机构升级战略，联动食品工业上下游，使产业链条得以拉长，产、供、销发展格局形成。众品集团采用多种不同模式培育农产品原料供应基地，成功与国际标准接轨；华英集团则坚持发展"贸工农一体化、产加销一条路"的道路，经营模式采取"公司＋基地＋农户"模式，成功实现超过 8000 农户脱贫致富，对当地的经济发展产生了有效的推动作用。

6. 对外开放效果良好

河南省在食品工业中坚持引进来和走出去双策略。现如今，已经成功引入可口可乐、百事可乐、韩国乐天等世界五百强企业，南京雨润、统一、康师傅、蒙牛、伊利、汇源果汁等全国知名品牌也在河南省落户。同时，河南省鼓励骨干企业做大做强，知名企业双汇、三全、金星、思念等已经将分厂建立到我国其他省份。中国（漯河）食品博览会、永城全国面粉食品经贸洽谈会、驻马店全国东西合作暨农产品加工博览会、中国（鹤壁）快餐食品工业博览会已经成为具有全国影响力的项目，这些博览会和洽谈会的存在成功展示河南食品工业取得的成就，为河南省食品工业树立良好的形象，是促进食品行业合作交流的重要平台。

（二）河南省食品工业发展存在的问题

1. 产品结构不够优化

河南省食品工业虽然总量居全国第 2，但是整体结构优化不够，结构层析较低。第一，河南省食品工业加工程度不高，初加工的比重较高，大多数仅是对各种产品原料的初级加工，即农副食品加工业增长虽然处于领先地位，但对产品原料的精深度加工程度较低。河南省产品原料中粮食制品以小麦为主、肉制品以生猪为主，原料没有被充分高效利用，转化程度低，不仅造成原料资源浪费，而且在市场竞争中也没有优势。初加工的高比重从另一方面来看，使得河南省食品工业产品附加值和技术含量较低，产品只能畅销中低端市场，无法打入高端市场。第二，从产业结构来看，河南省主要小麦制品和肉制品在全国占优势，但是其他食品工业产业国内竞争力不足。2016 年河南省食品工业中，农副食品加工业占比为 55.2%，食品制造业占比为 27.1%，酒、饮料和精制茶制造业占比为 14.2%，烟草制品业占比为 3.5%，农副产品占比最多，食品制造业占比虽有所提升，但是比重依然较低，而饮料制造业这种高附加值的产业和烟草制品这种高税收产业占比严重偏低，产品结构存在较大不合理。从企业结构来看，河南省食品工业企业虽然存在行业较高影响力（如思念、双汇等）较大的企业，但是多数为小型企业，品牌影响力不大，整体呈现小而散的状态，行业集中度有待加强和提高。

2. 集聚效应质量不高

河南省虽然已经形成不少食品工业集聚群体，但是形成这些集群的企业大多规模较小，产品种类、生产环节和工艺都相似，各企业间没有形成有效的分工合作、不具有"外包意识"，整个产业链条各环节相关度不高，没有齐全的基础配套设施，金融、研发、市场推广等配套服务发展相对滞后，造成河南省部分产业集群只完成了产业"群"的集聚，而并未达到真正意义上的高效的产业集群，因此河南省食品工业整体市场竞争不具有突出的竞争优势。此外，河南省食品工业企业与第一产业的农业生产之间也未形成稳定的产销关系，原料基地与加工存在脱节，大的原料基地没有龙头企业，而龙头企业又不具有大基地，这样导致提供原料的生产商大多数是分散的农户，无法在品种、品质和规格等方面达到食品工业生产的要求。

3. 创新能力不足

河南省食品工业企业生产设备陈旧，物耗、能耗较高，整体装备不具备现代化和技术化水平。很多企业观念无法与时代保持一致，而且研发时期长、成果见效慢，因此研发投入明显偏低，工业技术水平不高，造成食品工业企业产品自主创新能力和可持续发展能力较低。在相关食品工业的科研成果中，缺少精深加工方面的科研成果，产品更新换代以及新产品开发的速度无法跟上市场需求的增长变化。河南作为我国食品工业的第二大省，新产品产值率却排名较后，更远远落后于发达国家，创新能力的不足不仅导致河南省食品工业企业在日益竞争激烈的市场中处于不利的境地，而且在国际食品市场中也不具备足够的竞争力。2016 年，河南省食品工业出口交货值为 78 亿元，在全国居第 13 位，而第 1 名的山东省出口交货值则为 1141 亿元，相差很多。

4. 配套服务体系不够完善

河南省食品工业虽然稳步增长，但是围绕其发展的社会化流通和服务网络体系并未形成，与东部沿海省份相比，冷链物流网络发展较为落后。在粮食储备、电子商务、加工配送、贸易等方面体系构建不完善。缺少人才支撑，河南省食品工业缺少高技术人才、高素质管理和营销人才，从而使食品工业新兴技术转化困难、产业化水平无法达到高标准，销售网络和产业转移有效承接无法建立，离最终工程一体化生产距离还很遥远。

5. 食品安全问题依然严峻

食品行业门槛低，容易进入，食品行业企业普遍存在散、乱、差、小的特点，这也是食品频繁出现安全问题的主要原因。一方面，源头污染问题突出，部分原料种植者和生产者安全意识不足，滥用农药、化肥，导致一些食用农产品依然存在农药残留超标问题。生产加工过程中，安全问题更是时有发生，存在较大的安全隐患，与人们对食品安全的期望存在一定差距。另一方面，食品质量监督体系不完善，基层食品监管机构缺少经费支持、设备支持、人力支持，少数区域存在多头管理的监管盲区，也存在食品安全问题处理的缺位和滞后，对食品安全隐患的排查、监测、通报也存在一些漏洞。在食品安全问题曝光后，相关调查应急处理不到位，处罚力度不够。

四　食品工业发展趋势分析

（一）传统食品农业行业在经济转型中面临巨大挑战

一方面，我国GDP告别高速增长，2016年为6.7%，因经济增速回落，上半年，我国近50%的包装食品企业营业收入或者净利润出现下滑趋势。而零售方面，我国50家主要零售商营业收入相比2015年下降3.1%。经济增长速度减慢增加了消费者的紧张情绪，他们会尽量减少不必要的开支。而且随着生活水平的提高，消费者生活开支的比重逐渐倾向于体验式，也更注重生活质量，因此，高端酸奶、娱乐旅游、健身等应势得到快速发展。但是，对于我国传统食品、农业行业来说，增长空间受到限制，市场竞争日益激烈。

另一方面，第三产业的发展也给食品行业的快速增长带来了一定的阻碍，餐饮市场每年的增速超过10%，而且新兴的各种餐饮模式为消费者提供便利，传统方便食品受到一定的冲击。电子商务的快速扩张也对传统线下渠道的零售市场形成挑战。同时，电子商务的发展为进口食品和商品提供了新的销售平台，对于食品生产加工这种按照固定品类划分的企业来说是较大的冲击。

（二）日常主、副食品消费增长趋缓，品类结构显著升级

近年来，乳制品、肉类等日常主、副食品行业消费增长速度下降。消费者由于追求健康、高质量产品，趋向于高端产品。消费需求的改变给食品企业带来冲击，但也是新的发展机遇。在食品工业主要产品中，乳制品行业中部分品类已经日渐成熟，增长放缓，黄油和乳制品还会有较大的增长空间，中国新兴城市、广大农村地区对乳制品消费的增长，对于该行业来说，意味着要对乳制品品类进行不断地更新和扩展，去捕捉不同消费者需求带来的商机。同时，我国消费者近年来逐渐改变膳食结构，增加动物蛋白和蔬菜、降低碳水化合物类的米面制品的摄入，这对于小麦产业和稻谷行业来说都面临产能过剩的局面。而且散装米需求减少，小包装米成为消费需求。在食用油方面，常规大豆油和菜籽油消费增长下降，橄榄油、花生油等高端油备受广大消费者青睐。在肉类制品方面，已经从追求数量变为追求质量，消费者更重视营养、食品安全等问题，牛肉作为高蛋白肉制品将在未来有较大的增长空间。

（三）商业模式转型成为企业重点发展方向

传统食品市场增长缓慢、竞争激烈，国内食品工业企业将开始采取不同应对措施。第一，大型企业通过企业兼并扩大市场份额，促使行业集中度提升，中小企业因规模小、市场竞争力不足而将被迫退出市场或者被兼并。第二，企业在维持现有主营业务情况下，将寻求新的细分领域或者寻找新的品类进行跨界合作。第三，食品类企业将不断进行瘦身，资产轻化，集中有限资源来主攻主营业务，并将其做出国际化水平。第四，传统线下渠道中除了商超依然占据重要位置，便利店的迅速崛起也需要引起食品工业企业的注意，一些龙头食品企业已经开始对便利店渠道进行研究和入驻。除此之外，在电商发展迅速的时代，食品工业企业也应该构建自己的电商平台，利用大数据去分析消费者的喜好和需求，采取精准的营销策

略，例如河南省知名品牌好想你集团已经在逐渐加大电商的投入来帮助自己获取更大的发展。商业兼并、跨界合作、资产轻化等商业模式的转型已经成为企业重点发展方向。

（四）食品行业产业链一体化进入规模化整合、均衡性发展的新阶段

现阶段，居民消费意识增强，各环节要求以最少的资源生产出最高质量的产品，食品工业上游农产品价格上涨，具有较大波动性，下游环节将有更高的成本和风险需要应对，产业链各环节之间增强合作将提供稳定的增长环境，食品企业环节面临压力，因此产业链整合将成为必然趋势。此外，我国产业链各环节发展不平衡，上游原材料环节呈现规模小、分散、粗放的生产方式，标准化、规模化是未来发展要求；食品产业链中游环节发展能力已经与国际水平同步，但是存在食品加工产能过剩的问题；下游物流、配送环节的发展水平也远远落后于中游环节，因此，食品工业产业链一体化、均衡化将是未来发展的主旋律。

五 河南食品工业运行形势预测

本书拟基于河南省食品工业 2005～2016 年的总产值数据，构建 ARMA 模型，进行序列拟合与预测。其中，为全面考察河南省食品工业的变化趋势，本书不仅针对河南省情况进行了形势预测，而且基于全国视角，预测了全国食品工业的发展状况，考察了河南省食品工业总体占比的变迁。在数据来源方面，本节数据均来自 2006～2017 年《中国工业经济统计年鉴》。

（一）ARMA 模型

ARMA 模型，即自回归移动平均模型，是研究时间序列的重要方法。与简单的自回归模型（AR 模型）或移动平均模型（MA 模型）相比，ARMA 模型具有更加精确的估计效果，并因此得以广泛应用。

在构造原理方面，ARMA 模型认为，指标随时间推移而形成的数据序列是一个随机序列，且该时间序列由于原始数据在时间上的延续性而具有

一定的依存关系。Y 作为预测指标，通常会受到其自身变化的作用，即指标本身具有时序依存关系，这种规律可由式（1）表示：

$$Y_t = \beta_0 + \beta_1 Y_{t-1} + \beta_2 Y_{t-2} + \cdots + \beta_p Y_{t-p} + Z_t \tag{1}$$

同时，误差项在不同时期也具有依存关系，且该依存关系可由式（2）表示：

$$Z_t = \varepsilon_t + \alpha_1 \varepsilon_{t-1} + \alpha_2 \varepsilon_{t-2} + \cdots + \alpha_q \varepsilon_{t-q} \tag{2}$$

将式（2）式带入式（1），即可得到 ARMA 模型，如式（3）所示：

$$Y_t = \beta_0 + \beta_1 Y_{t-1} + \beta_2 Y_{t-2} + \cdots + \beta_p Y_{t-p} + \varepsilon_t + \alpha_1 \varepsilon_{t-1} + \alpha_2 \varepsilon_{t-2} + \cdots + \alpha_q \varepsilon_{t-q} \tag{3}$$

在实际应用过程中，通常按照如下步骤进行自回归阶数 p 以及移动平均阶数 q 的选择，从而完成序列拟合与预测。

第一步，序列平稳性是应用 ARMA 模型的前提假设，因此，首先应检验预测序列是否平稳，如平稳，则进行第二步，否则，可考虑对序列进行对数变换或标准化处理等缓解其非平稳特征。

第二步，针对平稳序列，求解各期自相关系数，并基于不同的移动平均阶数进行模型拟合，选取拟合效果较优的模型。

第三步，进行残差检验，如拟合模型的残差序列为白噪声序列，则说明模型已充分提取有效信息。

最后，即对序列进行预测，如是对数序列，则还原为原始数据序列。

（二）河南省食品工业总产值

本节拟合并预测河南省食品工业的总产值变动情况，同时，为考察其全国占比，本节还针对全国食品工业总产值序列进行了分析。按照上述 ARMA 模型构建步骤，首先采用 ADF 检验分析河南省与全国食品工业总产值序列的平稳性，所得结果列于表 7-6 中。根据表 7-6 的检验结果，对于河南省与全国食品工业总产值原始序列，检验 P 值均大于通常可接受的 10%，因此不能拒绝原假设，即原始序列是非平稳的。但在将序列进行对数化处理之后，河南省与全国食品工业总产值序列的检验 P 值分别为 0.013 和 0.008，分别在 5% 和 1% 水平下显著，从而表明对数序列是平稳序列，可据此进行后续建模。

表 7 - 6　平稳性检验

	河南省食品工业总产值		全国食品工业总产值	
	原始序列	对数序列	原始序列	对数序列
t 统计量	1.911	- 4.204	- 1.583	- 4.385
P 值	0.999	0.013	0.454	0.008

表 7 - 7 列示了河南省与全国食品工业总产值对数序列的各期（1 ~ 10）自相关系数，其中，AC 为自相关系数，PAC 为偏自相关系数。根据表 7 - 7，可判断两个序列均为一阶截尾，故应选择一阶自相关回归。另外，经过对不同移动平均阶数模型的检验，发现 ARMA（1，3）可以较好地拟合河南省食品工业产值序列，而 ARMA（1，1）则对全国食品工业产值序列拟合较优。

表 7 - 7　对数序列自相关系数

	河南省食品工业总产值			全国食品工业总产值		
t	AC	PAC	P 值	AC	PAC	P 值
1	0.740	0.740	0.004	0.765	0.765	0.003
2	0.481	- 0.145	0.002	0.512	- 0.174	0.001
3	0.266	- 0.078	0.004	0.273	- 0.134	0.002
4	0.076	- 0.116	0.008	0.059	- 0.127	0.005
5	- 0.110	- 0.166	0.016	- 0.140	- 0.167	0.009
6	- 0.270	- 0.150	0.014	- 0.296	- 0.124	0.007
7	- 0.348	- 0.038	0.005	- 0.383	- 0.062	0.002
8	- 0.394	- 0.115	0.001	- 0.412	- 0.064	0.000
9	- 0.398	- 0.069	0.000	- 0.389	- 0.046	0.000
10	- 0.340	- 0.002	0.000	- 0.311	0.009	0.000

表 7 - 8 列示了模型估计结果。根据表 7 - 8 所示，针对河南省食品工业总产值对数序列，一阶自回归变量与三阶移动平均都在 1% 水平下显著为正，且模型 ARMA（1，3）的调整后拟合优度高达 0.992，表明模型具有较好的拟合状况。同样，对于全国食品工业总产值对数序列，一阶自回归与一阶移动平均也都在 1% 水平下显著，且调整后拟合优度达 0.987，说明 ARMA（1，1）可以较好地拟合全国序列。

表 7 - 8　模型估计结果

	河南省食品工业总产值	全国食品工业总产值
AR(1)	1.017 *** (0.000)	1.014 *** (0.000)
MA(1)		0.873 *** (0.000)
MA(3)	0.932 *** (0.000)	
Adj. R²	0.992	0.987

注：括号中为 P 值，*、**、*** 分别表示在 10%、5% 和 1% 水平下显著。

出于稳健性考虑，本节对上述序列残差进行了纯随机性检验，以验证拟合模型是否充分提取了数据信息。残差序列的自相关系数列于表 7 - 9 中。根据表 7 - 9 所示，两个残差序列均为白噪声序列，从而表明以上模型已将数据信息进行了充分提取。

表 7 - 9　残差序列自相关系数

t	河南省食品工业总产值			全国食品工业总产值		
	AC	PAC	P 值	AC	PAC	P 值
1	0.037	0.037	0.890	0.325	0.325	0.218
2	0.207	0.206	0.704	0.310	0.228	0.219
3	0.152	0.145	0.773	0.147	- 0.005	0.331
4	- 0.133	- 0.193	0.830	- 0.044	- 0.177	0.483
5	- 0.156	- 0.235	0.841	- 0.078	- 0.075	0.607
6	- 0.199	- 0.175	0.784	- 0.295	- 0.244	0.413
7	- 0.102	0.039	0.829	- 0.195	- 0.014	0.383
8	- 0.257	- 0.148	0.569	- 0.319	- 0.163	0.138
9	- 0.051	- 0.042	0.649	- 0.251	- 0.074	0.052
10	0.002	0.021	0.736	- 0.101	0.063	0.051

本节将基于前文估计结果，给出河南省与全国食品工业总产值 2017～2020 年的预测值，相关结果列于表 7 - 10 中。需要指出的是，模型的拟合序列为对数序列，因此，需要将模型预测值取指数，从而转化为产值数据。从表 7 - 10 的结果来看，模型预测在 2017～2020 年，一方面，河南省

食品工业与全国总体食品工业均将保持良好的增长态势，但另一方面，从河南省产值占比来看，在预测期中呈单边递减走势，说明与全国总体增长率相比，河南省食品工业增长率偏低，表明河南省需切实出台相关产业政策，加快食品工业的增长步伐。

表 7 - 10 食品工业总产值 2017 ~ 2020 年预测值

单位：亿元，%

年份	河南省食品工业总产值	全国食品工业总产值	河南省产值占比
2017	13710.39	135158.03	10.14
2018	15775.62	159079.61	9.92
2019	17887.87	187658.67	9.53
2020	21085.31	221875.12	9.50

六 河南食品工业发展的重点任务

河南省食品工业发展应立足其资源丰富的优势，培育优势产业集群，形成坚持以行业龙头企业带动、绿色健康安全、增强品牌竞争力的"百千万"亿级优势产业集群，将对 5 个千亿级产业集群——郑州、漯河、周口、信阳、驻马店等城市和南阳、鹤壁、商丘等 20 个即将达到千亿的产业集群进行重点培育，同时加强对汤阴、浚县等百亿级集群的建设。

（一）发展重点

1. 对河南省冷链食品产业优势巩固壮大

以郑州、新乡、漯河、商丘等产业集聚区为依托，抓好河南省三全、思念、双汇、众品、永达、科迪等骨干企业，同时积极拓展骨干企业产业布局、完善市场营销策略，扩大预制菜肴、低温肉制品、速冻面制品等生产规模，对河南省终端产品结构体系依据不同需求进行调整，大力支持河南省食品工业企业进行产业升级、引入自动化、智能化等现代化生产设备，以此增强竞争实力，使河南省高端冷链食品制造基地和物流中心成为全国最大规模的基地和中心。将三全、思念集团的新速冻食品工业园，笑脸、云鹤速冻食品生产基地，双汇、众品等低温畜禽肉制品加工基地，速冻麻团提质升级项目和冰熊、红宇等冷链生产、配送等项目作为重点建设项目。

2. 对休闲食品产业加快发展

以周口、鹤壁、平顶山、临颍等产业集聚区为依托，进行产业转移承接，抓好河南省联泰、梦想、麦德龙、鑫鼎等公司发展，加快推动麦德龙夹心牛角包及饼干年产 6 万吨项目、健康绿色鸭肉速食年产 10 万吨项目、鑫鼎烘焙食品 1.2 万吨项目、硒麦旅游食品项目等，结合现代民众健康、绿色的需求，打造出健康、营养、方便、休闲的食品项目。积极引进品牌企业集群，集中布局，紧跟时代，开发个性化、即食性产品。加快河南省休闲食品的品种开发，支持食品企业进行技术改造、提升工业化生产水平，对茶、果蔬汁、谷物、植物蛋白等饮料产品的规模化发展进行大力支持。振兴豫酒，支持河南省"六朵金花"——宋河、宝丰、杜康、仰韶、赊店、张弓等品牌做大做强，支持扩大红酒和果酒品牌——九鼎、冷谷红的产量及规模。同时，对河南省卷烟产业进行产品结构优化，实施优质卷烟工程，对中烟公司建设进行大力支持，整合烟草制品行业资源，增强烟草制造业行业竞争力，提高河南省烟草制造在全国的市场占有率。

3. 对特色食品资源加快开发

以郑州、南阳、洛阳、焦作等产业集聚区为依托，抓好好想你、福森药业、文新茶叶、信阳毛尖、新林茶业、明仁药物等企业发展，其中对福森药业的保健食品饮料生产 60 万吨项目、信阳毛尖高品质茶油 6000 吨加工项目、垄润香菇等产品精深加工项目、新林茶业冷藏保鲜库项目进行重点推进。突出特色农产品优势，加大信息共享和资源整合度，实施新型营销模式，对大枣、香菇、板栗、猕猴桃等特色食品的精细、深度加工重点抓好，发展成为高端、高附加值、健康绿色的特色产品，时刻跟进新时代对消费升级的需要，以满足消费者新时代需求为己任。同时，对河南省山珍资源的开发和发展进行大力推进，对豫西及西南等沿太行山、伏牛山、大别山产业集聚区进行重点支持，鼓励发展绿色生态食品，培育食品工业新的增长点。

4. 对河南省流通体系加快完善

要充分发挥郑州交通枢纽优势，结合发展郑州为国际物流中心的目标，构建以郑州为核心的食品工业物流网络体系。通过集中布局公路港、铁路港、航空港和郑州国际物流园区，对食品设施进行假设，使郑州成为覆盖中部、辐射全国、连通国际的食品物流基地。此外，对河南省大型食品专业批发市场加快建设步伐，对市场结构进行优化，对物流配送功能进行完善和提升，打造良好的食品流通网络体系。以优质小麦加工基地为依托，以郑州为核心，对商丘、漯河、新乡等粮食加工和物流中心进行重点建设，对粮食物流通道不断完善，实行散化流通模式，完成省内对接和省外辐射。

（二）工作举措

1. 实施培育知名品牌工程

加大河南省企业品牌的塑造、营销、推广力度，实施"10＋20＋30"工程，将河南省骨干企业——双汇、思念、好想你、黄金叶、三全、白象、杜康、众品、金星、十三香打造成为 10 个国内外知名品牌；将宋河、花花牛、南街村等 20 个品牌建设成为区域知名品牌；将道口烧鸡、铁棍山药、信阳毛尖等 30 个特色产品培育成为特色产品知名品牌。对上述品牌不断引导，由点及面，点面结合，建设多层次、全方位培育知名品牌机制。加大宣传力度，开展河南省食品品牌对外展示活动，向外界宣传河南省知名品牌。对办好驻马店、鹤壁等食品博览会给予大力支持，使河南省成为产业转移承接、产业影响力有效提升、品牌培育优良、食品消费引领者、产业结构优化引导的综合性交流推介平台。

2. 全产业链融合发展快速推进

积极迎合市场需求，鼓励食品工业龙头企业起到模范带头引领作用，不断完善利益联结机制，进行制度和商业模式创新，提升技术专业度和现代化程度，对利用资金、品牌等优势延伸产业链条、兼并上下游企业的企业进行支持和鼓励。对河南省双汇、大用实业、华英集团、科迪、好想你等大型企业推进建设高标准、规模化养殖基地，引导它们以产业链为桥梁，将上游第一产业、下游第三产业与之紧密融合，建设成为"市场－制造－种养殖"一体化的全产业链集团。推进农业供给侧改革，将农业与第二、第三产业交叉融合，形成现代产业体系。全面改进河南省传统面粉加工行业"麦强面弱"的问题，引导小麦粉加工龙头企业进行设备更新、创新和技术提升，对小麦粉进行精深加工，不断进行延链增值发展。

3. 通过智能制造加快产业升级

针对现阶段消费者对食品消费需求的不断升级，河南省要积极引导食品工业加快产品结构调整，改善以往中低端产品的现状，不断开发绿色健康、营养价值高、安全的高端食品产品。对于河南省优势产业速冻面米食品和低温肉制品行业，积极鼓励该行业企业进行设备自动化改造，实现智能制造，在企业中构建智能制造示范车间，打造智能制造示范企业。

4. 将"互联网＋"引入食品工业

对河南省食品工业实施"互联网＋"电子商务行动和高效物流行动，积极推进食品工业企业与重点电商平台进行合作对接，将信息化技术、大数据、云平台和冷链体系进行融合，发展新时代生鲜电子商务。对产品销售模式进行革新，构建具有时代特点的新型食品物流网。对众品鲜易网建设进行大力推进，其中对该网智能监控平台、邦太食品"互联网＋"全谷物食品产业化示范项目等项目进行重点推进。

5. 加强食品安全监督和管理

民以食为天，民以食为安。食品质量是保障民生的根本，食品工业企业的宗旨就是为消费者提供健康、安全、放心的食品。我国已经颁布最新修订的《中华人民共和国食品安全法》，河南省将对此全面贯彻落实，抓好省内食品工业企业诚信体系建设，推动企业进行诚信管理体系评价，创建示范企业和示范园区；对河南省产品质量可追溯体系加快建设，依托重点企业、行业、地区，以点带面，点面结合，全面建设好河南省食品安全体系建设。

对食品安全加强监督。在河南省建立食品安全责任体系，食品企业对食品安全负首要责任，相关监管部门各负其责，相应地方政府负总体责任，抓好监管责任制和责任追究制。第一，对源头污染加大治理力度，监测土壤、水体中有毒害物质，特定农产品严禁在不适合生产区域进行生产。第二，对饲料质量进行严格监管，保证农畜产品的质量安全。第三，对食品生产进行监督，对完工产品进行抽查检验监督，一旦发现使用不合规食品原料将严肃查处。第四，完善重大食品安全事故应急处理机制，对一些安全事故隐患及时消除，减少带给社会的危害和损失，为民众的食品安全保驾护航。

七 保障河南食品工业发展的政策措施

1. 加大力度推进项目进展

政府相关部门应当对相关工作做好职责划分，将工作细化至县级部门，并且给出分工明细。省级管理部分对食品工业龙头企业进行监管和大力扶持，市级管理部门对重要基地加强管理和建设，县级管理部门对河南省重点特色产品发展加强推进和管理，三级管理部门对河南省食品工业在产业布局、项目建设、集聚区域建设、产业链完善、资金支持等方面协调一致，凝聚合力，强力推动河南省食品工业项目良好发展。

2. 加大政策支持力度

对河南省加快食品工业转型升级发展出台相关意见，推动食品工业重点领域、技术和产品发展。对各项关乎企业的资金充分利用，加大力度支持食品工业企业重点项目、自主创新等服务体系建设。鼓励河南省食品大型企业跨地区、行业、所有制进行组建合并，形成超级大集团，增强在国内行业中的综合竞争力。鼓励食品生产精细化，中小企业改变小、散、乱现象，专注"精、特、新"方向的发展，将各自企业拳头产品做精，培育"单项冠军""小巨人"企业。

3. 注重人才培养，引进高端人才

河南省食品工业的发展离不开食品相关人才，因此，为了加快河南省食品工业向"高、精、尖"方向发展，必须注重对食品相关人才的培养。河南省相关管理部门要与省内相关高校、科研机构进行沟通和交流，针对河南省食品工业发展现状，着重培养满足食品工业发展的人才。同时，建立相关人才交流公共服务平台，完善食品人才网，让相关专业人才能够通过各种渠道进入食品工业企业，为河南省食品工业发展增添助力。同时，还要积极走出去，引进高端食品技术人才。多方位、多层次进行人才培养和引进，加快发展河南省食品工业。

4. 加大食品工业对外开放

河南省食品工业的发展要不断与外界进行交流合作，不仅有助于合资合作渠道的扩展，还能引进先进的发展理念、高端技术、优质项目。不断

加强省内食品企业与国外龙头企业的合作和交流，引进国外知名企业。同时，对河南省大型企业和境外资本市场的对接进行鼓励和支持，将河南省食品生产基地和营销网络体系深入到全国各地乃至全世界。对我国食品企业进行各种出口优惠政策，加大培育河南省出口品牌，提高国际竞争力。加大力度支持河南省龙头企业对国家食品标准制定的参与度，提高行业话语权。为河南省食品优质企业参加国内外大型经济活动提供资金和政策支持，打造具有重要影响力的食品会展品牌。政府资金要对优势产品的出口进行政策倾斜，鼓励他们利用国家进出口银行政策性贷款。同时，设立奖励制度，对于出口效益良好的企业进行表彰和奖励，加大激励力度。

第八章

河南医药制造业形势分析与预测

医药制造业是关系国计民生的重要产业，是培育发展战略性新兴产业的重点领域，主要包括化学药、中药、生物技术药物、医疗器械、药用辅料和包装材料、制药设备等细分行业。我国《医药工业"十三五"发展规划》将生物医药与信息通信技术、高档数控机床和机器人、航空航天装备、海洋工程装备及高技术船舶、先进轨道交通装备、节能与新能源汽车、电力装备、农机装备、新材料作为重点发展产业。河南省委、省政府以"中医药强省"为目标，积极配合"十三五"规划的战略布局，全力推动"健康中原""医药强省"的建设。近年来，河南省医药行业发展迅速，成为全省重要的产业支柱。

一 医药制造业的概念及特点

（一）医药制造业的概念

医药制造业是指企业对资源（物料、能源、设备、工具、资金、技术、信息和人力等）按照市场要求，通过加工制造过程，转化为可供人们使用的医疗工业品与消费品的行业。依据国家统计局 2017 年《国民经济行业分类》（GB/T 4754—2011）标准，医药制造业包括化学药品原药制造、化学药品制剂制造、中药饮片加工、中成药生产、兽用药品制造、生物药品制品制造、卫生材料及医药用品制造、药用辅料及包装材料等八个子行业。

医药制造行业属于技术密集型行业，具有技术壁垒高、特许生产、研发周期长、高投入、高风险、弱周期性、弱区域性和弱季节性等特点。

1. 技术壁垒高

医药制造业对高新技术吸纳能力强，是科技含量最高的行业之一。药品从研发到上市需要经过毒理和药理研究、临床前研究、临床试验、试生产、大规模生产等多个环节，具有多技术融合、跨学科应用等特点。原料药及制剂生产涉及复杂的工艺路线，对生产环境要求严苛；制药企业需不断优化工艺，降低成本，提高产品质量，以形成产品竞争力。上述因素决定了医药行业对研发创新能力、生产技术水平、装备技术水平等方面有很高的要求，只有通过长期的研发投入和生产实践积累才能掌握相关的核心技术，并形成企业的核心竞争力。而缺乏相应积累的公司很难在短时间具备适应行业发展要求的技术水平。目前，国际领先的制药企业掌握着先进的化学合成工艺，具备较强的专利优势和技术优势，创新药基本由其垄断，凭借专利保护在较长时间内保持技术领先。

2. 特许生产的模式

我国制药行业采取特许生产的模式，即企业及其生产线、产品分别取得药品生产许可证、GMP（生产质量管理规范）认证、药品批准文号后方可生产药品。制药企业的生产模式可分为自主生产、委托生产两种。其中，委托生产要求委托方及被委托方均具备合法药品生产资质。在药品上市许可持有人制度下，研发企业取得药品批准文号后，可委托具备资质的药品生产企业生产批准上市的药品。

3. 新药研发投入大、周期长、风险高

制药行业的研发具有投入大、周期长、风险高的特点。新药从研发伊始至上市需要经历药品筛选、工艺开发、体外实验研究、动物实验研究、临床研究、批准生产等多个环节。医药行业的研究费用占整个销售额的比率比其他行业都要高。现在开发一种新药所需的费用一般在 5 亿美元左右。从开始开发一个药物到最后临床研究结束，一般需花 10～15 年。新药研发风险极高，有研究表明，药物研发从进入临床 I 期到上市的成功率在 10.4% 左右。

4. 新药开发对企业利润影响巨大

首先，新药开发需要较高研发费用投入，这会对企业每年经营损益产生直接影响；其次，如果一个重磅新药研发成功并上市，无疑将给企业带来巨大收益，特别在专利保护期内可以独享该部分市场；再次，因为新药的垄断有时效性，一旦专利到期失去保护，而企业利润来源又单一的，在仿制药冲击下出现专利悬崖，企业利润和股价极速跳水的事也经常出现；最后，当市场上出现性价比更高的新药、新药上市后发现有副作用被限制使用、政策的调整、某些病种的爆发等消息，都会对企业的效益产生冲击。综合上述，新药开发对医药制造公司的利润波动有重大影响。

5. 弱周期性、弱区域性及弱季节性特征

医药行业的发展不可避免地受到国民经济发展情况的影响，但药品的使用事关生命、健康，需求刚性较强，属于弱周期性行业，与经济周期关联度较低。由于某些疾病的发生与气候条件变化密切相关，而且不同地区的经济发达程度、环境状况、医疗水平存在差异，不同地区、不同季节的疾病谱和用药结构存在一定差异，导致单种或某一类药品的消费存在一定的季节性或区域性，但医药行业整体没有明显的区域性和季节性特征。

二　河南医药制造业的发展状况

近年来，在经济结构调整和医药产业政策的支持下，河南省医药制造行业发展迅猛，产业聚集和产业链逐步形成，企业实力进一步增强，市场不断拓展，医药产业政策连续出台，产业生态环境得到优化。

（一）河南医药制造业发展快速

2017年，河南省医药制造业经济效益快速增长，增长率高于省同期工业产值。2017年1~11月，医药制造业规模以上工业累计主营业务收入为2633亿元，比2008年同期增加了2263亿元，复合增长率约为24.4%。经历了将近10年的快速发展，河南省医药制造业依然保持迅猛的增长势头，2016~2017年的医药制造业主营业务收入增长约为16.4%，远远高于《河南工业发展报告蓝皮书（2017）》预期的2017年河南省工业增加值增长率7.5%。

以行业视角分析，医药制造业依然属于河南省快速发展的行业之一。

2016年，河南省医药制造业与公共管理、社会保障和社会组织，文化、体育和娱乐业，信息传输、软件和信息技术服务业，租赁和商务服务业，居民服务、修理和其他服务业等行业增长率均超过16%，领先于金融业的13.3%和房地产业的14%（见图8-1）。

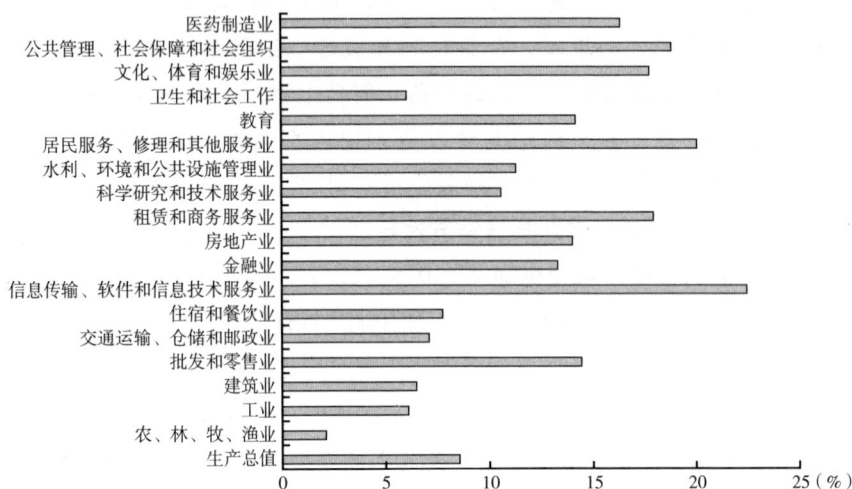

图8-1 河南2016年各行业增长率

医药制造企业数量增长迅速。如图8-2所示，随着河南省产业环境的改善和产业政策的支持，规模以上医药制造企业不断扩大，从2005年的252个增长到2016年的499个，年平均增长速度约为10%。

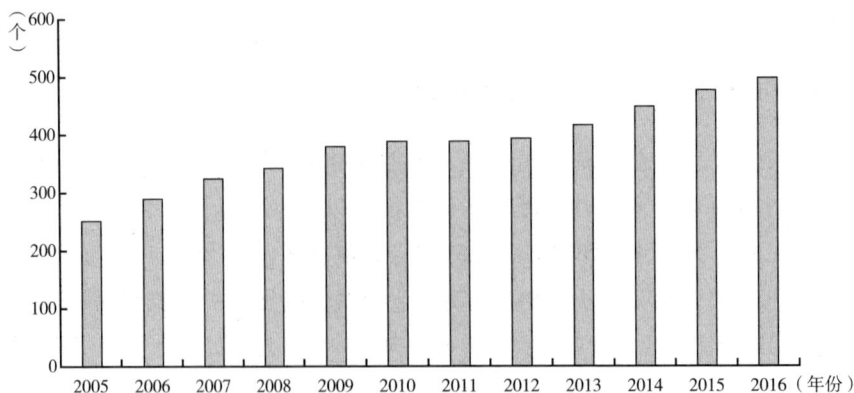

图8-2 河南省医药制造企业数量变化

(二) 医药产业相对集中, 特色鲜明

河南省医药行业的发展具有显著的产业聚集特征, 各地区依托自身优势与技术的引进, 培育具备区域特色、高水平、高效益的医药产业区。

1. 郑州生物医药产业基地

郑州市以生物医药作为跨越性发展产业布局的突破口, 依托郑州航空港、郑州经济技术、郑州高新技术等产业集聚区, 突出发展新型诊断试剂、生物技术药物和高性能诊疗设备, 实施安图生物体外诊断产业园、河南昂睿生物科技产业园、中泽新概念生物医药产业园、河南省基因检测应用示范中心、河南省干细胞库与干细胞再生医学工程产业化基地等一批重大项目, 建成国内一流的生物医药产业基地, 其"一基地两园区"的产业布局初具规模。郑州航空港经济综合实验区国家高技术生物产业基地(核心区), 依托美泰宝生物等重点企业(项目), 发展生物技术药物研发、制造、第三方检验服务、医疗诊断、药品冷链物流等新业态。新郑市化学制药产业园和郑州高新区百亿级生物医药产业园与润弘制药、遂成药业展开深入合作, 并不断地引进实力雄厚的医药企业, 形成具有产业规模、技术优势、自主创新的医药园区。据河南省产业合作公共信息平台的数据, 截至2017年6月, 郑州市生物医药产业在建项目近40个, 总投资额达320亿元。

2. 新乡生物医药产业基地

依托新乡高新技术、新乡经济技术等产业集聚区, 突出发展生物技术药物和基因工程药物, 实施华兰生物医药产业园、河南省基因工程研究中心等一批重大项目, 建设中西部最大的单克隆抗体药物生产基地和国内一流的免疫治疗产业转化平台。

3. 河南省中药产业基地

河南省中药产业在《河南省中医药发展战略规划(2016~2030年)》的指引下, 结合自身优势, 形成了大别山区、桐柏山区、南阳盆地、伏牛山区、太行山区、黄淮平原、豫东平原等七大中药材生产基地。对药材产业链进行深化和拓展, 发展优势中成药和特色中药饮片, 实施南阳仲景宛西中药配方颗粒开发及产业化、禹州润弘本草健康产业园、汤阴扁鹊医药产业园、信阳羚锐制药贴膏剂及透皮贴片等重大项目, 培育形成一批现代中药产业集群。

4. 化学制药产业集群

依托驻马店市、鹿邑县和商丘梁园等产业集聚区，扩大和提升抗病毒药物、抗肿瘤药物等新型半合成抗生素规模和水平，实施天方药业原料药升级搬迁、辅仁药业抗病毒口服液、现代哈森西咪替丁原料药等重大项目，培育形成以化学原料药为主的产业集群。依托武陟县、项城市等产业集聚区，提升特色原料药二次开发和制剂化水平，实施辅仁武陟医药产业园、乐普药业（项城）固体制剂等重大项目，培育形成以化学药品制剂为主的产业集群。

（三）医药制造行业公有企业和私营企业产业互补，相互促进

河南省医药制造行业中，公有性质的企业依然是吸纳就业，创造利润的主力军。2016 年，河南省规模以上公有性质的医药制造企业共 21 家，吸纳就业人口 2.28 万人，资产总额为 136 亿元，实现利润总额 19.08 亿元。同期私营医药制造业共 193 家，吸纳就业人口 6.08 万人，资产总额为 462.78 亿元，实现利润总额 56.97 亿元。总体上，私营企业创收更加强劲，且吸纳了更多从业人员，但平均而言，私营企业的创收能力相对较弱，人均吸纳就业人员也小于公有企业。两类性质的企业相互补充，构造了河南省医药制造企业的金字塔模式（见图 8 - 3）。

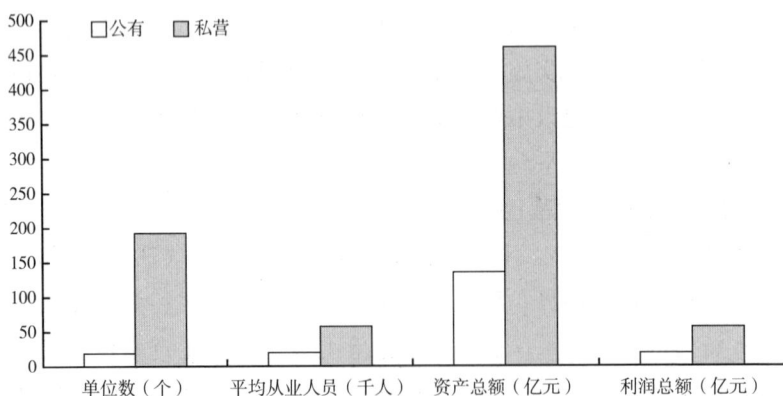

图 8 - 3　河南省不同性质医药制造企业比较

（四）医药企业实力进一步增强，龙头企业影响深远

在市场增长、技术进步、投资加大、兼并重组等力量的推动下，医药制造企业的实力进一步增强。2016 年，河南省规模以上医药制造企业实现净利润 204.83 亿元，就业人口 21.12 万人。上市企业由 2000 年的第一家增至 2017 年的 16 家。总资产超过 10 亿的企业 6 家，超过 1 亿的企业 10 家。主板上市企业 6 家，新三板上市的企业 10 家。其中，以华兰生物、普莱柯、辅仁药业为代表的大型企业集团规模不断壮大，拓新药业、瑞诚科技、利欣制药等一批创新型企业快速发展，不断地加大研发投入和市场开拓，进行产业链整合，提升了河南医药企业的市场竞争力。

河南省部分医药企业处于行业龙头地位，影响较大。以华兰生物为例，华兰生物工程股份有限公司作为国家定点大型生物制品生产企业，长期从事血液制品研发和生产，且首家通过血液制品行业的 GMP 认证，在该领域处于垄断地位。该企业先后承担多项国家、省、市级科技攻关项目，其中外科用冻干人纤维蛋白胶被列入国家"863 计划"。目前华兰生物拥有 20 余家全资控股子公司，总市值超过 280 亿元，是国内拥有产品品种最多、规格最全的血液制品生产企业，血浆处理能力居国内乃至亚洲首位。

（五）研发投入持续增加、研发人员结构不断改善

近年来，河南省医药制造企业不断加大研发，研发结构不断改善。2014 年，河南省医药制造规模以上企业的研发投入总额为 12.71 亿元，其中 R&D 经费内部支出为 11.77 亿元，R&D 经费外部支出为 0.94 亿元。2016 年，研发投入额增加到 19.70 亿元，较 2014 年增长了 6.99 亿元（见图 8-4），年增长率约为 55%。从研发产出来看，2016 年，规模以上医药制造企业的专利申请数为 586 个，有效专利数为 893 个，新产品产值为 134.99 亿元。

从研发人员的结构来看，2016 年，河南省医药制造业研发人员为 8625 人，其中，女性研究人员为 3212 人，男女比例为 1.69∶1。管理人员为 618 人，参加项目人员为 8007 人，两者比率为 1∶12.96。全时人员为 5599 人，非全时人员为 3026 人，人员折合全时当量为 6422 人年。与 2014 年的人员结构对比，研究人员总数基本维持不变，但管理人员数量由 2014 年的 837

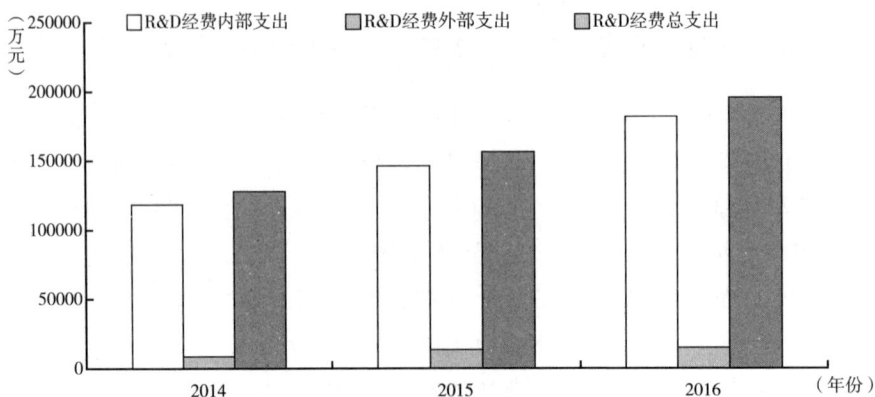

图8-4　河南省规模以上医药制造企业研发投入

人下降到2016年的618人，下降率约为-26%。非全时研究人员与全时人员的比例有所提升，由2014年的43.97%上升到2016年的54.05%（见图8-5），研究的开放度进一步提高。

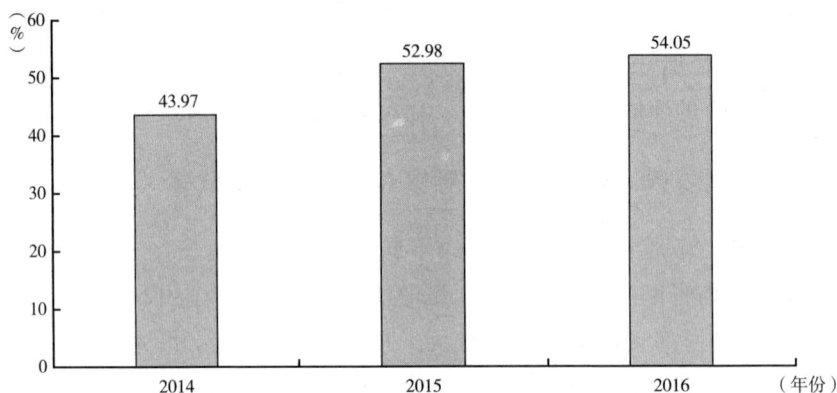

图8-5　河南省规模以上医药制造企业非全时与全时研究者比例

（六）政策蓄力护航

医药工业是关系到国计民生的重要行业，该行业的发展不仅需要技术、人才和资本的支持，亦需政府政策性的推进。近年来，国家和河南省陆续出台了相关法规政策，对河南省医药制造业发展产生深远影响。

2017年1月，国务院医改办会同国家卫生计生委等8部门联合出台

《关于在公立医疗机构药品采购中推行"两票制"的实施意见（试行）的通知》（以下简称《通知》）。《通知》指出医改试点省（区、市）和公立医院改革试点城市的公立医疗机构要率先推行药品采购"两票制"，鼓励其他地区执行"两票制"，争取到 2018 年在全国全面推开。"两票制"是指药品生产企业到流通企业开一次发票，流通企业到医疗机构开一次发票。"两票制"的推行意在规范医药流通秩序，减少流通环节，降低流通费用，有利于政府机关加强药品监管，打击违法提价行为，进而深化医药改革，提升医药制造行业的集中度，促进医药行业健康发展。

国务院于 2017 年 2 月 14 日印发并实施《"十三五"国家药品安全规划》（以下简称《规划》）。《规划》从四个原则出发，即维护公众健康，保障公众需求；深化审评审批改革，提升监管水平；鼓励研发创新，提高产品质量；加强全程监管，确保用药安全有效。全面对国家药品改革做出了指引，加强药品质量监管，鼓励行业创新，方向性地引导企业注重药品质量，加大创新投入，从技术和质量层面进行市场监管。

2017 年 6 月 20 日，国家食品药品监督管理总局局务会议审议通过《国家食品药品监督管理总局关于调整进口药品注册管理有关事项的决定》（以下简称《决定》）。《决定》为鼓励新药上市，满足临床需求，主要调整三个方面，即允许同步研发申报，优化注册申报程序，取消部分进口药品在境外上市的要求。《决定》给新药的研发上市提供了有力的支持，为企业研发新药品提供了动力。

2017 年 7 月 1 日，我国首部《中华人民共和国中医药法》（以下简称《中医药法》）正式落地实施。《中医药法》将继承和弘扬中医药，保障和促进中医药事业发展，保护人民的健康。该法的颁布实施为企业从事中药的研发和生产提供了法律依据，为中药产品市场的健康发展保驾护航。

2017 年 10 月 8 日，中共中央办公厅和国务院办公厅联合印发《关于深化审评审批制度改革鼓励药品医疗器械创新的意见》（以下简称《意见》）。《意见》从改革临床试验管理、加快上市审评审批、促进药品创新和仿制药发展、加强药品医疗器械全生命周期管理、提升技术支撑能力、加强组织实施六方面提出 36 条具体意见，有力地促进了药品医疗器械产业结构调整和技术创新，提高产业竞争力。

2017年11月23日，国家发展改革委正式公布《短缺药品和原料药经营者价格行为指南》（以下简称《指南》）。《指南》提醒相关经营者不得就短缺药品和原料药实施捏造散布涨价信息、串通操纵市场价格等违反《价格法》的行为。《指南》切实加强短缺药品和原料药市场价格监管，有效规范短缺药品和原料药经营者价格行为，维护市场价格秩序，建立药品和原料药购销公平竞争的市场环境。

2017年11月28日，CFDA发布了《关于发布中成药通用名称命名技术指导原则的通告》，同时下发了《关于规范已上市中成药通用名称命名的通知》。文件明确，中成药命名不应采用"强力、速效、御制、秘制"等夸大、自诩、不切实际的用语。若存有明显夸大药效、低俗用语和迷信色彩，以及处方相同而药品名称不同，药品名称相同或相似处方不同等问题的中成药必须改名。对于已上市中成药的名称中包含了人名、地名、企业名称等，一些形成了品牌，享誉国内外的药品，可不更名；来源于古代经典名方的各种中成药制剂也不予更名，这条规定也让众多老字号中药企业免于更名。该文件既保护了具有市场口碑的老字号中药企业，也规范了中药企业的品牌建设，有利于我国中药企业的稳健发展。

2014年，河南省人民政府印发了《河南省人民政府关于印发先进制造业大省建设行动计划的通知》，就河南省加快生物医药产业的发展做出了规划。该文件指出，河南省生物医药技术的发展要紧跟国际生物技术制药发展趋势，抓住国内市场快速增长和骨干企业布局调整的机遇，扩大与国内外优势企业的战略合作，积极引进国内外高端创新人才及团队，以生物技术药物、化学创新药物、现代中药为主攻方向，打造生物医药产业集群，到2017年，力争规模以上生物医药产业主营业务收入超过3000亿元，建成国内一流的新型医药产业基地。重点引进国内外知名企业设立生物医药研发及生产外包基地，发展疫苗、血液制品、抗体药物、诊断试剂等产品，建设生物技术药物产业园。发挥区域市场优势，大力引进高端诊疗设备制造企业，建设区域性生产基地。重点建设华兰新型疫苗产业园等28个亿元以上重大项目。推动化学药物骨干企业研发能力建设，加快大品种仿制药物产业化和高端原料药新品种发展，提升制剂加工规模和水平，建设具有国际化标准水平的生产基地。重点引进知名企业布局建设生产基地，发展具有研发、生产、营销功能的区域中心。重点建设辅仁药业新型创新药物研发及产业化等49个亿元以上重大项目。推进中药材规范化种植，打造一批从原料药材到药品的中药标准化示范产业链，建立国内大型现代化中药品牌基地。加大中药制药过程的关键技术开发和推广，提升装备制造水平。重点建设宛西药业道地药材GAP（中药材生产质量管理规范）种植基地等29个亿元以上重大项目。建设郑州航空港区、平原新区百亿级生物技术药物产业集群，培育汤阴、商丘梁园、驻马店等3个百亿级生物医药特色产业集群。该文件为河南省医药制造业的发展做出了纲领性的指导。

2016年，河南省人民政府下发了《河南省人民政府办公厅关于印发河南省重点产业2016年度行动计划的通知》，围绕高端装备制造业、电子信息产业、食品工业、能源原材料工业转型发展、医药产业、节能环保装备、消费品工业等8个重点产业，制订了10个年度行动计划。其中关于医药产业的计划指出，以提升研发能力、扩大市场规模为重点，实施76个重点项目，着力培育8~10家优势骨干企业，发展2个医药产业聚集区、3个县域特色产业园区，组建河南省医药产业企业联盟，逐步形成以龙头企业为支撑、产业链条逐步完整、产业集聚发展的医药产业发展新格局。大力发展5个重点领域，生物医药、现代中药、化学药物、医疗器械和健康产业。加大财政扶持力度，充分利用各类专项资金基金，重点支持医药企业发展、医药领域的园区和平台建设，对省级确定的医药储备企业给予贴息补助；支持企业加大研发投入，鼓励企业自主创新，不断开发具有高附加值和竞争优势的新产品；支持企业建设大宗优质中药材生产基地和良种繁育基地；支持优秀人才和项目引进、国际交流与合作。健全政策导向、要素保障、市场开拓、融资服务、困难企业帮扶等企业服务长效机制，指导企业用足用好政策，千方百计帮助企业解决生产经营中遇到的各种难题。加快创新产品产业化进程，对重点园区、重点项目，相关地方及部门要在立项审批、资金支持、土地审批、保健品注册、GMP认证、药品采购、环评等方面开辟"绿色通道"，推动创新型企业发展。对重点项目建设情况进行定期检查，并向所在地政府和行业主管部门反馈，奖优罚劣，推动项目顺利实施。

2017 年 2 月 22 日，河南省政府发布《河南省人民政府办公厅关于印发河南省中医药发展战略规划（2016～2030 年）的通知》，该文件根据《国务院关于印发中医药发展战略规划纲要（2016～2030 年）的通知》（国发〔2016〕15 号）精神，结合河南省实际，以加强中医药强省建设步伐，推进健康中原建设为目标，提出了河南省中医药发展的五大任务。中医药服务能力持续提升、大力发展中医养生保健服务、扎实推进中医药继承创新、全面提升中药产业发展水平和大力弘扬中医药文化，全方位建设中医药强省。

（七）河南省医药企业存在的问题

河南省医药工业在快速发展的同时，与医药强省之间依然存在巨大的差距，主要表现为三个方面。

1. 上市企业数量较少，行业集中度不高

从企业数量来看，河南医药制造企业与医药强省存在巨大差距。从上市企业的对比来看，河南省医药制造企业上市公司总数为 21 家，龙头上市企业有华兰生物、太龙药业、羚锐制药、辅仁药业、普莱克生物和安图生物等。浙江省医药制造企业上市 51 家，江苏省为 38 家，广东省为 36 家，湖北省为 23 家。整体企业数量对比差别并不明显，河南省规模以上医药制造企业共 499 家，浙江省为 439 家，江苏省为 703 家，广东省为 421 家，湖北省为 410 家。上市企业占比中，河南省约为 4.2%，浙江省为 11.6%，江苏省为 5.4%，广东省为 8.55%，湖北省为 5.6%（见图 8 - 6、图 8 - 7）。总体而言，河南省医药制造企业上市数量较少，行业集中度不高，一定程度上阻碍了企业规模经济的发展。

2. 技术创新能力相对较弱，企业研发投入低，高素质人才不足，创新体系有待完善

河南医药制造企业的技术创新能力较弱，企业研发投入有限，高素质人才相对缺乏，制约着河南省医药制造业的发展。2016 年，河南省医药制造业研究人员为 8625 人，其中研究员为 8007 人，2016 年，河南省医药制造行业专利申请数为 586 项，有效发明专利为 893 项，研发项目经费为 21.5 亿元，企业内部研发费用为 22.4 亿元，而同期江苏省企业内部研发经费为 76.09 亿元。

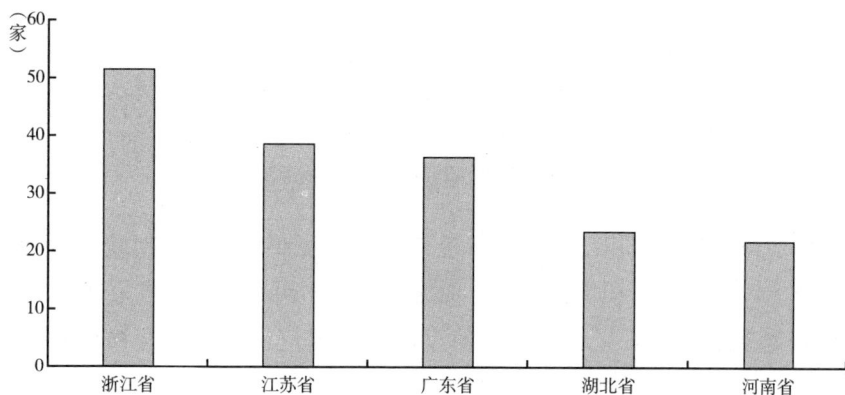

图 8 - 6　河南与其他医药强省上市医药制造企业对比

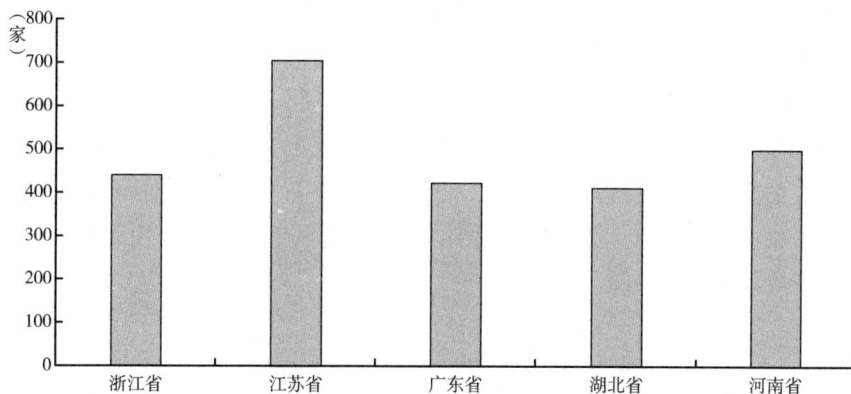

图 8 - 7　河南与其他医药强省医药制造企业数量对比

3. 产品结构亟待升级，产业聚集有待提升

目前，河南省医药制造业主要以中西药制造为主，新兴的生物医药业尚处于初级阶段，市场需求大，中药产业有待进一步完善。河南省的生物医药产业起步较晚，主要集中在郑州、新乡的产业区，龙头企业少，覆盖范围小，研发投入有限，人才缺口大等特征制约着该产业的发展。中药产业作为河南省重点支持医药产业，现在多分散在南阳、信阳、驻马店等地区，产业分散，以中小企业为主，产品结构相对单一，限制了企业的规模化和聚集化发展模式，制约了河南省医药制造业战略结构的调整。

三　河南医药制造业运行形势预测

（一）医药制造业发展趋势预测的方法选择

经济预测是指利用历史的经济现象以及经济变化规律，对未来经济发展的可能性做出评估和推测，通常而言，是利用历史经济数据对未来经济指标和数据做出估量。经济预测的方法有很多，目前具有普遍适用性的方法有十几种。依照预测时间的长短可将预测分为短期、中期和长期预测，一般而言，短期预测相对精确，中长期预测建立在假设意义的基础上。依照预测性质可分为定性预测和定量预测。定性预测是指预测者依靠熟悉业务知识、具有丰富经验和综合分析能力的人员与专家，根据已掌握的历史资料和直观材料，运用个人的经验和分析判断能力，对事物的未来发展做出性质和程度上的判断，然后，再通过一定形式综合各方面的意见，作为预测未来的主要依据。定量预测则是依据历史数据，运用一定的数学方法进行加工整理，借此揭示变量间的规律性联系，用于预测未来的发展与变化，经济预测中，由于其数据的可得性较高，常采用定量预测（见表 8 - 1）。

表 8 - 1　常见预测方法的特点与适用性

方法	特点与适用情况
定性分析法	适用于短中长期预测，简洁好用 缺乏准确预测，且对未来拐点预测不准
趋势外推法	适用于短中长期预测，需要较为详尽的历史数据确定趋势，要求数据相对连续 趋势逐渐变化，有线性和非线性两类
移动平均法	短期预测，不带季节性的预测
指数平滑法	短期预测，适用于季节性和非季节性预测
回归分析法	短中期预测，通过因变量和自变量的关系，判断未来趋势
时间序列法	短中期预测，通过历史数据与当先数据之间的关联性，判断未来趋势
灰度预测法	短中期预测，关联性分析预测，非线性

根据表 8 - 1 中对于常见预测方法及适用性的特点，结合本节数据的可得性、数据间的逻辑性和预测要求。本节预测研究决定分别采用移动平均

法预测河南省规模以上医药制造企业研发投入和产出指标，采用回归分析法预测河南省医药制造业产值与河南省工业产值关系，采用时间序列法预测河南省医药制造业产值的月度数据。此处重点说明这三种方法及其与本节数据特点的结合。

移动平均法是一种简单平滑预测技术，根据时间序列资料、逐项推移，依次计算包含一定项数的序时平均值，以反映长期趋势的方法。因此，当时间序列的数值受周期变动和随机波动的影响，起伏较大，不易显示出事件的发展趋势时，使用移动平均法可以消除这些因素的影响，显示出事件的发展方向与趋势（即趋势线），然后依趋势线分析预测序列的长期趋势。移动平均法又分为简单移动平均和加权移动平均。

假设通过 n 期历史数据预测下一期的数据 F_t，则：

$$F_t = \sum_{i=1}^{n} \omega_{t-i} F_{t-i} \tag{1}$$

式（1）中 F_{t-i} 表示 t 时刻前的第 i 时刻数据，ω_{t-i} 为其对应的权重，若权重为 $1/n$，则称该模型为简单移动平均，反之称其为加权移动平均。

考虑到医药行业年度数据的非周期性、河南省医药制造业研发投入与产出的数据可得性、近年来河南省医药制造业的快速增长、国家与河南省政府对医药发展的政策支持以及医药研发的周期长等因素，本节采用加权移动平均来预测河南省规模以上医药制造业研发投入与产出。

多元回归分析预测法，是指通过对两个或两个以上的自变量与一个因变量的相关分析，建立预测模型进行预测的方法。当自变量与因变量之间存在线性关系时，称为多元线性回归分析：

$$y_t = \sum_{i=1}^{k} \beta_i x_{it} + \varepsilon_t \tag{2}$$

式（2）中 y_t 表示预测指标，β_i 与 x_{it} 则分别代表自变量系数与自变量，假设残差 ε_t 服从正态分布且相互独立，要求回归方程满足一致、无偏、有效等特征。

本节采用多元回归分析预测模型解释河南省工业增加值、PPI、卫生人员数量对河南省医药制造业工业增加值指数的预测关系。工业的整体发展是医药制造业发展的基础，PPI体现了通货膨胀对工业的影响，卫生人员数量体现市场对医药的需求。这三组数据与医药制造业工业增加值密切联系。

时间序列预测法是对时间数列所能反映的社会经济现象的发展过程和规律性进行引申外推，预测其发展趋势的方法。常见的时间序列模型有AR、MA、ARMA等。不失一般性，此处给出ARMA模型的基本原理。假设时间序列是平稳序列，其模型如式（3）所示：

$$y_t = \sum_{i=1}^{p} y_{t-i} + \sum_{j=1}^{q} \varepsilon_{t-j} \tag{3}$$

式（3）中 y_t 为需要预测的时间序列，其与前期的 y 值以及扰动项有关系，p、q 为不同数据滞后的阶数。若 $p=0$，即为MA模型；若 $q=0$，即为AR模型；若 $p=q=1$，则为ARMA（1，1）模型。

考虑到医药行业的稳定性、月度数据的连续性等特点，本节采用ARMA（1，1）模型来预测河南省医药制造业工业增加值。

（二）医药制造业增加值预测

1. 河南省规模以上医药制造企业主营收入预测

首先采用2012年5月~2016年12月，河南省规模以上医药制造企业主营业务收入数据，选取ARMA模型，预测2017年企业主营业务收入。资料来源于wind和河南省统计局数据整理。需要说明的是，由于河南省1~2月数据加总披露，本节采用平均法处理。

首先检测数据的平稳性（见表8-2）。通过检验发现，主营业务收入数据不是平稳数据，需要进行差分处理，差分后数据平稳（见图8-8），且拟合优度较好，残差相关性不高（见图8-9）。

表8-2 河南省医药制造业主营业务收入数据平稳性检验

	t值	1%	5%	10%	R-Square	DW
差分前	0.488775	-3.600987	-2.935001	-2.605836	0.849773	2.354814
差分后	-5.583425	-3.605593	-2.936942	-2.606857	0.956599	2.156437

依据数据的自相关系数和偏相关系数检验，可以判断该数据模型的阶数均为1，可采用 ARMA（1，1）模型来预测。

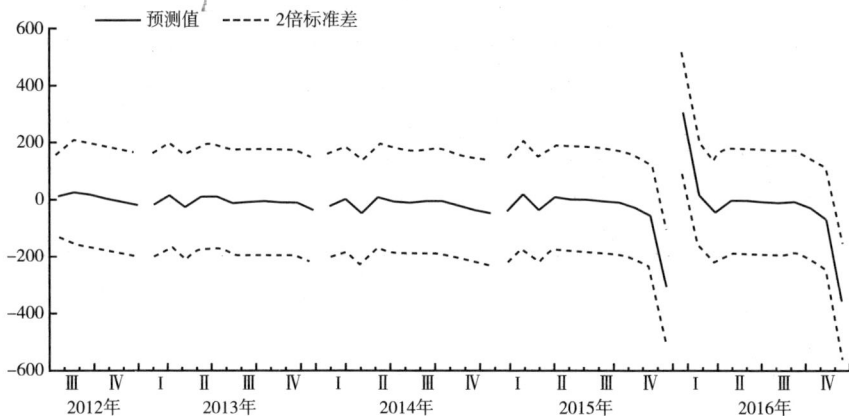

图 8 - 8　河南省医药制造业主营业务收入差分数据预测

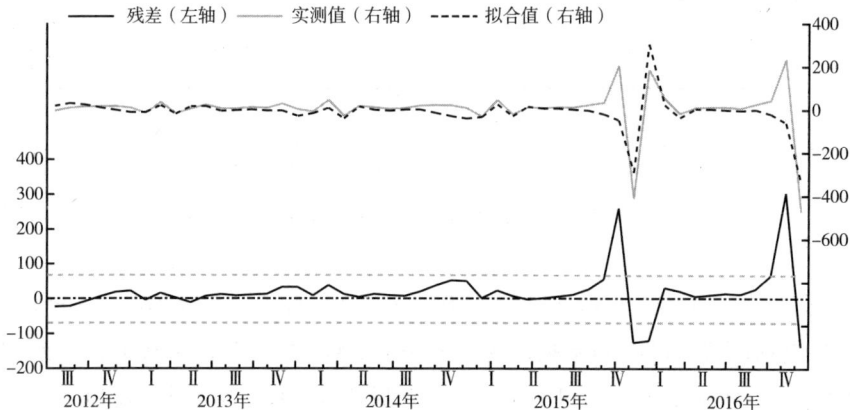

图 8 - 9　河南省医药制造业主营业务收入差分数据拟合情况

图 8 - 9 表明 ARMA（1，1）模型的大部分时间，拟合程度较高，在每个年初和年末，预测精度有所下降。我们据此预测 2017 年河南省规模以上医药制造企业主营业务收入数据，如表 8 - 3、图 8 - 10 所示。

表 8 - 3　河南省医药制造业主营业务收入预测数据

单位：亿元

时间	主营业务收入	时间	主营业务收入
2017 年 2 月	296.1164265	2017 年 8 月	193.5721097
2017 年 3 月	189.0313409	2017 年 9 月	194.4923988
2017 年 4 月	170.5519843	2017 年 10 月	190.5983016
2017 年 5 月	190.4658869	2017 年 11 月	184.6076805
2017 年 6 月	191.6036486	2017 年 12 月	119.4744885
2017 年 7 月	190.9666189		

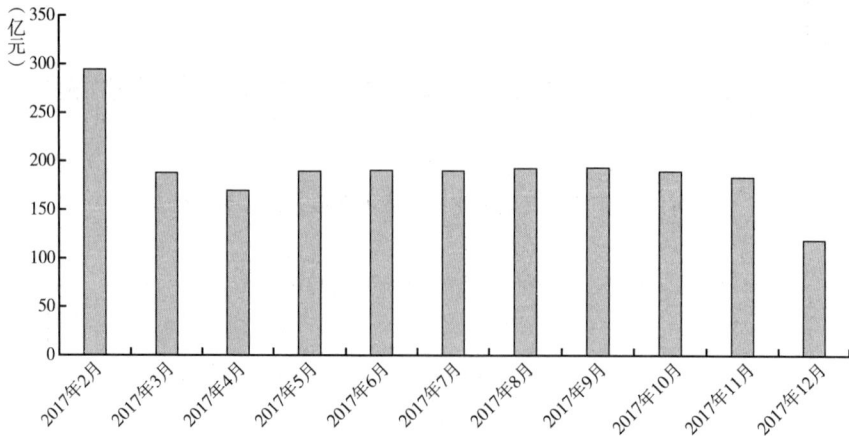

图 8 - 10　河南省医药制造业主营业务收入预测

同时，采用 2012 年第三季度至 2016 年第四季度河南省规模以上医药制造企业主营收入数据的季度数据，选取 ARMA 模型，预测 2017～2020 年企业主营业务收入。资料来源于 wind 和河南省统计局数据整理。用动态 ARMA（1,1）模型预测，2020 年第四季度，河南省医药制造业主营业务收入约为 578 亿元。

2. 河南省医药制造业工业增加值指数预测

医药制造企业的发展受到多方面的影响，一般而言，医药制造企业的工业增加值变动受到企业成本、地区经济增速、以及市场状况的影响。此处分别用 PPI、河南省工业增加值指数和卫生人员数量作为企业成本、经济增速和市场状况的替代变量，对医药制造企业进行预测。图 8 - 11、图 8 - 12 表明数据预测较为合理。

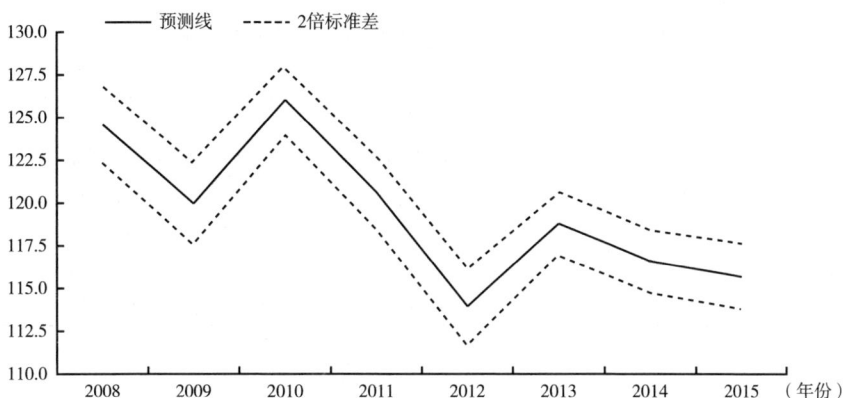

图 8 - 11　河南省医药制造业工业增加值指数预测

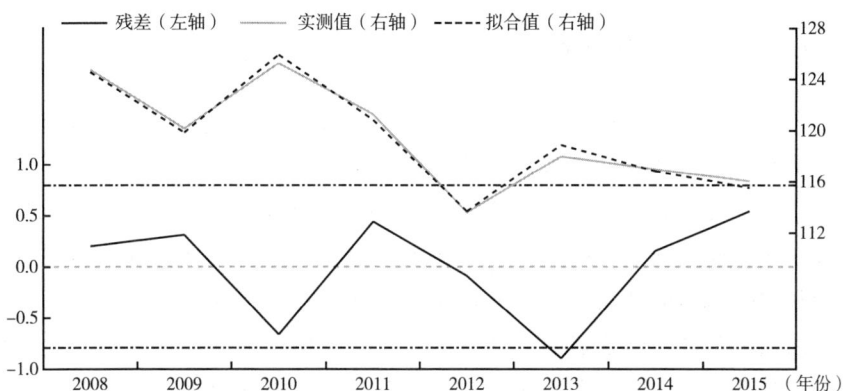

图 8 - 12　河南省医药制造业工业增加值指数拟合

　　根据模型构建，我们预测 2020 年河南省医药制造工业增加值指数为 120.87。

3. 河南省医药制造业研发投入与产出预测

　　医药制造业的发展核心是研发能力，其盈利在于其研发产出。因此对于医药制造业研发投入的预测代表了其研究投入状况，研发产出代表其研发转化能力的强弱。此处用加权平均法预测，3 年的加权权重分别为 1/6、2/6 和 3/6。预测成果如表 8 - 4 所示，2017 年河南省规模以上医药制造企业研发投入约为 17.07 亿元，新产品产值约为 12.10 亿元。

表 8－4　河南省规模以上医药制造企业研发情况

单位：万元

规模以上医药制造企业研究与试验发展（R&D）活动情况		
年份	研发总投入	新产品产值
2014	127151.70	1133952.90
2015	156484.40	1039403.70
2016	194738.20	1349983.30
2017	170722.52	1210451.70

四　推动河南医药制造业平稳健康发展的对策建议

（一）增强新药创制能力

提升生物医药产业水平，持续推动创新药物研发。坚持原始创新、集成创新和引进消化吸收再创新相结合，在疫苗、中药、生物医药领域加快推进创新药物开发和产业化，着力提高创新药物的科技内涵和质量水平。支持省内企业在国外开展创新药物临床研究和注册。实现一批临床用量大的专利到期药物的开发生产，填补国内空白。

加强医药创新体系建设。进一步发挥企业在技术创新体系中的主体作用，支持骨干企业技术中心建设，提高企业承担国家科技项目的比重，增强新药创制和科研成果转化能力。引导和扶持创新活跃、技术特色鲜明的中小企业发展，培育成为医药创新的重要力量。继续推动企业和科研院所合作，构建高水平的综合性创新药物研发平台和单元技术研究平台。完善医药创新支撑服务体系，加强药物安全评价、新药临床评价、新药研发公共资源平台建设。

鼓励发展合同研发服务。推动相关企业在药物设计、新药筛选、安全评价、临床试验及工艺研究等方面开展与国际标准接轨的研发外包服务，创新医药研发模式，提升专业化和国际化水平。

（二）提升药品质量安全水平

全面实施新版 GMP。推动企业完善质量管理体系，健全管理机构，规范生产文件管理，提高生产环境标准，建立和落实质量风险管理、供应商审计、持续稳定性考察等质量管理制度，完善药品安全溯源体系。

强化企业质量主体责任，树立质量诚信意识，认真实施质量授权人制度，加强员工培训，提高员工素质，实现全员、全过程、全方位参与质量管理，严格执行GMP，显著提升我国药品质量管理整体水平。鼓励有条件的企业开展发达国家的WHO或GMP认证，带动河南省药品质量管理更上一层楼。

提高基本药物、中药、民族药、高风险品种、药用辅料和包装材料的质量标准。加强医疗器械标准体系建设，实施国家医疗器械标准提高行动计划，重点提高基础性和通用性标准，以及高风险产品、自主知识产权产品和量大面广产品的标准。强化标准科学性、合理性及可操作性研究，提高标准的权威性和严肃性。

（三）提高基本药物生产供应保障能力

完善基本药物生产供应保障模式。对用量大、生产厂家多的品种，促进生产能力向优势企业集中，提高规模化和集约化水平。对用量小、企业生产不经济的品种，研究采用定点生产方式集中生产，保障供应。对用量不确定、企业不常生产的品种，加快建立常态化基本药物储备。积极落实国家招标采购、药品价格等政策，调动企业生产基本药物的积极性。

提高基本药物生产技术水平。支持基本药物生产企业不断改进生产工艺，推广应用新技术和新装备，加快实施新版GMP改造，稳步提高产品质量，有效降低生产成本。

加强基本药物生产供应监测。完善基本药物生产统计制度，及时掌握生产动态。加强产需衔接，定期发布重点品种供求信息。重点监测紧缺原料药和中药材供应情况，协调解决生产原料的供应不足问题。

（四）加强企业技术改造

利用现代生物技术改造传统医药产业。依托优势企业，结合新版GMP实施，支持一批符合结构调整方向、对转型升级有引领带动作用的技术改造项目。瞄准国际先进水平，加强清洁生产、节能降耗、新型制剂、生产过程质量控制等方面的新技术、新工艺、新装备的开发与应用，重点推进生物医药和中医药的生产技术改进。

加快新产品产业化。围绕生物技术药物、化学药、现代中药、先进医疗器械等重点领域，立足现有产业基础，加大技术改造投入，强化技术改造与技术引进、技术创新的结合，着力解决中试放大、检验检测等制约新产品产业化的突出问题，加快形成一批先进的规模化生产能力。

（五）调整优化组织结构

鼓励优势企业实施兼并重组。支持研发和生产、制造和流通、原料药和制剂、中药材和中成药企业之间的上下游整合，完善产业链，提高资源配置效率。支持同类产品企业强强联合、优势企业重组困难落后企业，促进资源向优势企业集中，实现规模化、集约化经营，提高产业集中度。加快发展具有自主知识产权和知名品牌的骨干企业，培育形成一批具有国际竞争力和对行业发展有较强带动作用的大型企业集团。

深化体制机制改革和管理创新。鼓励兼并重组企业建立健全规范的法人治理结构，转换企业经营机制，创新管理模式。引导企业加强资金、技术、人才等生产要素的有效整合和业务流程的再造，实现优势互补。支持企业加强和改善生产经营管理，促进自主创新和技术进步，落实淘汰落后生产工艺装备和产品指导目录，淘汰落后产能，提高市场竞争力。

促进大中小企业协调发展。坚持统筹协调，分类指导，鼓励大型骨干企业加强新药研发、市场营销和品牌建设，支持中小企业发展技术精、质量高的医药中间体、辅料、包材等产品，提高为大企业配套的能力。鼓励中小企业发挥贴近市场、决策迅速、机制灵活的特点，培育一批专业化水平高、竞争力强、专精特新的中小企业，促进形成大中小企业分工协作、协调发展的格局。

（六）优化产业区域布局

有步骤、有计划地推进医药制造业园区建设，构建多样化的产业布局。利用河南省地域、技术、交通及市场等优势，重点发展附加值高、资源消耗低、具有国际先进水平的医药产品，建设与国际接轨的研发和生产基地。积极引导受资源约束、不再具有比较优势的产业合理有序转移。

因地制宜发展中药产业、生物医药产业和西药产业。发挥河南省能源、原材料的优势，加强中药、民族药资源保护和开发利用，依托医药骨干企业，建设特色医药产品生产基地。

鼓励产业集聚发展。引导和鼓励医药企业向符合规划要求的工业园区集聚，创建一批管理规范、环境友好、特色突出、产业关联度高、专业配套齐全的国家新型工业化产业示范基地。选择具备一定基础、环境适宜的地区，重点改造和提升一批符合国际 EHS（环境、职业健康、安全）标准、实施清洁生产的化学原料药生产基地，实现污染集中治理和资源综合利用。

（七）推进医药工业绿色发展

提高清洁生产和污染治理水平。以发酵类大宗原料药污染防治为重点，鼓励企业开发应用生物转化、高产低耗菌种、高效提取纯化等清洁生产技术，加快高毒害、高污染原材料的替代，从源头控制污染。开发生产过程副产物循环利用和发酵菌渣无害化处理及综合利用技术，提高废水、废气、废渣等污染物治理水平。

大力推进节能节水。实施能量系统优化工程，推动节能技术和设备的应用，提高能源利用效率，降低综合能耗。

（八）提高医药工业信息化水平

加强信息技术在新产品开发中的应用。建立基于信息技术的新药研发平台，利用计算机技术辅助进行药物靶标筛选、药物分子设计、药物筛选、药效早期评价，加快新药研发进程。提升医疗器械的数字化、智能化、高精准化水平，开发基于网络和信息技术的医疗器械品种，统一技术标准，支持远程医疗和医疗资源共享。

提高生产过程信息化水平。加强计算机控制在生产过程中的应用，推动药品生产线和质量检测设施的数字化改造，实现全流程自动化数据采集控制。推广应用生产执行管理系统，提高生产效率和生产过程可控性，降低生产成本，稳定产品质量，实现产品质量的可追溯性。

提高企业管理信息化水平。鼓励企业集成应用企业资源计划、供应链管理、客户关系管理、电子商务等信息系统，推动研发、生产、经营管理各环节信息集成和业务协同，提高企业各个环节的管理效率和效能。

五　加快河南医药行业发展的保障措施

（一）加强产业政策引导

逐步落实国家关于医药产业方面的政策以及河南省关于医药制造业的相关政策和战略，以两者的结合为切入点，加强河南省产业政策与国家医药政策的配合，与河南省发展规划的配合，与相关产业的配合，形成政策合力，推动结构调整取得实质性进展。研究制定符合行业特征的政策措施，加快推进医药企业兼并重组。加强对医药领域专利、商标、技术秘密等知识产权的保护，依法打击窃取技术秘密的行为。加强生产质量监管和环保监督检查力度，查处违规生产行为，规范市场竞争秩序。

（二）加大政府支持力度

加大对河南省医药制造业的研发费用支持和企业融资支持，提升企业的竞争能力。加大战略性新兴产业专项资金投入，支持生物医药产业发展。扩大中药材生产扶持资金规模，支持中药材资源保护和发展。进一步加大资金投入，支持基本药物生产和新版 GMP 改造。研究完善鼓励创新的税收支持政策，落实研发费用加计扣除和高新技术企业所得税优惠等政策。拓宽融资渠道，鼓励社会资本设立医药产业投资基金，投资创新型医药企业。

（三）落实价格招标医保政策

依据国家完善药品价格政策，落实政策在河南的应用，利用价格杠杆鼓励企业自主创新，提升产品质量，抑制低水平重复建设。对基本药物的价格进行动态管理，推动建立统一定价机制，发挥价格引导作用，确保基本药物生产供应。完善药品集中采购机制和办法，探索建立综合评价指标体系，切实落实"质量优先、价格合理"的原则，加强对供货主体、采购主体和采购全过程的监督，实现公平竞争和优胜劣汰。完善基本医疗保障费用支付方式，促进合理用药，支持临床必需、疗效确切、安全性高、价格合理的创新药物优先进入医保目录。

（四）发挥药品监管调控作用

依据我国药品监管管理办法和河南省的实际情况完善药品、医疗器械注册审评审批机制和标准，加强技术支撑体系建设，促进创新和发展。加强上市药品再评价工作，完善药品退出市场机制。完善企业集团内转移药品生产批件的政策，支持企业兼并重组后的资源整合。研究建立药品上市许可人制度，为加快结构调整创造有利条件。通过推进药品标准提高行动计划、实施新版 GMP 和制定实施《医疗器械生产质量管理规范》，鼓励先进，淘汰落后。

（五）加强人才队伍建设

重视对河南省医药领域急需的科技创新、质量管理等方面人才的培养和引进。引导企业与高等院校、科研院所合作，形成产学研合理的培育链条，联合培养高层次人才。依托重大项目、重点实验室和国家工程技术研究中心等平台，发挥"千人计划"的作用，引进国外优秀人才来华创业。鼓励社会力量开展多种形式的医药领域专业化培训，培养大批面向生产一线的专业技术人才和高技能人才，为医药工业转型升级提供人才保障。

（六）构建中药产业集群，建立中药强省

依据河南省中医药发展战略规划，在原有中药生产基地和产业聚集的地区，进一步通过技术、资金、政策等方面的支持，鼓励本地企业与外地医药巨头"联姻"，形成具有一定影响力和竞争力的中药生产基地和产业区。在此基础上大力发展中医养生保健服务、扎实推进中医药继承创新、全面提升中药产业发展水平和大力弘扬中医药文化，全方位建设中医药强省。

第九章

河南房地产业形势分析与预测

　　房地产业是以土地和建筑物为经营对象，包括土地开发，土地使用权的划拨、转让，房屋的建设、维修、管理，房屋所有权的买卖、转让、租赁，房地产的抵押等多种经济活动为一体的综合性产业。

　　按照《国民经济行业分类》（GB/T 4754—2011）的最新分类标准，房地产行业可分为 5 类，包括房地产开发经营、物业管理、房地产中介服务、自由房地产经营活动、其他房地产业。本章所研究的房地产业仅指其中的房地产开发经营业（行业代码 K701），即房地产开发企业进行的房屋、基础设施等开发，以及转让房地产开发项目或者销售、出租房屋等活动。

一　河南房地产业发展形势

　　自 1998 年国家取消住房实物分配制度，实施依靠市场解决住房问题的政策以来。近 20 年，房地产业增速远超 GDP 增长，并带动建材、银行、中介等相关产业的快速发展，成为国民经济高速增长的动力引擎。近年来，受国际、国内经济环境的影响，房地产业的调整逐步加深，政策取向趋于稳健，居民和机构的购买行为和动机越发多元。把握房地产业的发展形势是制定科学合理的房地产调控政策的基础。

（一）　房地产业在国民经济中的地位

房地产业是综合性的长链条产业，横跨生产、流通和消费三大领域，对金融、建材、家电等50多个相关产业有直接的拉动作用，与广大人民群众的生产生活息息相关，在经济和社会发展中具有重要的地位和作用。

1. 房地产业是国民经济的基础性和先导性产业

房地产业是国民经济的基础性产业，房地产业所提供的房地产品既是生活资料，又是生产资料。人们的日常生活和休闲，离不开房地产；国民经济各部门开展的生产和业务活动，需要有厂房、仓库、办公室等，也离不开房地产。房地产业是国民经济的先导性产业，由于房地产商品的形成需要耗用较长的时间，房地产的开发和建设一般需要超前进行。同时，房地产的投资开发又会引发对其他许多行业的需求，对相关产业产生程度不同的带动作用。

2. 房地产业是产业关联度高、带动力强的产业

房地产业需要国民经济中的建材、设备、机械、冶金、陶瓷、仪表、森工、化塑、玻璃、五金、燃料动力等许多物资生产部门和服务行业的产品生产和劳务相互配合，从而波及、推动其发展。同时，房地产业开发营建出的房屋，能为商业、家具业、家用电器业、房屋装修业、园林花木业、家庭通信业、搬家公司、房屋金融保险业、物业管理业、家庭特约服务业、房屋买卖中介业等的发展提供前提和发展场所。

另外，房地产品消费特别是住房消费是综合性消费，可波及和带动生活消费的方方面面，如吃、穿、用、住、行、娱乐、健身、学习、社交等人们生活的各方面。而且从国民经济产业结构升级的角度考虑，第三产业的主要生产资料是房屋，有了房屋就为第三产业的发展提供了前提，从而促进其发展。

3. 房地产业是国民经济发展的重要支柱产业

房地产业是国民经济的重要支柱产业，对于拉动钢铁、建材及家电家居用品等产业发展举足轻重，对金融业稳定和发展至关重要，对于推动居民消费结构升级、改善民生具有重要作用。据测算，自 2011 年以来，河南房地产业对 GDP 的贡献率走出了一个明显的"W"形，2013 年达到创纪录的 17.30%，甚至远超第一、第二产业之和，2014 年又大幅回落至1.92%，此后逐步回升至 6% 左右（见图 9-1）。

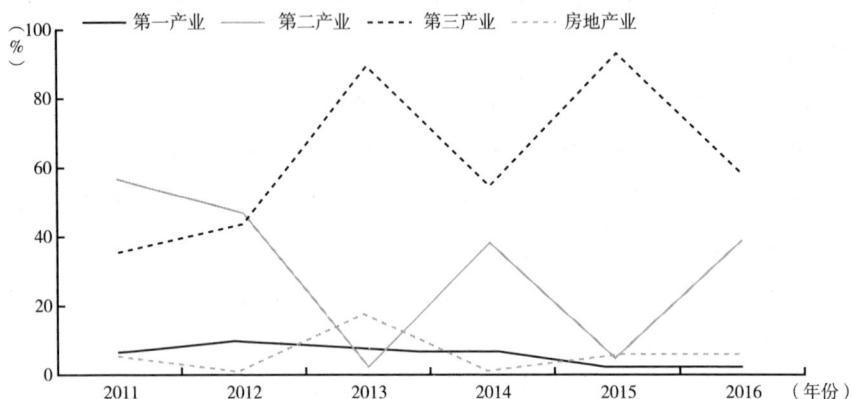

图 9-1　河南三次产业和房地产业对 GDP 的贡献率

　　从增加值规模上看，2016 年河南房地产业实现增加值 1890.01 亿元，按不变价计算同比增长 4.7%，占 GDP 的比重为 4.67%，对 GDP 增长的贡献率为 6.71%，较上年同期提高 1.13 个百分点。可以看出，楼市销售回暖为减缓经济下行压力提供了较大的支撑。未来一段时期内，政府将继续支持房地产业稳定健康发展，房地产业仍将是国民经济的重要支柱产业（见图 9-2）。

　　从投资规模来看，2016 年河南省房地产开发投资为 6179.13 亿元，同比名义增长为 28.2%（扣除价格因素实际增长 29.2%），占城镇固定资产投资的比重为 15.54%。其中，住宅投资为 4558.07 亿元，增长 29.2%，增速加快 0.7 个百分点。住宅投资占房地产开发投资的比重为 73.8%（见图 9-3）。

　　值得注意的是，2016 年河南房地产开发投资对城镇固定资产投资增长的贡献率高达 28.32%，创下近年来的新高。可以看出，在仍依赖投资驱动的增长模式下，房地产开发投资对城镇固定资产投资和宏观经济增长的影响力依然巨大。

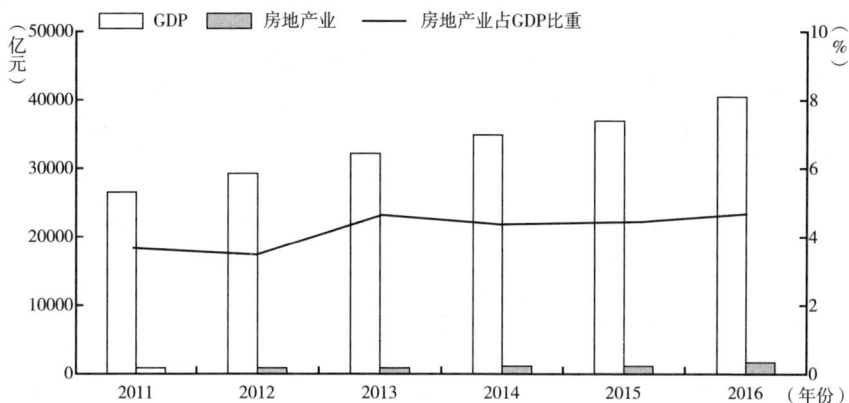

图 9 - 2　河南房地产业占 GDP 的比重

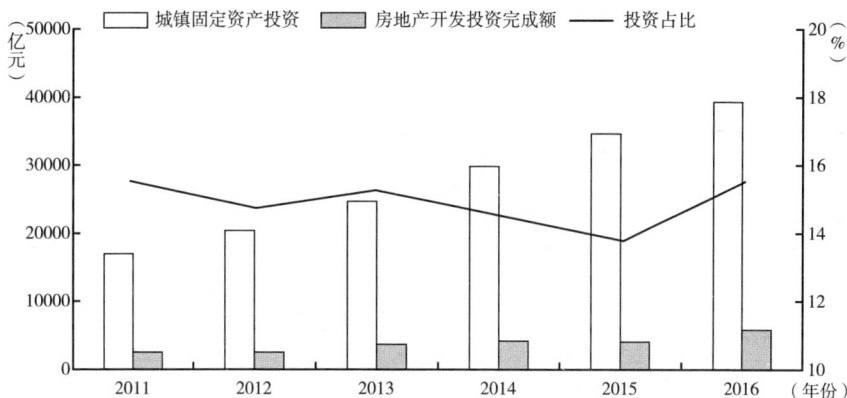

图 9 - 3　河南房地产开发投资占城镇固定资产投资的比重

（二）房地产政策环境分析

1. 国家宏观调控政策回顾

纵观近年来的房地产政策，从"严厉调控"到"松绑救市"，跟随房产价格的起落而左右摇摆。直到习近平总书记在 2017 年党的十九大报告中指出："坚持房子是用来住的、不是用来炒的定位，加快建立多主体供给、多渠道保障、租购并举的住房制度，让全体人民住有所居。"终于为房地产调控政策定下了主基调。

表 9 - 1　2010 年以来重大房地产政策一览

时间	重要政策	内容	调控意义
2010 年 4 月	"新国十条"	限制异地购房、二套房贷标准大幅提高	限制房价飙升,抑制经济过热
2011 年 1 月	"新国八条"	二套房贷首付比例提至 60%,贷款利率提至基准利率的 1.1 倍。第三套及以上住房不发放商业贷款	进一步落实地方政府责任,严厉度史无前例
2012 年 1 月	全国住房信息系统联网	保证保障性安居工程的竣工率,同时继续加快个人住房信息系统建设,保证在 2012 年 6 月末前实现 40 个主要城市的联网	希望从制度上弥补楼市调控与监管的"短板"
2013 年 2 月	"国五条"	完善稳定房价工作责任制、坚决抑制投机投资性购房、增加普通商品住房及用地供应、加快保障性安居工程规划建设、加强市场监管	重申坚持执行以限购限贷为核心的调控政策
2013 年 9 月	以房养老	试行"住房反向抵押贷款""倒按揭"	引起社会广泛争议
2014 年 5 月	各地再度救市	南宁、杭州、福州、郑州等地通过松绑限购、下调购房标准等方式救市	各地试探中央政策底线
2014 年 9 月	限购政策全面松动	大中城市限购政策全面松动,仍在执行限购的城市只剩下北上广深四地	各地限购政策松绑救市
2014 年 9 月	央行出台房贷新政	首套房贷享优惠、二套房贷大放松、限贷令取消	立足"自住性需求"的市场化满足
2015 年 1 月	农村土地制度改革	建立城乡统一的建设用地市场,允许农村集体经营性建设用地出让、租赁、入股	释放增加土地供应信号
2015 年 3 月	调整个人住房转让营业税	个人购买二手普通住房免征营业税年限降至 2 年	完善市场环境,盘活存量资产
2015 年 9 月	差别化住房信贷政策	在不实施"限购"措施的城市,居民家庭首次购买普通住房商业贷款最低首付款比例调整为不低于 25%。2016 年 2 月,该政策新增"各地可向下浮动 5 个百分点"的内容	按发展程度不同,实施分级调控
2016 年 2 月	调整房地产交易环节契税营业税	对个人购买前两套住房给予降低契税优惠;个人将购买 2 年以上(含 2 年)的住房对外销售的,免征营业税	进一步刺激房地产交易
2016 年 8 月	加强房地产中介管理	严查违法违规的房地产开发企业和中介机构	规范一线城市楼市乱象

时间	重要政策	内容	调控意义
2016 年 9 月 30 日	楼市突然收紧	国庆假期迎来收紧的楼市调控。北京、天津率先鸣枪,济南、武汉、合肥、南京等城市紧随其后。短短 9 天,先后有 21 个城市出台了新的楼市调控政策,多地重启限购限贷	给过热的房地产市场降温
2016 年 10 月	房企拿地融资受限	银监会提出严控房地产金融业务风险,严格执行房地产贷款业务制度要求与调控政策,严禁违规发放或挪用信贷资金进入房地产领域,严禁银行理财资金违规进入房地产领域	截断部分房企"空手套"的违规行为
2016 年 12 月	增加土地供应	中央经济工作会议指出,要落实地方政府主体责任,房价上涨压力大的城市合理增加土地供应;加快住房租赁市场立法;加强住房市场监管和整顿	给市场降温

由表 9 - 1 可知,梳理历年来国家层面的重大房地产政策不难发现,2011～2016 年的调控主要经历了"紧—松—紧"的三个政策周期。2009 年的房地产交易量井喷催生了长达两年有余的楼市政策收紧,期间主要是税费政策和限购政策的联合使用;到 2014 年,房地产交易量萎靡,大量依靠土地出让收入的地区财政吃紧,各地纷纷出台房地产松绑政策,以期活跃市场交易,国家层面则先后采取货币政策、土地政策、财政政策等手段"救市"。2016 年中旬,救市政策仅出台约 1 年,一线城市就迎来了交易量爆发,随后房价暴涨波及全国,2016 年 9 月 30 日,在国庆假期前一天,北京率先发布"930 新政",鸣响了又一轮楼市紧缩的第一枪。

总的来看,国家层面的房地产政策变迁呈现以下几个特点。第一,住房保障制度发生了明显的更替。从早期的关注"安居工程"到经济适用房、廉租房,到后来的重视公共租赁住房、棚户区改造,再到目前倡导实物供给与货币补贴相结合,住房保障方式日益多元,住房保障供应体系日趋完善,也反映了国家在住房保障领域从售到租的理念转变。第二,房地产调控目标发生变迁。早期调控目标聚焦于通过吸引房地产投资及加快土地使用制度改革,促进房地产市场的开发与发展;中期更为关注房地产过热所带来的房价过高、市场失序等问题,促使房地产市的平稳运行；近期则强调住房调控的地方政府主体责任，并考虑不同区域住房市场的异质性，调控行为呈复杂化态势。第三，对住房消费的注意力也发生了变化。从以公房出售为契机启动住房消费，到运用住房公积金和商业银行贷款等信贷政策刺激住房消费，再到以信贷、税收为主要手段调节住房消费结构，目前是调节住房消费结构与消化商品房库存相结合政策，同时，国家更为重视住房消费的租售并举，大力发展租赁市场。上述政策的变迁过程，既是国家在世界范围的经济竞争和制度竞争的压力下逐步进行的自我改造与完善的过程，也是以全新的视野深化对住房市场与住房保障发展规律的认识，努力实现让全体人民住有所居宏伟目标的过程。

2. 河南房地产政策环境

从政策环境角度看，除了人口众多、市场广阔、投资规模不断扩大等优势之外，河南在区域定位上有着不可替代的独特优势，而近年来不断加大的基础设施投入也为河南房地产业的发展奠定了雄厚的基础。

一是区域定位层面。2016年国务院发布《国务院关于中原城市群发展规划的批复》，这意味着河南再添一个国家战略，中原城市群成为国家级七大城市群之一。中原城市群是承接发达国家及我国东部地区产业转移、西部地区资源输出的枢纽和核心区域，将对中部崛起带来深远影响，在中原城市群的发展过程中，将聚集大量人口和资本，带来大量产业的落地，从而为河南房地产业的发展带来长期利好并产生深远影响。

也是在2016年，国务院决定设立中国（河南）自由贸易试验区，在实施范围上，拟以郑州为主涵盖郑州、开封、洛阳三个片区，总面积约120平方公里。自贸区将经过3～5年改革探索，形成与国际投资贸易通行规则相衔接的制度创新体系，营造法治化、国际化、便利化的营商环境，努力将河南自贸区建设成为投资贸易便利、高端产业集聚、交通物流通达、监管高效便捷、辐射带动作用突出的高水平高标准自由贸易园区，引领内陆经济转型发展，推动构建全方位对外开放新格局。短期来看，自贸区凭借自身的资源、政策优势吸引大量企业入驻，带来商办、产业地产需求，而企业入驻必然带来人的流动，也为区内住宅市场提供机会。从中长期来看，自贸区建设使城市内与贸易相关产业得到较快速的发展，对于城市的经济发展具备带动作用，这将进一步影响城市整体房地产业的发展。

2016 年 12 月，郑州市被国务院确定为 11 个国家中心城市之一，将成为以国际性商贸活动为带动，以现代产业体系为支撑，直接参与全球商贸资源集聚和整合，形成跨区域功能辐射与创新，具备显著国际影响力的中枢城市。河南作为我国粮食生产核心区，将郑州建设成为中心城市，有利于河南和周边省份农村人口向城市集聚；把郑州建设成为中心城市，还可以有效加快河南的城镇化进程，借助城市的发展空间和发展机会，带动河南经济进步、人民增收致富。以上两点，尤其是人口的聚集和城镇化发展进程的加快，将为河南房地产市场注入持续活力。

二是基础设施层面。2016 年 8 月国家发展改革委公布了修订之后的《中长期铁路网规划》，根据规划，到 2020 年，我国铁路网规模将达到 15 万公里，其中高速铁路 3 万公里，覆盖 80% 以上的大城市。其中郑州作为"八纵八横"的枢纽城市之一，接入了京广通道、欧亚大陆桥通道、呼南通道三个干线通道；规划中还有郑万（渝）高铁、郑合高铁、郑济高铁。《中长期铁路网规划》的公布，对铁路枢纽城市具有深远的影响，尤其是"八纵八横"线路上的节点城市。郑州作为"八纵八横"的枢纽城市之一，交通枢纽的地位得到了进一步攀升，"米"字形高铁线路的通车，将为郑州带来大量货流、人流的聚集，而这些产业的发展和人口的导入、将为区域房地产市场注入长久活力。

在省域交通方面，自 2014 年末郑开城际铁路开通运营以来，河南先后开通了郑机（郑州市区至机场）、郑焦等线路，郑登洛城际铁路也于 2016 年底动工。只此，河南省的城际铁路建设涉及中原城市群的 9 个城市，即郑州、开封、洛阳、新乡、焦作、许昌、平顶山、漯河、济源 9 市及其所辖县市的全部行政区域。城际铁路的修建，拉近了郑州与周边城市的距离，今年恰逢中原城市群这一国家战略的实施，城铁的通车也使得城市群各城市之间，在产业融合和分工方面更为合理，未来伴随着更多城铁的通车，中原城市群各城市将紧密地结合在一起。

在公共交通方面，2013 年 12 月郑州地铁 1 号线一期工程通车运营，这标志着郑州成为中原第 1 个、中部第 2 个、中国大陆第 17 个开通地铁的城市。2017 年郑州地铁 1 号线二期工程竣工通车，2 号线一期工程也已投入运营。2016 年 8 月洛阳正式获国务院批准，成为河南省第 2 个，中西部地区首个拥有地铁的非省会城市。目前，郑州地铁计划向南与许昌相连接，构成郑许城际轨道交通。这些基础设施的完善，将有效改善出行环境，同时地铁线路的通车，也将拉大城市框架，增加周边房产市场的竞争力。

这一系列的政策利好，为河南房地产业的蓬勃发展提供了良好的环境支撑。

二 房地产价格的形成机制

（一）房地产开发成本构成

房地产开发成本，是指房地产企业在开发房地产项目过程中所支出的全部费用的总和，是房地产价格的重要组成部分。房地产的成本一般包括土地成本、建筑安装成本、管理费用、销售费用、财务成本以及税费等。

1. 税费成本

商品房开发过程中涉及的税费项目共计 70 项，分散在项目审批、土地开发、工程设计施工、项目销售等商品房开发过程中的各个环节，可分为行政事业性收费、垄断性企业收费、行政单位下属企业收费或指定企业收费。其中，行政事业性收费涉及国土、房管、财政、人防、物价等 5 个行政部门；垄断性企业收费涉及水、电、气、暖 4 个公用事业服务企业；行政单位下属企业收费或指定企业收费涉及规划、建设、环保、消防等 10 个行政部门，规划设计院、土地评估所、工程造价管理办公室、环保研究所等 20 家企业。另外，项目销售期间还需缴纳营业税及附加、所得税、土地增值税，这三项约占营业收入的 10.75%～12.25%。按开发总成本平均4000 元/㎡计算，以上税费合计约占项目总成本的 20%。具体税费项目分类如下。

（1）行政事业性收费

房地产开发需要缴纳的行政事业性收费（含部分前期赋税）涉及财政、税务、土地、物价、人防、房管 6 个政府管理部门，21 项内容，具体情况如表 9－2 所示。

表 9 - 2 行政事业性收费

序号	阶段	缴费项目名称		标准	执收单位	备注
1	办理土地手续	土地出让金		不低于当地基准地价	财政局	招标、拍卖、挂牌土地成交价已含这些费用
2		耕地开垦费		9~22 元/㎡	土地局	
3		土地闲置费		耕地前 3 年平均产值的 2~3.5 倍		
4		土地管理费		征地总费用的 1.4%~2.8%		
5		新增建设用地有偿使用费		32 元/㎡		
6		土地登记费	土地权属调查费	50~100 元/宗		
7			地籍测绘费	50~100 元/宗		
8		土地证工本费		5~20 元/本		
9		土地契税		土地总价的 4%	财政局	
10		土地使用税		3~18 元/㎡	地税局	
11		耕地占用税		5~18 元/(㎡·年)		只收未开发土地
12	办理规划手续	城市基础设施配套费		规划建筑面积 170 元/㎡	财政局	城改项目减半
13		人防易地建设费		40 元/㎡（多层建筑面积）1900 元/㎡（高层人防面积）	人防办	自建不交
14	办理施工手续	副食品价格调节基金		工程造价的 1.5‰	物价局	
15		墙改基金		8 元/㎡	财政局	验收合格退还
16		农民工工伤保险		建安造价的 1.6‰		
17		农民工工资保证金		建安造价的 7.5‰		验收合格退还
18		意外伤害保险		建安造价的 3‰		
19		散装水泥专用基金		1.5 元/㎡ 或 3 元/吨		验收合格退还
20	办理交易产权手续	在建工程抵押登记费		住宅:60 元/套 非住宅:400 元/件	房管局	不抵押不收费
21		产权证登记费		住宅:60 元/本 非住宅:400 元/本		

（2）垄断性企业收费

在郑州，房地产开发需要缴纳的垄断性企业收费涉及自来水、电力、天然气、热力 4 类企业，16 项内容，具体情况如表 9 - 3 所示。

表 9-3　垄断性企业收费

序号	阶段	缴费项目名称	标准	执收单位
1	自来水报装	自来水工程设计费	工程造价的 4.2%	自来水公司 约合 3.1 元/㎡
2		自来水工程预算费	工程设计费的 10%	
3		自来水工程监理费	工程造价的 3.3%	
4		自来水工程社保费	人工费的 33%	
5	电力报装	电力工程设计费	工程造价的 4.2%	电力公司 约合 14 元/㎡
6		电力工程预算费	工程设计费的 10%	
7		电力工程监理费	工程造价的 3.3%	
8		电力工程社保费	人工费的 33%	
9	天然气报装	天然气工程设计费	工程造价的 4.2%	天然气公司 约合 3.62 元/㎡
10		天然气工程预算费	工程设计费的 10%	
11		天然气工程监理费	工程造价的 5%	
12		天然气工程社保费	工程定额工日数量×7.48 元	
13	暖气报装	热力工程设计费	工程造价的 4.2%	热力公司 约合 7.33 元/㎡
14		热力工程预算费	工程设计费的 10%	
15		热力工程监理费	工程造价的 5%	
16		热力工程社保费	工程定额工日数量×7.48 元	
合计		按成本 4000 元/㎡计算，约占成本的 0.7%		约合 28.05 元/㎡

（3）行政事业单位下属企业或指定企业收费

房地产开发商需向国土局、规划局、人防办、文物局、建委、环保局、气象局、消防支队、地震局、房管局等 10 家行政事业单位下属企业或指定的土地评估所、国土局测绘队、规划设计院、人防工程质检中心、文物考古勘探中心、质检站、消防安全检测公司等 19 家垄断性企业缴纳费用，具体情况如表 9-4 所示。

表 9-4　行政事业单位下属企业或指定企业收费

序号	阶段	缴费项目名称	标准	执收单位	主管部门
1	办理土地手续	土地评估费	地价的 0.1%~4%	土地评估所	国土局
2		土地勘测费	1616 元/4 点	国土局测绘队	
3			另引 2000 元/点		
4		测量引点费	1903.56 元/点	土地测绘服务部	
		测量定桩费	404 元/点		

续表

序号	阶段	缴费项目名称	标准	执收单位	主管部门
5	办理规划手续	测绘费	定位:2594 元/栋 测高:1777 元/栋	规划设计院	规划局
6		定界引点	707 元/点		
7		放线费	500 元/点		
8		航测图	550 元/张		
9		批前、批后公示牌	4000 ~ 5000 元/块 ×2 次	环境艺术所	
10		日照分析审查	1 元/㎡(5000㎡ 以下) 0.5 元/㎡(5000㎡ 以上)	规划设计院	
11		人防工程质量监督费	7.5 ~ 9 元/㎡	人防工程质检中心	人防办
12		文物勘测费	4 元/㎡	文物考古勘探中心	文物局
13	办理施工竣工手续	施工图纸审查费	1.5 ~ 3 元/㎡	建筑工程施工图设计文件审查中心	建委
14		招标代理费	建筑造价的 1‰	招投标公司	
15		质量监督费	砖混:1.6 元/㎡ 框架:1.8 ~ 2 元/㎡	质检站	
16		定额测定费	总造价的 1.2‰	工程造价管理办公室	
17		环境评估费	价格可以谈,约合 1.8 元/㎡	环境保护科学研究所	环保局
18		氡气检测费	50 ~ 100 元/点(基坑布网 10M×10M 交点)		
19		防雷装置安全性能检测费	根据基地面积和房屋层数收费(一般 1.5 元/㎡)	防雷中心	气象局
20		消防图纸审查费	造价的 1.6‰	消防技术咨询服务公司	消防支队
21		消防检测费	2.7 元/㎡	消防安全检测公司	
22		地震安全评价	单次单测不少于 4 万元	地震工程勘察事务所	地震局
23	办理交易产权手续	在建工程抵押手续费	贷款额的 0.08%	房屋抵押服务中心	房管局
24		交易手续费	住宅:3 元/㎡ 非住宅:房价的 3‰	房地产交易中心	
25		测绘费	住宅:0.6 ~ 1.36 元/㎡ 非住宅:1.5 ~ 1.8 元/㎡	房屋测绘队	

（4）营业税及附加、所得税、土地增值税

营业税及附加、所得税、土地增值税分别按销售收入的 5.5%、3.75%、1.5% ~3% 缴纳。

以上收费项目基本涵盖了房地产企业在河南商品房项目开发过程中应交缴的主要税费，但不是每个建设项目都要交纳所有的税费，根据项目类型的不同，缴费项目也略有差异。

2. 基本建设成本

基本建设成本主要指房地产开发建设施工过程中产生的费用，主要包括桩基工程，钢筋，砼，砌体工程，抹灰工程，门窗工程，土方，进户门，烟道及公共部位装饰工程，外墙工程（包括保温），屋面工程，地下室，电梯工程，室外配套工程，塔吊，室内水电安装工程（含消防），人货电梯，泵车等大型施工机械租用办公区、仓库等临时设施和其他临时设施（水、电、排污、形象、生产）的厂棚与其他生产用房，人工费，测试验、手续、交通、交际等费用，承包商管理费（资料、劳保、利润等各种费用）。以上费用，虽然各地情况有所不同，但以上基本建设成本平均应不低于 3000 元/m^2。随着房地产项目的档次提高，造价也水涨船高，尤其某些高品质项目，采用拎包入住的精装方式，装修成本不菲，其造价提高更是毋庸置疑的。

从造价机构公布的历年全国住宅建安成本表可以看出，房地产的基本建设成本虽然呈现逐步上升态势，但涨幅不大（见表 9－5）。

表 9－5　全国住宅建安成本

单位：元/m^2

年份	多层	高层
2011	1205	1666.5
2012	1270	1752
2013	1310	1823
2014	1356	1828
2015	1361.5	1774.5
2016	1381	1799.5

3. 运营成本

运营成本包括隐性和显性费用两部分，如设计费（含前期设计概念期间费用），监理费，广告、策划、销售代理费，财务费及人工费均属于显性费用。而开发企业运行中产生的相关费用，如招待费等所谓的"公关费用"则属于隐性费用，这部分费用通常较难估算，实际常以财务报表中的"期间费用"体现。

（二）市场需求

从人口基数上看，2011 年以来河南总人口数保持稳定，人口自然增长率在 5.5‰左右。同期城镇人口数量增长较快，从 2011 年的 3808.71 万人增长到 2016 年的 4623 万人，城镇化率达到 48.5%（见图 9 - 4）。

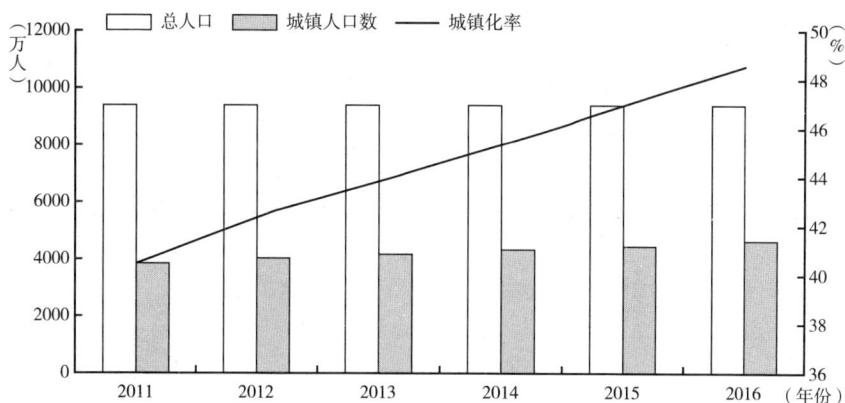

图 9 - 4　河南历年人口变动情况

从收入水平上看，2011 年以来河南城镇居民人均可支配收入保持快速增长势头，年均增速为 8.40%，2012 年突破了 20000 元大关，2016 年达到 27232.90 元。2011 年以来城镇居民消费支出年均增长 7.95%，略慢于收入增速。但其中居住消费支出却快速增长，年均增幅为 28.12%，特别是 2014 年之后，居住支出占总支出的比例从原来的 8.8%一举提升至 2016 年的 20%（见图 9 -5）。

从房地产销售情况上看，2011 年以来，以郑州市场作为"领头羊"，河南各地房价均出现不同程度的波动和上涨。如图 9 - 6 所示，2014 年随着"化解房地产库存"上升为国家政策，房地产行业迎来更加宽松的政策环境。以降首付、减税负为代表的新一轮去库存化政策相继出台，再加上人民币贷款规模大增，在政策宽松与流动性充裕叠加刺激下，河南楼市销售量飙升。到 2016 年商品房销售面积、销售额绝对值均创历史新高，全省商品房销售额超过 5000 亿元，商品房和住宅销售面积双双突破 10000 平方米。改善性需求集中释放、投机投资性需求抬头为销售快速增长提供了强力支撑。

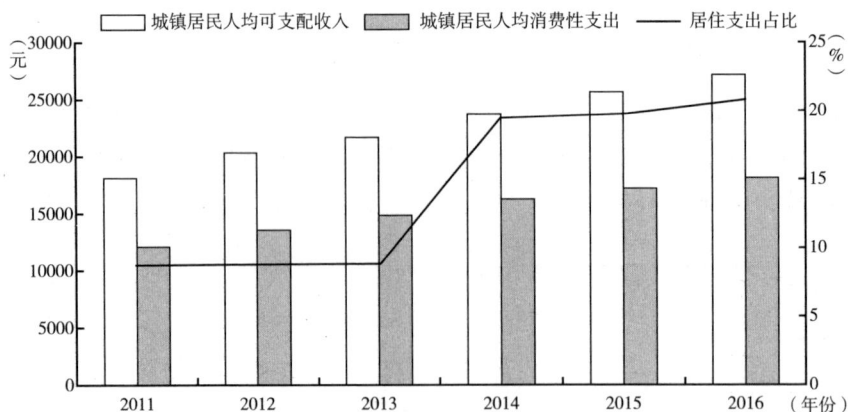

图 9 - 5　河南历年城镇居民人均可支配收入、人均消费性支出和居住支出占比

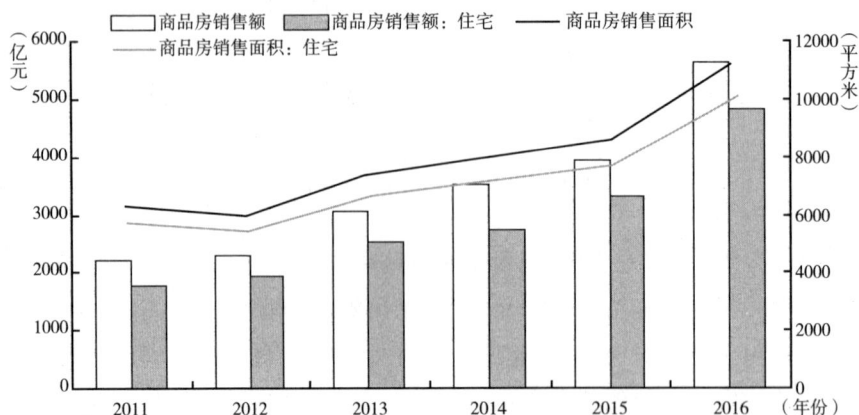

图 9 - 6　河南商品房及住宅销售额和销售面积

（三）市场供给

2016 年，在 2015 年低基数效应及楼市销售火热升温带动下，土地交易低迷的态势有所缓和。以郑州为例，2016 年全市供应土地面积为 999.05 万平方米，同比增长 35.65%，供应土地规划建筑面积为 3081.96 万平方米，同比增长 47.13%。更值得注意的是，供应土地起始楼面价自 2015 年起大幅上涨，以 50.94% 的增速创下 2010 年以来的增幅新高，2016 年更是达到了 2353.34 元/㎡ 的历史高位（见图 9 - 7）。

从房地产开发进度上看，在经历了 2014 年、2015 年的房地产发展低

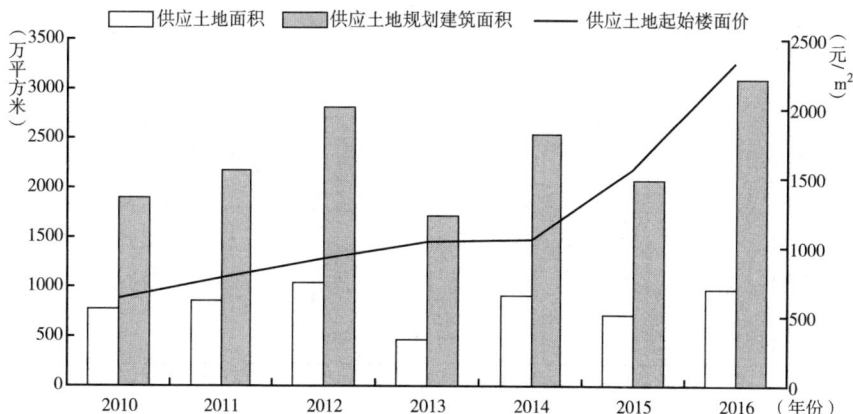

图 9 - 7　郑州市土地供应情况

谷后，2016 年施工进度明显加快，河南省房屋施工面积达到 47359.55 万平方米，同比增长 15.53%，其中住宅施工面积为 35579.02 万平方米，同比增长 14%（见图 9 - 8）。

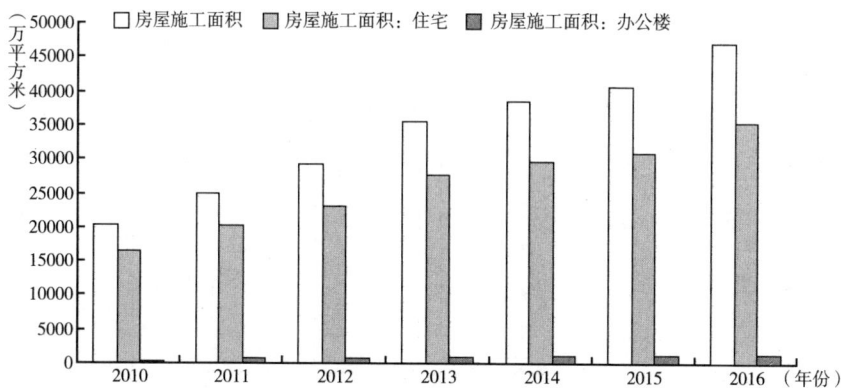

图 9 - 8　河南历年房屋施工面积

一般来说，房企从拿地到开工需要 3 ~ 6 个月的筹备时间，因此新开工指标与土地供应指标的走势基本同步。2016 年河南省房屋新开工面积和住宅新开工面积同比增速均超过 30%，创下 2010 年以来的增幅新高。与之形成鲜明对比的是，2014 年上述两项指标创下罕见的负增长，分别同比回落 15.07% 和 19.65%；办公楼新开工面积则在 2013 年和 2015 年取得负增长（见图 9 - 9）。

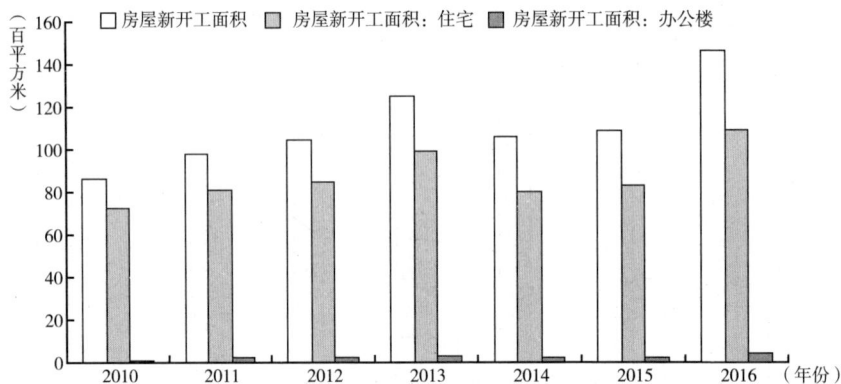

图 9－9　河南历年房屋新开工面积

从竣工指标上看，房地产项目一般滞后于新开工指标 1～3 年。由于 2014 年、2015 年新开工面积整体低位运行，2015 年的房屋竣工面积全面负增长，其中办公楼竣工面积更是同比回落了 37.26%。2016 年虽同比增速实现回升，但其绝对值仍未超过 2014 年的水平（见图 9－10）。

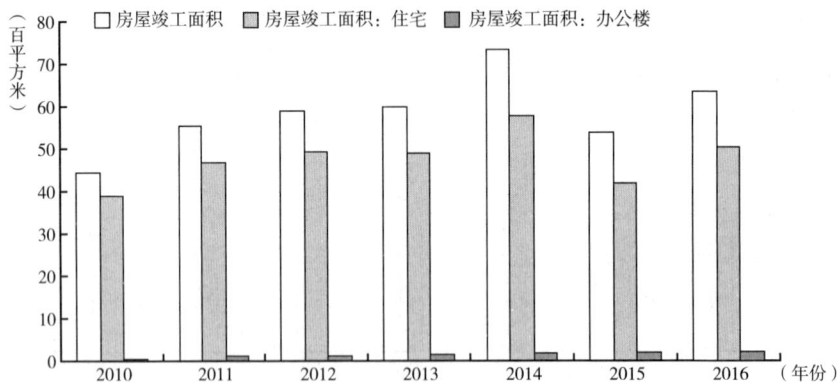

图 9－10　河南历年房屋竣工面积

（四）市场价格

价格的形成是由供求平衡所决定的，从历年房屋销竣比（即房屋销售面积和竣工面积之比）上看，该指标始终在 1 以上运行，即需求始终大于供给，2016 年更是达到 1.79 的新高。这也为房价不断攀升创造了基础条件（见图 9－11）。

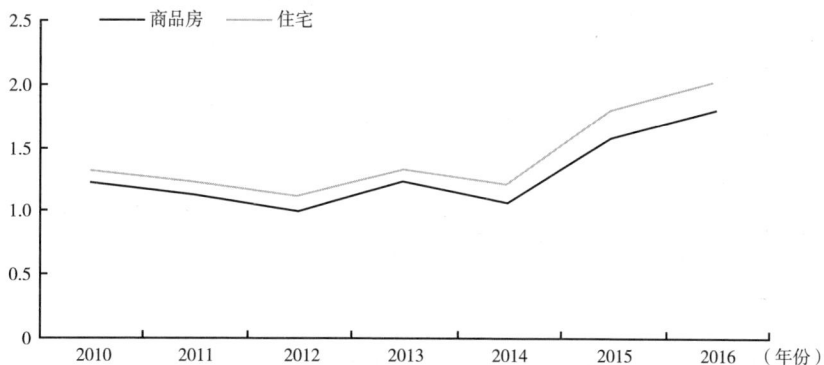

图 9 - 11　河南历年房屋销竣比

　　从拿地成本上看，以郑州为例，除工业地价基本保持稳定外，商业和居住地价均以超过 6% 的年均增速不断提升，其中居住地价的年均增幅更是达到 7.17%。2016 年是河南地价增幅最快的一年，整体平均地价同比增幅接近 12%，而居住地价同比增幅则达到 12.92%（见图 9 - 12）。

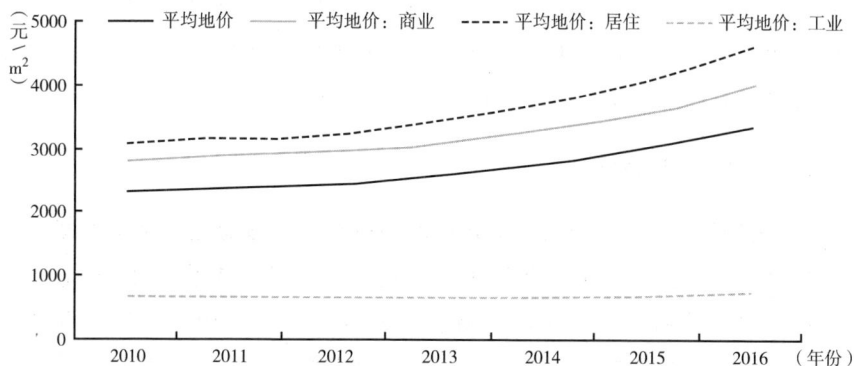

图 9 - 12　郑州市历年平均地价

　　在供不应求和拿地成本上升的双重影响下，房地产价格不断攀升就成了必然的结果。2010 年以来，河南商品房销售价格年均增幅为 8.5%，其中住宅年均增幅最高，为 8.94%，办公楼年均增幅最低，仅为 - 0.27%。2016 年，河南房屋平均销售价格增至 4964 元/㎡，其中住宅均价为 4774 元/㎡，别墅高档公寓的均价最高，为 8193.00 元/㎡（见图 9 - 13）。

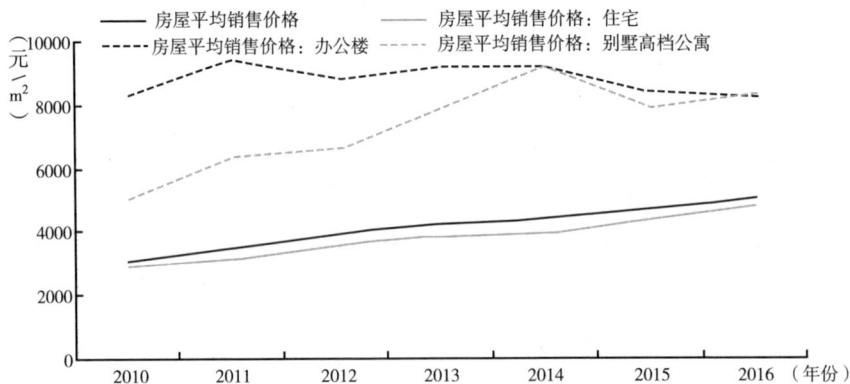

图9-13　河南历年房屋平均销售价格

三　河南房地产业发展趋势预测

作为稳定整体经济发展的重要基础和新型城镇化的重要载体，未来新增城镇人口住房需求以及现有人口改善型需求均需要房地产业继续稳定发展来满足，因此，房地产业将继续发挥自身规模优势和联动优势。此外，住房消费作为居民消费的重要组成部分，未来仍会保持增长态势。总体来看，房地产业在国民经济中的支柱地位不会动摇。

（一）行业发展趋势

1. 短期趋势：房地产业强势升温后迎来拐点，稳健运行是主基调

从全国范围上看，2016年以来，在超预期宽松的货币政策下，楼市销售强势升温，并从一、二线热点城市传递到二、三线城市。2016年中下旬，一线城市收紧调控后开始降温，二线热点城市、一线周边的三线城市接棒继续冲高。就河南的实际情况判断，部分热点城市房地产市场已呈现过热迹象，后续收紧调控的可能性大大增加，短期内房地产业运行的政策限制可能增多。一方面，宏观经济下行压力依然较大，稳增长仍需要房地产业的稳定，尤其是开发投资的稳定；另一方面，货币政策将回归稳健，前期楼市升温的流动性支撑将减弱。

2. 中长期趋势：房地产业进入分化调整期，消费驱动将成主要模式

中长期来看，随着楼市供求形势和外部环境的转变，房地产行业整体进入增长放缓、去库存化、市场分化、去行政化、轻资产化的"新常态"，"消费驱动"将取代"投资驱动"成为新的增长模式。

从行业增速来看，由于前期投资过剩、增长过快，房地产市场逐步进入存量房时代，开发投资将降至中低速增长，去库存化将陷入持久战，二手房交易占比或明显提升，改善性需求和新兴消费地产将成为决定楼市走向的关键因素。

从调控方式来看，楼市调控进入后限购时代，调控方式将发生转变，从行政化调控转向市场化调节，从支持投资环节转向稳定消费环节，深化住房体制改革、建立长效调控机制将成为下一阶段楼市政策的重心，供需结构合理化将成为新的目标。

从市场结构来看，在新型城镇化取得实质性进展之前，区域市场分化的态势仍将加剧，一、二线热点城市将持续成为供需热点，部分省会级和国家战略区域（自贸区、"一带一路"、京津冀一体化、长江经济带）辐射范围内的二、三线城市则将逐步展现其增长潜力。

从产品结构来看，随着住房市场的饱和以及产业转型、消费升级的加速，以服务产业需求和消费需求为重心的产业地产、众创空间、物流地产、旅游地产、教育地产、养老地产等非住宅新兴业态将呈现多元化、综合化发展态势。

从竞争结构来看，在楼市深化调整的过程中，房企业绩分化的态势仍将持续，行业洗牌整合有望提速，"强者恒强"的局面将进一步强化，综合实力强劲的大型房企、竞争优势明显的特色房企将成为市场主体。

从经营策略来看，传统靠规模取胜的黄金时代已经过去，"高杠杆、重资产、拼规模"的房地产开发模式难以维系；靠质量和效益取胜的"白银时代"已经到来，轻资产化、多元化融合、多业态互联将成为新的业务增长模式，并成为房企战略转型的主要方向。

（二）市场需求预测

城镇居民新增住房总量主要取决于人口数量、城镇化率、人均住房面积、家庭结构等因素，以及原有城镇居民的改善性住房需求。尽管当前房地产市场已进入调整期，但在新型城镇化的背景下，未来房地产市场需求仍将有一定保证，尤其刚性需求、改善性需求、拆迁改造需求仍将继续释放。

根据河南"十三五"规划，到2020年河南常住人口城镇化率要达到56%，这就意味着城镇化率每年大约要提高1.9个百分点。按此规划的目标要求，使用时间序列预测2017～2020年河南总人口并计算出同期城镇人口数（见表9-6）。

表9-6 河南2017～2020年人口和城镇化率预测

单位：万人，%

年份	总人口	城镇人口数	城镇化率
2017	9596.20	4834.07	50.37
2018	9660.40	5047.55	52.25
2019	9724.60	5263.43	54.12
2020	9788.80	5481.73	56.00

通过绘制2001～2016年城镇人口数（x）和商品房销售面积（y）的散点图，发现两者存在很强的相关性（见图9-14）。计算得到线性相关性公式：$y = 5.3208x - 13324$，$R^2 = 0.9499$。

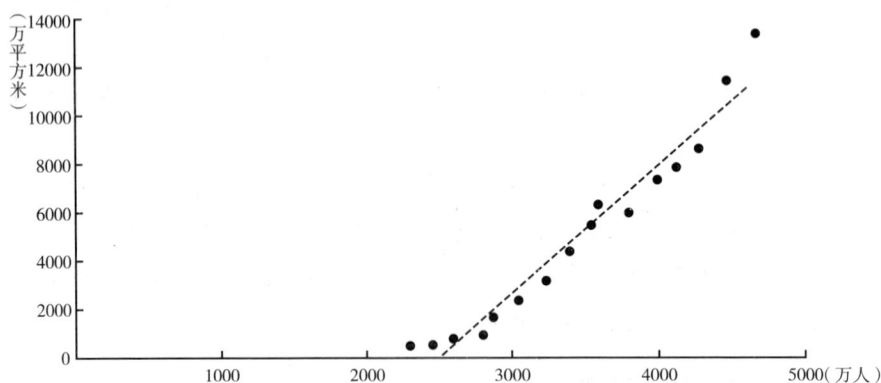

图9-14 河南2001～2016年城镇人口数和商品房销售面积的散点图

据此，可以推算出2017～2020年河南商品房销售面积的预测值，如表9-7所示。

表 9 - 7　河南 2017 ~ 2020 年商品房销售面积预测

单位：万平方米

年份	商品房销售面积
2017	12397.12
2018	13532.99
2019	14681.67
2020	15843.16

（三）市场供给预测

到 2016 年末，包括河南郑州在内的一、二线热点城市已集中进入补库存周期，尤其部分二线城市存销比甚至不足 4 个月，增加土地供应及中小套型住房供应的需求较为迫切。在楼市销售持续火爆的行情推动下，房企拿地和开工热情高涨。不过值得注意的是，库存压力较大的三、四线城市将主动减少甚至暂停新增住宅用地供应，楼市开工高速增长的态势难以长期延续。尤其多地限购政策重启后，楼市销售再度降温，房企拿地和开工或重归谨慎，届时楼市开工速度也将逐步放缓。

（四）市场价格展望

1. 短期：政策平稳为主，房价涨幅回落

从调控的立场上看，房价的快速上涨和大幅下跌都不是政府希望看到的。本轮的房价快速上行，收紧调控政策顺理成章。我们从目前销竣比相对大小和政策趋势两个维度来判断河南房地产市场的短期表现，大部分城市的调控政策将维持边际平稳，而房价上涨速度将继续回落，调控政策在短期内不会有新的变化。

2. 中期：整体需求仍未满足，行业快速发展仍可期

数据显示，绝大多数城市房价的变动滞后待开发土地价格的变动 1 ~ 3 年时间。考虑到房价同时受到政策周期和货币周期的影响，我们认为这一关系是相对稳定的。从近期看，土地成交溢价率明显下降，但这并不是房企补库存需求回落的表现。溢价率下降的原因有以下三种。一是目前溢价率仍相对较高。二是越来越多的城市"限房价、竞地价""限地价、竞配建"等控制房价的行政行为对于真实土地需求价格的扭曲。三是金融去杠杆导致融资端收紧，部分房企资金紧张，暂时退出土地市场。综合考虑以

上因素，我们认为目前房企补库存需求仍然十分强烈，土地成交溢价率继续快速下降的可能性不大。

对于待开发土地面积处于低位、同比增速不高、去库存化周期处于历史低位的河南三、四线城市来说，房地产行业仍处于快速发展的繁荣区间。而对于郑州、许昌、洛阳等新一线、准二线城市来说，虽然高房价已经透支了居民的未来收入，但随着人口的不断涌入、城镇化步伐的加快，再加上新增用地的不足，供求两端的博弈可能会更加激烈，行业集中度可能会进一步提升，发展节奏趋于平稳。

3. 长期：经济和人口是最主要的变量

房地产的影响因素众多，长期来看，区域未来的经济增长和人口流入是决定房地产市场的基础输入变量，而人均可支配收入、房价收入比、人均住宅面积可作为辅助指标。

从投入产出的角度来看，GDP 最终将以劳动者报酬、生产税净额、固定资产折旧和营业盈余四种形式进行分配。忽略统计口径的细微不同，逻辑上 GDP 越高的城市劳动者报酬也越高，也就是人均 GDP 越高的城市人均可支配收入也越高。产业结构决定了最终分配形式的相对份额，故人均 GDP 与人均可支配收入的比值与产业结构有关。

人口同时具备生产力和商品市场的双重属性，人口越多，生产力越强同时市场越大。常住人口对房地产市场的影响主要体现在两方面，一是长期来看，常住人口增速越大的城市房价增速也越大，二是人均住宅面积增长幅度较小的城市，房价涨幅较大。

在房地产长效机制逐步建立、房产税稳步推进等政策背景和货币政策稳健中性、经济增速维持健康等经济背景下，平均房价收入比将保持小幅波动，而中心城市则有下降的空间。

四　河南房地产业可持续发展的政策取向

（一）房地产业"三大新政策"评估

1. "租售并举"政策：平抑"恐慌性"波动

自 2016 年中央经济工作会议关于"租售并举"定调，2017 年 5 月住建部下发的《住房租赁和销售管理条例（征求意见稿）》的顶层设计，随后一线城市也先后出台加快租赁住房发展的政策。截至目前，全国发布租赁新政策的城市已超50个，已有超过10个城市开展租赁类土地出让，供应量超过8万套。同时，各地政府大力推动住房租赁市场建设。未来住房租赁制度将更加完善，推出租赁政策的城市会进一步增多。同时，以工行、建行为代表的国有银与政府和房企签订住租赁合作协议，在银行的资金倾斜下，涉足租赁企业可以获得资金支持，逐步增加房源的供应量，形成规模化经营。

"租售并举"长效制度的出台不仅体现在政策密集出台，更实打实地体现在"只租不售"用地的出让。截至目前，已经有上海、深圳、杭州等超过10个城市开展租赁类土地出让，上海只租不售用地供给量最大，2017年以来已经接近100万平方米，占上海市住宅类用地成交面积的近20%。在提出"租售并举"长效机制首年，租赁与销售实现了"二八分"，政策执行力度相当坚决。在上海租赁用地供给中，其中14块纯租赁用地获得市场广泛关注，原因有二，一是价格极低，张江集团受让的浦东张江地块楼板价仅为5568元/m²，而周边房价已经达到74000元/m²；二是受让方均为国企，张江集团、陆家嘴集团、嘉定新城发展、上海地产均为国企背景。一般来说，房地产开发涉及的几项主要成本是土地款、建安费用、三费、增值税及其附加以及土地增值税，通过粗略计算可以发现，这些纯租赁地块的项目年租金收益率普遍维持在5%左右，浦东张江地块的年租赁收益率甚至超过6%。此外，由于针对租赁用途进行开发，项目可以打造出高溢价产品，实际的收益率理论上来说应该更高。考虑到上海市目前的平均租金回报率维持在1.5%左右，由于低廉的土地价格，租赁资产的收益率已经颇具吸引力，国企获得的纯租赁用地租金回报率明显高于平均水平。

"租售并举"为代表的长效机制推行有望改变房地产的盈利模式，同时有大规模推进的基础。如果将地产长效机制视作一次房改，改革成本不能明显高于维持原有制度的成本，不能损害多数方的利益才能稳步推进。从开发商的角度来看，开发商将自持物业建设成长租公寓，从一次性买卖转向持续性经营管理，后续甚至可以通过后端运营获得更多收益，开发商的利益不会被大幅侵蚀。从政府角度来看，政府出让低价租赁土地看似牺牲了大量经济利益，但由于土地受让方是国企，牺牲的土地出让金相当于左手倒右手，没有政治风险。而房地产通过租赁住宅获得稳定回款，保障了房地产的开工建设，房地产上下游产业链能够正常运转，不会大幅影响经济。从居民角度来看，一线城市毕业生、白领等暂时没有一次性购房能力的居民的居住需求获得满足，由于大开发商的介入，居住品质也有望提高，真正实现了党的十九大报告提出的"房住不炒""居者有其屋"。

如果没有巨大盈利的投机需求，房地产市场波动趋于平缓，恐慌性需求也就会被逐渐平复。长期来看，租售并举是未来发展的大方向，通过提高租赁房源供给，扩大租赁人群，延长租赁期限，从而分流购房需求，降低房地产市场波动性，促进房地产市场健康稳定发展。

2. 人才落户新政：需求端调控变相放松

2016年3月中共中央印发《关于深化人才发展体制机制改革的意见》，随后各地纷纷出台人才新政，实施人才发展优先战略。2017年郑州、长沙、武汉、西安等二线城市相继降低落户门槛。其中西安放开普通大中专院校毕业生的落户限制，被称为"史上最宽松"的户籍新政。

从地方政府的中长期规划来考虑，一方面，大城市的边界正在不断扩大，轨道交通与基础设施的改善帮助城市增强了扩容的能力，但主要城市人口增速放缓，各类新区、新城急需补充产业与人口，城市间面临的竞争加剧。很多城市还伴随着老龄化，这意味着如果没有外来人口的支撑，老龄化严重的城市将逐步丧失竞争力。另一方面，"十三五"规划中提出，要加快财政转移支付与农业转移人口市民化挂钩、城镇建设用地新增指标与农业转移人口落户数挂钩、中央基建投资安排与农业转移人口市民化挂钩。换句话说，在当下的规划体系下，只有人口增长才能有城区面积的增加，而只有城区面积增加才可能进行大规模的公共基础设施投资。这也就不难解释，各个地方政府从之前的无为而治，控制人口增长，转而将吸引优质人口作为中长期规划重点的原因。

从短期来看，在经历了一年多"限售、限购、限价"的严调控后，地方财政收入压力明显增大，目前二线城市库存去化周期大致在8~9个月，已经低于一般12个月的合理水平，供不应求的市场格局并未改变，低库存下房价的敏感度较高，需求端调控的政策难言全面放松。"降低落户门槛

—导入人口—扩大潜在购房人群—带动地产销量"的变相放松模式自然成为地方政府的首选之策。

3. 棚改政策：对三、四线城市的拉动不可忽视

棚户区改造一直是重大民生工程，不过在 2014 年之前，由于地方债务压力较大，无法在棚改过程中投入过多资金，全国各地的棚户区改造推进速度整体较慢，在 2008～2014 年，我国每年的棚户区改造开工量一直在 200 万～300 万套。2013 年 7 月国务院出台《国务院关于加快棚户区改造工作的意见》，棚户区改造工程加速。2014 年国开行专门成立金融事业部办理棚改相关贷款业务，央行则创设抵押补充贷款（PSL）这一货币工具为棚改提供低利率资金支持。具体的流程为，央行通过 PSL 向国开行发放贷款，国开行通过棚改专项贷款向地方政府发放贷款，地方政府通过货币化安置向棚户区居民发放补偿款。地方政府拆迁卖地之后就可以偿还国开行贷款，国开行也可以偿还央行贷款，形成了资金闭环。2014 年全国棚改套数突破 300 万套，达到 323 万套，PSL 新增贷款达到 3831 亿元，不过货币安置比例不高，仅为 7.9%。2015 年 8 月，《住房城乡建设部、国家开发银行关于进一步推进棚改货币化安置的通知》出台，明确棚改货币化安置为去库存重要手段，并要求各地棚改货币化安置比例不低于 50%，同时要求国开行要加大棚改货币化安置贷款力度。2015 年棚改套数提升至 600 万套，PSL 新增贷款达到 6981 亿元，货币化安置比例提升至 29.9%。2016 年和 2017 年全国棚改套数维持在 600 万套左右，但 PSL 新增贷款不断提高，其比例与货币化安置比例分别为 48.5% 和 60%。

2017 年 5 月国务院常务会议提出，实施 2018～2020 年 3 年棚改攻坚计划，再改造各类棚户区 1500 万套，以此为依据，市场对于 2018～2020 年的年均棚改预期是 500 万套。2017 年 12 月 23 日全国住房城乡建设工作会议提出，扎实推进新一轮棚改工作，2018 年改造各类棚户区 580 万套。同时，本次会议再次强调 2018 年"部分三、四线城市和县城继续去库存"。

PSL 借棚改货币化安置实现了对三、四线城市的货币定向宽松，三、四线城市的棚改货币化安置规模占比高达 80%。国家通过货币补偿盘活棚户区居民不动产资产，大幅提升居民购买力，拆迁同时也创造了居民住宅需求和地产下游消费需求，在棚改的带动下，三线城市商品房在 2017 年实现量价齐升，显著好于受制于需求端调控的一、二线城市。

（二）河南房地产业政策建议

1. 优化政策工具组合，健全风险防范机制

把握好去库存与降杠杆的平衡点。要考虑到不同城市的库存与居民购房需求存在较大差别，完善区域性差别化住房信贷政策，把握不同城市不同时期去库存与降杠杆的平衡点，保证住房信贷市场平稳运行。经济新常态下，以去库存为目的的信贷刺激政策尽管可以促进三、四线城市去库存稳步前进，但同时也会引起一、二线城市的房价快速上涨。要深入研究银行风险状况，严控不良贷款风险、严盯流动性风险、严管交叉性金融风险、严防地方融资平台贷款风险、严治互联网金融风险、严处非法集资风险、防范外部冲击风险、坚决杜绝系统性风险发生。

全面提高居民可支配收入水平。长期来看，房价必然要与居民的收入相匹配，而随着加杠杆购房模式的普及，居民可承受的房价不仅要与其当前的收入相适应，也要与其未来预期收入相适应。在房价收入比均值恢复趋势不可避免的情况下，确保居民收入平稳增长，稳定居民收入增长预期，以防止房价过度回调而引发城市房地产风险。在经济新常态下，应贯彻"稳增长"政策目标，确保经济实现可持续发展，切实保障居民收入实现稳步增长，从而实现"需求侧"托底促进房地产市场平稳运行。

切实降低租赁住房的隐性成本。购房与租房间存在长期无套利均衡关系，租金因素是房价上涨的重要支撑。长期来看，房价租金将回归均值，在租金保持平稳的情况下，房价最终将回调以适应基本面。但是在当前房价较大概率回调的状况下，应当促进房租合理、健康、稳步上行以支撑房价，避免房价"硬着陆"引发风险。同时，应全面培育和发展租赁住房市场，完善相关法律法规，促进租房市场信息透明化，进一步加强租房居民的权益保障，引导居民理性做出租房、购房选择，确保人有房住、房有人住。

科学评估房地产调控政策实施效果。调控政策的有效落实，要完善中央政府对地方的问责制，在调控过程落实中对地方层面的实施效果进行评估和量化，将政策实施效果引入第三方评估机制和考核体系，防止地方政府出现"过度执行"或"打折扣执行"。同时畅通政策实施过程中自上而下的信息传递和自下而上的信息反馈渠道，保障政策实施落实到位，使调控政策按照实施效果适时进行微调和细化，以达到与预期调控的目的。

加强对房地产市场风险的监测预警。健全房地产市场信息系统和统计制度，完善市场监测分析机制，准确把握房地产市场走势，及时发现市场运行中的新情况、新问题，加强对可能引起的风险进行早期预警，以提高对房地产市场和金融市场调控的预见性、针对性和有效性。尤其要加强对一些三、四线城市房地产市场的风险预警，谨防三、四线城市房地产风险带来波及效应。

2. 规范市场主体行为，完善市场监管机制

加强市场秩序治理的常态化。房地产市场秩序治理必须坚持"标本兼治，着力治本"的方针，研究专项整治的政策制度，把房地产市场主体的违规行为关在制度的笼子里，加大对违法违规行为的曝光及处罚力度，发现一起查处一起，净化行业风气。同时，加快全国范围内的房地产市场诚信体系建设，通过推行不良信息披露制度和守信激励制度，充分发挥信用体系的评价、激励、惩戒作用，提高房地产市场监管水平。

加强房地产金融风险监管。加强银行贷款风险防范，严禁银行对国土资源部名录以外的土地储备机构发放土储贷款，继续实行房地产开发企业名单管制管理，严防虚假按揭贷款。建立健全部门间房地产融资信息共享机制。加强对包括上市融资、银行信贷、信托理财和民间借贷等在内的房地产开发企业多种融资渠道的统一监管。

完善房地产市场运行机制。稳步提高商品房预售门槛，完善预售资金监管制度，逐步推行商品住房现房销售制度，保护消费者权益。强化房地产中介服务准入标准，完善房地产中介服务收费方式。加强住房承租人权益保护，稳定租赁关系。加快建设多部门信息联动共享的信用管理系统，及时记录、公布和处理房地产违法违规行为。建立面向社会公众的房地产交易信息平台，定期发布商品房交易等政策和信息，促进市场公开、公正、透明，维护消费者合法权益。

完善房地产法律法规体系。修订《中华人民共和国城市房地产管理法》《中华人民共和国土地管理法》《城市房地产开发经营管理条例》《住房公积金管理条例》以及房地产税收、金融领域的相关法律法规，开展住房租赁等领域立法工作。改革商品房预售制度，由预售为主逐步向现房销售过渡，推广房屋征收货币化安置，提高城镇棚户区改造及其他房屋征收项目货币化安置比例。完善中介服务制度，全面推行房地产经纪机构备案制度和人员持证上岗执业制度，以城市为单位建立住房交易服务平台。

完善金融制度，促进合理供给。规范房地产开发企业、银行业金融机构、个人在房地产市场中的交易行为，合理区分自住性和投资性购房，降低自住负担，提高投机成本，适时推进房地产税，试点空置税，增加住房持有环节的成本。扩大省域内建设用地和人地增减挂钩试点，尽快推进省域间指标流转，通过调整住房用地供应指标，适度让利、加入供给，强化住宅用地供应计划落实。控制住房供应节奏和结构，促进住房供求基本平衡的良性运转。

3. 加快基础制度建设，构建发展长效机制

制定住房标准体系。明确全国城镇居民家庭住房面积指导标准。研究制定并及时调整符合经济、社会发展实际的普通住房标准。加快编制房地产术语规范，对自住、改善、投资、投机行为做出明确定义。建立房屋普查和调查制度。加快推进城镇个人住房信息系统建设，定期开展城镇房屋普查，摸清房屋底数，为制定行业发展规划和政策措施提供决策依据。不断完善房地产统计指标体系，规范信息发布工作，正确引导市场预期。

健全住房供应体系。构建以市场为主满足多层次需求，以政府为主提供基本保障的住房供应体系。对于房价较高、供求结构矛盾突出的热点城市，主要选择公共租赁住房等保障性住房、政策性住房（限价、限面积的商品住房）和商品住房相结合的住房供应体系，实现高、中、低收入群体，特别是新就业和外来务工人员的全覆盖。公共租赁住房面向城市低收入、中等偏低收入住房困难家庭及符合条件的外来务工人员供应；政策性商品住房面向城市中等收入无房家庭、住房困难家庭及符合条件的外来务工人员供应。

完善住房保障体系。坚持市场化的基本方向，引导大部分城镇居民家庭适度、梯次消费，采取买房和租房不同方式，逐步改善与自身经济能力相适应的居住条件。改革现有的保障性住房供应体系，进一步归并保证保障性住房种类，将各类保障性住房统一规范为公共租赁住房，实现各类保障性住房的融合与统一，降低政府管理成本，促进保障性住房公平，推广实施实物与租赁补贴相结合并逐步转向租赁补贴为主的保障方式。

提升中小城市的综合承载力，推进公共服务资源合理配置。加强城市市政基础设施和公共服务设施建设，教育医疗等公共资源配置要向中小城市和县城倾斜，加大城市群内部基础设施和公共服务一体化程度，加强城市群内部轨道交通等基础设施建设，尽快实现教育、医疗等的同城化、一体化，加强中小城市和小城镇对人口的吸引力。加大区域间的产业转移步伐，鼓励大城市的部分产业转移到周边具有一定发展基础的中小城市和小城镇，有利于农民和农民工就近城镇化，同时缓解大城市住房紧张的压力。

协调"产城人地"关系，实施产业均衡发展政策。统筹城市产业、城镇、人口和公共资源配置，统筹规划优化开发区、重点开发区、限制开发区和禁止开发区，依据区域功能确定产业布局、引导人口分布、配置土地和公共服务资源，加强区域政策协调和一体化调控体系建设。协调产业和城市规划，以产业吸引人、以就业留住人，以人的城镇化实现三、四线城市去库存；及时推广特大城市疏解经验，促进中小城市和小城镇产业与人口聚集。鼓励中小城市和村镇发展养老服务产业，带动当地产业发展和人口就近就业；吸引大城市老龄人口到环境优美的中小城市和村镇养生养老，支持通过志愿服务等方式参与当地社会事业，实现老有所养、老有所乐、老有所为。

第十章

河南金融业形势分析与预测

金融是国家重要的核心竞争力，金融安全是国家安全的重要组成部分，金融制度是经济社会发展中重要的基础性制度。河南省委、省政府高度重视金融业发展，从多策并举到实施"金融豫军"战略，坚持"着眼未来、面向全国、服务中原"的原则，积极融入全国经济金融格局，加快推进"金融豫军"快速崛起，近年来全省金融业取得了快速发展，已经成为河南省发展的支柱性产业。

一　河南金融业发展情况

近年来，河南省金融业保持了快速发展，金融业增加值不断攀升，金融业占第三产业和全省生产总值的比例不断提高。2016年，金融业增加值达到2253.67亿元，占第三产业增加值的比重为13.4%，占全省生产总值的比重达到5.61%（见图10-1）。

（一）金融运行的基本情况

2011～2016年，河南省金融运行总体平稳，存贷款保持较快增长，融资结构加快调整，融资成本下行，金融改革创新力度加大，风险抵御能力增强，金融支持实体经济重点突出。截至2017年11月末，全省金融机构本外币各项存款余额为60527.5亿元，同比增长9.1%，其中，人民币各项存款余额为59380.0亿元，同比增长9.3%。金融机构本外币各项贷款余额为42455.3亿元，同比增长15.4%，其中，人民币各项贷款余额为41566.0亿元，同比增长14.9%。2017年1~10月，全省社会融资规模增量为6139.3亿元，居中部6省第2位，占全国社会融资规模增量的3.7%。其中，对实体经济发放本外币贷款增量为4958.8亿元，同比多增412.2亿元，占全省社会融资规模增量的80.8%，高于全国平均水平8.1个百分点。

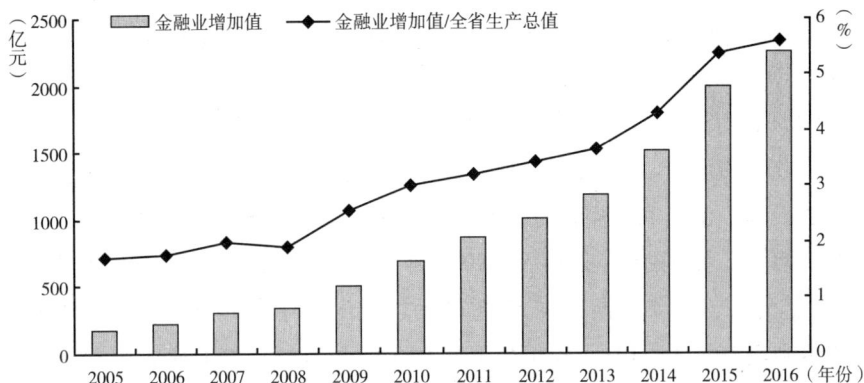

图 10-1　河南 2005~2016 年金融业增加值及占全省生产总值的比例

（二）金融业发展的特点分析

1. 银行业保持较快发展

（1）金融机构存贷款余额稳步增长

如图 10-2 所示，2011~2016 年，随着住户存款、广义政府存款的持续拉动，以及房地产稳增长措施的推动，河南省银行业金融机构存款继续保持增长态势。截至 2016 年，全省金融机构存款、贷款余额分别达到 53977.6 亿元和 36501.2 亿元，分别是 2011 年的 2.03 倍和2.09 倍，年均增长速度分别达到 15.2% 和 15.8%。从贷款投向看，2016 年贷款主要投向个人住房消费以及政府背景的基础设施领域，个人中长期消费贷款、非金融企业及机关团体贷款分别同比多增 1159 亿元和 258 亿元。

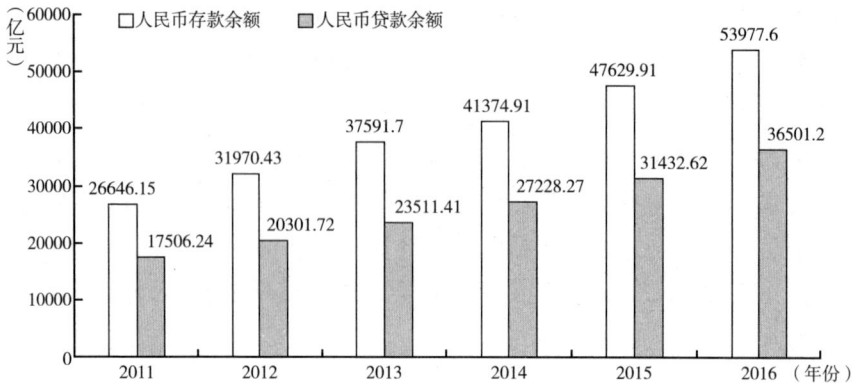

图 10 – 2 河南 2011～2016 年金融机构人民币存贷款余额

（2）银行业机构利润水平总体平稳

2011～2016 年，河南省银行业机构利润能力总体稳定，但受到利率市场化的影响，整体利差空间逐渐缩小，净利润在 2015 年达到高点后，2016 年有所回落。如图 10 – 3 所示，2016 年，全省银行业机构累计实现盈利668.8 亿元，比上年同期减少 12.7 亿元，同比下降 1.86%。其中，法人机构资本利润率为 15.3%，较年初下降 0.5 个百分点。2016 年，全省农信社系统加快推进改革进程，资本实力进一步增强。2016 年末，全省法人银行业金融机构资本充足率为 12.0%，较年初上升 0.4 个百分点。拨备覆盖率为 119.1%，较上年同期上升 31 个百分点，其中农合机构拨备覆盖率为97.7%，较年初上升 27.6 个百分点。2016 年，银行广义信贷中的债券投资、股权及其他投资持续增加。12 月末，金融机构债券投资余额同比增长45.4%，股权及其他投资余额同比增长 75.2%。

（3）金融机构利率水平持续稳定

2011～2016 年，在国家推进利率市场化的影响下，总体利率水平有所下降。2015 年至今，河南省存、贷款利率水平趋于平稳，货币政策工具的引导作用显现。随着基准利率下调效应的逐步释放，2016 年河南省金融机构整体利率水平趋于稳定，存款利率上浮幅度基本在基准利率的 1.3 倍之内，总体贷款利率水平同比略有提高，作为支农、支小主力军的地方法人机构，其贷款利率同比下降，表明再贷款等政策工具引导降低薄弱环节融资成本的作用显现，2016 年，全省贫困县

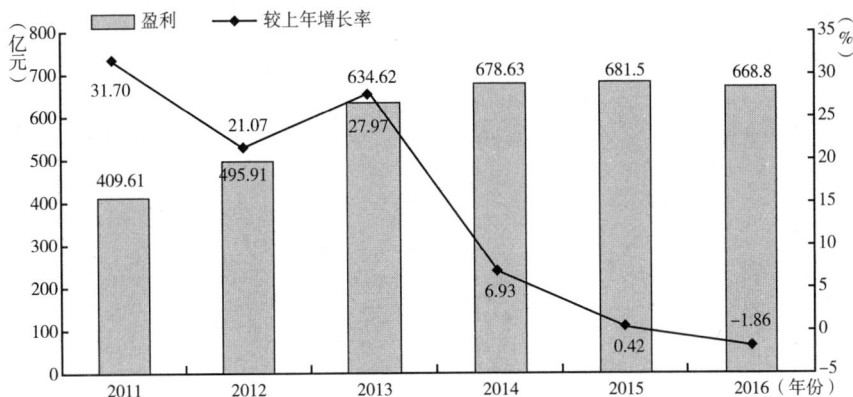

图 10 - 3　河南 2011 ~ 2016 年银行业盈利情况

累计发放扶贫和支农再贷款 100.2 亿元，金融机构使用扶贫再贷款资金发放的贷款加权平均利率为 4.2%，低于同期使用自有资金发放贷款利率 5.8 个百分点。

（4）不良贷款增速逐渐放缓

2011 ~ 2016 年，河南省金融机构不良贷款余额呈现出先降后增的"V"形态势，2014 年不良贷款余额和不良率达到底部后，于 2015 年有较大幅度的增加。随着各金融机构加强对不良资产处置力度，2016 年不良贷款增速有所放缓。截至 2016 年末，全省银行业金融机构不良贷款余额为 1065.5 亿元，不良率为 2.90%，比上年末下降 0.1 个百分点（见图 10 - 4）。银行业金融机构采取清收、资产转让、核销等多种手段加大不良贷款处置力度，2016 年全省主要银行机构处置不良贷款 720.8 亿元，比上年增加 339.8 亿元。

（5）跨境人民币业务双向均衡发展

由图 10 - 5 可知，自 2011 年 8 月河南省成为跨境贸易人民币结算地区以来，全省跨境人民币业务呈现出良好的发展态势，跨境人民币收支规模不断增长，在 2015 年达到 1950 亿元后，2016 年有所回落。2016 年，全省跨境人民币收支金额合计为 785.6 亿元，净流入金额为 139.6 亿元，人民币跨境收支占全部本外币收支的比重达到 14.8%；全年办理跨境人民币贷款、人民币贸易融资资产跨境转让两项创新业务共 12 笔、5.3 亿元。此外，为辖内 22 家跨国企业集团进行了跨境双向人民币资金池业务备案，资金净流入额上限达531.3亿元，有力推动了全省外向型经济发展。

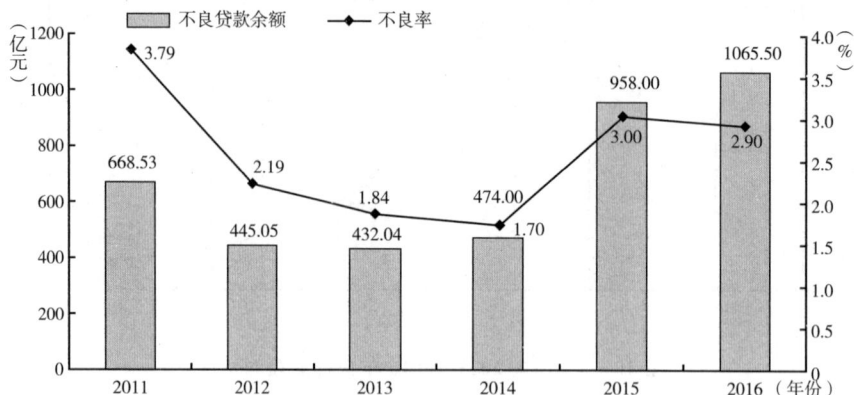

图 10 - 4　河南 2011～2016 年金融机构不良贷款余额及不良率情况

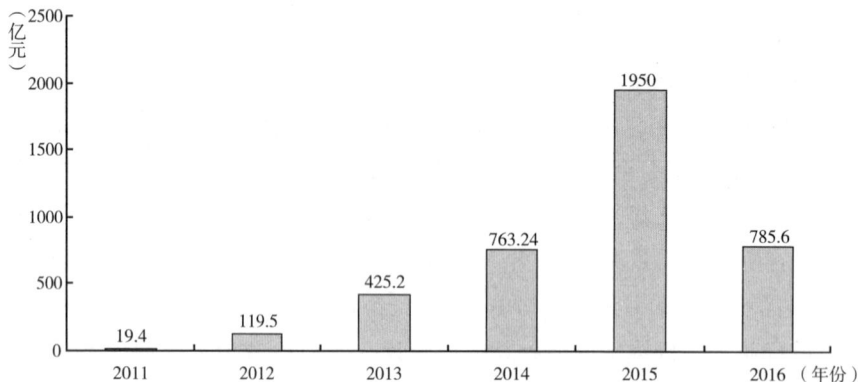

图 10 - 5　河南 2011～2016 年跨境人民币收支情况

2. 资本市场建设持续推进

近年来，河南省资本市场保持了较快的发展态势，截至 2017 年 10 月末，全省拥有境内上市公司 77 家，市值达到 9911.55 亿元，在审在辅导公司 42 家，在股转系统挂牌公司 378 家，证券公司 1 家，分公司 51 家，证券营业部 328 家，股票投资者 767 万个，代理买卖证券总额 6.05 万亿元；期货公司 2 家，期货公司分公司 7 家，营业部 76 个，代理成交金额 13.85 万亿元；私募基金管理 96 家，备案私募基金 148 只，私募基金管理规模 365 亿元。

（1）资本市场总体保持快速发展

2011~2016 年，河南省持续推进多层次资本市场建设，年末募集资金总额和投资者开户数不断攀升，为资本市场发展提供了较好的市场条件。2016 年，全省年末募集资金总额达到 2984.7 亿元，投资者开户数达到 686.85 万户，充分发挥了资本市场的直接融资作用，证券市场融资功能日益增强，资本市场服务实体经济的能力进一步体现。证券期货基金规范运作意识和创新能力逐步提升，市场竞争力明显增强。市场秩序进一步规范，防范和化解市场风险的能力得到加强（见图 10-6）。

图 10-6 河南 2011~2016 年年末募集资金总额及投资者开户数

（2）资本市场交易体系不断完善

2012~2016 年，河南省资本市场主体不断增多，市场各类投资者交易活跃，各种资本市场创新不断涌现。2015 年，中原股权交易中心正式成立。郑州商品交易所积极推进新品种、新工具研发及上市工作。2016 年，河南省境内上市公司、新三板挂牌公司、中原股权交易中心交易板挂牌企业、展示板企业、证券期货基金继续增加，各类企业通过资本市场实现直接融资 1035.5 亿元，其中 IPO 融资 6.1 亿元，75 家新三板挂牌公司通过定向增发实现融资 29.6 亿元，非上市挂牌企业发行公司债实现融资 560.4 亿元，中原股权交易中心 33 家企业新增融资 2.6 亿元，22 家上市公司完成并购重组再融资。

（3）证券期货基金发展步入正轨

2016年，中原证券完成A股发行，并在上海证券交易所上市交易。华信万达期货完成增资扩股，中原期货完成股份制改造，九鼎德盛咨询公司持续推进业务转型，证券期货法人机构综合竞争力明显增强。全年新设4家铝交割库，实现有色品种交割库零的突破。

（4）资本市场发展秩序日益健全

2016年，证券监管部门加大了市场风险防控力度，坚持风险分类监管，加强风险监测和预研预判，对新三板挂牌公司和公开发行公司债券的发行人分类监管，强化稽查执法工作，对各类违法违规行为保持严打高压态势。同时，加强投资者权益保护，探索将"12386"热线投诉直转市场主体，落实市场经营主体投诉处理首要责任，加强沟通协调，多渠道加强投资者教育，建成中原投资者教育基地，建立常态化的投资者意见征集机制，切实维护投资者知情权、参与权、收益权等核心权益，2016年上市公司中期分红达34.3亿元。

3. 保险业发展水平稳步提升

近年来，河南省保险业整体保持较快发展，行业发展质量持续改善，行业风险防范总体可控，互联网保险风险得到整治，市场秩序进一步规范。2017年1～11月，全省保险费收入实现1908.38亿元，赔付支出达到573.05亿元，高于2015年全年水平。其中，保费收入和赔付支出中，人身险占比最大，分别达到1508.26亿元和381.3亿元。

（1）保险业整体保持较快发展

2011～2016年，河南省保险业整体发展态势良好，保费收入、赔付及给付稳步增长。2016年，全省保费收入达到1555.15亿元，同比增长24.5%；赔付及给付支出为547.98亿元，同比增长22.4%。2016年保险资产总额为3248.4亿元，同比增长21.6%，市场主体从72家增加到77家，从业人员达到63万人（见图10-7）。

（2）结构调整继续深化

在结构方面，2011～2016年，人身险与财产险结构不断优化。财产险方面，非车险业务发展迅速，占比不断提高，2016年，河南省非车险保费收入同比增长32.7%，较上年同期提高11.8个百分点，占比比上年同期提高2.3个百分点。人身险方面，新单业务快速发展，2016年，全省实现

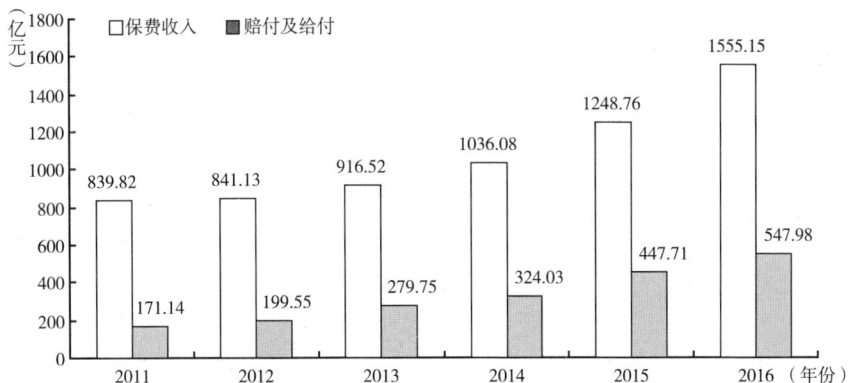

图 10 - 7　河南 2011~2016 年保险业保费收入、赔付及给付情况

新单保费收入 710.4 亿元，同比增长 31.3%，对人身险保费增长贡献度达 67.6%。此外，随着规范中短存续期产品政策出台后，银邮渠道业务价值转型特征显现，2016 年，全省 10 年期及以上新单期交业务为 143.2 亿元，同比增长 46.0%，增速较去年加快 8.5 个百分点。

（3）行业风险防范总体可控

近年来，河南省保险市场风险得到较好防范，尤其是退保和满期给付风险，2016 年，全省人身险公司退保率为 7.2%，较上年同期减少 0.7 个百分点；满期给付金额为 267.6 亿元，满期给付增速已由年初的 70.7% 回落至 25.6%，增幅持续收窄。

4. 社会融资规模适度增长

2011~2016 年，河南省社会融资规模总体保持平稳态势。由图 10 - 8 可知，2016 年，社会融资规模累计新增 6823.6 亿元，较 2015 年同期多增 1067.6 亿元，其中，表外融资合计增加 562.9 亿元，较上年同期减少 12.5 亿元。受监管新政及金融机构内部加强管理影响，委托贷款和未贴现银行承兑汇票有所下降，其中，委托贷款增加 484.2 亿元，比 2015 年减少 75.0 亿元；未贴现银行承兑汇票减少 142.7 亿元，比 2015 年多减 116.4 亿元。

在社会融资规模结构方面，最近 3 年，人民币贷款占比总体较大，2016 年达到 74.42%，未贴现的银行承兑汇票、委托贷款和信托贷款等表外融资随着政策的变化有较大波动，非金融企业境内股票融资比例持续提升（见表 10 - 1）。

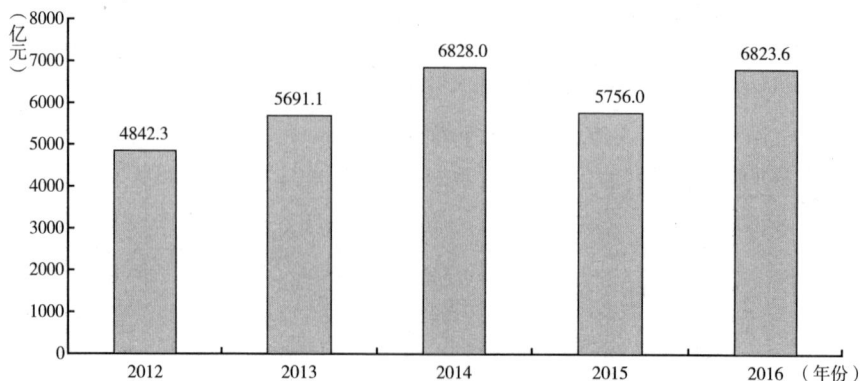

图 10 - 8 　河南 2012~2016 年社会融资新增规模情况

表 10 - 1 　河南 2014~2016 年全社会融资规模新增分布

单位：%

指标	2014 年	2015 年	2016 年
人民币贷款	58.00	73.09	74.42
外币贷款	0.80	- 0.83	2.67
委托贷款	12.70	9.71	7.09
信托贷款	1.20	0.75	3.24
未贴现银行承兑汇票	11.60	- 0.45	- 2.10
企业债券	11.60	12.18	5.56
非金融企业境内股票融资	1.20	2.48	5.76
其他	2.90	3.08	3.36

5. 金融生态环境建设持续优化

近年来，河南省委、省政府持续优化全省金融生态环境，为金融业的快速发展奠定了坚实的基础。2012 年，河南省围绕"诚信河南"的建设目标，建立了由 35 个省级部门为成员单位的河南省社会信用体系建设联席会议制度，制定省辖市金融生态环境评价指标体系，完善县域评价制度，统筹推进社会信用体系建设。2013 年以来，省政府出台《河南省金融生态环境建设评价办法》《关于加快推进社会信用体系建设的指导意见》等文件，对 18 个省辖市和 108 个县（市）的金融生态环境建设工作开展年度综合评价，率先在行政管理事项中使用信用记录和信用报告，社会信用环境、行政服务环境和金融运行安全环境得到明显改善。2014 年，河南省大力推进小微企业及农村信用体系建设，安阳市汤阴县、信阳市平桥区和驻马店市上蔡县被中国人民银行确定为小微企业及农村信用体系建设试验区。支付体系建设稳步开展，服务组织体系进一步健全，第三方支付机构业务迅速发展。深入落实征信维权和信息保护，信息主体的合法权益得到有效维护。持续开展金融生态环境评价，金融生态环境优化长效机制逐步建立，金融生态环境持续向好。

2015 年以来，随着互联网技术的应用，河南省金融生态建设步伐加快，全面启动公共信用信息平台和"信用河南"网站建设，推动落实统一社会信用代码制度，19 个重点行业和领域建立信用记录，31 个部门面向社会提供信息查询和共享服务。全省中小企业和农村信用体系建设全面开展，首批确认 8 个县（市）为河南省中小企业信用体系建设专项工程示范区（2016 ~ 2017 年），9 个县（市）为河南省农村信用体系建设专项工程示范区（2016 ~ 2017 年）。积极探索"惠农支付 + 农村电商"融合发展。推动非现金支付工具创新，开展金融 IC 卡公共交通应用、直销银行等创新业务。2016 年，创新开发"普惠金融一网通"移动金融公共服务平台，将支付、理财、授信、金融消费维权及惠农政策、金融政策等纳入平台，打造"一站式"服务。开展金融消费权益保护、金融消费者投诉分类标准试点工作。银行结算账户网上申报服务系统上线运行，以新乡为试点，在全国较早实现惠农支付服务点缴纳城乡居民养老保险费，电子商业汇票系统实现河南省人民银行各分支机构全覆盖。开展"云"化工程试点，优化虚拟化平台资源管理，移动金融和金融 IC 卡应用的便利性和普及率进一步提升。

（三）金融业发展存在的问题

1. 金融业潜在风险日益集聚

近年来，随着河南省金融业发展进入快车道，全省金融业增加值从 2005 年的 181.74 亿元增加到 2016 年的 2253.67 亿元，11 年间增长了 12.4 倍，占 GDP 的比重也由 1.7% 增加到 5.6%，2017 年第一季度金融业增加值占 GDP 的比重更是达到 6.7% 的历史高点，同时，全省金融业增加值占全国金融业增加值的比重也在提高。金融业的过快增长，加快了资金脱实向虚，不仅挤压了实体经济发展空间，其自身也存在这样或者那样的问题。

2. 金融业总体竞争力仍然较弱

尽管河南省是经济大省，金融业发展也比较迅速，但是全省本地金融却鲜有知名名牌，地方金融机构的业务也主要集中在河南省区域内。全省地方金融机构综合实力和辐射能力较弱，缺乏资本实力较强的本土大型综合性金融集团，重点金融项目较少。河南省金融业开放度不够，外资银行和保险公司较少，国内区域性金融机构来豫设立分支机构的不多，企业境外融资规模小，金融业对外合作层次低。开放发展不够直接，导致金融行业创新不足，以互联网金融为代表的民营金融发展滞后。郑州市区域金融中心地位有待提升。相较于北京金融决策监管中心、上海国际金融中心、深圳金融创新中心的地位和影响力，郑州的区域金融中心的地位还不够突出，在中原经济区整体优势还不是非常明显，金融的集聚力、影响力和辐射力都有待进一步提升。

3. 金融对实体经济的支持作用有待加强

2018年以来，尽管金融机构本外币各项存款余额有所增加，但受多重因素影响，金融机构资金趋紧，放贷更趋谨慎，河南省金融机构存贷比一直低于全国平均水平，表明金融对实体经济支持力度不够。同时，受郑州市房地产资产价格暴涨影响，2016年全省个人住房按揭贷款增加较多，尽管四个季度以来全省个人住房贷款增势有所放缓，但全年贷款增量仍较大。2016年全省个人住房按揭贷款余额为6966亿元，占各项贷款的18.76%；其中，全年新增个人住房按揭贷款2257.1亿元，同比多增1143.7亿元，占各项贷款增量的44.5%。最后，河南省小微企业融资难、融资贵问题仍然突出。金融产品和服务创新大多处于单一化、初级化和可复制化阶段，没有形成特色品牌和核心竞争力。

4. 金融生态环境有待进一步优化

一方面，河南省金融机构体系不够健全，金融机构多元化程度不高，金融市场发育尚不成熟。外资证券机构、公募基金公司、第三方支付、互联网金融等金融业态较少，金融业中介服务机构发展不足。另一方面，地方金融监管机构不健全、监管能力不强，金融风险隐患增多，社会信用有待进一步增强。金融人才队伍建设同河南省金融业发展要求还不完全适应。河南仍属民间融资风险高发区域，部分投融资机构蓄意非法吸收公众存款或集资诈骗，造成民众重大损失；部分企业恶意逃废债务，不良贷款处置难度较大，金融案件结案和执结时间较长。虽然在社会信用体系建设、金融生态区建设、维护地方金融稳定方面河南省取得了积极的成效，但随着互联网金融、私募金融、场外交易市场等新兴金融的兴起，给地方金融业带来了新的风险，相关监管及其他配套还需进一步加强。

二　影响河南金融业发展的因素分析

(一) 国家宏观金融政策

1. 全国金融行业监管日趋严格

当前混业经营以及金融创新使得现有的一行三会监管模式显得捉襟见肘，无论是 2018 年股市的大调整还是 2013 年"钱荒"事件，其实质都有监管不力的因素。在此背景下，我国近年来不断加大对金融行业的监管力度，对银行业、证券业、保险业等重点行业不断发文进行规范，近期金融行业重点监管政策如表 10 - 2 所示。2015 年 7 月，中国人民银行等十部委联合印发了《关于促进互联网金融健康发展的指导意见》，互联网金融平台运营的规范性、透明性有所提高。2015 年底，中国人民银行宣布从 2016 年起将现有的差别准备金动态调整和合意贷款管理机制升级为宏观审慎评估体系 (MPA)[①]，按每季度的数据进行事后评估，同时按月进行事中事后监测和引导。MPA 体系的建立，有助于提升监管机构间的协调效率，更好地降低社会融资成本，提高货币政策向实体经济的传导效果，同时更有力地防范系统性金融风险。

[①] MPA 体系的主要构成：重点考虑资本和杠杆情况、资产负债情况、流动性、定价行为、资产质量、外债风险、信贷政策执行等七大方面，其中资本充足率是评估体系的核心。MPA 关注广义信贷，将债券投资、股权及其他投资、买入返售等纳入其中，以引导金融机构减少各类腾挪资产、规避信贷调控的做法。

表 10 - 2　近期金融行业重点监管政策

发布时间	文件名称	文件号	发文机构
2015 年 3 月 24 日	《证券期货经营机构落实资产管理业务"八条底线"禁止行为细则》	2015 年 3 月版	证监会
2016 年 3 月 17 日	《关于规范金融资产管理公司不良资产收购业务的通知》	银监办发〔2016〕56 号	银监会
2016 年 3 月 18 日	《中国银监会办公厅关于进一步加强信托公司风险监管工作的意见》	银监会发〔2016〕58 号	银监会
2016 年 4 月 26 日	《关于加强票据业务监管 促进票据市场健康发展的通知》	银发〔2016〕126 号	央行、银监会
2016 年 4 月 27 日	《关于规范银行业金融机构信贷资产收益权转让业务的通知》	银监办发〔2016〕82 号	银监会
2016 年 6 月 13 日	《关于加强组合类保险资产管理产品业务监管的通知》	保监资金〔2016〕104 号	保监会
2016 年 7 月 1 日	《关于清理规范保险资产管理公司通道类业务有关事项的通知》	保监资金〔2016〕98 号	保监会
2016 年 7 月 27 日	《商业银行理财业务监督管理办法（征求意见稿）》		银监会
2016 年 11 月 29 日	《基金管理公司特定客户资产管理子公司风险控制指标管理暂行规定》	证监会公告〔2016〕30 号	证监会
2017 年 1 月 24 日	《关于避险策略基金的指导意见》	证监会公告〔2017〕3 号	证监会
2017 年 3 月 29 日	《关于开展银行业"监管套利、空转套利、关联套利"专项治理工作的通知》	银监办发〔2017〕46 号	银监会
2017 年 4 月 6 日	《关于开展银行业"不当创新、不当交易、不当激励、不当收费"专项治理工作的通知》	银监办发〔2017〕53 号	银监会
2017 年 4 月 26 日	《关于进一步规范地方政府举债融资行为的通知》	财预〔2017〕50 号	财政部 发展改革委 司法部 中国人民银行 银监会 证监会
2017 年 5 月 5 日	《关于弥补监管短板构建严密有效保险监管体系的通知》	保监发〔2017〕44 号	保监会

2. 利率市场化基本完成

利率是市场资金要素的价格，关系到市场资源配置、金融行业运行效率、金融市场格局等多个方面，作为我国金融领域最核心的改革，近年来

306

利率市场化在我国加快推进，并取得了关键性成果。2012 年 6 月 8 日降息同时将贷款利率浮动区间的下限调整为基准利率的 0.8 倍，7 月 6 日进一步将下限调整为基准利率的 0.7 倍。2013 年 7 月 20 日起，金融机构贷款利率管制全面放开，贷款利率市场化完成。2014 年 11 月 22 日将贷款利率上限调整为基准利率的 1.2 倍，2015 年 3 月 1 日调整为基准利率的 1.3 倍，2015 年 5 月 10 日进一步调整为基准利率的 1.5 倍。2015 年 10 月 25 日起，对商业银行和农村合作金融机构等不再设置存款利率浮动上限，这标志着推进了 20 年的利率市场化改革基本完成。在此背景下，未来金融业资源配置和组织运营都需要充分考虑市场规律的作用，对金融机构的盈利能力和运营能力提出更高的要求。

3. 金融市场创新逐渐规范

2016 年 4 月，央行、银监会联合印发《关于加大对新消费领域金融支持的指导意见》，对消费金融领域的市场准入逐渐放开，消费金融企业的批设将逐渐常态化，市场逐步开放。2016 年以来，国务院和一行三会对互联网金融的监管力度加强，一年间累计出台全国性政策法规文件达 11 项。其中，《互联网金融风险专项整治工作实施方案》及相关"答记者问文件"、《网络借贷信息中介机构业务活动管理暂行办法》等制度细则在下半年的相继落地，对 3 年野蛮生长的互联网金融行业进行了第一次全方位的"大修剪"。除了借贷理财类平台，第三方支付行业在 2016 年也受到监管政策的强力影响。2017 年 11 月 17 日，中国人民银行联合银监会、证监会、保监会、外汇局发布《关于规范金融机构资产管理业务的指导意见（征求意见稿）》，对净值型管理、打破刚性兑付、消除多层嵌套和通道等方面制定了严格的规定，意味着资管行业进入统一监管规制的新时代。

（二）未来金融业发展导向

2017 年 7 月 14～15 日，全国金融工作会议在北京召开。习近平总书记强调，坚持稳中求进工作总基调，遵循金融发展规律，紧紧围绕服务实体经济、防控金融风险、深化金融改革三项任务，创新和完善金融调控，健全现代金融企业制度，完善金融市场体系，推进构建现代金融监管框架，加快转变金融发展方式，健全金融法治，保障国家金融安全，促进经济和金融良性循环、健康发展。

1. 金融业供给侧结构性改革持续深入

随着全国经济发展进入新常态，新型城镇化、《中国制造2025》、"互联网＋"行动、大众创业万众创新等国家重大战略、重大工程、重大举措将为河南省金融业发展带来重大机遇和政策利好。当前，互联网、云计算、大数据、3D打印、生物医药、新能源、环保节能、现代服务业等产业加速发展，新产业、新技术、新业态、新商业模式层出不穷，对信贷、财务顾问、资产管理等金融服务需求比以往更加迫切。传统消费升级，新兴消费蓬勃兴起，特别是信息消费、绿色消费、农村消费、保险消费等重点领域快速发展，消费金融正当其时。在供给侧结构性改革的背景下，未来我国金融严监管的态势将不会发生变化，去杠杆仍将持续，叠加通胀上行压力和美联储加息，货币政策存在趋紧压力，同时国内经济运行基本面将保持稳中向好态势为货币政策提供有效支撑。随着利率市场化改革的基本完成，未来银行间市场利率逐步抬升，流动性仍将持续紧平衡，不过在央行货币政策工具箱日益丰富的背景下，季末效应将有所缓解。随着金融去杠杆逐步到位，预计未来社融规模和M2增速的差距将逐步缩小。此外，保险业、证券业、银行业将进一步深入整合，未来在严监管的政策下，全方位的监管局面将逐渐形成。

2. 互联网金融进入规范发展阶段

以2015年7月18日十部委《关于促进互联网金融健康发展的指导意见》出台为标志，互联网金融步入规范发展阶段，文件进一步界定了互联网金融的内涵，明晰了互联网金融业态及监管主体为监管细则搭好的框架。2016年的两会政府工作报告中，在"重点工作"部分明确指出"规范发展互联网金融"。中国互联网金融协会也在上海挂牌成立。近两年，在鼓励创新、防范风险、趋利避害、健康发展的总体要求下，一系列互联网金融各业态监管细则将陆续出台。互联网金融综合经营趋势更加明显。互联网金融已经呈现出一定的综合经营特征。随着金融业进一步的对内、对外开放，互联网金融综合经营趋势将更加明显。在符合政策法律情况下，通过双向并购促进互联网金融和传统金融的共生竞合，将催生更多符合经济需求的互联网金融创新，实现全新的互联网金融生态体系。随着供给侧改革政策利好，在消费金融需求带动下，支付作为金融活动的基础行为，商业银行网上转账开始免费，第三方支付业务模式需向多元、综合化方向发展。此外，互联网保险也异军突起，并将不断深入。随着支付法规制度的进一步完善，支付服务主体不断丰富，银行卡、移动支付等支付工具进一步发展，支付体系业务处理规模持续扩大，运营管理效率和水平进一步提高，有助于互联网金融稳健高效运行。

3. 普惠金融将得到长远发展

2015 年 12 月 31 日，国务院印发《推进普惠金融发展规划（2016 ~ 2020 年）》（国发〔2015〕74 号），明确大力发展普惠金融，是我国全面建成小康社会的必然要求，有利于促进金融业可持续均衡发展，推动大众创业万众创新，助推经济发展方式转型升级，增进社会公平和社会和谐。对健全多元化广覆盖的机构体系、创新金融产品和服务手段、加快推进金融基础设施建设、完善普惠金融法律法规体系、发挥政策引导和激励作用等方面进行了重点部署。随着我国新型城镇化的深入推进，以及在实施乡村振兴战略，以小微企业、农民、城镇低收入人群、贫困人群和残疾人、老年人等特殊群体为重点服务对象的普惠金融将成为金融业发展的重点领域，成为金融业支持实体经济和服务经济社会发展的重要方面。

（三）河南推进金融业发展改革的相关措施

如表 10 - 3 所示，2011 ~ 2017 年，河南省委、省政府高度重视金融业发展，从金融产品创新、金融风险防控、金融人才建设等多个方面，制定科学有效的政策。2012 年，河南省人民政府发布《河南省人民政府关于进一步加强金融工作加快金融业发展的意见》（豫政〔2012〕40 号），提出要坚持"四个重在"实践要领，紧紧围绕建设中原经济区、加快中原崛起和河南振兴总体战略，以培育壮大地方法人金融机构为重点，着力繁荣金融主体；以拓宽金融市场、完善金融杠杆功能为抓手，着力扩大融资规模；以优化金融环境为突破口，着力推动金融业规范发展，显著增强金融业综合实力、区域竞争力，显著提高金融服务全省经济社会发展的能力和水平。《河南省金融人才发展中长期规划（2011 ~ 2020 年）》提出，到

2020 年，培养造就涵盖银行、证券、保险、期货、信托等领域，规模宏大、结构合理、门类齐全、梯次衔接、素质优良的金融人才队伍，加快全省金融业专业化、现代化、国际化进程，形成全省金融人才竞争比较优势，率先建成中西部金融人才强省。

表 10 - 3　河南 2011～2017 年重要金融政策梳理

序号	发布时间	文件名称	文件号	发布机构
1	2011 年 7 月 28 日	《关于转发河南省融资性担保公司管理暂行办法的通知》	豫政办〔2011〕86 号	河南省人民政府办公厅
2	2012 年 2 月 20 日	《河南省金融人才发展中长期规划（2011～2020 年）》		河南省人才工作领导小组
3	2014 年 8 月 8 日	《河南省小型微型企业信贷风险补偿资金管理办法（试行）》		河南省财政厅 人行郑州中心支行 河南银监局
4	2015 年 2 月 16 日	《关于进一步做好防范打击和处置非法集资工作的意见》	豫政办〔2015〕22 号	河南省人民政府办公厅
5	2015 年 5 月 4 日	《关于推进资产证券化的指导意见》	豫政〔2015〕28 号	河南省人民政府
6	2015 年 7 月 8 日	《河南省小额贷款公司变更审批工作指引（暂行）》	豫政金〔2015〕144 号	河南省人民政府金融服务办公室
7	2015 年 7 月 8 日	《河南省融资性担保公司变更审批工作指引（暂行）》	豫政金〔2015〕143 号	河南省人民政府金融服务办公室
8	2015 年 7 月 6 日	《河南省小额贷款公司年审办法》	豫政金〔2015〕141 号	河南省人民政府金融服务办公室
9	2015 年 7 月 8 日	《河南省融资性担保公司年审办法》	豫政金〔2015〕142 号	河南省人民政府金融服务办公室
10	2015 年 6 月 29 日	《关于进一步做好融资性担保公司设立工作的通知》	豫政金〔2015〕150 号	河南省人民政府金融服务办公室
11	2015 年 6 月 29 日	《关于进一步做好小额贷款公司设立工作的通知》	豫政金〔2015〕148 号	河南省人民政府金融服务办公室
12	2015 年 2 月 16 日	《关于进一步做好防范打击和处置非法集资工作的意见》	豫政办〔2015〕22 号	河南省人民政府办公厅
13	2015 年 10 月 12 日	《河南省融资担保公司设立审批工作指引（暂行）》	豫政金〔2015〕208 号	河南省人民政府金融服务办公室
14	2015 年 11 月 24 日	《关于扶持小微企业发展的意见》	豫政〔2015〕73 号	河南省人民政府

续表

序号	发布时间	文件名称	文件号	发布机构
15	2015 年 11 月 20 日	《关于贯彻落实国发〔2015〕59号文件精神进一步做好防范和处置非法集资工作的通知》	豫政〔2015〕70号	河南省人民政府
16	2015 年 12 月 30 日	《关于办理非法集资案件适用法律若干问题的指导意见》	豫检会 2015 第11 号	河南省高级人民法院 河南省人民检察院 河南省公安厅
17	2016 年 6 月 8 日	《关于促进金融租赁行业健康发展的实施意见》	豫政办〔2016〕97 号	河南省人民政府办公厅
18	2016 年 8 月 24 日	《关于促进融资担保行业加快发展的实施意见》	豫政办〔2016〕151 号	河南省人民政府办公厅
19	2016 年 10 月 25 日	《关于印发河南省商品现货交易场所监督管理办法(试行)的通知》	豫政办〔2016〕186 号	河南省人民政府办公厅
20	2017 年 5 月 19 日	《关于印发河南省权益类交易场所监督管理办法(试行)的通知》	豫政办〔2017〕63 号	河南省人民政府办公厅
21	2017 年 8 月 1 日	《关于印发河南省扶贫小额信贷助推脱贫攻坚实施方案(暂行)等六个方案的通知》	豫政办〔2017〕85 号	河南省人民政府办公厅
22	2017 年 8 月 22 日	《关于规范发展区域性股权市场的通知》	豫政办〔2017〕95 号	河南省人民政府办公厅

（四）河南金融业创新能力

金融创新是推动金融业发展的动力源泉，在当前强调金融业服务实体经济的政策背景下，如何更好地创新产品和服务，减少形式化的"伪创新"，将成为影响河南省金融业发展的重要因素。一方面，要强化金融产品的创新，在当前互联网发展带动下，加强金融业与互联网的结合，更好地创造出能够满足现实需求的金融产品。另一方面，要创新农业金融机制，由于全省农村地区商业银行的营业网点设置不足，融资需求缺乏大型商业银行的支持。商业银行应该在农村和城镇地区合理布局，通过布局分支机构和网点，增强对农村地区金融产品的供给能力。在农业产业化过程中，各类金融组织应各司其职。以合作金融促进基础设施建设，以民间资本满足农户短期、小额资金需求。最后，要加强普惠金融的创新，针对社会小微型企业、个体户、再就业人员、农村创业人员等，立足当前农村发展政策，积极开拓宅基地、农业机械等灵活担保方式，创新性地开展小额贷款等业务，通过创新，实现普惠金融在全省的快速推进。

三　河南金融业发展机遇和面临的挑战

随着河南省人民生活水平的稳步提高，以及深入推进新型城镇化、建设中原经济区、郑州航空港经济综合实验区、中国（河南）自由贸易试验区和中原城市群等重大战略，全省以理财、保险、投资为代表的金融需求旺盛。在国家逐步规范金融业发展，全省供给侧结构性改革的强力推动下，巨大的投资、融资、理财需求，客观上都为河南金融业的快速发展提供了前所未有的历史机遇。

（一）发展机遇

1. 中原经济区、自贸区、新型城镇化等政策机遇

2011年9月，国务院印发《关于支持河南省加快建设中原经济区的指导意见》（国发〔2011〕32号），提出支持完善金融机构、金融市场和金融产品，形成多层次资本市场体系。加快推进郑东新区金融集聚核心功能区建设，适时申请开展电子商务国际结算业务。支持设立创业投资基金。推动保险业创新发展，开展保险资金投资基础设施等试点。2017年3月15日，国务院印发《中国（河南）自由贸易试验区总体方案》（国发〔2017〕17号），提出大力引进国际组织和机构、金融总部、区域性总部入驻自贸试验区，扩大金融对内对外开放，拓展金融服务功能，推动跨境投融资创新，建立健全金融风险防控体系。河南省人民政府印发《关于深入推进新型城镇化建设的实施意见》（豫政〔2016〕62号），提出深化与国开行、农发行等政策性金融机构的合作，争取其加大对新型城镇化建设领域的信贷支持力度；鼓励引导各商业银行、保险公司等金融机构，围绕服务全省城镇化重点项目建设，加大金融创新力度，积极探索设立城镇化专项投资基金、融资租赁、发行债券、夹层投资、债贷组合等业务，支持重点企业发展，加快推进重点项目建设。2015年8月5日，河南省人民政府办公厅印发《河南省推进中原经济区农村金融改革试验区建设实施方案

（2015～2020年）》（豫政办〔2015〕96号），提出探索建立现代农业金融风险分担机制，构建推动农村金融发展的政策支持体系，引导更多金融资源投向农村地区，努力将试验区建成农村金融投入稳定增长、现代农业与现代金融协调发展的核心示范区。这些政策利好的叠加，将为全省金融业的发展提供更多的政策支持，带来更多的发展空间。

2. 金融业全面深化改革带来的机遇

"十二五"以来，我国大力推进金融体制机制改革。党中央、国务院高度重视发展普惠金融，着力加强对小微企业、农民、城镇低收入人群、贫困人群等特殊群体的金融服务；加快农村金融改革发展，深化商业银行改革，推进政策性银行改革，推进非银行金融企业改革，规范发展互联网金融，多层次、广覆盖、有差异的金融机构体系已初步形成。2013年以来，中国银监会批复筹建的首批5家民营银行已全部开业，扩大民间资本进入银行业已取得突破性进展；中国保监会加大简政放权力度，推进费率市场化改革，深化保险资金运用市场化改革，创新保险组织形式，保险行业发展内生动力得以极大激发。未来河南省仍将进一步推进全面深化金融领域改革，金融机构将更加健全，普惠金融深入发展，金融创新空间增大，产品日益丰富，交易方式将更为便捷、高效，全省金融资源的配置格局将出现根本性变化。

3. 扩大对外开放为金融业发展带来新的机遇

后金融危机时期，发达经济体金融体系的急剧动荡逐步缓解，金融业将进一步加快对外开放步伐。随着我国进一步扩大金融业双向开放，加快人民币国际化步伐，有序实现人民币资本项目可兑换；转变外汇管理和使用方式，从正面清单转变为负面清单；拓宽境外金融机构在境内的人民币融资渠道，发挥境内外合格机构投资者的作用，支持有条件的中资金融机构"走出去"参与国际竞争；加强国际金融交流与合作，参与亚洲基础设施投资银行、金砖国家新开发银行建设，发挥丝路基金作用。外资金融机构带来新的管理制度和经营理念，将为河南省地方金融企业改革和发展提供良好的示范效应，推动金融业加快改革、创新和发展步伐。

4. 大数据、互联网等技术发展形成的市场机遇

新经济时代的最主要的表现就是数字化和网络化，金融产业在这种背景下也逐渐开始回归其最初的本质，具体来看，主要表现在金融产业的数据流的产生、交换、储存、分析到使用。从庞大的、海量的数据中可以及时、迅速、准确地识别和获取到有价值的信息正是大数据的意义所在。金融产业在大数据的基础之上更具有深度挖掘的潜力，其 IT 的基础设施、掌控数据和人力富集等层面则更有优势。金融业作为大数据的主要产生方，其可以创造的价值不可估计。互联网的逐步普及，使金融信息化的程度也在不断深化，电子银行、电子货币、快捷支付等金融产品和服务迅速得到推广和扩散，金融产业的版图也不断发生重组。从风险管理角度来说，通过多渠道、多角度的数据来源和对交易数据的深度挖掘，金融业将能够做到实时监控，及时排查潜在金融风险，降低风险管理成本，提高监管效率。大数据时代的来临必将是金融业发展的绝好机遇。

5. 郑州市区域金融中心建设形成的金融集聚发展机遇

2016 年 3 月，《河南省人民政府关于印发河南省国民经济和社会发展第十三个五年规划纲要的通知》（豫政〔2016〕22 号）提出建设区域性金融中心，壮大银行、证券、保险主体金融业，扩大"金融豫军"规模，规范和支持非银行金融机构发展，加强农村金融、消费金融、绿色金融、融资租赁、离岸金融等产品和服务方式创新，基本建成郑东新区金融集聚核心功能区。河南省人民政府办公厅关于印发《郑州区域性金融中心建设规划纲要》（豫政办〔2007〕112 号）的通知，提出到 2020 年，进一步完善金融市场、金融服务、金融信用、金融监管体系，强化郑州金融商务区功能，使郑州金融业成为功能强大、服务高效、开放程度高、有较强竞争力的支柱产业，把郑州建设成为立足郑州、服务中原、辐射中西部的区域性金融中心。全省金融业增加值占生产总值的比重达到 9%，郑州市金融业增加值占生产总值的比重达到 15%。

2015 年，《河南省人民政府办公厅关于印发加快郑东新区金融集聚核心功能区建设实施方案的通知》（豫政办〔2015〕18 号）提出，到 2020 年，郑东新区金融业增加值占全省金融业增加值的比重达到 13%，形成与全面建成小康社会、部分领域和区域率先实现现代化相适应的金融体系，推动郑州发展成为现代化国际商都和"一带一路"支撑点。最近几年，渣打银行、浙商银行、渤海银行和中国进出口银行等各类中外金融机构纷纷进入中原，体现了河南经济发展所带来的市场吸引力，也反映出郑州市区域金融中心建设所产生的明显集聚效应。

（二）面临的挑战

1. 未来金融严监管形势带来的挑战

近年来，河南省个别地方和行业民间融资活动比较活跃，存在一定的风险隐患，非法集资活动已成为危害全省经济社会发展的毒瘤，严重扰乱了正常的经济、金融秩序，影响了社会稳定；产能过剩行业高负债经营，在"十三五"去产能、去库存的背景下，势必导致银行不良贷款增加，各领域潜在金融风险日益复杂。新旧风险交汇积聚，混业经营又导致金融风险交叉传染，这些对金融行业监管全覆盖提出了非常现实的要求。在风险应对方面，由于全省尚未有处置金融风险的过多经验，准确把握面临挑战和侧重点的变化，将成为实施有效金融监管的重要挑战。

2. 金融资源外溢形成的资源不足挑战

近年来，周边省份均加大了对金融业发展的支持力度，也均出台了"十三五"时期金融业发展规划，强化金融业作为河南省经济发展的支柱性行业地位，我国中部省份金融业"十三五"规划目标文件梳理，如表10-4所示。如2017年2月9日，山西省发布《山西省"十三五"金融发展规划》，提出"十三五"末，金融业增加值突破1600亿元，占GDP的比重超过10%；各省份均提出要通过引进、培养、培训等途径，建立结构合理、梯次分明的金融人才专业队伍。一是创新激励人才机制，留住人才的同时，引进一批高素质的金融人才，快速提升地方金融机构管理水平。二是制定实施金融人才专项培育方案，加快培养本地金融人才队伍。三是争取从中央金融部门、金融机构以及金融发达地区交流一批优秀金融干部，到各市任职或挂职。四是加强对全省各级地方领导干部金融专业知识培训，不断提高各级政府运用金融支持实体经济发展的能力和水平。

表10-4 中部省份金融业"十三五"规划目标

发布时间	文件名称	发展目标
2016年7月15日	《湖北省金融业发展"十三五"规划》	到2020年末，全省金融业增加值将达3500亿元，年均增长16%左右
2017年2月9日	《山西省"十三五"金融发展规划》	"十三五"末，金融业增加值突破1600亿元，占GDP的比重超过10%

续表

发布时间	文件名称	发展目标
2017年1月5日	《安徽省"十三五"金融业发展规划》	全省金融业增加值年均增长15%左右,2020年金融业增加值达2500亿元,占全省生产总值和服务业增加值的比重分别达到7%和17%
2017年1月13日	《湖南省"十三五"金融业发展规划》	到2020年,全省金融业增加值2300亿元以上,"十三五"期间年均增速达到15%,占GDP的比重在6%左右
2017年9月22日	《江西省"十三五"建设绿色金融体系规划》	"十三五"期间,全省金融业增加值年均增长12%左右,到2020年,金融增加值达到1600亿元,占地区生产总值的比重达到6%~6.5%

3. 金融业改革为发展提出更高要求

"十三五"时期,利率市场化时代正式到来,人民币国际化、资产证券化、普惠金融、互联网金融等成为新趋势。金融脱媒、换媒趋势明显,融资方式将以间接融资为主逐步转向股票、债券等直接融资方式。然而,河南省私募股权投资基金（PE）和风险投资基金（VC）支持实体经济发展有效性不足;金融业粗放经营方式依然存在;地方法人金融机构的民间资本参股程度不高。金融机构如何适应金融体制机制改革,从金融的供给侧、需求侧等着力,深度参与和服务全省实体经济发展面临挑战。

4. 需求多元化为河南省金融带来新挑战

在中原崛起的背景下,河南省既要融入"一带一路"倡议,又要大力实施"精准扶贫"等战略,经济社会方方面面对金融服务的要求将进一步提高。金融既要服务于全省经济结构转型,又要服务于提升社会管理水平,全省经济结构调整优化对金融改革发展的依存度加大;既要满足实体经济更加丰富多样的金融服务需求,又要满足缺抵押、少担保的弱势群体的普惠金融需求,金融的支撑服务任务十分艰巨。然而,全省不同类型金融机构之间协同较少,难以形成金融资源集聚合力,多层次多元化金融需求对全省金融业带来新的挑战。

5. 国内外金融行业竞争加剧带来现实挑战

随着人民币国际化进程不断深化,金融业开放步伐将加快,外资金融机构的进入将使金融市场竞争更趋激烈。与此同时,全国地方金融发展也将进一步提速，各主要中心城市将更加重视金融业集聚发展和金融中心的建设，武汉市、郑州市和长沙市等中部城市金融业发展面临较为激烈的竞争态势。面对国内外各金融中心城市激烈竞争和全球经济发展不稳定的环境，围绕市场、人才、技术、发展环境等各方面的竞争将更加激烈，河南省金融业竞争将进一步加剧。

四 河南金融业运行形势预测

（一）金融业发展趋势预测的方法选择

根据河南省金融业发展实际，重点选择全省金融业增加值、第三产业增加值、生产总值、金融业增加值占第三产业增加值的比重、金融业增加值占市生产总值的比重五项指标，根据 2011～2016 年《河南统计年鉴》《河南省国民经济和社会发展统计公报》有关统计数据，运用灰色预测模型——GM（1，1）模型①，进行分析与预测。

灰色系统常用的预测模型是灰色预测模型——GM（1，1），GM（1，1）表示一阶的、单变量的线性动态预测模型，用于时间序列预测的是其离散形式的微分方程模型。灰色系统不是直接使用原始数据，而是使用由原始数据产生的生成数列，有累加生成和累减生成两种（本次测算使用累加生成数列）。模型的具体形式为：

$$\frac{\mathrm{d}x}{\mathrm{d}t} + ax = u$$

这是一个单变量相对时间 t 的一阶微分方程，是连续的，实际使用的是其离散的、对单个数据的形式。

1. GM（1，1）建模

假定观测数据序列为 $x^{(0)} = \{x^0(1), x^{(0)}(2), \cdots, x^{(0)}(N)\}$，对序列 $x^{(0)}$ 进行一阶累加，得到新的序列 $x^{(1)} = \{x^{(1)}(1), x^{(1)}(2), \cdots, x^{(1)}(N)\}$，其中：

---

① 灰色理论是我国学者邓聚龙教授在 20 世纪 80 年代提出的处理不完全信息的一种新型理论，广泛应用于预测、决策、聚类分析等方面。灰色系统理论基于关联度收敛、生成数、灰导数、灰微分方程等观点和方法建立了微分方程型模型，在预测中收到了良好的效果。

$$x^{(1)}(i) = \sum_{k=1}^{i} x^{(0)}(k) \quad i = 1, 2, \cdots, N \tag{1}$$

对于不同的 i，有：

$$x^{(1)}(1) = x^{(0)}(1)$$

$$x^{(1)}(2) = \sum_{k=1}^{2} x^{(0)}(k) = x^{(0)}(1) + x^{(0)}(2) = x^{(1)}(1) + x^{(0)}(2)$$

$$x^{(1)}(3) = \sum_{k=1}^{3} x^{(0)}(k) = x^{(0)}(1) + x^{(0)}(2) + x^{(0)}(3) = x^{(1)}(2) + x^{(0)}(3)$$

$$\cdots$$

$$\begin{aligned} x^{(1)}(N) = \sum_{k=1}^{N} x^{(0)}(k) &= x^{(0)}(1) + x^{(0)}(2) + \cdots + x^{(0)}(N-1) + x^{(0)}(N) \\ &= x^{(1)}(N-1) + x^{(0)}(N) \end{aligned} \tag{2}$$

假定通过一阶累加生成的新序列 $x^{(1)}$ 满足一阶微分方程：

$$\frac{\mathrm{d}x^{(1)}}{\mathrm{d}vt} + ax^{(1)} = u \tag{3}$$

其中，a 为待估参数，称为发展灰数，u 为待估参数，称为内生控制灰数，是对系统的常定输入，把式（2）、式（3）按离散形式展开，对于不同的 k，有：

$$k = 1, x^{(0)}(2) = a\left\{-\frac{1}{2}[x^{(1)}(1) + x^{(1)}(2)]\right\} + u$$

$$k = 2, x^{(0)}(3) = a\left\{-\frac{1}{2}[x^{(1)}(2) + x^{(1)}(3)]\right\} + u$$

$$\cdots$$

$$k = N, x^{(0)}(N) = a\left\{-\frac{1}{2}[x^{(1)}(N-1) + x^{(1)}(N)]\right\} + u$$

将两个待估参数写成如下向量形式：

$$\dot{\alpha} = \begin{pmatrix} \dot{a} \\ \dot{u} \end{pmatrix} \tag{4}$$

基于最小二乘法，可得待估参数的解为：

$$\dot{\alpha} = (B^{\mathrm{T}}B)^{-1}B^{\mathrm{T}}Y_n \tag{5}$$

其中：

$$B = \begin{Bmatrix} -\dfrac{1}{2}[x^{(1)}(1)+x^{(1)}(2)] & 1 \\ -\dfrac{1}{2}[x^{(1)}(2)+x^{(1)}(3)] & 1 \\ \cdots & \\ -\dfrac{1}{2}[x^{(1)}(N-1)+x^{(1)}(N)] & 1 \end{Bmatrix}$$

$$Y_n = [x^{(0)}(1), x^{(0)}(2), \cdots, x^{(0)}(N)]^T \tag{6}$$

将 $\hat{\alpha}$ 代入微分方程并求解，可得到 GM（1，1）的分析预测模型：

$$\hat{x}(k+1) = [x^{(1)}(1)+\dfrac{\hat{u}}{\hat{a}}]\times e^{-ak} + \dfrac{\hat{u}}{\hat{a}} \quad k=0,1,2,\cdots,n \tag{7}$$

当 $k=0$，1，2，$\cdots$，$N-1$ 时，由式（7）算得的 $\hat{x}^{(1)}(k+1)$ 是拟合值，当 $k \geqslant N$ 时，$\hat{x}^{(1)}(k+1)$ 是预测值。这是相对于一次累加序列 $x^{(1)}$ 的拟合值，用后减运算还原，当 $k=0$，1，2，$\cdots$，$N-1$ 时，就可得原始序列 $x^{(0)}$ 的拟合值 $\hat{x}^{(0)}(k+1)$；当 $k \geqslant N$ 时，可得原始序列 $x^{(0)}$ 的预测值。

2. 模型精度检验

（1）残差检验

根据预测模型计算得到 $\hat{x}^{(1)}(i)$，通过后减运算得到原始序列的拟合值 $\hat{x}^{(0)}(i)$，按照如下方式计算误差序列。

残差：$E^{(0)}(k) = x^{(0)}(k) - \hat{x}^{(0)}(k)$（$k=2$，3，$\cdots$，$N$）。

相对残差：$e^{(0)}(k) = [x^{(0)}(k) - \hat{x}^{(0)}(k)]/x^{(0)}(k)$（$k=2$，3，$\cdots$，$N$）。

若满足平均相对误差 $\overline{e}^{(0)} = \dfrac{1}{N-1}\sum\limits_{k=2}^{N}|e^{(0)}(k)| < 10\%$，那么，建模精度 $p^{(0)} = [1-\overline{e}^{(0)}]\times 100\% > 90\%$，则检验通过。

（2）级比偏差值检验

定义级比偏差值如下：

$$p(k) = \frac{\sigma^{(0)} - \sigma^{(0)}(k)}{\sigma^{(0)}}\times 100\% = [1 - \frac{1+0.5a}{1-0.5a}\sigma^{(0)}(k)]\times 100\%$$

其中，模型级比 $\sigma^{(0)} = \dfrac{x^{(0)}(k-1)}{\hat{x}^{(0)}(k)} = \dfrac{1+0.5a}{1-0.5a}$，序列级比 $\sigma^{(0)}(k) =$

$$\frac{x^{(0)}(k-1)}{x^{(0)}(k)}。$$

若 $|p(k)|<15\%$，且 $|p(k)|$ 的平均值 $|\bar{p}|<10\%$，则检验通过。

（3）关联度检验

关联系数和关联度的计算公式如下。

关联系数：$\eta(k)=\dfrac{\min+\rho\max}{E(k)+\rho\max}$

其中，$\min=\min\{E(k),\ k=1,2,\cdots,n\}$，$\max=\max\{E(k),k=1,2,\cdots,n\}$。

关联度：$\gamma=\dfrac{1}{n}\sum\limits_{k=1}^{n}\eta(k)$

当 $\rho=0.5$，关联度 $\gamma>0.6$，则检验通过。

（4）后验差检验（残差概率检验）

后验差检验即为残差概率检验。设原始序列 $x^{(0)}$ 的标准差为 $S_1=\sqrt{\dfrac{1}{N-1}\sum\limits_{k=1}^{N}[x^{(0)}(k)-\sum\limits_{k=1}^{N}x^{(0)}(k)]^2}$，残差序列的标准差为 $S_2=\sqrt{\dfrac{1}{N-1}\sum\limits_{k=1}^{N}[E^{(0)}(k)-\sum\limits_{k=1}^{N}E^{(0)}(k)]^2}$，后验差比值为 $C=S_2/S_1$，小误差概率为 $P=p\{|E^{(0)}(k)-\sum\limits_{k=1}^{N}E^{(0)}(k)|<0.6745S_1\}$，当 $P>0.95$，$C<0.35$ 时，模型拟合较好。不同的 P 值、C 值所代表的预测模型的具体状况见表 $10-5$。

表 10－5　等级对照

P	C	预测精度等级
＞0.95	＜0.35	好
＞0.80	＜0.50	合格
＞0.70	＜0.65	勉强合格
≤0.70	≥0.65	不合格

若以上检验均能通过，则可以用所建模型进行预测，否则要进行残差修正。

（二）金融业增加值预测

1. 数据来源及说明

借助 2005～2016 年河南省金融业增加值、第三产业增加值以及全省生产总值的相关数据进行预测，具体数据见表 10－6。在表 10－6 中，不仅列出了 2005～2016 年河南省各年金融业增加值、第三产业增加值以及全省生产总值，而且给出了金融业增加值占第三产业增加值的比重、金融业增加值占全省生产总值的比重。

表 10－6　河南 2005～2016 年 GDP 及金融业增加值情况

单位：亿元，%

年份	金融业增加值(X_1)	第三产业增加值(X_2)	全省生产总值(X_3)	金融业增加值/第三产业增加值(X_4)	金融业增加值/全省生产总值(X_5)
2005	181.74	3181.27	10587.42	5.71	1.72
2006	219.72	3721.44	12362.79	5.90	1.78
2007	302.31	4511.97	15012.46	6.70	2.01
2008	345.36	5271.06	18018.53	6.55	1.92
2009	499.92	5700.91	19480.46	8.77	2.57
2010	697.68	6607.89	23092.36	10.56	3.02
2011	868.20	7991.72	26931.03	10.86	3.22
2012	1013.60	9157.57	29599.31	11.07	3.42
2013	1181.77	10290.49	32191.30	11.48	3.67
2014	1509.20	12875.90	34938.24	11.72	4.32
2015	1991.11	14611.33	37002.16	13.63	5.38
2016	2253.67	16818.27	40160.01	13.40	5.61

2. 预测模型参数估计

建立 GM（1，1）模型，分别预测河南省金融业增加值 X_1、第三产业

321

增加值 X_2 以及全省生产总值 X_3，原始数据见表 10 - 6。首先利用灰色预测模型，预测河南省金融业增加值。

根据表 10 - 6 可知，2005～2016 年河南省金融业增加值原始序列为：

$$x^{(0)} = \{187.74, 219.72, 302.31, 345.36, 499.92, 697.68,$$
$$868.20, 1013.60, 1181.77, 1509.20, 1991.11, 2253.67\}$$

根据式（1）计算累加数列 $x^{(1)}$，根据式（4）、式（5）和式（6）计算得到模型待估参数 $\hat{a} = -0.214435$ 和 $\hat{u} = 214.29482$，则河南省金融业增加值预测模型为：

$$\hat{x}^{(1)}(k+1) = (181.74 - \frac{214.29482}{-0.214435}) \times e^{-(0.214435)k} + \frac{214.29482}{-0.214435}$$
$$= 1181.086 \times e^{0.214435k} - 999.346$$

其中，$k = 0, 1, 2, \cdots, n$，当 $k = 0, 1, 2, \cdots, 11$ 时，由该模型算得的 $\hat{x}^{(1)}(k+1)$ 是 $x^{(1)}$ 的拟合值，当 $k \geqslant 12$ 时，$\hat{x}^{(1)}(k+1)$ 是 $x^{(1)}$ 的预测值。用后减运算还原，即 $\hat{x}^{(0)}(k+1) = \hat{x}^{(1)}(k+1) - \hat{x}^{(1)}(k)$，其中，$\hat{x}^{(1)}(0) = 0$，当 $k = 0, 1, 2, \cdots, 11$ 时，可得原始序列 $x^{(0)}$ 的拟合值 $\hat{x}^{(0)}(k+1)$；当 $k \geqslant 12$ 时，可得原始序列 $x^{(0)}$ 的预测值。

3. 模型精度检验

（1）残差检验

残差及相对误差序列见表 10 - 7。

表 10 - 7 残差检验

年份	$\hat{x}^{(1)}$	$\hat{x}^{(0)}$	$x^{(0)}$	$E^{(0)}$	$e^{(0)}$	$|e^{(0)}|$
2005	181.74	181.74	181.74	0.00	0.00	0.00
2006	464.21	282.47	219.72	- 62.75	- 28.56	28.56
2007	814.24	350.03	302.31	- 47.72	- 15.78	15.78
2008	1247.98	433.74	345.36	- 88.38	- 25.59	25.59
2009	1785.45	537.47	499.92	- 37.55	- 7.51	7.51
2010	2451.47	666.02	697.68	31.66	4.54	4.54
2011	3276.77	825.30	868.2	42.90	4.94	4.94

续表

年份	$\hat{x}^{(1)}$	$\hat{x}^{(0)}$	$x^{(0)}$	$E^{(0)}$	$e^{(0)}$	$\mid e^{(0)} \mid$
2012	4299.45	1022.68	1013.6	-9.08	-0.90	0.90
2013	5566.72	1267.27	1181.77	-85.50	-7.23	7.23
2014	7137.07	1570.35	1509.2	-61.15	-4.05	4.05
2015	9082.99	1945.92	1991.11	45.19	2.27	2.27
2016	11494.29	2411.31	2253.67	-157.64	-6.99	6.99

根据表 10 - 7 可计算得到平均相对误差 $\overline{e}^{(0)} = \frac{1}{N-1} \sum_{k=2}^{N} \mid e^{(0)} (k) \mid =$ 0.0985，此时，建模精度 $p^{(0)} = \left[1 - \overline{e}^{(0)} \right] \times 100\% = 90.15\% > 90\%$，残差检验通过。

（2）级比偏差值检验

首先，定义中间参数 $u = (1 - 0.5a) / (1 + 0.5a)$，然后，分别根据公式计算级比偏差值 ρ 及其绝对值 $\mid \rho \mid$，具体结果见表 10 - 8。

表 10 - 8 级比偏差值检验

年份	中间参数 u	级比偏差值 ρ(%)	$\mid \rho \mid$
2005	1.2402	—	
2006	—	-2.5813	2.5813
2007	—	9.8628	9.8628
2008	—	-8.5595	8.5595
2009	—	14.3241	14.3241
2010	—	11.1349	11.1349
2011	—	0.3394	0.3394
2012	—	-6.2283	6.2283
2013	—	-6.3704	6.3704
2014	—	2.8879	2.8879
2015	—	5.9976	5.9976
2016	—	-9.5701	9.5701

根据表 10 - 8 可知，对于不同的 k，均有 $\mid \rho (k) \mid < 15\%$，说明金融业增加值序列 $x^{(0)}$ 的 GM（1，1）具有 15% 的指数符合率，且 $\mid \rho (k) \mid$ 的均值为 7.0778%，小于 10%，符合要求，级比偏差值检验通过。

（3）关联度检验

首先，通过表 10－7 的残差 $E^{(0)}$ 序列，可得该序列的最小值为 －157.64，最大值为 45.19，当检验分辨率 $\rho = 0.5$ 时，根据公式 $\eta(k) = \dfrac{\min + \rho\max}{E(k) + \rho\max}$，计算得到的关联系数依次为 3.3630、5.3757、2.0528、9.0285、－2.4888、－2.0619、－9.9926、2.1468、3.5026、－1.9921 和 1.0000。根据公式 $\gamma = \dfrac{1}{n}\sum_{k=1}^{n}\eta(k)$，计算得到的关联度 $\gamma = 0.9031$，此时，关联度 $\gamma > 0.6$，关联度检验通过。

（4）后验差检验

首先，计算原始序列的标准差 S_1，然后，计算残差序列的标准差 S_2，其次，计算方差比 $C = S_2/S_1$，最后，计算小误差概率 $P = p\{|E^{(0)}(k) - \overline{E}^{(0)}| < 0.6745S_1\}$，具体结果见表 10－9。

表 10－9　后验差检验结果

年份	$x^{(0)}$	$x^{(0)} - \overline{x}^{(0)}$	$E^{(0)}$	$E^{(0)} - \overline{E}^{(0)}$	$E^{(0)} - \overline{E}^{(0)}$	
2005	181.74	－740.283	0	35.8343	35.8343	
2006	219.72	－702.303	－62.7505	－26.9162	26.9161	$< S_0$
2007	302.31	－619.713	－47.7165	－11.8822	11.8822	$< S_0$
2008	345.36	－576.663	－88.3794	－52.5451	52.5451	$< S_0$
2009	499.92	－422.103	－37.5532	－1.7189	1.7189	$< S_0$
2010	697.68	－224.343	31.66383	67.4981	67.4981	$< S_0$
2011	868.2	－53.8233	42.89835	78.7326	78.7326	$< S_0$
2012	1013.6	91.5767	－9.08209	26.7522	26.7522	$< S_0$
2013	1181.77	259.7467	－85.4983	－49.664	49.6640	$< S_0$
2014	1509.2	587.1767	－61.1502	－25.3159	25.3159	$< S_0$
2015	1991.11	1069.087	45.19233	81.0266	81.0266	$< S_0$
2016	2253.67	1331.647	－157.636	－121.802	121.8021	$< S_0$
	$\overline{x} = 922.0233$		$\overline{E}^{(0)} = -35.8343$		$C = 0.0876$	
	$S_1 = 695.8378$		$S_2 = 60.9715$		$S_0 = 469.3426$	

从表 10 - 9 可知，方差比 $C = 0.0876$，小误差概率 $P = 1$，C 值越小 P 值越大模型精度越高，一般要求 $C < 0.35$，最大不超过 0.65；$P > 0.95$，不得小于 0.7，后验差检验通过。

综上所述，所构建的灰色预测模型 GM（1，1）通过了所有检验，可以用所建模型进行预测。

4. 预测计算

通过模型精度检验可知，所构建的灰色预测模型 GM（1，1）满足了所有的检验要求，因此，借助该预测模型对 2017 ~ 2025 年的河南省金融业增加值进行预测，具体的预测结果见表 10 - 10。

表 10 - 10　河南 2017 ~ 2025 年金融业增加值预测结果

单位：亿元

年份	金融业增加值	年份	金融业增加值	年份	金融业增加值
2017	2987.999	2020	5685.442	2023	10818.03
2018	3702.613	2021	7045.181	2024	13405.28
2019	4588.136	2022	8730.118	2025	16611.31

5. 第三产业和生产总值预测

按照相同的方法，可获得河南省第三产业增加值和全省生产总值的预测模型。

第三产业增加值预测模型：

$$\hat{x}^{(1)}(k+1) = \left(3181.27 - \frac{2948.119}{-0.151062}\right) \times e^{-(0.151062)k} + \frac{2948.119}{-0.151062}$$
$$= 22697.22 \times e^{0.151062k} - 19515.95$$

全省生产总值的预测模型：

$$\hat{x}^{(1)}(k+1) = \left(10587.42 - \frac{12993.202}{-0.104549}\right) \times e^{-(0.104549)k} + \frac{12993.202}{-0.104549}$$
$$= 134866.01 \times e^{0.104549k} - 124278.5$$

且两者均通过了模型精度检验，因此，可使用上述两个预测模型分别对第三产业增加值和全省生产总值进行预测。具体结果见表 10 - 11。

表 10－11　河南 2017～2025 年金融业增加值、第三产业
增加值、全省生产总值预测结果

单位：亿元，%

年份	金融业增加值	第三产业增加值	全省生产总值	金融业增加值/第三产业增加值	金融业增加值/全省生产总值
2017	2987.999	19498.693	46943.871	15.32	6.3650
2018	3702.613	22678.332	52117.551	16.33	7.1043
2019	4588.136	26376.473	57861.422	17.39	7.9295
2020	5685.442	30677.667	64238.325	18.53	8.8505
2021	7045.181	35680.254	71318.026	19.75	9.8785
2022	8730.118	41498.609	79177.980	21.04	11.0259
2023	10818.030	48265.760	87904.180	22.41	12.3066
2024	13405.280	56136.426	97592.092	23.88	13.7360
2025	16611.310	65290.555	108347.709	25.44	15.3315

（三）金融机构存贷款规模预测

1. 数据来源及说明

借助 2005～2016 年河南省人民币存款余额以及贷款余额的相关数据进行预测。2005～2015 年数据取自《河南省统计年鉴 2016》，2016 年数据取自河南省政府金融网《河南省 2016 年金融运行情况分析》，具体数据见表10－12。

表 10－12　河南 2005～2016 年金融机构存贷款余额情况

单位：亿元

年份	人民币存款余额	人民币贷款余额
2005	10003.96	7434.53
2006	11492.55	8567.33
2007	12576.42	9545.48
2008	15255.42	10368.05
2009	19175.10	13437.41
2010	23148.80	15871.32
2011	26646.15	17506.24

年份	人民币存款余额	人民币贷款余额
2012	31970.43	20301.72
2013	37591.70	23511.41
2014	41374.91	27228.27
2015	47629.91	31432.62
2016	53977.60	36501.20

2. 灰色预测模型构建

建立 GM（1，1）模型，分别预测河南省银行业人民币存款余额以及贷款余额。原始数据见表 10 - 12。按照和预测金融业增加值相同的方法，可分别获得河南省银行业人民币存款余额和贷款余额的预测模型。

人民币存款余额预测模型为：

$$\hat{x}^{(1)}(k+1) = \left(10000.96 - \frac{10057.09}{-0.150368}\right) \times e^{-(0.150368)k} + \frac{10057.09}{-0.150368}$$

$$= 76884.14 \times e^{0.150368k} - 66883.18$$

人民币贷款余额预测模型为：

$$\hat{x}^{(1)}(k+1) = \left(7434.53 - \frac{6732.3421}{-0.146379}\right) \times e^{-(0.146379)k} + \frac{6732.3421}{-0.146379}$$

$$= 53427.071 \times e^{0.146379k} - 45992.54$$

3. 模型精度检验

（1）人民币存款余额预测模型

在残差检验中，平均绝对误差为 4.8442%，因此，建模精度为 1 - 4.8442% = 95.1558%，大于 90%，满足精度要求。

在级比偏差值检验中，对于所有的 k，均存在 | $\rho(k)$ | < 15%，说明人民币存款余额序列 GM（1，1）具有 15% 的指数符合率，且 | $\rho(k)$ | 的均值为 3.3824%，小于 10%，符合要求，级比偏差值检验通过。

在关联度检验中，当检验分辨率 $\rho = 0.5$ 时，关联度为 0.8837，大于 0.6，满足关联度检验要求。

在后验差检验中，方差比为 0.081，小误差概率为 1，后验差检验通过。从而证明所建立的预测模型较好。

（2）人民币贷款余额预测模型

在残差检验中，平均绝对误差为 1.9169%，因此，建模精度为 1－1.9169% ＝98.0831%，大于 90%，满足精度要求。

在级比偏差值检验中，对于所有的 k，均存在 $|\rho(k)|<15\%$，说明人民币贷款余额序列 GM（1，1）具有 15% 的指数符合率，且 $|\rho(k)|$ 的均值为 2.8534%，小于 10%，符合要求，级比偏差值检验通过。

在关联度检验中，当检验分辨率 $\rho=0.5$ 时，关联度为 0.9018，大于 0.6，满足关联度检验要求。

在后验差检验中，方差比为 0.040，小误差概率为 1，后验差检验通过。从而证明所建立的预测模型较好。

4. 金融机构存贷款规模预测计算

通过模型精度检验可知，所构建的灰色预测模型 GM（1，1）满足了所有的检验要求，因此，借助该预测模型对 2017～2025 年的河南省金融机构存贷款规模进行预测，具体的预测结果见表 10－13。

表 10－13　河南 2017～2025 年金融机构存贷款规模预测结果

单位：亿元

年份	人民币存款余额	人民币贷款余额
2017	65222.8475	42140.5145
2018	75806.0652	48783.3167
2019	88106.5417	56473.2541
2020	102402.9234	65375.3916
2021	119019.0707	75680.8137
2022	138331.3944	87610.7267
2023	160777.3828	101421.2065
2024	186865.5118	117408.6953
2025	217186.7640	135916.3652

（四）证券业发展规模预测

1. 数据来源及说明

借助 2010～2016 年河南省证券业年末募集资金总额和开户数的相关数据进行预测。2010～2015 年数据取自 2010～2015 年《河南统计年鉴》，2016 年数据取自《2016 年河南省国民经济和社会发展统计公报》和《2016 年河南省证券行业经营情况简报》，具体数据见表 10 - 14。

表 10 - 14　河南 2010 ～ 2016 年证券业发展情况

单位：亿元，万户

年份	年末募集资金总额	投资者开户数
2010	751. 10	359. 70
2011	1034. 03	394. 00
2012	1166. 57	408. 00
2013	1831. 32	421. 00
2014	2249. 21	447. 07
2015	2631. 60	579. 00
2016	2984. 70	686. 85

2. 建立预测模型

建立 GM （1，1）模型，分别预测河南省证券业年末募集资金总额以及投资者开户数。原始数据见表 10 - 14。按照和预测金融业增加值相同的方法，可分别获得河南省证券业年末募集资金总额和投资者开户数的预测模型。

年末募集资金总额预测模型为：

$$\hat{x}^{(1)}(k+1) = (751.10 - \frac{861.4981}{-0.204414}) \times e^{-(-0.204414)k} + \frac{861.4981}{-0.204414}$$

$$= 4965.577 \times e^{0.204414k} - 4214.48$$

投资者开户数预测模型为：

$$\hat{x}^{(1)}(k+1) = (359.70 - \frac{281.627303}{-0.125062}) \times e^{-(-0.125062)k} + \frac{281.627303}{-0.125062}$$

$$= 2611.6015 \times e^{0.125062k} - 2251.9015$$

3. 模型精度检验

（1）年末募集资金总额预测模型

在残差检验中，平均绝对误差为 3.5634%，因此，建模精度为 1 - 3.5634% = 96.4366%，大于 90%，满足精度要求。

在级比偏差值检验中，对于所有的 k，均存在 $|\rho(k)| < 15\%$，说明年末募集资金总额序列 GM （1，1）具有 15% 的指数符合率，且

｜ρ（k）｜的均值为 6.3392%，小于 10%，符合要求，级比偏差值检验通过。

在关联度检验中，当检验分辨率 ρ = 0.5 时，关联度为 0.8528，大于 0.6，满足关联度检验要求。

在后验差检验中，方差比为 0.093，小误差概率为 1，后验差检验通过。从而证明所建立的预测模型较好。

（2）投资者开户数预测模型

在残差检验中，平均绝对误差为 4.9068%，因此，建模精度为 1 - 4.9068% = 95.0932%，大于 90%，满足精度要求。

在级比偏差值检验中，对于所有的 k，均存在｜ρ（k）｜< 15%，说明投资者开户数序列的 GM（1，1）具有 15% 指数符合率，且｜ρ（k）｜的均值为 4.7428%，小于 10%，符合要求，级比偏差值检验通过。

在关联度检验中，当检验分辨率 ρ = 0.5 时，关联度为 0.7922，大于 0.6，满足关联度检验要求。

在后验差检验中，方差比为 0.073，小误差概率为 1，后验差检验通过。从而证明所建立的预测模型较好。

4. 预测计算

通过模型精度检验可知，所构建的灰色预测模型 GM（1，1）满足了所有的检验要求，因此，借助该预测模型对 2017～2025 年的河南省证券业发展趋势进行预测。具体的预测结果见表 10 - 15。

表 10 - 15　河南省 2017～2025 年证券业发展趋势预测结果

单位：亿元，万户

年份	年末募集资金总额	投资者开户数
2017	3839.5471	736.7862
2018	4710.3802	834.9657
2019	5778.7236	946.1988
2020	7089.3739	1072.2503
2021	8697.2877	1215.0942
2022	10669.8864	1376.9676
2023	13089.8827	1560.4056
2024	16058.7491	1768.2809
2025	19700.9728	2003.8493

（五）保险业发展情况预测

1. 数据来源及说明

借助 2005～2016 年河南省保费收入、赔付及给付的相关数据进行预测。2005～2007 年数据取自《河南统计年鉴 2008》，2008～2015 年数据取自《河南统计年鉴 2016》，2016 年数据取自中国保险监督管理委员会河南监管局《2016 年 1～12 月保险业经营数据》，具体数据见表10－16。

表 10－16　河南 2005～2016 年保险业经营情况

单位：亿元

年份	保费收入	赔付及给付
2005	213.55	38.16
2006	252.31	50.98
2007	323.56	100.88
2008	518.92	128.77
2009	565.39	148.23
2010	793.28	153.91
2011	839.82	171.14
2012	841.13	199.55
2013	916.52	279.75
2014	1036.08	324.03
2015	1248.76	447.71
2016	1555.15	547.98

2. 建立预测模型

建立 GM（1，1）模型，分别预测河南省保险业保费收入、赔付及给付状况。原始数据见表 10－16。按照和预测金融业增加值相同的方法，可分别获得河南省保险业保费收入和赔付及给付的预测模型。

保费收入预测模型为：

$$\hat{x}^{(1)}(k+1) = (213.5505 - \frac{311.41013}{-0.141106}) \times e^{-(-0.141106)k} + \frac{311.41013}{-0.141106}$$

$$= 2420.4739 \times e^{0.141106k} - 2206.923$$

赔付及给付预测模型为：

$$\hat{x}^{(1)}(k+1) = (38.1601 - \frac{48.246414}{-0.208604}) \times e^{-(-0.208604)k} + \frac{48.246414}{-0.208604}$$

$$= 269.44241 \times e^{0.208604k} - 231.2823$$

3. 模型精度检验

（1）保费收入预测模型

在残差检验中，平均绝对误差为 7.1268%，因此，建模精度为 $1 - 7.1268\% = 92.8732\%$，大于90%，满足精度要求。

在级比偏差值检验中，对于所有的 k，均存在 $|\rho(k)| < 15\%$，说明保费收入序列 GM（1，1）具有15%的指数符合率，且 $|\rho(k)|$ 的均值为8.5411%，小于10%，符合要求，级比偏差值检验通过。

在关联度检验中，当检验分辨率 $\rho = 0.5$ 时，关联度为0.7829，大于0.6，满足关联度检验要求。

在后验差检验中，方差比为0.202，小误差概率为1，后验差检验通过。从而证明所建立的预测模型较好。

（2）赔付及给付预测模型

在残差检验中，平均绝对误差为 5.5512%，因此，建模精度为 $1 - 5.5512\% = 94.4488\%$，大于90%，满足精度要求。

在级比偏差值检验中，对于所有的 k，均存在 $|\rho(k)| < 15\%$，说明赔付及给付序列 GM（1，1）具有15%的指数符合率，且 $|\rho(k)|$ 的均值为8.5411%，小于10%，符合要求，级比偏差值检验通过。

在关联度检验中，当检验分辨率 $\rho = 0.5$ 时，关联度为0.8034，大于0.6，满足关联度检验要求。

在后验差检验中，方差比为0.138，小误差概率为1，后验差检验通过。从而证明所建立的预测模型较好。

4. 预测计算

通过模型精度检验可知，所构建的灰色预测模型 GM（1，1）满足了所有的检验要求，因此，借助该预测模型对 2017～2025 年的河南省保险业发展趋势进行预测，具体的预测结果见表 10 - 17。

表 10 - 17　河南 2017～2025 年保险业发展趋势预测结果

单位：亿元

年份	保费收入	赔付及给付
2017	1731.9941	620.0417
2018	1994.4731	763.8640
2019	2296.7302	941.0466
2020	2644.7935	1159.3277
2021	3045.6049	1428.2404
2022	3507.1582	1759.5289
2023	4038.6586	2167.6617
2024	4650.7065	2670.4632
2025	5355.5086	3289.8923

（六）总体结论

总体上，根据预测，未来河南省金融业增加值将保持持续快速增长，到 2020 年，将有望突破 5000 亿元，达到 5685.442 亿元，到 2023 年，将有望突破 10000 亿元，达到 10818.03 亿元。金融业增加值占第三产业的比重也将稳步提高，到 2022 年，占比预计超过 1/5，到 2025 年，占比预计超过 1/4。金融业增加值占全省生产总值的比重在 2022 年将首次超过 10%，到 2025 年，预计将达到 15%（见图 10 - 9）。

在金融机构发展规模方面，根据预测，未来河南省金融机构人民币存贷款余额仍将保持高位增长态势，预计 2020 年，存款余额将突破 10 万亿元，达到 10.24 万亿元；2023 年，贷款余额将突破 10 万亿元；到 2025 年，全省存款余额将突破 20 万亿元，达到 21.72 万亿元，贷款余额达到 13.6 万亿元（见图 10 - 10）。

在资本市场发展方面，根据预测，在保持以往发展势头的情况下，预

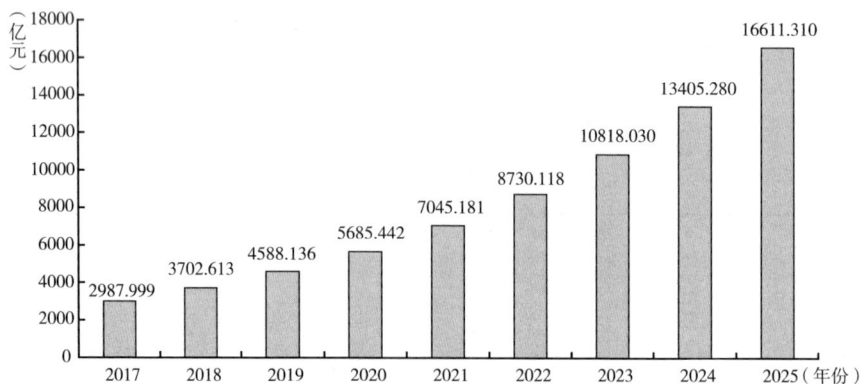

图 10 - 9　河南省金融业增加值预测结果

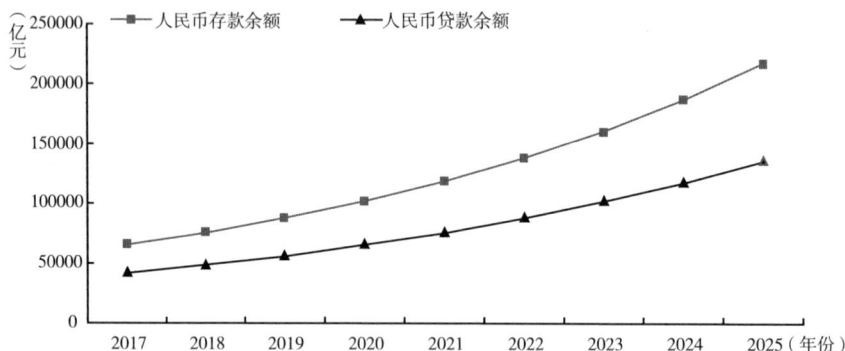

图 10 - 10　河南省金融机构存贷款余额预测结果

计到 2020 年，全省当年募集资金总额达到 7089.4 亿元，投资者开户数将突破 1000 万户，达到 1072.3 万户。到 2022 年，预计全省当年募集资金总额将突破 10000 亿元，预计到 2025 年，实现全省投资者开户数突破 2000 万户（见图 10 - 11）。

在保险业发展方面，根据预测，河南省保险业保费收入将呈现出稳步增长的态势，到 2020 年，预计将达到 2644.79 亿元，到 2025 年，预计将超过 5000 亿元，达到 5355.51 亿元。与此对应，全省赔付及给付金额到 2020 年和 2025 年，预计分别达到 1159.33 亿元和 3289.89 亿元（见图 10 - 12）。

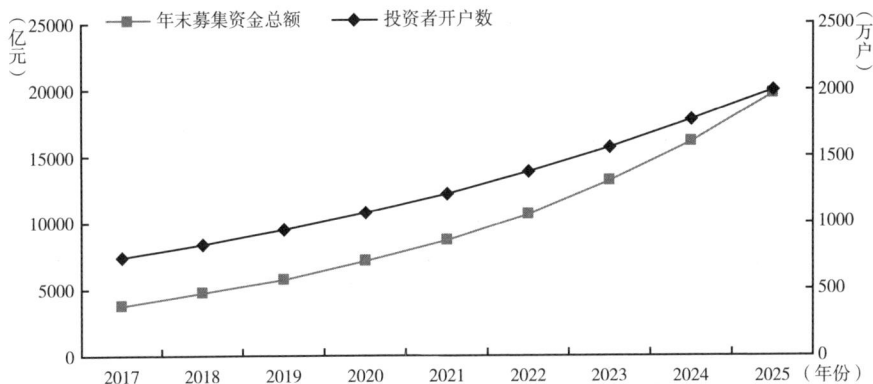

图 10 - 11　河南省资本市场募集资金总额和投资者开户数预测结果

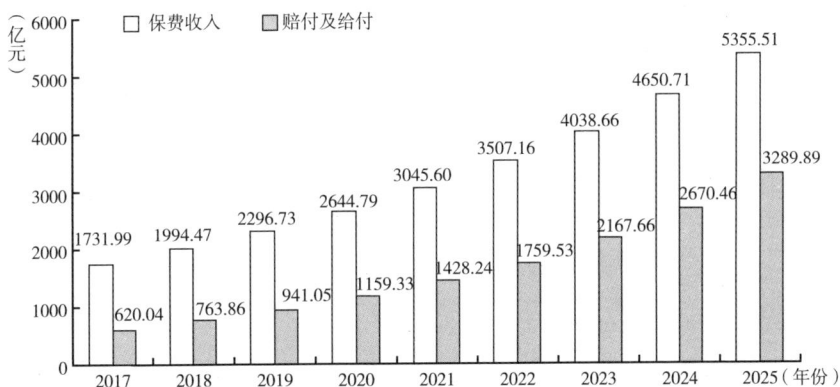

图 10 - 12　河南省保险业保费收入以及赔付及给付金额预测结果

五　推动河南金融业平稳健康发展的对策建议

党的十九大报告明确指出，要健全货币政策和宏观审慎政策双支柱调控框架，深化利率和汇率市场化改革。第五次全国金融工作会议，做好金融工作要把握好的重要原则是回归本源，优化结构，强化监管。大力实施金融强省战略，以实施"引金入豫"和做大做强"金融豫军"双轮驱动战略为核心，以"发展、改革、创新、稳定"为关键点，着力增强金融支持实体经济的针对性、有效性，将为全省经济社会发展提供坚实支撑。

（一）建立健全行业发展机制

适应新形势下金融改革、创新、发展和开放的要求，建立健全协调机制，河南银监局、河南证监局、河南保监局等部门要加强联系和沟通，进一步完善金融监管工作的协调配合机制，形成监管合力，密切关注金融机构与上市企业的经营动态及风险状况，及时处置风险。

积极支持金融监管机构履行职责，强化监管手段，提高现场检查和非现场监管的效率，坚持全面监管与重点监管相结合，加强对金融企业的全方位全过程监管，促进金融机构依法合规经营和健康发展。加强金融业同业公会和协会自律性组织建设，强化从业人员职业道德规范，建立起自律性的约束机制。加快建立金融机构风险救助和市场退出机制，认真落实金融突发事件应急预案，完善应急处理机制，有效防范和控制金融风险。

强化金融监管，着力防范和化解金融风险。各金融机构要提高风险管理水平，加强自身改革，完善公司治理结构，绝不能让风险管控责任主体成为风险之源。实施改革推动战略，打造制度优势、制度高地。改革优化体制机制模式，推进先行先试。

（二）加大政策支持力度

加大财政支持力度，整合相关专项资金，重点倾斜支持区域性金融中心建设。对来豫新设或新引进的金融机构法人总部、业务总部或营运中心等给予奖励，对特定的股权投资、创业投资、风险投资、金融租赁、私募基金及公募基金等非银行金融机构给予一定奖励，加大税收支持力度，认真贯彻落实促进金融业发展的税收政策，全面落实金融企业税收优惠政策。

强化重点项目资金保障，加大金融扶贫力度，创新金融产品，做好金融精准扶贫工作。要在扩大融资规模、拓宽融资渠道上下功夫，持续扩大银行贷款规模，推进银企对接活动常态化、制度化，扩大抵质押贷款品种，加快融资担保体系建设，加快金融租赁发展。大力利用资本市场融资，积极推进企业上市，更加重视债券融资，加快基金发展，提高直接融资比重。充分发挥保险融资功能，加大保险资金引进力度。

加强金融发展中的法律保护，协调地方有关部门，加快制定贯彻落实金融业发展支持政策的操作细则。加强立法协调，在社会治理、社会保障、财政税收、公共安全等方面立法中体现金融业功能，优化金融业发展的法治环境。加强与公安机关、司法机关、仲裁机构的沟通合作。逐步完善金融消费者保护体系，完善金融消费争议解决机制。

全力支持郑东新区国际金融中心建设。加强金融基础设施建设，建设具有影响力的金融机构集聚中心、商品期货交易中心、要素市场汇聚中心、金融开放创新中心、金融综合配套中心，加快建设和优化拓展金融空间载体，优化金融业发展环境，落实金融产业发展扶持政策，提升金融软实力。

（三）加快推进金融创新

实施创新驱动战略，积极培育河南省金融业发展创新优势。以探索实质性产品创新为重点，提升服务实体经济能力，加快金融业开放发展，打造开放型国际化金融豫军，积极参与"一带一路"倡议。实施"网络强金"战略，科学有序发展互联网金融。

强化金融业发展市场导向，充分提高河南省金融服务能力和效率。加快金融组织创新、产品和服务模式创新；突出担保抵押创新，扩大债券发行，加快基金发展运用，拓展保险资金投资。围绕重大战略实施、重大项目建设、重大工程推进和小微企业发展、"三农"工作等方面，加强信贷政策指引，着力提供金融支持。积极发展普惠金融、农业金融、绿色金融、科技金融等新兴业态，加强金融基础设施建设。切实提高金融服务的覆盖率、可得性和满意度，规范发展互联网金融。深化金融管理体制改革，完善治理结构，强化激励约束，为金融业发展提供人才支撑。

（四）优化金融发展环境

加快推进河南省社会信用体系建设，实现社会信用体系的全方位覆盖，为金融业的组织运营提供支撑；逐步实现地区、行业、部门信用信息互联互通与共享应用；加快推进各行业信用体系建设，健全守信激励和失信联合惩戒机制；继续完善企业和个人信用信息数据库建设，加强地方金融征信平台建设，实现地方金融征信全覆盖，工商、税务、司法等单位与金融部门共同研究建立企业和个人信用记录信息共享机制，支持金融部门开展企业和个人信用信息查询；推动信用基础设施建设，培育金融配套服务体系；加强金融法治环境建设，深入开展金融法治宣传教育活动，增强社会各界金融法治观念；积极开展金融生态评估，完善金融生态建设激励约束机制，引导金融资源向金融生态建设成果突出地区倾斜。

（五）提升社会金融意识

建立社会公众金融知识教育长效机制，提升公众金融安全防范意识，提高金融产品与服务的透明度，营造全社会学金融、懂金融、用金融的良好风气。积极搭建金融知识宣传教育平台，拓宽教育方式和渠道，以营业网点为主阵地，同时充分借助网络、电信、电视、广播及各类新媒体广泛开展金融知识宣传教育，构建全方位、多渠道、立体化的宣传教育网络，持续提升宣教覆盖面和有效性。建立金融自助设施、设备推广使用的有效途径，制定简明易懂的操作流程，完善自我操作的引导功能，建立良好的交互性，让公众享受便捷的金融服务。特别要提升对新金融产业、新金融模式和金融创新产品的认知，提高识别和防范金融风险的能力。建立公众理性投资的保障机制，加快金融产品创新，逐步增加社会公众财产性收入。加强金融消费保护，促进金融业健康有序发展和社会和谐稳定。

第十一章
河南物流业形势分析与预测

现代物流业是融合运输、仓储、货运、信息等产业的复合型服务业，是支撑国民经济发展的基础性、战略性产业，是重大的惠民工程。物流业作为国民经济的基础产业和服务贸易的重要组成部分，对推动社会经济的发展起着重要的作用。物流业被人们誉为物质资源、人力资源之后可供挖掘的"第三利润源"和新的经济增长点。

物流业占国民经济的比重逐渐扩大，成为国民经济的一个新增长点。物流业是河南省委、省政府确定的"十三五"服务业五大主导产业之一。从《河南省物流业转型发展规划（2018～2020 年）》和《中国郑州现代物流中心发展规划纲要（2006～2010 年）》可以看出，物流发展逐渐成为河南省经济增长的重要保证。

本章第一节从数量和结构两个视角分别对河南省物流业的发展态势进行了分析；第二节运用 SWOT 分析方法，对河南省物流业发展中优势和劣势，面临的机遇和挑战进行了分析，并提出了适合河南物流业发展的战略选择；第三节通过实证研究，对 2020 年前的河南省物流业固定资产投资和交通运输业发展进行了定量和定性预测与趋势展望；第四节结合现实，提出了推动河南省物流业健康快速发展的政策建议。需要说明的是，本章对不同时期总量指标的对比，均使用可比价格核算。

一 河南物流业发展情况

近年来，河南省物流业保持了较快的发展，物流运行总体态势良好，物流业内部结构日趋合理。从与物流业相关的固定资产投资到物流业总额、增加值都不断增长，物流业费用也在不断增长，物流业的效率有待提高。物流业的内部结构也在不断优化，但是依然存在过分倚重工业品物流和交通运输业的情况。

（一） 2011～2016 年河南省物流业发展的总体状况分析

2011 年以来，河南省交通运输、仓储和邮政业的固定资产投资、物流业总额和物流业增加值稳步增长，但经济运行中的物流成本依然较高，和其他省份相比物流发展整体水平依然有待提高。

1. 固定资产投资的状况

固定资产投资对于一个行业的发展有着举足轻重的作用，一个行业的基础设施建设投入是行业发展的先决条件。物流业相对来说是一个新兴行业，至今物流业的分类也没有统一标准。从统计口径上讲，没有物流业的固定资产投资，但是根据国家统计资料核算显示，我国目前物流产业增加值中，交通运输、仓储和邮政业占据了物流业增加值的 85% 以上，所以，本章用交通运输、仓储和邮政业的投资作为物流业投资的代表性指标。

近 10 年来，河南交通运输、仓储和邮政业固定资产投资不断增长，如图 11 - 1 所示。尤其是从 2008 年以来，其固定资产投资整体呈稳定增长态势，只有 2016 年出现了增速下滑现象。这些行业投资的增加，使基础设施建设更加完善，对于物流业总额、物流业增加值的增长起到了保障作用。

近几年河南省物流基础设施建设取得长足进展，综合交通运输体系建设稳步推进，建设投用一批重大物流项目，物流基础设施功能进一步提升。据不完全调查统计，2013 年全省物流业固定资产投额为 1185.37 亿元，比上年增长 32.2%，同比提高 17.2 个百分点；物流业固定资产投资占全行业固定资产投资的 4.7%，比上年提高 0.4 个百分点。2014 年全省

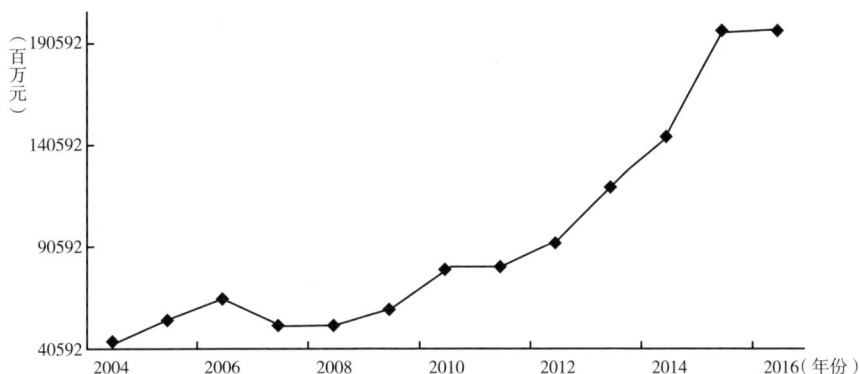

图 11 - 1　河南 2004 ~ 2016 年交通运输、仓储和邮政业固定资产投资

物流业固定资产投额为 1394.31 亿元，比上年增长 19.3%，同比下降 12.9 个百分点；物流业固定资产投资占全行业固定资产投资的 4.6%，比上年下降 0.1 个百分点。2015 年河南省物流相关产业完成固定资产投资 1906.31 亿元，同比增长 36.7%，分别高于全省固定资产投资（不含农户）增速、服务业投资增速 20.2 个百分点和 14.9 个百分点，拉动全省投资增速提高 1.7 个百分点。2016 年物流相关产业固定资产投资乏力。2016 年河南省物流相关行业投资完成 1944.56 亿元，比上年增长 2%，占全省固定资产投资的 4.9%，增速低于第三产业投资 15.1 个百分点，低于全省固定资产投资 11.7 个百分点。其中，航空运输业固定资产投资出现负增长，完成投资 27.74 亿元，同比下降 68.3%；道路运输业、仓储业和铁路运输业分别完成投资 1007.19 亿元、684.8 亿元、73.52 亿元，同比增长 12.3%、8.9% 和 0.3%，比上年分别下降 30 个百分点、41.9 个百分点和 18.5 个百分点。

2. 河南物流业发展态势

近几年河南省物流需求持续稳定增长，从物流总额和物流增速的数据来看，河南物流业的发展态势比较平稳，如图 11 - 2 所示，物流总额稳步上升，物流增长速度稍有回落。

2013 年，河南省社会物流总额为 79517 亿元，同比增长 11%，增幅高于全国水平 1.5 个百分点，物流总额占全国物流总额的 4%。2014 年，在全国物流需求总体放缓的大背景下，河南省社会物流总额达到 88192 亿元，同比增长 10.6%，较上年回落 0.4 个百分点，增幅较全国高 2.7 个百分点，物流总额占

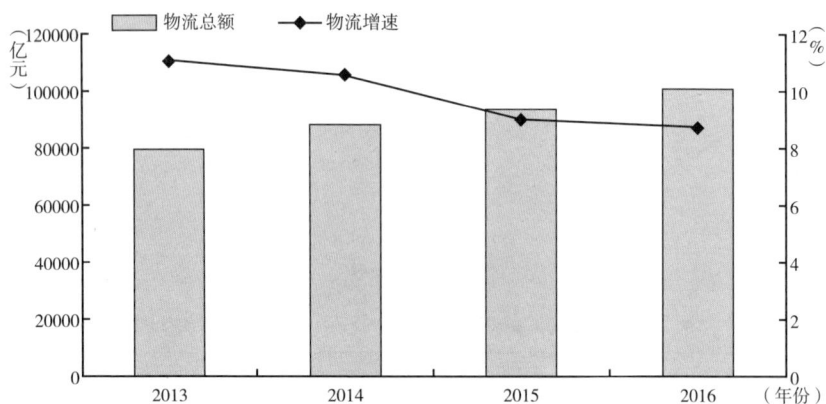

图 11－2　河南 2013～2016 年物流业发展态势

全国物流总额的 4.1%。2015 年，河南省社会物流总额为 93538.48 亿元，同比
增长 9.0%，比 2014 年回落 1.6 个百分点。2016 年，河南省社会物流需求稳中
有升，社会物流总额首次破 10 万亿元，达到 10.09 万亿元，占全国总量的
4.4%，同比增长 8.8%，高于全国增速 2.7 个百分点。

3. 河南省物流业增加值

近几年河南物流业增加值发展平稳，但是增长速度有所下滑，2016 年
增速又开始回升，如图 11－3 所示。

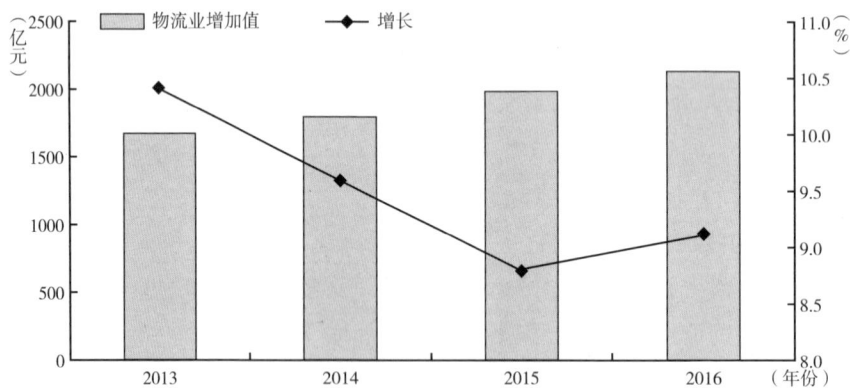

图 11－3　河南 2013～2016 年物流业增加值

2013 年，河南省物流业增加值完成 1668 亿元，同比增长 10.4%，规
模居中部省份首位，物流业增加值占全省 GDP 的 5.2%，占全省服务业增

加值的 16.2%，占全国物流业增加值的 4.3%，物流业已成为河南省国民
经济的支柱性产业。2014 年，河南省物流业增加值完成 1790 亿元，同比
增长 9.6%，增幅较全国水平高 0.1 个百分点，保持较快增长，物流业增
加值占全省 GDP 的 5.12%，占服务业增加值的 13.9%，占全国物流业增
加值的 5.5%，物流业成为河南省建设高成长服务业大省的重要支撑。
2015 年，河南省物流业增加值完成 1981.59 亿元，同比增长 8.8%，保持
较快增长，物流业增加值占全省 GDP 的 5.4%，占服务业增加值的
13.6%，成为推动经济发展的重要力量。2016 年河南省物流业增加值达到
2130 亿元，同比增长 9.1%，物流业增加值占全省 GDP 的 5.3%，占全省
服务业增加值的 12.7%，支柱地位进一步增强。

4. 河南物流业费用

近几年河南省物流业转型升级进程加快，物流业的效率在不断提高。虽然
从图 11 - 4 来看，河南省物流业总费用在增长，但是费用增速回落迅速。总体
来看，河南省经济运行中的物流成本有所下降，降本增效取得显著成效。

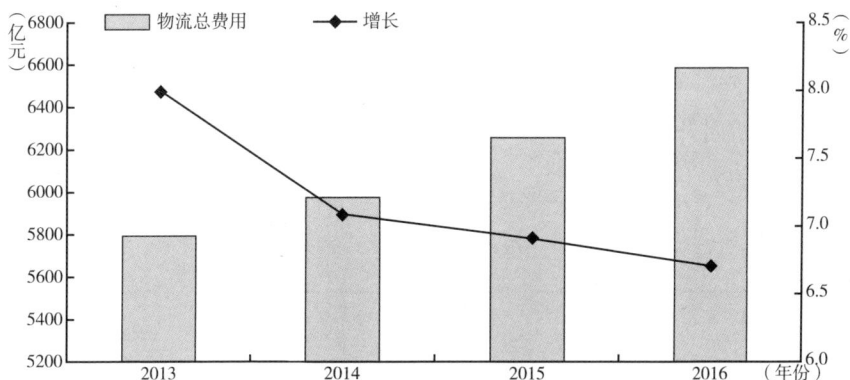

图 11 - 4　河南 2013～2016 年物流总费用

如图 11 - 4 所示，2013 年，河南省社会物流总费用为 5794 亿元，同
比增长 8%，增幅低于全国水平 1.3 个百分点，比上年回落 3.5 个百分点，
社会物流成本逐渐降低，社会物流总费用占全省 GDP 的 18%，与上年基
本持平，物流运行效率达到全国平均水平。2014 年，河南省社会物流总
费用为 5974.6 亿元，同比增长 7.1%，比上年回落 0.9 个百分点，增幅
高于全国水平 0.2 个百分点，社会物流总费用占全省 GDP 的 17.1%，

比上年下降 0.9 个百分点。2015 年，河南省社会物流总费用为 6255.43 亿元，同比增长 6.9%，比 2014 年回落 0.2 个百分点，社会物流总费用占 GDP 的 16.9%，物流运行效率不断改善。2016 年，河南省社会物流总费用为 6586.3 亿元，同比增长 6.7%，比上年回落 0.2 个百分点，比全国平均增幅高 3.8 个百分点，社会物流总费用占 GDP 的 16.4%，比上年降低 0.5 个百分点。

5. 河南省物流业与部分省份的对比

近年来，随着河南经济持续快速健康发展和物流业发展环境的不断优化，河南物流业呈快速增长态势，市场规模不断扩大。2016 年，河南省社会物流需求稳中有升，社会物流总额首次突破 10 万亿元，达到 10.09 万亿元，占全国总量的 4.4%，同比增长 8.8%，高于全国增速 2.7 个百分点。物流业的发展有力地支撑了河南省经济的发展，但与发达省份相比（见表 11-1），河南物流业发展总体水平仍然偏低。

表 11-1　2015 年河南与部分省份物流情况比较

省份	物流业增加值（亿元）	占地区 GDP 比重(%)	A 级物流企业（家）	全国先进物流企业（家）	全国物流百强企业（家）
河南	1982	5.4	92	13	2
山东	3852	6.5	223	26	10
浙江	4280	9.98	247	9	3
广东	5176	7.1	216	18	5
江苏	4720	6.7	242	35	8

资料来源：转引自田振中（2017）。修改河南的 A 级企业数目为 92 家。

从表 11-1 可以看出，河南省的物流业增加值规模与发达省份相比，只有 1/3 到 1/4，占 GDP 的比重也有待提高，尤其是物流企业不发达。A 级物流企业不到发达省份的 1/2，先进物流企业和百强物流企业的数目也有差距。

（二）2011～2016 年河南省物流业发展的结构状况分析

2011 年以来，河南省物流业总额的构成、增加值构成和总费用构成中，各项占比在不断变化，但是这些变化都是微调，工业品物流总额和交通运输增加值占绝对优势的状态没有本质上的变化。

1. 河南省物流业总额及其构成

河南物流业的构成从河南省物流采购协会报告的统计口径上看，主要包括工业品物流、农产品物流、进口货物物流、外省流入物流、再生资源物流、单位与居民物品物流等六大类。目前可比的只有 2013～2016 年的统计数据，详情见表 11－2 和图 11－5。

表 11－2　河南 2013～2016 年社会物流业总额及构成

单位：亿元

年份	社会物流总额	农产品物流总额	工业品物流总额	进口货物物流总额	再生资源物流总额	单位与居民物品物流总额	外省流入物流总额
2013	79517	5894	64996	1461	65	57	7043
2014	88192	6183	72406	1576	71	117	7840
2015	93538	6467	76750	1916	78	164	8163
2016	100900	—	83000	1879	—	233	9028

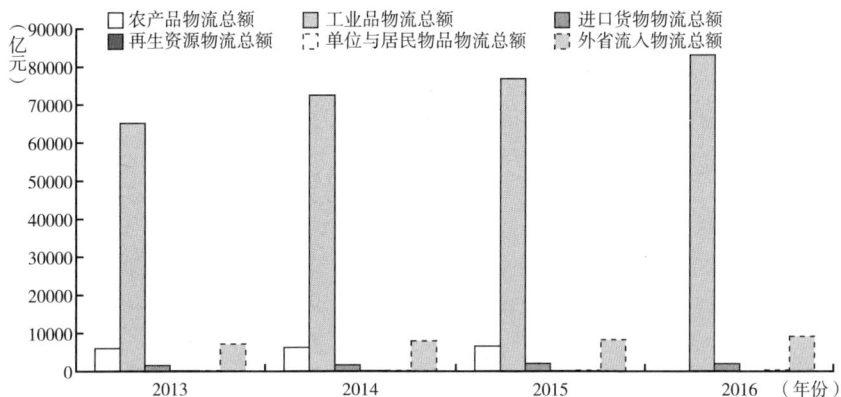

图 11－5　河南物流业结构

2013 年，河南省工业品物流总额为 64996 亿元，同比增长 11.8%，工业品物流总额占全社会物流总额的 81.7%。河南省农产品物流总额达到 5894 亿元，同比增长 3.9%，占全社会物流总额的 7.4%。河南省进口货物物流总额达到 1461 亿元，同比增长 6.7%。外省流入物流总额为 7043 亿元，同比增长 10.7%。河南省再生资源物流总额达到 65 亿元，同比增长 14.3%。河南省单位与居民物品物流总额为 57 亿元，同比增长 35.5%，增速居各构成种类之首。

2014 年物流业从构成情况看，市场分化明显。一方面，受国内经济增速放缓和产能过剩等因素影响，钢铁、煤炭等大宗商品物流市场持续低迷，行业陷入深度调整。另一方面，受内需扩大的带动，快速消费品、食品、医药、家电、电子等与居民消费相关的物流市场保持较高增长。2014 年河南省工业品物流总额为 72406 亿元，同比增长 11.7%，工业品物流总额占全社会物流总额的 82.1%，增速同比下降 0.1 个百分点，高于全国水平 3.4 个百分点。工业品物流需求占全省社会物流需求比重依然最大。农产品物流总额达到 6183 亿元，同比增长 6.5%，比上年提高 2.6 个百分点，全年农产品物流总额占全社会物流总额的 7.01%。河南省进口货物物流总额达到 1576 亿元，同比增长 12.9%，增速较上年同期增速提高 6.2 个百分点，全年进口货物物流总额占社会物流总额的 1.79%。外省流入物流总额为 7840 亿元，同比增长 7%，增速下降 3.7 个百分点，占全社会物流总额的 8.89%。2014 年再生资源物流总额达到 71 亿元，同比增长 11.5%。河南省单位与居民物品物流总额为 117 亿元，同比增长 23.7%，增速仍居各类物流需求之首，尤其是快递物流业保持高速增长，全年快递服务企业业务量完成 139.6 亿件，同比增长 51.9%。

2015 年从物流结构上看，在网络购物等居民消费强力拉动下，以快递为代表的物流需求增长最快，河南省单位与居民物品物流总额为 164 亿元，同比增长 40.5%，比 2014 年提高 16.8 个百分点。其次是进口货物物流总额为 1916 亿元，同比增长 21.9%，比 2014 年提高 9.0 个百分点。工业品物流和外省流入物流等受大宗商品需求不足影响增速放缓，全省工业品物流总额和外省流入物流总额分别为 76750 亿元和 8163 亿元，同比增长 9.4% 和 6.5%，分别比 2014 年下降 2.3 个和 0.5 个百分点。农产品物流总额、再生资源物流总额保持稳定增长，同比分别增长 4.6%、12.3%，农产品物流总额增幅比 2014 年下降 1.9 个百分点，再生资源物流总额提高 0.8 个百分点。

2016 年，从结构上看，消费类物流贡献持续提升，工业生产类物流需求结构加快调整。单位与居民物品物流高速增长，物流总额达 233 亿元，同比增长

42.4%，比上年提高 1.9 个百分点。外省流入物品物流较快增长，物流总额达9028 亿元，同比增长 10.6%，比上年提高 4.1 个百分点。工业品物流需求保持稳定增长，物流总额达到 8.3 万亿元，同比增长 9.2%，比上年下降 0.2 个百分点，汽车及零部件、智能手机、节能环保设备等工业品物流需求增长较快。农产品物流总额、再生资源物流总额分别增长 4.4%、14.2%①，同比分别下降0.2 个百分点和提高 1.9 个百分点。进口货物物流需求下滑明显，物流总额为 1879 亿元，同比下降 1.9%，同比回落 23.8 个百分点。

2. 河南省物流业增加值的构成

表 11 - 3 是 2013~2016 年河南省物流业增加值的构成情况，主要包括交通运输业、仓储业、贸易业和邮政业四大类。

表 11 - 3　河南 2013~2016 年社会物流业增加值及构成

单位：亿元

年份	物流业增加值	交通运输业	仓储业	贸易业	邮政业
2013	1668	1177	106	333	62
2014	1790	1174	110	388	117
2015	1982	1281	127	412	161
2016	2130	1359	140	447	184

从图 11 - 6 可以直观地看出交通运输业增加值对物流业增加值增长贡献最大，其次是贸易业。就增长速度而言，邮政业的增加增速是最快的。

2013 年受电子商务迅猛发展影响，快递市场需求旺盛，带动邮政快递行业实现迅猛发展，完成增加值 62 亿元，增幅达到 49.6%；交通运输业所占比重最大，完成增加值 1177 亿元，同比增长 9.8%，占全省物流业增加值的 70.6%；仓储业完成增加值 106 亿元，贸易业完成增加值 333 亿元，同比分别增长 9.2% 和 11%。

2014 年邮政快递行业继续保持迅猛发展，完成增加值 117 亿元，增幅达到 26%；交通运输业所占比重最大，完成增加值 1174 亿元，同比增长8.9%，增速回落 0.9 个百分点，占全省物流业增加值的 65.6%；仓储业

① 2015 年后该数据的水平值停止报告，只有增长值。增长值数据来自河南省发展改革委和物流业协会的《2016 年物流业运行情况通报》。

完成增加值 110 亿元，贸易业完成增加值 388 亿元，同比分别增长 10.1%
和 9.5%。

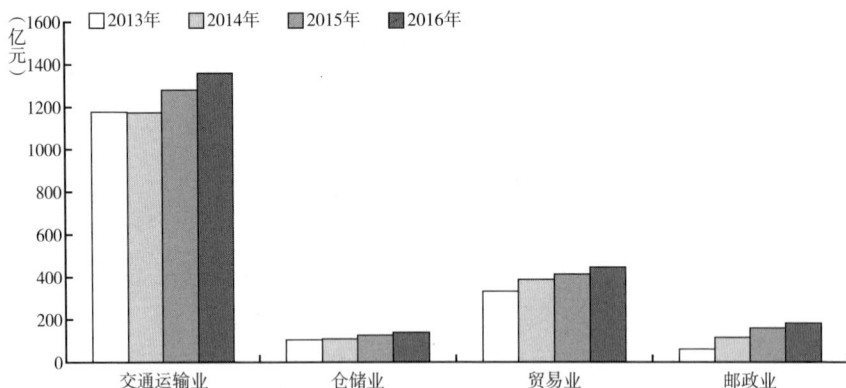

图 11-6 2013～2016 年河南省物流业增加值结构

2015 年，河南省物流业完成增加值 1982 亿元，增长 8.8%，保持
较快增长，物流业增加值占全省 GDP 的 5.4%，占服务业增加值的
13.6%，成为推动经济发展的重要力量。从结构上看，邮政快递行业
继续保持迅猛发展，完成增加值 161 亿元，增幅达到 35.1%；交通运
输业所占比重最大，达到 64.6%，完成增加值 1281 亿元，同比增长
8.6%，增速同比回落 0.3 个百分点；仓储业完成增加值 127 亿元，贸
易业完成增加值 412 亿元，同比分别增长 9.2% 和 10.8%。

2016 年物流业增加值达到 2130 亿元，增长 9.1%，物流业增加值占
GDP 的 5.3%，占服务业增加值的 12.7%，支柱地位进一步增强。从结构
上看，交通运输业占比最大，达到 63.8%，完成增加值 1359 亿元，同比
增长 8.7%；邮政快递业增长最快，增幅达到 38.4%，完成增加值 184 亿
元；仓储业、贸易物流业分别完成增加值 140 亿元和 447 亿元，同比增长
9.2% 和 9.0%。

3. 河南物流业总费用的构成

表 11-4 和图 11-7 是 2013～2016 年河南省社会物流业总费用规模和
费用内部构成，主要包括运输费用、保管费用和管理费用。在所有的费用
构成中，运输费用占了 60%～70%，但是物流总费用的增加主要来自保管
费用和管理费用的增长。

表 11 - 4　2013 ~ 2016 年河南社会物流业总费用及构成

单位：亿元

年份	物流总费用	运输费用	保管费用	管理费用
2013	5794	3739	1514	541
2014	5975	3836	1637	502
2015	6255	4010	1707	538
2016	6586	4180	1807	599

2013 年从运输、仓储、管理三个环节的费用成本看，运输费用所占比重最大，而管理费用、仓储费用的增长幅度较快。2013 年，河南省运输费用为 3739 亿元，占社会物流总费用的 64.5%，说明运输成本是社会物流成本的主要部分；保管费用为 1514 亿元，管理费用为 541 亿元，同比分别增长 8.7% 和 10.6%，高于社会物流总费用 8% 和运输费用 7.3% 的增幅。

2014 年，河南省运输费用为 3836 亿元，同比增长 6.9%，占社会物流总费用的 64.2%；保管费用为 1637 亿元，管理费用为 502 亿元，同比分别增长 8.9% 和 6.3%，运输费用和管理费用增速分别回落 0.4 个和 1.3 个百分点，保管费用同比增长 0.2 个百分点。

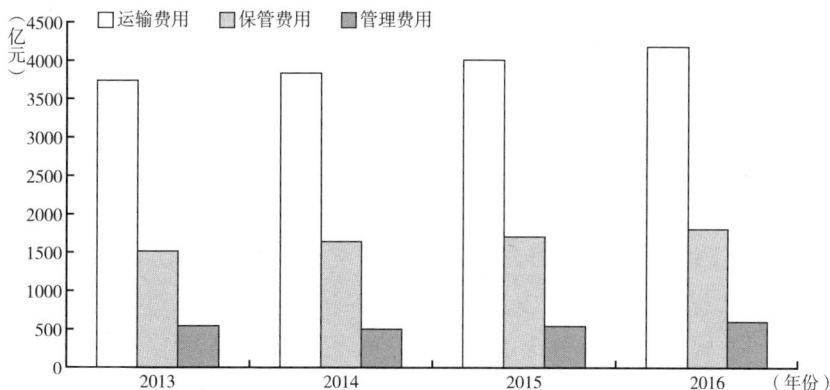

图 11 - 7　河南 2013 ~ 2016 年物流总费用内部结构

2015 年河南省运输费用为 4010 亿元，同比增长 6.8%，占社会物流总费用的 64.1%，增速比 2014 年下降 1.9 个百分点；保管费用为 1707 亿元，管理费用为 538 亿元，同比分别增长 7.9% 和 9.7%。

2016 年从物流环节的费用成本看，交通运输费用占比最大，管理费用增长最快。2016 年，社会物流运输费用为 4178 亿元，同比增长 6.6%，比上年降低 0.2 个百分点；保管费用为 1807 亿元，同比增长 8.5%，比上年提高 0.6 个百分点；管理费用为 599 亿元，同比增长 7.6%，比上年提高 2.1 个百分点。

二 河南物流业发展 SWOT 分析

20 世纪 80 年代初由美国旧金山大学的管理学教授韦里克提出的 SWOT 分析法，是西方企业最常用的一种企业内外部环境条件战略因素综合分析方法，它通过分析环境发现机会和威胁，通过分析组织资源识别自身优势和劣势，并制定针对性的策略。优劣势分析主要是着眼于企业自身的实力及其与竞争对手的比较，而机会和威胁分析将注意力放在外部环境的变化及对企业的可能影响上。SWOT 方法将研究对象的内外部环境以矩阵的形式罗列出来，并运用系统分析的思想把各要素相互匹配加以分析，探寻研究对象所具有的优势（Strength）、劣势（Weakness）、机会（Opportunity）和威胁（Threat），继而还可以通过矩阵的各种不同组合（SO、ST、WO、WT 策略）分析未来适用的发展策略。本章运用经典的 SWOT 分析框架对河南物流业的内外部环境进行分析。

（一）优势分析（Strength）

1. 区位和综合交通优势

"居天下之中"的河南，本身就是一个大市场，自古有"得中原者得天下"之说。河南地处中部核心区域，有九州腹地、十省通衢之誉，是东部产业转移、西部资源输出、南北经贸交流的桥梁和纽带。这种地理优势，使得河南成为中国举足轻重的交通运输网络枢纽。河南虽然是内陆省份，但是具有较为发达的铁路、公路网络，以及和航空运输融合衔接构建现代综合交通体系的便利条件，河南省会郑州是国内少有的集航空、铁路、公路枢纽于一体的城市。交通运输是物流发展的基础环节和重要载体，而畅通的交通运输，将进一步降低物流成本，乃至库存，进而加速资金的周转。这些区位和交通优势使得河南具备发展物流业的先天条件。

河南地处全国铁路网中心，三横五纵的铁路网络在此交汇。国家铁路干线京广、陇海、京九、宁西、焦枝、焦新等在省内交汇，铁路通车里程居全国第一，郑州北站是亚洲最大的编组站，郑州站是全国最大的客运站之一。河南的铁路货物运输网密度是全国平均水平的 5 倍多。而且随着高铁时代的到来，郑州将成为"米"字形高铁枢纽。河南省会郑州因此被称为是"火车拉来的城市"，河南在国家道路布局中处于中枢地位。

河南的公路交通发达，全国众多的高速公路和国道在此交汇，9 条国家规划的高速公路及 9 条国道经过河南，河南的公路网密度是全国平均水平的 3.6 倍。

河南有郑州新郑国际机场、洛阳机场和南阳机场三个民用机场，其中郑州新郑国际机场已被列为全国八大航空枢纽之一。郑州新郑机场是全国五大航空门站之一，其国际航空出口货物量在中国国内机场中位列第 7，属一类航空口岸。

新亚欧大陆桥为欧亚两个地区的经济贸易往来提供了一条便捷可靠的通道，全方位打开对外开放格局。河南省作为新亚欧大陆桥的重要桥段，将对货物运输起到中转枢纽和货物集散作用。

2. 人口及资源优势

河南省幅员辽阔，人口众多，总面积 16 万多平方千米，人口达到 9000 多万，人口密度名列中国第 3。河南省地大物博、资源丰富，主要生产农产品、畜产品、农副产品，全年粮食产量约 6000 万吨，粮食输出量在全国名列前茅，还有一些物资的贮藏量也是相当可观。这些使得河南省的物资流通量比较大，极大地提高了河南省发展物流业的必要性和可行性。

河南作为人口和农业大省，气候适宜，农作物品种丰富，是重要的粮、棉、油、畜产品生产与加工基地，主要农产品产量如表 11 - 5 所示。河南是全国最大的粮食生产基地，素有"中原粮仓"之美誉，粮食产量多年居全国首位。河南也是全国棉花、油料、烟叶等农产品的重要生产基地。

表 11 - 5　河南省主要农产品产量

单位：万吨，%

年份	粮食作物产量	粮食作物产量占比	小麦产量	小麦产量占比	油料产量	油料产量占比	水果产量	水果产量占比
2000	4101.50	8.87	2235.95	22.44	392.55	13.29	364.73	5.86
2001	4119.88	9.10	2299.71	24.50	362.59	12.66	399.12	5.99
2002	4209.98	9.21	2248.39	24.90	420.68	14.52	427.01	6.14
2003	3569.47	8.29	2292.50	26.51	309.91	11.02	1318.51	9.08
2004	4260.00	9.07	2480.93	26.98	408.75	13.33	1638.59	10.68
2005	4582.00	9.47	2577.69	26.45	449.60	14.61	1842.17	11.43
2006	5010.00	10.06	2822.69	26.02	479.99	18.18	2005.60	11.73
2007	5245.22	10.46	2980.21	27.27	483.98	18.84	2088.59	11.52
2008	5365.48	10.15	3051.00	27.13	505.34	17.11	2129.59	11.08
2009	5389.00	10.15	3056.00	26.55	532.98	16.90	2228.09	10.92
2010	5437.09	9.95	3082.22	26.76	540.72	16.74	2393.99	11.19
2011	5542.50	9.70	3123.00	26.60	532.36	16.10	2414.12	10.60
2012	5638.60	9.56	3177.35	26.25	569.51	16.57	2535.04	10.54
2013	5713.69	9.49	3226.44	26.46	589.08	16.75	2599.66	10.36
2014	5772.30	9.51	3329.00	26.38	584.33	16.66	2560.19	9.79
2015	6067.10	9.76	3501.00	26.89	599.74	16.96	2665.10	9.74
2016	5946.60	9.65	3466.00	26.90	619.09	17.06	2871.26	10.13

　　人口和资源优势使得河南省的物流业先天禀赋比较雄厚，尤其在发展农产品绿色物流方面具有独特的优势。农产品加工业是河南的重要产业。由于农产品及其制品的易腐性，冷链物流成为河南物流业发展的一个重点产业，河南冷链物流市场庞大，比如双汇、思念、众品、大用等食品加工企业，都有自己的冷链物流公司。河南省发布的《河南省现代物流业发展规划（2010～2015年）》，提出要重点打造十大物流行业，其中放置首位的，就是食品冷链物流。河南是国家重点支持发展冷链物流的10个省份之一，有7家企业入选全国冷链物流百强，双汇、鲜易、众荣稳居国内冷链物流前10强。全省现有冷库560万立方米，冷藏车6700辆，总承载量约8万吨。冰熊、中集、新飞、红宇4家企业占国内冷藏车市场份额的64%。

速冻食品、鲜肉及肉制品分别占全国产量的 72%、13%，果蔬、肉类冷链利用率分别超过 20%、40%。①

3. 良好的物流基地、企业基础

河南省省会郑州，因其区位优势和产业优势，在河南物流业中占据着举足轻重的地位。河南省的物流业空间布局以郑州为中心，多个节点覆盖全省。郑州建有农产品、服装、纺织品、汽车、建材、小商品等全国性的专业批发市场，正在努力打造成为全国性的行业龙头市场。郑州将成为中西部地区对外贸易的"无水港"；依托新欧亚大陆桥、郑州铁路集装箱中心和铁路一类口岸，成为中西部地区和东南沿海地区向中亚、俄罗斯和欧洲进出口的"东方陆港"。郑州要建五大物流功能区，即郑州国际物流园区，航空港物流园区，西部物流区和南、北两个城市配送服务区。

河南不仅以郑州为代表具有良好的物流基地基础，物流企业也在不断成长。截至 2016 年底，河南省有各类物流企业 5500 多家，5A 级物流企业6 家，4A 级以上物流企业 46 家，A 级物流企业 92 家。13 家物流企业进入全国先进物流企业榜单，2 家物流企业入选全国物流百强企业榜单，27 家物流企业进入全省服务业百户领军企业名单，8 家企业入选全国冷链物流百强。物流企业一体化运作、网络化经营和供应链管理水平进一步提升。

（二）劣势分析（Weakness）

1. 物流运输方式单一、结构失衡

铁路、公路、水运、航空、管道等 5 种运输方式共同构成为物流运输系统，在这个物流运输体系中，每种运输方式都有其内在的技术经济特点，只有当各种运输方式在物流运输系统中所占的比例比较合适，各种运输方式的优点才能够得到科学、合理的发挥。虽然每个地区都会有运输方式的比较优势，但是整体物流运输系统也不能过分依赖某一类型的运输方式，这不利于充分发挥其他输方式的优势。目前，河南省的物流运输体系过分依赖于公路。虽然铁路运输近年来平稳增长，航空运输增长势头强劲，但是公路货运量依然占全省货运的 90% 以上，仍然占据主导地位。

---

① 资料来源于《河南省物流业转型发展规划（2018～2020 年）》。

2. 物流企业发展层次较低，集中度低

河南物流公司发展层次较低，实力参差不齐，集中度低，这制约着物流业的规模化、现代化、标准化的发展。目前河南有5500家物流企业，但是A级物流企业仅92家，5A级物流企业6家，全国先进物流企业13家，全国物流百强企业2家。河南的邻省山东，拥有223家A级物流企业，26家先进物流企业，10家全国百强物流企业，优质物流企业的数目是河南的数倍。河南众多所谓的物流企业中，有的是仅仅有一个空壳的仓库，有的仅有几辆货车，根本谈不上真正的现代物流企业。一些无牌无证的民营物流企业，由于成本低、经营方式灵活，占领了相当一部分市场份额，扰乱了物流市场的公平竞争秩序。此外，河南物流企业所提供的物流服务，仍以运输、仓储等传统物流业务为主，而加工、定制服务及物流系统设计等增值服务比重较低，服务品牌尚未建立，信誉度不高。

3. 物流人才缺乏，从业人员素质较低

信息化、网络化是现代物流业的发展趋势，需要从业人员具有较为综合、全面的专业知识和技术，比如现代化的物流观念、绿色物流技术、计算机技术、互联网技术、物流金融等。人才需求的复杂性使得这方面的人才较为短缺。物流人才的储备和培养机制无疑对物流业的发展潜力具有重要影响。河南省的教育体系内部，从高职高专到高等院校，物流专业人才的培养远远无法弥补物流人才的缺口。学校的正规教育中物流专业学科教育发展比较缓慢，缺乏学科的细化，对专业人才的培养和职业培训也比较缺乏。物流专业资格证教育的结果更是不理想，资格证书不能完全、准确地测度物流人才的专业水平，所以物流企业的接受度有限。河南教育相对落后且偏向应试化，这些将不利于新型人才的培养。经济越发达对人力资源的吸引力就越大，而河南属经济欠发达地区，对人力资源的吸引力相对较弱，在河南省教育体系无法培养出足够的物流人才时，不仅无法吸引人才流入，反而因很多人奔向北上广深等一线大城市给河南省带来了巨大的人才流失。尽管河南省人口数量庞大，但是缺少素养较高的专职人员，尤其缺乏高质量高水准及专业性强的物流人才。物流从业人员的素质，包括文化素质和技术素质都要低于经济发达地区。物流人才的缺乏和物流从业人员的素质偏低，直接影响了河南省物流效率和经济效益状况。

（三）机遇分析（Opportunity）

1. 国家规划战略机遇

党的十八大闭幕后，国务院于 2012 年 11 月 17 日正式批复了《中原经济区规划》，该规划明确了中原经济区的"五个定位"。其中和物流业相关的一个定位就是："建设全国区域协调发展的战略支点和重要的现代综合交通枢纽。强化东部地区产业转移、西部地区资源输出和南北区域交流合作的战略通道功能，促进生产要素集聚；建设现代综合交通体系，加快现代物流业发展，形成全国重要的现代综合交通枢纽和物流中心。"中原经济区战略规划的实施，不仅为河南的经济腾飞提供了千载难逢的历史机遇，同时也为河南物流业的发展指明了方向，将使河南的物流业飞速发展。

2. 物流行业发展机遇

近年来，国家发布了一系列的政策措施引领促进物流业的发展。2009年国务院颁发了《物流业调整和振兴规划》，该规划的出台对于中国物流业的发展是划时代的、历史性的。2014 年颁布的《物流业发展中长期规划（2014～2020 年）》，提出加快发展现代物流业，对于促进产业结构调整、转变发展方式、提高国民经济竞争力和建设生态文明具有重要意义。国家对于物流业的扶持给物流业发展带来了前所未有的行业机遇。

2017 年 4 月印发的《粮食物流业"十三五"发展规划》，明确提出要重点发展上海、乌鲁木齐、郑州、焦作、商丘等作为全国"点对点散粮物流行动"一级节点。这也为河南粮食物流业发展带来了机遇。为了贯彻落实中央发展物流业的精神，河南省结合河南经济发展和物流业发展的实际情况，于 2010 年 4 月印发了《河南省现代物流业发展规划（2010～2015年）》，从注册审批、资金支持、优化环境等多个方面对河南物流业发展提出一揽子优惠措施，并于 2017 年 9 月印发《河南省物流业转型发展规划（2018～2020 年）》，提出着力建设现代国际物流中心、构建全产业链现代物流强省，并提出到 2020 年，现代国际物流中心地位基本确立的目标。

3. 航空港发展机遇

美国北卡罗来纳大学教授约翰·卡萨达首次提出了航空大都市的概念。航空大都市是机场通过集聚人流、物流、资金流、信息流等优质资源，按照产业链的思想形成的高端航空产业城市综合体，并对区域经济发展起带动辐射作用。孟菲斯是美国中南部的一个城镇，原本其客运机场规模和其他美国的机场相比完全不值一提，后来联邦快递入驻孟菲斯，使这个原本并不知名的"小机场"，一跃成为世界物流中心。孟菲斯这个原本被称之为"南部最不活跃的城市"，一跃成为美国"航空都市"和"世界货运之城"，给当地带来了巨大的经济效益，影响孟菲斯经济和就业的90%以上。此外，阿联酋的迪拜也通过发展航空业迅速发展成为中东地区的经济和金融中心。

孟菲斯的成功，说明了航空港的特殊意义。西安、武汉和郑州都有意成为中国的"孟菲斯"。根据全球航空货运报告预测，未来15年，全球航空货运将以每年5.8%的速度增长，中国国内及亚洲内部市场将分别以每年9.9%和8.1%的速度增长，亚洲相关的市场增长率将超过全球平均水平。随着我国经济的平稳快速发展，航空货运市场进入了空前的繁荣发展时期，我国的航空物流业务也将持续快速发展。大力发展航空港不仅具有先行实验效应、示范带动效应、聚合辐射效应等多种效应，也将带来航空物流业的快速发展。

航空物流是依托机场，以货物运输、装卸搬运和储存中转为主要功能，实现货物运输、装卸搬运、仓储保管、包装、流通加工、分拣、配送、通关、商检、保险和信息等多功能、一体化的综合性服务，是现代物流的重要组成部分和临空经济的核心。郑州航空港经济综合实验区是我国首个航空港经济发展先行区，它是以郑州市新郑国际机场附近的新郑综合保税区为核心的航空经济体和航空都市区，是郑州市朝着国际航空物流中心、国际化陆港城市、国际性的综合物流区、高端制造业基地和服务业基地方向发展的主要载体。为了促进航空物流业的发展，郑州市政府发布了《郑州市人民政府加快建设现代国际物流中心的实施意见》，提出郑州将大力发展物流产业，打造现代化国际物流中心城市。近年来，郑州航空物流已取得了长足的发展。2017年，郑州机场的货邮吞吐量首次突破50万吨，同比增长超过10%，在国内220多个民用机场中稳居第7位。同时，郑州机场的货邮吞吐量高居中部6省之首。

4. "一带一路"和"自贸区"

"一带一路"是重大倡议，建设自由贸易试验区是国家重大战略，二者都对河南物流业的发展有着特殊意义，创造了巨大的机遇。

　　"一带一路"带来的道路连通、信息分享、贸易通畅、货币流动加大了物流的开放程度，同时，我国要实施"一带一路"倡议，必然要与周边国家建立相互联通的交通运输体系，提高物流效率、降低物流成本，构建更加紧密的物流互联网。所以，"一带一路"与物流业是彼此互通、密不可分、相互利用的。《推动共建丝绸之路经济带和21世纪海上丝绸之路的愿景与行动》中两次提到河南郑州，凸显了河南在"一带一路"倡议中的重要节点作用。河南省作为实施"一带一路"倡议的重点地，其物流的发展更是不容忽视。

　　2016年8月国务院批复设立中国（河南）自由贸易试验区，按照国务院要求，河南自贸区发展重点是以制度创新为核心，以可复制可推广为基本要求，加快建设贯通南北、连接东西的现代立体交通体系和现代物流体系。由于河南自贸区的经济大背景和地理位置，其战略定位是构建内陆经济模范区，适合发展现代物流，成为贯通四面八方的综合交通枢纽。经过发展形成与国际接轨的体系，打造法治、国际、方便的商业环境，使河南省自贸区成为辐射范围广的高端自由贸易区，带动内陆经济发展，营造全方位改革开放的新格局。将自贸试验区建设成为服务于"一带一路"倡议的现代综合交通枢纽、全面改革开放试验田和内陆开放型经济示范区。"一带一路"倡议为加快物流业发展创造新机遇。国家大力推进实施"一带一路"倡议，赋予河南自贸试验区建设"两体系一枢纽"的特殊使命。河南省作为连通境内外、辐射东中西的物流枢纽通道地位更加凸显，与沿线国家和相邻省份的互联互通效应持续提升，国际供应链物流和中转联运物流需求快速增长，为河南省建设现代国际物流中心提供了重大战略机遇。

（四）挑战分析（Threat）

1. 物流业的竞争加剧

　　2005年起，国际物流巨头DHL、UPS、FedEx纷纷进驻河南，一方面为河南物流业的发展注入了活力，另一方面对河南本土的物流企业带来了巨大冲击。国外物流巨头的进驻，带来的不仅是业务上的竞争，更是一种新的经营理念的比拼。国际物流巨头的优势在国际市场，其主要针对的是高端客户，而高端客户的利润率是比较高的。国际快递80%左右的份额被外资物流企业瓜分。河南物流企业的竞争优势主要表现为价格低廉，从而利润率相对较低。外资物流公司良好的信誉、规范细致的管理、高效的服务，是内地企业暂时无法做到的，这些差距使河南本土物流企业面临巨大的竞争压力。河南的物流业才刚刚起步，与国外发展几十年甚至上百年的物流企业相比，在经营理念、人才、管理制度、国际化运作等方面还有很大的差距。

河南不仅与国际物流巨头差距显著，与发达地区相比也有一定差距。河南省会郑州是河南省物流最强市，但是在基础设施、企业规模、政策环境等方面，与沿海发达地区甚至部分周边省份尚有一定差距，其物流业规模低于武汉、重庆和西安，有竞争实力的物流企业不多。随着国家《中长期铁路网规划》的实施，武汉、重庆的铁路枢纽地位将进一步强化，郑州乃至河南发展跨区域物流将面临周边省市的激烈竞争。河南物流业发展必须在短期内形成赶超发展态势，占据中西部地区物流发展高地，才能有效防止被边缘化以及形成被周边物流中心抢占市场的局面。

2. 低碳经济带来的挑战

碳排放目标已成为国民经济发展的约束性指标，而节能减排与物流业关系极大。物流的基础是运输，运输环节产生的二氧化碳排放量很大，同时能源消耗也很大。所以，综合运输体系的建设以及低能耗、低排放运输车辆的发展以及减少空载率，显得十分重要。冷冻设备的能源消耗量巨大，冷链物流如何节能减排要提到日程上来。因此，低碳经济要求河南物流加速绿色化，走可持续发展道路。

农产品加工业是河南的重要产业，由于农产品及其制品的易腐性，冷链物流成为河南物流业发展的一个重点产业。河南省发布的《河南省现代物流业发展规划（2010～2015年）》提出要重点打造的十大物流行业的首个行业就是冷链物流。冷链物流的发展，必须符合低碳经济的要求，走绿色农业物流的道路，在制冷环节大力发展低能耗、低排放、环保型制冷设备，坚持冷链物流业的健康可持续发展。

近年来，河南物流总费用的增速不断降低，但是如何提升物流业效率，减少碳排放，使物流业从粗放型的发展走上集约型发展道路的任务任重而道远。

（五）河南省现代物流业的发展战略选择

参照河南省物流业的 SWOT 战略矩阵图（见表 11-6），可以得出四种战略组合：SO 战略、WO 战略、ST 战略和 WT 战略。就河南省的物流业发展现状来看，河南省应该选择 SO 战略，即应充分发挥比较优势，抓住机遇快速发展，努力把河南省建成中部物流中心、国际航空物流中心，并着力打造绿色农业物流，大力发展航空物流业。

表 11－6　河南省物流业发展的 SWOT 分析战略矩阵图

内部要素 ＼ 外部要素	机遇（O） 1. 国家规划战略机遇 2. 物流行业发展机遇 3. 航空港发展机遇 4. "一带一路"和"自贸区"	威胁（T） 1. 物流业的竞争加剧 2. 低碳经济带来的挑战
优势（S） 1. 区位和综合交通优势 2. 人口及资源优势 3. 良好的物流基地、企业基础	SO 战略 1. 借力国家政策，打造中部物流中心 2. 大力发展冷链物流 3. 大力发展航空物流	ST 战略 —
劣势（W） 1. 物流运输方式单一、结构失衡 2. 物流企业发展层次较低，集中度低 3. 物流人才缺乏，从业人员素质较低	WO 战略 —	WT 战略 —

为了实现 SO 战略，应进一步加大政策支持力度，完善物流业基础设施建设，大力发展临空产业，加强物流人才的培养与引进力度。

三　河南物流业发展预测与趋势展望

受到统计数据的限制，目前统计上可比的河南省物流业的年度数据只有 2013～2016 年，由于时间序列过短，无法完成可靠的预测。但是物流业的固定资产投资、基础设施的投入与物流业发展高度相关，所以数值预测的第一部分是用 ARMA 模型，对物流业固定资产做出数值预测。同样由于数据不可得或者不可比，第二部分用灰色关联模型，对于物流业的子行业——交通运输业做出数值预测。

（一）物流业固定资产投资的预测

近年来，在时间序列分析中，ARMA 模型受到学者们的广泛青睐。该模型具有较强的扩展性和现实性。ARMA 模型在经济预测过程中既考虑了经济现象在时间序列上的依存性，又考虑了随机波动的干扰性，对经济运行短期趋势的预测准确率较高，是近年应用比较广泛的方法之一。在做固定资产投资预测时，选用 ARMA 模型作为预测模型。

1. ARMA 模型介绍

ARMA 模型，即自回归移动平均模型，由 Box 和 Jenkins 于 1994 年提出，其基本思想是把 AR 模型和 MA 模型结合在一个紧凑的形式中，来描述经济变量的变化趋势，并据此对未来的变化做出预测。ARMA（p，q）模型的基本形式为：

$$y_t = \varnothing_1 y_{t-1} + \varnothing_2 y_{t-2} + \cdots + \varnothing_p y_{t-p} + \varepsilon_t + \theta_1 \varepsilon_{t-1} + \theta_2 \varepsilon_{t-2} + \cdots + p \varepsilon_{t-p} \quad (1)$$

式（1）中，p 为自回归部分的滞后阶，q 为移动平均部分的滞后阶；ε_t 为随机误差项，通常要求为白噪声过程。有时也称时间序列 $\{y_t\}$ 服从 ARMA（p，q）过程，记为：$y_t \sim$ ARMA（p，q）。ARMA 模型包含两个特例形式，当 $q = 0$ 时，ARMA（p，q）模型退化为自回归 AR（p）过程；当 $p = 0$ 时，ARMA（p，q）模型便退化为移动平均 MA（q）模型。

ARMA 模型的建模过程首先要判断序列是否平稳，然后才能进行模型的识别与估计，决定 p 和 q 的值，选出最优的模型结构，最后才可以对模型进行预测。

2. 数据来源

正如前文所述，物流业作为一个新兴行业，至今分类也没有统一标准。从统计口径上讲，没有物流业的固定资产投资，但是根据国家统计资料核算显示，我国目前物流产业增加值中交通运输、仓储和邮政业占据了物流增加值的 85% 以上，所以，本章用交通运输、仓储和邮政业的投资作为物流业投资的代表性指标。表 11 - 7 是来自国家统计局关于交通运输、仓储及邮政业固定资产投资的原始年度数据。

表 11 - 7 交通运输、仓储及邮政业固定资产投资原始数据

单位：百万元

年份	固定资产投资	年份	固定资产投资
2004	42729.000	2011	81254.820
2005	54142.630	2012	92794.740
2006	62876.580	2013	120145.757
2007	50983.390	2014	142756.236
2008	50172.180	2015	193751.610
2009	58382.100	2016	195449.281
2010	79144.300		

3. 模型的构建

（1）模型的平稳性检验

时间序列的平稳性是 ARMA 模型建模的基础，所以，在模型构建之前我们要先对固定资产投资的数据进行序列相关性检验和 ADF 检验。

图 11 - 8 显示了 2004～2016 年的固定资产的序列相关性，可以看出，序列没有明显趋势，但是自相关系数 k 在等于 5、6、7 时显著不为零。

Date: 03/06/18 Time: 13:33
Sample: 2004 2016
Included observations: 13

Autocorrelation	Partial Correlation		AC	PAC	Q-Stat	Prob
		1	0.738	0.738	8.8583	0.003
		2	0.428	-0.258	12.105	0.002
		3	0.231	0.057	13.149	0.004
		4	0.050	-0.183	13.204	0.010
		5	-0.082	-0.020	13.368	0.020
		6	-0.207	-0.189	14.558	0.024
		7	-0.301	-0.065	17.497	0.014
		8	-0.332	-0.070	21.787	0.005
		9	-0.318	-0.034	26.708	0.002
		10	-0.285	-0.070	31.980	0.000
		11	-0.271	-0.124	39.124	0.000
		12	-0.154	0.182	43.728	0.000

图 11 - 8 序列相关性检验

ADF 检验发现存在单位根，进行一阶差分，包含截距项和时间趋势，检验结果如图 11 - 9 所示。因为样本量较小，所以自动根据 AIC 准则定阶，滞后阶数为 2。

361

Null Hypothesis: D(TZ) has a unit root
Exogenous: Constant, Linear Trend
Lag Length: 2 (Automatic - based on SIC, maxlag=2)

		t-Statistic	Prob.*
Augmented Dickey-Fuller test statistic		-3.574933	0.0936
Test critical values:	1% level	-5.521860	
	5% level	-4.107833	
	10% level	-3.515047	

*MacKinnon (1996) one-sided p-values.
Warning: Probabilities and critical values calculated for 20 observations
　and may not be accurate for a sample size of 9

Augmented Dickey-Fuller Test Equation
Dependent Variable: D(TZ,2)
Method: Least Squares
Date: 03/06/18 Time: 13:35
Sample (adjusted): 2008 2016
Included observations: 9 after adjustments

Variable	Coefficient	Std. Error	t-Statistic	Prob.
D(TZ(-1))	-3.362905	0.940690	-3.574933	0.0233
D(TZ(-1),2)	1.141852	0.664255	1.718995	0.1607
D(TZ(-2),2)	0.690908	0.426241	1.620934	0.1803
C	-57995.39	24029.91	-2.413467	0.0733
@TREND("2004")	12773.30	4157.004	3.072717	0.0372

R-squared	0.864920	Mean dependent var	1510.096
Adjusted R-squared	0.729839	S.D. dependent var	23147.50
S.E. of regression	12031.38	Akaike info criterion	21.92860
Sum squared resid	5.79E+08	Schwarz criterion	22.03817
Log likelihood	-93.67872	Hannan-Quinn criter.	21.69215
F-statistic	6.402998	Durbin-Watson stat	2.399995
Prob(F-statistic)	0.049811		

图 11 - 9　ADF 检验

（2）模型参数估计

如图 11 - 10 所示，AR（1）、MA（1）、MA（2）、MA（3）均可以通过 T 检验。根据 AIC 准则，选择模型 ARMA（1，2）。

362

```
Dependent Variable: TZ
Method: Least Squares
Date: 03/06/18   Time: 13:35
Sample (adjusted): 2005 2016
Included observations: 12 after adjustments
Failure to improve SSR after 4 iterations
MA Backcast: 2002 2004
```

Variable	Coefficient	Std. Error	t-Statistic	Prob.
C	98789.95	44487.53	2.220621	0.0618
AR(1)	0.584631	0.215412	2.714018	0.0300
MA(1)	1.047656	0.495518	2.114264	0.0723
MA(2)	0.827347	0.387163	2.136947	0.0699
MA(3)	0.777225	0.363887	2.135894	0.0701

R-squared	0.920750	Mean dependent var	98487.80
Adjusted R-squared	0.875465	S.D. dependent var	53123.55
S.E. of regression	18747.05	Akaike info criterion	22.80980
Sum squared resid	2.46E+09	Schwarz criterion	23.01184
Log likelihood	-131.8588	Hannan-Quinn criter.	22.73499
F-statistic	20.33214	Durbin-Watson stat	1.722214
Prob(F-statistic)	0.000592		

Inverted AR Roots	.58		
Inverted MA Roots	-.02-.88i	-.02+.88i	-1.00

图 11 - 10　参数估计

4. 预测及分析

运用 Eviews 软件中的 forcast 命令进行模型预测，预测区间为 2017 ~ 2025 年，预测结果见表 11 - 8。模型预测结果显示，2018 年的交通运输、仓储及邮政业的固定资产投资可能略有下降。

表 11 - 8　交通运输、仓储及邮政业固定资产预测

单位：百万元

年份	固定资产投资
2004	42729.00
2005	54142.63
2006	62876.58
2007	50983.39

续表

年份	固定资产投资
2008	50172.18
2009	58382.10
2010	79144.30
2011	81254.82
2012	92794.74
2013	120145.8
2014	142756.2
2015	193751.6
2016	195449.3
2017	174690.4
2018	151845.4
2019	119103.2
2020	110665.7

（二）交通运输业的预测

1. 灰色关联模型简介

灰色预测，是指对系统行为特征值的发展变化进行的预测，对既含有已知信息又含有不确定信息的系统进行的预测，也就是对在一定范围内变化的、与时间序列有关的灰色过程进行预测。尽管灰色过程中所显示的现象是随机的、杂乱无章的，但毕竟是有序的、有界的，因此得到的数据集合具备潜在的规律。灰色预测就是利用这种规律建立灰色模型对灰色系统进行预测。

目前使用最广泛的灰色预测模型就是关于数列预测的一个变量、一阶微分的 GM （1，1）模型。它是基于随机的原始时间序列，经时间累加后所形成的新的时间序列呈现的规律可用一阶线性微分方程的解来逼近。经证明，经一阶线性微分方程的解逼近所揭示的原始时间序列呈指数变化规律。因此，当原始时间序列隐含着指数变化规律时，灰色模型 GM （1，1）的预测是非常成功的。GM （1，1）的另一个特点是做短期预测有较高的精度，预测结果较为令人满意。

简单的建模过程为：假定观测数据序列为 $X^{|0|}$，对 $X^{|0|}$ 序列进行一阶累

加，得到新的序列 $X^{[1]}$。

假定通过一阶累加生成的新序列 $X^{[0]}$ 满足一阶微分方程：

$$\frac{\mathrm{d}X^1}{\mathrm{d}t} + \alpha X^1 = \mu$$

其中，α 为待估参数，称为发展灰数，μ 为待估参数，称为内生控制灰数。将待估参数估计出来并代入微分方程求解，即可得到灰色 GM（1，1）的分析预测模型 $X^{[1]}$（$k+1$）的模型估计。

2. 数据来源与模型构建

为了弱化原始时间序列的随机性，首先对原始时间序列进行开 4 次方的预处理，生成新的数列。

货运量预测模型为：

$$X^{(1)}(k+1) = 1052.8087\mathrm{e}^{-0.0176k} - 1036.0596$$

客运量的预测模型为：

$$X^{(1)}(k+1) = 524.883\mathrm{e}^{-0.0481k} - 500.5969$$

3. 预测与分析

在返回实际预测值之后，可得到货运量的预测产出。我们得到的 GM（1，1）模型预测结果如表 11-9 所示。

表 11-9　货运量和客运量的实际值与预测值

单位：万吨，万人

年份	货运量预测值	实际值	客运量预测值	实际值
2005	78699.00	78699.00	97896.41	97896.41
2006	122332.76	86547.00	136965.39	107914.99
2007	131259.52	101340.52	138106.60	122241.73
2008	140837.67	138440.92	139257.33	130080.36
2009	151114.75	169942.13	140417.64	144203.14
2010	162141.75	202962.08	141587.62	167223.01
2011	173973.42	241016.77	142767.35	193284.79
2012	186668.45	272114.94	143956.91	207246.54
2013	200289.85	184822.80	145156.38	136237.28

续表

年份	货运量预测值	实际值	客运量预测值	实际值
2014	214905.22	200801.08	146365.85	140180.11
2015	230587.09	192859.00	147585.39	125015.44
2016	247413.28	206086.59	148815.10	120528.2
2017	265467.30		150055.05	
2018	284838.74		151305.33	
2019	305623.73		152566.03	
2020	327925.43		153837.23	

图 11 - 11 是 GM（1，1）模型对河南省货运量的预测，图 11 - 12 是 GM（1，1）模型对河南省客运量的预测。从图形中可以看出河南省的货运量增长势头强劲，河南客运量则表现为平稳的低速增长。

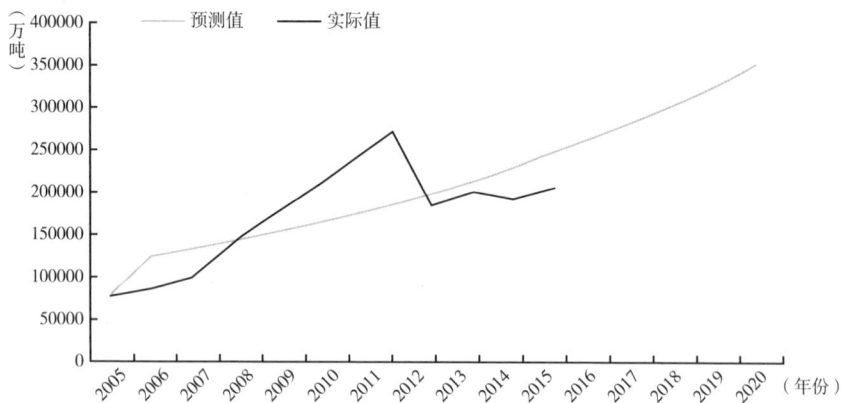

图 11 - 11 河南货运量的预测

四 推动河南物流业健康快速发展的对策建议

近年来，河南省把发展现代物流业作为供给侧结构性改革和转型发展攻坚的重要内容，强化产业发展政策引导，加快示范物流园区建设，完善多式联运设施，引进培育龙头引领企业，开展降本增效专项行动，优化外部发展环境，全省物流业呈现良好发展态势。通过 SWOT 分析，以及结合

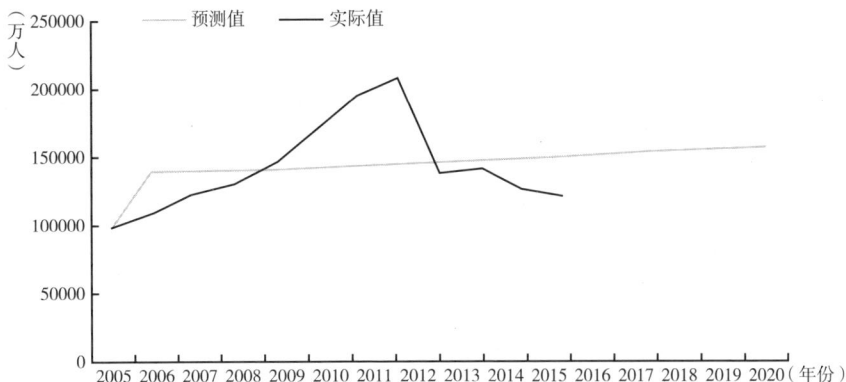

图 11 - 12　河南省客运量的预测

河南物流业近年来的数据，应该在以下几个方面继续努力，推动河南物流业快速健康发展。

（一）提升智慧物流能力

智慧物流是通过大数据、云计算、智能硬件等智慧化技术与手段，提高物流系统思维、学习、分析决策和智能执行的能力，提升整个物流系统的智能化、自动化水平，降低社会物流成本、提高效率。智慧物流具有两大特点。一是互联互通，数据驱动。所有物流要素互联互通并且数字化，以"数据"驱动一切洞察、决策、行动。二是深度协同，高效执行。跨集团、跨企业、跨组织之间深度协同，基于全局优化的智能算法，调度整个物流系统中各参与方高效分工协作。随着新技术、新模式、新业态不断涌现，物流业与互联网深度融合，智慧物流逐步成为推进物流业发展的新动力、新路径，也为经济结构优化升级和提质增效注入了强大动力。

中国经济正在转变为依靠优化经济结构和产业创新为核心驱动力来保持经济可持续发展的模式，突出表现在以提质增效为特征的"新常态"。在经济新常态中，政府从政策层面大力推动智慧物流，消费升级、市场变革倒逼智慧物流创新发展，"工业 4.0"、中国"智造"、"互联网＋"等为传统生产与物流产业注入"智慧"基因，新技术的发展为智慧物流创造了条件。国家政策、技术进步和商业变化都成为推动智慧物流发展的重要因素。河南省应该借力国家政策的东风，加强在大数据、物联网、云计算、机器人、AR、VR、区块链等新技术方面的学习创新，驱动河南省物流在模块化、自动化、信息化等方向快速进步。新需求和新技术是改变行业格局的关键，应该转变观念，顺应商业变化。传统的分工体系已经被打破，原来专业化的分工协作方式逐步被实时化、社会化、个性化取代。众包、众筹、分享成为新的社会分工协作方式，使得物流信息资源、物流技术与设备资源、仓储设施资源、终端配送资源、物流人力资源等的共享成为现实，从而能在整个社会的层面进行物流资源的优化配置，提高效率、降低成本。新型业务需求和更为先进的运输方式和技术手段。

物联网、大数据、云计算、移动互联网等新兴技术发展已成为智慧物流的强大支撑和必然选择。河南省物流信息化水平整体偏低，必须加大智慧物流建设工程推进力度。一方面要加快推动交通物流的智慧化程度，另一方面要加快建设河南省多式联运综合物流和交易平台，支持龙头企业建设智能分拣、车联网、库联网等设施和信息服务平台，积极创建国家无车承运人试点，全面提高信息化、标准化和智能化水平。

加强研发，利用大数据分析降低运输成本。加快智慧交通物流信息平台建设，要依托物联网对交通基础设施、运载工具的全面感知监控，对逆向物流管理发展的促进；依托大数据对信息资源的价值挖掘和存量盘活利用；依托云计算对各类交通数据的存储模式改进；依托移动互联网技术对信息在各种运输方式间传输交换的顺畅便利，打破"信息孤岛"，促进信息共享、促进各种运输方式的配置优化、互动畅通、运转高效、协调共进，实现河南构建现代综合交通运输体系打造区域物流中心的智能化转型。要完善交通运输物流信息支撑平台建设，加强交通物流电子政务平台建设，推进交通运输安全监管和应急保障能力建设，打造交通物流信息一体化工作机制。

多式联运成就智慧物流。多式联运对提高运输效率，减少货损货差、降低物流成本有非常重要的作用。买和卖之间有很多的流程节点，而一个产品从生产出来到交付的中间过程都叫物流，它包括包装、分拣、仓储、运输等各个环节，其中在电子商务领域，运输只占整个物流成本的30%左右。因此，不能简简单单将现代物流理解成运输业，尤其在"互联网＋"形态下，它更应是一个供应链服务。同样，多式联运也不仅仅是几种运输方式的简单组合，它的深层次内涵是要打造综合的、智慧的、要素集成的现代物流服务体系。

（二）主动融入"一带一路"，深入对接自贸区

国家"一带一路"倡议的主要内容是"五通"：道路联通、贸易畅通、货币流通、政策沟通、民心相通，其中的道路、贸易、货币等互联互通，与河南构建现代综合交通运输体系打造区域物流中心密切相关。完善综合交通运输体系，做好综合交通规划及其与对外运输通道网络的高效衔接，构建具有国际视野的物流大通道，是"一带一路"互联互通的基础和迫切需要。随着交通运输物流联运通道通达水平的渐进提升，公路、铁路、航空综合物流网的完善，不仅强化了区域之间商流、物流、信息流等方面的合作，串联碎片化的区域经济发展利益，整合资源，抱团取暖，带动东中西部联动发展；而且还可促进国内交通运输和物流企业集群式"走出去"，将国内沿线与其他国家的利益诉求吸附在统一的交通物流平台上，强化与国际辐射地区间的利益协商机制，构建"一带一路"倡议的交通运输物流大格局，加速经济整合转型升级，推动"一带一路"沿线经济带的发展。河南省立足于承南接北、通东达西的独特区域地位，高度重视国际化互联互通对接，将河南交通运输物流领域打造成"一带一路"经济带重要的交通运输物流枢纽和腹地。

作为"一带一路"倡议的基础支撑和重要载体，以自贸区建设为突破口的开放型经济战略，将有助于河南迈向国际化的综合交通运输与物流中心。自贸区各项功能的完善，为综合交通运输物流提供重大发展机遇。可以依托自贸区的建设，完善河南交通物流运输大通道，打造区域经济东西互济、陆海统筹的交通物流节点网络，促进商贸交流与繁荣，产业承接与转移，形成宽领域、深层次、高水平、全方位的开放合作格局，提升河南区域经济的影响力和内引外联的主导权。以自贸区的设立为契机，加强对外开放，首先要充分利用自贸区作为"一带一路"经济带的重要节点，提升物流业的溢出效应和辐射效应，完善与自贸区相关的内外运输物流互联互通，促进国内物流枢纽和贸易中心的发展。其次要谋划利用自贸区的"先进区、后报关""批次进出、集中申报"等监管服务、检验检疫等通关便利化优势，对接提升国际物流效率。最后要依托自贸区作为开放的窗口，鼓励河南企业参与境外基础设施建设和产能合作，推动河南装备走向

世界，谋划跨境电子商务、境外物流中心等基础设施的完善，降低跨境物流成本，完成跨境物流业的转型升级。

（三）强化冷链物流优势

随着工业化进程的加快，河南省第一产业产值比例逐渐降低，但作为农业大省，农产品物流在河南省物流产业中仍然占很大比重。农产品，尤其是水果生鲜具有易腐易烂性，保质期短，冷链物流成为必要物流手段。

着力打造冷链物流豫军，培育壮大冷链物流领军企业。支持双汇物流、鲜易供应链、万邦农产品市场等龙头企业实施平台化战略、大数据战略和国际化战略，发展仓运配、集采分销和供应链金融一体化服务，培育形成一批全国性温控供应链集成服务商和冷链服务标杆企业。依托有条件的省管企业整合省内相关资源，组建现代物流集团，同时扶持发展本土第三方冷链物流企业。

冷链物流发展目标是形成"全链条、网络化、严标准、可追溯、新模式、高效率"的现代冷链物流体系。优化冷链物流空间网络布局，构建重点产业全程冷链体系，健全冷链物流标准规范体系，推进冷链物流模式创新。随着人民生活水平的提高，对海鲜、水果等产品的新鲜度要求提高，快速响应客户需求的航空物流也成为农产品物流的必要模式。推进郑州国际冷链物流枢纽工程建设，全面提升郑州航空港冷链物流设施功能。完善冷链多式联运示范工程。在郑州、商丘等交通枢纽城市开展冷链多式联运试点示范，先行先试联运模式、运输装备和信息数据标准，探索标准化、一体化、一单制多式联运运输模式。

（四）大力推进航空港物流建设

在智慧物流、多式联运未成系统之前，不同运输方式之间的衔接有很大的困难。飞机快速输送和公路、铁路的慢速输送线，两者的输送形态和输送装备都不同，再加上运送时效的差异，所以两者之间往往只能在中断后再逐渐实现转换，这使两者不能贯通。而枢纽空港作为物流节点，利用各种技术和管理的方法可以有效地衔接，做到连续顺畅对接。航空港区域物流中心应该是一个多元交通的结合体，它以空运为中心，接连高效率的高速公路、铁路运输，也是国际贸易的服务基地和货物物流配送中心。随着中国融入经济全球化进程的逐步加快和国内转方式、调结构的不断推进，尤其是速度经济时代的到来，航空物流已成为促进经济社会发展的重要战略产业。

2013年3月7日，国务院正式批复了《郑州航空港经济综合实验区发展规划（2013~2025年）》，对河南省物流产业的发展带来了前所未有的机遇，也成为以郑州为中心的中原经济区的经济核心增长极。郑州航空港经济综合实验区正式成为河南继粮食生产核心区、中原经济区之后又一上升为国家战略的大规划。《河南省全面建成小康社会加快现代化建设战略纲要》中明确指出，要把郑州航空港经济综合实验区基本建成国际航空物流中心，成为"一带一路"互联互通的重要枢纽，用大枢纽带动大物流、用大物流带动产业群、用产业群带动城市群、用城市群带动中原崛起、河南振兴。

郑州航空港经济综合实验区作为我国首个国家级航空港经济实验区，根植中原腹地并开花结果，现已成为拉动郑州市和河南省外贸增长的引擎。2017年上半年航空港经济综合实验区经济继续保持了稳定增长态势，全区完成地区生产总值292.38亿元，同比增长11.6%，分别高于全国、全省4.7个、3.4个百分点。其中，第一产业增加值为5.21亿元，同比下降7.3%；第二产业增加值为228.54亿元，同比增长11.2%；第三产业增加值为58.62亿元，同比增长15%。

以航空港发展为契机，带动航空物流业乃至河南省物流业的发展，要全面提升枢纽经济供给能力、供给质量，构建集成航空运输、高端制造、特色金融、商贸物流、会展经济等全产业链条的枢纽经济生态圈；要加快推进郑州机场三期、口岸、物流功能与交通体系互联互通、多式联运智能体系等基础设施建设，全面提升枢纽经济保障能力；大力支持航空港物流园区建设，优先发展航空物流业。郑州是国内唯一一把综合保税区建设在航空港内的城市，为进一步发展外向型临空产业创造了条件。所以要建设航空偏好型高端产业集聚区，就要大力发展临空经济。

（五）加强物流人才战略

在优化物流业的要素配置，提升产业发展效率中，"人"的要素具有特殊的意义。在所有生产要素中，只有"人"这一要素具有主观能动性，在配置过程中居于主导、支配的地位。因此在航空港产业发展过程中要启动专项技术人才培养计划，提高劳动力素质，从而全面提高经济效率和效益，推动产业升级。现代物流业的发展不仅需要基础设施的投入、技术的引进，更需要人力资本的有效投入。未来河南省要加强同"一带一路"沿线国家的互联互通，必须要有更高的人力资本质量来完成。但现阶段，物流专业人才稀缺现象严重，人才培养模式落后，跟不上现代物流的发展需要。因此，加强物流人才培养机制，形成多层次、多样化的物流人才培养模式是当前物流产业发展的核心工作。

物流人才建设工程，不仅要鼓励高等院校与物流企业的合作，还要加强从业人员在职培训，在此基础上建立物流人才引进制度，制定高端人才需求计划，特别是高端人才可考虑从国外引进。就河南的物流业优势而言，尤其要加强绿色农业物流人才和航空物流人才的培养和引进。

绿色农业物流人才。加快对农产品绿色物流专业技术人才的培养，人才的缺乏是制约河南农产品绿色物流发展的瓶颈。在农产品绿色物流领域工作的人员不仅要有先进的绿色物流管理观念、对农产品有所了解，还需要熟练掌握物流管理的相关知识和技术。一方面可以通过将具有农业学科优势的高校和具有物流学科优势的高校联合起来，培养高层次绿色物流管理专业技术人才，另一方面可以通过农业专家讲座、绿色物流研讨会、学校与企业共同培养等方式，培养一批具有绿色环保意识的复合型农产品绿色物流管理人才。

航空港物流人才。由于航空物流业务涉及学科门类和领域众多，拥有足够数量高素质专业人才是保障其跨越式发展的关键。郑州航空港急需大量既懂物流专业知识又懂国际贸易、航空运输、法律等知识的复合型人才。随着外部环境变化，郑州航空港能够适应产业需求的实战型人才缺口将继续加大。为了缓解航空物流人才的缺乏，需要做到以下几点。一是建设航空物流人才培养基地。政府组织选定省内有条件高校作为航空物流产业发展的人才培养基地，鼓励高校在课程设置、教学计划方面，结合产业发展需求及时进行调整和改革创新。同时深化校企合作，可以使学生较早了解和掌握世界先进物流技术和管理工具，提升学生实践能力。此外，应尽快与国内外知名航空院校和航空科研机构建立定期交流机制，并加强与国内外航空院校合作，尽快在郑州航空港区建立一批实验中心和技术中心。二是企业创新航空物流人才在职培养模式。一方面，企业有计划、分步骤地根据不同层次人才需求，开展员工在职培训，另一方面，企业可以选送人才到国内外高水平的大学、研究机构和航空物流人才教育机构深造，还可以到国内外知名航空物流公司进行学习。在职业认证方面，可以考虑引进国际先进的培训体系，增加航空物流人才培训和专业证书的含金量。三是加快高层次复合型航空物流人才的引进。优化人才引进环境，推进郑州市国际化航空都市区建设，完善吸引人才的配套制度。加强与国际猎头公司及高层次专业中介机构的合作，开通网上海外人才招聘，集聚全球人才智力。

第十二章
河南省电子信息业形势分析与预测

　　电子信息业是一个附加值高、科技含量高、潜力大、污染小的产业，它产业关联性高、发展速度快，并且渗透性极强，是国民经济的基础性、先导性、支柱性和战略性产业。大力发展电子信息业是当前信息化与工业化融合的关键物质基础，也是促进高新技术产业高速发展的要求，有利于增强企业自主创新能力，构筑电子信息技术主导的现代化产业发展体系；有利于带动关联产业的协调发展，推动我国的新型工业化进程；有利于推进经济发展方式的转变，调整产业结构；有利于提升社会信息化和国民经济发展水平，优化社会生产、生活方式，加快建设和谐社会。大力发展河南省电子信息业，对促进河南经济振兴、中原经济区建设和实现中部地区崛起的建设目标都具有重要的战略意义。

一　电子信息业的概念、内涵及特点

（一）电子信息业的概念

　　电子信息产业是研制生产电子设备及各种电子元件、器件、仪器、仪表的工业。广义的电子信息业是指从事信息技术设备制造以及信息的生产、加工、存储、流通与服务的部门，它是由一些与信息生产和服务相关的第二产业部门以及第三产业部门所共同组成的集合。狭义的电子信息业包括全部的信息技术，以及产品制造业和一部分生产性信息服务业。

根据《电子信息产业统计工作管理办法》（中华人民共和国信息产业部令第42号）的定义，电子信息产业，是指为了实现制作、加工、处理、传播或接收信息等功能或目的，利用电子技术和信息技术所从事的与电子信息产品相关的设备生产、硬件制造、系统集成、软件开发以及应用服务等作业过程的集合。

（二）电子信息业的内涵

电子信息业的构成通常可具体细分为投资类、消费类以及电子元器件产品和专用材料类。第一种投资类，主要包括通信机、电子计算机、雷达、仪器和电子专用设备。这类产品多用作装备的媒介以及国民经济的发展、改善。第二种消费类，主要包括录音机、录像机、电视机等。这类产品重点用于人们生活消费。第三种电子元器件产品和专用材料类，主要包括集成电路、显像管、多类高频磁性材料等。

更具体地来讲，《电子信息产业行业分类注释（2005~2006）》将电子信息业细分为12个子行业，包括雷达工业行业、通信设备工业行业、广播电视设备工业行业、电子计算机工业行业、软件产业、家用视听设备工业行业、电子测量仪器工业行业、电子工业专用设备工业行业、电子元件工业行业、电子器件工业行业、电子信息机电产品工业行业、电子信息产品专用材料工业行业。

根据我国工业和信息化部《电子信息产业统计公报》的统计分类标准，电子信息产业分为两大类别，即电子信息制造业与软件和信息技术服务业。其中，电子信息制造业包含通信设备行业、广播电视设备行业、视听电子行业、计算机行业、电子工业专用设备行业、电子测量仪器行业、集成电路行业、真空电子器件行业、电子元件行业、电子信息材料行业、光学光电子行业、汽车电子行业、机床电子行业；软件和信息技术服务业包含软件产品行业、信息技术服务业、嵌入式系统软件业。本章也将根据我国工业和信息化部《电子信息产业统计公报》的统计分类标准进行行业分类和预测。

（三）电子信息业的特点

1. 技术和资金密集，创新和风险并存

世界电子信息业发展的重要特征，即以科技研发为先导、具有高更新

频率和高创新性。电子信息业与高新技术的发展、创新密切相关，具有较高的技术含量。与此同时，由于电子信息技术产业化过程的投入大、成功率不高，也使电子信息业呈现出相对较高的风险。

2. 固定成本高，可变成本低

除了小部分的信息设备制造业企业，大多数电子信息企业都呈现高固定成本、低边际成本的特点。譬如计算机芯片的生产，70%以上都是固定成本。故而，电子信息产品的规模化生产能够使单位产品的固定成本不断摊薄。成熟的电子信息产品在获取了生产初期的垄断利润空间后，其价格开始趋于急速下降，利润空间反而随着生产扩大而逐渐缩小。电子信息产品的这种显著特征迫使电子信息企业必须不断开发新产品，以追求超额垄断利润。

3. 研究开发投资相对高，生产制造成本较低

电子信息业是知识密集型、研究开发密集型产业。大多数电子信息产品在研究开发阶段投入都很高，而在真正生产制造阶段成本相对较低。

4. 用户成本锁定

电子信息产品具有非常明显的用户成本锁定效应，即用户一旦使用上某种电子信息产品，如果要更新原有产品，就会需要巨大的更新转移成本，这种高更新转移成本带来了用户锁定，故而利于供应商获得较长期间的高额利润。

5. 对标准的高度依赖

随着电子信息技术及其相关产业的发展，对标准的依赖度越来越高。从一定意义上来讲，谁掌控标准，谁就会在激烈的市场竞争中取得主动权。

6. 高渗透性

电子信息业对其他相关产业具有很高的渗透性。譬如，信息技术已在工业设计、控制、生产等领域内被充分运用；计算机集成系统、计算机控制技术、计算机辅助分析、计算机辅助设计等已被广泛应用于机械、造船、航空、航天、轻工、纺织、建筑等产业领域。

二 河南省电子信息产业发展情况

近年来，河南省将电子信息产业作为建设先进制造业大省的重要支撑产业来抓，围绕龙头带动、集群引进、完善配套，加快建设全球重要的智能终端研发生产基地，构筑产业竞争新优势。"十二五"期间，在全省工业经济"缓中趋稳、稳重有进、进中有难"的特征下，河南省电子信息制造业保持稳步增长，产业结构持续优化，全球重要的智能终端生产基地初步形成。

（一）电子信息业的发展现状

近年来，河南省电子信息制造业保持较快增长，产业结构持续优化，成为全球重要的智能手机生产基地。2016 年，河南省电子信息制造业实现主营业务收入 4564.5 亿元，同比增长 7.3%；利润总额为 181.7 亿元，同比增长 0.9%。重点监测产品手机产量为 2.6 亿部，同比增长 30.3%。如图 12-1 所示，软件和信息技术服务业保持平稳增长，实现软件、信息技术服务业务收入 296 亿元，同比增长 6.5%。其中，软件产品收入为 112 亿元，同比增长 44.7%，占软件、信息技术服务业务收入总额的 37.8%；信息技术服务收入为 183 亿元，同比增长 7.3%，占软件、信息技术服务业务收入总额的 61.8%；嵌入式系统软件收入为 1.14 亿元，同比下降幅度较大，占软件、信息技术服务业务收入总额的 0.4%。全行业从业人员为 37003 人，同比下降 4.1%。此外，近年来河南省电子信息产业固定资产投资规模稳步提升，如图 12-2 所示，2016 年河南省完成电子信息产业固定资产投资为 1189 亿元，同比增长 3%。从整体来看，2016 年河南省电子信息制造业保持了快速发展的良好态势。

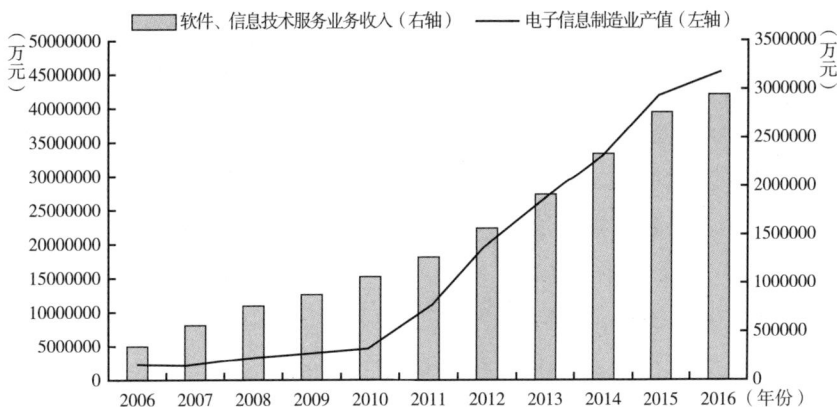

图 12-1　2006~2016 年河南省电子信息制造业产值与软件、信息技术服务业务收入

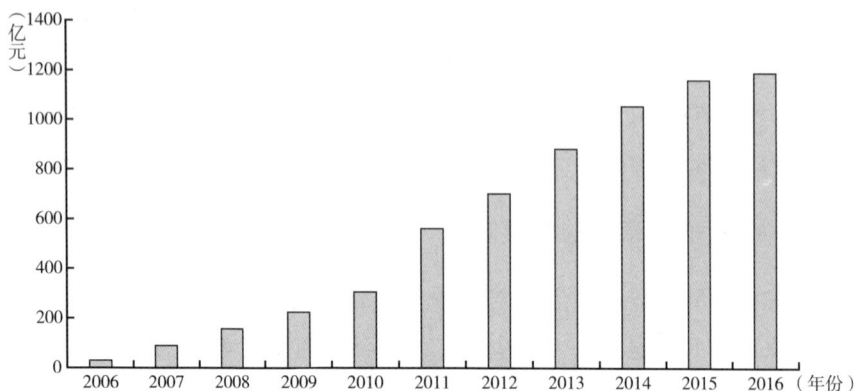

图 12 - 2　2006～2016 年河南省电子信息产业固定资产投资额

（二）电子信息业的发展特征

1. 电子信息制造业持续快速发展

2016 年，河南省编制《河南省"十三五"战略性新兴产业发展规划》提出大力发展智能终端、智能硬件、电子核心基础部件和信息安全产品等产业，力争在新兴显示等领域取得重要突破。《河南省推进制造业供给侧结构性改革专项行动方案（2016～2018 年）》提出将壮大电子信息制造业，作为建设先进制造业强省的主导产业。

根据河南省统计局数据显示，2016 年规模以上工业增加值同比增长 15.4%，高于全省规模以上工业增速 7.4 个百分点。河南省电子信息制造业进入加快转型、增强核心竞争力、提高发展质量和效益、由规模扩张向价值提升转变的关键时期。

在富士康智能手机产能逐步释放，以及中兴、天语等智能手机项目陆续入驻郑州航空港区的综合拉动作用下，河南省手机产业规模保持高速增长。2016 年，全省手机产量为 2.6 亿部，同比增长 30.3%；智能手机产量为 1.7 亿部，同比增长 8.6%。"十二五"以来，在智能终端产业的带动下，河南省电子信息制造业规模保持快速增长。2016 年，全省电子信息制造业主营业务收入约是 2010 年的 9 倍。

河南省呈现地区间优势互补的良性互动产业格局。郑州航空港对全省智能终端产业的引领拉动作用突出，争取富士康在河南省进行全产业链布局，同时成功引进酷派、中兴、天宇、信太等多家智能终端企业落户。
2016 年，新签约国威手机生产基地、乐腾智能手机生产基地、商贸通智能
终端供应链平台、天珑智能手机生产基地、奇酷"360 手机"结算中心等
重点项目，智能终端产业集聚效应逐步凸显。洛阳、新乡、南阳、信阳等
市加强智能终端配套能力建设，零组件本地化供给能力不断提升。河南省
智能手机产业链逐步完善，全球重要的智能终端生产基地已经形成。

河南省电子信息龙头企业自主创新能力不断增强。洛阳高新四丰电子
材料有限公司建成国内首条全世代平板显示用高纯钼靶材生产线，掌握高
品质钼靶材的生产技术，打破国外长期垄断局面，实现平板显示关键基础
材料的本土化生产。

围绕智能终端产业构建的全球物流体系以及支撑服务体系基本形成。
郑州航空港国际化综合交通枢纽体系和国际物流中心建设加快推进。郑州
机场已经开通航线 221 条，其中全货运航线 34 条，基本形成横跨欧美亚三
大经济区，覆盖全球主要经济体的枢纽航线网络。UPS、联邦快递等全球
性综合物流商陆续进驻。出口退税资金池、智能终端检测公共服务平台、
国家通信设备检测实验室、供应链金融、手机产业园等支撑平台投用。与
智能终端出口加工、全球采购配送相配套的支撑服务体系逐步完善，已具
备综合性竞争优势。

2. 软件和信息技术服务业引领电子信息产业快速发展

2016 年，河南省软件和信息技术服务业上市企业 38 家，软件业务收入过
亿元的企业 19 家。通过信息技术服务标准（ITSS）运维能力成熟度标准评估
的企业 13 家，参与信息系统工程咨询设计标准试点的企业 10 家。

在应用软件领域，为工业、交通、电力、教育、医疗及社会管理等领
域提供应用软件及整体解决方案。新天科技股份有限公司等企业在电力行
业、辉煌科技股份有限公司等企业在轨道交通领域、威科姆科技股份有限
公司在教育行业、天迈科技股份有限公司等企业在地理信息系统、华南医
电科技有限公司等企业在医疗行业都具有较强竞争优势。蓝信科技的"动
车组列控检测设备"、思维列控的"LKJ 系列列车运行监控纪录装置系
统"、辉煌科技的"无线调车机车信号和监控系统"、捷安高科的"网络数
字化机车模拟驾驶仿真系统"等在全国市场都占有较高份额；新开普的校
园一卡通系统、威科姆的中小学教育"班班通"整体解决方案在同行业中

均处于领先地位。在信息安全领域，依托解放军信息工程大学等科研院所，涌现出信大捷安信息技术股份有限公司等一批从事信息安全的软件企业。

此外，河南省软件和信息技术服务业园区主要分布在郑州、洛阳两市，共20余家，形成了发展电子信息产业、促进产业集聚的重要平台。郑州市有IT产业园、中部软件园、国家863中部软件孵化器、河南省大学科技园等8个园区，形成以软件开发、计算机系统、系统集成、服务外包、动漫游戏为重点的产业基地。洛阳市有洛阳国家大学科技园、洛阳北航科技园、洛阳软件园、洛阳信息科技城、洛阳恒生科技园等15个园区。

3. 信息基础设施建设速度加快

2016年，河南省推进"宽带中原"战略，优化全省光纤宽带和4G网络覆盖，大幅提高城乡家庭用户宽带接入能力。全省光纤线路长度为173.9万千米，互联网省际出口带宽为11104Gbps，移动互联网用户为6378.3万户，互联网宽带接入用户为1767.2万户，20Mbps以上宽带接入用户占比为97.4%，实现全省行政村100%通光纤。4G网络实现城区、县城、乡镇区域和高速、高铁的连续覆盖，行政村、3A以上景区有效覆盖。扩容郑州互联网骨干直联点网间互联带宽，开通郑州互联网国际通信专用通道，提升区域信息化对外开放合作水平，郑州国家级互联网骨干直联点实际开通网间互联网带宽达到350Gbps，居7个新增直联点之首。

4. 电子政务系统逐步建设运行

2016年，河南省统一的电子政务网络初步形成，省电子政务网络累计接入300多家单位，承载公安、财政、人社等部门的各类纵向业务系统68个，承载国家部委纵向业务应用系统17个。启动建设省政务服务平台，截至2016年底，省政务公共云、政务专有云、政务大数据平台、网上政务服务平台和省政务服务大厅五大平台基本建成运行，功能正在逐步完善，省辖市政务服务平台也在加快建设并逐步接入。

5. 创新制造企业引领两化融合

2016年，河南省两化融合发展指数为71.87，比上年提高3.62。围绕制造业重点行业，深化信息技术在传统工业企业的应用，全省规模以上工业企业的企业资源计划、制造执行、产品生命周期管理、供应链管理等重点信息系统分别达到49%、31%、28%、28%，生产装备数控化率达到

46%。通过试点示范带动，智能制造、服务型制造、个性化定制、网络协同制造等新型制造模式和制造业"双创"快速发展，中信重工机械股份有限公司、宇通客车股份有限公司等一批创新能力强的企业在融合发展方面发挥引领作用。

6. 电子商务发展水平不断提高

2016年，河南省电子商务产业规模不断壮大，实现电子商务交易额10033亿元，同比增长30%。河南锐之旗信息技术有限公司、河南中钢网电子商务有限公司、郑州悉知信息技术有限公司3家企业入选2016年中国互联网企业百强，拥有中华粮网、世界工厂网、中钢网、鲜易网、"豫货通天下"互联网渠道交易所等知名电子商务平台。电子商务聚集发展水平不断提高，郑东新区国家级电子商务示范基地、河南省电子商务产业园、中部国际电子商务产业园等园区规模进一步壮大，吸引甲骨文、阿里巴巴、百度、腾讯等国内外知名电子商务企业入驻。

7. 物联网产业链初步建立

2016年，河南省拥有物联网相关企业和单位300多家，其中年产值过亿企业超过30家，涌现出中国电子科技集团公司第27研究所、汉威电子股份有限公司等一批居于行业领先地位的骨干企业。物联网产业研发体系初步建立，实现RFID、传感器、嵌入式软件及传输等关键产品研发和技术创新。物联网产业依托在气体传感、轨道监控、电力（网）传感、气象、农业传感器等领域技术优势，形成应用门类较为齐全的产品线和量产能力，构成从传感器研发制造到行业应用比较完整的产业链。

8. 云计算和大数据产业发展步伐不断加快

2016年，河南省云计算和大数据产业发展步伐不断加快，中国联通中原数据基地、中国移动（郑州）数据中心、洛阳景安互联网数据中心、郑州大学超算中心等一批重点项目启动实施，对云计算和大数据产业支撑能力进一步增强。云计算、大数据技术在工业制造、农业农村、社会服务、智慧城市、电子政务等领域应用进一步深化，工业云平台体系建设初见成效，面向区域、行业、企业服务成效显著，形成河南省工业云创新服务平台、中资国际矿产品大数据平台、中原农村信息港、中原云平台等具有行业竞争力的服务平台。

9. 社会领域信息化应用逐步深入

2016 年，河南省教育系统"三通两平台"建设成效明显，全省 78%的中小学校接入宽带网络，使用网络学习空间的师生人数达到 300 万人。社会保障"一卡通"发卡量突破 6400 万张，在全国率先实现新农合全省跨区即时结报。开展数字化医院评建工作，全省城乡居民规范化电子健康档案建档率达 88% 以上。先后建成交通运输云平台、数据中心、全省高速公路网感知系统等，保障 50 多个信息系统和近 10 亿条数据的安全运行与交换使用。农业数据中心、"三农"信息服务平台，以及 12316"三农"热线省级综合服务平台初步建成，涉农综合信息服务能力明显增强。国家和省级智慧城市试点建设稳步推进，城市管理和服务智慧化应用逐步普及。

（三）电子信息业发展存在的问题

1. 电子信息制造业产业基础薄弱

河南省电子信息制造业总体规模较小，仅相当于广东的 13%、江苏的 16%，缺乏带领产业发展的龙头企业；创新能力不强，企业研发投入普遍不足，产品更新换代慢，难以应对电子产品快速升级冲击；发展不平衡，主要还是聚集在郑州、洛阳、新乡、鹤壁、信阳等地，对个别地区、企业的依存度过高，产业发展存在一定风险；政策、资金扶持力度不够，缺少资金、融资渠道窄、技术与人才引进困难阻碍企业快速发展。

2. 软件和信息服务业竞争力较弱

河南省软件和信息技术服务业缺少龙头企业，尤其缺乏量大面广、能充分带动产业链发展的航母型企业，还没有入围软件百强企业和国家规划布局内的重点软件企业；园区实力较弱，产业规模小，定位不清晰，特色不突出，没有形成在全国有影响力的园区和品牌；人才吸引力较低，高端、高级人才吸引困难，每年培养的软件专业类大学生仅有 20% 留在本地发展；政策保障少，在资金投入、企业培育、公共服务等方面还未形成政策体系，省内出台的产业扶持政策力度不够。

3. 两化融合信息基础设施有待进一步完善

由于河南省人口基数大、人均水平和服务质量等因素，移动电话普及率、4G 移动电话用户渗透率等仍低于全国平均水平；产业总体规模偏小，电子商务方面缺乏具有全国影响力的电子商务服务平台，软件业方面仍以应用产品为主、企业大多呈现"小而散"的产业分布状态，物联网、云计算等新一代信息技术产业方面缺少拥有系统集成能力和整体解决技术方案的行业龙头企业；产业发展不平衡，网络经济主要集中在郑州、洛阳等地区，个别地区则几乎是空白；制造业与互联网融合总体水平不高，企业互联网"双创"平台的应用普及率偏低，工业云平台的内容质量和规模有待提高，尤其是缺乏行业级的典型应用；社会领域信息化顶层设计有待加强，信息资源集聚和共享程度较低，网络安全保障体系不健全，网络安全防御能力偏弱。

三　影响河南电子信息业发展的因素分析

（一）国家宏观战略规划和产业政策

1. 《中国制造 2025》全面实施

2015 年 5 月，国务院颁布了《中国制造 2025》，这份重要文件在"十二五"末期完成发布，也成为"十三五"期间国家推动制造业变革的重要意见。实施《中国制造 2025》，促进两化深度融合，加快从制造大国转向制造强国，需要电子信息产业的有力支撑。电子信息产业作为制造业的核心内容、主导产业和智能制造的基础支撑，肩负着新的战略使命，《中国制造 2025》中也将新一代信息技术产业列为重点突破的十大领域之首。

《中国制造 2025》明确提出，未来 10 年中国将把智能制造作为两化深度融合的主攻方向，加快新一代信息技术与制造技术融合发展，着力发展智能装备和智能产品，推进生产过程智能化，培育新型生产方式，全面提升企业研发、生产、管理和服务的智能化水平。其中，信息技术已成为新一轮工业革命的先导性核心要素，是实现制造业数字化、网络化、智能化的关键基础。因此，在制造业融合发展的过程中，积极发挥信息技术的基础性和先导性作用，对于抓紧新工业革命历史机遇，落实国家重大战略发展要求，推动制造业向智能制造转型升级具有重要意义。

此外，近年来多部国家级重要战略密集出台，电子信息产业政策不断完善。中国政府继 2007 年提出两化融合基本方针、2010 年推出三网融合试点后，"十二五"期间每年都出台与电子信息产业密切相关的重大战略规划和重要政策。2011 年出台《工业转型升级规划（2011～2015 年）》、2012 年提出"四化同步"新要求，2013 年推出"宽带中国"战略和"促进信息消费扩大内需"政策，2014 年出台"促进智慧城市健康发展"政策。一系列围绕信息化和信息技术应用的国家指导方针、战略规划和政策措施不仅加速了电子信息产业的产业内融合，也加快了电子信息产业与其他产业的产业间融合，深化了信息技术在社会经济各个领域的普及应用。针对推进电子信息产业快速发展，以完善市场制度、补充市场不足、增进市场机能为导向的功能性产业政策体系正在形成。相关的行业政策与产业政策如表 12 - 1 所示。

表 12 - 1　近期我国电子信息业相关行业政策

颁布时间	文件名称	颁布机构	相关内容
2016 年 3 月 17 日	《中华人民共和国国民经济和社会发展第十三个五年规划纲要》	国务院	规划构建泛在高效的信息网络、发展现代互联网产业体系、实施国家大数据战略、强化信息安全保障
2016 年 7 月 28 日	《"十三五"国家科技创新规划》	国务院	规划实施"核高基"（核心电子器件、高端通用芯片、基础软件）、集成电路装备、宽带移动通信、数控机床等国家科技重大专项
2016 年 5 月 18 日	《"互联网＋"人工智能三年行动实施方案》	国家发展改革委、科技部、工业和信息化部、中央网络安全和信息化领导小组	明确培育发展人工智能新兴产业、推进重点领域智能产品创新、提升终端产品智能化水平
2016 年 5 月 20 日	《国家创新驱动发展战略纲要》	国务院	提出到 2020 年进入创新型国家行列、到 2030 年跻身创新型国家前列、到 2050 年建成世界科技创新强国"三步走"战略目标
2016 年 6 月 21 日	《关于促进和规范健康医疗大数据应用发展的指导意见》	国务院办公厅	部署通过"互联网＋健康医疗"探索服务新模式、培育发展新业态，建设人民满意的医疗卫生事业。
2016 年 7 月 27 日	《国家信息化发展战略纲要》	中共中央办公厅、国务院办公厅	规范和指导未来 10 年国家信息化发展的纲领性文件

续表

颁布时间	文件名称	颁布机构	相关内容
2016 年 10 月 12 日	《信息化和工业化融合发展规划（2016～2020 年）》	工业和信息化部	提出到 2020 年，全国两化融合发展指数达到 85，进入两化融合集成提升与创新突破阶段的企业比例达到 30%
2016 年 11 月 29 日	《"十三五"国家战略性新兴产业发展规划》	国务院	对"十三五"期间国家战略性新兴产业发展目标、重点任务、政策措施等做出全面部署安排
2016 年 12 月 8 日	《智能制造发展规划（2016～2020 年）》	工业和信息化部、财政部	明确"十三五"期间国家智能制造发展的指导思想、目标和重点任务
2016 年 12 月 15 日	《"十三五"国家信息化规划》	国务院	提出到 2020 年，"数字中国"建设取得显著成效，信息化能力跻身国际前列，核心技术自主创新实现系统性突破，信息基础设施达到全球领先水平，信息经济全面发展，信息化发展环境日趋优化

2. "网络强国"战略进程加快

2014 年以来，习近平总书记多次就"网络强国"做出重要论述，指出建设网络强国的战略部署要与"两个一百年"奋斗目标同步推进。2015 年 10 月，《中共中央关于制定国民经济和社会发展第十三个五年规划的建议》中提出"实施网络强国战略，加快构建高速、移动、安全、泛在的新一代信息基础设施。2015 年 7 月，国务院颁布《关于积极推进"互联网＋"行动的指导意见》。2016 年 3 月，国家"十三五"规划纲要也将实施"网络强国"战略作为"十三五"的重要任务。2016 年 5 月，国务院颁布《关于深化制造业与互联网融合发展的指导意见》，部署了深化制造业与互联网融合发展，协同推进《中国制造 2025》和"互联网＋"的行动计划。

当前，我国互联网基础设施建设扎实推进，到 2016 年第一季度末，全国光纤到户端口达到 3.9 亿个，4G 网络用户达到 5.3 亿户，网络供给能力大幅提升。此外，大数据产业势头强劲，推动传统经济转型升级。在消费领域、生产领域和公共服务领域，互联网与各行各业融合创新步伐加快，信息经济越来越呈现发展壮大的态势。

3. "一带一路"带动我国电子信息产业开展国际合作

信息化是"一带一路"沿线国家互联互通的基础，伴随着互联互通的深入推进，"一带一路"沿线国家经济发展迅速，信息产品消费需求以及信息基础设施投资需求旺盛，信息产业市场空间广阔，潜力巨大。当前，"一带一路"沿线国家大多处于经济发展的上升期，信息化水平普遍低于全球平均水平。中国是信息产业大国，经过几十年的持续发展，已在国内和国际市场上积累了丰富的经验，有条件为沿线国家互联互通、畅通信息丝绸之路提供良好支撑。通过与沿线国家展开合作，中国信息产业发展可在提升原材料保障能力及产业链延伸、开拓海外市场、提升中国国际影响力、吸收先进技术等方面受益。

（二）未来电子信息业发展方向和重点

"十三五"期间，电子信息产业应紧紧围绕"构建现代产业体系，支撑服务《中国制造2025》"这一中心任务，以智能制造为切入点，以大力推进"互联网＋"制造为手段，实现软硬融合、两化融合、产业与服务融合。具体来说，各细分行业将通过如下的发展方向和重点提升行业能力，为全面实现《中国制造2025》与"互联网＋"的战略目标奠定良好基础。

1. 通信设备行业

通信产品宽带化、智能化、网络化、数字化趋势明显。预计2017年4G用户渗透率将超过80%，5G有望带动中国万亿元经济产出。据中国信息通信研究院预测，到2030年，在直接贡献方面，5G带动的总产出、经济增加值、就业机会分别为6.3万亿元、2.9万亿元和800万个。与此相关联的通信设备产业链上游逐步开始成长，重点产品制造形成一批上游龙头企业。中国在手机SoC芯片、触控芯片、指纹芯片、麦克风等领域技术积累和产业实践成效显著。此外，智能硬件产品种类不断丰富，服务机器人、虚拟现实等市场将快速增长。智能硬件应用场景的不断拓展使智能硬件产品种类更加丰富，涵盖智能家居、智能可穿戴、智能车载、智慧医疗以及工业级智能硬件等诸多领域，智能硬件产业生态圈初具规模。

2. 广播电子设备行业

2016年12月初，中共中央宣传部、财政部、国家新闻出版广电总局联合下发《关于加快推进全国有线电视网络整合发展的意见》，要求到

"十三五"末期建成全国互联互通平台，完成双向化、宽带化、智能化改造，从而落实国家"十三五"规划纲要明确"加快全国有线电视网络整合和智能化建设"的工作任务。用户市场需要的严峻现实及国家的政策导向，都决定中国有线电视网络将由区域性特征明显的现状走向"互联互通"的新格局，形成一个综合的信息运营体。此外，视频、音频节目制作和播控设备方面，在媒体融合、超高清、云计算等新趋势、新技术的推动下，2016 年，视频、音频节目制作和播控设备销售收入为 152198 万元，比上年增长 34.2%，从一个侧面表现视频、音频节目制作和播控设备的市场正在向好的方向发展。

3. 计算机行业

2016 年，工业和信息化部、国家发展改革委联合制定《信息产业发展指南》，提出到 2020 年基本建立具有国际竞争力、安全可控信息产业生态体系的发展目标，确定集成电路、基础电子、基础软件和工业软件、关键应用软件和行业解决方案、智能硬件和应用电子、计算机与通信设备、大数据、云计算、物联网 9 个领域发展重点，研究部署 7 个重大工程，为信息产业发展指明方向和路径，有力支撑制造强国和网络强国建设。其中，2016 年以太网交换机总销售量同比增长 5.3%，销售额同比增长 4.6%，预计未来 3 年在宽带中国等政策驱动下，以及随着 4G 网络的普及，以太网交换机市场将继续保持平稳增长势头。此外，存储行业也将迎来发展高峰，在信息化的趋势下，电子政务、物联网、三网合一、云计算、数字校园、自动化办公等在国民经济各领域应用日益广泛，数据量呈爆炸式增长，必然导致存储需求持续快速增长，使得存储行业（包括数据存储、数据保护和容灾等）成为信息产业最具持续成长性的领域之一。预计到 2018 年国内存储行业收入将达到 25 亿美元。最后，在通信、网络、软件及光电的整合应用之下，工业控制计算机等智能工业控制设备结合通信、电气、电子、软件等领域新技术与新应用，呈现多元化及定制化的特点，因此智能工业控制设备也将在智能制造时代发挥更大作用。

4. 电子工业专用设备行业

作为中国实施制造强国第一个十年的行动纲领《中国制造 2025》中设定了集成电路设备国产化的目标，并对半导体设备国产化提出了明确要求：在 2020 年之前，90～32 纳米工艺设备国产化率达到 50%，实现 90 纳米光刻机国产化，封测关键设备国产化率达到 50%；在 2025 年之前，20～14 纳米工艺设备国产化率达到 30%，实现浸没式光刻机国产化；到 2030 年，实现 18 英寸工艺设备、EUV 光刻机、封测设备国产化。预计 2017～2020 年，电子专用设备行业主营产品销售收入增速将在 10% 左右，集成电路设备、太阳能电池设备和动力锂电池设备仍将是行业发展增长点。

5. 电子测量仪器行业

2016 年，河南省规模以上电子测量仪器行业企业为 919 家，主营业务收入为 2602 亿元，同比增长 12.6%；利润总额为 262 亿元，同比增长 19.1%；产成品为 100 亿元，存货为 282 亿元。近年来，环境监测、食品安全、通信应用领域测试仪器需求量较大，太赫兹测试仪器、5G 通信测试仪器需求增幅较大。预计 2017～2020 年中国电子测量仪器行业总体保持约 10% 的增长幅度。

6. 集成电路行业

《国家集成电路产业发展推进纲要》经过两年多系统实施，第一阶段目标已顺利完成。国家集成电路产业投资基金撬动作用逐步显现，适应产业发展的政策环境和投融资环境基本形成。展望 2020 年，在政策支持以及市场需求带动下，中国集成电路产业将继续保持平稳快速发展态势，预计产业规模将突破 5000 亿元。从产业链各环节来看，集成电路设计业将继续保持发展活力；多条 12 英寸生产线重大项目相继建设和投产，32 纳米和 28 纳米工艺产能进一步扩充，16 纳米和 14 纳米工艺加紧布局，将推动芯片制造业规模持续扩大；封装测试业集中度、发展水平和层次也不断提升。

7. 电子元件行业

2016 年 10 月 31 日，工业和信息化部编制发布《产业技术创新能力发展规划（2016～2020 年）》，在电子信息制造业重点发展方向中，规划明确指出，要针对新一代电子整机发展需求，大力推动电子元件产品向片式化、小型化、集成化、模块化、无线化发展。2017 年，电子元件行业主要应用市场呈现以下走势：在经过数年高速增长之后，包括中国市场在内，全球智能手机增速将继续放缓；在国内宽带提速、准备布局 5G 拉动下，光纤宽带网络市场今年仍将保持较快增长态势；随着中国"互联网+"《中国制造 2025》"1+X"等一系列重要政策和战略规划的推出和实施，新能源汽车、机器人、工业自动化设备、智能终端市场有望获得较快增长。预计未来几年，上述新兴市场有望获得较高增长。3D 打印、机器人、大数据等新技术的应用将助力电子元件行业向智能制造转型。

8. 光学光电子行业

未来几年，中国激光产业发展呈现以下趋势。激光器保持智能化、高功率、高光束质量、高可靠性、低成本和全固态方向发展；激光技术与其他学科加速融合，在电子、半导体、通信、光存储、微机械制造、生物、环境等行业进一步推广和应用激光高精密加工技术；激光加工自动化、集成化和智能化水平持续提升，在与工业机器人技术结合的基础上，实现三维焊接、三维打标、三维切割等多维加工，拓展激光加工的应用领域；更多企业开始借助大数据、云平台等互联网手段开展产品的精准创新、精准营销、精准服务。

9. 汽车电子行业

2016 年，伴随汽车市场规模持续扩大，以及新能源汽车、自动驾驶和车联网技术的迅速发展，中国汽车电子行业保持高速增长态势。国家发展和改革委、交通部联合印发《推进"互联网＋"便捷交通促进智能交通发展的实施方案》，从"智能"和"网联"两个方面提出要求。因此，汽车电子的成本占整车成本比例将持续提高。2016 年，全球汽车电子市场规模为 2400 亿美元，占整车规模的 35%。2017 年，4G 大屏手机、行车记录仪、智能后视镜、胎压监测等汽车电子相关产品将加速普及。随着智能驾驶、车联网、新能源汽车等不断发展和加速融合，预计 2020 年，汽车电子成本占整车比例有望超过 50%。

10. 机床电子行业

2017 年，推进高档数控机床的产业化、提高国产高档数控机床在国家重点行业的占有率是中国机床行业摆脱当前困境、实现产业结构调整及转型升级的关键。工业和信息化部和财政部联合发布的《智能制造发展规划（2016～2020 年）》，将发展智能制造作为长期坚持的战略任务，"十三五"期间同步实施数字化制造普及、智能制造示范引领，以构建新型制造体系为目标，以实施智能制造工程为重要抓手，着力提升关键技术装备安全可控能力，着力增强软件、标准等基础支撑能力，着力提升集成应用水平，着力探索培育新模式，着力营造良好发展环境。因此，企业应重点把握数控机床发展的四大趋势：高速、高精密化，高可靠性，数控机床设计 CAD

化、结构设计模块化，设计制造绿色化。

11. 软件产品行业

2016 年，工业和信息化部发布《软件和信息技术服务业发展规划（2016~2020 年）》，明确提出瞄准技术产业发展制高点，加大力度支持操作系统、数据库、中间件、办公软件等基础软件和产品研发与应用，建立安全可靠基础软件产品体系。2017 年，在基础软件领域，政府、电信、金融、能源等行业领域对基础软件的需求保持平稳增长，交通、医疗、数字城市等领域应用将获得新增长；在工业软件领域，生产控制系统软件技术继续向底层沉淀，研发设计类软件将加快平台化、模块化进程，中国工业软件市场规模将保持快速增长态势；在安全软件领域，随着网络和信息安全政策法规的实施，信息安全市场空间将进一步扩大，信息安全技术从底层向数据、应用层扩展，大数据和人工智能技术在安全领域的应用将进一步加快。

12. 嵌入式系统软件业

2016 年，国务院印发《"十三五"国家信息化规划》，在核心技术超越工程领域，提出要提高基础软件和重点应用软件自主研发水平。推进云操作系统、智能终端操作系统、嵌入式操作系统及相关领域的应用软件研发。在消费产品智能化发展提速的大趋势下，嵌入式软件系统在移动通信、数字办公、家电应用、交通运输、互动娱乐及工业制造等领域几乎无处不在，并且未来将大幅度向 VR、互联网等新兴技术领域拓展。

（三）河南推进电子信息业发展的相关措施

为了贯彻落实《中国制造 2025》的战略部署，扎实推进河南省电子信息业转型升级，实现由大变强、由跟随并跑向并跑领跑转变，省委、省政府发布了一系列重要的电子信息产业政策，如表 12-2 所示，为河南省电子信息业划定了转型路线图，也描绘了广阔前景。2017 年，河南省人民政府办公厅发布《河南省电子信息产业转型升级行动计划（2017~2020 年）》（豫政办〔2017〕140 号），提出要做强三个优势产业，即建设全球重要的智能终端研发生产基地，打造全国领先的电子材料产业，建立健康可持续发展的新型电池产业体系；并且要做优六个特色产业，即打造在全国具有创新示范作用的信息安全产业，提升智能传感器及终端产业供给能力，推动光电子产业链式发展，推进汽车电子产业高端集聚发展，推动云计算大数据产业发展，提高软件和信息技术服务业发展水平。到 2020 年，河南省电子信息产业基本实现由单纯规模扩张向规模扩张与价值提升并重的转变，由生产制造为主向生产制造与研发应用服务相结合的转变，主营业务收入力争达到万亿级，建成全国重要的中西部地区竞争优势突出的电子信息产业基地。

表 12 – 2 　河南 2015～2017 年重要电子信息产业政策梳理

发布时间	文件名称	文件号	发布机构
2015 年 4 月 23 日	《关于印发河南省先进制造业发展专项资金管理办法（试行）的通知》	豫财企〔2015〕22 号	河南省财政厅
2016 年 2 月 26 日	《关于印发中国制造 2025 河南行动纲要的通知》	豫政〔2016〕12 号	河南省人民政府
2016 年 3 月 1 日	《关于印发河南省 2016 年信息化推进工作实施方案的通知》	豫政办〔2016〕20 号	河南省人民政府办公厅
2016 年 11 月 3 日	《关于印发河南省产业融合创新推进 2016 专项行动实施方案的通知》	豫工信产融〔2016〕119 号	河南省工业和信息化委员会
2016 年 11 月 23 日	《关于印发河南省加强信息共享促进产融合作行动方案的通知》	豫工信联运行〔2016〕255 号	河南省工业和信息化委员会、中国人民银行郑州中心支行、中国银行业监督管理委员会河南监管局
2017 年 10 月 16 日	《关于做好河南省制造业创新中心培育建设工作的通知》	豫工信联科〔2017〕275 号	河南省工业和信息化委员会、河南省发展和改革委员会、河南省科学技术厅、河南省财政厅
2017 年 4 月 18 日	《河南省制造强省建设领导小组办公室关于印发河南省制造业创新中心建设工作实施方案的通知》	豫制造强省办〔2017〕2 号	河南省制造强省建设领导小组办公室
2016 年 11 月 2 日	《关于印发河南省推进制造业供给侧结构性改革专项行动方案（2016～2018 年）的通知》	豫政〔2016〕68 号	河南省人民政府
2016 年 11 月 3 日	《关于印发 2017 年先进制造业发展专项资金（两化融合类）项目申报指南的通知》	豫工信联产融〔2016〕253 号	河南省工业和信息化委员会、河南省财政厅

发布时间	文件名称	文件号	发布机构
2017 年 11 月 17 日	《关于印发河南省电子信息产业转型升级行动计划（2017~2020年）的通知》	豫政办〔2017〕140 号	河南省人民政府办公厅
2015 年 6 月 12 日	《关于公布河南省第四批新型工业产业示范基地名单的通知》	豫工信规〔2015〕178 号	河南省工业和信息化委员会
2017 年 1 月 9 日	《关于印发河南省"十三五"信息化发展规划的通知》	豫政办〔2017〕15 号	河南省人民政府办公厅

四　河南电子信息业发展机遇和面临的挑战

（一）发展机遇

1. 郑州航空港区电子信息产业集聚效应带来的机遇

"十三五"时期，郑州航空港经济综合实验区（以下简称"航空港"）各项经济指标加速增长。2016 年地区生产总值达到 622.5 亿元，与 2015 年相比增长 13%，总量排名全市开发区第 1，相比 2010 年年均增长 38.8%，全市增量贡献率达到 11.7%，全市占比达到 7.8%。2016 年前三季度，航空港电子信息产业增加值达 201.1 亿元，同比增长 12.6%。近几年来，郑州航空港区电子信息产业发展集中、集聚效应明显，对河南省电子信息产业规模的拉动作用不断增强。

位于郑州航空港经济综合实验区的智能终端（手机）产业园、电子信息产业园，这两大园区成立时间较晚，但借助富士康的示范效应和产业转移的机遇，发展迅速，在河南省电子信息产业发展中具有举足轻重的地位。电子信息产业园现已有视博电子"互联网＋交通"、朝虹电子、北航科技园等 20 余个项目落户，其中中国移动（河南）大数据中心、云和互联网产业园、云海科技园产业基地、天迈交通物联网等 6 个项目已开工建设，总投资约 216 亿元。另有阿里巴巴大数据产业园、西部数据、信大捷安移动安全数据中心、美国超微高性能服务器生产等多个项目正在积极谋划。力争 2018 年营业收入达到 300 亿元。就目前的发展来看，在富士康示范效应下，郑州航空港区电子信息产业发展迅速，成为河南省电子信息产业发展的中坚力量。

此外，郑州航空港经济综合实验区在高端电子信息制造领域取得的重大突破，还带动了电池、显示屏、显示器等相关设备制造业的配套产业链的逐步形成。目前，河南省不仅仅在电子信息产业的手机制造方面有重大进展，在相关的电池制造、显示器制造等领域的招商引资也取得重要成果。截至 2015 年上半年，已经有中鑫手机集成及配套产业园项目、郑州迅迈通讯设备股份有限公司 PCBA 和整机生产基地项目、中国移动通信集团河南有限公司河南移动数据中心项目、金通威年产 3000 万部智能终端生产基地项目、视博科技数据中心项目、朵唯手机研发中心等多项智能终端（手机）的配套项目开工建设。郑州航空港区电子信息产业集聚日渐成为省内建立现代电子信息产业体系、现代城镇体系和自主创新体系的重要载体。

2. 产业发展向中部地区转移带来的机遇

改革开放以来，中国东部地区得到了快速发展，但是中西部地区发展较为落后，造成了经济发展的不平衡状况。东部经济的发展也带来了人力资本、土地资本的提高，其竞争优势大大削弱，产业发展开始向中部地区转移。在这种背景下，国家出台了一系列政策支持中部发展，如中部崛起、中原经济区建设等。

近年来，河南省委、省政府清醒认识与准确把握国内外产业转移带来的机遇，依托郑州航空港经济综合实验区、中原城市群、中国（河南）自由贸易试验区、国家跨境电商综合试验区、国家大数据综合试验区、自主创新示范区、通航产业综合示范区、服务外包示范城市、交通综合枢纽示范工程城市、加工贸易承接示范地等十大国家战略叠加机遇，围绕传统优势产业、先进制造业、现代服务业以及战略性新兴产业，将港、澳、台及东南亚地区作为招商重点区域，把境内外世界 500 强及跨国公司视为重点招商对象，不断创新招商模式，有力地推动了产业转移向纵深发展，一系列电子信息产业入驻河南省，产业渐成规模。

河南省重点引进了智能终端产业品牌商、制造商、运营商、物流商，着力打造从手机研发、产品设计、软件开发、整机制造、配件生产到销售、物流、售后服务于一体的智能终端全产业链。目前河南省已有富士康、台湾友嘉实业集团、正威国际集团、三宝集团、台达电子、中兴、酷派集团、天宇、华世基、众一、致远、中鑫云谷、百豪、乐派、神阳、创维、西特、金通威、菜鸟骨干网络、信太、领胜等数家手机整机及核心配套企业正式入驻、投产。

从河南省自身经济社会发展看，承接产业转移已经成为河南省电子信息业的"新常态"，抢抓国内外制造业分工调整带来的重大机遇，加快制造强省建设。发展机遇前所未有，发展优势前所未有，困难挑战前所未有。把握机遇，发挥优势，应对挑战成为河南省当前经济社会发展需要迫切需解决的问题。

3. 新一轮科技革命带来的机遇

在世界经济环境加速变化，新一轮科技革命持续发酵的形势下，电子信息产业日益成为重塑全球经济发展模式的主导力量。当前，全球电子信息产业正处于从移动互联网阶段向万物智能阶段转型的关键时期。手机产业经过多年的快速增长，逐步进入中低速波动发展期，但我国产业收入和产量增速仍高于全球水平，龙头企业成长迅速，产品持续向高端化发展；生活智慧化与生产智能化需求正驱动以智能可穿戴、智能家居、医疗健康、工业级智能硬件设备等为代表的智能硬件市场日益繁荣，技术突破与融合创新孕育着发展新机遇；智能终端及智能硬件安全配套产业将迎来巨大发展空间；智能传感器作为万物互联数据信息的主要来源，市场应用正呈现爆发式增长态势；高世代液晶显示、柔性 OLED（有机发光二极管）作为当前新一代显示技术的主要发展方向，发展势头迅猛。我国已成为全球最大的信息产品消费市场和制造基地，同时电子信息产业也成为我国实施创新驱动战略、推进供给侧结构性改革的关键力量。

技术进步是电子信息产业产品结构调整的基础。"十一五"末以来，河南省电子信息产业抢抓新一轮科技革命形成的市场机遇，走出了一条以智能终端为突破口的产业转型发展之路，引进一批智能终端龙头项目，电子信息产业规模迅速扩大，层次不断提升，结构持续优化，全球重要的智能终端制造基地基本形成。

河南省电子信息产业在起步时主要生产电子材料、元器件等低附加值产品，现在整机类终端产品在逐渐增加，如智能手机、平板电脑、新型视听数码产品等电子信息产品结构在逐渐得以调整。例如台湾友嘉实业集团的产品涉及工具机、电子设备、产业设备等领域，涵盖数控机床、电动工具及设备、堆高机、建设机械、电梯设备、停车设备、气动工具、印刷电路板和LCDTV、LCD显示器等产品。正威集团在河南打造电子信息产业园和半导体全产业链。中兴通讯是全球领先的综合通信解决方案提供商，通过为电信运营商和企业网客户提供创新技术与产品解决方案，在河南投资约7亿元，建设研发中心、生产厂房等设施，从事无线数据终端软、硬件产品的研发、制造、测试、调试等业务。从长远来看，河南省电子信息业正在把握新一轮科技革命的机遇，加快转型升级，助力地区产业升级实现质的转变，一步步实现中原崛起的总目标。

(二) 面临的挑战

河南省电子信息产业虽然实现了跨越发展，但面临的挑战依然严峻。

一是区域竞争越来越激烈。国际产业竞争日益激烈，国内区域发展形势逼人。金融危机后，国际电子信息产业进行新一轮战略转移与规划，国内其他省份也积极抢占高点，竞争非常激烈。全国各地纷纷加快新一代信息技术产业布局，河南省电子信息产业相比发达省份起步较晚，产业基础较为薄弱，在区域竞争中将面临更大压力。

二是要素成本上升，发展压力增大。如近年来郑州连续多次对月最低工资标准进行调整，从2010年的800元、2011年的1080元、2012年的1240元提高到2014年的1400元。如郑州航空港区某智能终端公司人工工资比2013年同期上涨约6%，主要原材料显示屏购进成本比2013年同期上涨约5%。

三是产业规模总体较小。电子信息业发展相比发达省份处于落后地位。河南省电子信息制造业仅相当于广东的12.86%、江苏的16.75%，缺乏具有较强竞争力的、带领产业发展的龙头企业。

四是区域发展不平衡。河南省的电子信息产业发展呈现出高度的地理集中性，主要是聚集在郑州、洛阳、新乡、鹤壁、信阳等地，这些地市集中了河南省电子信息产业产值的90%以上。河南省电子信息产业对个别发挥中坚力量的企业依存度过高，产业发展存在一定风险。

五是创新能力亟待提升。自主创新和核心技术研发能力不强，企业研发投入普遍较低，关键技术受制于人，欠缺有核心竞争力的关键技术，产品更新较慢，难以跟上电子信息产品升级换代的较快节奏。

针对面临的挑战，河南省应加快落实国家相关的战略规划，把握信息技术发展趋势，推动电子信息产业规模发展，破除核心技术瓶颈，巩固产业基地建设，推动网络经济强省，全力实施河南省电子信息产业转型升级。

五　河南电子信息业发展目标预测

本章拟对河南省电子信息制造产业产出序列进行拟合和预测，所采用的电子信息制造业主要经济指标数据来自《中国信息产业年鉴》（2006~2017年），信息来源是国家统计局发布的全国工业和投资统计快报。其中，电子信息制造业的统计范围包括在中国境内注册（不包括港、澳、台地区）年主营业务收入2000万以上，从事电子信息产品生产及研发的企、事业独立法人单位，具体数据见表12-3。在表12-3中，列出了2005~2016年河南省各年电子信息制造业产出、软件和信息技术服务业收入情况，以及河南省生产总值。

表12-3　2005~2016年河南省GDP及电子信息业固定资产投资额、行业产出情况

年份	河南省生产总值（亿元）	电子信息产业固定资产投资额（亿元）	电子信息制造业产出（万元）	软件和信息技术服务业务收入（万元）
2005	10587	15	2654142	——
2006	12363	33	2301060	347880
2007	15012	88	2664283	573583
2008	18019	156	3511041	774097
2009	19480	222	3941295	889954
2010	23092	304	4943307	1071676
2011	26931	560	11317206	1283307
2012	29599	705	20090762	1571970
2013	32191	885	27239658	1932503
2014	34938	1051	33361700	2339218
2015	37002	1158	42458188	2785437
2016	40160	1189	45645000	2963543

在对河南省电子信息业相关经济活动数据进行搜集整理的基础上，本章将运用各种科学方法，对掌握的经济信息加以分析研究，从而评估和预测未来河南省电子信息业的发展目标和发展趋势。常见的定量预测方法也称为统计预测法，是根据已经掌握的历史统计数据，运用一定的数学模型来进行预测。本章将采用灰色 GM（1，1）模型进行预测。本章进行统计预测所用的计量软件为 MATLAB。

（一）2017～2020 年河南省电子信息业发展趋势预测

1. 灰色 GM（1，1）模型

灰色系统理论是我国邓聚龙教授提出的一种新型理论，已经成功应用于社会经济的诸多领域中。灰色系统的 GM（n，h）模型是 n 阶 h 个变量的微分方程，不同的 n 与 h 的 GM 模型有不同的意义和用途，要求有不同的数据。对数据的要求是可以反映预测对象综合效果的时间序列。由于 n 越大，计算越复杂，且精度并不一定提高，n 一般在三阶以下，最常用的是 $n=1$、$h=1$，即只有一个变量的一阶 GM 模型，记作 GM（1，1），称为单序列一阶线性动态模型。它计算简单，适用面广。

灰色 GM（1，1）模型作为灰色预测模型中最基本、应用最广泛的预测模型，其原理是根据系统的已知信息，把杂乱无章的原始数据经过累加生成，目的是增强其规律性提高灰色信息的白化度，然后以新生成的数列建立一阶线性微分时间序列模型处理灰色信息，以研究事物内部的特征及规律。灰色预测模型的建模步骤如下。

首先，构建原始数据数列：$X^{(0)} = \{x^{(0)}(1), x^{(0)}(2), \ldots, x^{(0)}(n)\}$，对 $X^{(0)}$ 作一次累加：$x^{(1)}(k) = \sum_{i=1}^{k} x^{(0)}(i)$，$k = 1, 2, \cdots, n$，则一次累加生成数列为 $X^{(1)} = \{x^{(1)}(1), x^{(1)}(2), \ldots, x^{(1)}(n)\}$。

其次，建立关于 $X^{(1)}$ 的一阶线性微分方程：$\dfrac{\mathrm{d}x^{(1)}}{\mathrm{d}t} + ax^{(1)} = u$，其中 a、u 为待定参数，将该方程离散化，并求出其特解为 $\hat{x}^{(1)}(k+1) = \left[x^{(1)}(1) - \dfrac{\hat{u}}{\hat{a}} \right] \mathrm{e}^{-\bar{a}k} + \dfrac{\hat{u}}{\hat{a}}$。

最后，为得到原始数列 $X^{(0)}$ 的估计值数列，还需要对上式计算得到估计值的数列进行累减还原的计算，还原到原始数据为 $\hat{x}^{(0)}(k+1) = \hat{x}^{(1)}$ $(k+1) - \hat{x}^{(1)}(k) = (1 - e^{\hat{a}})\left[x^{(1)}(1) - \dfrac{\hat{u}}{\hat{a}}\right]e^{-\hat{a}k}$，即 GM（1，1）模型的时间响应函数模型，它是 GM（1，1）模型灰色预测的具体计算公式。

2. 基于灰色 GM（1，1）模型的 2017～2020 年河南省电子信息业发展趋势预测

接下来，本章将采用 GM（1，1）模型对 2017 年河南省电子信息业发展趋势进行预测。采用灰色预测模型 GM（1，1）是由于在河南省电子信息业发展趋势预测之中，既含有已知信息，如全省电子信息制造业产出、软件和信息技术服务业收入情况，又有一部分信息未知或不确定。另外，若时间序列预测的原始数据量较小，要考虑模型的预测准确度。GM（1，1）模型能够用有限表征系统行为特征的外部元素，分析系统的内在规律。

以 2005～2016 年河南省各年电子信息制造业产业产出与软件和信息技术服务业务收入为原始时间序列。为了弱化原始时间序列的随机性，首先对原始时间序列进行开 4 次方的预处理，生成新的数列。与原始数列相比，生成列的平稳性大大增加，之后可采用 MATLAB 软件建立灰色系统预测 GM（1，1）模型，得到河南省电子信息制造业产出的预测模型为：

$$X^{(1)}(k+1) = 422.5462e^{-0.0817k} - 382.1834$$

河南省软件和信息技术服务业务收入的预测模型为：

$$X^{(1)}(k+1) = 524.8830e^{-0.0481k} - 500.5969$$

采用后验差检验法对拟合结果进行检验，得出小误差概率 P 值为 0.9167 和 1，模型的精确等级达到优。在返回实际预测值之后，可得到河南省电子信息制造业的预测产出。我们得到的 GM（1，1）模型预测结果如表 12-4 所示，图 12-3 是 GM（1，1）模型对河南省电子信息制造业产出的预测效果示意，图 12-4 是 GM（1，1）模型对河南省软件和信息技术服务业务收入的预测效果示意。从图、表中可以看出尽管 2005～2016 年的预测值与实际值有差距，但却不大，表明建立的 GM（1，1）模型是较为科学合理的，预测结果显示 2017～2020 年河南省电子信息制造业产出与软件和信息技术服务业务收入的发展趋势将保持增长态势。

表 12 - 4　GM（1，1）模型预测数值与实际值比较

单位：亿元

年份	电子信息制造业产出		软件和信息技术服务业务收入	
	预测值	实际值	预测值	实际值
2005	265.41	265.41	—	—
2006	167.79	230.11	34.78	34.78
2007	232.69	266.43	44.90	57.35
2008	322.68	351.10	54.44	77.40
2009	447.48	394.13	66.00	88.99
2010	620.55	494.33	80.02	107.16
2011	860.56	1131.72	97.01	128.33
2012	1193.39	2009.08	117.6154	157.19
2013	1654.94	252.82	142.59	193.25
2014	2295.01	3336.17	172.87	233.92
2015	3182.62	4245.82	209.58	278.54
2016	4413.54	4564.50	254.08	296.35
2017	6120.52	—	308.04	—
2018	8487.69	—	373.46	—
2019	11770.39	—	452.76	—
2020	16322.70	—	548.91	—

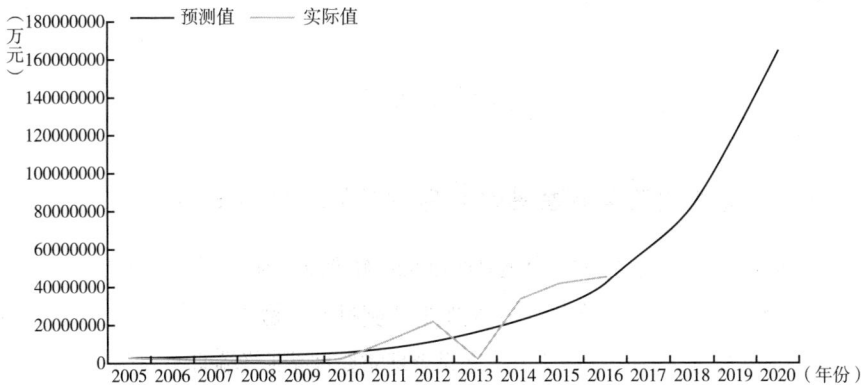

图 12 - 3　河南省电子信息制造业产出 GM（1，1）模型预测数值与实际值比较

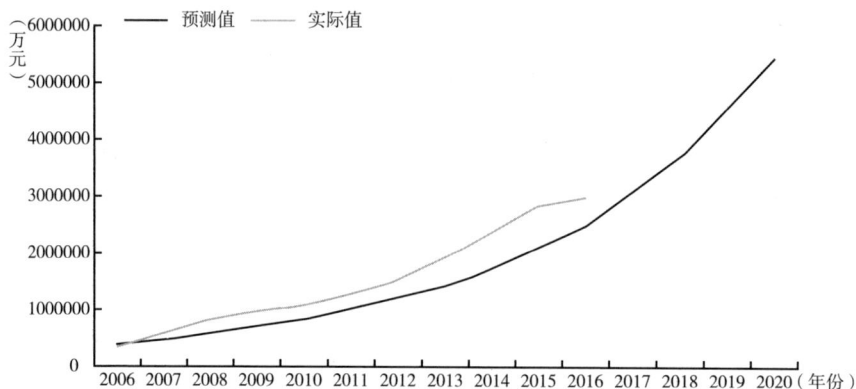

图 12 - 4　河南省软件和信息技术服务业务收入 GM（1，1）模型预测数值与实际值比较

（二）预测结果的分析与应用

本章使用 GM（1，1）模型对河南省电子信息制造业产出进行预测。根据预测结果可以判定，2017～2020 年河南省电子信息制造业产出与软件和信息技术服务业务收入的发展趋势将持续增长。2017 年，河南省软件和信息技术服务业务收入预计为 308.04 亿元，将较 2016 年增长 21.23%；河南省电子信息制造业产出预计为 6120.52 亿元，将较 2016 年增长 38.68%。到 2020 年，河南省软件和信息技术服务业务收入预计将达到 548.91 亿元，将较 2016 年增长 1.16 倍；河南省电子信息制造业产出将达到或接近 16322.70 亿元，将较 2016 年增长 2.70 倍。

六　发展重点和主要任务

（一）着力打造全球重要的智能终端研发制造基地

把智能终端作为河南省培育优势产业的战略重点，加快打造从手机研发、产品设计、软件开发、整机制造、零部件生产到销售、物流、售后服务于一体的"万亿级"智能终端全产业链集群，建设全球重要的智能终端研发制造基地。

1. 智能终端整机制造

一是加快在建重大项目建设进度。支持富士康手机构件加工自动化及产业升级建设项目，加快建设智能工厂及数字化车间。推进酷派集团智能手机产业园、正威集团智能手机产业园、郑州市世基高科科技园等在建项目争取早日建成投产，增加后续发展动力。二是推动签约项目尽快建设。重点推动中兴手机和智能终端生产基地、天宇南部智能终端生产基地、信太科技工业园等已签约项目的征地建设工作。三是加快推出本土手机品牌。支持郑州市神阳科技有限公司、南阳市鹏翔科技有限公司等企业加强科技创新力量，加快本土手机品牌开发速度，加强产品生产线建设。

2. 智能终端配套企业

一是大力引进关键零部件商。支持富士康集团、天宇集团、中兴集团、酷派集团等入驻企业引入产业链配套项目。大力推动总投资为 280 亿元的第六代低温多晶硅薄膜晶体管液晶显示器件项目顺利实施，确保 2018 年实现量产，从而带动产业链上下游设备、材料、零组件、终端产品等项目集聚。二是提升智能终端配套能力，支持新乡天光大尺寸触控一体终端触摸屏玻璃镜片、天扬光电液晶模组、南阳华祥智能手机电容式触控模组等屏组件项目加快建设，提升河南省新型显示配套材料及器件供给能力。三是积极发展移动终端应用软件（APP）产业。支持郑州、信阳及其他省辖市培育和引进 APP 开发企业，依托相关企业联盟围绕手机预装软件开发打造 APP 开发企业与手机生产企业之间的沟通渠道与联系平台，延展并丰富移动终端产业链条。

3. 智能终端研发创新

将河南省打造成为我国重要的智能终端产业研发设计中心。一是积极发展与智能终端相关的新技术、新业态。支持以硬件创新、融资孵化、众包众筹和创客、极客活动以及创新教育为核心的创新模式，加快发展智能可穿戴、智能车载、智能家居、智能健康等智能硬件产业。二是依托现有的智能终端和相关产业的省级企业技术中心、工程技术研究中心、重点实验室、工程实验室等产业创新平台，建设跨区域的省级智能终端创新中心，力争成为国家级的智能终端创新中心。推动富士康加快建设研发中心项目，支持其争创国家级研发中心。

4. 智能终端产业生态

着力优化产业要素平台的支撑能力，营造"硬件＋软件＋内容＋服务"的产业生态环境。加快智能终端检测平台、金融供应链平台建设工作。持续优化智能终端出口退税资金池平台、物流平台等运营。建立河南省智能终端产业联盟，搭建政府与企业沟通桥梁，加强企业间交流合作。

（二）提升智能制造核心信息技术水平

紧密围绕《中国制造2025》对电子信息产业提出的新要求，提升河南省智能制造核心信息技术水平，强化产业支撑保障能力建设。重点围绕集成电路、传感器及网络、信息安全等核心技术推动产业发展。

1. 集成电路

落实《国家集成电路产业发展推进纲要》，找准突破口，改变河南省基础薄弱的现状。一是优先发展集成电路设计业。加大对重点领域专用集成电路的开发力度，依托郑州信大捷安信息技术股份有限公司、河南仕佳光子科技有限公司、郑州威科姆电子科技有限公司等骨干企业，在信息安全、PLC（平面光波导）光电子、北斗授时等领域实现突破性进展。二是推动特色集成电路制造业发展。支持洛阳单晶硅8英寸及12英寸集成电路级硅抛光片项目，以及洛阳微电子产业园、芯睿电子面向智能终端、传感器的专用集成电路芯片产业化项目尽快建设。

2. 传感器及网络

依托中国电子科技集团公司第27研究所、南阳森霸光电有限公司、河南汉威电子股份有限公司、郑州光力科技股份有限公司等企业，重点提高基于片上系统、MEMS（微机电系统）、薄膜等工艺技术的应用水平和能力，加快河南汉威物联网科技产业基地项目建设。

3. 信息安全

支持国家移动智能终端公共安全技术基础服务平台建设尽快启动，以郑州信大捷安信息技术股份有限公司、新开普电子股份有限公司、郑州金惠计算机系统工程有限公司、河南山谷创新网络科技有限公司等企业为依托，突破移动智能终端安全芯片及组件技术，打造"安全芯片研发＋安全智能终端生产＋移动安全服务"全产业链条，推动郑州市建设国内领先的信息安全产品与技术研发生产服务基地。

（三）支持有一定优势的产业做大做强

支持河南省具有一定优势的产业做大做强，为电子信息产业下一步跨越发展奠定基础。

1. 光通信关键组件及器件

充分发挥河南仕佳光子科技有限公司有源和无源芯片优势，大力引进封装及光通信产业链上下游配套企业，拉长产业链条、提高产品附加值。突出抓好中科院半导体研究所河南研究院、高速有源激光器芯片及器件产业化、硅基光子工艺平台、光电子芯片和器件检测中心、创新和创业企业孵化平台5个项目建设。支持鹤壁市加快建设有"芯"的中原光谷，形成百亿级光电子产业集群。

2. 电子材料

推动富士康正一特殊材料产业园加快建设，支持三门峡市建立灵宝电子铜箔新材料产业基地。鼓励濮阳惠成电子材料股份有限公司、林州光远新材料科技有限公司等重点企业在电子封装材料、电子级玻璃纤维领域突破发展。

3. 锂离子电池

以国家发展改革委批准新乡为新能源电池及电池材料产业区域集聚发展试点为契机，支持新乡市打造电池行业制造基地，叫响"中国电池工业之都"。推进华瑞年产10000吨锂离子功能性电解液、中航锂电年产15亿瓦时高比能量锂离子动力电池及模块产业化等项目加快建设。

4. 应用电子

做大做强郑州、鹤壁等地的汽车电子产业，鼓励郑州跃博汽车电器有限公司、鹤壁天海电子信息系统有限公司、鹤壁航盛汽车电子科技有限公司等重点企业开发特色产品，跻身高端市场。加快以郑州新益华医学科技有限公司为主的医疗电子研发与产业化，建设基于大数据的"互联网＋健康"服务系统等电子公共技术服务平台。推动太阳能电池、大容量储能系统等能源电子产品发展。

（四）培育产业基地与集群

加强产业基地建设，引导技术、人才、资金和重大项目向基地集聚，促进产业集聚发展。按照"省市联动、合作共建"的原则，围绕河南省电子信息产业重点领域，打造、培育一批产业集群与基地。

1. 产业集群

建设郑州航空港经济综合试验区3000亿级、信阳高新区百亿级智能手机产业集群，培育济源虎岭、长葛、西华百亿级零部件配套产业集群；打造郑州高新区、洛阳高新区500亿级以软件及新兴业态发展为主的产业集群；建设鹤壁金山、漯河东城、南阳光电等百亿级特色产业集群。

2. 产业基地

打造郑州可见光通信应用示范基地、鹤壁光电子产业基地、灵宝铜箔电子新材料产业基地、南阳投影机产业基地、濮阳电子材料基地、新乡电池制造基地、南阳森霸热释电红外传感器生产基地、中原中显LED（发光二极管）立体大屏幕及裸眼3D技术产业化基地等具有电子信息特色的产业基地。

第三部分

热点专题研究

第十三章
河南城乡一体化发展形势与展望

城乡一体化发展是指工业化与城镇化发展到一定阶段之后，在保持城乡特色和功能分工的前提下，在打破城乡分割旧格局、建立城乡互动发展新机制的基础上，从经济、政治、社会、文化等方面推进城乡协调发展与融合的过程。该过程是一个长期的历史过程，其关键是促进公共资源在城乡之间的均衡配置，实现生产要素在城乡之间的自由流动，推动城乡经济社会的发展融合。城乡一体化发展不仅具有阶段性，而且具有区域性。国内不同省份、省内不同区县，发展的条件不同、历史传统不同、资源禀赋不同，导致城乡一体化发展的模式不同，发展的路径也存在差异。

一　河南城乡一体化的基本状况

河南省委、省政府抓住国家支持中西部地区发展等重大机遇，深入实施"四化两型"战略，深化改革开放，推进城乡统筹发展，促进发展成果更多更公平地惠及全体人民，当前，河南省城乡一体化发展取得新成就。

（一）河南城乡一体化发展水平的定性分析

1. 城乡经济稳步发展

近年来，面对国家经济环境的不确定性，全球金融危机的冲击以及国内经济增长减速等多重挑战，河南省委、省政府领导全省人民，认真贯彻落实国家稳增长的一系列政策措施，大力促进"三量齐升"、全面推进"四化两型"。河南 2016 年实现生产总值 40471.79 亿元，较 2012 年的 29797.13 亿元增长 35.8%，年均增长达到 7.96%；人均生产总值达到 42575 元，年均增长达到 6.85%（见图 13－1）。

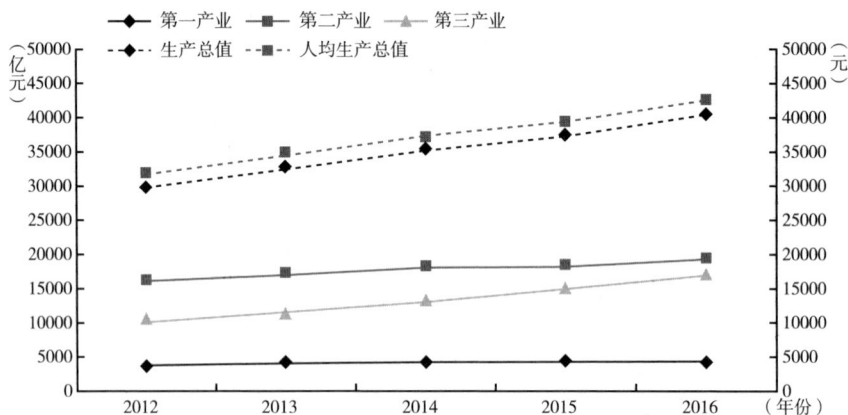

图 13－1　2012～2016 年河南省国民经济核算主要指标变化情况

第一产业增加值占河南省生产总值的比重由 2012 年的 12.4% 下降到 2016 年的 10.59%。第二产业占比由 2012 年的 53.9% 降低到 2016 年的 47.63%。第三产业增加值占河南省生产总值的比重由 2012 年的 33.7% 增加到 2016 年的 41.78%（见图 13－2）。

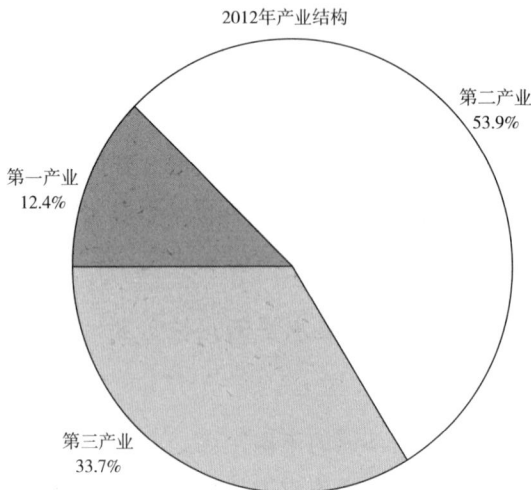

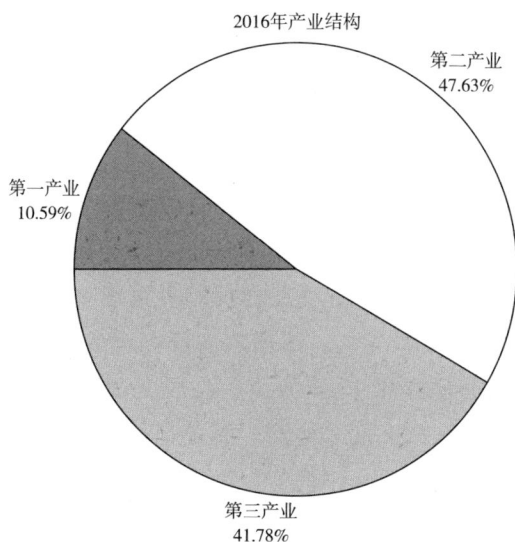

图 13 - 2　2012 年和 2016 年河南省产业结构变化

　　第一产业对河南省生产总值的贡献率相对稳定。第二产业对河南省生产总值的贡献率由 2012 年的 63.4% 降至 2016 年的 43.5%。第三产业对河南省生产总值的贡献率由 2012 年的 31.1% 增至 2016 年的 50.7%（见表 13 - 1）。若按照 1978 年可比价格计算，河南省经济稳步发展，产业结构调整更加明显。其中，技术服务业、金融业、租赁商务服务、文化娱乐业、居民服务业是同期增长最快的行业。数据表明，河南省城乡经济发展稳步上升，产业结构有序调整。

表 13 - 1　2012 ~ 2016 年河南省三次产业贡献率

单位：%

年份	第一产业贡献率	第二产业贡献率	第三产业贡献率
2012	5.6	63.4	31.1
2013	5.6	58.1	36.3
2014	5.3	60.8	33.9
2015	5.8	53.1	41.1
2016	5.9	43.5	50.7

2. 城乡产业良性互动

城乡产业互动发展持续推进。随着河南城乡一体化发展进程的加快，资源要素在城乡之间合理流动的屏障逐步被打破，城乡产业协调发展的势头良好。

一是加快发展的新型工业化有力地推进农业现代化进程。以新型农业经营体系、规模化经营和产业化蓬勃发展为主要特征的现代农业建设取得长足进步。新型农业经营体系方面，在河南省财政补贴、贷款贴息等多种方式的支持下，截至2017年初，河南省各类新型农业经营主体达到21.8万家。其中，农民合作社为13.8万家，位居全国第2位，国家示范社为507家，省级示范社为520家，全省工商登记的家庭农场数也达到35392个。以家庭农场、农民专业合作社等为代表的新型农业经营主体正成为现代农业发展的主角。在规模化经营方面，截至2016年底，全省1.2亿亩耕地中，农村土地流转面积为3853万亩，共有637.57万农户流转出承包耕地，占家庭承包面积的37.7%，高于全国平均水平约7个百分点。新型农业经营主体流转土地面积达1631万亩，占流转总面积的42.3%。流转的土地种类从耕地为主扩大到林地、果园和滩涂等整个农用土地，耕地流转范围从丘陵、平原扩展到整个农村。在农业产业化方面，截至2016年，河南农产品加工企业已经达到3.78万家，其中规模以上农产品加工企业为7779家，产业增加值同比增长7.1%，2016年实现营业收入2.3万亿元，同比增长10.3%，占全省规模以上工业企业营业收入的29%，实现利润总额1871.7亿元，占全国的11.5%，河南农产品产值居全国第1。

二是产业园已经成为三次产业协调发展的重要载体。产业园区的产业集聚功能和外溢效应使资源要素集聚，激发了发展活力，提升了规模经济效益。自2012年以来，河南省委、省政府先后出台农业产业化集群发展规划及建设、财政、金融、物流、科技、招商引资等方面配套政策，并提供资金支持。到目前，全省已经规划了517个集群，涵盖农业领域11个产业、50多个子产业，基本覆盖全省优势农产品产业和区域性特色产业。河南省规模以上农产品加工企业6835家，实现年营业收入20702.2亿元，占全省规模以上工业企业年营业收入的27.6%，稳居河南省"第一支柱产业"。河南省农业产业化集群发展，为实现农业大省特别是粮食主产区以龙头企业为主导、以农产品加工为引领，实现农村资源要素融合渗透，促进三次产业融合进行了有益尝试，取得了初步成效。

3. 城镇化水平不断提高

近年来，河南人均 GDP 为 6000 美元左右，处于城镇化快速发展的阶段，城镇化成为河南现代化的必由之路、解决"三农"问题的重要途径。河南积极推进城镇化发展，促进社会经济提质升级。2016 年，河南城镇化率达到 48.5%，相比全国平均水平 57.35%，低 8.85 个百分点，但是 2000~2016 年河南城镇化率提升 25.3 个百分点，而全国平均城镇化率的增长量却是 21.1%（见图 13-3）。

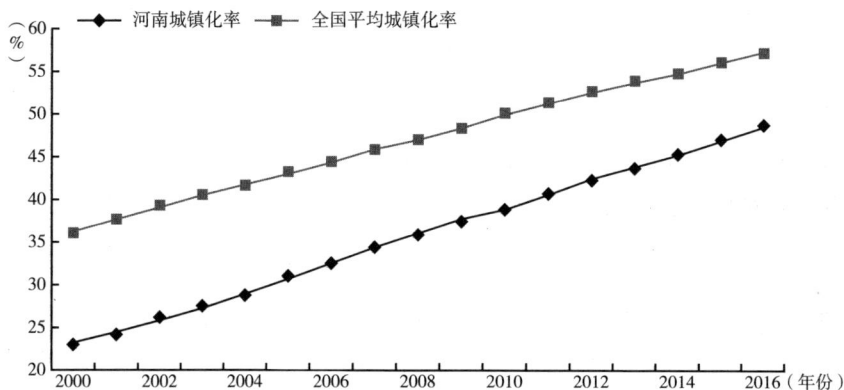

图 13-3　历年河南和全国平均城镇化率增长趋势

（1）城市群增长地位日益凸显

在河南城镇化的发展过程中，2016 年，国务院批复了《中原城市群发展规划》，中原城市群正式进入国家七大城市群行列，这标志着河南全面进入城市群发展时代。城镇化不仅是人口的集聚，而且对资源的高效配置与创新具有内在的支撑功能，中原城市群经济总量占河南全省产值的近 60%，对河南全省经济发展的带动作用增强。中原城市群不仅通过经济带动其他方面的发展，而且通过城镇化、交通一体化、制度改革来促进经济的发展、形成良性循环。

（2）城镇综合实力显著增强

2016 年，河南完成城镇固定资产投资 39753.93 亿元，相比 2012 年的 20870.16 亿元增长了 90.5%。城镇基础设施建设成就显著。2016 年底，

411

河南城市用水、用气普及率为 93.4% 和 88.9%，比 2012 年分别增长 2.4 个和 15.5 个百分点；人均拥有道路由 2012 年的 5.7 平方米增长到 2016 年的 13 平方米。城镇化具有高度的聚集性，是区域人口、资源、技术、信息、经济等要素和活动的集中地，城镇化的快速发展，有利于生产要素的优化配置，并将产生发展"红利"。城市经济总量提升对周边区域可产生经济的外溢效应。

4. 城乡生活水平不断提高

随着河南经济稳中有升的发展，河南城乡民生福祉得到显著提升。

（1）河南城乡居民收入水平得到提升

2016 年城镇居民人均可支配收入为 27232.92 元，较 2012 年的 20442.62 元增长 33.2%。农村居民人均纯收入为 11696.74 元，较 2012 年的 7524.94 元增长 55.4%，高出同期城镇居民可支配收入 22.2 个百分点。城乡居民收入比由 2012 年的 2.72 下降到 2016 年的 2.35（见图 13-4）。农村居民的收入得到大幅的提升和改善。

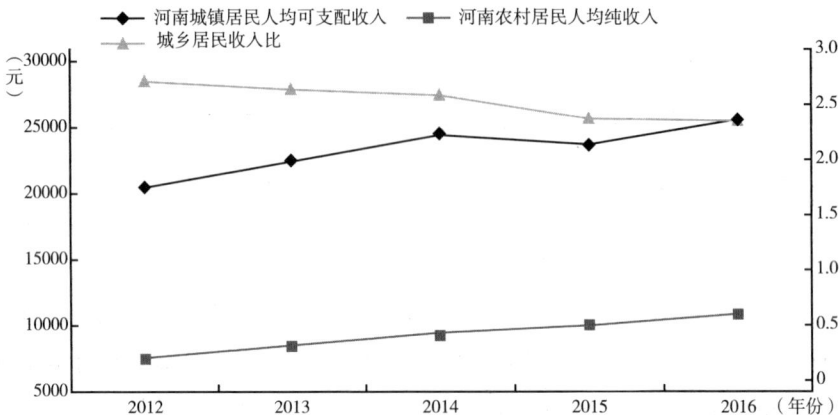

图 13-4　河南 2012～2016 年城乡居民收入对比

（2）河南城乡居民消费水平提高

随着城乡居民收入水平的提高，城乡居民消费能力得到增强。2016 年，城镇居民人均消费支出为 10629.85 元，比 2012 年的 6672.59 元增长 59.3%。农村居民人均消费支出为 4620.97 元，较 2012 年的 3081.82 元增长 49.9%（见图 13-5）。

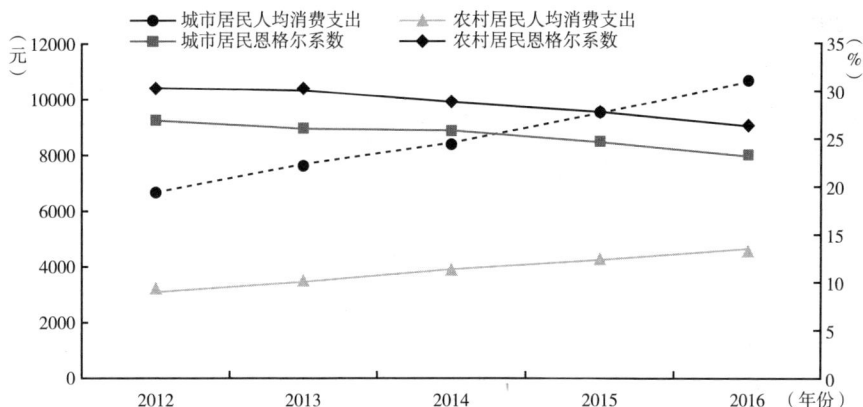

图 13 - 5　河南 2012～2016 年城乡居民消费水平比较

从 2012～2016 年的整体消费水平来看，城乡居民消费结构得到优化。尤其是农村居民恩格尔系数由 2012 年的 30.3% 下降到 2016 年的 26.3%。河南农村居民的恩格尔系数下降幅度比同期城镇居民恩格尔系数下降幅度高，城乡居民的消费结构得到改善，农村居民的消费结构改善幅度相对更大些。

5. 城乡环境同治初见成效

河南积极推进新型城镇化，将加强城乡环境治理，城乡公共环境投入增大。2016 年，河南完成水利、环境和公共设施管理业投资 3697.92 亿元，同比增长 32.3%，占基础设施投资总额的比重为 54.6%，以实施蓝天工程、碧水工程、乡村清洁工程为重点，持续推进城市河流清洁行动计划和林业生态建设提升工程实施，加快园区循环化改造和静脉产业园建设，实施河南丰利能源化工固废处理中心、光大静脉产业园项目等 270 个左右项目，全年完成投资 430 亿元左右，城市环境得到优化。2016 年，河南城镇污水处理率达到 95.3%，比 2012 年提高 9.3 个百分点。生活垃圾无害处理率达到 98.7%，比 2012 年提高 12.3 个百分点。人均公园绿地面积为 10.4 平方米，比 2012 年增长 13%。建成区绿化覆盖率 2016 年达到 39.3%，比 2012 年的 36.9% 增长 2.4 个百分点。低碳减排成效也很显著，2016 年，河南单位 GDP 能耗为 0.6 吨标煤/万元，比 2012 年下降 17.8%。河南积极推进节能减排工作，2015 年，河南出台了严格的系列制度性文件，全省污染物排放水平呈现逐年下降的趋势，以二氧化硫为例，排放量从 2012 年的 127.59 万吨逐步下降到 2016 年的 41.36 万吨，年均下降 24.5%。农村生态环境保护同步推进，2016 年森林覆盖率达到 24.2%，比 2012 年提高 5%，完成造林面积 13.35 万公顷，新增综合治理水土流失面 积为 3601 平方公里。2016 年河南共投入资金 102.8 亿元，建成高标准农 田 766.41 万亩，累计共建设高标准农田约 5105 万亩，河南省共落实永久 基本农田 10233.28 万亩，超过国家规定目标 27 万亩，2016 年基本完成永 久基本农田规划法案。城乡环境治理同步提高，为城乡居民创造更好的宜 居生活环境。

6. 城乡公共资源均衡配置取得进展

近年来，河南省委、省政府着力推进城乡统筹发展，公共资源在城乡 之间逐步实现均衡配置，为河南省实现城乡同步提升、同步发展做出贡 献。

（1）城乡基础设施建设力度增大

2016 年，河南着力打造适度超前、功能完善、配套协调、高效可靠的 基础设施支撑体系，全省固定资产投资（不含农户）完成 39753.93 亿元，同比名义增长 13.7%。其中，城乡电网改造、高速公路水利防洪等基础设 施投资完成 6780.45 亿元，同比增长 28.4%。与此同时，农村固定资产投 资实现快速增长，2012～2016 年河南农村完成固定资产投资年均 786.18 亿元。新建、改建农村公路 4.2 万公里，截至 2016 年底，河南省农村公路 总里程达 23 万公里（总量在全国排名第 2），占全省公路总里程 26.7 万公 里的 86%。经过持续建设，截至 2015 年底，全省累计投资 246.9 亿元，实现集中供水工程共 2.2 万多处，集中供水人口为 6391.7 万人，农村集中 供水率达 80%。2016 年河南省又投入 6 亿元资金，用于巩固提升 53 个贫 困县的农村饮水安全工程。重点解决贫困地区农村饮水安全工程存在的标 准低、规模小、老化失修等问题，为全面建成小康社会提供良好的饮水安 全保障。截至 2016 年底，国家下达河南省危房改造任务 134.82 万户，补 助资金为 98.84 亿元，河南省实际完成 141.55 万户，省级配套资金为 9.37 亿元，有效改善了农村困难群众的住房条件。2016 年全年，全省房地产开 发投资为 6179.13 亿元，比上年增长 28.2%，其中住宅投资为 4558.07 亿 元，同比增长 29.2%，城镇保障性安居工程新开工 36.91 万套，基本建成 28.79 万套。2016 年，河南省城乡基础设施建设成效是显著的，为全省城乡一体化发展奠定坚实的物质基础。

（2）城乡教育均衡发展持续推进

2016 年，河南学龄儿童入学率和小学升学率均达到 100%，分别高于全国平均水平 99.92% 和 98.7%。高中阶段毛入学率达到 90.4%，超出全国平均水平 2.9 个百分点。农村教育投入增大，教育条件显著改善。河南省委、省政府高度重视全面改善贫困地区义务教育薄弱学校基本办学条件工作，实施义务教育薄弱学校基本办学条件五年规划，从 2014 年至 2018 年计划用 5 年时间投入资金 267.91 亿元，改善 2.2767 万所中小学校办学条件，其中，校舍类项目学校为 1.6714 万所，实物购置类项目学校为 1.9373 万所，项目覆盖 109 个县（市）。截至 2016 年 12 月，该计划在农村贫困地区累计投入资金近 150 亿元。近年来，随着河南省对义务教育经费投入不断增加，各级财政逐步加大教育投入，教育支出已成为河南省财政第一大支出。2016 年全省财政教育事业支出为 1348.3 亿元，同比增长 6.1%。河南省全力推进农村教育发展，统一了城乡义务教育"两免一补"政策和生均公用经费基准定额，大大缩短了城乡教育的差距。

（3）城乡医疗卫生条件逐步改善

2016 年，河南共有卫生机构 71272 个，卫生机构拥有床位 52.16 万张，卫生技术人员 54.67 万人，分别比 2012 年增加 3%、32.4% 和 27.5%；每万人口拥有床位和医生分别为 54.7 张和 21.7 人，分别比 2009 年增长 30.5% 和 21.9%。农村基层医疗卫生条件取得明显改善。2016 年，河南建有乡镇卫生院 2066 个，建有村卫生室 56774 个。乡镇卫生院医疗硬件条件得到改善，2016 年河南乡镇卫生院拥有床位 100333 张，比 2012 年的 91155 张增长 10%。2016 年乡镇卫生院人员为 104647 人，比 2012 年的 100952 人增加 3.7%。村卫生室人员为 164907 人，比 2012 年的 158406 人增加 4.1%。可见，农村基层医疗卫生事业维持良好发展态势。

（4）城乡就业和社会保障事业快速发展

城乡就业方面，2016 年，河南省从业人员总量达到 6726 万人，较 2012 年的 6288 万人增加了 438 万人，三次产业从业人员比例分别由 2012 年的 41.8%、30.5% 和 27.7% 调整为 2016 年的 38.4%、30.6% 和 31.0%（见图 13-6）。2016 年河南省实施就业优先战略和更加积极的就业政策，全省城镇新增就业 145.1 万人，2012～2016 年城镇登记失业率一直控制在 3% 左右（见图 13－7）。新增农村劳动力转移就业 62 万人，全省新增转移农村劳动力有 90% 以上在省内就业。累计转移就业总量达到 2876 万人，其中省内转移就业人数 1709 万人，占 59.4%，省外转移就业人数 1167 万人，占 40.6%（见图 13－8）。转移就业脱贫攻坚成效明显，帮助 44.83 万贫困农村劳动力实现转移就业。在困难群体就业帮扶方面取得显著成效，失业人员再就业 48.02 万人，就业困难人员就业 19.19 万人。城乡就业保障总体是有效率的。

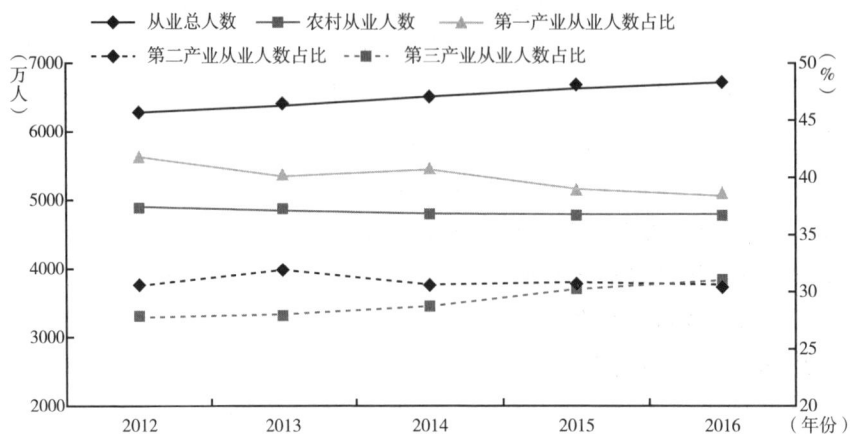

图 13－6　2012～2016 年河南就业情况

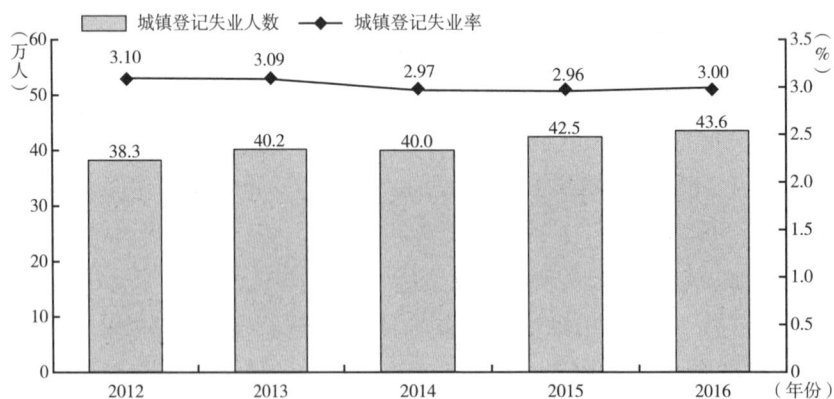

图 13－7　2012～2016 年河南城镇登记失业人数和失业率

图 13-8　2012~2016 年河南农村劳动力转移就业和年度新增人数情况

社会保障方面,城乡社保覆盖范围不断扩大。2016 年河南社保制度框架基本建成,全省城镇养老、医疗(不含新农合)、失业、工伤、生育五项社会保险参保人数分别达到 1750.02 万人、2360.75 万人、788.1 万人、876.9 万人、646.8 万人,圆满完成全年目标任务。较 2012 年,河南全省城镇职工养老保险参保增加 480 万人,城镇医疗保险参保增加 138.55 万人,失业保险参保增加 52.6 万人,工伤保险参保增加 156.3 万人,生育保险参保增加 126.5 万人。2016 年农村养老保险参加人数达到 4992.08 万人,新农合保险参加人数达到 8239.25 万人。

低保制度城乡覆盖面持续拓宽,2016 年全省 385.5 万户农村低保对象年人均保障标准已提高到 2960 元,月人均补助水平由 127 元提高到 132元。2016 年,全省城市低保对象月人均保障标准由 2015 年的 380 元提高到 400 元,月人均补助水平由 2015 年的 225 元提高到 240 元。让全省近100 万城市低保对象基本生活得到有效保障。全省 48.5 万农村五保对象标准也得到了提高,集中供养对象和分散供养对象供养标准分别由每人每年不低于 3800 元和 2800 元,提高到每人每年不低于 4000 元和 3000 元。

(5)城乡文化建设统筹发展

截至 2016 年底,河南省已经建成 352 个博物馆(纪念馆)、157 个公共图书馆、203 个文化馆(群艺馆)、2399 个乡镇(街道)综合文化站、4万多个乡村文化大院,全部实行零门槛免费开放。较 2012 年的 119 个博物馆(纪念馆)、142 个公共图书馆、201 个文化馆(群艺馆)、2264 个乡镇

（街道）综合文化站，均有大幅上升。2016 年全省有线电视用户为
1056.49 万户，入户率达到 32.6%，较 2012 年的 850.44 万户增加 24.2%。
全省广播综合人口覆盖率和电视综合人口覆盖率也由 2012 的 97.89% 和
97.94% 分别提高到 2016 年的 98.43% 和 98.64%。2016 年河南省艺术表演
团体数达到 1006 个，比 2012 年增加 818 个。2016 年河南设立政府购买公
共文化专项资金为每年 1 亿元，每年以政府购买的形式为农民免费送出演
出，不断丰富文化供给。2016 年，河南省加速推进"宽带中原"建设，在
全国率先实现固定宽带 50 兆以上接入，互联网宽带接入端口、省际出口宽
带、4G 基站、光缆线路长度分别增长了 41.2%、70.5%、55.6%、42%。
河南省宽带用户平均接入速率提高了 3.3 倍，宽带用户平均可用下载速率
提高了 3.6 倍，宽带用户平均视频下载速率提高了 2.4 倍。截至 2016 年 12
月底，河南省互联网用户总数达到 8145.5 万户，居全国第 6 位；网民规模
达到 7960 万，新增 605 万，互联网普及率为 82.8%。互联网的发展给文
化的发展和创新带来更为广阔的发展空间，要推动互联网和文化建设领域
的深入融合及创新发展，使互联网成为推动河南文化发展的主导力量，增
强河南文化事业和文化产业的发展新动力。文化是区域发展的软实力，河
南城乡文化建设同步推进有助于提升河南城乡一体化发展质量。

7. 城乡发展一体化政策力度不断加大

中共十八大明确提出要推动城乡发展一体化，形成以工促农、以城带
乡、工农互惠、城乡一体的新型工农城乡关系。国家层面加大破除制约城
乡发展一体化的城乡二元结构的改革攻坚力度，将释放巨大的政策红利。
河南省委、省政府紧紧抓住全面深化改革的政策红利，充分运用财政杠
杆，推动资源要素向农村倾斜，优化城乡资源要素综合配置，成效显著。
新型城镇化是河南省政府 2016 年的重点工作，政府工作报告强调了三个途
径。第一，有序推进农业转移人口市民化。加快户籍制度改革和居住证制
度"双落地"，出台县级以上城市落户措施，维护进城落户农民土地承包
权、宅基地使用权、集体收益分配权。加快城乡一体化示范区建设。大力
发展城区经济和县域经济，增强产业支撑能力。第二，促进中原城市群一
体化发展。坚持中心带动、向心发展、错位发展和互动发展，以高速铁
路、城际铁路、高速公路建设为突破口，加快推进交通一体、产业链接、
服务共享、生态共建，着力构建"一极三圈八轴带"发展格局，不断提升

中原城市群整体竞争优势。第三，提升城镇规划建设管理水平。遵循城市发展规律，完善城市治理体系，加快解决"城市病"，增强城市宜居性。提高城市规划的科学性和权威性，全面推进"多规合一"，启动省域城镇体系空间规划编制、新一轮城市总体规划修编和专项规划编制，加强城市设计、建筑设计约束和指导。推进智慧城市、地下综合管廊、海绵城市试点建设，实施垃圾处理和公厕建设、供暖工程、生活饮水提质、城市污水处理厂提标改造与扩容、排水排涝和雨污分流、管道燃气延伸等工程，加强道路交通和停车场建设。改进城市管理，启动城市执法体制改革，实施提升县级城市管理水平三年行动计划，提高城市精细化、规范化、数字化、法治化管理水平。2017年河南省国民经济和社会发展计划提出要科学推进新型城镇化，以交通互联为突破口，推进城镇协同发展区建设，加快构建多极支撑带动全面发展的局面。建立健全中原城市群联动发展机制。推进农业转移人口市民化，继续深化户籍制度改革持续实施"一基本两牵动三保障"，协同推进财政、土地、投融资、社保等领域综合配套改革，争取全年新增农村转移人口达到160万人。以中原城市群为主平台，抓好城镇体系上下两头，以郑州国家中心城市引领带动大都市区建设，以中小城市和县城为重点实施百城建设提质工程，加强统筹协调，优化政策组合，推动全省常住人口城镇化率达到50%，实现城镇人口超过农村人口的历史性转变。

（二）河南城乡一体化发展水平的定量分析

从二元经济理论的视角来判断，河南处于城乡一体化的融合进程中。鉴于城乡一体化是一个渐进的过程，每个发展阶段都有各自的特征，各个地市又存在区域差异，河南的城乡融合呈现比较复杂的局面。要科学地评价河南各个地市的城乡一体化水平，才能有助于指定相关的应对政策，更为精准地评价河南省城乡一体化的发展水平，本章设计一个评价体系对河南城乡一体化的发展展开定量分析，在对河南省的18个地市城乡一体化水平进行测度的基础上，定量判定全省各个地域城乡一体化的发展态势，从而使人们能够客观全面地认识全省的城乡一体化水平，并对全省的城乡融合进程做出准确的判断。

1. 城乡一体化评价指标体系和评价模型

（1）城乡一体化评价指标体系的构建

城乡一体化指标体系的构建应该遵循以下原则：全面性、科学性、可比性、区域性、导向性、可操作性。力求指标体系能够全面、客观地反映客观事实，同时对比出城乡一体化的速度和程度，清晰地体现全省城乡一体化所处的发展阶段。城乡一体化是一个区域概念，不仅要反映城乡的对比程度，还应该反映一个区域的发展水平。因此，在选取数据时，应当选择真实性强、可比性强、特征性强的数据。本章构建的评价体系包括反映呈现一体化水平的四个维度：城乡空间一体化、城乡经济一体化、城乡社会一体化、城乡生态一体化，每一个维度又通过几个可以具体量化的指标进行表达（见表13-2）。通过此指标体系可以反映城镇和乡村在经济、空间、社会和生态发展过程中的互动发展现状，便于测度一体化水平并进行区域横向对比。

表 13-2　城乡一体化发展指标评价体系

一级指标	二级指标	三级指标	指标算法
城乡一体化总指数	城乡空间一体化	X_1 城镇化水平	—
		X_2 交通网密度	公路总里程/区域面积
		X_3 万人限额批发企业个数	限额批发企业个数/区域人口
		X_4 人均 GDP	—
	城乡经济一体化	X_5 非农产值和农业产值比	第二、第三产业产值/第一产业产值
		X_6 非农和农业从业人员比	第二、第三产业从业人数/第一产业从业人数
		X_7 单位耕地机械动力	农业机械总动力/区域耕地面积
	城乡社会一体化	X_8 人均投资比	农村人均投资/城市人均投资
		X_9 人均电信业务量	电信总业务量/总人口
		X_{10} 每万人卫生技术人员	卫生技术人员总数/区域总人口
	城乡生态一体化	X_{11} 亿元 GDP 能耗	GDP/区域能耗标准煤万吨
		X_{12} 农村人均沼气量	农村沼气产量/农村人口
		X_{13} 建成区绿化覆盖率	绿地面积/区域面积

（2）城乡一体化评价的方法和模型

城乡之间的经济社会结构及其演变的测度一直是经济学的难点。目前，已有文献对城乡一体化的评价主要采用相对指数法、专家打分法等。这些方法存在一定的缺陷，要么是指标间存在相关性，要么是主观性太强。本章采用主成分分析法，重点对各个信息指标进行综合评价，这种综合评价建立在指标自身的特征，强调客观事实。该方法的优点是降低分析的维度不降低信息量，建立的多层指标体系又能充分反映总体特征，同时又避免了多重共线性和人为主观性，让评价结果更客观。

数据处理步骤：第一步，将城乡空间一体化、城乡经济一体化、城乡社会一体化、城乡生态一体化四个二级指标下的三级指标的数据作为协方差矩阵分别进行主成分分析，确定各个三级指标的权重和合成的二级指数；第二步，利用四个合成的二级指数作为协方差矩阵，再进行主成分分析，得到各个二级合成指数的权重和城乡一体化的总指数。

主成分分析是由霍特林于 1933 年首先提出的。它通过投影的方法，实现数据的降维，在损失较少数据信息的基础上把多个指标转化为几个有代表意义的综合指标。假设某一问题设计 p 个指标，记为 x_1，x_2，$\cdots$，x_p，由这 p 个随机变量构成的随机向量 $X =（x_1，x_2，\cdots，x_p）'$，设 X 的均值向量为 μ，协方差矩阵为 Σ。设 $Y =（Y_1，Y_2，\cdots，Y_p）'$ 为对 X 进行线性变换得到的合成随机向量，公式为：

$$\begin{bmatrix} Y_1 \\ Y_1 \\ \vdots \\ Y_P \end{bmatrix} = \begin{bmatrix} a_{11} & a_{12} & \cdots & a_{1p} \\ a_{21} & a_{22} & \cdots & a_{2p} \\ \vdots & \vdots & \ddots & \vdots \\ a_{p1} & a_{p2} & \cdots & a_{pp} \end{bmatrix} \begin{bmatrix} X_1 \\ X_2 \\ \vdots \\ X_P \end{bmatrix} \tag{1}$$

从公式结构可以对原始变量进行任意的线性变换，不同线性变换反映 p 个原始变量的信息，通常用方差来度量信息，Y_i 的方差越大包含的信息越多。但是若将系数向量 a_i 扩大任意倍数会使 Y_i 的方差无限大，为了消除这种不确定性，增加约束条件 $a_i'a_i = 1$。同时，为了有效地反映原始变量的信息，Y 的不同分量包含的信息不用重叠。综上所述，式（1）应满足下面的约束：

$$a_i'a_i = 1, a_{i1}^2 + a_{i2}^2 + \cdots + a_{ip}^2 = 1, i = 1,2,\cdots,p \tag{2}$$

Y_1 在满足式（2）的约束，方差最大；Y_2 在满足式（2）的约束下，

且与 Y_1 不相关的条件下，其方差达到最大；以此类推。

满足上述一系列约束条件得到的合成变量 Y_1，Y_2，…，Y_p 分别称为原始变量的第一主成分、第二主成分、…、第 p 主成分，而且各个主成分的方差在总方差中占的比重以此递减。在实际研究工作中，仅挑选前几个方差较大的主成分，以达到简化系统结构的目的。

2. 城乡一体化发展的总体状况

（1）河南城乡空间一体化的发展现状

根据上述计算原理，借助软件 Eviews 10，代表城乡空间一体化的 3 个指标的主成分分析结果见表 13－3。

表 13－3　河南城乡空间一体化主成分分析

Principal Components Analysis
Computed using: Ordinary correlations
Extracting 3 of 3 possible components

Eigenvalues: (Sum = 3, Average = 1)

Number	Value	Difference	Proportion	Cumulative Value	Cumulative Proportion
1	1.823351	0.806821	0.6078	1.823351	0.6078
2	1.016530	0.856410	0.3388	2.839880	0.9466
3	0.160120	----	0.0534	3.000000	1.0000

Eigenvectors (loadings):

Variable	PC 1	PC 2	PC 3
X_1	0.709236	0.061601	-0.702275
X_2	0.065733	0.986057	0.152877
X_3	0.701900	-0.154588	0.695297

Ordinary correlations:

	X_1	X_2	X_3
X_1	1.000000		
X_2	0.129560	1.000000	
X_3	0.819822	-0.053807	1.000000

根据城乡空间一体化主成分生成过程,第一主成分贡献了方差变化的60.78%,第二主成分贡献了方差变化的33.88%,共同贡献了94.66%。而 X_1 城镇化水平、X_2 交通网密度、X_3 万人限额批发企业个数3个指标对第一主成分的影响系数分别为:0.7092、0.0657和0.7019,对第二主成分的影响系数分别为:0.0616、0.986和-0.1546。说明城乡空间一体化在城镇化、产品批发流通上的表现具有绝对优势,交通密度的贡献略低一些。所以,未来提升空间内部融合及空间与外部的融合是河南在空间一体化发展中应该注重的问题,构建便利的交通网络,提升全省空间融合度,应该成为全省空间一体化的重要策略。

根据软件运行结果,第一主成分的累积方差达到60.78%,为了计算城乡一体化总指数的方便,本章选取第一主成分作为城乡空间一体化的综合表达。

(2)河南城乡经济一体化的发展现状

代表城乡经济一体化的4个指标的主成分分析结果见表13-4。

表13-4 河南城乡经济一体化主成分分析

Principal Components Analysis
Computed using: Ordinary correlations
Extracting 4 of 4 possible components

Eigenvalues: (Sum = 4, Average = 1)

Number	Value	Difference	Proportion	Cumulative Value	Cumulative Proportion
1	2.757702	1.807330	0.6894	2.757702	0.6894
2	0.950373	0.696354	0.2376	3.708075	0.9270
3	0.254019	0.216112	0.0635	3.962093	0.9905
4	0.037907	---	0.0095	4.000000	1.0000

Eigenvectors (loadings):

Variable	PC 1	PC 2	PC 3	PC 4
X_4	0.532955	-0.286159	0.728971	-0.320427
X_5	0.584435	-0.175043	-0.154393	0.777148
X_6	0.566889	0.067790	-0.622921	-0.534800
X_7	0.230288	0.939615	0.238187	0.085775

Ordinary correlations:

	X_4	X_5	X_6	X_7
X_4	1.000000			
X_5	0.868537	1.000000		
X_6	0.705886	0.911051	1.000000	
X_7	0.125989	0.208028	0.381119	1.000000

根据城乡经济一体化主成分生成过程，第一主成分贡献了方差变化的68.94%，第二主成分贡献了方差变化的23.76%，共同贡献了92.7%。而X_4人均 GDP、X_5非农产值和农业产值比、X_6非农和农业从业人员比、X_7单位耕地机械动力4个指标对第一主成分的影响系数分别为：0.5330、0.5844、0.5669和0.2303，对第二主成分的影响系数分别为：－0.2862、－0.1750、0.0678和0.9396。这说明城乡经济一体化上，产业结构转变显著，且逐步向良性结构转变，农村劳动力不断流向城市，第一产业劳动力不断流向其他产业。但是第一产业的技术提升缓慢和生产力水平仍然偏低。这意味着资本对劳动力的替代空间还很大，河南应该通过提高农业的劳动力生产效率，提高农业的机械化和集约化发挥速度，促进农业向现代农业迈进。河南省还需要继续加大产业结构的调整力度，促进第二产业和第三产业的发展比重，逐步实现良性的产业机构。

根据软件运行结果，第一主成分的累积方差达到68.94%，为了计算城乡一体化总指数的方便，本章选取第一主成分作为城乡经济一体化的综合表达。

（3）河南城乡社会一体化的发展现状

代表城乡社会一体化的3个指标的主成分分析结果见表13-5。

表13-5 河南城乡社会一体化和主成分分析

Principal Components Analysis
Computed using: Ordinary correlations
Extracting 3 of 3 possible components

Eigenvalues: (Sum = 3, Average = 1)

Number	Value	Difference	Proportion	Cumulative Value	Cumulative Proportion
1	1.931591	0.939604	0.6439	1.931591	0.6439
2	0.991987	0.915565	0.3307	2.923578	0.9745
3	0.076422	---	0.0255	3.000000	1.0000

Eigenvectors (loadings):

Variable	PC 1	PC 2	PC 3
X_8	0.104104	0.993374	0.048685
X_9	0.705041	-0.039184	-0.708083
X_{10}	0.701484	-0.108039	0.704449

Ordinary correlations:

	X_8	X_9	X_{10}
X_8	1.000000		
X_9	0.100527	1.000000	
X_{10}	0.037216	0.921396	1.000000

根据城乡社会一体化主成分生成过程,第一主成分贡献了方差变化的64.39%,第二主成分贡献了方差变化的33.07%,共同贡献了97.46%。而X_8人均投资比、X_9人均电信业务量、X_{10}每万人卫生技术人员3个指标对第一主成分的影响系数分别为:0.1041、0.7050和0.7015,对第二主成分的影响系数分别为:0.9934、-0.0392、-0.1080。这说明河南在城乡社会一体化中,城乡医疗卫生条件改善和城乡通信网络覆盖上发展相对明显,但是政府在农村地区的固定投资相对城市来说仍然明显偏低。为了促进城乡社会一体化的发展进程,促进城市和农村协调发展,政府未来应该加大财政对农村的投资力度和投资规模,提升农村地区的公共设施服务。

根据软件运行结果,第一主成分的累积方差达到64.39%,为了计算城乡一体化总指数的方便,本章选取第一主成分作为城乡社会一体化的综合表达。

(4)河南城乡生态一体化的发展现状

代表城乡生态环境一体化的3个指标的主成分分析结果见表13-6。

表13-6 河南城乡生态一体化主成分分析

Principal Components Analysis
Computed using: Ordinary correlations
Extracting 3 of 3 possible components

Eigenvalues: (Sum = 3, Average = 1)

Number	Value	Difference	Proportion	Cumulative Value	Cumulative Proportion
X_1	1.201234	0.098734	0.4004	1.201234	0.4004
X_2	1.102500	0.406234	0.3675	2.303734	0.7679
X_3	0.696266	----	0.2321	3.000000	1.0000

Eigenvectors (loadings):

Variable	PC 1	PC 2	PC 3
X_{11}	0.732355	0.284572	-0.618607
X_{12}	0.674619	-0.426566	0.602437
X_{13}	0.092440	0.858522	0.504376

Ordinary correlations:

	X_{11}	X_{12}	X_{13}
X_{11}	1.000000		
X_{12}	0.200173	1.000000	
X_{13}	0.133433	-0.117279	1.000000

根据城乡生态一体化主成分生成过程，第一主成分贡献了方差变化的40.04%，第二主成分贡献了方差变化的36.75%，共同贡献了76.79%。而X_{11}亿元GDP能耗、X_{12}农村人均沼气量、X_{13}建成区绿化覆盖率3个指标对第一主成分的影响系数分别为0.7324、0.6746、0.0924，对第二主成分的影响系数分别为0.2846、-0.4266、0.8585。这说明河南在城乡生态环境一体化中，农村能源消费结构得到改善，不断提升能源洁净利用和高效利用，社会生产中能源利用率也得到提升，但是城市绿化覆盖率普遍偏低。河南未来仍需在生产活动中大力改善能源利用效率，扩大洁净能源渠道，并且逐步提升城市绿化水平，建设出一大批人类宜居城市。

根据软件运行结果，第一主成分的累积方差结果不理想，方差贡献度仅有40.04%，因此选取第一主成分和第二主成分共同作为城乡社会一体化的综合表达，为了计算城乡生态一体化对城乡一体化的影响系数，在此对第一主成分和第二主成分按照方差贡献度进行加权，加权计算的主成分作为城乡生态一体化的得分。

（5）河南城乡一体化发展的整体现状

根据软件的上述运行结果，对城乡空间一体化、城乡经济一体化、城乡社会一体化、城乡生态环境一体化二级指数的得分进行整理，在此基础上再次运用主成分分析计算得到城乡一体化总指数的得分。经过整理，各个地市的城乡一体化总指标得分和各个二级指标的相对得分如表13-7所示。

表13-7　河南各市城乡一体化总指标和各个指标的相对得分

区域	城乡空间一体化得分	城乡经济一体化得分	城乡社会一体化得分	城乡生态一体化得分	城乡一体化总得分	排名
郑州	4.086625698	5.632138612	5.178703643	0.346733747	3.922084157	1
开封	-0.881334568	-0.71772284	0.219621876	-1.338706257	-1.403867456	17
洛阳	0.458932402	0.611802552	0.667261619	-0.068641873	0.372572215	4
平顶山	0.077502729	-0.91025537	-0.483192599	0.329935161	-0.036066002	9
安阳	-0.295246912	-0.25520751	0.10250959	0.63016023	0.357147266	6
鹤壁	0.644145248	1.10166072	-0.452363227	0.018395682	0.357435807	5
新乡	-0.122094115	-0.0514438	0.792963738	0.197974423	0.278349217	8
焦作	0.48301027	0.854411492	0.23628147	0.244956038	0.578606001	3
濮阳	-0.787994403	-0.39338323	0.070882769	-0.291452101	-0.535133922	11
许昌	0.715680765	0.042202688	-0.583862899	-0.233256428	-0.080536745	10
漯河	-0.486888851	-0.5726127	-0.414038778	-0.41287476	-0.684143165	12
三门峡	0.675129403	-0.5313337	0.054392882	0.283160171	0.31428465	7
南阳	-0.865017235	-1.20255791	-1.266345773	-0.410973694	-1.128241195	16
商丘	-1.352236137	-1.25014796	-0.503624962	0.075407173	-0.746346707	13
信阳	-1.262090617	-1.67956193	-1.372313654	0.087279444	-0.998954228	14
周口	-1.563978823	-1.58889079	-0.879990271	-0.739449836	-1.593092465	18
驻马店	-1.468122837	-1.06968591	-1.103898524	-0.245038077	-1.118946752	15
济源	1.943977983	1.980587587	-0.2629869	1.526390957	2.144849324	2
总得分计算权重	0.7431	0.2127	0.0337	0.0105		

　　根据计算结果发现，河南城乡一体化发展度量指标呈现非均衡发展的态势。从表13-7可知，城乡空间一体化、城乡经济一体化、城乡社会一体化和城乡生态一体化的权重分别是0.7431、0.2127、0.0337和0.0105。这表明河南的城乡一体化进程中空间一体化的权重最高，体现出最近几年河南城乡一体化的发展主要依靠城乡空间融合的拉动。而经济一体化的拉动效果比重相对低一些，这表明河南的城乡一体化发展还很不成熟，需要通过空间的融合带来资源流动和交易

效率的提升，这为河南今后经济的发展以及城乡一体化的推进奠定坚实的地理基础。河南城乡社会一体化和城乡生态一体化的权重更低，这也印证河南城乡一体化的不成熟，社会和生态融合的进度明显滞后，这符合城乡一体化发展的规律。在未来，河南需要在空间融合的基础上，更加致力于经济的发展，由经济的发展辅助于城乡社会的融合和生态环境的改善。当然这几个方面是相辅相成和相互牵制的，短期发展应当有所侧重点。

河南城乡一体化发展区域间差异较大。通过表 13-7 的城乡一体化总得分和排名，说明河南城乡一体化的水平存在显著的地区差异。郑州得分明显优于其他地区，得分 3.92，排名第 1，郑州发展收敛程度远优于其他城市。说明郑州是全省城乡一体化的带动城市，具有较强的引领作用，处于河南城乡一体化的第一梯队。而郑州外围城市，济源、焦作、洛阳、新乡等，受郑州经济的辐射作用，整体也呈现较好的发展趋势，这些城市属于第二梯队。例如济源得分 2.14，排名第 2，焦作得分 0.58，排名第 3，但是这些城市的一体化发展状况还和郑州有较大的差距。而一些离郑州较远的外围城市，因为地理位置较为偏僻，空间融合效应差，再加上本身经济基础薄弱。这些地区的城乡一体化发展明显滞后，得分低于平均水平，表现为负值，这些城市划归为第三梯队。例如周口得分 -1.59，排名第 18，南阳得分 -1.13，排名第 16，驻马店得分 -1.12，排名第 15。

二 河南城乡一体化发展中存在的问题

当前，我国全面进入经济"新常态"，维持经济增长的传统要素与经济结构均会发生变异。在此宏观背景下，河南要培育新的经济增长点，区域差异将为经济发展提供巨大的空间。因此，推动城乡一体化快速发展是新常态下经济发展的重要增长极。然而，现阶段河南城乡一体化发展存在诸多问题和矛盾。

（一）城乡资源要素配置失衡仍然明显

河南城乡资源要素配置失衡，主要表现在以下两个方面。一是农村资金大量流出，农村和农业财政投资力度不够。从金融资本的角度看，农村的大量剩余资金通过储蓄等形式进入金融机构被投资到城镇，金融资本由于逐利性对农村的投入严重不足，形成对农村的抽血。2016 年底，河南全省金融机构存款余额为 53977.62 亿元，贷款余额为 36501.17 亿元，贷款存款比为 67.6%。而同期全省区域性中小银行和农村信用社的存款余额为 18092.86 亿元，贷款余额为 10380.05 亿元，贷款存款比为 57.4%，农村地区的投资力度低于全省的平均水平，可推断农村地区的投资水平要远低于城市投资。2016 年河南全社会固定资产投资达到 40415.09 亿元，而其中的农村农户投资额只有 661.16 亿元，占比为 1.6%，接近同期全国的平均水平。在上节的数据分析中可以看到，财政对农村的投入对城乡一体化的影响系数偏低。2016 年河南省的财政支出总额为 7453.74 亿元，乡镇级投资额度只有 479.94 亿元，占比仅为 6.4%。在传统农业向现代化大规模作业的转变中，土地整理、机械化、品种培育、商品流通、品牌树立、加工基地建设等，均需政府的财政扶持和社会资金的流入为引导。二是城乡劳动力和技术要素配置不均，城乡生产技术水平差距较大。表现为农村优质劳动力大量流出，农村空心化现象越来越突出。农村资源分散，生产效率低下，阻碍城市优质人力资本进入农村，影响科技在农业农村的推广和应用，导致农业生产效率难以得到提升。由此可见，加快资源集中化，加快劳动力和科技要素的结合，提升农业效率是城乡融合的发展关键。

（二）城乡二元经济机构仍然突出

从城乡产业来看，城乡产业分割现象仍然明显，表现为农业现代化水平较低，与快速发展的工业化不协调。农业结构仍然是粗放型经营且产业化水平低、市场竞争力较弱。2016 年，河南规模以上工业企业为 23679 家，农副食品加工企业为 2115 家，占比为 8.9%，规模以上农副食品加工企业平均资产为 1.69 亿元。同期全国规模以上工业企业为 378599 家，农副食品加工企业为 26011 家，占比为 6.9%，规模以上农副食品加工企业平均资产为 1.3 亿元。整体比较，河南略高于全国平均水平，但这与河南省 2016 年 GDP 全国排名第 5 且是农业大省的状况不相匹配。河南省农产品加工多为初级形态，精深加工和资源综合利用率比较低，核心品牌量一般。根据最新的2017年中国百强农产品区域公用品牌评选结果，河南地区只有四个品牌入围。这说明河南省的品牌宣传不到位，品牌形象建设力度不够。河南省未来需要加强品牌主体培育，打牢品牌创建基础，确保品牌产品品质，加强品牌示范带动作用，提升农业比较效益。同时全省就业结构、收入结构与产业结构演进不协调。2016年全省第一产业从业人员占比仍然高达38.4%，而第一产业产值贡献已经下降到10.59%，明显不相匹配。这其中的一个重要原因是城镇化水平低，城镇化和工业化不协调，导致对农村的辐射带动能力不足，特别是对农村劳动力的吸纳能力不足。从城乡居民收入来看，最近几年城乡居民人均收入绝对值都得到大幅上升，收入差距有所缩小。但是2016年的数据显示，城镇居民收入仍然比农村居民收入高约2.3倍，完善城乡居民收入分配机制依然十分重要。从城乡居民消费支出结构来看，2012~2016年河南城乡居民恩格尔系数均有下降趋势，说明城乡居民收入提高，消费结构均有改善。但是城乡居民消费支出的绝对数值差却在不断拉大，表明城乡居民消费能力差距在扩大。这些客观存在的经济二元结构阻碍城乡经济一体化的发展进程。

（三）城乡公共服务差距仍然很大

从教育方面来看，最近几年优质教育资源不断向城市集中，2004年河南省全部地级市小学共31902所，市辖区小学内有3219所，县域及以下占比为89.1%。全部地级市普通中学共5796所，市辖区内有1094所，县域及以下占比为81.1%。到2015年河南省所有地级市小学共24582所，市辖区小学内有2871所，县域及以下占比为88.3%。所有地级市普通中学共5297所，市辖区内有1071所，县域及以下占比为79.8%。这虽然与农村空心化有关联，但是教育资源不断从农村和不发达县域流入区域中心城市更是主要的原因。从医疗卫生状况来看，资源分布不均匀，2016年郑州万人医院床位达到89个，远超其他地区，比值最少的信阳万人医院床位仅有37个。这表明医疗资源更多地聚集在大城市，农村人口享受优质医疗资源的成本很高。同时从社会水平来看，城乡也存在较大的差距，2016年河南城镇职工基本养老保险基金累计结存 3.86 万亿元，城乡居民基本养老保险基金累计结存才 0.54 万亿元。城乡公共服务依然存在较大的差距，这影响了内需的拉动也不利于城乡经济和社会的协调发展。

（四）城乡生态环境形势仍然严峻

最近几年国家提出资源节约型社会和环境友好型社会发展方针。河南的资源保护工作力度不断加大，取得明显成效。但是，城乡一体化发展中的资源环境压力仍然艰巨。整体环境有所好转，但是部分指标仍在恶化，特别是农村环境治理才刚刚起步。2016 年，全省城市环境空气质量首要污染物为 PM2.5，省辖市城市环境空气质量级别总体为中污染。其中，信阳、南阳、周口、驻马店、三门峡 5 市环境空气质量级别为轻污染，其他13 个市为中污染。2016 年，全省地表水水质级别为轻度污染。其中，省辖海河流域为重度污染，淮河流域、黄河流域为轻度污染，长江流域为优。同时，全省 18 个省辖市除濮阳外，其他各市调查点土壤均有污染物超标现象。其中，焦作、洛阳、三门峡、鹤壁、济源等 5 市土壤环境质量相对较差，济源市污染物超标点位数占全部调查点位数的近 60%，土壤环境保护形势相对较为严峻。城乡依然严峻的生态环境形势制约了民生福祉的改善。

（五）城乡一体化区域差距明显

从河南省 18 个市城乡一体化定量分析的总体得分来看，郑州城乡一体化得分最高，遥遥领先其他城市，说明区域间发展差距很大。郑州已经进入城乡融合阶段，而部分城市得分是负值，还处于对立阶段。距离郑州较远的外围城市发展滞后的主要原因是经济基础薄弱，二元结构突出，现代交通网密度低，资源流动性差。从表 13 - 7 可以看出，综合排名靠前的城市在空间一体化和经济一体化上的得分表现较好，才导致最后的总得分偏高。2016 年郑州人均 GDP 达到 84113 元，排名第 18 位的周口市人均 GDP仅有 25682 元，二者存在约 3.3 倍的差距。郑州对这些外围城市的经济拉动作用不明显。再加上这些地区资源禀赋差，交通网十分落后，信息通信等系统落后，农村地区的交易效率难以提高，阻碍了社会分工与市场流通。未来政府应该加大这些地区的交通基础设施投资，进而带动资源流动和地区经济的发展，提升空间融合的进程。

三　河南城乡一体化未来发展的趋势预测

（一）变量选取和数据处理

城乡一体化未来发展的预测应该遵循全面性、科学性、可比性、可操作性原则，力求指标能够全面、客观地反映客观事实，同时对比出城乡一体化的发展速度和程度，清晰地体现全省城乡一体化未来的发展状况。因此，在选取数据时，应当选择真实性强、可比性强、特征性强的数据。为了和本章第一部分河南城乡一体化发展现状的研究保持一致，本部分研究构建的评价体系仍然包括城乡一体化水平的四个维度，即城乡空间一体化、城乡经济一体化、城乡社会一体化、城乡生态一体化，每一个维度又通过几个可以具体量化的指标进行表达（见表13-8）。通过此指标体系可以全面反映城镇和乡村在经济、空间、社会和生态发展一体化过程中的现状，也便于全面预测一体化未来的发展趋势。因为统计信息有限，本章数据选取的时间为2005~2016年。

由于数据指标较多，在此仍然采用主成分方法进行降维。数据处理步骤：第一步，将城乡空间一体化、城乡经济一体化、城乡社会一体化、城乡生态一

表13-8　河南城乡一体化发展趋势预测的指标选取

一级指标	二级指标	三级指标	指标算法	数据选取
城乡一体化总指数	城乡空间一体化	X_1 城镇化水平	—	2005~2016年
		X_2 交通网密度	公路总里程/区域面积	同上
		X_3 万人限额批发企业个数	限额批发企业个数/区域人口	同上
	城乡经济一体化	X_4 人均GDP	—	同上
		X_5 非农产值和农业产值比	第二、第三产业产值/第一产业产值	同上
		X_6 非农和农业从业人员比	第二、第三产业从业人数/第一产业从业人数	同上
		X_7 单位耕地机械动力	农业机械总动力/区域耕地面积	同上

一级指标	二级指标	三级指标	指标算法	数据选取
城乡 一体化 总指数	城乡 社会 一体化	X_8 人均投资比	农村人均投资/城市 人均投资	同上
		X_9 人均电信业 务量	电信总业务量/总人 口	同上
		X_{10} 每万人卫生 技术人员	卫生技术人员总数/ 区域总人口	同上
	城乡 生态 一体化	X_{11} 亿元 GDP 能耗	GDP/区域能耗标准 煤万吨	同上
		X_{12} 农村人均沼 气量	农村沼气产量/农村 人口	同上
		X_{13} 建成区绿化 覆盖率	绿地面积/区域面积	同上

体化四个二级指标下的三级指标的数据作为协方差矩阵分别进行主成分分析,确定各个三级指标的权重和合成的二级指数;第二步,利用四个合成的二级指数作为协方差矩阵,再进行主成分分析,得到各个二级合成指数的权重和城乡一体化的总指数。主成分分析的结果汇总见表 13-9 至表 13-13。

表 13-9 河南城乡一体化指数主成分分析

Principal Components Analysis
Computed using: Ordinary correlations
Extracting 3 of 3 possible components

Eigenvalues: (Sum = 3, Average = 1)

Number	Value	Difference	Proportion	Cumulative Value	Cumulative Proportion
1	2.310739	1.681724	0.7702	2.310739	0.7702
2	0.629015	0.568768	0.2097	2.939754	0.9799
3	0.060246	---	0.0201	3.000000	1.0000

Eigenvectors (loadings):

Variable	PC 1	PC 2	PC 3
X_1	0.640442	-0.171246	-0.748672
X_2	0.487391	0.843994	0.223883
X_3	0.593535	-0.508280	0.623993

Ordinary correlations:

	X_1	X_2	X_3
X_1	1.000000		
X_2	0.620277	1.000000	
X_3	0.904974	0.407038	1.000000

  根据软件运行结果，第一主成分的累积方差达到77.02%，为了计算城乡一体化总指数的方便，本章选取第一主成分作为城乡空间一体化的综合表达。

表 13 - 10　河南城乡经济一体化指数主成分分析

Principal Components Analysis
Computed using: Ordinary correlations
Extracting 4 of 4 possible components

Eigenvalues: (Sum = 4, Average = 1)

Number	Value	Difference	Proportion	Cumulative Value	Cumulative Proportion
1	3.558808	3.157533	0.8897	3.558808	0.8897
2	0.401275	0.370800	0.1003	3.960082	0.9900
3	0.030474	0.021031	0.0076	3.990557	0.9976
4	0.009443	---	0.0024	4.000000	1.0000

Eigenvectors (loadings):

Variable	PC 1	PC 2	PC 3	PC 4
X_4	0.522577	-0.221414	-0.313157	-0.761460
X_5	0.511627	-0.353494	0.771082	0.136794
X_6	0.523296	-0.178194	-0.541304	0.633560
X_7	0.437393	0.891215	0.119812	-0.008243

Ordinary correlations:

	X_4	X_5	X_6	X_7
X_4	1.000000			
X_5	0.974564	1.000000		
X_6	0.989643	0.966183	1.000000	
X_7	0.733175	0.672784	0.748808	1.000000

根据软件运行结果，第一主成分的累积方差达到88.97%，为了计算城乡一体化总指数的方便，本章选取第一主成分作为城乡经济一体化的综合表达。

表13-11 河南城乡社会一体化指数主成分分析

Principal Components Analysis
Computed using: Ordinary correlations
Extracting 3 of 3 possible components

Eigenvalues: (Sum = 3, Average = 1)

Number	Value	Difference	Proportion	Cumulative Value	Cumulative Proportion
1	2.847887	2.735747	0.9493	2.847887	0.9493
2	0.112140	0.072168	0.0374	2.960027	0.9867
3	0.039973	----	0.0133	3.000000	1.0000

Eigenvectors (loadings):

Variable	PC 1	PC 2	PC 3
X_8	-0.580011	0.462087	0.670867
X_9	0.569802	0.818686	-0.071270
X_{10}	0.582163	-0.340924	0.738145

Ordinary correlations:

	X_8	X_9	X_{10}
X_8	1.000000		
X_9	-0.900690	1.000000	
X_{10}	-0.959491	0.911291	1.000000

根据软件运行结果，第一主成分的累积方差达到94.93%，为了计算城乡一体化总指数的方便，本章选取第一主成分作为城乡社会一体化的综合表达。

435

表 13 - 12　河南城乡生态一体化指数主成分分析

Principal Components Analysis
Computed using: Ordinary correlations
Extracting 3 of 3 possible components

Eigenvalues: (Sum = 3, Average = 1)

Number	Value	Difference	Proportion	Cumulative Value	Cumulative Proportion
1	2.930208	2.888722	0.9767	2.930208	0.9767
2	0.041486	0.013181	0.0138	2.971695	0.9906
3	0.028305	---	0.0094	3.000000	1.0000

Eigenvectors (loadings):

Variable	PC 1	PC 2	PC 3
X_{11}	-0.576082	0.809597	0.112616
X_{12}	0.578292	0.306312	0.756143
X_{13}	0.577675	0.500725	-0.644644

Ordinary correlations:

	X_{11}	X_{12}	X_{13}
X_{11}	1.000000		
X_{12}	-0.963481	1.000000	
X_{13}	-0.960375	0.971445	1.000000

根据软件运行结果，第一主成分的累积方差达到 97.67%，为了计算城乡一体化总指数的方便，本章选取第一主成分作为城乡生态一体化的综合表达。

表 13 - 13　河南城乡一体化总指数主成分分析

Principal Components Analysis
Computed using: Ordinary correlations
Extracting 4 of 4 possible components

Eigenvalues: (Sum = 4, Average = 1)

Number	Value	Difference	Proportion	Cumulative Value	Cumulative Proportion
1	3.847708	3.746632	0.9619	3.847708	0.9619
2	0.101076	0.067253	0.0253	3.948784	0.9872
3	0.033823	0.016431	0.0085	3.982608	0.9957
4	0.017392	---	0.0043	4.000000	1.0000

续表

Eigenvectors (loadings):				
Variable	PC 1	PC 2	PC 3	PC 4
S_1	0.504046	0.169933	-0.655208	-0.536436
S_2	0.502655	-0.295225	0.677427	-0.448634
S_3	0.494731	0.727254	0.226811	0.418210
S_4	0.498516	-0.595874	-0.245665	0.579711
Ordinary correlations:				
	S_1	S_2	S_3	S_4
S_1	1.000000			
S_2	0.958961	1.000000		
S_3	0.963054	0.937075	1.000000	
S_4	0.956632	0.971792	0.907495	1.000000

根据软件运行结果，第一主成分的累积方差达到96.19%，为了计算城乡一体化总指数的方便，本章选取第一主成分作为城乡一体化总指数的综合表达。

（二）预测模型设计

经济时间序列如果是平稳的，其数据的一些数字特征是不随时间的变化而变化的，时间序列在各个时间点上的随机性服从一定的概率分布。可以通过时间序列过去时间点的信息，建立模型拟合过去信息，进而预测未来的信息。所以利用时间序列数据进行预测时，首先要对数据进行平稳性检验。另外，预测经济运行时间序列的理论与方法较多，而 ARMA 模型在经济预测过程中既考虑了经济现象在时间序列上的依存性，又考虑了随机波动的干扰性，对经济运行短期趋势的预测准确率较高，是近年应用比较广泛的方法之一。序列平稳性检验结果见表 13 - 14 至表 13 - 23。

主成分 S_1 平稳性检验见表 13 - 14。

表 13 - 14　河南城乡空间一体化指数主成分平稳性检验

		t-Statistic	Prob.*
Augmented Dickey-Fuller test statistic		-1.396143	0.7877
Test critical values:	1% level	-5.521860	
	5% level	-4.107833	
	10% level	-3.515047	

主成分 S_1 一阶差分后平稳性检验见表 13 - 15。

表 13 - 15　河南城乡空间一体化指数主成分一阶差分平稳性检验

		t-Statistic	Prob. *
Augmented Dickey-Fuller test statistic		-5.779861	0.0058
Test critical values:	1% level	-5.295384	
	5% level	-4.008157	
	10% level	-3.460791	

主成分 S_2 平稳性检验见表 13 - 16。

表 13 - 16　河南城乡经济一体化指数主成分平稳性检验

		t-Statistic	Prob. *
Augmented Dickey-Fuller test statistic		-1.692468	0.6851
Test critical values:	1% level	-5.124875	
	5% level	-3.933364	
	10% level	-3.420030	

主成分 S_2 一阶差分后平稳性检验见表 13 - 17。

表 13 - 17　河南城乡经济一体化指数主成分一阶差分平稳性检验

		t-Statistic	Prob. *
Augmented Dickey-Fuller test statistic		-2.935599	0.0791
Test critical values:	1% level	-4.420595	
	5% level	-3.259808	
	10% level	-2.771129	

主成分 S_3 平稳性检验见表 13 - 18。

表 13 - 18　河南城乡社会一体化指数主成分平稳性检验

		t-Statistic	Prob. *
Augmented Dickey-Fuller test statistic		1.207229	0.9285
Test critical values:	1% level	-2.816740	
	5% level	-1.982344	
	10% level	-1.601144	

主成分 S_3 一阶差分后平稳性检验见表 13 – 19。

表 13 – 19　河南城乡社会一体化指数主成分一阶差分平稳性检验

		t-Statistic	Prob. *
Augmented Dickey-Fuller test statistic		-2.833492	0.0110
Test critical values:	1% level	-2.886101	
	5% level	-1.995865	
	10% level	-1.599088	

主成分 S_4 平稳性检验见表 13 – 20。

表 13 – 20　河南城乡生态一体化指数主成分平稳性检验

		t-Statistic	Prob. *
Augmented Dickey-Fuller test statistic		0.083270	0.6865
Test critical values:	1% level	-2.816740	
	5% level	-1.982344	
	10% level	-1.601144	

主成分 S_4 一阶差分后平稳性检验见表 13 – 21。

表 13 – 21　河南城乡生态一体化指数主成分一阶差分平稳性检验

		t-Statistic	Prob. *
Augmented Dickey-Fuller test statistic		-1.999157	0.0490
Test critical values:	1% level	-2.847250	
	5% level	-1.988198	
	10% level	-1.600140	

主成分 S 平稳性检验如见表 13 – 22。

表 13 – 22　河南城乡一体化总指数主成分平稳性检验

		t-Statistic	Prob. *
Augmented Dickey-Fuller test statistic		1.820841	0.9724
Test critical values:	1% level	-2.847250	
	5% level	-1.988198	
	10% level	-1.600140	

主成分 S 一阶差分后平稳性检验见表 13 – 23。

表 13 – 23 河南城乡一体化总指数主成分一阶差分平稳性检验

		t-Statistic	Prob.*
Augmented Dickey-Fuller test statistic		−1.848075	0.0640
Test critical values:	1% level	−2.816740	
	5% level	−1.982344	
	10% level	−1.601144	

根据平稳性检验结果，各个主成分在一阶差分后均是平稳序列，在此基础上构建自回归模型进行预测分析。根据自相关、异方差等检验结果，各个主成分的自回归最优模型构建如表 13 – 14 至表 13 – 28 所示。

表 13 – 24 河南城乡空间一体化指数最优模型

Dependent Variable: S11
Method: Least Squares
Included observations: 10 after adjustments

Variable	Coefficient	Std. Error	t-Statistic	Prob.
C	0.414312	0.132670	3.122888	0.0142
S11(−1)	0.788095	0.102383	7.697528	0.0001

R-squared	0.881044	Mean dependent var	0.050496
Adjusted R-squared	0.866175	S.D. dependent var	1.071593
S.E. of regression	0.392012	Akaike info criterion	1.141806
Sum squared resid	1.229385	Schwarz criterion	1.202323
Log likelihood	−3.709029	Hannan-Quinn criter.	1.075419
F-statistic	59.25194	Durbin-Watson stat	1.326992
Prob(F-statistic)	0.000058		

表 13 - 25　河南城乡经济一体化指数最优模型

Dependent Variable: S21
Method: Least Squares
Included observations: 10 after adjustments

Variable	Coefficient	Std. Error	t-Statistic	Prob.
C	0.582972	0.093171	6.257020	0.0002
S21(-1)	0.951166	0.053277	17.85331	0.0000

R-squared	0.975516	Mean dependent var	0.116637
Adjusted R-squared	0.972455	S.D. dependent var	1.704062
S.E. of regression	0.282817	Akaike info criterion	0.488821
Sum squared resid	0.639882	Schwarz criterion	0.549338
Log likelihood	-0.444103	Hannan-Quinn criter.	0.422434
F-statistic	318.7406	Durbin-Watson stat	1.978309
Prob(F-statistic)	0.000000		

表 13 - 26　河南城乡社会一体化指数最优模型

Dependent Variable: S31
Method: Least Squares
Included observations: 10 after adjustments

Variable	Coefficient	Std. Error	t-Statistic	Prob.
C	0.518513	0.054566	9.502418	0.0000
S31(-1)	1.102409	0.041850	26.34174	0.0000

R-squared	0.988602	Mean dependent var	-0.114910
Adjusted R-squared	0.987177	S.D. dependent var	1.367893
S.E. of regression	0.154896	Akaike info criterion	-0.715271
Sum squared resid	0.191942	Schwarz criterion	-0.654754
Log likelihood	5.576356	Hannan-Quinn criter.	-0.781658
F-statistic	693.8872	Durbin-Watson stat	1.590600
Prob(F-statistic)	0.000000		

表 13 - 27　河南城乡生态一体化指数最优模型

Dependent Variable: S41
Method: Least Squares
Included observations: 10 after adjustments

Variable	Coefficient	Std. Error	t-Statistic	Prob.
C	0.447754	0.037674	11.88485	0.0000
S41(−1)	0.829839	0.022741	36.49164	0.0000
R-squared	0.994028	Mean dependent var		0.125133
Adjusted R-squared	0.993282	S. D. dependent var		1.412925
S.E. of regression	0.115810	Akaike info criterion		−1.296875
Sum squared resid	0.107296	Schwarz criterion		−1.236358
Log likelihood	8.484374	Hannan-Quinn criter.		−1.363262
F-statistic	1331.640	Durbin-Watson stat		2.050480
Prob(F-statistic)	0.000000			

表 13 - 28　河南城乡一体化总指数最优模型

Dependent Variable: SS
Method: Least Squares
Included observations: 10 after adjustments

Variable	Coefficient	Std. Error	t-Statistic	Prob.
C	0.570149	0.068999	8.263150	0.0000
SS(−1)	0.918988	0.039842	23.06574	0.0000
R-squared	0.985186	Mean dependent var		0.050577
Adjusted R-squared	0.983334	S. D. dependent var		1.597561
S.E. of regression	0.206239	Akaike info criterion		−0.142707
Sum squared resid	0.340276	Schwarz criterion		−0.082190
Log likelihood	2.713534	Hannan-Quinn criter.		−0.209094
F-statistic	532.0281	Durbin-Watson stat		1.219294
Prob(F-statistic)	0.000000			

（三）预测分析

根据最优模型结构分别对各个主成分的未来数据进行预测，预测结果见表 13 – 29。根据预测结果发现，河南城乡一体化的未来增长趋势中，经济一体化和社会一体化的发展空间最大、发展速度也最快，也是未来带动河南城乡一体化发展的主要动力。而空间一体化的发展较慢，说明经过近些年的交通设施建设，空间一体化的发展已经相对成熟。这也和前面的现状分析结果一致，河南城乡一体化发展中，空间一体化的权重最高。另外，生态一体化的发展速度预测值也较低，说明河南城乡一体化的发展还很不成熟，目前的发展重心在经济和社会生活建设中。而城乡生态文明的建设仍然相对滞后，这也和表 13 – 29 的计算结果一致，城乡生态一体化的发展权重偏低，但是未来的发展空间应该会比较大。

表 13 – 29　河南城乡一体化发展趋势预测

主成分	2017 年预测值	2018 年预测值	2019 年预测值	2020 年预测值
S_1	2.8362	2.9691	3.0846	3.1851
S_2	2.4452	2.6407	2.8128	2.9645
S_3	4.5450	5.8058	7.2580	8.9308
S_4	2.3910	2.5328	2.6539	2.7575
S	3.5528	3.9389	4.3019	4.6429

四　河南城乡一体化发展的政策建议

党的十九大明确提出实施乡村振兴战略，这是党中央着眼决胜全面建成小康社会、全面建设社会主义现代化强国做出的重大部署，也是做好新时代"三农"工作的战略统领。经过 40 年的改革开放，河南农业农村发展取得了重大的成就，进入了新的发展阶段，但城乡发展不协调、乡村发展不充分，农村经济、政治、社会、文化和生态文明建设不平衡的问题依然突出。河南遵循党的十九大重要发展战略，实施乡村振兴，要以满足农民群众日益增长的美好生活需要和破除城乡发展不平衡、不充分问题为出发点，坚持优先发展农业农村的原则，按照产业兴旺、生态宜居、乡风文明、治理有效、生活富裕的总要求，建立健全城乡融合发展体制机制和政策体系。一方面，加快农业农村建设，激发农民群众主体精神，实现农村经济发展、社会稳定、农民安居乐业；另一方面，逐步推动城乡在建设规划、产业布局、公共服务、生态保护、社会管理等方面统筹融合，加快形成以工促农、以城带乡、城乡互补、共同繁荣的新型工农、城乡关系。根据河南城乡一体化发展的现状和存在的问题，依据国家战略部署，河南未来应着重从以下方面入手推进城乡一体化的进程。

（一）推进城乡资源配置的市场化改革步伐

河南城乡一体化应以市场为导向，引导城乡资源优化配置和生产要素合理流动，通过价格杠杆调整供求关系，实现资源的有效利用，从而促进经济的增长。因此，降低资源的交易成本，加快河南城乡资源配置的市场化改革是推进河南城乡一体化的重要手段。城乡产业要分工合理，应将资源型产品开发、农业初级产品加工和一些劳动密集型产业更多地布局到广大农村，从而降低生产成本、增加农村就业机会，活跃农村经济。农村产业要加强农村生产设施建设，提高科技水平，培育产业主体，适当引导城市产业、消费、要素向农村流动的政策体系，推动城乡互动、产业融合。

农村集体土地等资产是农村最大、最具潜力的资源。盘活农村沉睡资产，重点在于赋予农民更多财产权利。为此，要深化农村土地制度改革。完善承包地"三权"分置制度，创新土地经营权流转方式，发展多种形式适度规模经营。探索盘活农村集体经营性建设用地的路径和办法。加快推进征地制度改革，缩小征地范围，完善补偿标准，实行多元保障。建立城乡统一的土地要素市场。破解规划空间制约，实行土地要素的市场化运作，要素平等交换，从而有效整合空间资源，完善城镇低效用地开发，促进土地资源节约集约利用，释放土地要素的最大效益。

资源要素有天然的逐利动机，完全依靠市场机制很难扭转农村要素持续外流的趋势。促进城乡资源要素均衡配置，核心是建立完善激励约束机制。为此，要建立财政支出优先保障农业农村政策，切实坚持把农业农村作为财政支出的优先保障领域，在持续增加投入总量的基础上，着力优化投入结构、创新使用方式、提升支农效能。要加大涉农资金整合力度，发挥财政资金撬动社会资本的功能作用，补齐农业农村财政投入不足的短板。要强化金融机构激励约束机制，吸引金融资本进入农业农村。要加快制定相关优惠政策，吸引各类人才到农村创业创新。要建立农业农村发展用地保障机制，通过村庄整治、宅基地整理等节约的建设用地，重点用于支持农村三次产业融合和新产业新业态。

（二）推进城乡产业对接的一体化进程

河南要破解长期以来的城乡二元分割局面，需要进一步实施城乡产业对接，拉动农业的商品化和市场化进程。激励农户进入农业的产业融合，使其和工、商及其他经济组织和服务组织构建统一的市场。坚持工业向发展区集中，土地向业主集中，农民向城镇集中的原则。通过市场机制形成产业集聚，延伸产业链条，形成产业规模和市场优势。遵循专业化分工协作原则，依据现代产业的发展趋势，形成城乡结合、融为一体的产业组织形式，淡化城乡产业边界。以企业为导向，以农产品加工和运销企业为龙头，围绕农产品的生产、加工、销售与农户有机结合，引导农村企业参与城市企业的专业分工。推动农业产业化经营，以发展原料性农业促进第一、第二产业互动，以发展农副产品生产实现第二、第三产业连接。遵循区域比较优势原则，协调农业的全程产业化，使农业生产链条向加工、销售、服务一体化方向延伸。理顺城乡经济组织的利益关系，改进农业产业链条中各个参与主体的利益分配机制。使产业链条的各个环节利益均沾。风险共担，形成统一的利益分配格局。缩小城乡居民收入差距，完善农民增收支持政策，要把培育农民增收长效机制与短期稳定机制结合起来，为农民增收新旧动能转换提供政策支撑。工资性收入方面，加快完善城乡平等的就业制度，落实同工同酬的用工制度，健全进城务工人员的社保制度，不断提高保障水平。

（三）推进城镇基础设施建设向农村延伸

长期以来，农村基础性、公益性设施基础差、投入少、标准低，城乡基础设施差距大，更重要的是没有进行城乡一体化规划，一张网建设，造成城乡建设各层面相互分隔。为此，要统筹城乡建设规划。加快推进城乡"多规合一"，调整优化空间布局，推动公共资源在城乡合理均衡配置。要切实把基础设施建设的重点放到农村，补齐农业、农村基础设施建设短板。农村基础设施是农业、农村发展不可或缺的基础性条件。统筹城乡基础设施建设，加快基础设施向农村延伸，强化城乡基础设施连接，推动水电路气等基础设施城乡联网，共建共享；加快公共服务向农村覆盖，提高农民生活水平；加快农村饮水安全工程建设；因地制宜，加快水管网络建设，确保农村饮水供水安全；加快农村电网改造升级，实现城乡电价一致。农村电网是农村重要的基础设施，关系农民生活、农业生产和农村繁荣。升级供电网络覆盖率和扩容改造，确保供电质量和可靠性，为农民用电提供有力的保证。改造农村公路网络，加宽路基、路面，达到客车行驶的质量要求。通过专项资金用于农村客运车辆购置和运营，构建农村客运服务，开拓农村客运市场，便于农村生产资源和人力资源的流动，为农村居民生活和生产提供便利，加快农村宽带网络多元化发展。根据河南的不同地区地理条件和发展差异，分阶段规划宽带网络建设，不断提升网络全业务支撑能力，完成互联网乡镇的数字化转化工作，加强未来乡镇、村寨的联网建设工作，进一步扩大有线、无线覆盖范围，提高农村信息化平台服务水平。

（四）推进城乡生态环境一体化

城乡生态环境一体化建设是个系统工程，需要全省各地结合区域实践，在理念塑造、产业转型、项目建设、资源要素配置、机制创新等层面全面推进，才能真正实现城乡生态环境一体化发展。加快城乡产业生态循环发展，从农、林、牧、副、渔的生产转变为构建良性循环系统。从根本上改善农村资源浪费、废物污染、环境恶化的现状。发展生态农业产业循环体系，推广种养结合、循环利用的生态健康种养生产方式。着力保护和发展河南省现有的各类自然保护区，加大具有生态资源和景观的生态工程项目建设力度，实现城乡生态资源的保护以及增值，建设以水源涵养和生态休闲为主的自然资源生态经济圈。以省内重要的水系和湖泊为中心，进行生态安全屏障建设和环境保护，充分并有效发挥其维持生态系统稳定的作用。推广江河流域重金属污染治理向纵向发展，实现污染企业的搬迁和企业产业生态化再造并举，尽量减少重金属污染排放。全面开展土壤重金属污染的修复工作，加大重金属污染土地修复力度，加快农田环境系统的检测网络建设，全面推广土地施肥配方建设，大力推广绿肥和有机肥的使用，实施农药化肥的减量工程，杜绝农药和化肥高残留食品流入市场。激发社会公众的生态保护意识，树立尊重自然和保护自然的生态文明理念。培养资源节约和环境友好的城市生态消费方式，综合利用媒体娱乐传播生态消费价值理念，深入开展绿色政府、绿色企业、绿色社区、绿色村庄、绿色家庭等活动，形成城乡生态环境一体化的建设氛围。

（五）推进城乡社会生活一体化新局面

农民思想道德水平和精神风貌是乡村振兴的魂。为此，要加强乡村思想文化建设；要大力弘扬农村优秀传统文化；深入挖掘农村传统文化和习俗蕴含的人文精神、道德规范，弘扬优秀乡土文化、乡贤文化、优良家风，与时俱进继承创新，引导农民向上向善；要发扬农民群众主人翁精神，树立先进典型，不断激发亿万农民建设家园的积极性、主动性和创造性。

促进农村各类组织协调配合、有机衔接，健全符合国情农情、自治法治德治相结合的乡村治理体系，是实施乡村振兴战略的重要组织保障。为此，要加强基层党组织建设。强化党组织在农村经济社会发展中的领导核心和战斗堡垒作用。加强村民自治组织建设，通过完善村务公开管理、加强议事协商，完善村级民主监督机制。培育乡贤理事会、公益性组织等农村社会组织，为农村社区提供更多公共服务。加快完善农村法律体系，规范农村经济秩序，健全乡村矛盾纠纷化解机制。要运用现代技术手段提高社会管理能力，降低农村公共服务成本，提高服务质量水平。

推进公共服务均等。平等享有公共服务，是农民的基本权利，也是乡村振兴的重要标志。不缩小城乡基本公共服务差距，农村就很难留住人才、吸引人才，乡村振兴就缺少可以依靠的主体。应按照"完善制度、提高水平、逐步并轨"的总体原则，加快完善农村社会保障制度。加快推进城乡居民养老保险全覆盖，完善农村低保制度。加快完善城乡统一的基本医疗保险和大病保险制度。加快发展农村教育事业，统筹配置城乡师资，吸引更多优秀教师到农村任教。加强农村公共文化建设，推动公共文化资源向农村倾斜，提供更多农民喜闻乐见的文化产品和服务。

（六）推进区域城乡一体化战略新格局

区域城乡一体化在空间上表现为城市的功能辐射与延伸，并通过城市的功能辐射和延伸，使城市之间的农村与城镇形成统一的市场体系与公共服务体系，从而实现区域城乡一体化发展。区域城乡一体化发展的内在机理不同于在同一县域经济中的城乡一体化发展，区域城乡经济发展包括生产制造、市场需求、金融服务、交通物流等各类经济活动，设计资金、信息、技术和人才等生产要素的合理流动、企业区位选择和产业转移等多层次区域之间与区域内部各经济活动主题之间的交互作用以及动态变化的复杂性网络体系。因此，经济发展的内在动力由区域协调取代县域竞争的模式，是中国经济发展方式转变的主要内容，也是中国经济未来发展的主要模式。首先要完善规划体系，形成区域城乡一体化规划先导机制。创新规划思路，完善规划体系，强化区域城乡规划的综合引导作用。其次要建立超越地方利益的区域协调机制，实现区域产业协调发展；建立科学合理的协同发展机制和制度框架，以实现跨区域协调操作，制定对各区域经济发展方向、规模与结构等进行科学引导和有效约束的科学合理的区域协同发展政策；建立跨行政区域的增长体系，形成跨区域的基础设施共享机制。最后要充分发挥中心城市、航空港等具有较强的跨区域带动辐射能力的经济增长点，健全铁路、高速公路、普通公路、航空运输、江河航运等线路的跨区域联动机制，冲破区域合作中的市场分割和地方保护主义。深化户籍制度改革，加快区域城乡户籍管理制度，促进城乡人口的合理流动，使得劳动资源得以优化配置。

第十四章
河南绿色经济发展形势与展望

　　绿色经济概念比较宽泛，内部可衍生出诸多分支，同时涉及经济活动的各个领域和产业链条的各个环节。环境学家强调绿色经济要实现经济发展与环境保护相协调，其实现途径重点在污染的末端治理；资源领域专家强调绿色经济要实现经济增长与资源消耗脱钩，其实现途径重点在于从生产端提高资源生产率；生态学家强调绿色经济不能破坏自然生态系统，要保持生物多样性；能源专家强调绿色经济要降低化石能源的消耗，开发新能源；经济学家强调绿色经济要大力发展绿色产业；社会学家则将社会包容性引入绿色经济的理念中。目前，关于绿色经济的定义主要是围绕着经济增长、资源能源消耗、生态环境保护、社会公平等内容展开。比较权威的是联合国环境规划署（UNEP）和2012年联合国可持续发展大会（"里约+20"峰会）的定义，该峰会认为绿色经济的本质是以生态、经济协调发展为核心的可持续发展经济。绿色经济将可持续发展理念贯穿于人类经济活动全过程。绿色经济既要求减少资源消耗、降低污染排放和减轻生态环境压力，也要求保障经济可持续发展。该峰会确定了全球绿色经济发展的基本框架，将狭义的绿色经济的范围扩展到环境治理设备、生态保护设备、清洁生产技术、废弃物管理、生物多样化、可再生能源、绿色建筑、可持续交通八大领域。这八大领域也是UNEP对绿色经济所定义的八大领域。以美国、英国和德国为代表的发达国家为发展绿色经济采取了许多切实可行的措施，并且卓有成效。新兴经济体为改变传统的经济增长模式，也在积极向绿色经济转型。我国自十六大以来党中央提出了科学发展观，提出"统筹人与自然和谐发展"的要求之后，也陆续制定了与绿色经济相关的宏观战略及具体政策，并在《中华人民共和国国民经济和社会发展第十三个五年规划纲要》、《中国制造2025》、《工业绿色发展规划（2016~2020年）》等系列文件，明确了我国实施绿色经济的路径。河南省作为全国一个重要的经济大省和工业大省，也将"绿色经济"纳入了"十三五"发展纲要中，将"绿色"定位为经济发展的总基调。本章在UNEP和联合国可持续发展大会对绿色经济定义的八大领域的基础上，对河南省绿色经济发展现状进行分析，并提出展望。

一　河南绿色经济发展现状

从改革开放40年以来，河南省始终坚持以经济建设为中心，以富民强省为目标，经济建设取得了前所未有的辉煌，全省GDP从1978年的162.92亿元，到1991年跨入千亿元，2010年又突破了万亿元大关，到2017年已经达到了44988.16亿元，年均保持在15.5%的快速增长。2016年河南省的GDP全国排名已经位列第5，但由于河南省是人口大省，也是农业大省，人均排名要靠后很多，2016年人均GDP生产总值为42247亿元，仅居全国第20位，而居民人均可支配收入达到18443元，仅居全国第24位。河南省传统产业占比较大，绿色发展指数不高，产业转型压力较大，环境整治任务繁重，如何走好绿色发展之路，成为"十三五"时期全省迫在眉睫的历史重任。

（一）环境污染治理现状

1. 环境污染治理投资总额在逐年上升

"十一五"以来，河南省从国家实施区域发展总体战略出发，优化经济布局，促进区域协调发展，以保护生态环境基础性、长远性为目标，大力推进环境保护"三个历史性转变"，把加强环境保护工作作为落实科学发展观、构建社会主义和谐社会的具体行动和战略重点。以污染防治为重点，以主要污染物总量减排为主线，积极采取重点流域区域和行业环境综合整治，加快环保基础设施建设和环保重点工程建设，强化工业污染深度治理，加大对环境保护的资金投入。如表 14 - 1 所示，自 2010 年以来，河南省环境污染治理投资呈逐年递增趋势，2010 年总投资达 132.25 亿元，占当年生产总值的 0.57%，截至 2016 年底，河南省环境污染治理投资已达 455.08 亿元，占到当年 GDP 的 1.12%。2001～2016 年环境污染治理投资总额的年均增长速度为 28.7%，2010～2016 年的年均增长速度为 22.9%，2012～2016 年的年均增长速度为 26.4%。

表 14 - 1　2010～2016 年河南省环境污染治理投资总量及占 GDP 比重

单位：亿元，%

	2010 年	2011 年	2012 年	2013 年	2014 年	2015 年	2016 年
环境污染治理投资总额	132.25	140.11	178.21	288.1	317.58	360.16	455.08
占 GDP 的比重	0.57	0.52	0.60	0.90	0.91	0.97	1.12

2. 河南省环境污染治理投资总量及占 GDP 比重仍然偏低

虽然近几年河南省环境污染投资总额占同期 GDP 的比重在增加，但远小于全国环境污染占同期 GDP 的比重，具体如图 14 - 1 所示，我国在 2010 年环境污染投资总额占同期 GDP 的比重已经达到了 1.63%，2016 年，达到 1.24%，而河南省该比重近年来虽然一直在上升，但 2016 年仅为 1.12%，低于全国水平。对于河南省这样的人口大省、农业大省和经济大省来说，污染治理投资的总量是远远不够的。

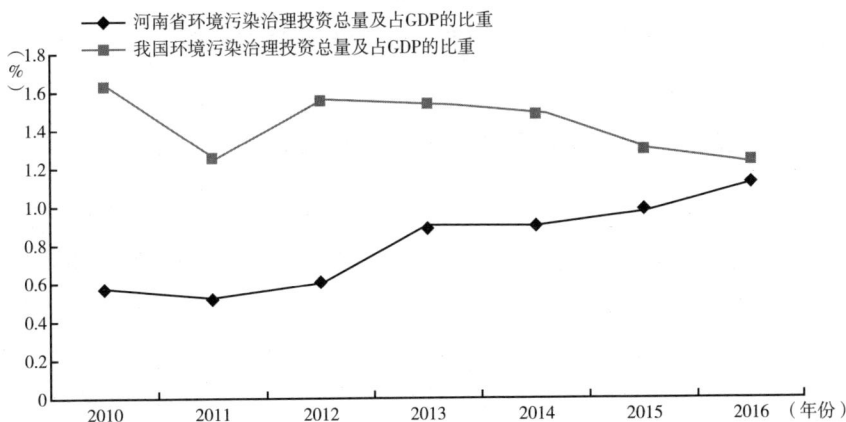

图 14 - 1　2010～2016 河南及我国环境污染治理投资总量及占 GDP 的比重

3. 河南省环境污染治理投资结构不太合理

从环境污染治理的投资结构上来说，环境污染治理投资由工业污染源污染治理投资、建设项目"三同时"环保投资、城市环境基础设施建设投资三部分组成。从图 14－2 可以看出，河南省城市环境基础设施建设投资所占比重较大，构成了环境污染治理的主要投资，而工业污染源污染治理投资在环境污染治理总投资中的比重一直比较小。在全国水平中，2015 年环境基础设施投资占污染治理设施直接投资的 17.8%，而主要投资是建设项目"三同时"环保投资，占污染治理设施直接投资的 65.7%，是我国污染治理设施直接投资的主要占比。

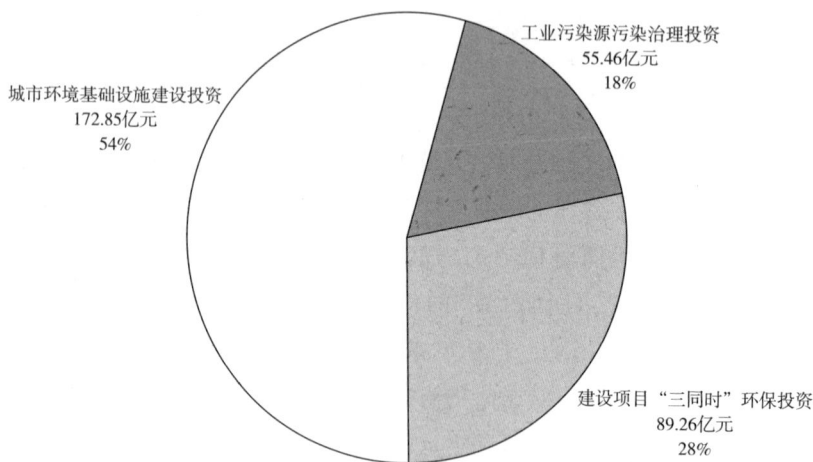

工业污染源污染治理投资
55.46亿元
18%

城市环境基础设施建设投资
172.85亿元
54%

建设项目"三同时"环保投资
89.26亿元
28%

图 14－2　2014 年河南省环境污染治理投资结构

（二）生态基础设施建设和生物多样性发展现状

生态基础设施不仅是城市休闲生活的重要资源，更是城市公共服务设施或功能调配的储备资源，是城市公共安全防护和紧急避难的战略资源。可以说，没有生态基础设施这个基本条件，也就没有城市的可持续发展。生态基础设施主要包括绿地系统，大气系统，水域系统，景观系统，森林和农田系统，以及生态化的人工基础设施系统，等等。河南省位于我国中东部，地处黄河中下游，气候温和，冬冷夏热，具有明显的大陆性气候特征，属于北亚热带向暖温带过渡地带，南北地区的年平均气温、日照时数、年均降雨量、无霜期等各项气候指标分异明显；地形上处于我国第二阶梯向第三阶梯的过渡地带，低山丘陵和平原分异明显，地形呈西高东低之势。复杂多样的气候条件和地貌类型为河南省自然生态环境特征的形成奠定了多种多样的物质基础。近几年，河南省也非常重视生态基础设施建设，具体如表 14-2 所示，自然保护区基本保持在 34 个左右，自然保护区面积在逐渐增加，占辖区内面积比重在逐年提升，地质公园数量和面积也从 2011 年的 15 个和 405547 公顷上升到 2015 年的 29 个和 682901 公顷。相对来说，当年新增种草面积每年发展不稳定，而且 2013 年河南省保护区面积占辖区面积仅为 4.42%，比重远远低于我国 14.77% 的水平。

在生物多样性方面，2016 年，全省有维管束植物近 4000 种，其中，列入国家重点保护植物名录的有 27 种（国家一级 3 种，国家二级 24 种），列入省重点保护植物名录的有 98 种。已知的野生陆生脊椎动物有 520 种，其中，两栖动物 20 种、爬行动物 38 种、鸟类 382 种、兽类 80 种，列入国家一级重点保护野生动物 15 种。

表 14-2　河南省生态基础设施建设情况

	2011 年	2012 年	2013 年	2014 年	2015 年	2016 年
自然保护区数（个）	34	34	34	33	33	33
自然保护区面积（万公顷）	73.5	73.5	73.9	74.1	74.1	77.7
保护区面积占辖区面积比重（%）	4.4	4.4	4.42	—	4.5	4.7
当年新增种草面积（千公顷）	45.8	42.9	42.55	50.78	60.86	—
地质公园（个）	15	24	24	25	29	—
地质公园面积（公顷）	405547	848683	558275	550933	682901	—
国家级地质公园面积（公顷）	377587	377587	429245	429245	548588	—
小流域治理面积（千公顷）	2552.8	2477.7	1903	1983.7	2057.2	—
造林总面积（公顷）	237740	228292	253914	260003	216820	149000

（三）可再生能源利用现状

近几年，河南省能源消费结构在逐渐优化，如表 14-3 所示，2016 年，非化石能源消费比重达到 6%，能源供给结构得到持续改善，沼气池、太阳能利用、生活污水净化沼气池、水力发电等可再生能源的使用率整体处于上升趋势，2016年非化石能源产量增长5.9%。风电、光伏发电是拉动可再生能源快速发展的主力，全省可再生能源总装机容量同比增长44.2%，新能源完成投资125亿元。同时，受水力发电量大幅度减小影响，全省可再生能源发电量略有减少，不同类型可再生能源发电利用小时数有增有减。河南省长期以化石能源为主，当前非化石能源消费比重为6%、非水可再生能源发电量比重为2.2%，国家要求2020年河南省非化石能源消费比重达到7%、非水可再生能源电力消纳量占全社会用电量比重达到7%，加快发展可再生能源，促进能源发展绿色转型任务艰巨。

表14-3 河南省及全国可再生能源利用情况

项目类别	地区	2011年	2012年	2013年	2014年	2015年
沼气池产气总量（万立方米）	全国	1528059	1576147	1577652	1550395	1539353
	河南省	124205.9	139053.3	139215.3	136689.5	143343.1
太阳能热水器（万平方米）	全国	6231.9	6801.8	7294.6	7782.9	8232.6
	河南省	398.7	444	488.3	531.6	562.8
太阳房（万平方米）	全国	2235.9	2353	2445.6	2527.6	2549.4
	河南省	1.9	1.9	2	1.9	1.9
太阳灶（台）	全国	2139454	2207246	2264356	2299635	2325927
	河南省	5	4	—	—	—
生活污水净化沼气池（个）	全国	198347	208551	208551	210719	202039
	河南省	712	649	649	546	518
水力发电量（亿千瓦小时）	河南省	103.42	136.72	114.71	98.95	110.16

（四）废物管理投资现状

河南省也越来越重视废物管理，其投资额也在逐年提高，在废物管理投资方面，工业污染投资是很重要的一部分，如图14-3和图14-4所示，其投资完成额整体也处于上升趋势，2016年已经达到了65亿元，占环境污染治理投资总额的14.3%。在工业污染投资结构中，治理废气投资占了全部投资的84.70%，治理废水投资额度较小，只占了全部投资额的4.74%，相对来说，治理固体废弃物和噪声污染较小，只占了全部投资额的0.21%和0.02%。在治理设施的运行费用方面，其费用也在不断提高，如 2010 年工业废气治理设施运行费用为 490262 万元，工业废水治理设施的运行费用为 208840 万元，2016 年这两个指标分别达到了 970873 万元和 235963 万元，年均增长率分别为 12% 和 2%。

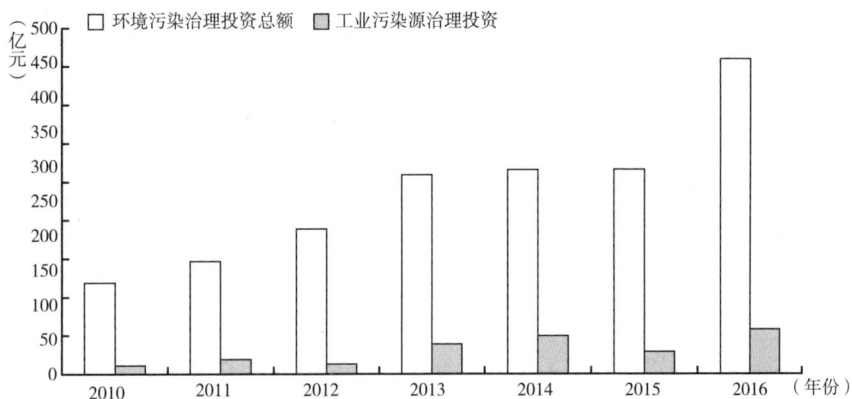

图 14 - 3 河南省工业污染及环境污染治理投资完成额

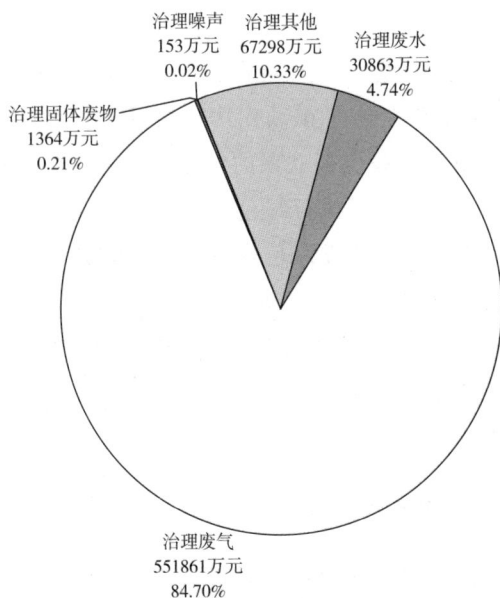

图 14 - 4 2016 年河南省工业企业污染防治投资额及其构成

（五）绿色建筑发展现状

绿色建筑是指满足《绿色建筑评价标准》，在全寿命周期内最大限度地节能、节地、节水、节材，保护环境和减少污染，为人们提供健康、适用和高效的使用空间，与自然和谐共生的建筑。加快推进住房建设绿色发展，实施绿色建筑行动，建设健康低碳、高效适用的绿色建筑，是深入贯彻落实科学发展观，建设资源节约、环境友好型社会的基本内容；是转变城乡建设发展模式，促进房地产业优化升级，拉动新型节能环保建材绿色发展的重要举措；是贯彻落实国家及河南省稳定住房消费政策，支持居民购买高品质改善性住房需求，促进全省房地产市场平稳健康发展的有效途径。为了加快实施绿色建筑行动，促进住房建设模式转型升级，全面提升居住环境和住房品质，2013 年河南省政府印发了《河南省绿色建筑行动实施方案》（豫政办〔2013〕57 号），2015 年河南省住房和城乡建设厅、河南省财政厅联合下发了《关于加快推动我省住房建设绿色发展的实施意见》（豫建〔2015〕111 号），由于政策的支持，2015 年底，河南省基本形成完善的绿色住房发展区域性政策法规和技术标准体系，基本建立了政府引导、技术支撑、政策激励、社会监督、产业联动的绿色住房建设机制。豫建〔2015〕111 号文件制定了推动住房建设绿色发展的主要目标，即自 2015 年起，要求全省政府投资新立项的保障性住房项目全面执行绿色建筑标准；引导新建商品住房项目执行绿色建筑标准，逐步提高绿色商品房的比重，鼓励房地产开发企业建设绿色住宅小区；鼓励城市新区集中连片发展绿色建筑，建设绿色生态城区，其中二星级及以上绿色建筑达到 30%；鼓励农民在新建和改建农房时执行绿色建筑评价标准，推进绿色农房建设；选择资源禀赋条件较好的地方开展绿色重点小城镇试点示范，创建绿色低碳重点小城镇。

（六）可持续交通发展现状

河南省政府一直很重视交通的可持续发展，"十二五"期间，绿色交通建设初见成效，具体如表 14 - 4 所示。运输装备现代化水平进一步提高，公路中高级营运客车比重达到 71.7%，较"十一五"末增长 10.3 个百分点。从表 14 - 4 可以看出，2011～2015 年河南省不管是交通基础设施运营，还是投资都取得了长足发展，其中公交专用车道从 2014 年取得了突飞猛进的发展，公共汽车不管是车辆数、还是运营里程以及客运量都保持了基本稳定，而在交通固定资产投资方面，保持在年均 6% 的投资增长速度。从投资总量上来看，主要投向了公路建设领域，从投资的增速来看，内河建设的投资增长速度最快，年均增长速度达到 36%。交通运输节能新技术、新产品得到广泛应用，实现高速公路养护全部沥青路面废料再生利用，干线公路改造工程中旧路面回收率达 90% 以上、循环利用率达 60% 以上。郑州、新乡成为国家首批新能源汽车推广城市，济源入选全国绿色循环低碳交通运输城市区域性试点。2017 年印发了《河南省"十三五"现代综合交通运输体系发展规划》（豫政办〔2017〕42 号），提出了河南省"十三五"期间绿色交通发展的基本原则，即调整运输结构，推广节能减排，实现综合交通运输发展绿色化。推动信息技术与交通运输服务深度融合，充分发挥智慧交通对交通运输现代化发展的核心带动作用。大力实施交通扶贫脱贫攻坚工程，消除贫困地区交通瓶颈制约，推进交通运输公共服务均等化。同时规划了河南省"十三五"交通发展目标，即"绿色安全"，在"十三五"期间，交通运输体系绿色低碳建设成果要显著提高，资源集约、节约利用水平显著提升，清洁能源与新能源运输装备得到推广应用，新增清洁能源、新能源公交车比例提高到 75%。综合交通运输安全保障体系基本建立，应急救援能力进一步增强，一般灾害情况下公路应急救援到达时间不大于 2 小时。

表 14 - 4　河南省交通基础设施运营及投资情况

项目类别	2011 年	2012 年	2013 年	2014 年	2015 年
公交专用车道长度（公里）	40	40	40	113	124
公交 IC 卡累积售卡量（万张）	537	672	889	859	1061
公共汽车车辆数（量）	20419	20904	21291	230894	25258
公共汽车运营里程（万公里）	138261	140297	142491	140775	141373
公共汽车客运量（万人次）	275260	281704	284022	276097	268573
交通固定资产投资额（万元）	3749833	4882023	4764621	4902612	4723697
公路建设（万元）	3719101	4766762	4596272	4763151	4555328
内河建设（万元）	25387	91070	122249	92880	87446
其他建设（万元）	5345	24191	46100	46581	80922

（七）环保产业发展现状

作为国民经济新的支柱性产业，国家对环保产业发展重视程度不断提升，节能环保产业成为国家重点发展的战略性新兴产业，进入"十三五"时期，政策对环保的支撑力度将持续增强，比如出台的土壤污染防治行动计划，将显著推动土壤修复产业快速发展。河南省"十二五"以来，节能环保产业发展呈加速态势，产业规模不断扩大，技术装备供给水平显著提高，涌现出了一批节能环保产业基地和行业领先的龙头企业，有力支撑了河南省节能环保重大工程建设和节能减排目标的实现。但总体来说，河南省节能环保产业发展层次不高，创新能力不足、市场竞争不充分、支持政策措施不健全等。因此为了加快节能环保产业的发展、培育发展新动能、提升绿色竞争力，省发展改革委、省科技厅、省工业和信息化委、省环保厅等4部门制定印发了《我省"十三五"节能环保产业发展实施方案》，预计到2020年，节能环保产业发展质量显著提升，高效节能环保产品市场占有率明显提高，一批关键核心技术得到推广应用，节能环保服务业规模进一步壮大，有利于节能环保产业发展的制度政策体系基本形成，全省节能环保产业主营业务收入超过5000亿元，建成中西部重要的节能环保产业基地。"十三五"期间，以提高节能环保装备供给能力为主线，优先发展产业关联度高、市场潜力大的节能环保技术装备（工业锅炉、电机系统、余能回收利用、高效照明产品、绿色建材），加快培育节能环保服务新业态，如节能节水服务业和环保服务业，提升节能环保产业的市场经济竞争力。

（八）能源消耗现状

从2013年开始，河南省能源消耗量总量基本保持在23000万吨标准煤的水平，其中原煤的消耗占了整个消耗总量的77%左右，原油消耗占13%左右，天然气消耗占5%左右，一次性电力及其他能源消耗占5%左右。而从能源消耗增长率来看，整体呈现下降状态，2013年为4.7%，2015年降到1.2%，2016年为-0.2%。从能源消费弹性系数看（能源消费增长率/地区生产总值增长率），图14-5可以看出，虽然2013年和2014年河南省能源消费弹性系数在上升，但总体上呈下降趋势，而且在能源消耗中，电力消耗弹性系数也呈下降趋势。

2010 年全国单位国内生产总值增长所消耗的能源增长为 0.68，2015 年这一比率下降到 0.14，下降幅度为 26.63%，创"十二五"以来最好成绩。河南省在 2015 年每单位 GDP 增长所用的电力能耗比率也有所下降，2010 年为 1.05，2014 年下降到 0.08，但 2016 年有所回升，达到了 0.47。

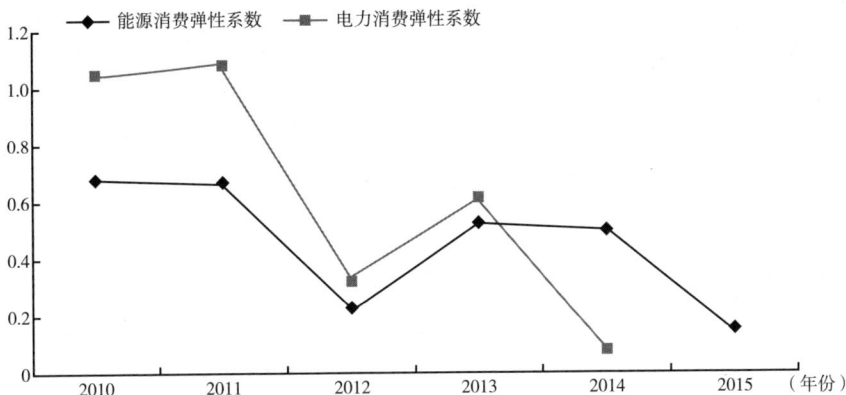

图 14 - 5　河南省能源消费弹性系数

二　河南绿色经济发展存在的问题

虽然河南省在绿色经济发展工作中取得了一些成绩，但是全省绿色经济发展面临的形势依然严峻，资源约束趋紧、环境污染严重、区域环境承载能力严重超载短期不会发生根本改变，当前和今后一个时期，绿色经济仍然是河南省经济社会发展中的突出短板。而且河南省作为我国重要的经济大省和工业大省，在发展过程中尚未摆脱"高投入、高消耗、高排放、高污染"的传统粗放型增长模式，生态破坏严重、环境污染加剧、资源消耗迅速，已经成为经济社会可持续发展的瓶颈制约。同时，与发达国家和先进省份相比，河南省还存在人均资源有限，生态承载力较弱，气候变化明显、水资源缺乏且年际与地域分布不均、土地利用率不高现象，限制了绿色发展空间和新增长点的培育。

（一）绿色资源总量不足，森林覆盖率偏低

据最新统计年鉴显示，河南省林业用地面积为 504.98 万公顷，森林面

积为 359.07 万公顷，在全国 31 个省（自治区、直辖市）中位列第 22，人均有林地面积只有全国平均水平的 1/5；森林覆盖率为 21.5%，在全国排名第 20 位，低于全国平均水平 0.13 个百分点，人均占有森林蓄积相当于全国平均水平的 1/7。并且，河南省林业用地面积占全省土地总面积的比例只有 29%，林地资源总量不足，发展空间有限，难以满足经济社会发展对生态环境质量不断增长的需求。森林资源分布也不均衡，森林资源丰富的地区主要集中在豫西伏牛山一带，其林业用地面积、有林地面积、活立木蓄积分别占全省的 68.3%、68.2%、57.4%；豫北的太行山地区，土壤较为贫瘠，立地条件较差，森林资源贫乏，其林业用地面积、有林地面积、活立木蓄积分别只有全省的 10.3%、6.8%、8.8%。森林资源总量不足且分布不均，严重影响了河南省森林生态系统整体功能的发挥，制约了林业发展与生态建设的进程。在全国森林资源分布的框架中，河南省作为人口密集地区，森林覆盖率偏低成为制约未来绿色发展的重大障碍之一。

（二）绿色指数不高，发展制约因素突出

作为绿色发展指数的重要内涵之一，经济增长绿化度是对一个地区经济发展过程中绿色程度的综合评价。根据 2015 年中国绿色发展指数报告测算结果表明，河南经济增长绿化度为 -0.08，排在全国的第 19 位。绿色发展指数不高，反映出河南省在绿色发展方面面临的巨大压力。一方面，从产业层面上看，河南产业发展层次不高，在大量承接东部制造业转移的同时，资源环境承载空间被进一步压缩，特别是服务业比重与发达省份相比明显偏低，服务业本身存在增速低、比重小、结构不优、竞争力不强等突出问题，对城市经济增长绿化度的贡献度不高，带动作用不强。另一方面，从产业发展方式上看，粗放型发展方式尚未得到根本性改观，万元生产总值能耗、水耗等指标仍处于不容乐观的较低水平，在长期粗放型发展中累积的资源环境问题尚未从根本上得以破解。

（三）生态环境脆弱，气候变化显著

河南作为人口大省，在经济不断发展的同时，面临着资源、能源

和环境的现实压力，环境退化和资源耗竭引起的生态环境脆弱依然严峻。具体表现为大气污染严重，雾霾天气多发频发；水污染问题突出，部分河流水质超标，农业面源污染、重金属、地下水、土壤、持久性有机物污染仍处高发态势。对处于中部地区的河南来说，气候变化显著，由气候变暖引起的极端干旱、洪涝、寒潮等自然灾害频发，给粮食生产、水资源、森林生态系统以及人类健康产生了诸多不利影响，阻碍了经济社会的可持续发展。据统计，由于气温的持续升高，气候变化引发的各种自然灾害每年在河南省均有不同程度的发生，造成的经济损失平均达 30 亿~40 亿元，受灾最严重的年份高达 70 亿~80 亿元。

（四）全社会生态文明意识亟待加强

由于历史的原因，河南省生态文明建设考核奖惩机制不完善，在生态环境保护目标考核和责任追究、生态环境保护决策、生态创建激励机制、环境治理和生态修复以及生态环境监管等方面的工作机制还不够健全。人们对生态文明建设的重要性认识不足，执行节约优先、环保优先方针不坚决，少数地方还存在牺牲环境利益换取暂时性经济增长的现象。部分企业环保责任意识不强，超标排放、非法排污、恶意偷排等行为依然存在。全社会生态文明理念还不牢固，尊重自然、保护自然、与大自然共生的意识还没有真正形成。传统的生活方式和消费理念尚未转变，绿色消费、绿色出行等还没有真正成为人们自觉遵守的道德准则和行为规范，提高全社会生态文明意识任重道远。

（五）绿色产出效率低

基于《2016 中国绿色发展指数报告：区域比较》分析中，中国省际绿色发展指数测算结果显示，山西、甘肃和河南排名最后 3 位，绿色发展低于全国平均水平。整体而言，2010~2015 年，河南省的绿色发展指数呈现稳定的上升趋势，以 6 年的平均值衡量，河南省绿色发展水平排名全国最后 3 位。近年来，河南省水、主要能源等资源的消耗量下降趋势平缓，而 GDP 等产出指标上升并不明显，各项污染物排放量并无显著减少，河南省绿色发展虽然取得了一定的进步，但是其绿色发展水平相对较弱，与其他省份比较差距大，同时自身发展也面临着诸多的挑战与问题。

三　河南绿色经济运行效率的综合评价

绿色经济运行效率（Green Economic Efficiency，GEE）是在考虑资源投入和环境代价的基础上，评价一个国家或地区经济效率的指标。具体来说，包括两个方面。其一，绿色经济效率是一种评价某地区经济效率的指标，即投入要素在生产过程中的利用效率。从投入产出角度来看，它衡量了该地区在单位投入成本上获得期望产出的能力。其二，绿色经济效率全面考虑了资源投入和非期望产出，将资源的利用及环境付出的代价纳入生产过程中，所得的效率值则是在原有经济效率的基础上综合了资源利用和环境损失值之后，而获得的"绿色"经济效率值。简言之，绿色经济效率是考虑资源和环境代价后的综合经济效率，其值越高，表明综合经济效率越高，反之亦然。

（一）绿色经济运行效率指标体系的构建及模型选取

1. 指标体系构建

近年来，国内外学者们主要从全要素生产率的角度对区域经济持续高速增长的原因进行分析，然而，这些研究都忽略了环境污染成本对经济效率的影响，忽略环境污染研究各地区经济效率可能得出相悖的结论，如从全要素生产率角度测度的某地区的经济效率较高，但环境污染严重；或测度的经济效率水平并不高，但环境污染控制良好。不考虑环境代价的效率评价会促使地方在经济发展过程中仅以 GDP 为导向，忽视环境污染问题，而这种增长方式不利于经济的可持续发展。因此，忽略环境污染代价的经济效率研究是不准确、不全面的，不能正确地衡量相关经济体可持续发展水平。鉴于此，本章基于 2011 年末联合国环境规划署发布的《迈向绿色经济：实现可持续发展和消除贫困的各种途径》进行研究，报告对绿色经济进行了明确阐释，指出绿色经济指标测量应覆盖经济转型、资源效率和社会福祉 3 个领域。根据这一诠释，结合河南省的实际情况，本章制定出一套绿色经济发展评价指标体系，具体如表14－5所示。

表 14 - 5　　绿色经济运行效率指标体系构建

一级指标	二级指标	三级指标	状态	四级指标
河南省绿色经济运行效率综合水平	经济转型有效性	经济实力	正向	人均地区生产总值(元/人) X_1
			正向	固定资产投资额 X_2
		经济结构	正向	第一产业占 GDP 的比重 X_3
			正向	第二产业占 GDP 的比重 X_4
			正向	第三产业占 GDP 的比重 X_5
		劳动生产率	正向	第一产业劳动生产率 X_6
			正向	第二产业劳动生产率 X_7
			正向	第三产业劳动生产率 X_8
	资源利用绿色度	环境保护	负向	工业废水排放量 X_9
			负向	工业二氧化硫排放量 X_{10}
		资源利用效率	负向	单位产值消耗水量 X_{11}
			负向	单位产值消耗电量 X_{12}
		有害物质处理能力	正向	污水处理厂集中处理率 X_{13}
			正向	生活垃圾无害化处理率 X_{14}
			正向	一般工业固体废物综合利用率 X_{15}
	社会进步与福祉实现度	社会绿色服务	正向	建成区绿化覆盖率 X_{16}
			正向	每万人拥有公共汽车车辆数 X_{17}
			正向	每万人拥有医院、卫生院床位数 X_{18}
			正向	城镇基本养老参保人数 X_{19}
		人力资本投资	正向	教育支出占公共财政支出的比重 X_{20}
			正向	每万人在校大学生数 X_{21}
			正向	每百人公共图书馆藏书 X_{22}

注：供水和供电包含工业用水、用电和居民用水、用电，但相对于居民用水、用电量，工业用水、用电占很大比例，因此，本指标以市辖区的供水总量和全社会用电总量来代替工业用水、用电量。由于统计数据的限制，本表采用市辖区的数据进行计算，代表整个市的资源利用状况，单位产值消耗水量 = 供水总量（市辖区）/GDP（市辖区），单位产值消耗电量 = 全社会用电量（市辖区）/GDP（市辖区），单位产值消耗水量和电量均采用市辖区的数据。

经济转型指的是一个国家或地区从一种经济运行状态转向另一种经济运行状态，主要在于资源配置方式和经济发展方式的转变，而绿色转型是指以生态文明建设为主导，以循环经济为基础，以绿色管理为保障，发展模式向可持续发展转变，实现资源节约、环境友好、生态平衡，人、自然、社会和谐发展，狭义的绿色转型主要指投入结构转型和排放结构转型，二者分别直指中国经济发展中所面临的资源短缺和环境恶化问题。绿色转型发展是经济转型的重要组成部分，也是衡量绿色经济运行效率的重要标志。无论是发达国家还是新型的工业化国家，都是在经济转型升级中来实现持续快速发展的。一个国家或地区想要实现经济的快速转型，主要依赖于该国或地区的经济实力、经济结构和劳动生产率，其中经济实力越强，经济转型效率越高。经济结构主要体现在三大产业所占的比重上，而三大产业劳动生产率的提高又是实现产业结构变迁和增强经济实力的重要手段。因此，在选取经济转型有效性方面，主要从绿色经济转型的投入结构领域选取了经济实力、经济结构和劳动生产率三个角度构建指标体系。

资源利用绿色度是衡量绿色经济转型中的排放结构转型领域的指标，其中环境保护中工业废水排放量和工业二氧化硫排放量是衡量一个地区环境恶化程度的重要指标，其排放量越高，意味着该地区环境保护程度越低，所面临的问题越严重，因此这两个指标是负向指标。而资源利用效率则衡量的是一个地区的经济增长所消耗的资源效率，单位产值消耗的资源量越高，意味着该地区的资源利用效率越低，经济发展仍显粗放型发展模式，因此也是负向指标。而有害物质处理能力则是推进绿色经济，探索资源循环利用的有效途径，有害物质处理能力越强，意味着环境污染程度越低，资源利用程度越高。

绿色经济发展的最终目的是实现经济的有质量增长和社会福祉的提升，联合国环境规划署（UNEP）也认为绿色经济是为促成人类福祉和社会公平，同时显著降低环境风险和减少生态稀缺的经济。社会福祉的实现和社会进步主要包括社会绿色服务和人力资本的投资，社会绿色服务主要包括居民对社会基础设施和公共服务的拥有和享受程度，人力资本投资则是一个社会进步的重要标志，也是绿色发展的重要潜力。

2. 模型选取及计算

本章采用的河南省绿色经济运行效率的综合评价指标体系层次结构，分别为一级指标、二级指标、三级指标和四级指标。具体来说，确定了河南省绿色经济运行效率综合水平为一级指标，以经济转型有效性、资源利用绿色度和社会进步与福祉实现度为二级指标，根据数据的可得性，本章选用人均地区生产总值等22个变量为四级指标，利用主成分和因子分析法对河南省绿色经济发展进行综合评价。

主成分分析法（PCA）是把原来多个变量划为少数几个综合指标的一

种降维处理技术，即用较少的几个综合指标代替原来较多的变量指标，而且使这些综合指标既能尽量多地反映信息，同时又是彼此独立的。其基本原理和计算步骤如下。

对指标进行无量纲化处理，处理公式为：

$$正向指标: X_{ij} = \frac{X_{ij} - \min X_j}{\max X_j - \min X_j}$$

$$负向指标: X_{ij} = \frac{\max X_j - X_{ij}}{\max X_j - \min X_j}$$

假设有 n 个样本，每个样本容量有 p 个变量，则构成 $X = (X_1, X_2, \cdots, X_p)$ 是 $n \times p$ 维向量。

由原变量可以计算出各变量之间的相关系数 r_{ij}，计算公式为：

$$r_{ij} = \frac{\sum\limits_{k=1}^{n} (x_{ki} - \bar{x_i})(x_{kj} - \bar{x_j})}{\sqrt{\sum\limits_{k=1}^{n} (x_{ki} - \bar{x_i})^2 \sum\limits_{k=1}^{n} (x_{kj} - \bar{x_j})^2}}$$

计算特征值和特征向量。由 $|\lambda I - R = 0|$ 计算出特征值，并将特征值按照大小顺序排列（其中 R 为相关系数矩阵），即 $\lambda_1 \geq \lambda_2 \geq, \cdots, \geq \lambda_p \geq 0$；然后根据特征值计算出特征向量 e_i $(i = 1, 2, \cdots, p)$，要求 $\sum\limits_{j=1}^{p} e_{ij}^2 = 1$，其中 e_{ij} 为向量 e_i 的第 j 个分量。

计算主成分 z_i 的贡献率和累积贡献率，计算公式为：

$$z_i = \frac{\lambda_i}{\sum\limits_{k=1}^{p} \lambda_k} \quad (i = 1, 2, \cdots, p)$$

一般选取特征值大于 1 或者累计贡献率达到 80% ~ 95% 的特征值所对应的几个主成分。计算主成分的载荷矩阵，其计算公式为：

$$l_{ij} = p(z_i, x_j) = \sqrt{\lambda_i e_{ij}} \quad (i, j = 1, 2, \cdots, p)$$

由载荷矩阵进一步计算出各主成分的得分。由各成分的载荷向量除以主成分中每个主成分特征值的算数平方根，计算出各指标的相关系数，然后由各指标标准化后的数据计算主成分的得分，计算公式为：

$$Z_j = \sum_{i=1}^{21} \partial_{ij} \cdot X_i$$

其中 Z_j 为所提取的主成分中第 j 个主成分的得分，∂_{ij} 为主成分和各指标的相关系数，X_i 为指标标准化后的值。由主成分的载荷矩阵，得出主成分的得分矩阵。

计算综合得分。$Y_i = \sum_{m=1}^{5} a_m \cdot Z_{im}$，其中 Y_i 为第 i 个市的综合得分，a_m 为第 m 个主成分贡献率，Z_{im} 为第 i 个市第 m 个主成分得分。由我们提取的主成分的特征值和公式计算出的主成分综合得分。

本章采用主成分分析法，利用 Stata 13.0 软件，通过降维技术处理，从所构建的 22 个指标里提取关键指标，使这些指标既互相独立，又尽可能多地反映所构建的 22 个指标所含的信息，并根据特征值确定各主成分方差贡献率，计算各主成分得分，进而计算出河南省各地区绿色经济发展的综合得分。在各指标的得分中，正向指标表明该指标与绿色经济正向相关，负向指标则呈负向相关。数据主要来源于《河南城市统计年鉴 2016》和《河南统计年鉴 2016》，并对数据进行了标准化处理。

（二）河南省绿色经济运行效率的实证检验

1. 经济转型有效性主成分的选取及衡量

由图 14 - 6 可以看出，前 2 个主成分的特征值都大于 1，后面的特征值越来越小，且前 2 个主成分累计贡献率约为 80%，即前 2 个主成分已包含了原始指标 80% 的数据信息量，很好地拟合了原始变量，可以很充分地解释所构建的 8 个指标所含的经济转型有效性的信息，因此，我们可以提取前 2 个主成分，分别记为 Z_1、Z_2 来代替原来的 8 个指标，它们的贡献率分别为 51.44%、28.03%，表明它们分别解释了原始变量 51.44%、28.03% 的信息。

主成分 1 在 X_1、X_3、X_7、X_8 指标上载荷较大，比较充分地反映了人均地区生产总值、第一产业占 GDP 的比重所代表的经济实力、经济结构以及第二、第三产业劳动生产率所代表的生产率水平。主成分 2 在 X_2、X_4 和 X_5 指标上载荷较大，能比较充分地体现固定资产投资所反映的经济实力以及第二、第三产业占 GDP 的比重所反映的经济结构水平。

```
Principal components/correlation              Number of obs    =        17
                                              Number of comp.  =         7
                                              Trace            =         8
        Rotation: (unrotated = principal)     Rho              =    1.0000
```

Component	Eigenvalue	Difference	Proportion	Cumulative
Comp1	4.11487	1.87287	0.5144	0.5144
Comp2	2.242	1.18184	0.2803	0.7946
Comp3	1.06016	.766555	0.1325	0.9271
Comp4	.293606	.0722046	0.0367	0.9638
Comp5	.221401	.177098	0.0277	0.9915
Comp6	.0443034	.020648	0.0055	0.9970
Comp7	.0236554	.0236552	0.0030	1.0000
Comp8	2.16427e-07	.	0.0000	1.0000

Principal components (eigenvectors)

Variable	Comp1	Comp2	Comp3	Comp4	Comp5	Comp6	Comp7	Unexplained
x1	0.4752	-0.0105	0.1650	0.0827	0.3200	0.2974	-0.7411	0
x2	0.3173	0.4487	-0.1446	0.1721	0.6675	-0.0716	0.4436	0
x3	-0.4501	0.1764	0.1077	0.5041	0.0436	0.4548	-0.0094	0
x4	0.2362	-0.5735	-0.0634	-0.2524	0.2012	-0.0796	0.1725	0
x5	0.1663	0.6123	-0.0303	-0.2035	-0.3327	-0.3914	-0.2320	0
x6	-0.0763	0.0536	0.9490	-0.1772	0.1389	-0.1351	0.1475	0
x7	0.4102	-0.2044	0.1636	0.7328	-0.3212	-0.3326	0.1119	0
x8	0.4619	0.1377	0.0894	-0.1896	-0.4202	0.6412	0.3689	0

Scoring coefficients
sum of squares(column-loading) = 1

Variable	Comp1	Comp2
x1	0.4752	-0.0105
x2	0.3173	0.4487
x3	-0.4501	0.1764
x4	0.2362	-0.5735
x5	0.1663	0.6123
x6	-0.0763	0.0536
x7	0.4102	-0.2044
x8	0.4619	0.1377

图 14 - 6 经济转型有效性的统计指标

467

2. 资源利用绿色度主成分的选取及衡量

原理跟第一部分一样，由图 14 - 7 可以看出，前 3 个主成分的特征值都大于 1，且前 3 个主成分累计贡献率达到 81%，因此，我们可以提取前 3 个主成分，它们的贡献率分别为 37.86%、24.67%、18.91%。

主成分 1 在 X_{10}、X_{11} 指标上载荷较大，比较充分地反映了工业二氧化硫排放量所反映的环境保护水平以及单位产值消耗水量所反映的资源消耗效率水平。主成分 2 在 X_{13}、X_{14} 指标上载荷较大，能够充分反映污水处理厂集中处理率和生活垃圾无害化处理率所代表的有害物质处理能力水平。主成分 3 在 X_9、X_{12} 指标上的载荷较大，能较充分反映工业废水排放量所代表的环境保护以及单位产值消耗电量所代表的资源消耗效率水平。

```
Principal components/correlation              Number of obs    =        17
                                             Number of comp.  =         3
                                             Trace            =         7
        Rotation: (unrotated = principal)    Rho              =    0.8145
```

Component	Eigenvalue	Difference	Proportion	Cumulative
Comp1	2.65019	.923017	0.3786	0.3786
Comp2	1.72718	.403146	0.2467	0.6253
Comp3	1.32403	.593117	0.1891	0.8145
Comp4	.730913	.348479	0.1044	0.9189
Comp5	.382434	.215883	0.0546	0.9735
Comp6	.166551	.147847	0.0238	0.9973
Comp7	.018704	.	0.0027	1.0000

Principal components (eigenvectors)

Variable	Comp1	Comp2	Comp3	Unexplained
x9	0.3100	-0.1517	0.6347	.1721
x10	0.5667	0.0941	-0.1635	.09816
x11	0.5549	0.1610	-0.2297	.06929
x12	0.2503	0.0178	-0.5183	.4777
x13	-0.1290	0.6394	0.2641	.1575
x14	-0.3021	0.5594	-0.2835	.1112
x15	0.3228	0.4692	0.3146	.2126

```
Scoring coefficients
    sum of squares(column-loading) = 1
```

Variable	Comp1	Comp2	Comp3
x9	0.3100	-0.1517	0.6347
x10	0.5667	0.0941	-0.1635
x11	0.5549	0.1610	-0.2297
x12	0.2503	0.0178	-0.5183
x13	-0.1290	0.6394	0.2641
x14	-0.3021	0.5594	-0.2835
x15	0.3228	0.4692	0.3146

图 14 - 7　资源利用绿色度统计指标

3. 社会进步与福祉实现度主成分的选取及衡量

```
Principal components/correlation          Number of obs    =      17
                                          Number of comp.  =       3
                                          Trace            =       7
    Rotation: (unrotated = principal)     Rho              =  0.8472
```

Component	Eigenvalue	Difference	Proportion	Cumulative
Comp1	3.18436	1.64692	0.4549	0.4549
Comp2	1.53745	.328569	0.2196	0.6745
Comp3	1.20888	.640373	0.1727	0.8472
Comp4	.568503	.223103	0.0812	0.9285
Comp5	.3454	.20539	0.0493	0.9778
Comp6	.14001	.124608	0.0200	0.9978
Comp7	.0154024	.	0.0022	1.0000

```
Principal components (eigenvectors)
```

Variable	Comp1	Comp2	Comp3	Unexplained
x16	-0.0431	-0.5656	0.4944	.2068
x17	0.1998	0.0481	-0.7459	.1967
x18	0.1138	0.7082	0.3149	.06787
x19	0.5137	0.2066	0.2252	.03283
x20	-0.4207	0.2708	0.0528	.3204
x21	0.5370	0.0134	0.1796	.04229
x22	0.4648	-0.2453	-0.1192	.2024

原理跟第一部分一样，由图 14－8 可以看出，前 3 个主成分的特征值都大于 1，且前 3 个主成分累计贡献率达到 85%，因此，我们可以提取前 3 个主成分，它们的贡献率分别为 45.49%、21.96%、17.27%。

主成分 1 在 X_{19}、X_{21}、X_{22} 指标上载荷较大，比较充分地反映了城镇基本养老参保人数所反映的社会绿色服务水平以及每万人在校大学生数和每百人公共图书馆藏书所反映的人力资本投资水平。主成分 2 在 X_{16}、X_{18} 指标上载荷较大，能够充分反映建成区绿化覆盖率和每万人拥有医院、卫生院床位数所反映的社会绿色服务水平。主成分 3 在 X_{16}、X_{17} 指标上的载荷较大，能较充分反映建成区绿化覆盖率和每万人拥有公共汽车车辆数所反映的社会绿色服务水平。

```
Scoring coefficients
    sum of squares(column-loading) = 1
```

Variable	Comp1	Comp2	Comp3
x16	−0.0431	−0.5656	0.4944
x17	0.1998	0.0481	−0.7459
x18	0.1138	0.7082	0.3149
x19	0.5137	0.2066	0.2252
x20	−0.4207	0.2708	0.0528
x21	0.5370	0.0134	0.1796
x22	0.4648	−0.2453	−0.1192

图 14－8　社会进步与福祉实现度统计指标

4. 绿色经济运行效率的综合得分

表 14－6 是从经济转型有效性、资源利用绿色度、社会进步及福祉实现度三个方面对河南省 17 个市进行的综合评分，并根据这三个方面的得分计算出河南省经济运行效率综合指标，按照综合指标得分，对各市进行了排名。

表 14 - 6　2016 年河南省绿色经济运行效率的综合得分

地区	经济转型 有效性	资源利用 绿色度	社会进步与 福祉实现度	绿色经济运行 效率综合指标	排名
郑州市	4.2034	- 1.3277	3.6445	4.8145	1
开封市	- 0.0737	0.4826	- 0.0185	0.7703	3
洛阳市	1.8674	- 1.2778	0.5759	1.1996	2
平顶山市	0.0855	- 0.4701	- 0.1181	- 0.4439	10
安阳市	- 0.0059	- 0.2891	- 0.3770	- 0.4110	9
鹤壁市	- 1.0170	0.5170	- 0.6808	- 0.8911	13
新乡市	0.0252	- 0.2702	0.1213	0.4775	4
焦作市	0.5671	- 0.8588	- 0.0219	0.4130	5
濮阳市	- 0.6979	0.7768	- 0.8576	- 1.0330	15
许昌市	0.6256	0.6894	- 0.6427	- 0.0938	8
漯河市	- 0.9807	1.3746	- 0.6953	- 1.0461	16
三门峡市	0.8759	- 1.7465	- 0.4688	0.1223	6
南阳市	- 0.2903	- 0.2196	0.6109	- 0.0910	7
商丘市	- 1.1982	0.6237	- 0.1055	- 0.7753	11
信阳市	- 1.1383	0.7980	- 0.3115	- 1.2668	17
周口市	- 1.5738	0.4988	- 0.2896	- 0.9341	14
驻马店市	- 1.2745	0.6989	- 0.3652	- 0.8111	12

（三）河南省绿色经济运行效率的综合评价

1. 从总量上分析

由表 14 - 6 可以看出，2016 年，郑州、洛阳、开封、新乡、焦作和三门峡这 5 个市的绿色经济运行效率在河南省的平均水平以上，而除这几个市的其他市在平均水平以下。在这 17 个市中，郑州市的绿色经济发展效率最高，洛阳次之，而漯河和信阳最低。郑州市的绿色经济运行效率最高，主要在于郑州的经济实力在这 17 个市里面是最高的，其经济转型有效性以及社会进步与福祉实现度这两类综合指标均是 17 个市的最高水平，具体表现在人均地区生产总值和固定资产投资额都是 17 市的首位，其第三产业占 GDP 的比重和第三产业劳动生产率也是 17 市的首位，因此郑州市的经济转型有效性在 17 个市里面是最高的。另外，其生活垃圾处理能力也是最高的。在社会进步与福祉实现度方面，其每万人拥有医院和卫生院床位数、城镇基本养老参保人数也是最高的，且在人力资本投资方面，其每万人在校大学生数和每百人公共图书馆藏书也是 17 个市里最高的。多项指标均位居高位，使得郑州成为河南省绿色经济运行效率最高的市。鹤壁市的第二产业占 GDP 的比重是 17 个市里最高的，但其固定资产投资、第三产业占 GDP 的比重以及社会绿色服务水平均为河南省最低。在资源消耗效率方面，平顶山市是全省最低的，其第一产业劳动生产率也是全省最低的。漯河市的环境保护、资源消耗效率以及建成区绿地面积是全省最高的。南阳的污水处理厂集中处理率以及建成区绿化覆盖率是全省最低的。周口的人均地区生产总值、第三产业劳动生产率、每百人公共图书馆藏书是全省最低的，其他指标中固定资产投资、第二产业占 GDP 的比重、三大产业劳动生产率、每万人在校大学生数等指标均处于全省低位。信阳市的资源利用绿色度水平较高，但其经济转型有效性和社会进步与福祉实现度均处于全省的低位水平，具体来说，信阳的第一产业占 GDP 的比重和教育支出占公共财政支出的比重是全省最高的，但其生活垃圾无害化处理率以及每万人拥有公共汽车车辆数也是全省最低的，多项指标低于全省平均水平，使得其绿色经济运行效率也是全省最低的一个地区。

2. 从结构上分析

从结构上来看，2016 年，河南省资源利用绿色度水平较高，社会进步与福祉实现度次之，而经济转型有效性最低。在经济转型有效性方面，其经济实力较弱，人均地区生产总值和固定资产投资都不高，而在经济结构中，第一产业生产总值占比仍然较高，第三产业占比较低，在劳动生产率方面，第二产业仍然很低。而其资源利用绿色度整体水平较高，其中一般工业固体综合利用水平很高，环境保护和资源消耗效率多项指标水平也较高。在社会进步方面，其人力资本投资不足，每万人在校大学生数处于低位水平，在社会福祉实现度方面，其城镇基本养老参保人数也不高，每万人拥有公共汽车车辆数也不高，但其建成区绿化覆盖率以及教育支出占公共财政支出的比重却处于中高位水平。

具体来说，在经济转型有效性方面，具体如图 14-9 所示，郑州市、洛阳市、三门峡市、许昌市、焦作市、平顶山市和新乡市的得分为正，其余得分为负，低于全省的平均水平。其中郑州得分最高，主要得益于郑州市的经济实力、第三产业比重和第三产业劳动生产率都是全省最高的，而

鹤壁市的第二产业占比较高，第三产业占比却是全省最低，驻马店的第二
产业占比和第二产业劳动生产率也是全省最低。周口市得分最低，主要原
因在于周口市的人均地区生产总值和第三产业劳动生产率是全省最低，其
经济结构中第二、第三产业占 GDP 的比重和第一、第二产业劳动生产率均
处于全省低位水平。

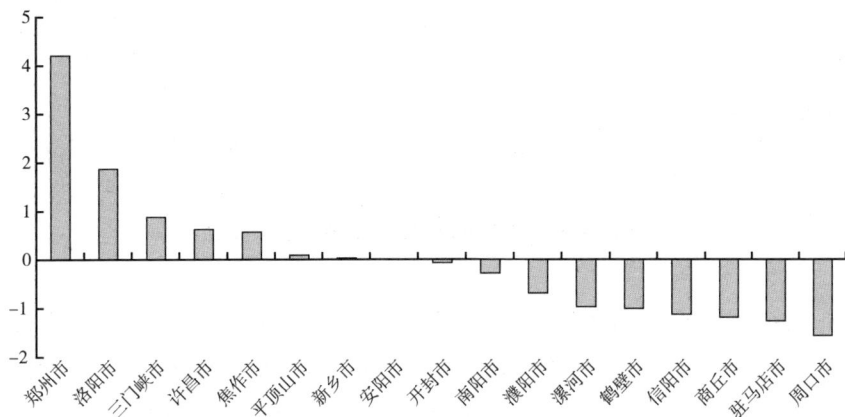

图 14-9　经济转型有效性各市得分及排名

在资源利用绿色度方面，具体如图 14-10 所示，漯河市、信阳市、濮
阳市、驻马店市、许昌市、商丘市、鹤壁市、周口市和开封市的得分为
正，其他市为负。其中漯河市得分最高，其环境保护和资源消耗效率全省
最高，污水处理厂集中处理率也是全省最高的。郑州市、开封市和新乡市
的生活垃圾无害化处理率也是全省最高的，在一般工业固体废物综合利用
率方面，新乡市也是全省最高的。平顶山的资源消耗效率是全省最低
的，三门峡的一般工业固体废物综合利用率、南阳的污水处理厂集中处
理率、信阳的生活垃圾无害化处理率均是全省最低的。三门峡市得分最
低，仅为 -1.7465，主要原因在于三门峡的一般工业固体废物综合利用
率处于全省最低水平，有害物质的处理中其他两项也处于低位水平，单
位产值消耗水量中除了郑州市、洛阳市、平顶山市、安阳市外，是全省
消耗最高的城市，在环境保护方面，工业废水排放量和工业二氧化硫排
放量也处于全省的高位水平，这些因素导致三门峡市是资源利用绿色度
最低的一个市。

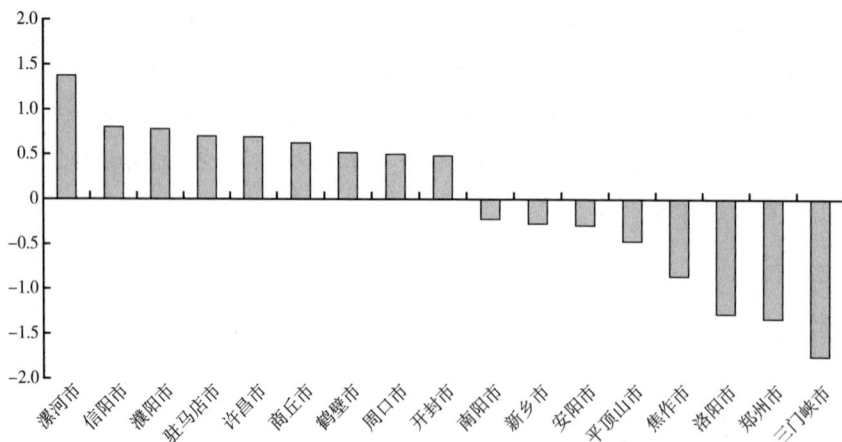

图 14 - 10 各市资源利用绿色度得分及排名

在社会进步与福祉实现度方面，如图 14 - 11 所示，郑州市位于全省最高水平，而濮阳市位于全省最低水平。具体来说，郑州市的教育支出占公共财政支出是全省最低的，其他指标均是全省最高水平，漯河的建成区绿化覆盖率，南阳的每万人拥有医院、卫生院床位数，信阳的教育支出占公共财政支出的比重也是全省最高水平；而鹤壁的每万人拥有医院、卫生院床位数，城镇基本养老参保人数，濮阳的每万人在校大学生数，南阳的建成区绿化覆盖率，周口的每百人公共图书馆藏书均是全省最低水平。濮阳市得分最低，仅为 -0.8576，主要原因在于濮阳市的每万人拥有公共汽车车辆数是除了信阳市、

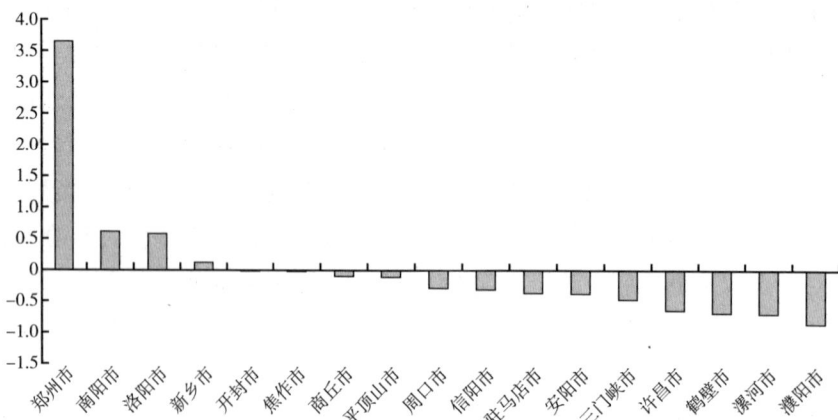

图 14 - 11 各市社会进步与福祉实现度得分及排名

南阳市、鹤壁市、安阳市之外最低的市，其每万人拥有医院、卫生院床位数也是除了鹤壁、漯河、焦作、三门峡外最低的市，其城镇基本养老参保人数和每百人公共图书馆藏书也处于全省低位水平，还有一部分原因在于濮阳市 2016 年末户籍人口仅为 429.01 万人，人口总量是除了鹤壁市、焦作市、漯河市、三门峡市外最低的市，较低的人口也使得其在社会绿色服务和人力资本投资方面发展水平较低。

四　河南绿色经济发展趋势

第三节就 2016 年河南省绿色经济运行效率进行了全面分析，为了对"十三五"以及以后河南省绿色经济发展趋势进行预测，应计算出近几年河南省绿色经济的综合得分，根据得分再预测其发展趋势。

（一）绿色经济运行效率分年度综合得分

根据第三节原理，运用主成分和因子分析可以得出 2000～2016 年河南省绿色经济运行效率的年度得分。指标体系的构建主要依据表 14－5 所构建的具体指标，考虑到数据的可获得性，在表 14－5 的基础上对指标略有修改，其中将单位产值消耗水量和单位产值消耗电量分别以能源消费弹性系数和电力消费弹性系数代替，其他指标不变。数据来源于《河南统计年鉴》、EPS 数据库中的中国宏观经济数据库、中国教育数据库、中国环境数据库、中国能源数据库。部分数据由笔者计算所得。

从图 14－12 可以看出，前 3 个主成分的特征值都大于 1，后面的特征值越来越小，且前 3 个主成分累计贡献率达到 91.56%，即前 3 个主成分已包含了原始指标 91.56% 的数据信息量，很好地拟合了原始变量，可以很充分地解释所构建的 22 个指标所含的经济转型有效性的信息，因此，我们可以提取 3 个主成分，分别记为 Z_1、Z_2、Z_3 来代替原来的 22 个指标，它们的贡献率分别为 72.66%、14.08%、4.82%，表明它们分别解释了原始变量 72.66%、14.08%、4.82% 的信息。

同样的原理，我们得出河南省绿色经济运行的综合指标及各分项指标的综合得分，具体如表 14－7 所示。

		Number of comp.	=	16
		Trace	=	22
Rotation: (unrotated = principal)		Rho	=	1.0000

Component	Eigenvalue	Difference	Proportion	Cumulative
Comp1	15.9847	12.8867	0.7266	0.7266
Comp2	3.09802	2.03782	0.1408	0.8674
Comp3	1.0602	.288971	0.0482	0.9156
Comp4	.771234	.415449	0.0351	0.9506
Comp5	.355784	.0694182	0.0162	0.9668
Comp6	.286366	.122227	0.0130	0.9798
Comp7	.164139	.03772	0.0075	0.9873
Comp8	.126419	.0644548	0.0057	0.9930
Comp9	.0619646	.025771	0.0028	0.9959
Comp10	.0361936	.00873668	0.0016	0.9975
Comp11	.0274569	.0129883	0.0012	0.9988
Comp12	.0144686	.00561223	0.0007	0.9994
Comp13	.00885637	.0059812	0.0004	0.9998
Comp14	.00287517	.00209387	0.0001	0.9999
Comp15	.000781305	.000286703	0.0000	1.0000
Comp16	.000494602	.000494602	0.0000	1.0000
Comp17	0	0	0.0000	1.0000
Comp18	0	0	0.0000	1.0000
Comp19	0	0	0.0000	1.0000
Comp20	0	0	0.0000	1.0000
Comp21	0	0	0.0000	1.0000
Comp22	0	.	0.0000	1.0000

图 14 - 12　河南 2000～2016 年绿色经济运行效率统计指标

表 14 - 7　河南 2000～2016 年绿色经济运行效率得分

年份	绿色经济运行 效率综合指标	经济转型 有效性	资源利用 绿色度	社会进步与福 祉实现度
2000	- 4.85	- 2.51	- 2.80	- 3.16
2001	- 4.15	- 2.33	- 2.28	- 2.66
2002	- 4.18	- 2.15	- 2.21	- 3.23
2003	- 3.65	- 1.68	- 2.08	- 2.88
2004	- 3.15	- 1.77	- 1.94	- 1.85
2005	- 1.76	- 1.51	- 0.32	- 1.39
2006	- 1.33	- 1.15	- 0.20	- 1.29
2007	- 0.47	- 0.73	- 0.14	- 0.35
2008	0.58	- 0.50	0.68	0.15
2009	1.11	- 0.11	1.26	0.35

年份	绿色经济运行效率综合指标	经济转型有效性	资源利用绿色度	社会进步与福祉实现度
2010	1. 59	0. 25	1. 56	0. 48
2011	2. 19	0. 93	1. 18	1. 40
2012	3. 01	1. 48	1. 68	1. 98
2013	3. 10	2. 07	1. 27	2. 33
2014	3. 57	2. 61	1. 42	2. 75
2015	3. 85	3. 25	1. 56	2. 98
2016	4. 55	3. 85	1. 32	4. 39

（二）分年度绿色经济运行效率的综合评价

从图 14 - 13 可以看出，从国家第十个五年规划开始到"十二五"规划结束，河南省绿色经济运行效率在逐年提高，在这 17 年期间，2000 ~ 2009 年，整体处于平均水平以下，"十一五"规划是个分界点，到"十一五"规划结束，即 2010 年，达到了近 17 年的平均水平，而"十二五"期间，是快速增长的阶段，这一期间绿色经济运行效率年均增长率达到15.1%，未来增长趋势明显。其中经济转型有效性增长最快，年均增长率达到了 36.7%；相对来说，资源利用绿色度增长较慢，年均增长率仅为7.2%，在 2012 年达到 17 年的最高水平以后，有下降的趋势；社会进步与福祉实现度年均增长率为 20.8%，而且未来增长趋势明显。

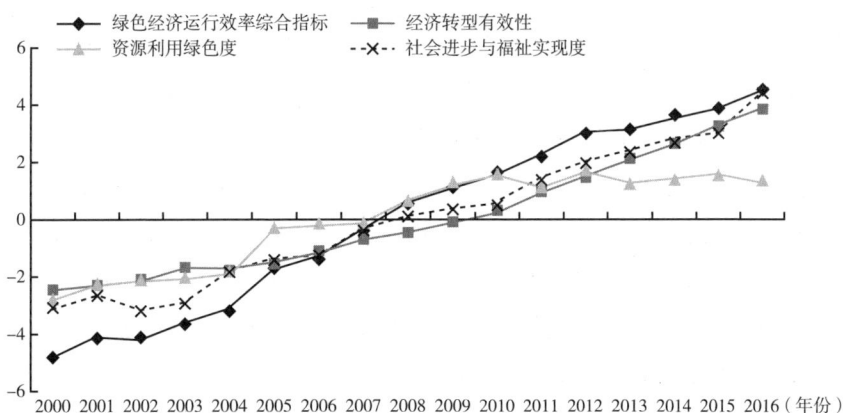

图 14 - 13　河南 2000 ~ 2016 年绿色经济运行效率变动趋势

（三）河南省绿色经济运行效率预测

1. 模型选取

预测是利用序列 $\{x_t, \; t = 0, \; \pm 1, \; \pm 2, \; \cdots\}$ 在时刻 t 以及时刻 $t-1$，$t-2$，$\cdots$ 的所有信息，对 x_{t+l} 进行估计。目前对平稳序列进行预测的最常用的方法是线性最小方差。本章选用 ARMA 模型，ARMA 模型是 AR 模型和 MA 两种模型的组合。

AR 模型也称自回归模型，主要是通过对过去观测值和现在的干扰值进行线性组合和预测的一种方法，P 阶自回归模型记为 AR（P），满足下列方程：

$$u_t = c + \varphi_1 u_{t-1} + \varphi_2 u_{t-2} + \cdots + \varphi_p u_{t-p} + \varepsilon_t, t = 1, 2, \cdots, T$$

其中 c 为常数；φ_1，φ_2，$\cdots$，φ_p 是自回归模型系数；P 为自回归模型阶数；ε_t 是均值为 0，方差为 σ^2 的白噪声序列。

MA 模型也称为滑动平均模型（又称移动平均模型），它的预测方法主要是通过过去的干扰值和现在的干扰值的线性组合进行预测。q 阶移动平均模型记为 MA（q），满足下列方程：

$$u_t = \mu + \varepsilon_t + \theta_1 \varepsilon_{t-1} + \cdots + \theta_q \varepsilon_{t-q}, t = 1, 2, \cdots, T$$

其中 μ 为常数；θ_1，θ_2，$\cdots$，θ_q 为 q 阶移动平均模型的系数；ε_t 是均值为 0，方差为 σ^2 的白噪声序列。

为了使模型更好地拟合数据，可以将 AR（p）和 MA（q）结合起来，得到 ARMA（p，q）模型，其方程为：

$$u_t = c + \varphi_1 u_{t-1} + \cdots + \varphi_p u_{t-p} + \varepsilon_t + \theta_1 \varepsilon_{t-1} + \cdots + \theta_q \varepsilon_{t-q}, t = 1, 2, \cdots, T$$

其中 $\{\varepsilon_t\}$ 为白噪声。在给定的 $\{u_1, \; \cdots, \; u_p\}$ 与 "$\varepsilon_0 = \varepsilon_{-1} = \cdots = \varepsilon_{-q+1} = 0$" 的条件下，可以使用条件 MLE 来估计 ARMA（p，q），首先必须确定（p，q），在实践中，通常可以通过自相关函数（ACF）和偏自相关函数（PACF）来判断是否存在 $p = 1$，或者 $q = 0$ 的情况，如果 $p = 0$，其 ACF 函数截尾，而 PACF 函数拖尾，模型可转化为 MA（q），不包含自回归的部分；反之，如果 ACF 函数拖尾，而 PACF 函数截尾，模型可转化为 AR（p），不包含移动平均的部分。

2. 模型估计

从图 14 - 14 可以看出，绿色经济运行效率的自相关系数是拖尾的，偏自相关系数是截尾的，对序列进行一阶差分后，包含截距项对序列进行 ADF 检验，结果显示序列是平稳的。偏自相关系数在 $t=1$ 处很快趋于 0，即 1 阶后截尾，因此可以判断序列基本满足 AR（1），自相关系数在 $t=1$ 和 $t=2$ 处显著不为 0 因此可以拟合 MA（1）或 MA（2），而在 $t=3$ 是处于置信区间的边缘，因此也可以考虑 MA（3）。

由模型定阶发现，$p=1$，q 可能等于 1、2 或者 3，根据组合来选择最优模型，经过对模型多次尝试后，发现 $q=3$ 时，模型 ARMA（1，3）部分指标不显著，说明模型并不适合拟合 ARMA（1，3）模型，进一步筛选，剔除不显著的滞后项或者移动平均项，最后得到结果如图 14－14 所示。ARMA（1，2）模型是最优模型，由图 14－15 也可以看出，在 5% 的水平下高度显著，R^2 为 0.97，表明我们选择的模型很好地拟合了原始数据，DW 统计量为 2，说明残差不存在一阶自相关，AIC、SC 都很小，而且滞后多项式的倒数根在单位圆内，也表明了序列是平稳的，得到的回归模型为（小括号内为 t 值）：

$$u_t = 0.94u_{t-1} + \varepsilon_t + 0.7\varepsilon_{t-1} + 0.55\varepsilon_{t-2}$$
$$(9.66) \qquad (3.04) \quad (2.38)$$

Date: 02/28/18 Time: 21:08
Sample: 2000 2016
Included observations: 17

Autocorrelation	Partial Correlation		AC	PAC	Q-Stat	Prob
		1	0.841	0.841	14.288	0.000
		2	0.693	-0.050	24.638	0.000
		3	0.519	-0.176	30.853	0.000
		4	0.344	-0.123	33.799	0.000
		5	0.155	-0.178	34.443	0.000
		6	0.007	-0.013	34.445	0.000
		7	-0.131	-0.096	34.999	0.000
		8	-0.252	-0.112	37.275	0.000
		9	-0.341	-0.054	41.977	0.000
		10	-0.399	-0.055	49.317	0.000
		11	-0.426	-0.032	59.105	0.000
		12	-0.436	-0.073	71.379	0.000

Null Hypothesis: D(ZHDF) has a unit root
Exogenous: Constant
Lag Length: 0 (Automatic - based on SIC, maxlag=3)

		t-Statistic	Prob.*
Augmented Dickey-Fuller test statistic		-4.065107	0.0082
Test critical values:	1% level	-3.959148	
	5% level	-3.081002	
	10% level	-2.681330	

*MacKinnon (1996) one-sided p-values.
Warning: Probabilities and critical values calculated for 20 observations
and may not be accurate for a sample size of 15

Augmented Dickey-Fuller Test Equation
Dependent Variable: D(ZHDF,2)
Method: Least Squares
Date: 03/06/18 Time: 12:10
Sample (adjusted): 2002 2016
Included observations: 15 after adjustments

Variable	Coefficient	Std. Error	t-Statistic	Prob.
D(ZHDF(-1))	-1.119200	0.275319	-4.065107	0.0013
C	0.648938	0.185720	3.494177	0.0040

R-squared	0.559697	Mean dependent var	-0.000193
Adjusted R-squared	0.525827	S.D. dependent var	0.533372
S.E. of regression	0.367281	Akaike info criterion	0.958187
Sum squared resid	1.753639	Schwarz criterion	1.052593
Log likelihood	-5.186400	Hannan-Quinn criter.	0.957181
F-statistic	16.52510	Durbin-Watson stat	1.690115
Prob(F-statistic)	0.001338		

图 14 – 14　序列的相关图及平稳性检验

3. 模型检验

对模型估计后，需要对拟合模型的适应性进行检验，即对模型残差序列进行白噪声检验，如果残差不是白噪声，则说明所选取的模型还有一些重要信息没被提取，应该重新设定模型。检验结果如图 14 – 16 所示，可以

Dependent Variable: ZHDF
Method: Least Squares
Date: 02/28/18　Time: 22:35
Sample (adjusted): 2001 2016
Included observations: 16 after adjustments
Convergence achieved after 10 iterations
MA Backcast: 1999 2000

Variable	Coefficient	Std. Error	t-Statistic	Prob.
AR(1)	0.943065	0.097590	9.663582	0.0000
MA(1)	0.702979	0.231408	3.037831	0.0095
MA(2)	0.546522	0.229323	2.383198	0.0331

R-squared	0.972693	Mean dependent var	0.303019
Adjusted R-squared	0.968492	S.D. dependent var	3.025503
S.E. of regression	0.537039	Akaike info criterion	1.761868
Sum squared resid	3.749340	Schwarz criterion	1.906729
Log likelihood	-11.09495	Hannan-Quinn criter.	1.769286
Durbin-Watson stat	2.017035		

Inverted AR Roots	.94	
Inverted MA Roots	-.35-.65i	-.35+.65i

图 14 – 15　ARMA（1，2）建模结果

Date: 03/01/18　Time: 09:49
Sample: 2000 2016
Included observations: 16
Q-statistic probabilities adjusted for 3 ARMA terms

Autocorrelation	Partial Correlation		AC	PAC	Q-Stat	Prob
		1	-0.435	-0.435	3.6251	
		2	-0.131	-0.395	3.9804	
		3	0.091	-0.233	4.1652	
		4	0.229	0.186	5.4208	0.020
		5	-0.255	0.003	7.1222	0.028
		6	-0.123	-0.248	7.5568	0.056
		7	0.289	0.004	10.225	0.037
		8	-0.157	-0.142	11.117	0.049
		9	0.037	0.097	11.173	0.083
		10	-0.146	-0.149	12.195	0.094
		11	0.235	-0.020	15.376	0.052
		12	-0.117	0.000	16.356	0.060

图 14 – 16　ARMA（1，2）模型残差相关检验结果

481

看出残差为白噪声，表明我们选取的 ARMA（1，2）模型拟合有效，图 14-17也进一步证明了模型拟合的有效性。

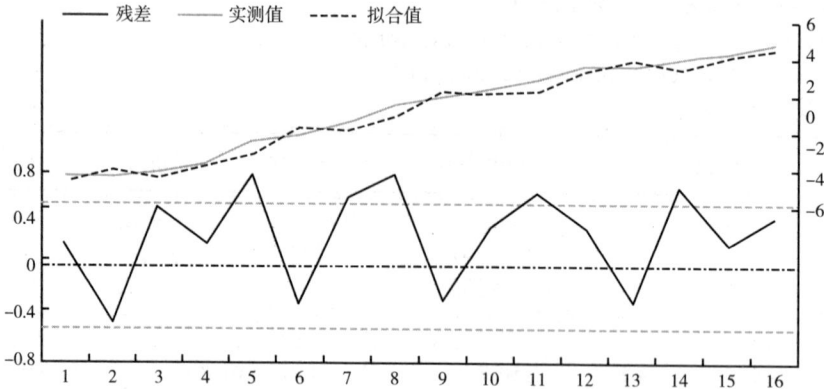

图 14-17　ARMA（1，2）的模型拟合

同样的原理，可以得出经济转型有效性最优模型为 ARMA（1，2）模型，R^2 为 0.98，很好地拟合了原始变量，在 5% 的水平下，均显著，其回归模型为（小括号内为 t 值）：

$$u_t = 1.04u_{t-1} + \varepsilon_t + 0.95\varepsilon_{t-1} + 0.9\varepsilon_{t-2}$$
$$(12.24) \qquad (5.60) \qquad (10.84)$$

资源利用绿色度最优模型为 ARMA（1，3）模型，R^2 为 0.93，很好地拟合了原始变量，u_{t-1}、ε_{t-2}、ε_{t-3} 在 5% 的显著性水平下，ε_{t-1} 在 10% 的水平下，均显著，其回归模型为（小括号内为 t 值）：

$$u_t = 0.64u_{t-1} + \varepsilon_t + 0.27\varepsilon_{t-1} + 0.31\varepsilon_{t-2} + 0.86\varepsilon_{t-3}$$
$$(3.87) \qquad (1.8) \qquad (2.14) \qquad (8.41)$$

社会进步与福祉实现度最优模型为 ARMA（1，1）模型，R^2 为 0.94，很好地拟合了原始变量，在 5% 的水平下，均显著，其回归模型为（小括号内为 t 值）：

$$u_t = 1.02u_{t-1} + \varepsilon_t + 0.75\varepsilon_{t-1}$$
$$(8.48) \qquad (5.44)$$

4. 未来发展预测

表 14-8 对河南省 2017～2020 年的绿色经济运行效率以及各分项指标

进行了预测，图 14 -18 对河南省 2000 ~ 2020 年绿色经济运行效率的变动趋势进行了描述，可以看出，按照目前的发展水平和资源利用状况，河南省绿色经济运行效率在 2017 年达到最高值后有下降的趋势，主要原因在于资源利用绿色度不高，河南省资源利用绿色度从 2012 年达到最高值 1. 68之后开始逐年下降，从而整体上拉低了河南省绿色经济的运行效率，因此，如果想提高绿色经济运行效率，必须在加强对环境保护的同时，提高资源利用效率。河南省经济转型有效性提高趋势非常明显，2020 年将达到 2000 年以来的最高水平，这也意味着河南省产业结构调整效果明显，三大产业劳动生产率提高速度也较快，一定程度上使得经济转型效率明显，从而拉动了绿色经济运行效率的提高。而社会进步与福祉实现度比经济转型有效性、资源利用率绿色度拉动绿色经济运行效率的效果都好，这也表明近年来河南省越来越重视公共基础设施和社会服务的建设和发展，尤其是城市公共基础设施的建设和教育及文化的发展，使得社会整体福利水平得到了很大程度的提高。但从增长速度上看，从 2017 年开始，社会进步与福祉实现度的增长速度要略低于经济转型有效性的速度。

表 14 -8　河南 2017 ~ 2020 年绿色经济运行效率的预测值

年度	绿色经济运行效率	经济转型有效性	资源利用绿色度	社会进步与福祉实现度
2017	4. 68	4. 17	1. 47	5. 41
2018	4. 64	4. 31	1. 19	5. 54
2019	4. 38	4. 47	0. 89	5. 68
2020	4. 13	4. 63	0. 57	5. 81

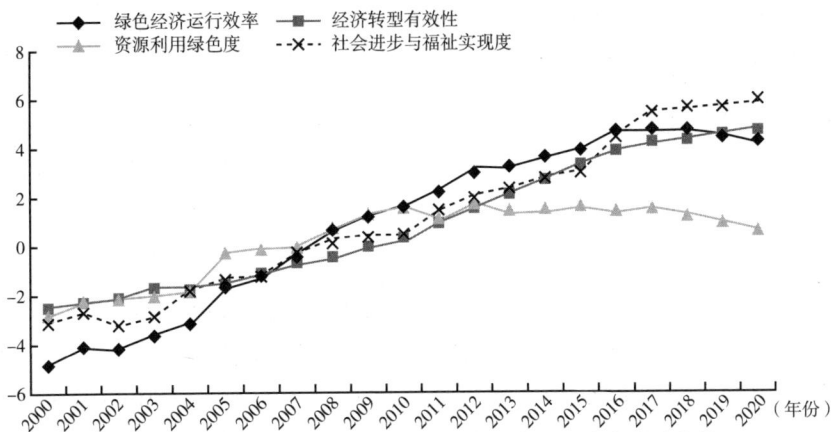

图 14 -18　河南 2000 ~ 2020 年绿色经济运行效率变动趋势

五 河南发展绿色经济的制约因素

尽管河南省绿色经济发展取得了一系列成效，但也存在一些客观因素的制约，影响了河南省绿色经济的发展。

（一）经济结构矛盾突出成为最大障碍

由表14-9所得数据可以看出，河南发展绿色经济所面临的最主要的问题是经济结构矛盾突出，该矛盾在社会经济的许多地方都有体现，主要有三个方面的问题。

一是产业结构不合理。河南省农业的整体规模大，农村人口众多，但效率很低，河南省是我国的农业大省，也是产粮大省，2016年粮食产量仅为我国的9.6%，在三次产业结构中，2016年第一产业生产总值占GDP的比重却只有10.6%，对本省GDP的贡献率仅为5.9%，第一产业的劳动生产率仅为16582元/人·年，严重低于河南省的平均劳动生产率60575元/人·年的水平，因此跟其他省份相比农业的优势不足。工业劳动生产率是三次产业中最高的，但对GDP的贡献率一直在下降，2016年仅达到43.5%，而且河南省工业涉及面广却少有做大做强的产业，在工业内部，煤炭、冶金、建材、化工等行业产品占据高位，但依然处于产业链前端和价值链低端。与发达地区和全国平均水平相比，河南省第一、第二产业占比过高，第三产业占比偏低问题还很严重，2016年刚刚在占GDP的比重中超过1/2。而且河南省大多产业仍处于粗放发展的阶段，整体的产业效益低下，有些行业，如煤炭、钢铁、火电、水泥、电解铝等行业的产能还严重过剩。虽然最近几年经过重点调整，河南省产业结构性矛盾已经没有那么突出，但是产业结构不能对市场的改变做出快速主动的改变适应，调整周期过长，这些矛盾在很长一段时间内仍然存在。

二是城乡、区域、要素等结构性矛盾也比较突出。黄淮四市的发展就是非常典型的例子，在中部崛起的大背景下却是"塌陷式"的经济发展模式，还难以恢复。核心城市的竞争力不够强，作为河南省的省会，郑州市对于周围区域及河南省经济发展的带动力不大。从区域角度来看，也没有竞争力强、辐射范围广的地级城市，各个区域之间产业重复建设，使得各种优势资源没有发挥出优势作用。河南省各种生产要素分布不均。在煤炭、油气等自然能源方面，省内分布极为不均，不同地区的能源利用效率的差距也很大。农村的人才不多，专业、技能型人才匮乏。总而言之，经济结构矛盾是河南省发展绿色经济的第一阻碍。

（二）资源环境压力大，制约绿色经济发展空间

河南省由于人口众多，人均资源有限，生态环境承载能力较弱。首先是土地资源紧张，河南省作为农业大省和产粮大省，对耕地的保护是必需的，但也使得建设用地较少，经济发展中的土地供给缺口矛盾日益突出，制约了绿色经济的发展规模。其次，河南省由于前期粗放型的发展，对自然资源的开发强度过大，也造成了自然资源的约束加剧。而且根据目前的能源消耗弹性系数，河南省经济要想保持平稳快速发展，仍需消耗大量的标准煤，但考虑到节能减排的需要，在能源保障和环境保护之间的抉择也面临很大的挑战。另外，河南省地处内陆地区，水资源缺乏，而且土地人口承载压力过大、后备资源严重不足等资源环境约束日益加剧，也制约了河南省绿色经济的发展空间。河南省作为农业大省，随着农村的经济发展和城镇化建设的加快，农药、化肥的频繁使用，严重污染了环境。同时，原来处于城市内的工业向农村迅速转移，乡村、小城镇的居民人口快速增加，对农村资源、环境带来巨大压力，严重影响了农村和农业生产的可持续发展。在城市中，汽车尾气排放超标，生活垃圾没有分类投放等现象比比皆是，人们对环境保护的意识淡薄，导致环境问题的恶化。而且，随着"十三五"河南省工业化和城镇化的不断推进，资源消耗总量仍进一步增加，资源环境面临的形式更加严峻。

（三）发展机制不健全，制约了绿色经济发展潜力

绿色经济的实现需要有政策、金融、人才、环保执法、考核等多种因素构成的发展机制的强有力支持，而目前河南省的绿色经济的发展仍然受到了很大的制约，潜力不能得到很好的发挥，主要是因为发展机制不健全。政府在制定政策时，并没有较长远、系统的考虑，而只是为了解决当

前的问题，使所出台的政策之间缺乏一定的协调性，并且也不够紧密。在进行投资时，也没有很大胆地进行全方面、大量的投资，其融资的方式较少，途径单一，主体性不强，投资的平台也相对较弱，并且金融机构、技术发明与设备研制、环保部门等对绿色环保的循环发展支持的力度较低。在人才方面，并没有太多的专业的人才，并且拥有这个专业的高校以及培训机构太少，并没有高度的重视。在环保执法上，由于现在环境方面法律法规不够健全，政府的监管不足，体制等问题的局限，各个执法部门的职责重复，执法效率低下，不能统一协调的现象非常严重，对不同的行业执法上也有不均衡性。在环境保护的投入上，投入的资金总量等方面严重不足，尤其是在建设优良的自然环境上，投入很少。受老旧观念的影响，很多人认为环境的改善和治理只与政府和相关的工厂企业有关，这种观念导致社会力量在环保事业的投入过少，政府也缺少对社会力量的引导和利用。在考核上，现在最新的政府工作考核在弱化 GDP 的比重，但有些政府官员的考核指标还特别注重 GDP 这些数字，观念的转变过程非常慢，绿色经济的新理念还没有深入人心，更多的环保指标仍需确立。

（四）消费拉动力不足以支撑绿色经济发展

消费是带动经济发展的决定性力量，但是从现阶段河南省的消费情况来看，整体的消费水平较发达城市相比还有很大的差距，具体表现为居民的消费水平不高，整体对经济的拉动能力较差，在河南省发展绿色经济的理念还没有具体落实，处于主导地位的消费理念仍然是之前的传统理念，这就导致居民的消费水平低下，难以带动经济增长。2016 年我国居民人均消费支出是 17111 元，但是河南省人均消费支出仅为 12712 元，落后于全国的平均水平，在全国排名第 25 位。绿色经济发展理念要想在河南省确立起来，还需要一定的时间。

六　河南绿色经济发展的有利条件

（一）地域优势，适合发展特色产业

河南省地处中原，拥有发展绿色经济的得天独厚的优势。河南省位

于黄河中下游，北、西、南三面环山，中、东部又是平原，西南部为南阳盆地，同时北跨长江、淮河、黄河和海河四大水系，所处地理位置使得整个省域的自然矿物资源、植被以及生物物种都很丰富，非常适合发展生态农业、生态工业以及生态旅游业等绿色产业。河南省一直在探索农业循环发展模式，目前很多县（市）已经初步形成了"三位一体"或者"四位一体"的农业循环经济模式，并在探索"种养一体化"的发展模式，即将种植业和养畜业有机结合起来，实现一种可持续发展的绿色经济循环发展模式，并形成了具有自己特色的农产品。而且依据河南独特的山水优势，已经形成部分以生态观光、休闲度假为主的品牌风景区。河南省近几年一直在加大生态旅游基础设施的建设，并在逐步完善相关的服务体系。这些都为河南发展绿色经济、开发绿色资源提供了很好的条件。

（二）政策红利的释放，引导绿色经济发展

近年来，河南省政府陆续出台了很多政策来推进其绿色经济的发展，如 1990 年出台，2016 年修正了《河南省建设项目环境保护条例》，2010 年出台了《河南省水污染防治条例》，2011 年出台了《河南省固体废弃物污染环境防治条例》，2012 年出台了《河南省生态公益林管理办法》，2013 年出台了《河南省减少污染物排放条例》，2014 年出台了《关于建设美丽河南的意见》。2016 年将绿色经济发展纳入"十三五"发展规划中，如《河南省国民经济和社会发展第十三个五年规划纲要》［豫政〔2016〕22 号］中就确立了"创新、协调、绿色、开放、共享"的发展理念，"十三五"期间，河南省要加快传统产业转型升级，推动冶金、建材、化工、轻纺等传统产业绿色化、循环化和高端化发展，积极推进钢铁、建材等主要耗煤行业清洁生产，减少污染。根据"十三五"发展规划，制定了《河南省"十三五"节能低碳发展规划》，成为指导"十三五"时期全省节能低碳发展的纲领性文件。2017 年河南省出台了《河南省"十三五"生态环境保护规划》（豫政办〔2017〕77 号），该规划将改善生态环境质量作为核心目标任务，并规定了其发展目标，即到 2020 年，河南省生产方式和生活方式绿色低碳水平要显著上升，主要污染物的排放总量要大幅度减少，生

态环境质量要得到总体改善。2017 年 8 月，河南省发展改革委印发了《我省"十三五"循环经济发展规划》，明确了"十三五"期间，河南省发展循环经济将以资源绿色循环利用为核心，着力推进矿产资源与终端制造业、生物资源与终端消费品、"城市矿产"与再生产品以及生产系统与生活系统的循环链接，加快构建循环型生产方式和绿色生活方式。并制定了具体目标，即到 2020 年，全省主要资源产出率、能源产出率、主要品种再生资源回收率分别比 2015 年提高 15%、18.5%、10%，工业固体废弃物综合利用率、尾矿综合利用率分别提高到 80%、35%，农作物秸秆综合利用率提高到 90%，城市建筑垃圾资源化率、餐厨垃圾资源化率和城市再生水利用率分别提高到 70%、30% 和 20%。

2017 年，河南省政府已经明确了生态文明体制改革的任务，积极构建生态文明的目标的考核体系，制定生态文明建设目标的评价考核实施方法，建立国土空间开发保护体系，建立了部分生态文明的示范区，在重点示范区推行产业准入负面清单制度。提高政府对生态环境监管的效能，全面落实"长河制"，实施能源和水资源消耗的总量和强度控制；逐渐探索发展绿色经济的生态赔偿机制，如对覆盖所有污染源的企业实施"一证式"管理，对能源和水资源消耗总量和强度实施控制，作为农业大省，对农村秸秆利用制定了相关方案，同时建立了畜禽粪便处理与资源利用制度，并逐渐在探索湿地的保护和修复制度。

上述政策表明河南省生态环境政策体系建设已经进入快速发展期，这些政策的制定和实施为河南省进一步发展绿色经济奠定了很好的基础，并提供了很好的平台，未来政策在环境改善和生态发展中的调控作用将日益明显。

（三）各指标和考核体系的确立，推动绿色经济发展

根据绿色经济的发展需要，河南省制定了具体的"十三五"绿色经济发展目标，这些目标的确立为"十三五"发展指明了道路，也为相关机构和部门的考核制定了具体目标。如"十三五"综合交通运输发展方面，从发展能力、发展质量及效率、服务质量及绿色安全方面制定了 2020 年要达到的相关指标，具体如表 14-9 所示。初步估算，

"十三五"期间全省重大交通基础设施建设投资为6650亿元。其中，铁路为2000亿元，公路为2840亿元（高速公路为1500亿元、普通干线公路为600亿元、农村公路为600亿元、运输场站为80亿元、支持系统为60亿元），民航为100亿元，水运为90亿元，管道为100亿元，城市轨道交通为1500亿元，邮政快递为20亿元。这为河南省"十三五"期间经济的发展创造了很好的契机。"十三五"期间，河南省生态环境质量改善处于重要战略机遇期，针对生态文明建设的需求，河南省政府也制定了"十三五"生态环境发展指标（具体如表14-10所示），也分别从生态环境质量、生态保护和污染物排放量三个领域对各指标进行了规划，构建了较为全面的生态环境保护、防御体系，这也成为未来几年河南省在生态环境保护领域要做的努力以及做出的成果。

表 14-9　"十三五"综合交通运输发展主要指标

分类	类别指标	2015 年	2020 年
能力充分	综合运输通道连接相邻省会城市比例(%)	50	100
	快速铁路省辖市覆盖率(%)	66.7	100
	高速公路县级节点覆盖率(%)	94.1	99.1
优质高效	重要贸易国家和地区民航直达率(%)	—	70
	市区人口100万以上的省辖市中心城市公共交通站点500米覆盖率(%)	72	100
	市区人口100万以上的省辖市公共交通机动化出行分担率(%)	—	60
	县级行政区域城乡客运一体化发展水平AAA级以上比率(%)	—	60
	具备条件的建制村通客车率(%)	98.3	100
	快递终端服务网点行政村覆盖率(%)	—	100
	中高级客车占营运客车比例(%)	71.7	80
	内核船舶标准化率(%)	50	80
智慧引领	干线公路交通运行实时信息可查询率(%)	—	90
	二级及以上客运站联网售票率(%)	—	100
	省辖市、省直管县(市)交通"一卡通"互联网通率(%)	—	100
绿色安全	新增公交车辆新能源车辆比率(%)	20	75
	客货运车辆单位运输周转量能耗下降率(%)	—	7
	一般灾害情况下公路应急救援到达时间(小时)	2	≤2

表 14－10　河南省"十三五"生态环境发展主要指标

指标		2015 年	2020 年	属性
生态环境质量				
空气质量	省辖市空气质量优良天数比例	49.2	65	约束性
	省辖市细颗粒物年均浓度（微克/立方米）	81	58	约束性
	省辖市可吸入颗粒物年均浓度（微克/立方米）			约束性
	省辖市重度及以上污染天数比例（%）	—	30	预期性
水环境质量	全省地表水水质优良（达到或优于Ⅲ类）比例（%）	51.1	57	约束性
	全省地表水劣Ⅴ类水体断面比例（%）	20.2	10	约束性
	重要江河湖泊水功能区水质达标率（%）	63.2	75	预期性
	省辖市、县级市、省直管县借口黑臭水体（%）	—	消除	约束性
	省辖市城市集中式饮用水水源水质达到或优于Ⅲ类的比例（%）	—	>95	约束性
	地下水质量考核点位水质	—	保持稳定	预期性
土壤环境质量	受污染耕地安全利用率（%）	—	90 左右	约束性
	污染地块安全利用率（%）	—	90	约束性
生态状况	重点生态功能区所述县域生态环境状况指数	—	不下降	预期性
	森林覆盖率（%）	23.62	25	约束性
	森林蓄积量（万立方米）	17094	20194	约束性
污染物排放量				
主要污染物排放总量减少（%）	二氧化硫	[20.55]	[28]	约束性
	氮氧化物	[20.59]	[28]	
	化学需氧量	[13.17]	[18.4]	
	氨氮	[13.17]	[16.6]	
区域性污染物排放总量减少（%）	挥发性有机物	—	[10]	约束性
	重点区域总磷	—	[10]	预期性
生态保护				
湿地保有量（万公顷）	62.79		62.79	预期性
重点区域历史遗留矿山地质环境治理恢复率（%）		—	75	预期性

指标	2015 年	2020 年	属性
陆地自然保护区面积比例(%)	4.5	不下降	预期性
国家重点保护野生动植物保护率(%)	—	95	约束性
新增沙化土地治理面积(万公顷)	8.46	8.35	预期性
新增水土流失治理面积(平方公里)	—	5200	预期性
新增创建省级生态乡镇(生态村)个数	[695(3147)]	[300(1500)]	预期性

注:[ ]内为五年累计数。

资料来源:《河南省"十三五"生态环境保护规划》。

七 河南绿色经济发展策略

近年来,河南省经济发展取得了一定的成果,但也造成了生态环境资源的破坏,资源消耗日益增加,资源利用效率不高,使得环境承载能力越来越小,经济发展与生态环境之间的矛盾突出。近几年,河南省政府越来越重视经济增长与生态的和谐发展,并制定了一系列文件,为河南省绿色经济的进一步发展提供了很好的契机。针对绿色经济发展中的不足以及制约因素,结合自身的优势,河南省应从以下方面着手,提高绿色经济运行效率。

(一) 优化经济结构

河南省绿色经济的发展在结构上还存在三大矛盾,要解决它们,就要从其产业结构、区域发展以及平衡结构三方面来解决,还要始终从"两提""两转""一集"切入来推动河南省的绿色经济的发展。"两提"分别是指提高传统的和新兴的产业所占的比例。并且在实行的过程中要始终以实现绿色经济为发展目标，并同时在各方面对传统的产业进行一定的支持。"两转"指的是促进相关的产业"转出去""转进来"。现阶段不同区域之间的竞争越来越多地转向相关产业的产业链竞争。绿色经济的发展离不开低能耗、超低甚至无污染、较高的经济效益的产业和那些有强劲竞争力的产业。在产业"两转"的实施进程中，参考贸易的分工等相关理论，积极拓展相关产业的发展方向，使之向上下游发展，在国内外市场中，促进产业链中的核心企业与众多中小型企业细化分工，加深产业链上各个企业之间的业务联系，使相关的产业形成规模优势，增强产业整体的综合竞争力。在构建优势产业的同时，一方面要发展环境友好的产业，努力推进产业转变，把好的、竞争力强的优势企业"引进来"，另一方面还要为产能过剩的行业积极寻找出路，与其他地区对接，推进重复建设多的行业中的龙头企业"走出去"，到新的地区发挥效益。"一集"也就是引导着产业集聚的发展。产业集聚的发展对于资源以及经济要素的集约有很大的帮助，并且还能起到优化的作用。这样就可以使企业之间有更强的联系，使产业之间形成产业链，这样就使绿色经济更好地发展。而在这个过程中，河南省的180个产业集聚区都将作为绿色经济推动其发展的主要平台。

（二）加快技术革新，发展新兴绿色产业

河南省粗放型的经济增长形式比重仍然很大，造成严重的环境污染问题，与河南省传统的技术体系密切相关，河南省的绿色技术发展落后，甚至很多行业缺乏绿色技术，从而无法形成绿色技术支撑体系，是河南省绿色经济发展中突出的问题。因此，河南省在发展绿色产业方面，应实施从资源要素驱动向创新驱动转变。首先，应加快技术的革新，支持技术创新并加快普及高效能设备和产品，以低污染、高效能的企业替换传统高污染、低效能的产业，实现河南经济可持续发展。其次，应组织人员研发新能源新技术，一方面，要对传统产业进行"绿色化"改造，完成资源循环利用，减少污染排放清洁生产以实现企业的"节能、降耗、减污、增效"；另一方面，也要积极培育绿色产业，进一步加快资源节约型和环境友好型技术的产业化进程，提升河南在全国经济中的贡献地位。尤其是河南作为农业大省，应因地制宜，发展具有地域优势的生态农业，生态农业的发展

能够提高河南省农业生产的整体效率。最后，河南省应结合自身的地域优势和人口优势，探索走农业产业化道路，建立良性的农业生态循环系统，提升农业可持续发展，同时加大先进技术如病害生物、立体种养、节水灌溉等在农业领域中的推广和应用。在以绿色生产推进绿色大省建设的同时，应实施创新驱动引领，重点发展新能源、新材料、生物技术和新医药、节能环保等战略性新兴产业，并推动传统优势产业向高端、绿色、低碳方向发展。围绕高成长服务业大省建设，大力发展金融、旅游、现代物流、软件和信息服务等绿色产业，积极发展云计算、物联网应用服务、电子商务等一批在全国具有先导性、示范性的高技术服务业。围绕现代农业大省建设，普及农业清洁生产，加强农业面源污染控制，积极发展都市农业、现代设施农业和创意生态农业。大力推进生态循环农业生产基地、无公害农产品、绿色食品和有机食品种植基地建设，充分利用"互联网＋"、大数据、虚拟现实等技术，大力发展分享经济，积极推广高效节能、新能源等绿色消费产品，积极策应绿色需求。

（三）提高消费拉动力

河南可以从增加居民、政府、企业三个方面消费力实现整体消费拉动力的提高。一是应该从提高绿色生活意识与构建绿色生活模式两个角度来提高居民消费力。政府应该抛开重经济发展速度的观念，不片面追求 GDP 的增长而忽略环境因素，首先应该提高居民的绿色生活意识，可以通过讲座、报刊、广播、电视等渠道入手开设有利于绿色经济发展的活动和宣传工作，对居民的消费观念进行纠正，并普及新的消费观，引导居民形成绿色消费观念并转化为行为。在构建绿色生活模式方面，要从居民的日常生活抓起，从小事抓起，进行科学合理的规划，在居民生活中开展绿色生活方式。例如在交通日益拥挤的当今社会，支持并鼓励居民步行上班或骑自行车外出，减少汽车尾气的排放，缓解环境压力；除此之外，居民还可以少用煤炭等燃料，使用新型的清洁能源如太阳能、风能等；一次性筷子、塑料袋等也是居民生活污染的重要组成部分，因此，居民可以通过少用一次性筷子、塑料袋，少吸烟，对生活垃圾进行分类回收等措施来减少生活污染。二是政府要提高消费力，就需要河南省及地方政府大力推行绿色采购制度，助力绿色经济。三是提高企业生产消费拉动力，具体做法是提高科技成果转化率，加大推广清洁能源、绿色低碳产品等在企业及区域供应链中的使用，提高企业清洁生产普及率，提高环保设施利用率等。四是贯彻落实"互联网＋流通"行动计划，培育壮大绿色商场、绿色市场、绿色饭店等绿色流通主体，积极拓展绿色产品农村消费市场，有效平衡绿色供给。

（四）健全绿色经济发展机制

河南省要想发展绿色经济，须健全发展机制。一是完善政策机制，政府应转变绿色经济中的职能角色，针对政府以往在经济发展中出现的越权、失权和乱权的问题，河南政府应该明确各部门的权责，并积极探索居民对政府行为的监督与问责机制，保证政府合理、合规地使用自己的权利，不再过分干涉市场，并运用合理的税收、财政、投融资等政策来大力支持符合绿色经济发展方向的企业与产业的发展。二是要完善投融资机制，绿色经济的发展，需要政府的引导和扶持，河南省应该丰富绿色经济发展所需的投融资渠道，政策可以通过相应的财政制度，支持和引导社会资金进入绿色经济相关产业与企业，并引进风投等机构来解决绿色企业与产业的资金困境问题。三是完善人才机制，任何经济的发展最终都是通过人才实现的，绿色经济发展亦是如此，河南省要想真正地实现绿色经济，必须要建立绿色经济发展所需的人才引进、培养、激励机制，通过多种途径获得足够的人才来支持绿色经济的发展。四是完善环保执法机制，针对目前环保执法不严的问题，河南省可以根据实际情况和未来发展所需对现有的环保法律法规进行修订，补充制定欠缺法律法规，并对环保执法进行监督，以保障法律法规不停留在纸面上，而是真正的执行落实，最终形成绿色经济发展所需的完善的法律环境。五是完善考核机制，从环境投入、环境绩效、经济等多个角度构建针对政府发展绿色经济绩效考核指标体系，严格把控河南省及地方政府在环境方面的成本，从考核方面倒逼河南政府在发展经济的同时要注意环境保护，在环境保护的同时又要注重成本的把控。

（五）健全完善监督机制和考核体系

河南省应健全完善监督机制和考核机制，强化目标责任追究绿色经济的发展，需要法律法规的保障以及完善的监督机制和考核体系。河南省在发展经济的同时，政府要制定一系列的监督机制，形成一套完备的法律体系，为绿色经济的发展提供法律支持。要健全政府对各相关部门的环境保护目标和科学的奖惩机制，加强政府对地方政府环保工作的考核。各级政府要把环境保护规划目标、任务、措施和重点工程项目纳入本地区经济和社会的发展规划，每年度进行考核，并且将考核结果作为各级领导干部的综合评价以及企业负责人业绩考核的重要内容。

第十五章

河南产业集聚区发展形势与展望

产业集聚区是以若干特色主导产业为支撑、以产城互动融合发展为基调，具有生产要素集中、资源配置高效、创新能力显著等优势的经济功能区，是一个国家或地区转型发展的突破口、招商引资的主平台和经济发展的增长极。2008 年 12 月，河南省委、省政府充分把握经济社会发展规律、紧密结合河南发展现实，做出了加快产业集聚区建设的重大战略部署。经过 9 年多的发展，产业集聚区已成为河南省各地方政府促进本地经济发展的重要抓手，在推进全省经济改革创新、转型升级、跨越发展中发挥了积极作用。本章对河南省产业集聚区发展形进行分析和展望，需要说明的是，本章对不同时期总量指标的比对，均使用可比价格核算。

一 河南产业集聚区发展态势分析

近年来，河南省紧抓国家修编土地利用总体规划和城市总体规划的历史机遇，按照"五规合一"原则，在全省规划建设 183 个产业集聚区，培育"百千万"亿级优势的产业集群，使产业集聚区实现了从无到有、从小到大、从重点突破到全面发展的华丽转变，综合载体功能持续增强，成为带动全省经济健康快速发展的重要支撑。作为"十三五"的开局之年，2016 年河南省产业集聚区继续保持了平稳较快的增长，发展质量和综合效益进一步提升，对全省和各地经济的贡献度增大，经济结构调整和产业转型步伐加快，呈现良好的发展态势。

（一）从总体规模上看，产业集聚区经济实力显著增强

1. 产业经济规模持续扩大

从图 15 - 1 可以看出，2012～2017 年，河南省产业集聚区规模以上工业企业主营业务收入持续增加，从 24690.66 亿元增长到 54838.93 亿元，年增长率达 17.3%；截至 2017 年底，全省产业集聚区规模以上工业企业主营业务收入突破 5.4 万亿元，同比增长 16.0%，占全省工业企业主营业务收入的68%，比上年提高 2.9 个百分点。从 18 个省辖市来看，如图 15 - 2 所示，2011 年、2016 年产业集聚区规模以上工业企业主营业务收入均呈现快速增长态势，年均增长率都在 10% 以上，其中郑州、开封、鹤壁、焦作、濮阳、许昌、漯河、商丘、信阳、周口、驻马店年均增长率均在 20% 以上。由此可见，河南省经济规模持续扩大，并保持较快增长水平。

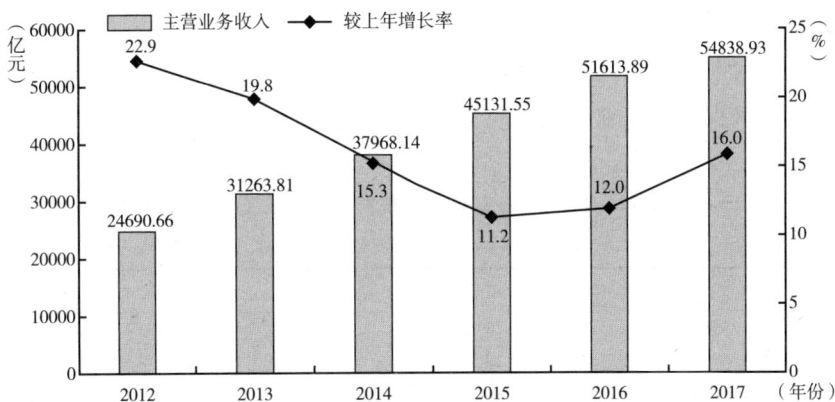

图 15 - 1　2012～2017 年河南省产业集聚区规模以上工业主营业务收入情况

2. 工业运行速度高于河南省总体水平

如表 15 - 3 所示，2012～2017 年，河南省产业集聚区工业增加值增速均超过 10%，并高于全省工业平均增长水平，但增幅整体呈现缩小的趋势。2017 年，全省产业集聚区工业增加值比上年增长 13.3%，高于全省工业平均水平 5.3 个百分点，占全省规模以上工业的比重达 64.9%。从 18个省辖市来看，如表 15 - 4 所示，2011～2016 年产业集聚区工业增加值增速呈现明显的下降趋势，但除济源市外，其余省辖市产业集聚区规模以上

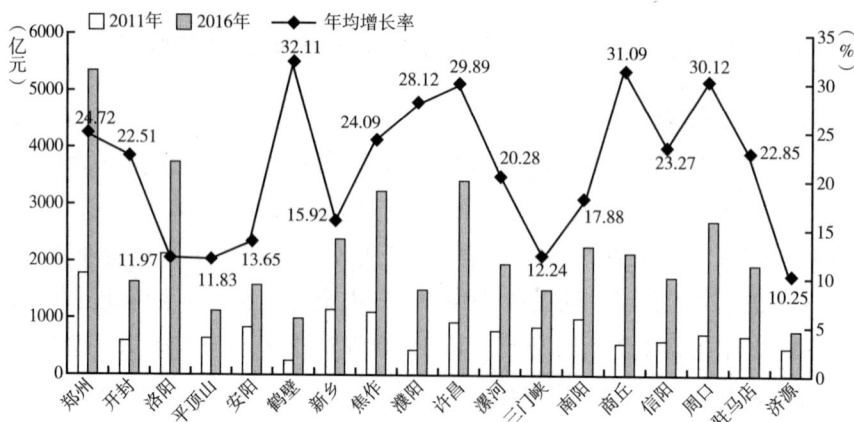

图 15 - 2　2011 年、2016 年各省辖市产业集聚区规模以上工业主营业务收入情况

工业增加值增速均高于全省工业增加值平均增速。其中，2016 年增长最快的前 3 位是濮阳、安阳和漯河，增加值增幅分别为 17.5%、15.6% 和 14.8%。目前，产业集聚区规模以上企业已是全省工业经济增长的最主要动力，为确保全省工业稳定增长发挥了中坚作用。

表 15 - 3　2012～2017 年河南省产业集聚区规模以上工业增加值增速

单位：%

年份	增速	增加值占全省的比重
2012	22.6	43.7
2013	18.1	—
2014	16.7	52.3
2015	13.3	60.4
2016	11.9	63.4
2017	13.3	64.9

表 15 - 4　2011～2016 年各省辖市产业集聚区规模以上工业增加值增速

单位：%

地区	2011 年	2012 年	2014 年	2015 年	2016 年
郑　州	49.8	49.6	17.2	14.7	8.0
开　封	27.1	18.1	15.7	13.3	12.1
洛　阳	21.0	12.3	11.1	9.0	10.7
平顶山	18.2	13.1	17.2	16.7	9.3

续表

地区	2011 年	2012 年	2014 年	2015 年	2016 年
安　阳	28.5	12.3	15.0	15.4	15.6
鹤　壁	21.7	8.5	12.0	10.3	11.5
新　乡	28.6	22.5	15.9	10.5	11.2
焦　作	26.4	29.8	16.2	16.4	11.0
濮　阳	37.5	22.8	17.8	20.5	17.5
许　昌	34.9	23.6	22.5	12.3	11.0
漯　河	23.6	26.6	19.2	14.3	14.8
三门峡	14.4	8.9	11.1	1.9	8.3
南　阳	29.5	23.0	18.7	15.5	8.6
商　丘	45.7	33.5	24.0	14.2	13.6
信　阳	35.0	22.8	15.9	12.5	10.2
周　口	26.3	27.2	16.2	16.6	14.5
驻马店	29.7	21.8	22.3	14.6	13.8
济　源	18.6	17.1	11.2	3.7	4.2

3. 投资项目建设加快推进

2012～2017 年，河南省产业集聚区坚定不移实施一系列扩大有效投资的政策措施，加大重大项目建设推进力度，产业集聚区固定资产投资呈现较快增长态势，从 10229.57 亿元增长到 21897.98 亿元，年均增长率为 16.44%，但增幅呈现明显缩减的趋势，从 35.7% 下降到 4.3%，具体见图 15-3。此外，全省各地紧紧围绕产业结构调整的方向和重点，积极承接龙头型、基地型项目和集群类项目，一大批竞争力强、关联度高、成长性好

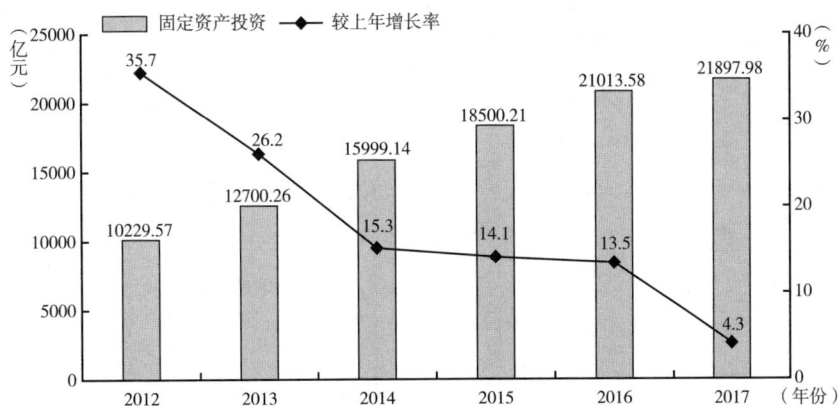

图 15-3　2012～2017 年河南省产业集聚区固定资产投资情况

的产业结构转型升级项目已进驻或即将进驻产业集聚区。如表15-5所示，2016年1~11月，产业集聚区施工项目9120个，比上年同期增加626个。其中，亿元以上项目为5989个，占施工项目总数的66%。亿元以上重点投资项目占比高，为产业集聚区的稳定发展奠定了基础，成为集聚区后续发展的有力保障。

表 15-5 2016 年 1~11 月河南省产业集聚区固定资产投资情况

完成投资额（亿元）	基础设施（个）	亿元以上项目完成投资（亿元）	新开工项目（个）	完成投资同比增长（%）	施工项目（个）	亿元以上项目（个）	新开工项目（个）
18790.53	2388.17	15863.65	9226.91	14.2	9120	5989	3688

（二）从发展潜力上看，产业集聚区提质增效发展态势明显

1. 企业综合效益稳步提升

如图15-4所示，2012~2017年，河南省产业集聚区规模以上工业企业利润总额不断增加，从1455.03亿元增长到3254.49亿元，年增长率达17.5%。截至2017年底，全省产业集聚区规模以上工业企业利润总额突破3000亿元，同比增长19.1%，占全省的61.7%，比上年提高4.3个百分点。2016年1~10月省辖市产业集聚区规模以上利润情况见表15-6。由此可见，产业集聚区企业凭借生产要素集中、资源配置高效、技术创新能力显著等优势，生产效益稳步提升。

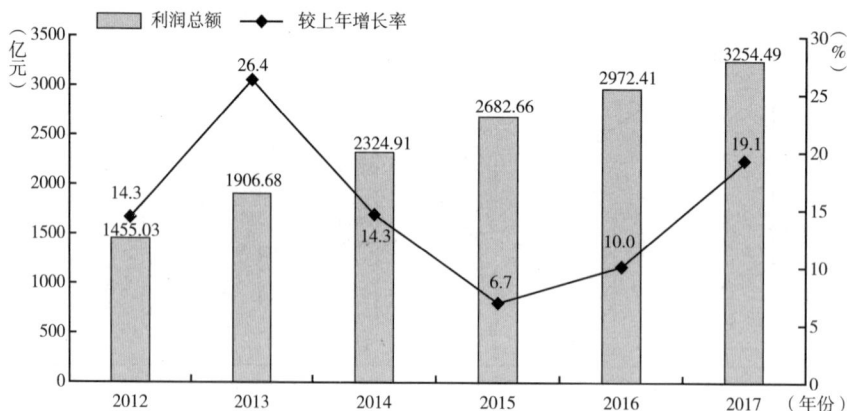

图 15-4 2012~2017 年河南省产业集聚区规模以上工业企业利润总额情况

表 15 - 6　2016 年 1～10 月省辖市产业集聚区规模以上利润情况

单位：亿元，%

地区	利润总额	增长率
河南省	2270.16	10.0
郑　州	264.35	2.7
开　封	124.91	14.3
洛　阳	119.57	32.6
平顶山	64.06	10.5
安　阳	57.61	- 2.8
鹤　壁	36.13	- 2.8
新　乡	119.28	0.8
焦　作	199.06	12.5
濮　阳	120.94	21.8
许　昌	235.08	10.6
漯　河	169.66	10.0
三门峡	44.39	- 23.2
南　阳	85.51	12.9
商　丘	117.34	28.1
信　阳	102.01	11.2
周　口	264.06	14.7
驻马店	111.80	8.4
济　源	34.39	- 15.5

2. 主导产业布局逐步优化

根据河南省发展改革委公布的《全省 180 个产业集聚区名称及主导产业》发展定位，180 个产业集聚区主导产业涉及装备制造业、食品加工、纺织服装、化工、有色金属、生物制药、新材料、汽车及汽车零部件、轻工、电子信息、新能源、钢铁、农副产品加工、建材、新能源汽车等十五大类。其中，主导产业布局全部为化工、有色金属、钢铁、纺织服装等四大传统优势产业的集聚区数量仅为 10 个，占全省集聚区总数的 5.6%；而主导产业布局全部为汽车及汽车零部件、电子信息、装备制造、食品加工、轻工、建材等六大高成长性产业的集聚区数量为 38 个，占全省集聚区总数的 21.1%；主导产业布局全部为新能源汽车、生物制药、新能源、新材料等四大先导产业的集聚区数量为 7 个，占全省产业集聚区总数的 3.9%。由此可见，虽然有不少产业集聚区结合产业基础布局涉及传统优势产业，但全部主导产业定位为传统产业的集聚区占比就很少，更多的产业集聚区逐步向产业链两端、价值链高端领域布局（见表15－7）。

表15－7　全省产业集聚区主导产业分布情况

单位：个

主导产业	数量	主导产业	数量
装备制造业	79	钢铁	2
汽车及汽车零部件	17	纺织服装	27
电子信息	18	新能源汽车	3
食品加工	32	生物制药	20
轻工	15	新能源	15
建材	11	新材料	19
化工	22	农副产品加工	34
有色金属	20		

注：产业集聚区设定主导产业数量一般为2～4个。

3. 投资结构持续转型升级

如表15－8、表15－9所示，2011年1～11月至2016年1～11月，全省产业集聚区固定资产投资实现快速增长。其中，交通运输、仓储和邮政业，金融业，租赁和商务服务业，科学研究和技术服务业，信息传输、软件和信息技术服务业这五大服务行业年均增速居于前5，分别为135.19%、73.64%、51.32%、47.77%和34.92%。由此可见，产业集聚区现代服务业投资呈现快速增长态势，发展势头迅猛，这将带动集聚区产业结构优化升级。

表15－8　河南省产业集聚区各行业完成投资额

单位：亿元，%

行业	2011年1～11月	2016年1～11月	年均增长率
工业	4751.51	12359.83	21.07
建筑业	1.11	0.00	0.0
批发和零售业	223.58	482.26	16.62
交通运输、仓储和邮政业	12.21	878.72	135.19
住宿和餐饮业	99.10	53.73	-11.52
信息传输、软件和信息技术服务业	33.76	150.92	34.92
金融业	1.66	26.20	73.64
房地产业	751.31	2310.04	25.19

502

续表

行业	2011 年 1~11 月	2016 年 1~11 月	年均增长率
租赁和商务服务业	28.43	225.55	51.32
科学研究和技术服务业	23.88	168.27	47.77
水利、环境和公共设施管理业	548.48	1272.59	18.33
其他	155.08	575.72	30.00
总计	6630.11	18503.83	22.79

表 15-9　2016 年 1~11 月河南省产业集聚区各行业投资完成情况

单位：%

行业	同比增速	投资额构成	占全省行业投资的比重
工业	9.1	65.8	74.9
建筑业	0.0	0.0	0.0
批发和零售业	19.6	2.6	39.7
交通运输、仓储和邮政业	7.5	4.7	51.8
住宿和餐饮业	-10.6	0.3	18.5
信息传输、软件和信息技术服务业	58.5	0.8	73.9
金融业	462.9	0.1	53.4
房地产业	16.6	12.3	29.2
租赁和商务服务业	25.5	1.2	45.3
科学研究和技术服务业	134.8	0.9	60.7
水利、环境和公共设施管理业	41.4	6.8	39.1
其他	23.1	3.1	30.6
总计	14.2	100.0	52.7

4. 集群发展态势加快呈现

河南省加快实施优势产业集群培育工程，以主导产业、龙头企业为抓手，引导生产要素向优势产业、优势企业和优势地区集中，在全省形成了140 个以上主营业务收入超百亿的特色产业集群。如驻马店装备制造产业集聚区，突出发展装备制造特色产业，积极推进产业转型升级，装备制造特色产业集群逐步发展壮大。2016 年产业集聚区主营业务收入为 385.9 亿元，是 2011 年的 3.1 倍，年均增长 25.4%；固定资产投资为 102 亿元，是2011 年的 2.41 倍，年均增长 19.2%，在 2016 年全省 180 个产业集聚区排序中，综合指数第 29 位，绝对量指数第 21 位。郑州航空港产业集聚区，依托富士康龙头项目发展智能终端产业，积极开展产业链招商，实现了由单一品牌向多个品牌、单一生产向全产业链发展、港区制造向港区创造的转变，产业集群效益日益凸显。截至 2016 年，入区企业已有 182 家，电子信息业产值为 2899 亿元，全省占比超过 70%。清丰县产业集聚区，明确家具产业集群定位，突出特色抓招商，先后引进南方家私、列维士家具等国内知名家具企业，已形成了家具制造特色产业集群。2016 年，清丰县产业集聚区累计入驻企业达 182 家，规模以上企业达 62 家，主营业务收入完成 280 亿元，同比增长 26.1%，荣获"河南省百亿产业集群 30 强""中国家具协会 2016 先进新兴产业园区"等称号。

5. 绿色发展水平不断提升

2016 年 1～11 月，河南省产业集聚区工业企业综合能源消费量为 8013.35 万吨标准煤，同比下降 2.6%。从 18 个省辖市来看，12 个省辖市企业综合能源消费量实现了负增长。全省产业集聚区工业能耗消费总量下降，单位增加值能耗下降，表明产业集聚区工业在规模扩大的同时，节能降耗工作取得了成效，全省特别是产业集聚区的工业能耗利用效率得到显著提升（见图 15－5）。

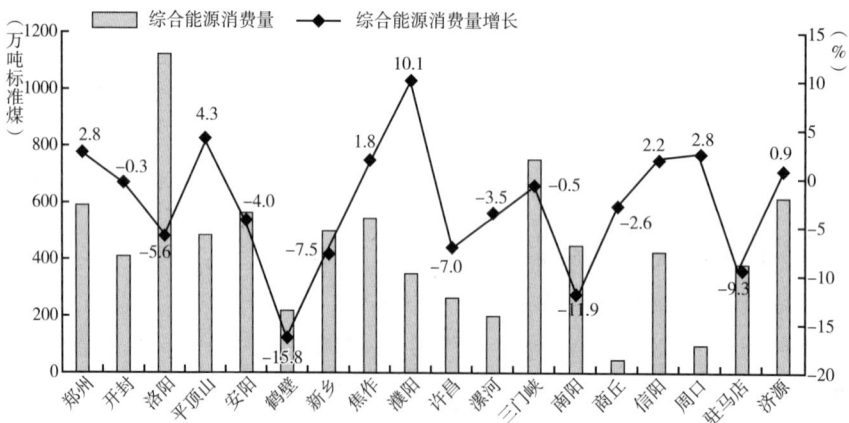

图 15－5　2016 年 1～11 月省辖市产业集聚区规模以上工业能源消费情况

（三）从政策支持上看，产业集聚区管理服务不断优化

1. 政策支持体系日益完善

2008 年 12 月召开的河南省委八届九次全会明确提出，加快产业集聚

区建设，使之成为"全省构建现代产业体系、现代城镇体系和自主创新体系的有效载体和战略支撑"。2009 年 4 月，河南省委、省政府出台《关于推进产业集聚区科学规划科学发展的指导意见》，正式将产业集聚区作为工业化、城镇化、农业现代化协调发展的战略突破口。近年来，省委、省政府联合相关部门针对产业集聚区发展出台政策 20 多项，涉及内涵目标、规划建设、推进机制、支持政策、专业园区建设、考核晋级、综合评价等方面，聚焦产业集聚区持续健康发展。目前，针对产业集聚区发展的政策体系正在不断完善，具体见表 15 – 10。

表 15 – 10　2011 ~ 2016 年河南省产业集聚区发展相关政策

序号	发文时间	文件名称	发文机构
1	2011 年 2 月	《2011 年河南省加快产业集聚区建设专项工作方案》	省发展改革委
2	2011 年 4 月	《关于加快产业集聚区科学发展若干政策（试行）的通知》	省政府
3	2011 年 4 月	《河南省产业集聚区发展考核办法》	省政府办公厅
4	2011 年 4 月	《关于建立完善产业集聚区推进工作机制的通知》	省政府
5	2011 年 4 月	《关于完善财政激励政策促进产业集聚区加快发展的通知》	省政府办公厅
6	2012 年 2 月	《2012 年河南省加快产业集聚区建设专项工作方案》	省发展改革委
7	2012 年 4 月	《河南省 2012 年产业集聚区金融服务行动计划工作方案》	省发展改革委、省金融办
8	2013 年 4 月	《2013 年河南省加快产业集聚区建设专项工作方案》	省发展改革委
9	2014 年 4 月	《2014 年河南省加快产业集聚区建设专项工作方案》	省发展改革委
10	2014 年 9 月	《关于进一步促进全省产业集聚区持续健康发展财政扶持政策的通知》	省政府
11	2015 年 7 月	《河南省产业集聚区五规合一试点工作指南》	省产业集聚区联席办
12	2015 年 7 月	《关于加快产业集聚区提质转型创新发展的若干意见》	省政府
13	2015 年 8 月	《2015 年河南省加快产业集聚区建设专项工作方案》	省政府办公厅
14	2015 年 9 月	《河南省产业集聚区考核评价办法》	省委、省政府
15	2016 年 4 月	《2016 年河南省加快产业集聚区建设专项工作方案》	省政府办公厅
16	2016 年 8 月	《河南省产业集聚区知识产权维权援助工作方案》	省知识产权局
17	2017 年 3 月	《2017 年河南省加快产业集聚区建设专项工作方案》	省政府办公厅

序号	发文时间	文件名称	发文机构
18	2017 年 8 月	《河南省产业集聚区发展投资基金管理暂行办法》	省财政厅
19	2017 年 8 月	《河南省产业集聚区发展投资基金实施方案》	省财政厅
20	2017 年 12 月	《河南省产业集聚区企业分类综合评价办法（试行）》	省委、省政府
21	2017 年 12 月	《关于促进产业集聚区和开发区改革创新发展的实施意见》	省政府办公厅

2. 法律主体地位逐步明确

为解决功能区与行政区不协调、管理机构与乡镇机构职能交叉问题，省政府从优化顶层设计、创新管理体制等方面入手，明确产业集聚区管理机构的法律地位。一是完善顶层设计，最大化各项效益。政府先后印发《河南省产业集聚区机构编制管理指导意见（试行）》《关于加快推进全省产业集聚区与乡镇行政区域管理套合工作的通知》等多个文件通知，为产业集聚区发展提供了良好的体制机制保障；印发《关于推进产业集聚区与乡镇行政区域管理套合的指导意见》，确定了实行区镇统一领导、合理界定管理职能、完善财政管理体制、建立协调推动工作机制、推进干部人员交流、明确管理机构规格和加快调整行政区划等七个方面的任务。全省各地完成产业集聚区的区镇管理套合，按照从严从紧、适度发展的原则，拟定了产业集聚区管理机构的"三定"规定，明确人员编制，核定领导职数，设置内设机构。二是创新管理体制，整合优势资源。全省各地借鉴各类经济功能区管理经验，实践"大部制"理念，按照"整合统一、集中管理、集约开发、精简效能"原则，分别成立了高规格管理机构，下设党政办、经济发展局等部门，按照"小政府、大社会"和"精简、统一、高效"的原则，赋予相应权限，开通"直通车"，为产业集聚区发展提供了科学的体制支撑。三是创新编制管理，强化作用发挥。按照精简、统一和效能原则，合理确定编制总数和领导职数，并报上一级编办备案。创新机构编制和人事管理方式方法，对实力大的区赋予其内部机构调整及人事管理权，领导和内部机构领导可以根据实际调整。通过领导体制和财税体制统一、机构综合设置、人员统一调配使用，理顺项目用地、管理与服务的关系，新型城镇化和城乡示范区一体化建设与项目发展、产业布局的关系，形成"以区带镇、以镇促区、融合发展"的格局。

3. 行政服务水平不断提升

一是简政放权催生发展活力。全省不断推进机构改革和职能转变，处理好管理和服务的关系，一方面积极主动放掉该放的权，另一方面认真负责管好该管的事，退出"越位点"，补上"缺位点"，优化政府组织机构，理顺了部门职责分工，突出强化责任，确保权责一致，最大限度激发了市场和社会活力。二是权责清单提高服务效能。为进一步推进简政放权、优化政务环境，组织考察组到安徽、上海自贸区学习权责清单和负面清单制度建设，探寻产业集聚区简政放权、运营管理、监管服务的新途径新形式。科学制定了编制权责清单方法步骤、时间节点。三是创新服务优化发展环境。为建立健全产业集聚区要素保障机制，先后出台 14 个文件，不断优化政务、商务、法制等环境，实现"一优带百通"。各地对落地企业实行"三个一"跟踪服务，即一个项目一名县级领导，一个帮办单位，一个服务团队。设立企业服务"110"指挥中心，为园区企业实行"一键式"服务；设立企业服务大厅，为企业办理手续提供"一站式"服务；建立企业发布需求、政府分类培训、定向输送上岗的服务机制；建立联动保障制度，纪检、监察、组织、公安、督察等部门形成了既分工明确，又高效运转的优化发展环境联动机制。四是省级联席会议指导督查。为确保产业集聚区健康持续发展，省委、省政府每年都结合年度发展规划，明确省直各部门服务保障产业集聚区的责任分工，建立由省部门分工的联动推进工作机制，指定牵头负责部门和协调配合部门。

二　河南产业集聚区发展成效分析

河南省通过优化完善规划布局、加强政策扶持引导、推进体制机制创新等一系列举措，全省产业集聚区持续保持良好发展态势，不断取得显著发展成效，转型升级突破口、招商引资主平台、农民转移就业主渠道、改革创新示范区和县域经济重要增长极作用进一步凸显，为全省经济社会发展和中原经济区建设提供了有力支撑。

（一）全省经济发展第一引擎

产业集聚区已成为全省经济发展的重要增长极，主要经济指标基本占据全省的半壁江山。2012～2017年，产业集聚区规模以上工业增加值、主营业务收入、利润总额占全省的比重均呈现持续快速上升态势。工业增加值占全省的比重从43.7%上升到了64.9%，主营业务收入占全省的比重从47.9%上升到68.0%，利润总额占全省比重从37.4%上升到61.7%（见表15－11）。此外，2012～2017年，产业集聚区固定资产投资占全省的比重呈现先上升后下降的趋势，但基本在50%左右。2017年，产业集聚区固定资产投资占全省的比重为49.9%（见表15－12）。由此可见，产业集聚区已成为河南省发展经济的主要载体和关键抓手。

表15－11 2012～2017年产业集聚区规模以上工业经济指标占全省的比重

单位：%

年份	工业增加值占全省的比重	主营业务收入占全省的比重	利润总额占全省的比重
2012	43.7	47.9	37.4
2013	48.6	52.6	43.2
2014	52.3	56.8	48.7
2015	60.4	62.4	55.4
2016	63.4	65.1	57.4
2017	64.9	68.0	61.7

表15－12 2012～2017年产业集聚区固定资产投资占全省的比重

单位：%

年份	固定资产投资占全省的比重	年份	固定资产投资占全省的比重
2012	49.0	2015	52.9
2013	50.2	2016	52.9
2014	56.8	2017	49.9

（二）区域工业发展的核心支撑

2016年，河南省13个省辖市GDP增速高于全省水平（8.1%），18个省辖市GDP增速高于全国水平（6.7%）（见图15－6）。作为各省辖市推进地区经济发展的重要支撑，产业集聚区凭借其生产要素集中、资源配置高效等优势，带动了区域经济快速增长。如鹤壁全年产业集聚区规模以上工业增加值为254.08亿元，比上年增长11.1%，占全市规模以上工业的57.2%，对全市规模以上工业增长的贡献率达到74.5%。产业集聚区规模以上工业主营业务收入为1212.25亿元，同比增长6.2%，占全市规模以上工业主营业务收入的比重达到58.7%，对全市规模以上工业主营业务收入增长的贡献率达到59.8%。

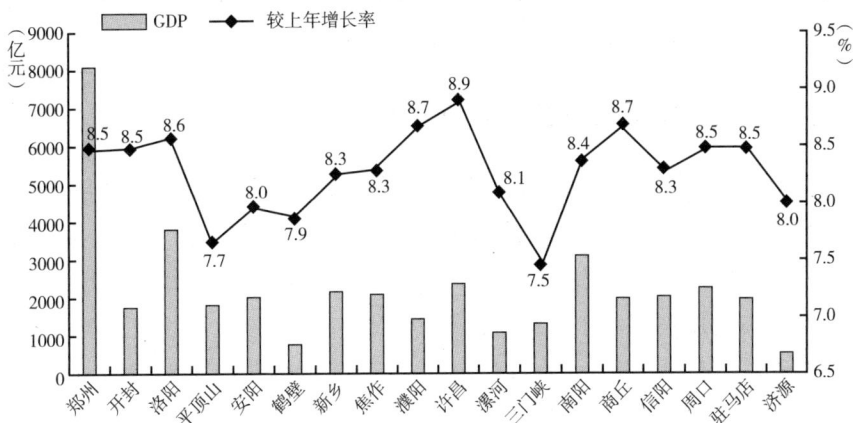

图 15-6 2016 年各省辖市 GDP 和增速

（三）产城融合发展的重要抓手

产城融合、集聚发展是河南新型城镇化的突出特点。目前，产业集聚区已成为农民工转移就业的主阵地，超过1/2的农民工选择省内就业。一方面，产业集聚区完备的公共服务为落地企业和员工提供了宜居宜业环境；

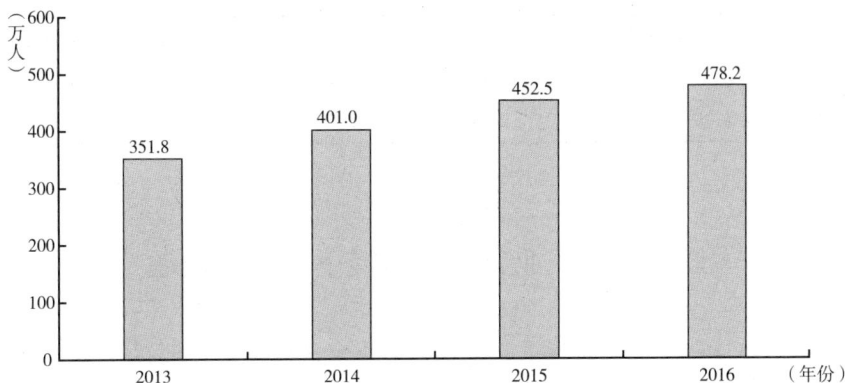

图 15-7 2013~2016 年集聚区规模以上工业从业人员期末人数

另一方面，集聚区企业又为城区居民和周边群众提供了大量的工作岗位，切实解决了农村富余劳动力"人往哪里去"的问题。2013～2016年，全省产业集聚区规模以上工业从业人员期末人数持续增加，从351.8万人增加到478.2万人，增长率达到36%（见图15-7）。2016年，在产业集聚区的助推下，全省城镇化率提高到48.5%。

（四）传统农区赶超的主要动力

2016年，随着产业集聚区开发的不断推进，商丘、信阳、周口、驻马店等传统农区开始凸显后发优势，产业发展势头日益强劲。在工业领域，商丘全年产业集聚区规模以上工业增加值为504.3亿元，比上年增长15.5%，占全市规模以上工业的比重为86.2%；规模以上工业主营业务收入为2290.8亿元，同比增长18.9%，占全市的比重达到85.7%。信阳全年产业集聚区规模以上工业企业增加值为458.77亿元，同比增长10.7%，占全市规模以上工业企业增加值的75.2%；规模以上工业企业主营业务收入为2171.58亿元，同比增长10.3%，占全市规模以上工业企业的81.3%。在固定投资领域，商丘全年产业集聚区完成固定资产投资1254.22亿元，占全市固定资产投资的比重达到76.7%。信阳产业集聚区固定资产投资为1124.47亿元，投资额占全市的50.7%（见表15-13）。

表15-13 2016年商丘市、信阳市产业集聚区主要经济指标情况

单位：亿元，%

地区	工业增加值	占全市的比重	主营业务收入	占全市的比重	固定资产投资额	占全市的比重
商丘	504.3	86.2	2290.8	85.7	1254.22	76.7
信阳	458.77	75.2	2171.58	81.3	1124.47	50.7

三 河南产业集聚区发展中存在的问题

随着河南经济进入新常态，全省产业集聚区的发展需要进一步加快提质转型，由规模扩张向创新驱动转变，提高竞争力和带动力。目前，在产业集聚区提质转型过程中面临诸多问题和挑战。

（一）各地产业集聚区发展不平衡

近年来，河南省产业集聚区建设取得显著成效，但是各地发展较为不平衡。在 18 个省辖市中，从总体规模来看，2016 年 1～11 月郑州市产业集聚区规模以上工业主营业务收入为 5320.29 亿元，明显高于其他地市，分别高于洛阳、许昌、焦作、周口（前 5 位）1603.4 亿元、1922.58 亿元、2104.25 亿元和 2617.19 亿元。从发展速度来看，2011～2016 年鹤壁、商丘、周口年均增长率均在 30% 以上，郑州、开封、焦作、濮阳、许昌、漯河、信阳、驻马店年均增长率在 20%～30%，其余地市低于 18%（见图 15－8）。此外，各个产业集聚区之间发展也极为不平衡。全省 183 个产业集聚区中，2016 年 1～11 月 38 个产业集聚区规模以上主营业务收入低于 100 亿元，132 个产业集聚区规模以上主营业务收入在 100 亿～500 亿元，9 个产业集聚区规模以上主营业务收入在 500 亿～1000 亿元，1 个产业集聚区规模以上主营业务收入高于 1000 亿元（见表 15－14）。

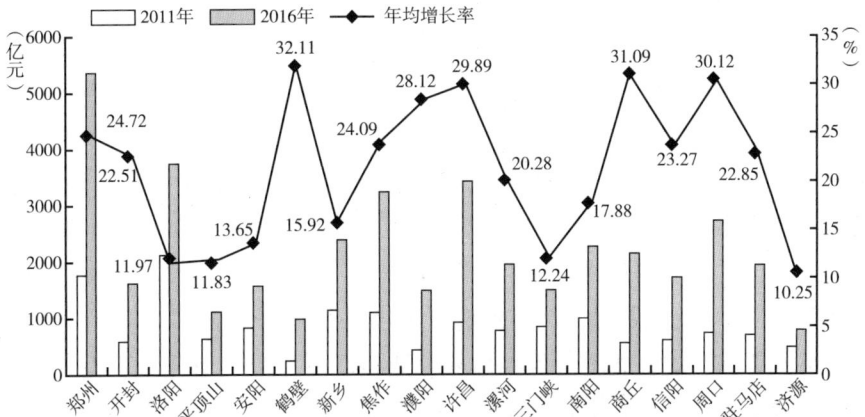

图 15－8　2011 年、2016 年各市产业集聚区规模以上工业主营业务收入情况

表 15－14　2016 年 1～11 月份产业规模全省集聚区数量

单位：个

规模以上主营业务收入	数量	规模以上主营业务收入	数量
100 亿元以下	38	1000 亿元以上	1
100 亿～500 亿元	132	总计	180
500 亿～1000 亿元	9		

注：临颍县杜曲现代家居产业集聚区、三门峡市湖滨机电制造产业集聚区、桐柏县安棚化工产业集聚区三家集聚区数据缺失。

（二）主导产业同质性较强

河南省 183 个产业集聚区虽然明确了主导产业定位，但产业集聚区发展仍存在较强的产业同质性问题。从主导产业布局数量上看，装备制造业、农副产品加工、食品加工、纺织服装、化工等行业覆盖全省 183 个产业集聚区数量占据前 5 位，其中涉及的产业集聚区数量分别为 79 个、34 个、32 个、27 个和 22 个。由此可见，全省产业集聚区主导产业发展存在明显的产业同构现象，使得各个产业集聚区差异性、互补性偏低，区域分工难以形成。同时，产业集聚区主导产业同质性较强，将导致各地在招商引资、承接产业转移中争项目、争企业、争产业的情况时有发生，甚至于陷入恶性竞争。这些问题不利于产业集聚区之间的优势互补和差异化发展，影响全省产业集聚区整体竞争力的增强。

（三）产业链整合难度较大

相较于传统工业园区或开发区，产业集聚区更加突出产业链的衔接和企业间的融合互补。但是，从各个集聚区内部来看，产业链环节不完整、本地配套率低问题仍然较为显著。一方面，产业集聚区在发展中重"制造"轻"服务"，倾向于引进投资大的制造业项目，而忽视投资小的研发、设计、技术服务中介服务等生产性服务业，导致产业链、创新连和服务链分割发展，产业发展缺乏配套，产业集群以"堆"代"链"，产业层次由传统加工制造转型服务增值提升受到制约，制约了区域产业竞争力的提升。另一方面，能真正充分发挥培养行业核心竞争力、引导中小企业进行配套供应生产、进行产业链式发展的领袖型龙头企业较少，即便是在较为成熟的产业集聚区中，大多数龙头企业与中小企业之间的关系不够紧密，缺乏企业之间的分工与协作，甚至还存在较为激烈的竞争关系，这就使得整个产业链更加难以整合。

（四）自主创新能力总体较弱

产业集聚区承载着全省创新引领和经济转型升级的发展重任，其自主创新、科技创新发展方面要切实加强。目前，大多数产业集聚区依然延续着基于投资驱动和规模扩张的传统产业发展模式，项目建设上新兴产业、新型项目的"双新"色彩不明显，传统制造、加工企业占比仍然较大，高新技术企业偏少，研发机构和高层次技术人才较为缺乏。此外，产业集聚区固定资产投资主要集中在制造业领域，而对于信息技术服务、科学研究和技术服务业的投资过少。2016 年 1～11 月，全省产业集聚区工业固定资产投资完成额占比达 65.8%，而信息传输、软件和信息技术服务业与科学研究和技术服务业固定资产投资完成额占比仅为 0.8%、0.9%（见表 15－15）。这必然影响产品创新和产业升级，进而制约经济结构转型升级。

表 15－15　河南省产业集聚区各行业 2016 年 1～11 月固定资产投资完成情况

单位：亿元，%

行业	完成投资额	完成投资额构成
工业	12359.83	65.8
建筑业	0.00	0.0
批发和零售业	482.26	2.6
交通运输、仓储和邮政业	878.72	4.7
住宿和餐饮业	53.73	0.3
信息传输、软件和信息技术服务业	150.92	0.8
金融业	26.20	0.1
房地产业	2310.04	12.3
租赁和商务服务业	225.55	1.2
科学研究和技术服务业	168.27	0.9
水利、环境和公共设施管理业	1272.59	6.8
其他	575.72	3.1

四　河南产业集聚区发展预测

（一）模型设定

鉴于线性模型在经济实践中运用的有限性，Tong（1978）提出的非线性时间序列模型（门限自回归 Threshold Auto-regression），成为非线性计量的三大经典模型之一；1992 年，作者与 Lim 对该模型进行了拓展。学者常常用门限自回归模型研究时间序列资料，将数据按照某一指标进行分段，在各分段上分别进行线性回归。因此，为了对样本进行计量研究而采用的门限自回归模型的本质是，把非线性模型进行分段线性化研究。

门限自回归模型可以有效捕捉到时间数量资料中的非线性波动现象，可以比较精确地解释非线性波动，为解决结构突变现象、非对称特征和跳跃现象等问题，提供了解决办法。同时，门限的存在，使其具有控制作用和分段线性的应用，使得利用线性模型进行问题处理成为了可能，同时也保证了模型的稳定性。因此，门限自回归模型被广泛地应用到宏观经济研究以及财务金融等微观经济领域。为拓展门限自回归的运用范围，Marterns 等（1998）开始使用这种方法研究截面数据和面板数据。

在试图用门限自回归模型作为经济问题的检验方法时，首先必须检验门限效应（也叫门槛效应）的存在性问题。未知参数的存在，导致检验统计量的非标准分布，为了解决这一问题，Hansen（1999）利用 Bootstrap（自体抽样法）发放来检验统计量的渐进分布，之后检验是否显著具有门限效应。若原假设被拒绝，亦即存在门限效应时，用最小二乘法（OLS）对门限模型进行估计时，计量结果具有超一致性。Chan 和 Andrew（1997）推导出了 OLS 估计量的渐进分布，因为未知参数的问题，该分布却是非标准正态分布。Hansen（1999）使用似然比检验，通过构造"非拒绝域"的方法来解决未知参数非正态分布的问题。同时，Hansen 提出，使用两阶段 OLS 估计面板门限模型。第一步，估计出来一个门限值（λ），计算相应的残差平方和，在其中取最小值作为门限估计值（$\hat{\lambda}$）；第二步，利用 $\hat{\lambda}$ 来对模型中位于$\hat{\lambda}$不同区间的系数进行估计并做相应的分析，找出在不同的区间范围内解释变量对被解释变量影响的差异以及显著性的差异。

现在常用的门限模型有两类：单一门限模型和双门限模型，下面简单介绍下两种模型。

1. 单一门限模型

（1）前提假定

$$y_{it} = u_i + x_{it}'(\lambda)\eta + \varepsilon_{it} \tag{1}$$

式（1）中y_{it}是被解释变量，x_{it}是解释变量，u_i是用解释变量的个体效应，ε_i是随即扰动项，λ是门限值。根据门限值的大小，将样本分为两个不同的区间，在两个样本区间内分别对模型进行估计，得到不同的η系数：η_1、η_2。

（2）模型估计

用减去组内均值的方法消除解释变量的个体效应 u_i，对式（1）的截面数据取均值，得到式（2）：

$$\bar{y}_i = u_i + \bar{x}_i(\lambda)\eta + \bar{\varepsilon}_i \tag{2}$$

用式（1）减去式（2），得到估计模型：

$$y_{it}^* = x_{it}^*(\lambda)\eta + \varepsilon_{it}^* \tag{3}$$

Hansen（1999）等提出用 OLS 法估计门限值 λ 的估计值 $\hat{\lambda}$，进而得到 η 的估计值。

（3）假设检验

我们首先假设模型中存在门限效应，但仍然需要再一次检验是否具有统计上的显著性。Hansen（1996）研究表明，采用自体抽样法可以获得其一阶渐进分布，这样得到的 p 值是渐进有效的。由此得到的 p 值若小于我们设定的临界值（如5%），那么就拒绝原假设，从而可以认为存在门限效应。

2. 双门限模型

（1）模型设计

上面我们假定只存在一个门限值，但是现实生活中可能存在两个或者多个门限值，我们假定双门限模型如下：

$$y_{it} = u_i + x_{it}\eta_1 I(z_{it} \leq \lambda_1) + x_{it}\eta_2 I(\lambda_1 < z_{it} \leq \lambda_2) + x_{it}\eta_3 I(\lambda_2 < z_{it}) \tag{4}$$

其中有两个门限值 λ_1、λ_2，样本被两个门限值分为三个区间。目的是估计在这三个区间范围内，模型系数的不同估计值 η_1、η_2、η_3。

（2）模型估计

用最小二乘法（OLS）对模型进行估计。Xia 等（1997）研究发现，$\hat{\lambda}_2$ 是渐进有效的，但是 $\hat{\lambda}_1$ 却不是。此时，我们可以先固定 $\hat{\lambda}_2$，重新估算 $\hat{\lambda}_1$。Xia 等（1997）认为重新估计的 $\hat{\lambda}_1$ 也具有渐进有效的性质。

（3）门限个数的确定

在模型的设定中，可能不存在门限效应，也可能存在一个或两个门限或多个门限值，因此需要对此进行检验。前面，我们采用 F1 统计量来检验单一门限效应的显著性。如果 F1 拒绝了原假设，即存在一个门限效应，那么在模型设定中，我们就需要作进一步的检验以便区分单一门限和双重门限。如果 F2 的值较大，那么我们就拒绝仅存在一个门限值的原假设。

（二）数据说明

本章采用 2011～2016 年河南省 180 个产业集聚区的 1080 个面板数据，使用每个产业集聚区的规模以上工业企业主营业务收入［绝对数值 *Inc*1（万元）、增长率 *Inc*2（%）］，以及产业集聚区固定资产投资额 *IFA*（万元）两个指标。

1. 分组回归

（1）回归模型选择

在进行分组回归模型选择时，考虑到三种常用模型：固定效应、随机效应和 Pooled OLS，通过两两比较，分别采用相应的检验方法进行检验，以期选择出最优的计量模型（见表 15 – 16）。

表 15 – 16　分组回归模型筛选

检验＼模型	固定效应与 Pooled OLS	随机效应与 Pooled OLS	固定效应和随机效应
Wald	36. 13 ***	—	—
BP-LM	—	873. 67 ***	—
LR-MLE	—	329. 37 ***	—
Hausman	—	—	– 2. 13
选择结果	固定效应	随机效应	随机效应

注：***、**、* 分别表示通过 1%、5%、10% 的显著性检验。

固定效应和 Pooled OLS：本章采用 Wald 检验，在固定效应模型和 Pooled OLS 模型之间做选择。原假设 H0 是个体效应不为 0，Wald 检验结果为 36. 13，在 1% 的显著性水平下显著，因此拒绝原假设，选择备择假设，亦即个体效应为 0。因此，在固定效应模型和 Pooled OLS 之间选择固定效应模型。

随机效应和 Pooled OLS：为增加结果的可靠性，用 BP-LM 和 LR-MLE 两种检验方法用来比较随机效应和 Pooled OLS。其中 BP-LM 检验（XTTEST0）结果为 873. 67，在 1% 的显著性水平下显著，因此拒绝原假设。随机效应和 Pooled OLS 相比较，选择随机效应。LR 似然比（MLE）检验，P 为 329. 37，也在 1%

的显著性水平下显著，因此拒绝原假设（个体效应方差为 0），所以选择随机效应。两种检测方法均拒绝了个体效应方差为 0 的原假设，选择备择假设个体效应方差不为 0，即选择随机效应。

固定效应和随机效应：用 Hausman 检验在固定效应和随即效应之间做出选择，得到统计系数为 –2.13，P 值为 0.19，统计意义上不显著，因此固定效应和随即效应不存在统计意义上的差异，不能拒绝原假设，所以选择随机效应。

（2）回归结果分析

依据固定资产投资增长率的大小，对河南省 180 个产业集聚区进行了分组，依据这一分组，在本节中对各分组进行了回归分析，结果如表 15 – 17 所示，用以研究不同固定资产投资额度对产业集聚区规模以上工业主营业务收入的影响。

表 15 – 17 产业集聚区分组回归

变量	总体回归	低 *IFA*	中 *IFA*	高 *IFA*
	随机效应 GLS	随机效应 GLS	随机效应 GLS	随机效应 GLS
C	83.1 ***	3.1 **	– 2.52	142.2 ***
IFA	2.1 ***	– 0.74 *	2.12	2.96 ***
Adjustd R^2	0.781	0.824	0.889	0.913
Wald chi2	276.56	87.91	143.18	439.6
P	0.00	0.00	0.00	0.00
Obs	1080	281	463	336

注：*** 、** 、* 分别表示通过 1%、5%、10% 的显著性检验。

总回归模型中我们看到，固定资产投资（*IFA*）对被解释变量（*Inc*1，主营业务收入）的影响为正，说明固定资产投资促进了主营业务收入的提高，在 1% 的显著性水平下显著。在低固定资产投资组，固定资产投资阻碍了规模以上工业企业主营业务的提高，且该结果在 5% 的显著性水平下显著；当固定资产投资处于中间水平时，其对主营业务的影响不显著；在高固定资产投资小组，固定资产投资对主营业务收入影响系数为 2.96，且通过了 1% 的显著性检验，显著促进了主营业务收入的提高。

2. 门限回归

分组回归虽然得出了结论，但是存在一个严重的问题是分组具有较强的主观性，难以避免人为因素的影响，为规避这一问题，接下来用 Stata 软件再次对计量模型进行了门限回归分析。门限回归旨在找出在不同的门限区间、回归结果的差异性，以判断经济影响的非线性影响。

通过 Bootstrap500 找到模型的两个门限值 $\lambda_1 = 387$，$\lambda_2 = 18329$，与手动分组基本一致。使用随即效应广义最小二乘法，得到计量结果如表 15 - 18 所示。

表 15 - 18　产业集聚区门限回归

变量	模型一	模型二	模型三	模型四
	总体回归	门限 < 387	387 < 门限 < 18329	门限 > 18329
	随机效应 GLS	随机效应 GLS	随机效应 GLS	随机效应 GLS
C	19.17	- 14.86 **	- 2.52	95.38 ***
IFA	1.89 ***	- 2.94 **	5.93	3.42 ***
Adjustd R²	0.8324	0.894	0.761	0.907
Wald chi2	449	273.93	289.78	526.18
P	0.00	0.00	0.00	0.00
Obs	1080	267	417	396

注：*** 、** 、* 分别表示通过 1% 、5% 、10% 的显著性检验。

总体回归模型显示，河南省产业集聚区固定资产投资对规模以上工业企业主营业务收入产生正向作用，且通过了 1% 的显著性水平检验。在模型二中，当固定资产投资 < λ_1 时，固定资产投资阻碍了产业集聚区内工业企业主营业务收入的增长，且通过了 5% 的显著性检验；在模型四中，IFA 的系数为 3.42，说明固定资产投资每增加一个百分点，主营业务收入增加 3.42 个百分点。

门限自回归模型预测结果。根据 2011～2016 年河南省产业集聚区 6 年的数据，采用门限自回归模型对产业集聚区 2015 年、2016 年的主营业务收入进行预测，对比预测结果和实际值发现，门限自回归模型对产业聚集区主营业务收入具有较好的预测能力。通过门限自回归模型对河南省产业集聚区规模以上工业企业主营业务收入进行两年的预测，并对比两年的实际值和预测值。2015 年全省主营业务收入为 37855.05 亿元，预测值是 42019.11 亿元，预测准确率为 11%；2016 年，全省产业集聚区主营业务收入实际值为 43668.99 亿元，预测值为 47904.88 亿元，预测准确率为 9.7%，说明该模型对产业聚集区主营业务收入的预测准确率较高（见表 15 - 19）。

表 15 – 19 产业集聚区企业主营业务收入预测

单位：亿元，%

预测方法	年份	实际值	预测值	准确率
门限自回归模型	2015	37855.05	42019.11	11
	2016	43668.99	47904.88	9.7

五　河南产业集聚区发展展望

（一）产业集聚区发展形势

1. 战略机遇与有利条件

长期以来，以农业为主的河南省一直处于全球产业价值链的低端地位，信息技术、生命科技、新能源、新材料等产业一直停滞不前。

当前，随着经济全球化的趋势不断发展，新科技革命和产业变革推动制造业重构的步伐不断加快。经济全球化背景下，新一轮的科技革命和产业变革严阵以待，一触即发，信息技术、生物科技、新材料技术、新能源技术得到了广泛的应用，具有重大颠覆性的科技创新、产业创新不断涌现。现代与传统也在这个大环境下有机结合，特别是新一代信息通信技术与传统制造业的紧密结合、制造业与服务业的深度融合，这些都已经成为全球产业发展的新亮点。目前不同产业的边界逐步打破，不同产业组织得到重新构建，不同产业链条重新组合，催生出智能制造、分享经济等各种新科技、新形态纷纷涌现。与西方发达国家在传统制造领域占据技术、市场领先甚至是垄断地位不同，目前，国内外在人工智能、数字制造、工业机器人等领域基本上处于同一起跑线，还未形成某家独大的技术控制及市场地位。这一发展形势为河南产业集聚区打破原有全球价值链低端锁定，进而重塑全省现代产业体系，并进一步融入世界高端产业链提供了一次难得的战略机遇。

全球经济整体形势积极向好拉动集聚区经济增长。2017 年 12 月，联合国（UN）发布的《2018 年世界经济形势与展望》报告中指出，2017 年全球经济增长速度为 3%。这是近 7 年来的最快增长，同时，全球约有 2/3 的国家2017年的增长速度高于2016年。《2018年世界经济形势与展望》预计，2018年、2019年全球经济增长速度也将稳定在3%左右。根据国际货币基金组织（IMF）按照市场汇率做出的预测，2018年全球GDP增长率将达到3.1%，会比2017年略高。世界银行（WBG）根据PPP预测，2018年全球GDP增长率将达到3.7%，这高出2017年3.5%的增长率0.2个百分点；世界银行根据市场汇率预测，2018年全球GDP增长率将达到2.9%，高出2017年2.7%的增长率0.2个百分点。经济合作与发展组织（OECD）根据PPP预测，2018年全球GDP增长率将达到3.59%，高出2017年3.34%的增长率0.25个百分点。综上所述，世界各大组织对2018年经济增长普遍看好，这在一定程度上预示着世界经济形势整体积极向好。这一形势，意味着外需对河南省产业集聚区经济增长的拉动作用将进一步增强。

供给侧结构性改革深入推进形成发展新动力。供给侧结构性改革是党和国家做出的重大战略性部署，党的十九大报告中三次指出供给侧结构性改革，其重要性不言而喻。河南必须抓住供给侧结构性改革这个机遇并以其为主线，坚持质量第一、效率优先，推动全省经济发展质量变革、效率变革、动力变革，提高全省的全要素生产率。供给侧结构性改革的本质是改革。河南省必须要从创新、协调、绿色、开放、共享五个维度来为全省产业集聚区发展注入新的动力。一是降低企业成本，包括人力成本、财务成本、能源成本、物流成本等，并通过"双创"和"互联网＋"等手段，提升企业自主创新能力；二是推动制造业的延伸，使其在研发设计、检验检测、销售服务等环节转向"微笑曲线"，加快生产制造业与生产性服务业两个产业的融合发展，促进在中高端消费、创新引领、绿色低碳、共享经济、现代供应链、人力资源服务等领域形成新的动能。这些都将为河南省产业集聚区培植新的市场竞争优势提供战略机遇。

国家战略的集中释放进一步扩大发展空间。目前，我国着眼于开拓新的发展空间，以区域发展总体战略为基础，积极落实"一带一路"倡议等。同时，一大批国家战略规划和平台密集落地河南。目前，河南省已拥有五大国字号战略平台：郑洛新国家自主创新示范区、中国（郑州）跨境电子商务综合试验区、中国（河南）自由贸易试验区、国家大数据综合试验区和郑州国家中心城市等。河南省还同时拥有五大国字号战略规划：粮食生产核心区、中原经济区、郑州航空港经济综合实验区、中原城市群和促进中部地区崛起"十三五"规划等。这一集中释放国家战略的叠加效应为河南省产业集聚区的发展带来了新的发展机遇。河南产业集聚区一定要积极落实国家战略部署，实现河南崛起中部振兴的发展方略。尤其当前产业集聚区正处于提质增效的重要时期，国字号五大战略规划和五大战略平台必然为集聚区发展带来政策红利，激发改革创新活力。

全面实施《中国制造2025河南行动纲要》。当前，河南省工业经济正处在负重爬坡、攻坚转型的关键时期，为贯彻落实《中国制造2025》，实现全面建成小康社会，2016年2月，河南省制定了河南行动纲要。这对于推进河南制造向中高端创新转型、加快河南省产业集聚区发展具有重要意义。河南省依据省情制定了"中国制造2025河南省'1+10+3'体系"方案，即《中国制造2025河南行动纲要》。该纲要涉及河南省高端装备制造业、电子信息产业、食品产业、新能源汽车产业、原材料产业、医药产业、节能环保产业和消费品产业等8个产业，以及煤化工转型解困、承接产业转移等10个年度行动计划，制定企业服务、技术改造和信息化等3个年度实施方案。通过"1+10+3"方案，将显著推进河南省高成长性产业的品牌化、集群化、规模化和效益化，加快河南省产业转型升级的步伐，培育形成支撑全省经济持续健康发展的新增长点。

2. 重大挑战与制约因素

随着"再工业化"战略的实施，全球制造业的市场竞争日趋激烈。2008年国际金融危机爆发以来，全球已经实现了工业化的主要发达国家纷纷反思并审视"脱实向虚"的经济发展模式，将目光重新聚焦实体经济，陆续实施"再工业化"战略。如美国发布的"先进制造业伙伴计划"、德国提出的"工业4.0"、日本启动的"再兴战略"、法国颁布的"工业新法国"、英国实施的"高价值制造战略"等，都是"再工业化"的典型案例。他们都力图重振制造业，并不断扩大在全球竞争中的优势。其他新兴经济体也不甘被甩在身后，在加快推进自身工业化进程的同时，利用人力、土地、资源等方面的低成本优势，加紧抢占制造业市场份额，试图打造新的"世界工厂"，并达到一定区域内的市场领导地位。这些挑战都很直观地摆在了中国制造业的面前，给我国制造业带来了严峻的"双向挤压"竞争态势。因此，我国制造业要想在全球市场竞争中处于有利地位，就必须考虑如何优化发展环境、加速转型升级、提高产品的附加值。作为河南省制造业转型发展的突破口，产业集聚区肩负着改造提升传统制造业、发展新兴产业的重任，其面临的挑战十分严峻。

产业集聚区发展与业绩提升压力持续加大。近年来，伴随着我国经济增速持续放缓，经济增长率从原来的 9% 左右逐步下降到目前 6% 左右。在结合国内外主流研究观点的基础上，我们可以发现，今后一段时期我国的经济增长率预计处于 6%~7%。同时，考虑到我国对外贸易比重占全球贸易比重的 15% 左右，位于一个较高的水平，我国的低成本竞争优势正在逐步消失。结合人口、生态环境约束强化等条件，依赖创新形成的新动能、新优势难以在短期内取得新的突破，今后一段时间里，我国经济将很难再现过去的高速增长。国内环境的不乐观，相当大程度上决定了产业集聚区的发展和业绩提升都面临着巨大的压力。

区域发展的多元化格局决定了产业集聚区承接产业转移的竞争日趋激烈。对河南省来说，相当部分的产业集聚区都倚重承接产业转移来借力发展。但随着国家政策的调整，不少区域发展规划相继推出，尤其是我国的中西部，正在形成区域经济发展的多元化格局，河南省周边区域中心城市竞相发展、齐头并进的竞争格局逐渐强化。2016 年 12 月 3 日，同济大学发展研究院发布的《2017 中国产业园区持续发展蓝皮书》指出，苏州工业园区、武汉东湖国家自主创新示范区、青岛经济技术开发区连续 5 年位列全国前 10 强；2016 年，成都高新技术产业开发区位居全国前 10 强；合肥高新技术产业开发区、西安高新技术产业开发区、合肥经济技术开发区、杭州高新技术产业开发区、烟台经济技术开发区、青岛高新技术产业开发区也挤入前 20 强；就河南省而言，郑州高新技术产业开发区全国排名最靠前，但也仅仅位居第 37 名，差距较为明显。与周边省份相比，河南省产业集聚区在各方面并未显现出综合优势，例如政策体系、软硬环境、产业配套、创业氛围等方面均无明显优势。对未来而言，河南省产业集聚区与周边地区产业集聚区的竞争只会越发激烈。

制约河南省产业集聚区发展的因素不容忽视。河南省产业集聚区尽管取得了不错的成绩，进入了由规模扩张向量、质并重转变的关键时期，但客观来讲，仍面临较多困难与制约因素。比如，由于长期以来受思想观念和体制环境的影响，全省仍有相当大数量的产业发展走的是"高投入、高消耗、低产出"的老路，不少产业仍然专注于传统制造业，产业集聚区内的不少企业在资本、技术、人才、信息等高端要素积累方面仍然比较薄弱，这直接影响了产业集聚区发展的动力不足，无法持续发力。此外，资源环境约束日益加剧。当前，土地、资金等问题已经成为困扰河南各地产业集聚区发展的主要因素。河南省作为传统农业大省的定位决定了非农业土地资源的利用非常有限，土地资源已成为产业集聚区发展的最大影响因素；资金约束也是一个相当长时期内都会普遍存在的难题，尤其是对新建的产业集聚区而言，资金约束甚至会成为影响产业集聚区的首要因素。

（二）河南省产业集聚区发展预测

2018 年及未来的一段时间，河南省产业集聚区经济指标的增速将呈现稳中趋缓的态势，与此同时，发展质量和综合效益将持续提升，并进一步在推进全省改革创新、转型升级、跨越发展中发挥更加突出的作用。面对国内外经济发展的新形势、新要求，河南省产业集聚区的发展也将表现出以下趋势。

1. 创新驱动日益成为产业集聚区发展的首要动力

纵观全球，先进制造业发展的突出趋势是以智能制造为核心的新一代信息技术与制造业的加速融合。产业集聚区作为河南省制造业转型发展的突破口，必须聚焦智能制造这一主攻方向，坚定不移地实施创新驱动发展战略。河南省产业集聚区务必要加快建立产学研深度融合的技术创新体系，做到以企业为主体、以需求为导向；河南省产业集聚区还要结合自身优势产业发展需求，有针对性地开展共性关键技术和跨行业融合性技术的研发，从而突破产业发展的技术瓶颈，进而带动全省传统制造业的转型升级，这样才能不被市场所淘汰；河南省产业集聚区还要进一步聚焦培育智能制造型生态体系，推动制造业与信息技术的深度融合，推动产品、技术和商业模式等诸多因素的创新，进而不断提高制造业发展的数字化、网络化和智能化水平，最终实现全省集聚区由规模扩张向量、质并重转变，实现生产要素由高强度投入驱动为主向创新驱动为主转变，实现粗放消耗型向绿色集约型转变。

2. 公共服务平台日益成为产业集聚区的竞争利器

随着我国产业集聚区的深入发展，软件建设正逐渐显示出其独具的竞争优势。在我国，中关村科技园、张江高科技园区均在公共服务平台建设方面做出了较早探索，并取得了显著成效。目前，河南省面临日益激烈的产业集聚区竞争，加大力度推动公共服务平台规划和建设是必然趋势。公共服务平台建设，一般根植于集聚区的经营价值链上，特别是针对中小企业发展的薄弱环节，如融资、技术、市场、人才等，例如人力资源平台、风险管理平台、公共技术平台等。因此，对河南省产业集聚区而言，建设并利用好公共服务平台，不仅有利于园区的品牌宣传，有利于招商引资，有利于降低园区内企业的运营成本，更有利于促进园区内企业创新、开拓市场，通过增加园区内企业的经营效益，进而有效提升园区相关产业集群的综合竞争力。

3. 产业融合发展日益成为产业集聚区的重要特征

产业发展的高级阶段是不同产业间的融合发展，融合发展也是产业结构优化、升级的必然趋势，这必将有利于打破区域间的障碍和壁垒，推动区域间生产要素充分的重组与流动。就目前来说，河南省产业集聚区的发展仍然在很大程度上过度依赖传统制造业，产业集聚区的竞争优势过于依赖要素成本，因此，在全球分工中一直居于价值链的偏低端，这在很大程度上制约了全省产业集聚区的转型升级。在这一背景下，河南省必须把握产业融合发展的规律和趋势，突出承接产业转移的新趋势，瞄准新动态，重点推动不同产业间的融合发展，例如服务业与制造业之间、新兴产业与传统产业之间、虚拟经济与实体经济之间、软件开发与硬件生产之间融合发展，加快载体、禀赋、价值链等要素的升级，加快建设多元化、多形式、多渠道、多层次产业融合发展的新格局，推动全省产业集聚区的良性发展。

六　河南产业集聚区发展对策

河南省产业集聚区要想有所作为，在新经济浪潮中不被淘汰，就必须提高发展质量和效益，深化供给侧结构性改革，坚持做大做强主导产业，坚持积极培育新产业，深化改造优化存量，扩大中高端增量，重点加快产业集群发展质量提升、创新驱动速度提升、开放招商效果提升、绿色循环改造水平提升等，同时，做好优化要素保障、升级配套功能、提升管理服务等工作，强化区域间的协同链接，增强产业集聚区的综合承载功能。只有这样，才能为打好全省发展转型攻坚战、实现先进制造业强省目标工作提供有力支撑。

（一）加快推进产业集群提质

河南省各地方政府务必要加强发展统筹规划，结合自身实际突出地方特色，按照品牌和企业共生、总装和零部件集聚、制造业和服务业融合等三类路径，切实加快培育具有较强竞争力优势的产业集群。首先是加快培育千亿级别的新兴产业集群。推动全省各地依托主要城市中心城区，以及周边具有相对优势的产业集聚区，合理布局、建设新兴的产业园区。重点围绕电子核心基础部件、新能源汽车及智能汽车、新一代智能终端、智能制造装备、智能电力及新能源装备、生物医药及生命科技、新化工材料、高端合金材料、智能传感器、物联网、节能环保等领域，设计周密推进计划，成立专业推进团队，加快项目实施。其次是努力打造各地市千亿级别的主导型产业集群。各省辖市作为主体，结合中原城市群规划的四个主要发展轴带建设，重点围绕装备制造、汽车制造、新材料制造、电子制造、食品制造等产业，引导龙头项目以及产业链关联项目向发展轴带沿线产业集聚区集聚，通过主导型产业集聚，进而打造市域千亿级优势产业集群。具体来说，可以把郑州航空港、中牟汽车等产业集聚区作为试点和突破口，推动它们争创国家级的新型工业化产业示范基地。最后是提升县（市、区）百亿级别的产业集群。全省各县区要通过围绕资源、市场和市域产业链，推动县区内骨干企业加快主导产品的更新换代，加快质量、品牌的提升，拓展产品种类，做好市场细分，扩大本地产业间配套能力，具有一批附加值高、技术含量高和市场竞争力大的优势产品，促进本地区主导产业集群规模壮大、水平提升、效益提高。

（二）加快推进创新驱动提速

河南省要推动创新要素向各地产业集聚区的集聚，通过提升产业集聚区的创新发展能力，加快建设区域创新驱动的先行区，并以此带动地方经济的提速。首先，河南省要抓住布局建设国家战略协同示范区的机遇，以各地已建成的产业集聚区为依托，进而布局、建设一批具有国家战略的协同示范区，并在协同示范区内率先复制、推广郑州航空港经济综合实验区、郑洛新国家自主创新示范区、中国（河南）自由贸易试验区等园区的先行先试政策。其次，要汇聚引领型创新资源。全省各地要认识到创新引领型平台的重要性，并加快建设国家级创新平台，加快建设省级技术创新平台。同时，紧密依托省内行业骨干企业，组建制造业创新中心等研发机构，引领和构建产业技术创新战略联盟；全省各地要积极培育创新引领型企业，采取有力措施，切实着力培育创新龙头企业、高新技术企业和一批在细分市场领域具备核心竞争力的企业；务必加大人才建设，集聚创新引领型人才，加大创新引领型人才和团队的培育及引进力度，完善人才引进资助机制，完善人才在科研、工作、生活等方面的配套设施建设，消除他们的后顾之忧，使得他们全身心地投入创新工作。最后，要推进创新创业载体建设。河南省要加快建设郑州航空港、中信重工等国家级的双创示范基地，以骨干城市中心城区产业集聚区建设为重点，布局建设双创综合体，建设完善双创支撑平台；积极引导企业和社会资本建设创新创业孵化的载体；河南是劳务输出大省，每年有大量的农民工外出务工。近年来，随着返乡创业政策的实施，一批学到了先进技术和管理经验的农民工开始选择返乡创业。因此，全省尤其是县市级产业集聚区一定要大力推进农民工返乡创业试点示范，引导拥有资金、技术和先进管理能力的外出务工人员回乡创业，并以此创建一批农民工返乡创业示范园。

（三）加快推进开放招商提效

河南各地方政府务必着力推动本地区产业集群培育，结合自身的资源、技术等优势，着力发挥区域市场优势，切实加大精准招商的力度，突出"招大引强"，提升招商引资和承接产业转移的质量水平。首先要完善招商引资政策。各地要结合实际，在法定权限内制定实施招商引资优惠政策，对就业、经济发展、技术创新等方面贡献比较大的项目，政府应在降低企业投资和运营成本方面加大支持力度，上级政府也应支持地方政府对此制定的政策；对引进带动性强、投资规模大、业态模式新的重大招商项目，各级政府可采取"一事一议""特事特办"的方式予以支持。其次是地方政府应更新观念、创新招商方式。除继续推行传统的集群招商、产业链招商、协会招商等方式外，重点探索开展"资本＋产业"的模式，依托

"河南省先进制造业集群培育基金""战略性新兴产业投资基金""产业集聚区发展投资基金"等，鼓励各地设立子基金或相关引导型基金，采取股权招商、并购招商，引进一批对产业集群支撑作用较强、影响力较大的项目。最后是提升招商引资的质量。河南省要推动各地围绕做大主导产业来培育相关产业集群，要聚焦重点领域和行业内龙头企业，加强前期谋划包装，完善中期对接洽谈，全力争取龙头企业和重大项目入驻；对有集中优势资源的产业集聚区、引进世界 500 强企业、中国 500 强企业及高端配套项目的产业集聚区，政府应适度予以鼓励。

（四）加快推进绿色循环改造

习近平总书记指出：绿水青山就是金山银山。河南省近年来一直在落实中央和省委污染防治攻坚战部署，加大环保设施投入和改造力度，旨在建设生态环保型产业集聚区，推动产业向绿色化迈进。首先是推进资源综合利用。推进重化工业产业集聚区实施循环化改造的同时，加快建设循环化改造示范试点，如孟津华阳产业集聚区等。河南省已经实施了一大批基础设施绿色化改造、大宗固体废物综合利用等重点环保项目；河南省是用水大省，也是缺水大省。河南省认真开展用水企业"水效领跑者"引领行动，旨在通过推广节水工艺、技术和装备，推动水资源梯级循环，达到优化利用的目的。其次是加快污水处理设施建设。坚决贯彻落实建设项目环评审批与污水处理厂建设进度挂钩机制，集聚区基本实现管网全配套，并按规定集中处理污水，加大污水治理信息化建设的投入，基本实现了自动在线监控装置与市、县级环保部门联网；对污水处理厂建设滞后且水质不能满足要求的产业集聚区，环保部门要暂缓审批；对废水量较少、确需依托城市污水处理厂进行集中处理的产业集聚区，各级政府应尽快建设完善配套管网设施，确保废水全部进入城市污水处理厂达到集中处理，实现稳定达标排放。最后是完善产业集聚区规划环评。全省各地要建立产业集聚区总体发展规划与规划环评联动的长效机制。对于未完成规划环评的，各级政府不予批复总体发展规划；各级政府应切实加强规划环评与项目环评的联动，对规划环评强制推行清单式管理，对未按时完成规划环评的产业集聚区以及不符合规划环评的项目，各级政府部门一律不予办理环评审批。

（五）加快推进要素保障优化

全省各级政府要以破解融资难、招工难和降低企业成本为重点，加强和改进产业集聚区要素保障服务，为企业发展营造良好的外部环境。首先是加强投融资服务。各级政府应主动、创新开展银企对接活动，依据产业集聚区实际，引导金融机构积极开发适用型融资产品，通过银企对接，加大对产业集聚区优势企业的信贷规模配置；通过建立健全"助保贷"机制、续贷周转金机制、增信基金机制等手段，吸引和放大银行信贷资金比例。产业集聚区管委会、地方政府要鼓励优势企业境内外上市融资和发行债券融资，要支持中小企业利用新三板和中原股权交易中心进行融资。其次是有目的地强化政府性资金引导。要统筹"河南省科学发展载体建设专项资金"，并依此设立产业集聚区发展投资基金，支持产业集聚区主导产业的发展；各级政府要推进产业集聚区政府性投融资平台向市场化转型，支持政府性投融资平台与金融机构、省级投融资平台建立合作共赢关系，采取风险分担、利益共享的新型融资模式；推广采用日趋成熟的政府和社会资本合作（PPP）模式、政府购买服务模式，鼓励、引进社会资本参与地方产业集聚区基础设施和公共服务平台建设。最后是提升人力资源服务。各级政府劳动与人力资源部门要实施产业集聚区用工培训计划，结合实际开展定向、定岗，甚至是"订单式"职业培训，将产业集聚区需要的各类人才纳入专业技术人员实施继续教育规划。同时，职业技术院校应加强专业技术人才和管理人才培养；此外，还要定期组织专家服务团，对集聚区内的企业开展现场指导、技术交流和分类培训等工作。

（六）加快推进配套功能升级

配套功能是否完善，是一个产业集聚区是否成熟的重要标志。与经济发达省份相比，河南省产业集聚区的配套功能难言完善。因此，河南省应大力发展与主导产业配套的相关生产性服务业，并持续完善基础设施建设和公共服务平台建设，借此提升产业集聚区的综合承载功能。首先是加强生产性服务业的战略布局。例如在产业集聚区开展现代物流、电子商务、科技、服务外包等服务业园区规划建设；紧紧依托中国（郑州）跨境电子商务综合试验区建设，在条件较好的产业集聚区布局一批跨境电商产业园区；河南省要加快推进省专项资金支持的智慧园区、创新创业等公共服务性平台建设；推动具有比较优势的光伏设备及元器件、卫星导航与定位服务、新能源汽车及零部件等一批国家级质检中心建设。其次是建立产城融合的新模式。产城融合是提高城镇化率的重要手段之一，各级政府要大力推进城镇化和产业集聚区基础设施建设、公共服务设施规划建设的协调统一；同时，将本地产业集聚区配套公共服务设施建设统筹纳入百城建设提质工程中来，积极推动城区公共服务设施向产业集聚区延伸，确保对产业集聚区的全覆盖；要重点依托相邻城区承担生活服务功能，在确有需要的产业集聚区，适度布局建设职工公寓等一批生活服务设施；各级政府要认真按照"五规合一"要求，抓紧完善空产业集聚区空间规划和控制性详细规划。

（七）加快推进管理服务提升

河南省各级政府要进一步完善政策体制机制，加强服务指导，提高产业集聚区的管理效能。首先是强化运行监测分析。各级政府要完善产业集聚区统计指标体系，建立健全运行监测的机制，结合实际，采取明确专人或部门派驻等方式，加强对产业集聚区各项指标的统计监测和分析研判，例如工业增加值的变化、工业投资的变化、民间投资的变化、建筑业增加值的变化、工业企业研发投入的变化、主导产业集群规模的变化等，及时发现问题，并制定、实施有针对性的措施。其次是推动政府管理体制机制创新。各级政府要实施"互联网＋政务服务"模式，依托河南省电子政务服务平台，推动产业集聚区综合信息管理系统的建设、运营，促进管理服务智能化、便捷化。各级政府要加快推进政务服务事项网上办理，力争尽快实现"一号申请、一窗受理、一网通办"，达到利企便民的目的。要推动完善区镇管理套合管理体制，实现"统一领导、以区为主、两套人马、分线负责"。全省各级政府要鼓励各地探索产业集聚区开发、运营模式的创新，认真开展"政府引导＋市场化运作"工作。

参考文献

〔美〕恩德斯，1999，《应用计量经济学：时间序列分析》，杜江、谢志超译，高等教育出版社。

人民网，2015，《李扬：中国经济新常态不同于全球经济新常态》，网址：http：//theory. people. com. cn/n/2015/0312/c40531 – 26679798. html。

新华网，2014，《习近平 APEC 论"新常态"有何深意？——专访北大国发院教授卢锋》，网址：http：//www. xinhuanet. com/world/2014 – 11/10/c_ 1113186822. htm。

中国共产党新闻网，2015，《蔡昉：稳增长的着力点是提高潜在增长率》，网址：http：//theory. people. com. cn/n/2015/0513/c40531 –26992096. html。

田振中，2017，《河南物流业与制造业联动发展现状与机遇》，《物流工程与管理》第 11 期。

Chan, Andrew, T. A. 1997. "Increment-based Estimators of Fractal Dimension for Two-Dimensional Surface Data. " *Statistica Sinica* 10 （2）.

Hansen, B. E. 1999. "The Grid Bootstrap and the Autoregressive Model. " *Review of Economics & Statistics* 81 （4）.

Hansen, B. E. 1999. "Threshold Effects in Non-dynamic Panels: Estimation, Testing, and Inference. " *Journal of Econometrics* 93 （2）.

Hansen, B. E. 1996. "Inference When a Nuisance Parameter is Not

Identified Under the Null Hypothesis. " *Econometrica* 64 （2）.

Martens, M. , Kofman, P. , and Vorst, T. C. F. 1998. "A Threshold Error-Correction Model for Intraday Futures and Index Returns. " *Journal of Applied Econometrics* 13 （3）.

Tong. 1978. "Bacterial Leafspot of Piperbetle. " *IndianJ. Agric. Sci.*

Tan, Y. S. , Tong, M. C. , and Lim, Y. C. 1992. " Surgical Management of Intrathoracic Aortic Aneurysm. " *Annals of the Academy of Medicine Singapore* 21 （2）.

Xia, M. , Ke, F. , Jie, B. , and Bai, Y. 1997. "Threshold Diversity and Trans-scales Sensitivity in a Finite Nonlinear Evolution Model of Materials Failure. " *Physics Letters A* 236 （1 − 2）.

图书在版编目（CIP）数据

河南宏观经济形势分析与预测：2011—2020 / 郑秀峰等著. -- 北京：社会科学文献出版社，2018.12

（城乡协调发展研究丛书）

ISBN 978 - 7 - 5201 - 3449 - 1

Ⅰ.①河…　Ⅱ.①郑…　Ⅲ.①宏观经济形势 - 经济分析 - 研究 - 河南 - 2011 - 2020 ②宏观经济形势 - 经济预测 - 研究 - 河南 - 2011 - 2020　Ⅳ.①F127.61

中国版本图书馆 CIP 数据核字（2018）第 209956 号

城乡协调发展研究丛书

河南宏观经济形势分析与预测（2011~2020）

著　　者 / 郑秀峰　郝　鹏　王春晖 等

出 版 人 / 谢寿光
项目统筹 / 周　丽　陈凤玲
责任编辑 / 陈凤玲　张萌萌

出　　版 / 社会科学文献出版社·经济与管理分社（010）59367226
　　　　　　地址：北京市北三环中路甲 29 号院华龙大厦　邮编：100029
　　　　　　网址：www.ssap.com.cn
发　　行 / 市场营销中心（010）59367081　59367083
印　　装 / 三河市尚艺印装有限公司

规　　格 / 开　本：787mm × 1092mm　1/16
　　　　　　印　张：34　字　数：553 千字
版　　次 / 2018 年 12 月第 1 版　2018 年 12 月第 1 次印刷
书　　号 / ISBN 978 - 7 - 5201 - 3449 - 1
定　　价 / 198.00 元

本书如有印装质量问题，请与读者服务中心（010 - 59367028）联系